Führen in der Arbeitswelt der Zukunft

Swetlana Franken

Führen in der Arbeitswelt der Zukunft

Instrumente, Techniken und Best-Practice-Beispiele

2., vollständig überarbeitete und aktualisierte Auflage

Swetlana Franken
FH Bielefeld FB Wirtschaft
Bielefeld, Deutschland

ISBN 978-3-658-38371-8   ISBN 978-3-658-38372-5 (eBook)
https://doi.org/10.1007/978-3-658-38372-5

Die Deutsche Nationalbibliothek verzeichnet diese Publikation in der Deutschen Nationalbibliografie; detaillierte bibliografische Daten sind im Internet über http://dnb.d-nb.de abrufbar.

© Der/die Herausgeber bzw. der/die Autor(en), exklusiv lizenziert an Springer Fachmedien Wiesbaden GmbH, ein Teil von Springer Nature 2016, 2022
Das Werk einschließlich aller seiner Teile ist urheberrechtlich geschützt. Jede Verwertung, die nicht ausdrücklich vom Urheberrechtsgesetz zugelassen ist, bedarf der vorherigen Zustimmung des Verlags. Das gilt insbesondere für Vervielfältigungen, Bearbeitungen, Übersetzungen, Mikroverfilmungen und die Einspeicherung und Verarbeitung in elektronischen Systemen.
Die Wiedergabe von allgemein beschreibenden Bezeichnungen, Marken, Unternehmensnamen etc. in diesem Werk bedeutet nicht, dass diese frei durch jedermann benutzt werden dürfen. Die Berechtigung zur Benutzung unterliegt, auch ohne gesonderten Hinweis hierzu, den Regeln des Markenrechts. Die Rechte des jeweiligen Zeicheninhabers sind zu beachten.
Der Verlag, die Autoren und die Herausgeber gehen davon aus, dass die Angaben und Informationen in diesem Werk zum Zeitpunkt der Veröffentlichung vollständig und korrekt sind. Weder der Verlag, noch die Autoren oder die Herausgeber übernehmen, ausdrücklich oder implizit, Gewähr für den Inhalt des Werkes, etwaige Fehler oder Äußerungen. Der Verlag bleibt im Hinblick auf geografische Zuordnungen und Gebietsbezeichnungen in veröffentlichten Karten und Institutionsadressen neutral.

Planung/Lektorat: Ulrike Loercher
Springer Gabler ist ein Imprint der eingetragenen Gesellschaft Springer Fachmedien Wiesbaden GmbH und ist ein Teil von Springer Nature.
Die Anschrift der Gesellschaft ist: Abraham-Lincoln-Str. 46, 65189 Wiesbaden, Germany

Vorwort zur 2. Auflage

Seit dem Erscheinen der 1. Auflage sind bereits sechs Jahre vergangen, und das waren keine gewöhnlichen Jahre in unserer Geschichte. Zwei Jahre der Corona-Pandemie haben uns Demut vor Naturereignissen und unsere Verletzbarkeit als Spezies gelehrt und zugleich bewiesen, dass wir Menschen – ob jung oder alt – veränderungs- und lernfähig sind. In Rekordzeit haben wir uns auf digitale Kommunikation und Zusammenarbeit umgestellt, uns neue Tools zunutze gemacht und neue Führungsmethoden eingeführt. Dabei haben wir persönliche Kontakte und soziales Miteinander schätzen gelernt, als etwas, was uns leistungsstark, kreativ und glücklich macht.

Und nach diesen schwierigen Jahren kam der Krieg. Das, was wir alle für unmöglich gehalten haben, ist geschehen – ein Krieg auf europäischem Boden. Dieser Krieg ist nicht nur eine menschliche Tragödie, die beide kämpfenden Länder auf die eine oder andere Weise trifft, sondern vielmehr ein Krieg der Systeme. Autoritäre Regime gegen Demokratie. Werden wir – freie Europäerinnen und Europäer[1] – die Demokratie verteidigen können?

Um Demokratie geht es auch in diesem Buch, das ist sein wesentlicher Bestandteil, der in der 2. Auflage noch bedeutender geworden ist. Die Veränderungen in der Arbeitswelt, die vor allem durch die Digitalisierung und den Generationenwechsel verursacht worden sind, weisen in Richtung Partizipation und Demokratisierung in Unternehmen. Die modernen Führungskräfte, die bereits zu einem großen Teil aus der Generation Y stammen, spielen eine zentrale Rolle bei der digitalen und Führungstransformation, die im Begriff ist, unser Arbeiten und Leben radikal zu verändern. Hybride Arbeitswelt und Remote Work, Generationenvielfalt und Multikulturalität, Nachhaltigkeit und digitale Geschäftsmodelle, Umweltprobleme und Abhängigkeit von globalen Wertschöpfungsstrukturen – alle diese Bereiche sollen im Interesse der Unternehmen, der Beschäftigten und der ganzen Gesellschaft gestaltet werden.

---

[1] Im Weiteren werden aus Gründen besserer Lesbarkeit nur männliche Formen benutzt, wobei Vertreter des weiblichen und männlichen Geschlechts gemeint werden.

Die Erfahrungen und Erkenntnisse der letzten Jahre spiegeln sich in aktualisierten Ausführungen und praktischen Beispielen des Buches wider, vor allem die Lehren aus der Corona-Krise hinsichtlich der virtuellen Zusammenarbeit, Technologienutzung, Erfolgsfaktoren der Führung und die neusten Studien zu den Anforderungen der jüngeren Beschäftigten an die Arbeitswelt, Faktoren der Motivation und Bindung, neue Organisations- und Führungskonzepte für mehr Agilität und organisationale Demokratie.

Es gilt, die Zukunft der Gesellschaft und der Unternehmen mitzugestalten, ohne es irgendwelchen autoritären Herrschern zu überlassen. Wir sind alle gefragt und dürfen mitentscheiden, wie es in unserer Hochschule oder unserem Unternehmen weitergeht. Und ich bin sicher – wir schaffen es!

Köln
im Mai 2022

Swetlana Franken

Vorwort

Die Unternehmenswelt verändert sich rasant, und die Führungskräfte stehen vor der Herausforderung, auf diese Veränderungen adäquat zu reagieren, die Chancen im Interesse des Unternehmens und seiner Beschäftigten zu realisieren und den Risiken vorzubeugen.

Insbesondere die Digitalisierung und Vernetzung, die in alle Bereiche des Lebens und Arbeitens vorgedrungen sind, eröffnen neue strategische Perspektiven für innovative Geschäftsmodelle, individualisierte Produkte und effiziente automatisierte Prozesse (Industrie 4.0). Zugleich verursacht digitale Technologie neuartige Bedrohungen, so genannte disruptive Geschäftsmodellinnovationen, die ganze Unternehmen und Branchen vernichten können. Es liegt in der Verantwortung der Führung, intelligente Entscheidungen zu treffen, um die Zukunft des Unternehmens zu sichern, für ein effektives Trendscouting und intensive Innovationsarbeit zu sorgen.

Die digitale Transformation und die Einführung der Industrie 4.0 in Unternehmen finden vor dem Hintergrund des demografischen Wandels statt, d. h. die Belegschaften werden zunehmend älter und bunter. Der Umgang mit den Beschäftigten verschiedener Generationen, mit Männern und Frauen, mit Zugewanderten erfordert spezielle Führungsinstrumente und -konzepte, um die Vorteile der Vielfalt zu erschließen.

Die Beschäftigten, insbesondere die Vertreter der Generationen Y und Z, erwarten von Unternehmen und den Führenden eine kollegiale Zusammenarbeit auf Augenhöhe und fordern mehr Partizipation und Demokratie ein. Deswegen sind die Führungsaufgaben der Zukunft partizipativ zu bewältigen. Eine direkte digitale Abstimmung über die strategischen Entscheidungen und über den Führungsstil des Vorgesetzten oder sogar eine direkte Wahl der Führungskräfte sind durchaus möglich.

Diese komplexen Veränderungen verlangen nach neuen Führungsmethoden und Führungskompetenzen. Welche Führung ist zukunftstauglich? Welche Kompetenzanforderungen werden an die Führungskräfte gestellt? Welche Konzepte und Instrumente der Führung werden auch in Zukunft aktuell bleiben? Dieses Lehrbuch versucht, einen Blick in die Zukunft der Führung zu werfen und diese Fragen anhand der Forschungsergebnisse und der Best Practices aus Unternehmen zu beantworten.

Als Grundlage wird das 4D-Modell der Führung erläutert. Die 4D stehen für Digitalisierung, Demografie/Diversität, Demokratie und Dynamik und beschreiben die zentralen Anforderungen an die Führung der Zukunft. Ihre Auswirkungen auf die Führungsmethoden und praktische Umsetzungsmaßnahmen werden ausführlich und praxisnah beschrieben. Zur Vertiefung werden anwendungsorientierte Instrumente der strukturellen und interaktiven Führung sowie die Führungskompetenzen und die Möglichkeiten ihrer Vermittlung erläutert.

Ich hoffe, dass die Anregungen des Buches interessierte Leser finden und für die Führungsaufgaben der Zukunft vorbereiten werden. Sie, Führungskräfte der Zukunft, werden diese Welt gestalten, Sie werden mit den genannten Herausforderungen konfrontiert und lernen müssen, diese zu bewältigen. Führung kann man nicht lehren, aber man kann sich effektive Führungsmethoden und geeignete Führungstechniken aneignen, indem man über die Theorien reflektiert, Erfahrungen in der Praxis sammelt und über das eigene Führungsverhalten nachdenkt. In diesem Sinn – viel Spaß und viel Erfolg!

Köln
im Februar 2016

Swetlana Franken

Inhaltsverzeichnis

Teil I Warum ist neue Führung erforderlich?

1 Arbeitswelt der Zukunft als Herausforderung für die Führung 3
   1.1 Digitalisierung der Arbeitswelt 4
      1.1.1 Zentrale Begriffe im Kontext der Digitalisierung 4
      1.1.2 Technologische Treiber der Digitalisierung 9
      1.1.3 Auswirkungen der Digitalisierung auf unternehmerisches Handeln 12
      1.1.4 Auswirkungen der Digitalisierung auf Organisation und Menschen in Unternehmen 16
   1.2 Demografische Veränderungen, Wertewandel, Globalisierung und Nachhaltigkeit 21
      1.2.1 Demografischer Wandel und Fachkräftemangel 22
      1.2.2 Generationenwechsel und Wertewandel 23
      1.2.3 Globalisierung oder Deglobalisierung? 25
      1.2.4 Nachhaltigkeit 27
   1.3 Konsequenzen für die Arbeitswelt und die Führung 30
   Literatur 33

Teil II Welche Führung ist zukunftstauglich?

2 Führung 4D als Antwort auf neue Herausforderungen der Arbeitswelt 39
   2.1 Traditionelle Führungskonzepte 39
      2.1.1 Eigenschaftstheorien der Führung 41
      2.1.2 Verhaltenstheorien der Führung 42
      2.1.3 Situationstheorien der Führung 44
      2.1.4 Fazit zu den traditionellen Führungskonzepten 46
   2.2 Neuere Führungskonzepte 46
      2.2.1 Symbolische Führung 47
      2.2.2 Transaktionale und transformationale Führung 49

		2.2.3	Emotionale Führung	52
		2.2.4	Fazit zu den neueren Führungskonzepten	55
	2.3	Aktuelle Sicht auf die Führung		55
		2.3.1	Partnerschaftliche Führung auf Augenhöhe	56
		2.3.2	Corona-Krise als Stresstest für die Führung	58
	2.4	4D-Modell der Führung für die Zukunft		61
		2.4.1	Digitalisierung der Führung	62
		2.4.2	Demografie- und Diversityorientierung der Führung	63
		2.4.3	Demokratisierung der Führung	64
		2.4.4	Dynamisierung der Führung	65
		2.4.5	Kulturelle Werte für die Führung der Zukunft	66
	Literatur			68
3	**Führungskonzepte für die Digitalisierung**			**71**
	3.1	Strategische Chancen der Digitalisierung nutzen		71
		3.1.1	Erfolgreich innovieren mit Ambidextrie	72
		3.1.2	Digitale Geschäftsmodellinnovationen vorantreiben	76
		3.1.3	Data Analytics und Künstliche Intelligenz einsetzen	81
		3.1.4	Innovationspotenziale erschließen und vernetzen	85
	3.2	Digitalisierte Arbeitswelt gestalten		90
		3.2.1	Zusammenarbeit von Mensch und Maschine	91
		3.2.2	Konzepte für die Flexibilisierung der Arbeit	92
		3.2.3	Risiken und ethische Fragen im Kontext der Digitalisierung	96
		3.2.4	Datenschutz und Datensicherheit garantieren	99
	3.3	Virtuelle Zusammenarbeit und Führung		101
		3.3.1	Führung in virtuellen Kontexten	102
		3.3.2	Hybride Arbeitswelt	105
	3.4	Qualifizierung für digitalisierte Arbeit		108
		3.4.1	Kompetenzanforderungen in der digitalisierten Arbeitswelt	108
		3.4.2	Vermittlung von Zukunftskompetenzen	110
	Literatur			115
4	**Demografie- und diversitygerechte Führung**			**119**
	4.1	Demografische Entwicklung als Determinante der Führung		119
		4.1.1	Die Auswirkungen des demografischen Wandels auf Unternehmen	120
		4.1.2	Führungsaufgaben im Kontext der demografischen Veränderungen	122
	4.2	Potenziale der älteren Beschäftigten erschließen		123
		4.2.1	Stärken und Schwächen älterer Beschäftigter	124
		4.2.2	Führungsinstrumente zur Förderung der Beschäftigungsfähigkeit älterer Mitarbeitenden	126
		4.2.3	Wissensaustausch und Kompetenzvermittlung fördern	131

4.3		Generationen Y und Z führen	135
	4.3.1	Charakteristika und Umgang mit der Generation Y	135
	4.3.2	Charakteristika und Umgang mit der Generation Z	137
4.4		Potenziale von Frauen für Unternehmen erschließen	139
	4.4.1	Frauen in der Beschäftigung und Führung	139
	4.4.2	Barrieren für den Aufstieg von Frauen	142
	4.4.3	Frauenförderung – Maßnahmen und Erfolgsfaktoren	144
4.5		Führung von multikulturellen Belegschaften	146
	4.5.1	Status quo der kulturellen Vielfalt in deutschen Unternehmen	147
	4.5.2	Vorteile der kulturellen Vielfalt für Unternehmen	148
	4.5.3	Führungskonzepte für das Management kultureller Diversität	150
4.6		Potenzial- und Stärkenorientierung der Führung	151
	4.6.1	Konzept der Stärkenorientierung im Umgang mit Vielfalt	152
	4.6.2	Generationenbedingte Vorteile und Stärken nutzen	154
	4.6.3	Individuelle Stärken und Potenziale erschließen	157
Literatur			159

5 Demokratisierung der Führung ... 163

5.1		Treiber der Demokratisierung in Unternehmen	163
	5.1.1	Steigende Bedeutung der Qualifikation, Dezentralisierung und Flexibilisierung in Unternehmen	164
	5.1.2	Forderungen der Mitarbeitenden nach mehr Teilhabe und Partizipation	168
5.2		Partizipation und Demokratisierung in Unternehmen	169
	5.2.1	Begriff und Formen der Partizipation in Unternehmen	170
	5.2.2	Begriff und Formen der organisationalen Demokratie	172
	5.2.3	Chancen und Grenzen der Demokratisierungsansätze	177
5.3		Führungsverständnis für Partizipation und organisationale Demokratie	179
	5.3.1	Geeignete Führungskonzepte	179
	5.3.2	Geeignete Führungsstile	182
5.4		Best Practices der Demokratisierungskonzepte in Unternehmen	183
	5.4.1	Mitarbeitergeführte Unternehmen	184
	5.4.2	Führung auf Zeit mittels demokratischer Wahlen	187
	5.4.3	Soziokratie und Holakratie in der Praxis	189
	5.4.4	Konsequenzen für die Führung im Kontext der Demokratisierung	190
Literatur			193

6 Dynamische Führung ... 197

6.1		Veränderungen wahrnehmen und initiieren	197
	6.1.1	Trend- und Zukunftsforschung	198
	6.1.2	Innovationen vorantreiben	200

6.2 Agilität in Unternehmen fördern ... 205
    6.2.1 Agilität und agiles Mindset ... 205
    6.2.2 Agile Entwicklungs- und Arbeitsmethoden ... 209
    6.2.3 Agile Organisation einführen ... 215
6.3 Agile Führungskräfte ... 220
    6.3.1 Agile Führungskompetenzen ... 222
    6.3.2 Selbstreflexion und Veränderung der Führungskräfte ... 223
    6.3.3 Feedback und Mitwirkung der Mitarbeiter ... 226
    6.3.4 Experimentieren! ... 228
Literatur ... 229

Teil III Wie wird die neue Führung umgesetzt?

7 Instrumente der strukturellen Führung ... 233
7.1 Strukturelle Führung im Überblick ... 234
7.2 Technische Infrastruktur und Assistenzsysteme ... 236
    7.2.1 Kommunikations- und Kollaborationstools ... 237
    7.2.2 Assistenzsysteme in der Produktion und Führung ... 239
7.3 Führungskonzepte: transaktional, transformational, situativ ... 243
    7.3.1 Transaktionale Führung: Konzept, Umsetzung, Anwendung ... 244
    7.3.2 Transformationale Führung: Konzept für die Zukunft? ... 245
    7.3.3 Kombination der transaktionalen und transformationalen Führung ... 248
    7.3.4 Situations- und Personenorientierung der Führung ... 249
7.4 Arbeit und Führung in Teams ... 251
    7.4.1 Begriff und Formen der Teamarbeit ... 251
    7.4.2 Führung von neuartigen Teams in der Arbeitswelt der Zukunft ... 255
7.5 Gestaltung der Unternehmenskultur ... 260
    7.5.1 Purpose und Vision als Grundlagen der Unternehmenskultur ... 260
    7.5.2 Begriff und Modell der Unternehmenskultur ... 262
    7.5.3 Wirkungen der Unternehmenskultur ... 264
    7.5.4 Kulturelle Werte für Unternehmen der Zukunft ... 266
    7.5.5 Gestaltung der Unternehmenskultur und die Rolle der Führungskräfte ... 270
Literatur ... 275

8 Geeignete Instrumente interaktiver Führung ... 277
8.1 Interaktive Führung im Überblick ... 277
8.2 Emotionen und Vertrauen in der Führung ... 281
    8.2.1 Die Bedeutung von Emotionen in der Führung ... 281
    8.2.2 Führen mit Emotionen ... 282
    8.2.3 Vertrauen aufbauen ... 285

8.3 Werte vorleben, Sinn vermitteln 288
    8.3.1 Unternehmenswerte vorleben 288
    8.3.2 Sinn vermitteln.................................... 290
8.4 Kommunikation und Feedback 292
    8.4.1 Formen der Kommunikation in Unternehmen.............. 293
    8.4.2 Besprechungen und Mitarbeitergespräche............... 296
    8.4.3 Feedback 300
8.5 Wirksame Motivation und Bindung............................ 302
    8.5.1 Begriff und Formen der Motivation.................... 303
    8.5.2 Faktoren der Motivation und Bindung in der Praxis 306
    8.5.3 Motivation und Bindung als Aufgaben der direkten Führung 309
Literatur... 317

Teil IV Wer führt in (die) Zukunft?

9 Führungskompetenzen für die Zukunft 321
  9.1 Anforderungen an Führungskräfte............................. 321
    9.1.1 Neue Anforderungen aufgrund der Trends................. 322
    9.1.2 Kompetenzprofil für die Führungskräfte der Zukunft 326
    9.1.3 Handlungsbedarf hinsichtlich der Führungskompetenzen in der Praxis.. 328
  9.2 Maßnahmen zur Förderung von Führungskompetenzen 330
    9.2.1 Traditionelle Konzepte und Instrumente der Führungskräfteentwicklung............................. 331
    9.2.2 Aktuelle Trends für Lernen und Weiterbildung............ 336
  9.3 Empfehlungen und Best Practices für die zukunftsorientierte Führungskräfteentwicklung................................... 338
    9.3.1 Geeignete Maßnahmen und Instrumente im Überblick....... 338
    9.3.2 Förderung von Kompetenzen für digitale Transformation und neue Geschäftsmodelle........................... 338
    9.3.3 Erfahrungsgruppen für Führungskräfte 341
    9.3.4 Virtuelle Lerncommunity und Plattformen für die Führungskräfteentwicklung............................ 343
    9.3.5 Förderung der Selbstreflexion als Basis für die Führungskompetenz.................................. 346
    9.3.6 Handlungsempfehlungen für die zukunftsorientierte Führungskräfteentwicklung............................ 348
Literatur.. 351

Teil I
Warum ist neue Führung erforderlich?

Arbeitswelt der Zukunft als Herausforderung für die Führung

Zusammenfassung

Die moderne digitale Arbeitswelt wird als VUCA-Welt (Volatilität, Unsicherheit, Komplexität und Ambiguität) bezeichnet. Die Führung muss Antworten auf die Herausforderungen der Digitalisierung und der demografischen Veränderungen, des Fachkräftemangels und Wertewandels, der Globalisierung und Nachhaltigkeit finden. Die andauernde Corona-Pandemie hat einen Schub für digitale Transformation gegeben und zugleich gezeigt, dass die Produktivität und Arbeitszufriedenheit von Beschäftigten im Homeoffice von der Gestaltung der virtuellen Kommunikation und Führung abhängen. Um die Vorteile der Büro- und mobilen Arbeit zu nutzen, bedarf es neuer Organisations- und Führungskonzepte. Die Digitalisierung in Unternehmen geht bereits in die dritte Phase und setzt verstärkt auf Big Data Analytics und Künstliche Intelligenz. Es ist erforderlich, die Arbeitsteilung zwischen Menschen und Maschinen neu zu tarieren, um digitale Technologien im Interesse von Unternehmen, Menschen und der Gesellschaft einzusetzen. Zugleich verstärkt sich der Fachkräftemangel, die Belegschaften werden älter und bunter, die jüngeren Generationen von Beschäftigten bringen neue Werte und Erwartungen an Unternehmen und Führung mit, darunter auch Nachhaltigkeit als Maxime des Handelns. Der einstige Megatrend Globalisierung ist durch die Lieferungsengpässe während der Corona-Krise ins Wanken geraten und muss hinterfragt werden, auch mit Blick auf Nachhaltigkeitsaspekte und politische Abhängigkeiten. Alle diese Veränderungen stellen Unternehmen vor neue Herausforderungen hinsichtlich ihrer Produkte und Geschäftsmodelle, der IT- und Datensicherheit, der Gestaltung von Strukturen, Prozessen und Arbeitsorganisation sowie in der Neudefinition der Rolle der Menschen und der Führung in Unternehmen der Zukunft. Traditionelle Führungskonzepte werden der neuen Arbeitswelt nicht mehr gerecht. Als Initiatoren und Architekten der

Veränderungs- und Gestaltungsprozesse sind Führende aufgefordert, ihre Rolle und Führungsinstrumente zu hinterfragen und neue Wege zu beschreiten.

1.1 Digitalisierung der Arbeitswelt

Digitale Technologien sind aus unserem Leben nicht mehr wegzudenken. Zwei Generationen, die inzwischen einen wesentlichen Teil der Beschäftigten in Unternehmen ausmachen, sind mit Internet und Mobiltelefon aufgewachsen – Generation Y (die zwischen 1981 und 1995 Geborenen) und Generation Z (die zwischen 1996 und 2009 Geborenen) – und werden als Digital Natives bezeichnet. Die jüngste Generation Alpha (geboren seit 2010) wird noch intensiver mit digitalen Technologien konfrontiert, kommuniziert souverän mit Siri und Alexa und hat teilweise bereits Erfahrungen mit dem Corona-bedingten Homeschooling gemacht. Aber auch für die Älteren gehört heute Internetnutzung zum Alltag: 94 % der 50- bis 59-Jährigen und 85 % der 60- bis 69-Jährigen nutzen das Internet (vgl. Initiative D21, 2021).

Immer und überall erreichbar sein, jederzeit auf das Internet zugreifen können, Nachrichten und Fotos live mit Freunden teilen, rund um die Uhr online einkaufen, Filme und Musik zu beliebiger Zeit konsumieren – alle diese Bequemlichkeiten sind für uns zu einer Selbstverständlichkeit geworden. Ein wachsender Teil der Alltags- und Arbeitsaktivitäten wird in die digitale Welt verlagert.

Die Begriffe Digitalisierung, Industrie 4.0, Internet der Dinge und Künstliche Intelligenz (KI) sind in aller Munde und beschreiben eine neue Arbeitswelt, die enorme Vorteile und Chancen für Unternehmen und Menschen bringen kann. Allerdings ist die Digitalisierung auch mit Problemen und Risiken behaftet, wie möglicher Verlust von Arbeitsplätzen, Gefährdung von Datensicherheit und Privatsphäre sowie neue Kompetenzanforderungen an die Beschäftigten. Durch die Corona-Pandemie hat die Digitalisierung in den letzten Jahren einen enormen Schub bekommen. Digitale Kommunikation, Arbeit im Homeoffice und virtuelle Zusammenarbeit sind zu einem festen Bestandteil der Arbeitswelt geworden.

1.1.1 Zentrale Begriffe im Kontext der Digitalisierung

Eine rasante Steigerung der Leistungsfähigkeit der Computersysteme, die gleichzeitige massive Senkung ihrer Kosten und ihre Miniaturisierung haben zu einem enormen Aufschwung der Digitalisierung in den letzten Jahrzehnten geführt (vgl. OECD, 2019).

Historisch gesehen kann man von drei Phasen der Digitalisierung sprechen (vgl. Hirsch-Kreinsen, 2020, S. 12–13):

1. Seit dem Ende 1990er Jahre – Digitalisierung der Dienstleistungssektoren wie die Musikherstellung und -distribution, das Verlagswesen oder Finanzdienstleistungen,

1.1 Digitalisierung der Arbeitswelt

in denen Produktion, Konsumtion und Kommunikation unmittelbar auf immateriellen Transaktionen und Datennutzung basieren;
2. Seit Beginn der 2000er Jahre – Verknüpfung von physischen Objekten und Prozessen mit ihrer virtuellen Datenebene (Internet der Dinge, Cyber-physische Systeme) in diversen Anwendungsbereichen (Wohnen, Medizin, Verkehr, Industrie);
3. Aktuell – zunehmende Nutzung der Künstlichen Intelligenz (KI) und Autonomer Systeme.

▶ **Digitalisierung** bedeutet allgemein die Umwandlung von analogen Daten in eine digitale Form.

Den wirtschaftlichen und sozialen Wandel, der durch die Digitalisierung angestoßen wird, bezeichnet man als **digitale Transformation**.

Ein zentraler Begriff im Kontext der Digitalisierung ist „Internet der Dinge", das die Basis für intelligente Produkte und Prozesse bildet.

▶ **Internet der Dinge** (Internet of Things, IoT) beschreibt eine Verknüpfung von physischen Gegenständen mit digitalen Informationen und Kommunikation, bei der intelligente (smarte) Produkte entstehen.

Was kann unser allgegenwärtiger Begleiter Smartphone? Seit seiner Geburtsstunde im Jahr 2007 hat Smartphone viel gelernt. Nicht nur Telefonie und Produzieren/Senden/Empfangen von Fotos und Videos, sondern auch Navigation, Computerspiele und vieles mehr gehören zu seinen Talenten. Darüber hinaus ist unser Smartphone intelligent – Autokorrektur, Synchronübersetzung, biometrische Fingerabdrucksensoren und Gesichtserkennung sind nur einige Beispiele für die Künstliche Intelligenz, die in die modernen Geräte eingebaut ist (vgl. Abschn. 1.1.2).

Das Internet der Dinge verbindet Smartphones, Haustechnik, Maschinen, Fahrzeuge etc. miteinander über das Internet. Sensoren erfassen zahlreiche Daten der Geräte wie Temperatur, Standort, Ressourcenverbrauch, die für unterschiedliche Zwecke analysiert werden können.

Die Einsatzbereiche für IoT sind vielfältig: Durch Sensoren in der Lagerhaltung und Logistik werden Bestände optimiert und Störungen in der Lieferkette in Echtzeit erkannt. In der Produktion überwachen sie die Prozesse und vermindern Produktionsausfälle durch frühzeitige Warnmeldung. Eine automatische Steuerung von Beleuchtungs-, Heiz- und Kühlsystemen führt zu einer Einsparung von Energieressourcen in Unternehmen (vgl. Abschn. 1.2.4).

Immer mehr Gegenstände in unserem Alltag werden intelligent. Waschmaschinen, Heizungen oder Autos werden durch integrierte Computer zu **smarten** (intelligenten) **Produkten,** die über das Internet vernetzt sind und miteinander oder mit uns kommunizieren. Ein intelligentes Zuhause (Smart Home) ist bereits für viele zur Realität geworden.

> **Was kann Smart Home?**
>
> Smart Home verwendet technische Geräte wie Sensoren, gesteuerte Motoren und Kameras und bietet in der Regel Lösungen für Komfort, Energiesparen und Sicherheit. Die bereits in vielen Haushalten vorhandenen Geräte wie Waschmaschinen, Funksteckdosen, Rauchmelder oder elektrische Rollläden werden miteinander vernetzt. Das heißt, dass man zum Beispiel von unterwegs die Heizung einstellen kann oder eine Waschmaschine automatisch eine Nachricht auf das Smartphone verschickt, wenn die Wäsche fertig ist oder eine Störung vorliegt. Die Steuerung von Smart Home findet über Smartphone oder Sprachassistenten wie Alexa statt. ◄

Auch Unternehmen und Organisationen profitieren von der Nutzung mobiler Geräte und Vernetzung von Gegenständen und Prozessen. Im produzierenden Gewerbe wird im Kontext der Digitalisierung von Industrie 4.0 gesprochen. Von zentraler Bedeutung für die Industrie 4.0 sind die Begriffe Smart Factory, Cyber-physische Systeme und digitaler Zwilling.

▶ **Industrie 4.0** bezeichnet die intelligente Vernetzung von Maschinen und Abläufen in der Industrie mithilfe von Informations- und Kommunikationstechnologie (vgl. Plattform Industrie 4.0, o. J.).

Die klassische Fabrikeinrichtung wächst mit der Informationstechnologie (IT) zusammen, wodurch eine intelligente Fabrik (Smart Factory) entsteht. Um eine Grundlage für die intelligente Vernetzung zu schaffen, werden bisher passive Objekte mit Mikrocontrollern, Kommunikationssystemen, Identifikatoren sowie Sensoren und Aktoren ausgerüstet. So entstehen intelligente Objekte und damit Cyber-physische Systeme, die eine Vernetzung von Menschen, Maschinen und Produkten ermöglichen.

▶ **Cyber-physisches System** (CPS) ist das informationstechnologische Zusammenspiel von physischen Systemen und eingebetteter Software mit der virtuellen Datenebene sowie vernetzten und interaktiven Anwendungssystemen (vgl. Hirsch-Kreinsen, 2020, S. 13).

Die zentrale Voraussetzung für CPS bildet die Darstellung der realen Prozesse und Objekte in Form eines sogenannten **digitalen Zwillings,** der die Prozesse und Objekte modellhaft in Algorithmen abbildet und damit ihre Simulation und Steuerung ermöglicht (vgl. Hirsch-Kreinsen, 2020, S. 13).

In der **Smart Factory** werden intelligente Einheiten (Cyber-physische Systeme) entlang des ganzen Produktlebenszyklus von der Entwicklung über Fertigung bis zu

Entsorgung vernetzt. Produktteile, autonome Transportsysteme, Lageranlagen und Fertigungsroboter kommunizieren untereinander, bestellen und liefern notwendige Komponenten und Materialien, führen Qualitätskontrollen durch etc. Und alles ohne menschliches Zutun.

Industrie 4.0 besitzt das Potenzial, Wertschöpfungsketten grundlegend neu zu gestalten und die Geschäftsmodelle der Branchen wie Anlagen- und Maschinenbau, Automobilindustrie und Elektrotechnik erheblich zu beeinflussen. Höhere Flexibilität, steigende Produktivität und sinkende Produktionskosten werden als Vorteile der Digitalisierung genannt.

Eine verbreitete praktische Anwendung im Rahmen der Industrie 4.0 ist **Predictive Maintenance**, d. h. vorausschauende Instandhaltung, die von Maschinen und Anlagen selbst durchgeführt wird, basierend auf Signalen oder diagnostischen Techniken, die auf Probleme hinweisen.

> **Predictive Maintenance mit MAX**
>
> MAX analysiert Echtzeitdaten von Aufzügen und Fahrtreppen rund um den Globus und versorgt das Kontrollzentrum von ThyssenKrupp Elevator mit einem Höchstmaß an technischen Informationen. Das Resultat ist ein fundamental neuer Ansatz für den Service, der proaktives Handeln in den Mittelpunkt stellt. MAX verbindet die Anlagen mit der Cloud, in der leistungsstarke Algorithmen die Daten der Aufzüge und Fahrtreppen analysieren. Mögliche Fehlerquellen und Probleme werden erkannt und eingeschätzt, bevor sie auftreten. Stellt MAX eine Störung fest, wird umgehend der Servicetechniker informiert, der sich um alle Wartungsdetails kümmert. So können Ausfallzeiten signifikant reduziert werden (vgl. Thyssen Krupp, 2022). ◄

Die aufgeführten Beispiele belegen, dass digitale Technologien neue Chancen in verschiedenen Lebens- und Wirtschaftsbereichen eröffnen und zugleich weitgehende Konsequenzen für die Arbeit und Gesellschaft nach sich ziehen. Deswegen ist die Digitalisierung keine rein technische Angelegenheit, sie erfordert Strukturen und Prozesse für ihre praktische Umsetzung sowie Menschen, die in der Lage und willig sind, digitale Technologien zu nutzen. Insofern ist Digitalisierung auch ein sozialer und kultureller Prozess.

Die digitalisierte Arbeitswelt bedeutet, dass verschiedene Daten über Produktionsprozesse, wie Kennzahlen zur Leistung und Produktivität oder Aktivitäten von Beschäftigten, jederzeit erfasst und ausgewertet werden können. Theoretisch machbar ist eine ständige Ortung und Kontrolle der Mitarbeitenden. Allerdings ist nicht alles, was machbar wäre, auch sinnvoll oder erwünscht.

Im wissenschaftlichen Diskurs wird Digitalisierung hinsichtlich ihrer langfristigen Folgen für die Gesellschaft und Menschen kontrovers diskutiert. Die Meinungspalette erstreckt sich von Sozialutopien im Sinne „Digitalisierung ist eine erfolgreiche Innovation für wohlstandserhaltende Zukunft und politische Stabilität" bis zu „Digitalisierung kann zu einer dystopischen gesellschaftlichen Form mit totaler Kontrolle führen" (vgl. Hirsch-Kreinsen, 2020, S. 19–20).

Man kann die Meinungen der Kontrahenten in diesem Streit durchaus nachvollziehen. Die Argumente der Optimisten sind beispielsweise unermüdliche Roboter und vollautomatische Fabriken, die uns die Arbeit abnehmen, sodass wir uns mit kreativen und sozialen Aufgaben beschäftigen können, Verbesserung der Work-Life-Balance, Lösung der demografischen Probleme sowie umweltschützende KI-Lösungen und direkte digitale Demokratie. Die Kritiker warnen vor Missbrauch der Daten, totaler digitaler Kontrolle, Verlust von Arbeitsplätzen, wachsender Macht der großen Internetkonzerne und sogar vor Unterwerfung der Menschen durch Maschinen.

Es ist wichtig, bei der Einschätzung der sozialen Folgen der Digitalisierung die Chancen und Risiken ausgewogen zu berücksichtigen, konkrete Umsetzungsfälle zu analysieren und im Interesse der Unternehmen, Beschäftigten und Gesellschaft zu gestalten.

> **Lesetipps für neugierige Leser** Für alle, die sich für die digitale Zukunft interessieren, möchte ich zwei Bücher empfehlen, die vor kurzem erschienen sind.
>
> „Das Zeitalter des Überwachungskapitalismus" (2018) von der Harvard-Ökonomin Shoshana Zuboff enthüllt die Gefahren der wachsenden Macht der High-Tech-Giganten und der dadurch entstehenden totalen Überwachung der Menschen. Sie zeichnet ein fundiertes Bild der neuen Märkte, auf denen Menschen nur noch Quelle eines kostenlosen Rohstoffs sind – Lieferanten von Verhaltensdaten. Die zunehmende Verhaltensauswertung und -manipulation droht unsere Freiheit und Selbstbestimmung zu beschneiden. Fundiert und überzeugend charakterisiert die Autorin das neu entstehende gesellschaftliche System.
>
> Die zweite Buchempfehlung – „Every" (2021) von Dave Eggers – richtet sich an diejenigen, die statt Sachbuch lieber einen Thriller lesen. Noch radikaler als in seiner Digital-Dystopie „The Circle" (2014), in der die Schattenseiten von Google aufgedeckt werden, setzt sich der Autor in „Every" mit der Zukunft der digitalisierten Menschheit auseinander. Das Unternehmen Every hat die Konkurrenz („Dschungel") aufgekauft und beherrscht die Welt. Jeder nutzt in dieser nicht allzu weit entfernten Zukunft die Apps von "Every", und so weiß die Firma alles über jeden. Komplettüberwachung, die Offenbarung und numerische Bewertung aller menschlichen Handlungen und Gefühle sind nun möglich. Wohin diese absolute Transparenz führen kann, ist faszinierend und beängstigend zugleich.

Im Weiteren werden zunächst die technologischen Treiber der Digitalisierung und danach ihre Auswirkungen auf Unternehmen und Menschen betrachtet.

1.1.2 Technologische Treiber der Digitalisierung

Als bedeutende technologische Treiber der Digitalisierung gelten Cloud Computing, Big Data und Data Analytics sowie KI und Maschinelles Lernen.

▶ **Cloud Computing** ermöglicht die dezentrale und bedarfsgerechte Bereitstellung von Daten und Services über das Internet und kann dazu genutzt werden, eine Plattform für das Speichern von Daten sowie zur Ausführung von Software-Diensten (z. B. Apps) zu bilden.

Die Cloud ist ein Netzwerk aus Servern, die miteinander verbunden sind und einen online Zugriff auf die auf den Servern gespeicherten Daten ermöglichen. Die Bereitstellung von IT-Ressourcen bei Cloud-Computing erstreckt sich von einzelnen Anwendungen bis zu Rechenzentren und findet auf der Basis nutzungsabhängiger Gebühren statt. Diese Flexibilität bringt insbesondere für kleine und mittlere Unternehmen und Privatpersonen Vorteile. Man braucht keine eigene IT-Infrastruktur zu schaffen, stattdessen kann man von jedem internetfähigen Gerät auf die Cloud-Dienste zugreifen.

Mit der Verbreitung der Cloud Technologie, größerer Leistungsfähigkeit von Computern, zunehmender Vernetzung von Gegenständen etc. werden immer größere Datenmengen (Big Data) produziert, verarbeitet und miteinander verknüpft.

▶ **Big Data** sind große Mengen an Daten, die aus Bereichen wie Internet und Mobilfunk, Finanzindustrie, Energiewirtschaft, Gesundheitswesen und Verkehr und aus Quellen wie intelligenten Agenten, sozialen Medien, Kredit- und Kundenkarten, Smart-Metering-Systemen, Assistenzgeräten, Überwachungskameras sowie Flug- und Fahrzeugen stammen und die mit speziellen Lösungen gespeichert, verarbeitet und ausgewertet werden (vgl. Bendel, o. J.).

Um diese Daten zu filtern, zu bewerten und zu beurteilen, werden Instrumente der Data Analytics verwendet.

▶ **Data Analytics** sind explizite Maßnahmen, um relevante Daten zu verstehen, zu verarbeiten und zu visualisieren, vor allem um unbekannte Korrelationen oder versteckte Muster zu erkennen.

Ziel von Data Analytics ist es, in den Daten Muster und Zusammenhänge zu finden, die Rückschlüsse auf unterschiedliche Handlungsoptionen ermöglichen (vgl. Deloitte, 2020). Diese Erkenntnisse können Unternehmen helfen, das Verhalten von Kunden besser zu prognostizieren und bessere Marketingmaßnahmen zu entwickeln oder Lagerbestände genauer zu berechnen. Im Gesundheitswesen können mithilfe von Big Data die Krankheiten genauer diagnostiziert und behandelt oder das versicherungstechnische Risiko von Kranken kalkuliert werden.

> **Gesundheitsvorsorge mit Big Data**
>
> Mithilfe von Big Data lassen sich Gesundheitsrisiken für einzelne Personen vorhersagen: Mit einer Smartwatch kann beispielsweise die Herzfrequenz jederzeit ausgelesen werden. Die anonymisierten Daten vieler Smartwatch-Nutzenden helfen dann dabei, die eigenen Daten vergleichbar zu machen und verdächtige Muster zu erkennen, zum Beispiel Anzeichen für einen Herzinfarkt. Tritt etwa leichtes Vorhofflimmern auf, warnt die App den Nutzer und rät zum Arztbesuch. Mittlerweile ist es sogar denkbar, dass eine App erkennt, ob ein Infarkt kurz bevorsteht, und direkt einen Notruf einleitet (vgl. KI Campus, o. J.) ◄

Aufgrund der Nutzung von Social Media, Smartwatches, Suchmaschinen und Cloud Technologie im privaten Bereich ist ein gigantischer Informationsraum entstanden, der eine enorme Menge an persönlichen Daten beinhaltet, die für verschiedene Zwecke genutzt werden können. In diesem Kontext spielt der Datenschutz eine wichtige Rolle, um einen möglichen Datenmissbrauch oder eine Verletzung der Privatsphäre zu verhindern. (s. Abschn. 1.1.4).

In Unternehmen werden Daten gesammelt und analysiert, die bei den vernetzten Anlagen und Maschinen in der Produktion und Logistik, beim Einkauf von Materialien und Teilen, im Vertrieb oder bei der Nutzung von Produkten durch die Kunden entstehen. Diese Daten bilden die Basis für unternehmerische Entscheidungen. Logischerweise hängt die Qualität der Ergebnisse von der **Qualität der Daten** ab, insofern ist es wichtig, die Verzerrungen in den Daten zu erkennen.

Besteht eine Möglichkeit, genug verlässliche Daten zu sammeln, so kann daran Künstliche Intelligenz trainiert werden, die schnell und effizient die Daten nach Mustern und Auffälligkeiten durchsuchen kann.

▶ **Künstliche Intelligenz** (KI) bezeichnet IT-Lösungen und Methoden, die selbstständig Aufgaben erledigen, wobei die der Verarbeitung zugrundeliegenden Regeln nicht explizit durch den Menschen vorgegeben sind (vgl. Fraunhofer IAO, 2019a). ◄

Der Begriff „Künstliche Intelligenz" ist umstritten und in gewisser Weise irreführend. Das Wort „Intelligenz" verleitet dazu, die Algorithmen mit Menschen zu vergleichen. Allerdings sind moderne KI-Systeme weit davon entfernt, intelligent zu handeln. Es geht lediglich um die Lösung von klar vordefinierten Aufgaben (so genannte „schwache" Intelligenz) im Gegensatz zu den menschlichen Fähigkeiten, komplexe vielfältige Probleme zu lösen. Die Entstehung einer „starken" KI, die mit der menschlichen Intelligenz vergleichbar wäre, liegt in weiter Ferne.

KI lässt sich als ein informationstechnisches System verstehen, das ein eigenständiges Problemlösungsverhalten zeigt. Die Problemlösung geschieht auf der Grundlage einer konkreten Aufgabenstellung durch Auswertung großer Datenmengen mittels geeigneter

Tools, wobei die KI selbstständig Algorithmen entwickelt und aufgrund eines Feedbacks die eigenen Lernalgorithmen laufend weiterentwickelt (vgl. Hagmann, 2021).

Die aktuellen KI-Anwendungen erstrecken sich von den bereits allgemein bekannten persönlichen Assistenten wie Alexa von Amazon und Cortana von Google bis zu KI-gestützten Rekrutierungs- und Auswahlverfahren im Personalbereich und KI- gestützten Diagnosen von Krankheiten mithilfe von IBM Watson. Laut IBM Studie 2020 wird KI weltweit in 34 % der Unternehmen bereits eingesetzt und in 39 % der Unternehmen wird der Einsatz von KI evaluiert (vgl. IBM, 2020).

Das Trainieren von KI passiert durch maschinelles Lernen (machine learning), das in verschiedenen Formen stattfinden kann.

▶ **Maschinelles Lernen** beschreibt Algorithmen und Verfahren, bei denen das Lernen aus Daten bzw. aus Erfahrungswissen im Mittelpunkt steht (Fraunhofer IAO 2019b).

Intelligente Systeme trainieren sich mithilfe maschineller Lernverfahren, z. B. über Neuronale Netze, selbst bestimmte Fähigkeiten an, indem sie bekannte Muster verwenden, um neue Entscheidungsfälle zu interpretieren. Dazu sind Trainingsdaten für den jeweiligen Entscheidungsfall erforderlich, die das Ergebnis bereits vorwegnehmen. Je höher die Datenqualität ist und je mehr Daten vorliegen, desto besser kann das System trainiert werden. Durch den Abgleich des berechneten Ergebnisses mit dem gewünschten Zielergebnis lernt es, immer bessere Entscheidungen zu treffen (vgl. Fraunhofer IAO, 2019b).

KI-Algorithmen sind nur so gut, wie die ihnen zugrunde liegende Datenbasis. Selbstlernende Algorithmen verhalten sich im Prinzip wie Kinder: Sie lernen aufgrund von Daten, mit denen sie „gefüttert" werden. Lernen die Maschinen unkontrolliert oder auf einer fehlerhaften Basis, entstehen Risiken von Fehlern und Verzerrungen (so genannte KI-Bias-Effekte).

> **Bias-Effekte bei Personalauswahl**
>
> Ein von Amazon eingesetztes KI-Programm zur Bewertung von Bewerberinnen und Bewerbern schlug überdurchschnittlich oft weiße Männer für eine Einstellung vor. Der Grund: Weil das Unternehmen fast nur weiße Männer beschäftigt hatte, waren die Daten dieser Mitarbeiter nahezu der alleinige Maßstab für künftige Einstellungen. Die Erfahrungen mit ihnen mussten zwangsläufig am besten ausfallen. Andere relevanten Bewerbergruppen wurden von vornerein ausgeschlossen (vgl. Krafft, 2020). ◀

Ein Algorithmus wird besser und fehlertoleranter, je mehr Daten ihm zur Verfügung stehen. Mangelhafte Datensätze oder ein zu kleiner Umfang an Daten führen oft zu fehlerhaften Ergebnissen, weil sie nur einen Teil der Wirklichkeit abbilden. Wollen wir KI-Systeme wirklich intelligent machen, müssen wir ihr Lernverhalten so offen wie möglich gestalten und Verzerrungs-Effekte minimieren. Und wenn die Algorithmen ethisch-moralische Kriterien in ihr Lernen und ihre Entscheidungen einbeziehen sollen, dann müssen wir sie mit solchen Kriterien "füttern" (vgl. Krafft, 2020).

Wie und in welchem Ausmaß werden die beschriebenen technologischen Treiber in Unternehmen eingesetzt? Die Accenture-Studie 2021 hat festgestellt, dass erfolgreiche Vorreiterunternehmen intensiv Cloud Computing, Big Data Analytics, KI und maschinelles Lernen, Automatisierung und agiles Arbeiten implementieren. Sie transformieren ihre Arbeitsabläufe mithilfe umfangreicher Datenanalysen als Entscheidungsbasis, der richtigen Mischung aus menschlicher Arbeitskraft und Künstlicher Intelligenz sowie durch agilen Personaleinsatz (vgl. Accenture, 2021).

Der Status quo der digitalen Technologien in den deutschen Unternehmen sieht wie folgt aus (vgl. Accenture, 2021):

- Vier von fünf Unternehmen (80 %) in Deutschland haben eine **Cloud**-Infrastruktur eingeführt.
- Mit dem Ziel, menschliche Tätigkeiten durch Technologie zu unterstützen, haben 48 % der deutschen Unternehmen **KI**- und Data-Science-Anwendungen etabliert und 36 % der Unternehmen planen, den KI-Einsatz bis 2023 auszuweiten.
- 18 % der Unternehmen in Deutschland nutzen **Data-Analytics-Tools** und Daten aus diversen Quellen in größerem Umfang als Entscheidungsbasis und für umsetzbare Erkenntnisse.
- Jedes fünfte Unternehmen (22 %) hat Strategien für den **agilen Personaleinsatz** eingeführt.

Es ist bemerkenswert, dass nicht nur die Technologien, sondern auch agile Organisation und Arbeitsmethoden als Erfolgsfaktoren angesehen werden. Diese Tatsache bestätigt, dass die Digitalisierung nicht nur von der Technik getrieben wird, sondern auch von Organisation und Menschen.

Eine erfolgreiche digitale Transformation ist nur dann möglich, wenn man vielfältige unternehmensrelevante Konsequenzen im Umfeld und innerhalb des Unternehmens berücksichtigt. Auch wenn diese Faktoren sich gegenseitig beeinflussen, werden sie einfachheitshalber in zwei Kategorien eingeteilt: Folgen der Digitalisierung für das Handeln eines Unternehmens in seinem Umfeld (externe Folgen) und für die interne Organisation, Arbeitsgestaltung und die Beschäftigten (interne Folgen).

1.1.3 Auswirkungen der Digitalisierung auf unternehmerisches Handeln

Die Auswirkungen der Digitalisierung betreffen insbesondere folgende Aspekte, die für das Handeln und Management von Unternehmen bedeutend sind:

- Digitalisierung von Produkten und Geschäftsmodellen,
- zunehmende Bedeutung der Plattform-Ökonomie,
- neue Rolle von Konsumenten und anderen Stakeholdern,
- Gewährleistung von IT- und Datensicherheit

1.1.3.1 Digitalisierung von Produkten und Geschäftsmodellen

Aufgrund der Digitalisierung und Vernetzung können Unternehmen ihre Produkte und Dienstleistungen auf ganz neue Weise anbieten oder zusätzlichen Kundennutzen durch digitale Services erzeugen. Als Beispiel für digitalisierte Produkte können Autos von Tesla genannt werden, die als fahrende Computer bezeichnet werden und regelmäßig neue Updates erhalten.

Als Erfolgsrezept für Innovationen gilt eine Kombination aus der Nutzung von neusten Technologien und dem Gespür für die Kundenbedürfnisse. Hierbei können kleine junge Unternehmen den alten großen Konzernen Konkurrenz machen, wie es die Erfolgsgeschichten von vielen Newcomer wie Tesla, Uber, AirBnB oder Netflix beweisen.

> **Erfolgsgeschichte von Netflix**
>
> Die Videoverleihfirma Netflix wurde 1997 in Kalifornien gegründet und konkurrierte mit Blockbuster, dem größten Wettbewerber im Videoverleih über Ladengeschäfte. Allerdings hat Netflix früh auf die Video-Streaming-Technologie gesetzt und ist 2007 ins Video-on-Demand-Geschäft eingestiegen (seit 2014 auch in Deutschland). Im Jahr 2010 ist sein Konkurrent Blockbuster fast vom Markt verschwunden und hat 2014 seine letzten Geschäfte geschlossen. Netflix hatte 2020 weltweit 200 Mio. Abonnenten, 9400 Mitarbeiter und 25 Mio. $ Umsatz (vgl. Schüller & Steffen, 2017, S. 112, Statista, 2022). ◄

Auch das **Geschäftsmodell** eines Unternehmens als Grundlogik, welche Leistung dem Kunden geboten und wie diese erzeugt wird, kann sich durch die Digitalisierung wandeln. Traditionelle Geschäftsmodelle werden oft durch digitale Alternativen verdrängt. Physische Aktivitäten verlagern sich vermehrt ins Internet (Online-Shopping-Portale, Plattformen). Taxi-Unternehmen sehen sich mit den Fahrdiensten von Uber konfrontiert, die von Privatpersonen übernommen werden. Amazon verdrängt nicht nur die traditionellen kleinen Buchhändler, sondern macht insgesamt dem Einzelhandel Konkurrenz.

Die Digitalisierung von Geschäftsmodellen geht oft mit einer Disruption von bestehenden Unternehmen einher. Scheer (2018, S. 5) definiert disruptive Geschäftsmodelle als solche, bei denen „ein gegebenes Produkt oder gegebene Dienstleistung durch die Digitalisierung völlig neu definiert wird, bestehende Anbieter ihre wirtschaftlichen und technischen Kompetenzen verlieren und neue Anbieter auftreten, die die bisher erfolgreichen verdrängen."

Nahezu alle Objekte sind heute digital anschlussfähig und erheben im Betrieb bzw. während ihrer Nutzung laufend Daten, wie z. B. Fahrzeuge oder Fitnessarmbänder. Die Analyse dieser Daten ermöglicht es beispielsweise, sie in „smarte" Produkte und Dienstleistungen zu verwandeln. Im Zentrum der neuen Geschäftsmodelle stehen nicht mehr Unternehmen mit ihren Produkten und Diensten, sondern zunehmend die Nutzer mit ihren persönlichen Bedürfnissen und Vorlieben. Sie erhalten – wann und wo sie möchten (on-demand) – auf ihre individuellen Bedürfnisse eingestellte Produkte, internetbasierte Dienste und Dienstleistungen (vgl. Lernende Systeme, o. J.).

Eine ständige Überprüfung der bestehenden und Entwicklung der künftigen Geschäftsmodelle ist für ein Unternehmen erfolgsentscheidend, und die Führungskräfte spielen bei diesen strategischen Innovationen die zentrale Rolle, indem sie Zukunfts- und Trendforschung vorantreiben und die Kreativität aller Beteiligten fördern.

1.1.3.2 Zunehmende Bedeutung der Plattform-Ökonomie

Bei Plattformen als Geschäftsmodell handelt es sich um einen virtuellen Marktplatz, welcher Nutzen stiftende Transaktionen zwischen externen Produzenten und Konsumenten fördert.

Plattform-Geschäftsmodelle unterscheiden sich von klassischen, linearen Geschäftsmodellen dadurch, dass der Mehrwert nicht lediglich durch die Produzenten erschaffen und erst am Ende der Wertschöpfungskette (vom Einkauf bis zum Vertrieb) an die Kunden weitergegeben wird, sondern dass Produzenten und Kunden bereits in der Mehrwert-Entstehungsphase miteinander in Kontakt treten können und dadurch Kunden sogar an der Schaffung des Produktes, bzw. der Dienstleistung mitwirken können (vgl. Zielonka, 2018).

Eine Plattform (wie z. B. AirBnB) schafft einen Marktplatz, indem sie den Kontakt zwischen Produzenten und Konsumenten herstellt (Matching). Führt dieser Kontakt zu einer Transaktion, so führen die Beteiligten eine Gebühr an die Plattform ab. Im Gegenzug gelingt es Anbietern und Nachfragern, sich gegenseitig zu finden.

AirBnB als Plattform-Geschäftsmodell

Bei AirBnB kann jeder, der ein Zimmer oder einen Raum vermieten möchte, schnell und unkompliziert ein Nutzerkonto eröffnen und mittels einiger Bilder und einer Beschreibung des zu vermietenden Objekts ein aussagekräftiges Profil erstellen, über das potenzielle Kunden sofort für einen bestimmten Zeitraum mieten können. Anhand der Anfragen können Vermieter schnell erkennen, ob ihr Objekt den Anforderungen genügt und ob der Preis eher zu hoch oder zu niedrig angesiedelt ist. So lassen sich Anpassungen in Form von Renovierung oder Preiskorrekturen vornehmen, um der Nachfrage zu entsprechen (vgl. Zielonka, 2018). ◄

Bei den **datengetriebenen Plattform-Geschäftsmodellen** stehen Nutzer als Verbraucher, Mitarbeiter, Bürger, Patient oder Tourist im Mittelpunkt und bieten smarte

Services an. Der Kunde kann jederzeit und an jedem Ort situationsgerecht die für ihn passende Kombination von Produkten, Dienstleistungen und Diensten erwarten.

Um die Vorlieben und Bedürfnisse des Nutzers zu verstehen, nutzen die Plattform-Anbieter Big Data, die auf intelligente Art und Weise verknüpft (Smart Data) und in Form von intelligenten Services monetarisiert werden. Die umfangreichen und vielfältigen Daten, auf denen derartige Geschäftsmodelle gründen, stammen aus unterschiedlichen Quellen. Sie werden auf digitalen Plattformen zusammengeführt, ausgewertet und nutzbar gemacht. Mit Methoden des maschinellen Lernens und KI lassen sich Muster in den Daten identifizieren und Vorhersagen treffen – beispielsweise für die vorausschauende Wartung eines Maschinenparks im B2B-Geschäft. In vielen Fällen sind einzelne Unternehmen allein nicht in der Lage, datengetriebene Geschäftsmodelle umzusetzen. Deswegen entstehen **digitale Plattformen** als digitale Ökosysteme, um die sich Unternehmen unterschiedlicher Branchen und Größen gruppieren und zusammenarbeiten (vgl. Lernende Systeme, o. J.).

1.1.3.3 Neue Rolle von Konsumenten und anderen Stakeholdern

Digitalisierung ermöglicht eine ganzheitliche Optimierung von Wertschöpfungsketten, insbesondere durch eine neuartige Zusammenarbeit mit verschiedenen Akteuren (Stakeholdern), in erster Linie Kunden. Im Wesentlichen geht es dabei um das Erkennen der individuellen neuen Erfolgslogik für ein Unternehmen, das unter den Rahmenbedingungen der Digitalisierung in der Lage ist, dem Kunden einen zusätzlichen Nutzen durch die Verwendung von Daten anzubieten.

Dabei stehen eine starke Serviceorientierung der neu entwickelten digitalen Geschäftsmodelle und häufig ein neues Verständnis von Partnerschaft und Wettbewerb im Mittelpunkt, die sogenannte **Open Innovation**.

Im Kontext der Open Innovation können Kunden mithilfe der digitalen Medien schneller und effizienter in die Produktentwicklung miteinbezogen werden, indem sie ihre Meinung zu den bestehenden Produkten äußern, ihre Wünsche beschreiben, Produktprototypen testen. Individuelle Produktkonfiguration im Internet, wie heute bei der Bestellung eines Autos, wird auf unterschiedliche Produkte und Bereiche ausgeweitet.

Viele Unternehmen nutzen die Vorteile der Digitalisierung und setzen bei der Kundenintegration auf virtuelle Innovationswettbewerbe oder Communities. Die Einbeziehung der Kunden in die Innovationsprozesse und Strategieentwicklung gewinnt an Bedeutung, der Konsument wird zum **„Prosument"** (Produzent und Konsument), d. h. er entwickelt das Produkt mit.

Auch eine engere Zusammenarbeit mit Zulieferern und Wettbewerbern wird durch die Digitalisierung und Vernetzung begünstigt, beispielsweise in gemeinsamen Innovationsprojekten. Strategische Allianzen mit Wettbewerbern zur Schaffung gemeinsamer Standards oder Entwicklung innovativer Produktkomponenten (z. B. Batterien für E-Autos mit einem gemeinsamen Standard) sind schon heute gängig und werden aufgrund der Digitalisierung (gemeinsame Informationsplattformen und Datenbanken) intensiviert und beschleunigt.

Es liegt in der Verantwortung der Führungskräfte, sich mit den Möglichkeiten der Digitalisierung in der Zusammenarbeit mit relevanten Stakeholdern zu beschäftigen und optimale Entscheidungen zu treffen, insbesondere über Akteure und Instrumente der Open Innovation.

1.1.3.4 Gewährleistung von IT- und Datensicherheit

Durch die Vernetzung und Vereinheitlichung der Systeme bieten digitalisierte Unternehmen eine große Angriffsfläche für Industriespionage, Datenklau und Cyberangriffe. In der Smart Factory ist die Masse der aufkommenden Daten, die gespeichert werden, wesentlich höher als bei normalen Unternehmen. Bei einem Cyberangriff können die Täter aufgrund der Vernetzung sämtliche Daten des Unternehmens erlangen.

Die Gewährleistung der IT-Sicherheit ist für digitalisierte Unternehmen von zentraler Bedeutung. Es lassen sich die Bereiche der Betriebssicherheit (safety) und des Betriebsschutzes (security) unterscheiden. Die Betriebssicherheit befasst sich mit dem sicheren Betrieb von smarten Objekten ohne menschlichen Eingriff (z. B. fahrerlose Transportsysteme). Der Betriebsschutz umfasst daneben die Sicherheit und Vertraulichkeit gesammelter Daten. Die hierzu eingesetzten Technologien sollen vor Angreifern schützen und die oft drahtlose Kommunikation absichern. Hierzu muss einerseits mit authentifizierten und autorisierten Partnern (z. B. Menschen oder Maschinen) kommuniziert werden und andererseits die Integrität und Vertraulichkeit der übertragenen Daten gewährleistet sein.

Digitale Sicherheit und Datenschutz in Unternehmen sollten so hergestellt werden, dass die Konsumenten, Partner und Beschäftigte darauf vertrauen, dass ihre Daten geschützt sind und nicht missbraucht werden.

1.1.4 Auswirkungen der Digitalisierung auf Organisation und Menschen in Unternehmen

Digitale Kommunikation, soziale Netzwerke und mobiles Arbeiten können die Strukturen und Prozesse in Unternehmen verändern. „Zeitliche und örtliche Entgrenzung der Arbeit, Autonomie statt Hierarchie, Selbstbestimmung statt Führung: All dies sind Kennzeichen neuer Formen der Zusammenarbeit in der Unternehmensorganisation der Zukunft" (Schwuchow, 2021, S. 20).

Laut der Studie „D21-Digital-Index" 2020–2021 hat der Einfluss der Digitalisierung im Arbeitsleben – insbesondere aufgrund der Corona-Situation – deutlich zugenommen. Die Art, wie und wo wir arbeiten, hat sich an vielen Stellen in kürzester Zeit gewandelt. Die Zahl der Menschen, die in Deutschland mobil bzw. im Homeoffice arbeiteten, verdoppelte sich (vgl. Initiative D21, 2021).

Generell kann man folgende Auswirkungen der Digitalisierung auf Organisation und Menschen in Unternehmen feststellen:

- Veränderungen in der Organisation (Strukturen und Prozesse),
- weitgehende Flexibilisierung der Arbeit,
- neue Kompetenzanforderungen an Beschäftigte,
- Problem der Datensicherheit und des Schutzes der Privatsphäre.

1.1.4.1 Veränderungen in der Organisation durch Digitalisierung

Digitalisierung und Vernetzung führen zu einer Veränderung und Neugestaltung der Organisation, inklusive Strukturen, Prozesse und Unternehmenskultur, die eine höhere Agilität als Ziel verfolgen und auf einer neuen Arbeitsteilung zwischen Menschen und Maschinen basieren.

Aufgrund der Digitalisierung werden die ausführenden Tätigkeiten in der Produktion weiterhin automatisiert und robotisiert. Durch die Ausstattung der Produktion mit humanoiden, kollaborativen Robotern (Cobots) wird eine neue Art der Mensch-Maschine-Zusammenarbeit ermöglicht. Eine Smart Factory ermöglicht eine quasiautonome, sich selbst steuernde und optimierende Produktion. Der Mensch agiert lediglich als Gestalter und Kontroller.

Die Tätigkeiten in der Verwaltung werden sich ebenfalls verändern. Einerseits werden langfristig sämtliche standardisierbaren (Routine)Aufgaben digitalisiert, z. B. Buchhaltung, Planung, Kontrolle, und durch Computer ersetzt. Nicht standardisierbare Aufgaben, vor allem strategische, gestalterische und soziale, werden weiterhin von Menschen ausgeführt, allerdings weitestgehend entkoppelt von Zeit und Ort. Sie können aber durch Werkzeuge, wie virtuelle Modellierung und Simulation, unterstützt werden.

In dieser neuen Arbeitsteilung sollten die Stärken aller Akteure zur Geltung kommen: Die Algorithmen können konkret definierte Tätigkeiten, die mit Verarbeitung von großen Datenmengen (Big Data) zusammenhängen, schnell und rund um die Uhr bewältigen. Die Menschen übernehmen die Aufgaben, die strategisches Denken, Kreativität und Sozialkompetenz erfordern.

Von entscheidender Bedeutung ist dabei eine menschengerechte Gestaltung der Technik – die Menschen dürfen nicht als „Verlängerung der Maschine" im Sinne eines „digitalen Taylorismus" missbraucht werden. Auch eine totale Überwachung, z. B. durch die Ortbarkeit bei Nutzung von mobilen Geräten, stellt ein großes Problem dar (vgl. dazu Abschn. 1.1.4.4).

Hinsichtlich der Organisation von digitalisierten Unternehmen ist mit einem steigenden Grad der Dezentralisierung und Autonomie zu rechnen, da die laufenden Entscheidungen zunehmend vor Ort getroffen werden müssen. Für lange Abstimmungs- und Genehmigungsprozesse in steilen Hierarchien gibt es keine Zeit, deswegen werden hierarchische Strukturen dynamischen Netzwerken weichen. Agile Projekt-, Teamarbeit und Netzwerkstrukturen werden an Bedeutung gewinnen. Das angestrebte Ziel ist dabei, die Selbstorganisation von Unternehmenseinheiten (Team, Mitarbeitende) zu stärken und ihre Potenziale zu erschließen. Das führt zu einer grundlegenden Veränderung der Anforderungen an die Flexibilität der Beschäftigten.

Wie sich digitale Technologie auf die Organisation, Zusammenarbeit und Kultur auswirken kann, zeigt das Beispiel von Wikipedia.

> **Wikipedia – eine Kombination von Technologie und neuer Selbstorganisation**
>
> Die grundlegende Idee der Online-Enzyklopädie Wikipedia ist, dass theoretisch jeder, der einen Internetzugang hat, an den Inhalten anonym und unverbindlich mitarbeiten darf. Die Wikipedia Foundation stellt eine Serverstruktur und die Plattform bereit und überlässt es den Nutzern, Inhalte zu erstellen. Die Autoren beteiligen sich ohne Arbeitsvertrag und ohne Bezahlung, die Texte werden von der Community überprüft, die selbstständig gemeinsame Regeln aufstellt. Als Motivation mitzumachen können Zugehörigkeit und Identifikation mit der Organisation und ihren Zielen vermutet werden (vgl. Kozica & Kaiser, 2021, S. 348–349). ◄

Steigende Agilität von Strukturen und Teams macht eine Hinterfragung der Rolle und Konzepte der Führung erforderlich. Braucht man überhaupt Führung? Und wie können agile Führungskonzepte gestaltet werden? (vgl. dazu Kap. 6).

1.1.4.2 Weitgehende Flexibilisierung der Arbeit

Die Flexibilisierung der Arbeit kann sich allgemein auf Ort, Zeit, Arbeitsinhalt, -methoden und -kontexte beziehen.

Die fortschreitende Digitalisierung ermöglicht eine Entkopplung der Arbeit von Ort und Zeit, d. h. man kann überall und zu jeder Zeit arbeiten. Dass dies durchaus möglich ist, haben die zwei Jahre der Corona-Pandemie gezeigt. Eine (erzwungene) Umstellung auf Homeoffice und virtuelle Kommunikation hat innerhalb kurzer Zeit stattgefunden und meistens reibungslos funktioniert. Die Verdopplung der Anzahl von Beschäftigten, die in Deutschland mobil bzw. im Homeoffice arbeiteten, und überwiegend positive Erfahrungen mit Homeoffice sprechen für sich (vgl. Initiative D21, 2021).

In vielen Unternehmen setzt sich die Flexibilisierung von Arbeitszeiten und Arbeitsorten durch, als optimales Modell auch in der Post-Corona-Zeit. Meistens wird dabei von **hybrider Arbeit** gesprochen, d. h. von einer Kombination aus Büro- und Homeoffice- bzw. mobiler Arbeit. Immer mehr Unternehmen verzichten auf feste Arbeitszeiten zugunsten der Vertrauens- oder gleitenden Arbeitszeit und ersetzen Präsenzpflicht durch Ergebnisorientierung. Die Voraussetzungen dafür sind mobile Erreichbarkeit und Internetzugang.

Flexibles Arbeiten in Form von Homeoffice, offene Büro- und Raumkonzepte, die vor allem Teambesprechungen und kreativen Meetings dienen, sind charakteristische Merkmale eines Wandels der Arbeit in zahlreichen Unternehmen.

Die Flexibilisierung betrifft nicht nur die Zeit und den Ort, sondern auch die zu erledigenden Aufgaben und Arbeitsmethoden. Anstelle von sich wiederholenden Abläufen und Aufgaben kommen abwechslungsreiche Tätigkeiten, die Monotonie verringern, aber auch neue Anforderungen an Veränderungsbereitschaft und Lernfähigkeit der Beschäftigten stellen. Man arbeitet außerdem in immer wieder neu zusammengesetzten interdisziplinären Teams und Projekten, was Anpassungsfähigkeit und soziale Kompetenzen erfordert.

Flexibilisierung der Arbeit führt zu verschiedenen Herausforderungen. Die Digitalisierung der Arbeit und die Verschmelzung von physischer und digitaler Welt können neue körperliche und psychische Belastungen verursachen, unter anderem auch durch das Verschwinden der Grenzen zwischen Privat- und Berufsleben.

Die Erfahrungen mit Corona-Homeoffice zeigen beispielsweise, dass die meisten Betroffenen die soziale Isolation als belastend empfinden und bestimmte Personengruppen, insbesondere Eltern und Angehörige von Pflegebedürftigen, unter überdurchschnittlichen Belastungen leiden. Notwendig ist eine neue Organisation digitaler (oder hybrider) Arbeit, die sicher und gesund ist und sich positiv auf die Beschäftigungsfähigkeit und Vereinbarkeit von Familie und Beruf auswirkt (vgl. ausführlicher Kap. 4). Auch virtuelle Führung ist auf keinen Fall trivial und bedarf fundierter Konzepte (s. Kap. 3).

In flexiblen Strukturen zu arbeiten, heißt häufig auch, in kurzfristigen, nichtsozialversicherungspflichtigen Beschäftigungsverhältnissen zu stecken. Die gesetzlichen Regelungen (z. B. Arbeitsschutz) kommen hier an ihre Grenzen. Es kann zu einer Zunahme von prekären Beschäftigungsformen wie Freelancer und hoch qualifizierter Zeitarbeit führen, die weniger faire Arbeitsverhältnisse und schlechtere soziale Absicherung für die Fachkräfte bedeuten. Führungskräfte sind gefordert, diese neuartigen Arbeitsverhältnisse in Unternehmen zusammen mit Sozialpartnern (Mitbestimmung) sozial zu gestalten.

1.1.4.3 Neue Kompetenzanforderungen an Beschäftigte

Auch in digitalisierten Unternehmen der Zukunft wird der Mensch unentbehrlich sein. Menschen verfügen über Erfahrung zur Beurteilung und Lösung von Ausnahmesituationen, bringen Kreativität und Flexibilität in die Prozesse ein, besitzen soziale Kompetenzen, die für die Zusammenarbeit mit anderen unentbehrlich sind.

In verschiedenen Studien werden für die meisten Beschäftigtengruppen in der Arbeitswelt der Zukunft höhere Kompetenzanforderungen prognostiziert, was mit zunehmender Komplexität entlang der gesamten Wertschöpfungskette in Folge der Digitalisierung zusammenhängt.

Es wird erwartet, dass mit der zunehmenden Automatisierung die einfachen Routineaufgaben in der Produktion und Verwaltung sowie körperlich anstrengende Aufgaben durch Maschinen übernommen werden. Menschen werden von der Monotonie, direkten manuellen Eingriffen und schweren Belastungen befreit und befassen sich überwiegend mit planerischen, überwachenden Tätigkeiten sowie mit dem Problemlösen bei unerwarteten Situationen. Dadurch werden an die Beschäftigten in der Produktion höhere Komplexitäts-, Abstraktions- und Problemlösungsanforderungen gestellt, die vielfältige digitale, technische und soziale Kompetenzen voraussetzen (vgl. acatech, 2016; Ahrens & Spöttl, 2018; Windelbrand & Dworschak, 2018).

Zugleich wird es durch Digitalisierung neue Unterstützungsformen für Menschen durch Maschinen geben, z. B. physische Entlastung durch Exoskelette in der Fertigung oder durch Entscheidungsunterstützungssysteme bei der mentalen Arbeit.

In repräsentativen Studien werden diverse Kompetenzanforderungen genannt, die trotz variierenden Einzelheiten viele Gemeinsamkeiten aufweisen. Neben den IT- und technischen Kompetenzen kommen in allen Studien auch soziale und analytische Kompetenzen vor. Insbesondere die Fähigkeit zur interdisziplinären Zusammenarbeit und Kommunikation, Problemlösungskompetenz, Innovationsfähigkeit, Offenheit für das Neue und lebenslanges Lernen werden immer wieder in den Studien genannt (vgl. Eilers et al., 2017, Franken et al., 2019, Manpower, 2018, Pfeiffer et al., 2016).

▷ **Kompetenzanforderungen an die Beschäftigten in der digitalisierten Arbeitswelt** Neben den IT- und technischen Kompetenzen (wie Umgang mit digitalen Endgeräten, elementares Verständnis der Funktionsweise der Technik, souveräner Umgang mit Social Media u. ä.) werden am häufigsten Überblickswissen, Fähigkeit zur interdisziplinären Zusammenarbeit und Kommunikation, Problemlösungskompetenz, kritisches Denken, Innovationsfähigkeit, Offenheit für das Neue und lebenslanges Lernen genannt.

Moderne Aus- und Weiterbildung sowie berufliche Qualifizierung wird die Vermittlung und Förderung digitaler Kompetenzen im weiten Sinn als Schlüsselqualifikation für alle Beschäftigten vorantreiben. Auch Ausbildung und Qualifizierung für interdisziplinäre Tätigkeitsfeldern (z. B. Ingenieurwesen und IT), Data Analytics oder für die Implementierung von KI-Anwendungen sind gefragt. Diese neuartigen Berufe werden für digitalisierte Unternehmen erfolgsentscheidend sein. Für kurzfristigere, weniger planbare Arbeitstätigkeiten werden die Menschen zukünftig überwiegend on the job (direkt im Arbeitsprozess) qualifiziert.

Für eine erfolgreiche digitale Transformation in Unternehmen sind vielfältige Weiterbildungsmöglichkeiten und eine Arbeitsorganisation, die das Lernen und Experimentieren fördert, ausschlaggebend. Eine laufende Weiterbildung (im Sinne des lebenslangen Lernens) soll Menschen mit aktuellem, praxisrelevantem Wissen versorgen. Die Rahmenbedingungen in Unternehmen sollten so gestaltet sein, dass Arbeiten und Lernen innerhalb der Prozesse möglich sind, und die Führungskräfte spielen dabei eine Schlüsselrolle.

1.1.4.4 Datensicherheit und Schutz der Privatsphäre

Das Sammeln von großen Mengen an Daten, die für Data Analytics oder maschinelles Lernen erforderlich sind, tangieren oft Datensouveränität und Privatsphäre der Beteiligten. Insbesondere der Einsatz von Algorithmen und KI in Unternehmen können für erhebliche Unsicherheiten bezüglich der Erhebung von personenbezogenen Daten sorgen.

Der rechtliche Rahmen für den Umgang mit personenbezogenen Daten und den Schutz von Persönlichkeitsrechten gibt die Europäische Datenschutzgrundverordnung (DSGVO) vor. Dabei stehen beispielsweise das Prinzip des „Privacy by Design" oder gegebenenfalls eine Datenschutzfolgenabschätzung im Mittelpunkt. Dies bedeutet, dass digitale Technologien und KI-Systeme so umgesetzt werden, dass sie die Persönlichkeitsrechte der Beschäftigten wahren. Zudem sind neue Technologien, die dazu bestimmt sind oder die Möglichkeit bieten, Verhalten oder Leistungen von Mitarbeitenden zu überwachen, mitbestimmungspflichtig. Gleichwohl greift die Mitbestimmung nur bei Verhaltens- und Leistungskontrollen, sie ist aber nicht ausgelegt für die Möglichkeiten, die durch die prädiktive Analytik Lernender Systeme auf der Grundlage von Beschäftigtendaten denkbar ist (vgl. Stowasser et al., 2020, S. 11).

Deswegen ist es wichtig, bei der Vorbereitung eines KI-Einsatzes zu klären und transparent zu machen, welche Daten in welchem Umfang herangezogen oder vorausgesetzt werden (wie etwa bei personalisierten Assistenzsystemen, im Recruiting oder bei Mensch-Maschine-Kollaboration und aktiven Exoskeletten). Dabei ist auch zu prüfen und zu regeln, welche Personendaten notwendig sind und zu welchem Zweck KI-Systeme eingesetzt werden (vgl. Stowasser et al., 2020, S. 11).

Das Ausmaß der beschriebenen Auswirkungen der Digitalisierung auf Unternehmen, ihre Organisation, Führung und Beschäftigten ist beträchtlich, deswegen sollten die Chancen und Risiken in jedem konkreten Anwendungsfall abgewogen werden.

Die Entscheidungen über digitale Technologien sollten dabei von Führungskräften zusammen mit Betriebsräten, Personalabteilung und unmittelbaren Betroffenen gefällt werden. Hierbei spielen die Aspekte des Vertrauens zwischen Mitarbeitenden und Führenden eine wichtige Rolle.

Jedoch wird die Arbeitswelt der Zukunft nicht nur von digitalen Technologien bestimmt. Viel mehr wird die Entwicklung der Arbeit historisch von einer Vielzahl weiterer Bedingungen geprägt: beispielsweise von der ökonomischen Entwicklung, von politischen Regelungen, von sich wandelnden Arbeitsmarktbedingungen, von der demografischen Entwicklung, von personalpolitischen Unternehmensstrategien (vgl. Hirsch-Kreinsen, 2020, S. 11). Die relevantesten dieser Faktoren werden im nächsten Kapitel ausführlich analysiert.

1.2 Demografische Veränderungen, Wertewandel, Globalisierung und Nachhaltigkeit

Neben der Digitalisierung beeinflussen weitere Trends und Faktoren die Arbeitswelt und Führung der Zukunft, wobei sich einige der bekannten Megatrends der vergangenen Jahrzehnte aufgrund der Erfahrungen mit der Corona-Pandemie wesentlich gewandelt haben.

Demografische Veränderungen mit der Folge eines zunehmenden Fachkräftemangel sind heute aktueller denn je. Durch die Zunahme des Anteils der jüngeren Generationen an den Belegschaften ist der Wertewandel als Trend noch spürbarer geworden. Die Problematik der Globalisierung hat durch die Pandemie- und Kriegs-Erfahrungen neue Impulse erhalten und wird in vielen Unternehmen neu gedacht. Als ein relativ neuer Trend ist die Nachhaltigkeit hinzugekommen, die aufgrund der Klimaveränderung an Bedeutung gewonnen hat und insbesondere von jüngeren Generationen stark vertreten wird.

1.2.1 Demografischer Wandel und Fachkräftemangel

Die demografische Entwicklung in Deutschland lässt sich grundsätzlich mit der Formel „Wir werden weniger, älter und bunter" beschreiben. Die Bevölkerung in Deutschland schrumpft und altert, auch die Belegschaften werden älter, der Fachkräftemangel in technischen und Pflegeberufen nimmt zu.

Aktuelle Berechnungen des Statistischen Bundesamtes belegen, dass die deutsche Bevölkerung 2021 bereits das dritte Jahr in Folge bei 83,2 Mio. Menschen stagniert. Laut Bevölkerungsvorausberechnung wird die Bevölkerung im Jahr 2040 auf 82,1 Mio. Menschen schrumpfen, davon 45,8 Mio. im arbeitsfähigen Alter von 20 bis 66 Jahren und 21,4 Mio. im Alter 67 und älter (vgl. Statistisches Bundesamt, 2022). Damit wird der Anteil von Rentnern an der Bevölkerung so hoch wie noch nie sein.

Unternehmen müssen in Zukunft mit weniger und noch dazu älterem Personal auskommen. Für die Förderung der Beschäftigungsfähigkeit von älteren Mitarbeitenden sind spezielle Programme wie Gesundheitsmanagement und flexible Arbeitszeiten notwendig.

Eine weitere Folge des demografischen Wandels sind Engpässe bei qualifizierten Fachkräften. Das KfW-ifo-Fachkräftebarometer 2021 stellt fest, dass der Fachkräftemangel die deutsche Wirtschaft in weit größerem Ausmaß als vor der Corona-Krise hemmt. Fehlende Fachkräfte drohen zum Nadelöhr für den weiteren Aufschwung und das Wachstum in den nächsten Jahren zu werden (vgl. KfW, 2021).

Die Fachkräftelücke (d. h. die Anzahl an offenen Stellen, für die es in einer Region keine passend qualifizierten Arbeitslosen gibt) hat sich im Jahr 2021 mehr als verdoppelt, berichtet das Kompetenzzentrum Fachkräftesicherung (Kofa) des Instituts der deutschen Wirtschaft (IW) (vgl. Malin & Hickmann, 2022).

Fakten zum aktuellen Fachkräftemangel
Nach Berechnungen des IW haben Fachkräfteengpässe im Jahresverlauf 2021 in **allen** Berufsbereichen kontinuierlich zugenommen. Unter den **Top-5-Engpassberufen** sind Fachkräfte in Pflege, Erziehung und am Bau sowie akademische Expertenberufe aus dem **IT-Bereich** wie die die Informatik oder die Softwareentwicklung. Wird die Fachkräftelücke in Relation zu den offenen Stellen angegeben, so ist der Fachkräftemangel relativ gesehen bei Experten der Bauplanung und -überwachung sowie in der Informatik **am stärksten** ausgeprägt. Bei diesen Berufen konnten im Schnitt mehr als 8 von 10 offenen Stellen rechnerisch nicht besetzt werden (vgl. Malin & Hickmann, 2022).

Auch die Bitkom-Studie zum Arbeitsmarkt für IT-Fachkräfte 2021 bestätigt akuten **Mangel an IT-Fachkräften** und beziffert die Anzahl offener Stellen in diesen Berufen mit 96 Tausend. Ende 2021 konstatierten zwei Drittel der Unternehmen (65 %) einen Mangel an IT-Fachkräften, ebenso viele erwarten, dass sich der IT-Fachkräftemangel in Zukunft weiter verschärfen wird (vgl. Bitkom, 2022). Das bedeutet, dass für die digitale Transformation und Nutzung von digitalen Technologien immer mehr Personal fehlt.

Um dem Fachkräftemangel zu begegnen, sind ergänzend zu einer besseren Aus- und Weiterbildung eine stärkere Erwerbsbeteiligung von älteren Personen und Frauen in der IT und eine höhere Arbeitskräftezuwanderung. Der sich verschärfende Mangel an IT-Spezialisten avanciert zu einer ganz realen Bedrohung für Deutschlands große Transformationsaufgaben (vgl. Bitkom, 2022). Das Thema digitale Bildung gehört ganz oben auf die Prioritätenliste der Bundesregierung und der Unternehmen.

Neben der Problematik des Fachkräftemangels werden Unternehmen im Rahmen demografischer Veränderungen mit der **zunehmenden Vielfalt** der Belegschaften konfrontiert. Ältere Mitarbeitende, Frauen mit Familie und Kindern, Personen mit Migrationshintergrund und ausländische Fachkräfte bilden neue Gruppen innerhalb der Unternehmensbelegschaften, die spezifische Bedürfnisse haben und von Führungskräften individuell behandelt und motiviert werden sollten.

Die Bedeutung dieser Maßnahmen lässt sich in gesellschaftlichen Diskussionen über Beschäftigung im Alter, Erwerbsbeteiligung von Frauen und Frauenquoten in Führungspositionen, Integrationsprobleme von Arbeitsmigranten und Geflüchteten erkennen. Eine der Aufgaben der Führungskräfte besteht darin, mit der Vielfalt in Unternehmen effizient umzugehen, um Chancengleichheit zu ermöglichen und die Potenziale der Vielfalt zu erschließen (siehe hierzu Kap. 4).

1.2.2 Generationenwechsel und Wertewandel

In vergangenen Jahrzehnten hat sich in Deutschland ein Wertewandel vollzogen, der einen entscheidenden Trend für die Arbeitswelt und Führung in Unternehmen darstellt. Man kann einen Wandel von traditionellen Lebens-, Familienstrukturen und Rollenverständnissen hin zu modernen Lebensstilen, Haushaltsstrukturen und Sinnorientierungen feststellen. Diese Tendenz verstärkt sich mit dem wachsenden Anteil der **Generation Y** (Geburtsjahre 1981 bis 1995) und **Generation Z** (Geburtsjahre 1996 bis 2009) an den Beschäftigten.

Aus Sicht vieler Forschenden ist der Wandel der dominanten Werte von materialistischen (Vermögen und Besitztum) zu postmaterialistischen Werten (Selbstverwirklichung und Kommunikation) von zentraler Bedeutung. Mit diesem Wertewandel lässt sich Individualisierung und Pluralisierung von Lebensstilen erklären. Menschen richten ihr Leben nicht mehr nach tradierten kollektiven Lebensweisen ein, die sie meist von den Eltern übernommen hatten. Vielmehr wird es eine Frage der individuellen Wahl oder Kreation des eigenen Lebensstils, welchen Bildungsweg man einschlägt, welche

Berufswahl man trifft, ob und wenn ja, wann man eine feste Beziehung eingeht, ob man heiratet, Kinder bekommt, ob man sich gesellschaftlich und politisch engagiert.

Als eine der wichtigsten Folgen des Wertewandels für Unternehmen ist das Streben nach Selbstverwirklichung und Selbstentfaltung zu nennen. Die Selbstentfaltung ist ein Bedürfnis eines jeden Individuums, seine Stärken und Schwächen zu verstehen, seine Talente zu entfalten und in die Gesellschaft einzubringen.

Wertewandel in der Gesellschaft ist geprägt durch die Einstellungen der Generationen Y und Z, bezogen auf die Individualisierung der Lebens- und Arbeitsentwürfe, die neue Rolle der Frauen, veränderte Präferenzen in Bezug auf Arbeit und freie Zeit sowie Forderungen nach mehr Demokratie und Partizipation in Unternehmen (vgl. ausführlicher Kap. 4). Als Folge werden Kundenbedürfnisse und die Anforderungen der Beschäftigten an die Arbeitswelt zunehmend individuell. Junge Frauen, die mittlerweile die gleiche Qualifikation wie Männer besitzen, sind karriereorientiert und wollen Familie und Beruf vereinbaren. Die (jungen) Beschäftigten wünschen sich mehr Partizipation, Teilhabe an Entscheidungen und Mitbestimmung, wollen demokratisch, auf Augenhöhe geführt werden (s. dazu Kap. 5).

Eine besondere Aufmerksamkeit genießen in der Forschung die Generationen Y und Z, die auch als Digital Natives bezeichnet werden, da sie mit digitalen Technologien wie Computer, Handy (oder Smartphone bei Generation Z) und Internet großgeworden ist. Dadurch unterscheiden sich die Verhaltensweisen und die Werte dieser Generation wesentlich von denen der Älteren.

Studien zu Besonderheiten der Generation Y belegen außerdem, dass nicht nur die digitale Sozialisation, sondern auch die antiautoritäre Erziehung in der Familie und die modernen pädagogischen Konzepte zur Entwicklung einer besonderen Eigenständigkeit und Kreativität dieser Generation beigetragen haben. Für die Generation Y kommen zunächst Family & Friends, gefolgt von dem Wunsch einer inhaltlich getriebenen Selbstverwirklichung, erst danach äußern sie ihre Karriereambitionen. Die Beschäftigten dieser Generation legen viel Wert auf flexible Arbeitszeiten und Arbeitsorte, wollen keine 8 bis 17 Uhr Jobs, schätzen Vertrauen und Selbstorganisation und fordern Work-Life-Balance (vgl. Schnetzer, 2019).

Die Generation Z, die zurzeit nach einer Lehre oder einem Studium in Unternehmen kommt, unterscheidet sich von ihren Vorgängern wesentlich. Nach Professor Scholz, der als Kenner der Generation Z gilt, ist der Generation Z Erfüllung in der Arbeit sehr wichtig ist, Großraumbüros und Überstunden werden aber selten gewünscht. Junge Menschen verlangen Struktur, Sicherheit und Wohlfühlen und wollen Berufliches und Privates trennen (vgl. Scholz, 2022). Für diese Generation sind Werte und Sinnorientierung eines Unternehmens sowie Flexibilität wichtig, aber auch „klassische" Bedürfnisse wie ein gutes Gehalt spielen weiter eine große Rolle (vgl. Zenjob, 2021).

Beide jüngeren Generationen „leben" Internet und Social Media (wogegen die Älteren sie lediglich nutzen), lernen in Netzwerken, haben wenig Hemmungen, private Informationen und Wissen mit anderen zu teilen. Ihre Offenheit gegenüber digitalen Technologien spielt eine wichtige Rolle bei der digitalen Transformation und sollte als wichtige Ressource erschlossen werden. Für Digital Natives kann sogar eine Art digitaler Demokratie in Form von Abstimmungen (Bewertungen von Vorgesetzten, Kollegen und Aktivitäten in Form von Likes) zur Realität werden.

Um die jüngeren Generationen vor dem Hintergrund des Fachkräftemangels für Unternehmen zu gewinnen, zu besseren Leistungen zu motivieren und langfristig zu binden, braucht man eine individualisierte Vorgehensweise, die Wünsche und Bedürfnisse verschiedener Generationen berücksichtigt. Nur dann kann man mit Leistung und Kreativität von Jüngeren rechnen, die teamfähig und technikaffin sind, was einem Unternehmen zugutekommen kann (s. ausführlicher Kap. 4).

Diese gesellschaftlichen Veränderungen hinsichtlich des demografischen Wandels und zunehmender Vielfalt der Werte und Einstellungen verschiedener Generationen von Beschäftigten sind für die Leistung und Innovation in Unternehmen relevant und erfordern eine Umstellung in der Arbeitsorganisation und Führung.

1.2.3 Globalisierung oder Deglobalisierung?

Mit dem Begriff „Globalisierung" ist die zunehmende internationale Verflechtung aller Bereiche –Wirtschaft, Politik, Kommunikation, Kultur und Umwelt – gemeint. Am häufigsten wird jedoch der Begriff Globalisierung für den Bereich der Wirtschaft verwendet: Im globalen Handelsverkehr werden Produkte heute nicht mehr bloß regional, sondern weltweit getauscht. Voraussetzung für einen globalen Handel ist, dass Nationalstaaten eigene, möglicherweise welthandelsbeschränkende Zölle abbauen und/oder ihre diesbezüglichen Kompetenzen an übergeordnete Institutionen (z. B. EU) abgeben. Die Wertschöpfungsketten gestalten sich länder- und Kontinent übergreifend, schaffen die nationalen Grenzen bei Beschaffungs-, Absatz- und Arbeitsmärkten ab.

Man kann von Vor- und Nachteilen der Globalisierung für Unternehmen und Gesellschaften sprechen. Zu den Vorteilen gehören die weltweite Vernetzung von Medien und Menschen, die Verringerung von Preisen und das zunehmende Angebot an Waren, von denen Endverbraucher profitieren können. Unternehmen sind in der globalisierten Welt in der Lage, ihre Produkte und Dienstleistungen überall anzubieten, es können neue Arbeitsplätze entstehen. Innovation und Forschung werden beschleunigt, Kapitalbeschaffung für Unternehmen vereinfacht und eine grenzenlose Mobilität vorangetrieben. Eine weltweite Vernetzung der Produktion und der Produkte schafft darüber hinaus die Basis für neue Innovationen und Angebote.

Während der Corona-Pandemie und des Krieges in der Ukraine wurden die Vorteile der Globalisierung infrage gestellt, da die Lieferengpässe für die Waren aus Asien und Russland/Ukraine zu Verzögerungen und Produktionsausfällen in vielen europäischen Unternehmen und einer stark ansteigenden Inflation geführt haben. Westliche Länder haben gelernt, wie gefährlich einseitige wirtschaftliche Abhängigkeiten sein können. Werden diese Krisen eine neue Sicht auf Globalisierung hervorrufen?

Corona offenbart die Schwächen des globalisierten Kapitalismus
In der Coronakrise mussten deutsche Industriebetriebe die Produktion einstellen, weil Lieferungen aus dem Ausland ausblieben. Und medizinische Schutzkleidung wurde knapp, weil sie überhaupt nicht mehr im Inland produziert wird. Das zeigt, wie verletzlich moderne Volkswirtschaften durch die Internationalisierung von Lieferketten und die Auslagerung der Produktion systemrelevanter Güter geworden sind (vgl. Dullien, 2021).

Man kann in Zukunft mit einer gewissen **Deglobalisierung** rechnen. Viele Länder werden mit Vorschriften und Anreizen dafür sorgen, dass zentrale Produkte der Daseinsvorsorge stärker als bislang im heimischen Markt hergestellt werden. Unternehmen werden die Risiken von grenzüberschreitenden Wertschöpfungsketten stärker einbeziehen und damit ebenfalls eine – zumindest teilweise – Renationalisierung von Lieferbeziehungen einleiten (vgl. Dullien, 2021).

Allerdings zeigen einige Analysen, dass die internationale Arbeitsteilung trotz aller Skepsis durch Coronakrise und Lieferengpässe **fortbestehen** wird, jedoch mit teilweise veränderten Strategien. Der Außenhandel wird für deutsche Unternehmen weiterhin bedeutend bleiben, es gibt aber den Trend, Produktionsstätten für Schlüsselbranchen wieder in Deutschland aufzubauen und die Abhängigkeit von einzelnen Energielieferanten zu lockern (vgl. Olk, 2022).

Die Tendenz zum **Zurückholen** einiger Industrien nach Deutschland („Reshoring") könnte durch die Vorteile der Automatisierung und die daraus resultierende Senkung der Produktionskosten verstärkt werden. Als in den 1990–2000er-Jahren immer mehr Unternehmen ihre Produktion nach Ostasien verlagerten, waren die Arbeitskosten in China niedrig genug, um höhere Transportkosten in Kauf zu nehmen. Doch dann wurde die Produktion zunehmend automatisiert, auch in China. Und viele Unternehmen erkannten zunehmend, dass automatisierte Produktion sich auch hierzulande lohnen könnte. Wenn der Großteil der Produktion von Robotern erledigt wird, kann nur ein kleiner Teil der Produktionskosten auf die höheren Lohnkosten in Deutschland zurückgeführt werden, dafür aber sind Transportkosten bei einer Produktion in Deutschland geringer (vgl. Suchy, 2022).

Globalisierung führt häufig zum Verdrängen von kleineren Unternehmen durch multinationale Konzerne. Die Standortverlagerung in die Länder mit niedrigeren Arbeitskosten wird von einer mangelnden Rücksichtnahme auf die lokale Bevölkerung begleitet, die oftmals unter unwürdigen Bedingungen arbeitet. Die schlechten Arbeitsbedingungen in den Billigproduktionsländern und der Abbau von Arbeitsplätzen in den wohlhabenden Industrienationen sind die negativen Folgen. Allgemeiner kann man von einer ungerechten Wohlstandsverteilung und zunehmenden Umweltproblemen (z. B. wegen des wachsenden Warenverkehrs) sprechen. Die wachsende Bedeutung der **Nachhaltigkeit** (vgl. Abschn. 1.2.4) in der gesellschaftlichen Meinung verstärkt den kritischen Blick auf Globalisierung und fordert uns alle, die globalen Aktivitäten zu hinterfragen.

Aus diesen zwei Gründen – Vorteile durch Automatisierung und Streben nach mehr Nachhaltigkeit – versuchen einige Unternehmen, wieder in Deutschland zu produzieren, was das Beispiel von Reshoring bei C&A belegt.

> **C&A eröffnet eine Jeans-Fabrik in Mönchengladbach**
>
> Seit Dezember 2020 baut C&A den Produktionsstandort Mönchengladbach auf. Geplant war das schon früher, aber die Pandemie hat den Start verschoben. Seit September 2021 ist die Näherei im Testbetrieb, ein paar Monate später kam dann die Wäscherei hinzu. 100 Mitarbeiter sollen in der ersten Ausbaustufe rund 400.000, später 800.000 Jeans pro Jahr produzieren. Die Produktion ist nachhaltig und umweltfreundlich: für die Produktion einer Jeans in Mönchengladbach werden nur 10 L Wasser verbraucht statt der üblichen 50 bis 60 L. Rund 50 % der Produktion ist automatisiert. Eine Maschine schneidet den Jeansstoff zu, in 17 min entstehen alle Teile, die für 350 Hosen benötigt werden, perfekt zugeschnitten auf die Zielgröße, eine andere Maschine näht die Hosentaschen, eine weitere die Naht am Reißverschluss. Dafür sind in Asien mehr als fünf Näherinnen oder Näher nötig. Ein zusätzlicher Vorteil der Produktion in Deutschland ist eine höhere Flexibilität, wenn es um neue Modelle und Designs geht (vgl. Suchy, 2022). ◄

Kann das Modell von C&A für andere Unternehmen und Branchen attraktiv sein? Einige Studien belegen, dass solche Strategien nicht für alle Branchen und Bereiche geeignet sind und eher als Ausnahmen funktionieren können. Neben dem Reshoring wird das „Nearshoring" diskutiert, bei dem die Produktion in der EU, in Nordafrika und in der Türkei angesiedelt würde (vgl. Olk, 2022).

Diese Beispiele zeigen, dass die Entscheidungen über die konkrete Gestaltung der Globalisierung ausgewogen, wirtschaftlich und nachhaltig getroffen werden sollten. Diese Entscheidungen zählen ebenfalls zu den Führungsaufgaben in der Arbeitswelt der Zukunft.

1.2.4 Nachhaltigkeit

Die Frage der nachhaltigen Entwicklung wird immer drängender. Globalisierung, Klimawandel, die Umweltverschmutzung in Form von Plastikmüll in den Weltmeeren, schwindende natürliche Ressourcen – dies alles bedroht die Umwelt und das Leben auf unserem Planeten. Die Klimaziele hinsichtlich der begrenzten Erwärmung werden von vielen Ländern nicht erreicht, die begrenzten Naturressourcen werden weiterhin verschwendet. Es ist kein Wunder, dass die schwedische Klimaaktivistin Greta Thunberg und viele Jugendlichen in verschiedenen Ländern bereits seit drei Jahren auf die Straße gehen (Fridays for Future-Bewegung), um für eine nachhaltigere Politik zu demonstrieren.

Statistiken zeigen, dass eine nachhaltige Produktion für viele Verbraucher immer wichtiger wird. Die Global Sustainability Study 2021 befragte 1000 Menschen aus 17 Ländern zu ihrem Konsumverhalten. Demnach haben insgesamt 63 % der Befragten weltweit in den letzten fünf Jahren Veränderungen hin zu mehr Nachhaltigkeit vorgenommen. Auch in Deutschland wird umweltfreundlicher Konsum immer wichtiger: 34 % der deutschen Befragten gaben an, ihr Konsumverhalten deshalb verändert zu haben. Das Problem ist jedoch, dass Verbraucher in der Regel nicht bereit sind, mehr Geld für Umweltfreundlichkeit zu zahlen. In derselben Studie heißt es, dass nur 35 % der Befragten bereit wären, mehr für grüne Produkte zu zahlen (vgl. Suchy, 2022).

Nachhaltigkeit umfasst **ökonomische, ökologische** und **soziale** Aspekte und bildet seit einigen Jahren ein relevantes Ziel der internationalen und nationalen Politik. Dahinter steckt die Erkenntnis, dass eine stabile dauerhafte Entwicklung von Gesellschaften nur dann möglich ist, wenn ihre wirtschaftlichen, ökologischen und sozialen Ziele im Einklang sind.

Agenda 2030 für nachhaltige Entwicklung
2015 verabschiedete die UN-Vollversammlung im Rahmen des UN-Nachhaltigkeitsgipfels die „Agenda 2030 für nachhaltige Entwicklung". Ziel ist es, innerhalb von 15 Jahren verschiedene Maßnahmen zu initiieren, um die Lebensverhältnisse auf dem gesamten Planeten zu verbessern. Gleichzeitig soll für künftige Generationen ein Schutz der Erde sichergestellt werden. Die Agenda 2030 stellt klar, dass sich die globalen Herausforderungen der Gegenwart und Zukunft nur meistern lassen, wenn die internationale Staatengemeinschaft zusammenarbeitet. Die Eckpfeiler bilden weltweiter wirtschaftlicher Fortschritt, soziale Gerechtigkeit und der Schutz der Umwelt. Entlang dieser drei Dimensionen – Wirtschaft, Gesellschaft, Umwelt – definiert die Agenda 30 insgesamt 17 Nachhaltigkeitsziele, unter anderem die Bekämpfung von Armut und Hunger, menschenwürdige Arbeit und Wirtschaftswachstum sowie Maßnahmen zum Klimaschutz (vgl. DGQ, o. J.).

Das Bundesministerium für Wirtschaft und Energie bekennt sich zum nachhaltigen Handeln und definiert als Ziel, das Wirtschaftswachstum nachhaltig zu gestalten. Dies umfasst ökonomische, ökologische und soziale Aspekte. Dabei sollen ein menschenwürdiges Leben ermöglicht und gleichsam die natürlichen Lebensgrundlagen dauerhaft bewahrt werden (BMWi, 2021).

Deutsche Nachhaltigkeitspolitik spiegelt die industrielle Prägung der deutschen Wirtschaft und die Verknüpfung der Nachhaltigkeit mit der Digitalisierung wider. Die auf Initiative des Bundesministeriums für Bildung und Forschung BMBF geschaffene Plattform Industrie 4.0 engagiert sich aktiv für die Nachhaltigkeit. Die Bedeutung der Industrie für Klimaschutz ist enorm – ein Fünftel der Kohlendioxid-Emissionen in Deutschland gehen derzeit auf das Konto der Industrie. Durch den Einsatz von Industrie 4.0-Technologien kann klimaneutrale Produktion realisiert werden.

Nachhaltigkeit ist zentrales Handlungsfeld des Leitbildes 2030 der Plattform Industrie 4.0. Die Schlüsselaspekte von Nachhaltigkeit im digitalen Ökosystem der Industrie sind gute Arbeit und Bildung, Klimaschutz und zirkuläre Wirtschaft sowie gesellschaftliche

Teilhabe. Die Plattform Industrie 4.0 hat drei Entwicklungspfade in eine digitale, vernetzte und nachhaltige Produktion der Zukunft erarbeitet und mit praktischen Beispielen aus Unternehmen untermauert (vgl. Plattform Industrie 4.0, 2020):

1. Pfad 1: Verbrauch senken, Wirkung steigern: Auf dem Weg zu einer ressourceneffizienten und CO2 neutralen, digitalisierten Produktion.
2. Pfad 2: Vom Massenprodukt zum transparenten Serviceangebot: Wie ein verändertes Wertversprechen digitale Geschäftsmodelle beeinflusst.
3. Pfad 3: Teilen und Vernetzen: Nachhaltig digital Wirtschaften heißt, zu kooperieren und in zirkulären Wirtschaftssystemen zu agieren.

Zahlreiche Unternehmensbeispiele belegen, dass Industrie 4.0 ökologische Nachhaltigkeit in Unternehmen möglich macht (vgl. Plattform Industrie 4.0, 2020, S. 7):

- 73 % der deutschen Industrieunternehmen sind überzeugt, dass Industrie 4.0 den CO2-Ausstoß verringert,
- 50 % der deutschen Industrie unternehmen haben sich bereits verpflichtet, weniger CO2 auszustoßen,
- Um bis zu 86 % lassen sich die Emissionen in der Industrie weltweit senken, wenn Maschinenhersteller ihren Kunden aus der Industrie grüne Technologien anbieten.

Die Top 5 der Nachhaltigkeitsschwerpunkte der Unternehmen sind: Nutzung smarter Produktionsverfahren und Auswertung von Produktionsdaten, Energie- und Ressourceneffizienz, datengetriebene nachhaltige Servicemodelle, Zirkuläres Wirtschaften/Kreislaufwirtschaft und Recycling sowie Anpassung des Produktdesigns (vgl. Plattform Industrie 4.0, 2020, S. 6).

Wie man digitale Technologien für klimaneutrale Produktion nutzen kann, zeigt das Beispiel der Bosch GmbH.

> **CO_2-neutrale Firmenstandorte bei Bosch**
>
> Seit Ende 2019 sind die Standorte der Robert Bosch GmbH in Deutschland laut Unternehmensangaben klimaneutral. Bosch legt den Fokus auf Energieeffizienz der eigenen Standorte, und die vernetzte Produktion leistet einen wichtigen Beitrag. In über 100 Werken und Standorten weltweit setzt Bosch bereits auf die Energy-Plattform aus dem eigenen Industrie 4.0 Portfolio: Intelligente Algorithmen helfen dabei, Verläufe des Energieverbrauchs vorherzusagen und Lastspitzen zu vermeiden oder Abweichungen in Verbrauchsmustern von Maschinen zu erkennen und zu korrigieren. Dies trägt dazu bei, den Kohlendioxidausstoß in Fabriken weiter zu reduzieren. Im Industrie-4.0-Leitwerk Homburg sanken die Emissionen in zwei Jahren um gut 10 % (vgl. Plattform Industrie 4.0, 2020, S. 14). ◄

Unternehmen spielen eine bedeutende Rolle bei der praktischen Umsetzung der Nachhaltigkeitsziele. Den Entscheidern in Unternehmen muss bewusst sein, dass die Stakeholder im Umfeld des Unternehmens wie Kunden, Mitarbeiter, Lieferanten, Kapitalgeber, Gesetzgeber, die Öffentlichkeit konkrete Erwartungen haben, die erkannt und berücksichtigt werden sollen. Die Gründe für die Unternehmen, sich mit der Nachhaltigkeit zu beschäftigen, können unterschiedlich sein, z. B. weil die benötigten Rohstoffe immer knapper und teurer werden, weil neue gesetzliche Regelungen entstanden sind oder weil für die Kaufentscheidung der Kunden das Kriterium Nachhaltigkeit relevanter geworden ist (vgl. Pfander, 2022).

Je nach Motivation und Anlass können in Unternehmen verschiedene Nachhaltigkeitsstrategien und Maßnahmen umgesetzt werden, z. B. zur Erhöhung der Effizienz bei der Energienutzung in der Fertigung, Wechsel von fossilen zu erneuerbaren Energien, Einführung neuer Methoden für Recycling etc.

In vielen Unternehmen findet ein Umdenken in Richtung mehr Nachhaltigkeit statt, es werden immer mehr entsprechende Projekte umgesetzt. Die Verantwortung für die strategische Ausrichtung und Realisierung konkreter Maßnahmen liegt bei den Führenden, von denen Vorbildfunktion, Sinnvermittlung und nachhaltiges Handeln erwartet werden (s. dazu Abschn. 7.5).

1.3 Konsequenzen für die Arbeitswelt und die Führung

Die erläuterten Trends – einzeln und insbesondere in ihrer Wechselwirkung untereinander – werden die Arbeitswelt der Zukunft verändern und ihre Komplexität und Dynamik steigern. Dazu kommen die Erfahrungen mit der Corona-Pandemie, die zur Hinterfragung einiger Trends geführt haben. Zusammenfassend sind folgende arbeitsweltrelevante Konsequenzen zu erwarten:

- die Arbeitswelt der Zukunft wird in großem Maß von digitalen Technologien, zunehmend auch von Big Data Analytics und KI, geprägt;
- in der Produktion wird Automatisierung und Robotisierung der Prozesse sowie intelligente Vernetzung von Produkten, Dienstleistungen und Maschinen (IoT) voranschreiten, bis zur Smart Factory;
- die Arbeitsteilung zwischen Menschen und Maschinen bzw. menschlicher und künstlicher Intelligenz muss neugestaltet werden, um die jeweiligen Stärken aller Akteure optimal zu erschließen;
- die digitalen Technologien sind so einzusetzen, dass sowohl Unternehmen als auch die Beschäftigten einen Mehrwert haben und Datensicherheit und Schutz der Privatsphäre gewährleistet sind;
- die Flexibilisierung der Arbeit wird unter Nutzung digitaler Technologien und Kommunikationstools weiterhin zunehmen – in Bezug auf Ort und Zeit sowie wechselnde Aufgaben und Teamkonstellationen;

1.3 Konsequenzen für die Arbeitswelt und die Führung

- es werden sich höchstwahrscheinlich hybride Modelle der Arbeit als Kombination aus Büro-, mobiler und Homeoffice-Arbeit durchsetzen;
- Arbeitsaufgaben und Kompetenzanforderungen an die Beschäftigten werden sich wandeln und erfordern Qualifizierung und Weiterbildung der Mitarbeitenden, insbesondere hinsichtlich der im weiten Sinn verstandenen digitalen Kompetenzen;
- historisch gewachsene globale Wertschöpfungsketten werden zum Teil hinterfragt und neugestaltet, zugunsten der automatisierten Produktion im Inland (Deglobalisierung);
- die Digitalisierung von Produkten und Geschäftsmodellen wird für viele Unternehmen (über)lebensnotwendig sein, wobei Konsumenten und andere Stakeholder eine größere Rolle als Mit-Entwickler spielen werden;
- aufgrund des demografischen Wandels werden die Unternehmensbelegschaften älter und vielfältiger werden und es wird immer schwieriger, notwendige Fachkräfte zu gewinnen und zu halten;
- der wachsende Anteil jüngerer Beschäftigter aus den Generationen Y und Z bedingt einen Wertewandel zu mehr Partizipation und Demokratie, Sinnorientierung und Nachhaltigkeit und wird ein Umdenken in der Führung und Unternehmenskultur hervorrufen;
- agile und virtuelle Zusammenarbeit verlangt nach neuen Konzepten des Performance Managements, Vertrauens und Kommunikation, die von Führenden und Mitarbeitenden erlernt werden müssen;
- hohe Dynamik und Komplexität in Kombination mit der Digitalisierung werden zur weiteren Beschleunigung von Veränderungsprozessen und mehr Agilität in Strukturen, Prozessen und Führungsverhalten führen.

Die neue Arbeitswelt, die hier skizziert wurde, muss in jedem Unternehmen aktiv gestaltet werden, und die Führungskräfte haben die Aufgabe, diese Gestaltungsarbeit zu initiieren, zu begleiten und zu ermöglichen. Die Neudefinition der Rolle der Mitarbeitenden und der Führungsbeziehungen in Unternehmen der Zukunft wird für die Erreichung der wirtschaftlichen und sozialen Ziele des Unternehmens von entscheidender Bedeutung sein.

Bei der Gestaltung der neuen Arbeitswelt sind Führungskräfte gefordert, Mitarbeiter als Wissensträger und Partner in den Fokus zu stellen, ihre Bedürfnisse stärker zu berücksichtigen, klare Perspektiven für ihre berufliche Zukunft zu geben, die erforderliche Vertrauenskultur und die Akzeptanz der Veränderungen in allen Belegschaftsgruppen zu fördern.

Wichtig ist dabei, die Autonomie der Beteiligten zu stärken, ihre Entscheidungs- und Partizipationsspielräume zu erweitern. Die Arbeitswelt der Zukunft – wie wir sie haben wollen – kann nur gemeinsam von allen Beteiligten geschaffen werden. Dies kann nur dann gelingen, wenn die autonom agierenden Akteure in ihrer Rolle als Entscheider und Steuerer in der Lage und willens sind, die Aufgaben für die Gestaltung der Arbeitswelt zu übernehmen.

Intelligente Produktionssysteme, erhöhter Bedarf an radikalen Innovationen und Kreativität, neue Anforderungen der jüngeren Beschäftigten an Unternehmen, Zusammenarbeit in agilen und virtuellen Umgebungen – alle diese Veränderungen erfordern ein neues Führungsverständnis.

Die autoritären, auf Zielvereinbarungen und materiellen Anreizen basierenden Führungsmethoden der Vergangenheit, die für die Fließbandproduktion und Standardabläufe in stabilen Märkten mit homogenen Belegschaften geeignet waren, haben ausgedient. Die Führungskräfte von heute haben es mit hoch qualifizierten, mündigen Mitarbeitenden zu tun, die über Fachexpertise verfügen und Freiräume erwarten.

Der Vorgesetzte ist nicht mehr der einzige Spezialist, der eine richtige Lösung für jedes Problem weiß. Die Komplexität der digitalisierten Arbeitswelt kann nur durch die kollektive Intelligenz von vielen autonomen Experten bewältigt werden, die den Sinn ihrer Tätigkeit erkennen und ihre Spielräume und Entscheidungsfreiheiten ausfüllen.

Es ist eine Situation entstanden, in der die Führungskräfte nicht mehr mit traditionellen Instrumenten führen können und die Mitarbeitenden nicht wie früher geführt werden wollen. Diese Konstellation verlangt nach einer radikalen Wende in der Führung.

Verständnisfragen

1. Was verstehen Sie unter Digitalisierung? Erläutern Sie die zentralen technologischen Treiber der Digitalisierung.
2. Was wird unter der Industrie 4.0 und Smart Factory verstanden?
3. Welche Chancen und Gefahren werden mit der Big Data Analytics verbunden?
4. Welche Bedeutung haben digitalisierte Produkte und Geschäftsmodelle für Unternehmen?
5. Was wird unter der Flexibilisierung der Arbeit verstanden?
6. Welche Folgen hat demografischer Wandel in der Gesellschaft für die Unternehmen?
7. Welche Erwartungen haben die Vertreter der Generationen Y und Z an die Arbeitswelt?
8. Warum ist demnächst eine teilweise Deglobalisierung zu erwarten?
9. Was versteht man unter Nachhaltigkeit? Wie können Unternehmen zum Erreichen der Nachhaltigkeitsziele beitragen?
10. Welche Konsequenzen haben die aktuellen Trends für die Arbeitswelt? Warum ist neue Führung erforderlich?

Literatur

acatech (Hrsg.) (2016). Kompetenzentwicklungsstudie Industrie 4.0. Erste Ergebnisse und Schlussfolgerungen. München 2016. https://www.plattform-i40.de/I40/Redaktion/DE/Downloads/Publikation/acatech-kompetenzentwicklungsstudie-i40.pdf?__blob=publicationFile&v=4. Zugegriffen: 10. Jan. 2022.

Accenture. (Hrsg.) (2021). Accenture-Studie zur Nutzung digitaler Technologien: Bis zu 5 Billionen US-Dollar zusätzliches Wachstum für Unternehmen durch schnelleres und intelligenteres Arbeiten. https://newsroom.accenture.de/de/news/accenture-studie-zur-nutzung-digitaler-technologien-bis-zu-5-billionen-us-dollar-zus%C3%A4tzliches-wachstum-f%C3%BCr-unternehmen-durch-schnelleres-und-intelligenteres-arbeiten.htm. Zugegriffen: 18. Jan. 2022.

Ahrens, D., & Spöttl, G. (2018). Industrie 4.0 und Herausforderungen für die Qualifizierung von Fachkräften. In H. Hirsch-Kreinsen, P. Ittermann, & J. Niehaus (Hrsg.), *Digitalisierung industrieller Arbeit. Die Vision Industrie 4.0 und ihre sozialen Herausforderungen* (2. Aufl., S. 175–194). Nomos.

Bendel, O. (o. J.). Gabler Wirtschaftslexikon, Big Data. https://wirtschaftslexikon.gabler.de/definition/big-data-54101. Zugegriffen: 23. Jan. 2022.

Bitkom. (2022). IT-Fachkräftelücke wird größer: 96.000 offene Jobs. https://www.bitkom.org/Presse/Presseinformation/IT-Fachkraefteluecke-wird-groesser. Zugegriffen: 7. Febr. 2022.

BMWi. (2021). Wirtschaft nachhaltig gestalten. Zweiter Ressortbericht Nachhaltigkeit des Bundesministeriums für Wirtschaft und Energie. https://www.bmwi.de/Redaktion/DE/Downloads/B/bmwi-Ressortbericht-Nachhaltigkeit%202020.pdf?__blob=publicationFile&v=18. Zugegriffen: 24. Jan. 2022.

Deloitte. (Hrsg.). (2020). Data Analytics: So machen Sie aus Masse Klasse. Wie Big Data auch Ihrem Unternehmen Wettbewerbsvorteile verschafft. https://www2.deloitte.com/de/de/pages/trends/data-analytics.html. Zugegriffen: 23. Jan. 2022.

DGQ (Deutsche Gesellschaft für Qualität) (Hrsg.). Was bedeutet Nachhaltigkeit? https://www.dgq.de/fachbeitraege/was-bedeutet-nachhaltigkeit/. Zugegriffen: 24. Jan. 2022.

Dullien, S. (2021). Nach der Corona-Krise: Die nächste Phase der (De-)Globalisierung und die Rolle der Industriepolitik, IMK-Policy Brief Nr. 100, 2021. https://www.imk-boeckler.de/de/faust-detail.htm?sync_id=HBS-007939. Zugegriffen: 24. Jan. 2022.

Eilers, S., Möckel, K., Rump, J., & Schabel, F. (2017). HR Report 2017. Schwerpunkt Kompetenzen für eine digitale Welt. Eine empirische Studie des Instituts für Beschäftigung und Employability IBE im Auftrag von Hays für Deutschland, Österreich und die Schweiz. https://www.hays.de/documents/10192/118775/Hays-Studie-HR-Report-2017.pdf/3df94932-63ca-4706-830b-583c107c098e. Zugegriffen: 10. Jan. 2022.

Franken, S., Prädikow, L., & Vandieken, M. (2019). Fit für Industrie 4.0? Ergebnisse einer empirischen Untersuchung im Rahmen des Forschungsprojektes Fit für Industrie 4.0. FGW-Studie Digitalisierung von Arbeit 18. In H. Hirsch-Kreinsen, A. Karacic (Hrsg.), FGW, Düsseldorf, ISSN 2510–4101.

Fraunhofer IAO. (Hrsg.). (2019a). Was ist Künstliche Intelligenz? Eine Definition jenseits von Mythen und Moden. https://blog.iao.fraunhofer.de/was-ist-kuenstliche-intelligenz-eine-definition-jenseits-von-mythen-und-moden/. Zugegriffen: 23. Jan. 2022.

Fraunhofer IAO. (Hrsg.). (2019b). Spielarten der Künstlichen Intelligenz: Maschinelles Lernen und Künstliche Neuronale Netze. https://blog.iao.fraunhofer.de/spielarten-der-kuenstlichen-intelligenz-maschinelles-lernen-und-kuenstliche-neuronale-netze/. Zugegriffen: 23. Jan. 2022.

Hagmann, J. (2021). Die Bedeutung der Künstlichen Intelligenz. In B. Wildhaber (Hrsg.), *Leitfaden Information Governance. Organisationen erfolgreich digitalisieren* (2. Aufl.). Kompetenzzentrum Records Management.

Hirsch-Kreinsen, H. (2020). *Digitale Transformation von Arbeit. Entwicklungstrends und Gestaltungsansätze*. Kohlhammer.

IBM. (Hrsg.) (2020). From Roadblock to Scale: The Global Sprint Towards AI. http://filecache.mediaroom.com/mr5mr_ibmnews/183710/Roadblock-to-Scale-exec-summary.pdf. Zugegriffen: 23. Jan. 2022.

Initiative D21 e. V. (Hrsg.) (2021). D21 digital Index 2020/2021. https://initiatived21.de/app/uploads/2021/02/d21-digital-index-2020_2021.pdf. Zugegriffen: 18. Jan. 2022.

KfW. (2021). KfW Research. KfW-ifo-Fachkräftebarometer: 4. Quartal 2021. Fachkräfte so knapp wie nie seit der Wiedervereinigung. https://www.kfw.de/PDF/Download-Center/Konzernthemen/Research/PDF-Dokumente-KfW-ifo-Fachkr%C3%A4ftebarometer/KfW-ifo-Fachkraeftebarometer_2021-11.pdf Zugegriffen: 24. Jan. 2022.

KI Campus. (Hrsg.) (o. J.). Big Data im Alltag. https://ki-campus.org/node/370 Zugegriffen: 26. Jan. 2022.

Kozica, A., & Kaiser, S., et al. (2021). Organisationale Identität in digitalisierten Arbeitswelten: Grundlage für gelingende Kooperation. In O. Geramanis (Hrsg.), *Kooperationen in der digitalen Arbeitswelt* (S. 345–358). Springer.

Krafft, K. (2020). Risiko Bias: Warum Verzerrungen KI gefährden. https://www.computerwoche.de/a/warum-verzerrungen-ki-gefaehrden,3550216 Zugegriffen: 26. Jan. 2022.

Lernende Systeme. Die Plattform für Künstliche Intelligenz. (Hrsg.) (o. J.). Geschäftsmodelle. Wirtschaft im Umbruch. https://www.plattform-lernende-systeme.de/geschaeftsmodelle.html. Zugegriffen: 23. Jan. 2022.

Malin, L., & Hickmann, H. (2022). KoFa Kompakt. Jahresrückblick Arbeitsmarkt 2021. https://www.iwkoeln.de/studien/lydia-malin-helen-hickmann-jahresrueckblick-der-arbeitsmarkt-2021.html. Zugegriffen: 7. Febr. 2022.

Manpower Group. (Hrsg.) (2018). Skills Revolution 2.0. https://www.manpowergroup.de/neuigkeiten/studien-und-research/skills-revolution-ii/#_ga=2.212613268.1033596777.1558884674-2117599411.1558884674. Zugegriffen: 6. Jan. 2022.

OECD. (2019). Going digital: Shaping Polices, Improving Lives. OECD Publishing, Paris. https://www.oecd.org/publications/going-digital-shaping-policies-improving-lives-9789264312012-en.htm. Zugegriffen: 24. Jan. 2022.

Olk, J. (2022). Ist die Globalisierung am Ende? Fünf Fakten beweisen das Gegenteil. https://www.handelsblatt.com/politik/konjunktur/nachrichten/aussenhandel-ist-die-globalisierung-am-ende-fuenf-fakten-beweisen-das-gegenteil/28040866.html. Zugegriffen: 7. Febr. 2022.

Pfander, K. (2022). Sustainability: Nachhaltiger arbeiten und wirtschaften. *Wissensmanagement, 1*(2022), 16–19.

Pfeiffer, S., Lee, H., Zirnig, C., & Suphan, A. (2016). Industrie 4.0 – Qualifizierung 2025. VDMA-Studie. https://www.vdma.org/v2viewer/-/v2article/render/13668437. Zugegriffen: 6. Jan. 2022.

Plattform Industrie 4.0. (2020). Nachhaltige Produktion: Mit Industrie 4.0 die Ökologische Transformation aktiv gestalten. https://www.plattform-i40.de/IP/Redaktion/DE/Downloads/Publikation/Nachhaltige-Produktion.html. Zugegriffen: 24. Jan. 2022.

Plattform Industrie 4.0. (o. J.). Was ist Industrie 4.0? https://www.plattform-i40.de/IP/Navigation/DE/Industrie40/WasIndustrie40/was-ist-industrie-40.html. Zugegriffen: 6. Jan. 2022.

Scheer, A. W. (2018). *Unternehmung 4.0 – Vom disruptiven Geschäftsmodell zur Automatisierung der Geschäftsprozesse*. AWSi Publishing.

Schnetzer, S. (2019). Studienergebnisse junge Deutsche 2019. https://simon-schnetzer.com/studienergebnisse-junge-deutsche-2019/. Zugegriffen: 25. Jan. 2022.

Scholz, C. (2022). Christian Scholz Gedanken und Materialien zur Generation Z. https://die-generation-z.de/. Zugegriffen: 25. Jan. 2022.

Schüller, A. M., & Steffen, A. T. (2017). *Fit für die Next Economy. Zukunftsfähig mit den Digital Natives*. Wiley-VCH.

Schwuchow, K., et al. (2021). Mittelpunkt Mensch? Die Toxik der neuen Arbeitswelt. In O. Geramanis (Hrsg.), *Kooperationen in der digitalen Arbeitswelt* (S. 19–33). Springer.

Statista. (2022). Netflix Mitarbeiter und Umsatz 2020. https://de.statista.com/statistik/daten/studie/553249/umfrage/anzahl-der-mitarbeiter-von-netflix/. Zugegriffen: 24. Jan. 2022.

Statistisches Bundesamt Deutschland. (2022). Bevölkerungsvorausberechnung. https://www.destatis.de/DE/Themen/Gesellschaft-Umwelt/Bevoelkerung/Bevoelkerungsvorausberechnung/_inhalt.html. Zugegriffen: 25. Jan. 2022.

Stowasser, S., Suchy, O. et al. (Hrsg.). (2020). Einführung von KI-Systemen in Unternehmen. Gestaltungsansätze für das Change-Management. Whitepaper aus der Plattform Lernende Systeme, München. https://www.plattform-lernende-systeme.de/files/Downloads/Publikationen/AG2_Whitepaper_Change_Management.pdf. Zugegriffen: 24. Jan. 2022.

Suchy, C. (2022). Mit Robotik und Nachhaltigkeit: „Made in Germany" steht vor einem Comeback. https://www.n-tv.de/wirtschaft/Made-in-Germany-steht-vor-einem-Comeback-article23059742.html. Zugegriffen: 23. Jan. 2022.

Thyssen Krupp. (Hrsg.). (o. J.) MAX Maximale Verfügbarkeit, jederzeit. https://www.tkelevator.com/de-de/produkte/max/. Zugegriffen: 23. Jan. 2022.

Windelband, L., & Dworschak, B. (2018). Arbeit und Kompetenzen in der Industrie 4.0 Anwendungsszenarien Instandhaltung und Leichtrobotik. In H. Hirsch-Kreinsen, P. Ittermann, & J. Niehaus (Hrsg.), *Digitalisierung industrieller Arbeit. Die Vision Industrie 4.0. und ihre sozialen Herausforderungen* (2. Aufl., S. 63–79). Nomos.

Zenjob. (Hrsg.) (2021). Zenjob Gen-Z-Studie: Das wünschen sich junge Arbeitnehmer*innen von ihrem Job. https://www.zenjob.com/wp-content/uploads/210629_PM_Gen-Z-Studie-1.pdf. Zugegriffen: 25. Jan. 2022.

Zielonka, A. M. (2018). Welche Vorteile ein Plattform-Geschäftsmodell bietet. https://www.haufe.de/controlling/controllerpraxis/kennzahlenorientierte-steuerung-digitaler-plattformen/welche-vorteile-ein-plattform-geschaeftsmodell-bietet_112_467156.html. Zugegriffen: 23. Jan. 2022.

Teil II
Welche Führung ist zukunftstauglich?

# Führung 4D als Antwort auf neue Herausforderungen der Arbeitswelt

> **Zusammenfassung**
>
> Die traditionellen Führungskonzepte sind in der Zeit der maschinellen Massenproduktion entstanden: Führungskräfte hatten zu entscheiden sowie ihre Mitarbeitenden anzuweisen und zu kontrollieren. Im Mittelpunkt dieser Führungstheorien standen Eigenschaften, Verhaltensweisen oder Führungsstile der Vorgesetzten als Erfolgsfaktoren der Führung. Mit dem Wandel der Arbeitswelt in den 1990er Jahren zu mehr Automatisierung und höherer Qualifikation der Beschäftigten stoßen traditionelle Führungsmethoden an ihre Grenzen. Neuere Führungskonzepte wie symbolische, transaktionale/transformationale und emotionale Führung versuchen, Menschen in Unternehmen ganzheitlich zu betrachten, ihre Werte und Emotionen zu beeinflussen. Allerdings können auch diese Führungskonzepte keine adäquaten Antworten auf die Herausforderungen der modernen digitalisierten Arbeitswelt geben. Die Führung der Zukunft muss die zentralen Einflussfaktoren Digitalisierung, Demografie/Diversität, Demokratie und Dynamik fokussieren, welche die vier Dimensionen des 4D-Führungsmodells darstellen.

2.1 Traditionelle Führungskonzepte

Das Verständnis der Führung unterliegt einer ständigen Veränderung, bedingt durch den Zeitgeist, den Stand der Technik und die vorherrschenden gesellschaftlichen Werte. Jede Gesellschaft schafft ihr eigenes Idealbild der Führung, und jede neue Generation stellt dieses infrage.

Die ersten fundierten Führungstheorien sind in der Zeit der maschinellen Massenproduktion (meistens in der ersten Hälfte des 20. Jahrhunderts) entstanden und entsprachen dem mechanistischen Bild der Welt: Die geringqualifizierten Arbeitenden wurden als Rädchen im System Fabrik betrachtet und mussten durch (all)wissende Führungskräfte angewiesen, kontrolliert und mit monetären Anreizen angetrieben werden.

Die Führungstheorien jener Zeit haben sich vor allem mit den Faktoren des Führungserfolgs befasst, die mit der Person oder dem Verhalten des Führenden zu tun hatten, – Eigenschaften, Verhaltensweisen oder Führungsstilen der Führungskräfte, um bessere Leistungen und Arbeitszufriedenheit der Beschäftigten zu erzeugen.

Die zentrale Frage der traditionellen Führungsansätze war: Was ist für gute Führung notwendig? Um diese Frage zu beantworten, ist es sinnvoll, zunächst den Begriff und die Kriterien der guten Führung zu definieren.

Allerdings ist der Führungsbegriff sehr komplex und facettenreich. Blessin & Wick (2021, S. 25) bezeichnen Führung als „viel diskutiertes Thema, bei dem kalte Kognitionen und heiße Emotionen oft unentwirrbar vermengt werden" und stellen eine Menge Führungsbegriffe aus sieben Jahrzehnten Führungsforschung zusammen. Wir werden uns zunächst auf eine gängige Definition von von Rosenstiel und Nerdinger beschränken.

▶ **Führung** ist zielbezogene Einflussnahme. Die Geführten sollen dazu bewegt werden, die Ziele des Unternehmens zu erreichen (vgl. von Rosenstiel & Nerdinger, 2020, S. 21).

Konkret können diese Ziele beispielsweise in der Erhöhung des Umsatzes oder des Gewinns, in der Steigerung der Kundenzufriedenheit oder in der Verbesserung der Qualität von Produkten und Dienstleistungen bestehen.

Der **Führungserfolg** wird meistens an zwei Gruppen von Kriterien gemessen (vgl. von Rosenstiel & Nerdinger, 2020, S. 24):

1. An der **ökonomischen** Dimension – Quantität und Qualität der von den Beschäftigten erbrachten Leistung, operationalisiert über Produktions- und Absatzdaten, Liefertermine, Reklamationen, eingebrachte Ideen, Innovationen usw.
2. An der **sozialen** Dimension – Arbeitszufriedenheit, Betriebsklima, Identifikation und Loyalität der Mitarbeitenden.

Was ist für den Führungserfolg entscheidend? Je nachdem, welche Determinanten im Vordergrund stehen, unterscheidet man zwischen Eigenschafts-, Verhaltens- und Situationstheorien der Führung (vgl. Blessin & Wick 2021, Peters, 2015; Rybnikova & Lang, 2021; Stock-Homburg & Groß, 2019; von Rosenstiel & Nerdinger, 2020) (vgl. Tab. 2.1).

Tab. 2.1 Die bedeutendsten traditionellen Führungskonzepte im Überblick

Konzepte	Wesentliche Inhalte
Eigenschaftstheorien	Für den Erfolg der Führung sind bestimmte Eigenschaften der Führungskraft entscheidend, z. B. Intelligenz, soziale Kompetenz, Willensstärke, Offenheit für neue Erfahrungen
Verhaltenstheorien	Führungserfolg ist von dem konkreten Verhalten der Führungskraft abhängig (Aufgaben-, Mitarbeiter- und Partizipationsorientierung)
Situationstheorien	Es gibt kein allgemeingültiges Führungsverhalten, sondern je nach Situation ist ein spezieller Führungsstil notwendig

2.1.1 Eigenschaftstheorien der Führung

Diese historisch ältesten Theorien der Führung basieren auf der Annahme, dass bestimmte angeborene oder erworbene Persönlichkeitsmerkmale eine erfolgreiche Führung ausmachen. Der Eigenschaftsansatz der Führung war lange Zeit deshalb so beliebt, weil er gestattet, erfolgreiche Führungskräfte anhand persönlicher Merkmale zu vergleichen bzw. auszuwählen.

Es gibt mehrere Untersuchungen, die eine positive Korrelation zwischen der klassischen Intelligenz und dem Führungserfolg belegen, allerdings auch solche, die keinen Zusammenhang zwischen diesen Größen feststellen. In anderen Studien werden beispielsweise rhetorische Fähigkeiten, Originalität oder auch Selbstvertrauen als erfolgsentscheidende Faktoren genannt.

Auf der Basis verschiedener Studien zum Zusammenhang zwischen persönlichen Eigenschaften der Führungskräfte und dem Führungserfolg (gemessen an der Zielerreichung und der Arbeitszufriedenheit), nennen von Rosenstiel und Nerdinger folgende Führungseigenschaften als förderlich (vgl. von Rosenstiel & Nerdinger, 2020, S. 28):

- Intelligenz,
- gute soziale Kompetenz,
- Motivations- und Willensstärke,
- Offenheit für neue Erfahrungen,
- ausgeprägte Lernfähigkeit und -bereitschaft.

Als kritische Würdigung der Eigenschaftstheorien kann man einerseits zustimmen, dass bestimmte Persönlichkeitsmerkmale einen Führenden zu effizientem Führen befähigen können, andererseits können diese Eigenschaften nur im Kontext der Situation und der Eigenschaften der Geführten wirksam sein. Die personengebundenen Eigenschaften allein können den Führungserfolg nicht garantieren.

2.1.2 Verhaltenstheorien der Führung

Diese Ansätze versuchen den Zusammenhang zwischen dem Verhalten der Führungskräfte und dem Führungserfolg zu untersuchen. Als drei unabhängige Dimensionen des Führungsverhaltens werden vor allem Aufgaben-, Mitarbeiter- und Partizipationsorientierung betrachtet (vgl. von Rosenstiel & Nerdinger, 2020, S. 28):

Aufgabenorientierung Aufgabenorientierung bedeutet, dass die Aufgabe und die Zielerreichung für den Führenden im Mittelpunkt stehen, wogegen persönliche Belange der Geführten kaum berücksichtigt werden (Ergebnis um jeden Preis). Mit dieser Dimension werden Aufgabeninitiierung, Aufgabenstrukturierung und Leistungsorientierung verbunden.

Mitarbeiterorientierung Mitarbeiterorientierung der Führung heißt, dass die Führungskraft die Mitarbeitenden wertschätzt und ihre persönlichen Belange und Bedürfnisse in den Vordergrund stellt. Damit gehen Wertschätzung und Sorge um die Mitarbeitenden einher.

Partizipationsorientierung Partizipationsorientierung bedeutet, dass die Mitarbeitenden in die Entscheidungsprozesse einbezogen werden, die ihren Arbeitsplatz, ihr Aufgabengebiet oder auch die Rahmenbedingungen betreffen. Die Beschäftigten werden als Mitwirkende betrachtet.

Der Grad der Partizipation der Mitarbeitenden an den Entscheidungen wird in vielen Führungsansätzen thematisiert. Besonders bekannt ist der Führungsstil-Ansatz von Tannenbaum und Schmidt, die je nach Beteiligung der Untergebenen an Entscheidungsfindung (Grad der Partizipation) zwischen sieben verschiedenen Führungsstilen unterscheiden (vgl. Abb. 2.1).

Tannenbaum und Schmidt definieren sieben **Führungsstile:**

1. Der **autoritäre** Führungsstil bedeutet, dass die Führungskraft ihre Entscheidungen alleine trifft und von den Untergebenen Gehorsam erwartet. Die Meinung und die Initiative der Beschäftigten sind nicht gefragt.
2. Bei dem **patriarchalischen** Führungsstil bleibt die Willensbildung ebenfalls komplett bei dem Vorgesetzten, der seine Mitarbeitenden als unmündige Kinder betrachtet, die ganze Verantwortung übernimmt und eine Abhängigkeitsbeziehung aufbaut.
3. Als **informierender** Führungsstil informiert die Führungskraft ihre Mitarbeiter über die getroffenen Entscheidungen, um ihre Akzeptanz zu erreichen.
4. Im Fall eines **beratenden** Führungsstils erhalten die Mitarbeitenden noch mehr Mitentscheidung, da sie über eine beabsichtigte Entscheidung der Führungskraft informiert und zur Äußerung ihrer Meinung aufgefordert werden, bevor eine endgültige Entscheidung gefällt wird.

2.1 Traditionelle Führungskonzepte

Willensbildung beim Vorgesetzten						Willensbildung beim Mitarbeiter
1	2	3	4	5	6	7
Vorgesetzter entscheidet ohne Konsultation der Mitarbeiter	Vorgesetzter entscheidet, versucht aber die Mitarbeiter zu überzeugen, bevor er die Weisung erteilt	Vorgesetzter entscheidet, fördert jedoch Fragen zu seinen Entscheidungen, um Akzeptanz zu erreichen	Vorgesetzter informiert Mitarbeiter über beabsichtigte Entscheidung, Mitarbeiter können sich vor der endgültigen Entscheidung äußern	Mitarbeiter/Gruppe entwickelt Vorschläge, Vorgesetzter entscheidet sich für die von ihm favorisierte Alternative	Mitarbeiter/Gruppe entscheidet, nachdem der Vorgesetzte Ziele und Probleme aufgezeigt und Spielraum festgelegt hat	Mitarbeiter/Gruppe entscheidet, Vorgesetzter fungiert als Koordinator nach innen und nach außen
autoritär	patriarchalisch	informierend	beratend	kooperativ	delegativ	teilautonom

Abb. 2.1 Führungsstile je nach Grad der Partizipation nach Tannenbaum und Schmidt. (Eigene Darstellung in Anlehnung an Wunderer, 2011)

5. Der **kooperative** Führungsstil zeichnet sich dadurch aus, dass die Führungskraft ihre Mitarbeiter in den Entscheidungsprozess einbezieht und von ihnen sachliche Unterstützung erwartet. Folglich können sich die Beschäftigten mit den gemeinsam definierten Zielen eher identifizieren und mehr Initiative übernehmen.
6. Bei dem **delegativen** Führungsstil werden Entscheidungen grundsätzlich von den Mitarbeitenden gefällt, nachdem die Führungskraft Ziele und Probleme aufgezeigt und den Spielraum festgelegt hat.
7. Der **teilautonome** Führungsstil setzt voraus, dass ein Mitarbeiter oder eine Gruppe selbstständig entscheiden, handeln und sich selbst kontrollieren, sodass eine Einmischung der Führungskraft überflüssig ist.

Je nach persönlichen Fähigkeiten und Einstellungen der Führungsperson und der subjektiv von der Führungskraft wahrgenommenen Reife der Mitarbeiter kann der eine oder andere Führungsstil angewandt werden.

Da Führungsverhalten in Unternehmen kein Selbstzweck ist, sondern dazu beitragen soll, die Ziele des Unternehmens zu erreichen, stehen die ersten zwei Dimensionen – Aufgaben- und Mitarbeiterorientierung – im Einklang mit den ökonomischen und sozialen Zielen der Führung im Sinne der Leistung und Arbeitszufriedenheit. Die dritte Dimension – Partizipationsorientierung – beeinflusst Arbeitszufriedenheit und Leistung indirekt, da sie die Identifikation der Mitarbeitenden mit dem Unternehmen und seinen Zielen begünstigt sowie die Qualifikation der Beschäftigten fördert (von Rosenstiel & Nerdinger, 2020, S. 33). Insofern fördern alle drei Dimensionen des Führungsverhaltens den Führungserfolg.

Der größte Kritikpunkt an den Verhaltenstheorien bezieht sich darauf, dass die situativen Bedingungen der Führung (wie zum Beispiel die Arbeitssituation und die Charakteristika von Vorgesetzten und Mitarbeitenden) vollständig ausgeblendet werden. Andererseits helfen die drei obengenannten Dimensionen des Führungsverhaltens der Führungskraft zur kritischen Reflexion des eigenen Verhaltens und spielen im Führungsprozess eine bedeutende Rolle.

2.1.3 Situationstheorien der Führung

In diesen Ansätzen kommt die Erkenntnis zum Ausdruck, dass der Erfolg der Führung mit den Variablen der konkreten Führungssituation korreliert. Verschiedene Situationen zeichnen sich durch unterschiedliche Anforderungen aus, welche die Führungskraft erkennen soll, um durch ein daran ausgerichtetes Führungsverhalten Führungserfolg zu erzielen. Jede Situation verlangt nach einem angemessenen Führungsstil.

Besonders bekannt ist das Konzept der situativen Führung von Hersey und Blanchard (1977). Als Variablen der Führungssituation werden vor allem verschiedene Reifegrade eines Mitarbeiters betrachtet, die bestimmte Ausprägungen der Aufgaben- und Mitarbeiterorientierung (vergleich dazu Abschn. 2.1.2) seitens der Führungskraft erfordern.

Unter dem Reifegrad werden fachliche (Können) und psychologische Reife (Wollen) einer Person verstanden. Hersey und Blanchard unterscheiden zwischen vier Reifegraden der Mitarbeitenden. Verfügt eine Person über eine schwach ausgeprägte persönliche Reife und kennt sich mit der Aufgabe nicht gut aus, ist sie als unreif zu bezeichnen (geringe Reife). Fehlen der Person zwar die Kenntnisse über die zu erledigenden Tätigkeiten oder sie ist (noch) unfähig diese selbstständig auszuüben, zeigt aber großes Interesse, das Neue zu erlernen, und ist motiviert, dann wird von einer geringen bis mittleren Reife gesprochen. Die Reife der Person, die eine hohe Funktionsreife aufweist, d. h. mit einem hohen Fachwissen an die Aufgabe herantreten kann, aber nicht motiviert ist, wird als mittel bis hoch eingestuft. Verfügt die Person sowohl über eine hohe Kompetenz als auch über die Motivation, die Aufgaben zu erfüllen, besitzt sie einen hohen Reifegrad (vgl. Hersey & Blanchard, 1977).

Bei geringerer Reife muss die Führungskraft eher aufgaben-, bei höherer Reife eher personenorientiert führen. Als Ergebnis der Kombination von Einflussfaktoren ergeben sich vier Führungsstile (siehe Abb. 2.2).

Ausgehend vom Reifegrad der Geführten richtet sich die Führungskraft auf die Mitarbeiterorientierung oder auf fachliche Inhalte (Aufgabenorientierung) und wendet einen der vier folgenden Führungsstile an:

1. autoritärer Führungsstil „Unterweisen" (telling),
2. überzeugender Führungsstil „Überzeugen, Verkaufen" (selling),
3. unterstützender Führungsstil „Kooperieren" (participating),
4. delegierender Führungsstil „Delegieren" (delegating).

2.1 Traditionelle Führungskonzepte

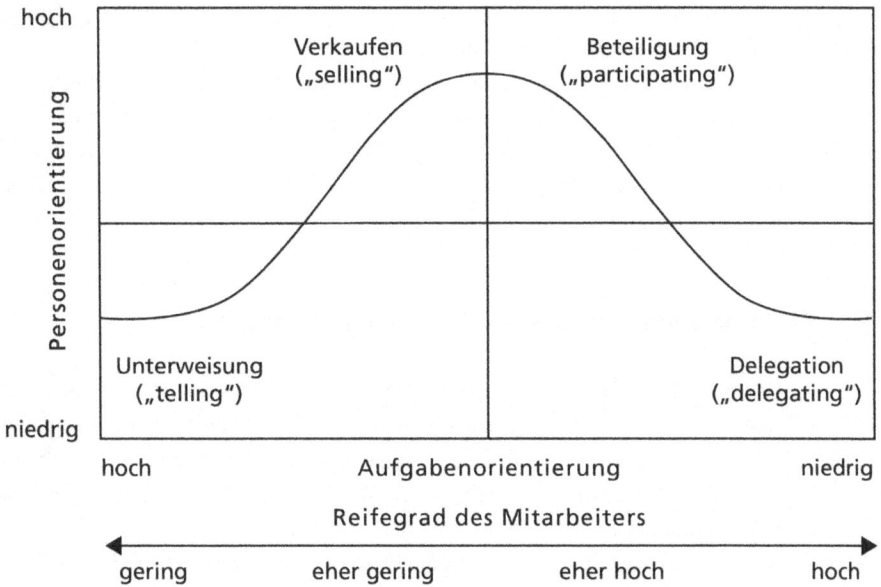

Abb. 2.2 Modell der situativen Führung nach Hersey und Blanchard. (Eigene Darstellung in Anlehnung an Hersey & Blanchard, 1977; Hersey et al., 2012)

Die Aufgabenorientierung schwächt sich mit der Steigerung des Reifegrades verständlicherweise ab. Eine besonders hohe Mitarbeiterorientierung ist bei einem mittleren Reifegrad der Geführten erforderlich, um effizient zu führen. Der Bedarf an Beziehungsorientierung ist für besonders unreife und für besonders reife Personen geringer: Ist eine Person unreif, muss sie genau angewiesen werden, was sie wie zu erledigen hat (Unterweisen). Sobald eine Person den vollen Reifegrad erreicht hat, können ihr eigenverantwortliche Aufgaben übertragen werden (Delegieren).

Neben der Anwendung der angemessenen Führungsstile hat die Führungskraft eine weitere wichtige Aufgabe – die Reife der Mitarbeitenden zu fördern. Bei Schwächen in der Fachkompetenz können die Beschäftigten fachlich geschult werden, bei geringer psychologischer Reife sollten Anreize geschaffen werden, um die Motivation der Mitarbeitenden zu erhöhen. Durch steigende Herausforderungen kann ein Entwicklungsprozess in Gang gesetzt werden, bei dem ein Mitarbeiter an den immer komplexeren Arbeitsaufgaben wächst.

Die Situationstheorie der Führung erweist sich als erheblich weiterführender und flexibler, als die Eigenschafts- und Verhaltenstheorien, was verschiedene Gruppenkonstellationen und Situationen betrifft. Allerdings gibt es wesentliche Kritikpunkte, die ihre praktische Bedeutung relativieren: Als Variablen werden nur persönliche Reifegrade der Mitarbeitenden betrachtet, die Führungskompetenzen des Führenden selbst (soziale

Kompetenz, Delegationsvermögen) und die Rahmenbedingungen (Aufgabenschwierigkeit sowie kulturelle Faktoren) bleiben unbeachtet.

Trotzdem ist vor allem der Grundgedanke des situativen Ansatzes zu würdigen: Es gibt keine für immer und überall „richtige" Führung, praktisches Führungsverhalten soll auf die Umstände und Persönlichkeiten der Geführten abgestimmt werden. Damit wird von einer Führungsperson hohe Flexibilität und das Beherrschen von verschiedenen Führungsmethoden erwartet.

2.1.4 Fazit zu den traditionellen Führungskonzepten

Die traditionellen, älteren Führungsansätze hatten für die alte Arbeitswelt ihre Gültigkeit. In der mechanisierten Produktion (am Fließband), wo Menschen nur eine Ergänzung der Maschine, ein Rädchen im System des Betriebes waren, galt die Herrschaft einer (all)wissenden, selbstbewussten Führungskraft über nicht- oder geringqualifizierte Arbeitenden als angemessen.

Entscheidungen im Alleingang (entsprechend dem autoritären Führungsstil) auf der Seite der Führungskräfte waren mit dem Gehorsam und materiellen Anreizen auf der Seite der Beschäftigten gekoppelt und bildeten ein extrem asymmetrisches Machtverhältnis. Dazu glaubte man – gemäß dem mechanistischen Bild der Welt – an die absolute Wahrheit der Zahlen und an die direkte Beeinflussbarkeit der Ursache-Wirkungs-Ketten in Unternehmen. Eine zielgerichtete Steuerung von oben aufgrund der Zielvorgaben und die Motivation durch monetäre Anreize waren die Konsequenzen dieses Denkens.

Die neueren Theorien der Führung, die in den vergangenen Jahrzehnten entstanden sind, spiegeln die Veränderung des Führungsverständnisses und zugleich den Versuch, Führungsmethoden zu modernisieren, wider.

2.2 Neuere Führungskonzepte

Mit dem Wandel der Arbeitswelt in Richtung Automatisierung, Computerisierung und Wissensarbeit, haben sich die Anforderungen an die Qualifikationen der Beschäftigten sowie die Führungsmethoden geändert. Da die Mitarbeitenden über höhere Qualifikationen verfügen und selbstständig entscheiden und arbeiten können, wirken autoritäre Führungsstile und alleinige Entscheidungen kontraproduktiv. Mündige Spezialisten wissen oft besser, als ihr Vorgesetzter, wie ihre Aufgaben effizienter erledigt werden können, und brauchen keine Anweisungen von oben. Gefragt sind eher fördernde Rahmenbedingungen, die intrinsische Motivation und die Unterstützung von Ideen der Beschäftigten.

Die neueren Führungskonzepte, die überwiegend in den 1990-2000er Jahren entstanden sind, wurden zudem stark von den Erkenntnissen der Gehirnwissenschaften beeinflusst, die die Rolle der Emotionen und des Unterbewusstseins für menschliches

2.2 Neuere Führungskonzepte

Handeln neu definiert haben. Diese Erkenntnisse bedeuten ein endgültiges Aus für das Modell des Menschen als Homo oeconomicus: Menschliche Entscheidungen und Handlungen sind nicht rein rational, sondern überwiegend emotional und unbewusst. Unter diesen Prämissen soll die Führung nicht nur auf Argumente und Rationalität setzen, sondern die Mitarbeitenden emotional und unbewusst beeinflussen.

Als Ergebnis dieser Entwicklungen sind die neueren Führungskonzepte entstanden, zu denen vor allem symbolische, transaktionale/transformationale und emotionale Führung zählen (vgl. Blessin & Wick 2021; Peters, 2015; Rybnikova & Lang, 2021; Stock-Homburg & Groß, 2019; von Rosenstiel & Nerdinger, 2020) (vgl. Tab. 2.2).

2.2.1 Symbolische Führung

An die Stelle von früheren Führungskonzepten, die mithilfe von Kausalzusammenhängen den Führungserfolg durch eine oder einige übersichtliche Variablen erklärt und rational begründet haben, treten neue Überlegungen, die Führungssituationen als Ergebnisse des gemeinsamen sozialen Handelns betrachten. Führung wirkt nicht direkt, mechanisch auf Menschen und Ergebnisse, sondern schafft Rahmenbedingungen, in denen Ergebnisse realisiert werden können.

Ein neues Führungsverständnis nach Neuberger (1985, S. 3) lautet: „Wahrgenommene/gedeutete Situationen sind (als soziale und damit veränderbare Tatsachen) Chancen, individuelle oder gemeinsame Pläne zu verwirklichen." Das kann innerhalb

Tab. 2.2 Ausgewählte neuere Führungskonzepte im Überblick

Ansätze	Wesentliche Inhalte
Symbolische Führung	Führungskräfte gestalten Rahmenbedingungen (Unternehmenskultur), in denen gemeinsame Ziele erreicht werden können
Transaktionale und transformationale Führung	Transaktionale Führung setzt auf die Ziele und Austauschbeziehungen. Führende bringen ihre Mitarbeiter dazu, Ziele im Austausch für Belohnungen zu erreichen Transformationale Führung nimmt Einfluss auf die Persönlichkeit des Mitarbeiters, verwandelt (transformiert) die Motive, Werte, Ziele und das Vertrauen ihrer Mitarbeiter, um gemeinsame Ziele zu erreichen
Emotionale Führung	Führung mit emotionaler Intelligenz, wobei die Führungskraft mithilfe von Visionen, Mitarbeitergesprächen und dem Wir-Gefühl eine emotionale Resonanz erzeugt und Arbeitsleistung und Motivation steigert

einer spezifischen Unternehmenskultur erfolgen, die von den Führungskräften – zusammen mit den Beschäftigten – durch symbolische Handlungen gestaltet wird. Deswegen bezeichnet man diese Theorie als symbolische Führung, oder Führung durch die Gestaltung der Unternehmenskultur.

Führung wirkt dabei durch Symbolisierung: Es kommt nicht nur darauf an, was im Führungsprozess geschieht, sondern auch darauf, wer es wie tut und wie dieses Tun von den Geführten gedeutet wird (vgl. von Rosenstiel & Nerdinger, 2020, S. 43).

Zu den praktischen Instrumenten der symbolischen Führung gehören Visionen, Symbole, Rituale und Helden, die besonders stark wirken, wenn sie in den Mythen und Traditionen des Unternehmens ihren Ursprung haben, z. B. berühmte Gründer oder Erfolgsgeschichten aus der Vergangenheit.

Darüber hinaus sind für die symbolische Führung Werte und Normen wichtig, die in der Unternehmenskultur in Form von Grundsätzen oder Leitlinien verankert sind und das Verhalten aller Mitglieder einer Organisation bewusst und unbewusst leiten.

Die typischen Instrumente der symbolischen Führung gliedern sich in verbale, interaktionale und objektivierte Symbole der Unternehmenskultur (vgl. Neuberger, 2002) (vgl. Tab. 2.3).

Die Gestaltung der Unternehmenskultur in Form von Artefakten und verbalen/ interaktionalen Symbolen, die in der Tabelle aufgezeigt sind, spielt für die Motivation und insbesondere für die Identifikation der Beschäftigten mit dem Unternehmen eine wichtige Rolle. Deswegen gilt Kulturgestaltung bereits seit mehreren Jahrzehnten als ein bedeutendes Führungsinstrument und ist eine gängige Praxis in den meisten (Groß) Unternehmen.

Werte und Normen sind für das menschliche Verhalten sehr bedeutend und sollen von den Führungskräften als Vorbilder und Werteträger kommuniziert werden. Allerdings stimmen die verkündeten Werte nicht immer mit den gelebten Werten überein, sodass eine Kluft zwischen den Normen/Absichten und der Realität entsteht, die sich auf die Beschäftigten, ihre Leistung und Loyalität negativ auswirkt.

Tab. 2.3 Symbole der Unternehmenskultur nach Neuberger (vgl. Neuberger, 2002)

Verbale Symbole	Interaktionale Symbole	Objektivierte Symbole (Artefakte)
Geschichten	Zeremonien, Traditionen	Statussymbole
Mythen	Rituale	Embleme, Fahnen
Anekdoten	Feiern, Jubiläen	Logos
Legenden	Konferenzen, Veranstaltungen	Urkunden, Auszeichnungen
Slogans, Mottos	Auswahl neuer Mitarbeitender	Idole, Helden
Grundsätze, Leitlinien	Umgang mit der Pensionierung	Kleiderordnung
Jargon, (Firmen)Sprache	Umgang mit Beschwerden	Bürogestaltung
Hymnen	Tabus	Plakate, Broschüren

Deswegen kann die symbolische Führung nur dann gelingen, wenn die verkündeten Werte mit den tatsächlich gelebten Werten übereinstimmen. Außerdem können die kulturellen Werte – auch wenn sie bekannt, glaubwürdig und authentisch sind – die interaktive Führung als Dialog zwischen der Führungskraft und den Mitarbeitenden nicht ersetzen.

2.2.2 Transaktionale und transformationale Führung

Die Autoren des Konzeptes der transaktionalen/transformationalen Führung Bass und Avolio (1990) streben eine Integration von rationalen und sinngebenden Konzepten an. Der rationale Gedanke der auf den klaren Zielen basierenden transaktionalen Führung wird mit der sinngebenden Ausrichtung der transformationalen Führung kombiniert.

Beide Führungskonzepte – obwohl sie so unterschiedlich sind – stellen zwei Formen der delegativen Führung dar. Unter Delegation versteht man eine Übertragung von Rechten und Pflichten, insbesondere von Aufgaben, Kompetenzen und Verantwortung. Führungskräfte und Mitarbeiter arbeiten bei delegativer Führung weitestgehend unabhängig und selbstständig. Diese Form der Führung setzt voraus, dass die Beschäftigten bereit und imstande sind, an sie delegierte Kompetenzen und Verantwortung zu übernehmen.

Transaktionale Führung Die transaktionale Führung ist gekennzeichnet durch eine rationale und stabile Austauschbeziehung (Transaktion) zwischen der Führungskraft und ihren Mitarbeitern. Führende bringen ihre Untergebenen dazu, Ziele im Austausch für Belohnungen zu verfolgen. Beim Ansatz der transaktionalen Führung steht die extrinsische Motivation im Vordergrund, die aus einem nutzenorientierten Austausch von Leistung und Belohnung resultiert. Die Führungskraft belohnt oder bestraft ihre Mitarbeiter in Abhängigkeit von ihrer Zielerreichung.

Die transaktionale Führung umfasst folgende Prinzipien:

- Erwartungserklärung: Die Führungskraft erläutert ihren Mitarbeitern, was von ihnen an Leistung und Anstrengung erwartet wird.
- Bedürfnisorientierung: Orientierung an individuellen Bedürfnissen und Präferenzen der Mitarbeitenden, unter anderem auch Bedürfnis nach mehr Geld.
- Leistungszusicherung: Die Führungskraft versichert den Beschäftigten, welche Gegenleistungen für ihre Anstrengungen und welche Sanktionen bei der Nichterfüllung sie erwarten dürfen.

Dieses Führungskonzept basiert auf Zielsetzungstheorien, die den Zusammenhang zwischen der Schwierigkeit des Ziels und seiner Akzeptanz auf der einen Seite mit der Leistung und Arbeitszufriedenheit auf der anderen Seite beschreiben. Ausgewogene persönliche und unternehmerische Ziele sowie das Feedback der Führungskraft über die Zielerreichung sind für die Arbeitsmotivation und die Ergebnisse entscheidend.

Eine praktische Form der transaktionalen Führung ist Management by Objectives (MbO). Ziele werden dabei als Kompromiss zwischen den gemeinsamen und den von jedem Mitarbeiter gesetzten individuellen Zielen vereinbart und verbindlich gesetzt. Wichtig ist, dass die Ziele klar und operational formuliert werden. Die Führungskraft gibt jedem Mitarbeiter Feedback über seine Fortschritte und sorgt für die Entlohnung entsprechend der tatsächlichen Zielerreichung.

Statt der direkten Verhaltenssteuerung des Mitarbeiters durch die Führungskraft setzt das Konzept der transaktionalen Führung auf eine indirekte Steuerung durch operationale Ziele.

Transformationale Führung Die transformationale Führung (auch als werteorientierte Führung bekannt) wird von Bass und Avolio als Gegensatz zu der transaktionalen Führung dargestellt. Spricht die transaktionale Führung vor allem den Homo oeconomicus im Mitarbeiter an, so ist die transformationale Führung ganzheitlich ausgerichtet und orientiert sich an der ganzen Persönlichkeit des Mitarbeiters.

Die transformationale Führung legt ihren Schwerpunkt auf die grundlegenden Sinnorientierungen und will das „Warum" des Handelns verstehen und lenken. Sie versucht, Werte und Motive der Beschäftigten zu beeinflussen, ihre Bedürfnisse und Präferenzen zu verändern.

Die transformationale Führungskraft verändert (transformiert) die Motive, Werte, Ziele und das Vertrauen der Beschäftigten. Sie erkennt nicht nur ihre Bedürfnisse, sondern versucht darüber hinaus, das Niveau dieser Bedürfnisse auf eine höhere Reifestufe anzuheben.

Dieser Veränderungsprozess benötigt folgende Schritte seitens der Führungskräfte (vgl. Peters, 2015, S. 55):

- durch das Überlassen von mehr Entscheidungskompetenz (Empowerment) werden die Mitarbeiter aktiv in den Entscheidungsprozess eingebunden;
- die Führungskraft agiert als Vorbild und wird aufgrund ihrer Überzeugungskraft und ihrer Wertvorstellungen als Vorbild wahrgenommen;
- die Führungskraft fördert durch eine hohe Kooperationsbereitschaft und hohe Kommunikationsfähigkeit die grundlegenden Veränderungsprozesse;
- die Führungskraft vermittelt eine klare Vision und kommuniziert anspruchsvolle, über das normale Maß hinausgehende Erwartungen;
- auf dem Realisierungsweg fördert sie den Mitarbeiter in vielfältiger Weise, wobei insbesondere das Selbstvertrauen des Mitarbeiters im Fokus steht.

Als Folge identifizieren sich die Mitarbeitenden mit den Zielen der Führungskraft und des Unternehmens und sind motiviert, sich für gemeinsame Ziele einzusetzen und überdurchschnittliche Leistungen zu erbringen.

Im Gegensatz zur transaktionalen Führung, die eine Ausrichtung auf rationalen Nutzen hat, zielt die transformationale Führung auf die Gesamtpersönlichkeit des Geführten. Sie stellt die intrinsische Motivation in den Vordergrund. Den Mitarbeitenden werden eine aktive Rolle zugeschrieben und Fähigkeiten zur Weiterentwicklung unterstellt.

Die werteorientierte Führung basiert auf vier Komponenten: individuelle Behandlung, geistige Anregung, Inspiration und persönliche Ausstrahlung (vgl. Tab. 2.4).

Diese Art der Führung konzentriert sich auf visionäre, anregende Inhalte und findet damit primär auf der emotionalen Ebene statt. Eine individuelle Ausrichtung ermöglicht eine Fokussierung auf die Besonderheiten jedes einzelnen Mitarbeiters. Deswegen stellt transformationale Führung besondere Anforderungen an alle Beteiligten, Führungskräfte und Geführte. Sind die Voraussetzungen auf beiden Seiten vorhanden, dann kann diese Führung funktionieren: Eine charismatische, visionäre Führungskraft begeistert ihre intrinsisch motivierten, kreativen und sich immer weiter entwickelnden Mitarbeitenden für gemeinsame Zielerreichung und überdurchschnittliche Leistungen.

Transformationale Führung wird von von Rosenstiel und Nerdinger (2020, S. 47) als Ausdruck positiver Emotionen des Führenden bezeichnet, welches positive Wirkungen auf die Emotionen der Mitarbeiter und entsprechend auch auf deren Wohlbefinden hat. Gerade deswegen scheint sie ein vielversprechender Weg im Umgang mit Mitarbeitern zu sein, allerdings sind nicht zuletzt deshalb die Grenzen zu betonen. Ein solches Führungsverhalten vom Vorgesetzten erfordert sehr hohe moralische und ethische Standards.

Die transformationale Führung kann nur unter bestimmten Bedingungen gut funktionieren. Vision und Werte des Führenden können nur dann motivierend wirken, wenn sie von den Mitarbeitern verstanden und geteilt werden. Eine charismatische Führungskraft muss im Stande sein, die Bedürfnisse, Werte und Identitäten der Geführten zu verstehen. Die Aufgabenstellungen sollen nicht exakt spezifiziert sein und gewisse Freiräume ermöglichen. Die Beschäftigten sollen bereit und in der Lage sein, engagiert und eigenständig zu arbeiten, zu lernen und sich weiterzuentwickeln.

Tab. 2.4 Charakteristika transformationaler Führung. (Eigene Darstellung in Anlehnung an Wunderer, 2011)

Individuelle Behandlung	Geistige Anregung	Inspiration	Persönliche Ausstrahlung
Mitarbeiter individuell beachten, Mitarbeiter individuell führen und fördern	Etablierte Denkmuster hinterfragen, Neue Werte und Einsichten vermitteln	Über eine fesselnde Vision/Mission motivieren Bedeutung von Zielen und Aufgaben erhöhen	Enthusiasmus vermitteln Als Identifikationsperson wirken Integer handeln
individuell	intellektuell	inspirierend	charismatisch

Am Beispiel der transformationalen Führung wird die gegenseitige Beeinflussung und Abhängigkeit von Führenden und Geführten besonders deutlich: Die Führungskraft braucht die Mitarbeitenden als Mitstreiter, Opponenten und Gleichgesinnte genauso wie die Mitarbeitenden die Visionen, Werte und Vertrauen der Führungskraft benötigen. Führung ist keine Einbahnstraße, sondern ein permanenter Austausch- und Gestaltungsprozess.

Empirische Analysen zur Wirksamkeit der transaktionalen und transformationalen Führung, die von Lutz von Rosenstiel mit seinen Kollegen durchgeführt wurden, zeigen, dass beide Formen für den Erfolg förderlich sind, wobei die transformationale Führung eine stärkere Wirkung hat. Insbesondere dort, wo die Beschäftigten eigenständig arbeiten, oder in Krisen- und Veränderungssituationen zeigt die transformationale Führung ihre Vorteile (von Rosenstiel & Nerdinger, 2020, S. 47).

2.2.3 Emotionale Führung

Das Konzept der emotionalen Führung (d. h. der Führung mit emotionaler Intelligenz) geht auf Goleman zurück und hat in den vergangenen Jahren an Beliebtheit gewonnen (vgl. Müllner & Müllner, 2021; Reinbacher, 2021).

Emotionale Intelligenz, die durch das 1995 erschienene gleichnamige Buch von Daniel Goleman bekannt geworden ist, beschreibt die Fähigkeit, Emotionen angemessen wahrzunehmen, in Denkprozessen einzusetzen, zu verstehen und zu regulieren.

Als Komponenten der Emotionalen Intelligenz beschreibt Goleman soziale Kompetenzen in Bezug auf die eigene Person (Selbstwahrnehmung und Selbstmanagement) und auf den Umgang mit anderen Menschen (soziales Bewusstsein und Beziehungsmanagement) (vgl. Tab. 2.5).

Der Umgang mit sich selbst, oder Selbstkompetenz, bildet die Basis für den Umgang mit Anderen. Die emotionale Intelligenz ist für einen Menschen als soziales Wesen von entscheidender Bedeutung: Gemeinsames Erfüllen von Aufgaben basiert auf gegenseitigem Verständnis und Vertrauen, erfordert Einfühlungsvermögen (Empathie),

Tab. 2.5 Komponenten der Emotionalen Intelligenz nach D. Goleman. (Eigene Darstellung in Anlehnung an Goleman, 2004, S. 61)

Selbstkompetenzen	Soziale Kompetenzen
Selbstwahrnehmung: Selbstkenntnis, Selbsteinschätzung (eigene Stärken und Schwächen), Selbstvertrauen	Soziales Bewusstsein: Empathie, Kommunikationsfähigkeit, Gruppen- und Organisationsbewusstsein
Selbstmanagement: emotionale Selbstkontrolle, Anpassungsfähigkeit, Aufrichtigkeit, Leistungsbereitschaft, Optimismus	Beziehungsmanagement: Überzeugungskraft, Einfluss, Feedback, Konfliktmanagement, Teamwork und Kooperation

Kontaktfreudigkeit und Kommunikationsbereitschaft. Emotionale Intelligenz ermöglicht Gruppenarbeit und -lernen und trägt zu Synergieeffekten in der Teamarbeit bei.

Die moderne Neurobiologie führt unsere Fähigkeit zur emotionalen Intelligenz auf die so genannten Spiegelneuronen im Gehirn zurück, die es uns ermöglichen, Gefühle und Stimmungen anderer Personen nachzuempfinden (Empathie-Fähigkeit). Studien zeigen, dass wir vor allem solche Menschen sympathisch finden, die unsere Emotionen adäquat und authentisch widerspiegeln können (vgl. Bauer, 2006, S. 49).

Bei der emotionalen Führung wird die emotionale Intelligenz der Führungskräfte als Instrument der Mitarbeiterbeeinflussung eingesetzt. Eine hohe Ausprägung der emotionalen Intelligenz ermöglicht es den Führenden, sich in die Mitarbeitenden hineinzuversetzen, Situationen komplex wahrzunehmen und angemessen zu reagieren.

In diesem Sinne stellt Reinbacher (2021, S. 298) fest, dass Führung stets emotional ist, da Menschen als Akteure des sozialen Handelns nicht nur in kognitive Bedeutungsgewebe, sondern auch in affektive Gefühlsgewebe verstrickt sind. Damit wird emotionale Kommunikation mit kollektiven Gefühlen und nicht nur kollektive kognitive Kommunikation über individuelle Gefühle möglich. Führende und Geführte erschaffen neben gemeinsamen Sinnwelten auch gemeinsame Gefühlswelten und sind über sachlich-kognitive Kooperation und affektiv-emotionale Loyalität miteinander verbunden.

Reinbacher nennt vier affektive soziale Medien Ehrfurcht (Achtung), Enthusiasmus (Aussicht), Erotik (Anziehung) und Ekel (Ablehnung), mit denen Führungskräfte Loyalität sicherstellen können, indem sie je nach Bedarf in so genannte expressive Führungsrollen schlüpfen – Propagandist, Entdecker, Künstler und Priester. Beispielsweise können Führende auf Enthusiasmus in Gestalt von Hoffnung und Zuversicht setzen, indem sie den Geführten situative positive Sanktionen in Aussicht stellen (vgl. Reinbacher, 2021, S. 298–299).

Führungskräfte benötigen eine hohe Empathie und ein ausgeprägtes Fingerspitzengefühl im Umgang mit ihren Mitarbeitern und das Wissen über die aktuelle Situation und ihre Bedingungen. Sie brauchen die emotionale Intelligenz, um je nach Situation richtig zu führen (vgl. Peters, 2015, S. 52).

Insbesondere in Zeiten der disruptiven Veränderungen und Krisen ist es für eine Führungskraft wichtig, die Mitarbeitenden für die Veränderungsprozesse gewinnen zu können, und dafür ist eine Ansprache von Emotionen unentbehrlich.

Müllner und Müllner (2021) plädieren dazu, gerade in disruptiven Zeiten auf positive Emotionen, intrinsische Motivation und mentale Stärke als Hebel der Führung zu setzen. Unternehmen, die vor den Herausforderungen der digitalen Transformation, des Fachkräftemangels und Wertewandels stehen, können emotional intelligente Führung als erprobtes Mittel für Gewinnen und Binden der (jüngeren) Fach- und Führungskräfte einsetzen. Es ist von zentraler Bedeutung, die Frage nach „Warum" des Handelns zu beantworten, die für die intrinsische Motivation der Menschen in Unternehmen ausschlaggebend ist (s. dazu Abschn. 8.3).

Goleman und Boyatzis haben in einer Studie empirisch bewiesen, dass die emotionale Intelligenz der Führungskräfte und ihre Fähigkeit, positive Stimmung und Inspiration zu erzeugen, für die effiziente Arbeit der Mitarbeiter entscheidend sind (vgl. Goleman & Boyatzis, 2009). Führungskräfte, die ihre Mitarbeitenden zu Höchstleistungen anspornen möchten, sollten demnach weiterhin hohe Anforderungen an sie stellen, aber so, dass sie dabei eine positive Stimmung im Team erzeugen.

Erfolgreiche, mit emotionaler Intelligenz ausgestattete Führungskräfte wissen, wann sie ihren Mitarbeitern gegenüber dominierend sein müssen, wann sich Kooperation für eine gute Führungsbeziehung am besten eignet und wann sie lediglich ihren Mitarbeitern ein offenes Ohr bieten sollten. Darauf aufbauend empfehlen Goleman und Boyatzis verschiedene Führungsstile, die je nach Situation von der Führungskraft zu wählen sind, um die Mitarbeiter zu den besten Leistungen zu bewegen, – visionären, coachenden, demokratischen, gefühlsorientierten, fordernden oder befehlenden Führungsstil. Die Erzeugung der erforderlichen emotionalen Resonanz, die die Leistung und Arbeitszufriedenheit der Beschäftigten steigert, basiert laut Goleman und Boyatzis auf einer Kombination aus vier Führungsstilen:

- Vermitteln einer ansprechenden Vision (visionärer Führungsstil),
- Verknüpfung von gemeinsamen und persönlichen Zielen (coachender Führungsstil),
- Mitarbeiterpartizipation und intensive Teamgespräche (demokratischer Führungsstil) und
- Stärken des Wir-Gefühls und Betriebsklimas (gefühlsorientierter Führungsstil).

Aufbauend auf der Theorie der emotionalen Intelligenz von Goleman entwickeln Müllner und Müllner (2021) ein umsetzungsorientiertes Konzept der emotionalen Führung. Die Autoren benennen zunächst sechs Bausteine der emotionalen Intelligenz im Management: Empathie, Glück, Achtsamkeit, Resilienz, Überzeugungskraft und Authentizität. Auf dieser Grundlage werden die vier Rollen einer emotional intelligenten Führungskraft definiert (vgl. Müllner & Müllner, 2021, S. 46 ff.):

- Die Vorbild-Rolle – für Identifikation sorgen,
- Die Enthusiasten-Rolle – andere inspirieren,
- Die Challenger-Rolle – intellektuell fordern und fördern,
- Die Mentor-Rolle – individuell führen.

Diese Rollen weisen gewisse Ähnlichkeit mit dem Konzept der transformationalen Führung auf (vgl. Abschn. 2.2.2.), stellen jedoch explizit die emotionale Wirkung der Führung in den Mittelpunkt. Außerdem werden im Ansatz von Müllner und Müllner die individuellen Besonderheiten von Führenden und Geführten berücksichtigt, indem die Autoren konkrete Führungsinstrumente und Vorgehensweisen für diverse psychologische Grundbedürfnisse und verschiedene Typen von Mitarbeitenden erläutern (vgl. Müllner & Müllner, 2021, S. 68 f. und 84 f.).

Es ist unumstritten, dass die emotionale Intelligenz zu den wichtigsten Erfolgsfaktoren der Führung zählt und in den turbulenten Zeiten an Bedeutung gewinnt.

Allerdings ist es auch klar, dass nicht jede Führungskraft in der Lage und willens ist, Emotionen der Beschäftigten zu verstehen und zu beeinflussen, was der emotionalen Führung in der Praxis Grenzen setzt.

2.2.4 Fazit zu den neueren Führungskonzepten

Die erläuterten Konzepte der symbolischen, transaktionalen/transformationalen und emotionalen Führung basieren – in Unterschied zu den älteren Führungsansätzen – auf einem komplexen Menschenbild und zeichnen sich durch vielfältige Facetten der Einflussmöglichkeiten auf das Verhalten aus. Sie betrachten den Menschen ganzheitlich, mit Rationalität, Emotionen und Unterbewusstsein.

Darüber hinaus wird der Führungserfolg in den neuern Führungskonzepten nicht nur auf einen einzigen Faktor, sondern auf mehrere Faktoren zurückgeführt. Das macht die neueren Theorien plastischer und realitätstauglicher. Zugleich stellen diese Führungskonzepte hohe Anforderungen an die Führungskräfte, die in der Lage sein sollen, diese Vielfalt der Mitarbeiterpersönlichkeiten und Situationen rational und emotional wahrzunehmen und darauf mit verschiedenen Führungsstilen und -instrumenten adäquat zu reagieren.

Die Konzepte der symbolischen, transaktionalen/transformationalen und emotionalen Führung sind meistens in den 1990-2000er Jahren entstanden und erfordern eine Anpassung an die aktuellen Trends und Gegebenheiten in der heutigen Arbeitswelt, die durch Digitalisierung, demografischen Wandel, enorme Dynamik, veränderte Werte der jüngeren Beschäftigten und Forderungen nach mehr Demokratie und Nachhaltigkeit geprägt ist.

2.3 Aktuelle Sicht auf die Führung

Das moderne Führungsverständnis hat sich von der einseitigen Beeinflussung der Geführten durch die Führungskraft weitestgehend distanziert und spiegelt die Anforderungen einer neuen digitalisierten Arbeitswelt wider, in der qualifizierte Beschäftigte, von denen selbstständiges Arbeiten und Kreativität erwartet werden, auf Augenhöhe mit den Führungskräften über die zukünftige Entwicklung ihres Unternehmens, über die Wege und Mittel der Zielerreichung entscheiden. Es findet eine grundsätzliche Hinterfragung und Neuausrichtung des Rollenverständnisses in Führungsbeziehungen statt: Die Mitarbeitenden werden zunehmend als Partner und Mitunternehmer angesehen, die Führenden übernehmen die Rolle eines Coachs und Förderers. Die Führung findet nicht mehr „von oben nach unten", sondern demokratisch und partnerschaftlich statt. Die Corona-Pandemie hat diesem Prozess eine zusätzliche Dynamik verliehen – „beinahe über Nacht „mutierten" viele Unternehmen wegen des Virus zu Führungslabors" (Wüthrich, 2021, S. 317). Diese Entwicklungen haben unsere

Sicht auf Führung in digitalisierten, virtuellen Kontexten verändert und eine Neudefinition von Anforderungen an die Führungskräfte der Zukunft ermöglicht.

2.3.1 Partnerschaftliche Führung auf Augenhöhe

Auch vor Corona war es klar: Hochqualifizierte, eigenverantwortliche, nach Selbstverwirklichung strebende Beschäftigte werden ihr Engagement und Wissen nur als good will in Unternehmen einbringen, die Anweisungen und Befehle „von oben" hemmen ihre Initiative und Leistung. Gefragt sind partnerschaftliche Führungsbeziehungen und Freiräume für Initiative und Kreativität (vgl. Franken, 2019).

Die gut ausgebildeten und spezialisierten Mitarbeitenden haben einen hohen Anspruch an Führung. Verantwortlich dafür ist insbesondere die veränderte Werteorientierung, die sich durch einen Bedeutungsverlust der sogenannten Pflicht- und Akzeptanzwerte auf der einen und einen Bedeutungsgewinn von Selbstentfaltungs- und Autonomiewerten auf der anderen Seite auszeichnet (vgl. von Au, 2021, S. 232).

Die Führungskräfte sollen den Anspruch der Allwissenheit und Unfehlbarkeit ablegen und eingestehen, nicht immer für alles eine Lösung zu haben. Gefragt sind eher Anführer, die das Gestaltungspotenzial ihres Teams kennen, Kreativität zulassen und auf das Zusammenspiel aller setzen. Moderne Führungskräfte sollen das Know-how ihrer Mitarbeitenden orchestrieren und darauf achten, die Stimmen mit kontroversen Meinungen und anderen Herangehensweisen ins Team zu holen. Nur so können sie sicherstellen, kreativ auf neue Herausforderungen zu reagieren, neue Technologien zu integrieren, aktuelle Trends zu erkennen (vgl. Wolters & Najipoor-Schütte, 2021, S. 285).

Die Asymmetrie des Führungsverhältnisses wird in Unternehmen der Zukunft auf ein Minimum reduziert. Führung wird primär als eine Interaktion stattfinden, an der alle Akteure als gleichberechtigte Partner beteiligt sind. Durch die gegenseitige Anpassung und Beeinflussung schaffen sie zusammen eine Unternehmensrealität, die auf subjektiven mentalen Modellen und Weltbildern basiert. Individualität und Vielfalt werden wertgeschätzt und als Bereicherung angesehen. Die Rolle von Emotionen, Individualität und Diversität in der Führung wird zunehmen.

Diese Veränderungen spiegeln sich in einer neuen Definition der Führung wider, die einem **partnerschaftlichen Führungsverständnis** entspricht: Führung ist eine gegenseitige interpersonale Einflussnahme, Interaktion und permanente Gestaltung einer Unternehmensrealität zur gemeinsamen Zielerreichung (vgl. Franken, 2019).

Blessin und Wick (2021) sprechen von einem gegenseitigen Annäherungsprozess zwischen Führenden und Geführten, einem „Führen und führen lassen", in dem nicht von oben nach unten, sondern gemeinsam entschieden und gehandelt wird.

Die partnerschaftliche Führung wird auch durch die steigende Bedeutung von Wissen und Kreativität als Erfolgsfaktoren eines Unternehmens in einer zunehmend disruptiven, digitalisierten Wirtschaftswelt begründet. Immer mehr Arbeitsplätze erfordern hohe Qualifikation und Eigeninitiative der Beschäftigten, die über besondere Potenziale in

2.3 Aktuelle Sicht auf die Führung

Bezug auf Entscheidungsfindung, Erfüllung von Kundenbedürfnissen und Innovation verfügen und einen berechtigten Anspruch auf mehr Macht und Einfluss im Unternehmen haben. Individuelles Wissen, Kreativität, besondere Kompetenzen und Talente der Mitarbeitenden zu entdecken und für das Unternehmen zu erschließen – das wird die zentrale Aufgabe der Führung der Zukunft sein.

Kreativität und Innovation können nicht erzwungen werden, sondern gedeihen nur in einer positiven, ideenförderlichen Atmosphäre. Um diese Rahmenbedingungen zu schaffen, ist eine langfristige Arbeit an den kulturellen Werten wie Vertrauen, Wertschätzung der Individualität jedes Einzelnen, Sinngebung (Purpose) sowie Freiräume für Ausprobieren und Fehlertoleranz notwendig.

Die Rolle der Führung wandelt sich radikal: An die Stelle von alleinigen Entscheidungen und Kontrolle tritt Vernetzen, Coachen und Fördern der Mitarbeitenden und Schaffen der Rahmenbedingungen für gemeinsame Wissensarbeit und Innovationen für die Zukunft.

Es stellt sich dabei eine berechtigte Frage: Wenn die Mitarbeitenden kompetent und eigenständig arbeiten, braucht man dann überhaupt noch Führung? Neuartige Konzepte wie geteilte Führung, Führung auf Zeit oder – noch radikaler – Holakratie deuten auf einen Trend zu mehr **Demokratisierung der Führung** hin (vgl. dazu Kap. 5).

Außerdem verlangen die hohe Dynamik und Komplexität der Wirtschaftswelt in Kombination mit der Digitalisierung nach einer hohen Veränderungsbereitschaft und Flexibilität jedes Einzelnen und des Unternehmens als Ganzes. Es ist entscheidend, neue Chancen als solche zu erkennen und rasch umzusetzen, z. B. in Form von neuen Geschäftsmodellen, neuen Produkten oder Zielgruppen. Als Antwort darauf sollte Führung agiler werden, die tradierten Denkweisen, Arbeits- und Führungsmethoden stetig hinterfragen und neu justieren, bei Bedarf eigene Kompetenzen erweitern und anpassen.

Mehr als die Hälfte der Unternehmen, die ihre digitale Reife ausbauen, berichten, dass sie neue Führungskräfte brauchen, die extern gewonnen oder intern entwickelt werden sollen. Die Bedeutung der Führungskräfte liegt darin, dass sie den Erfolg der digitalen Transformation entscheidend beeinflussen, Initiativen über die Ziellinie bringen und Mitarbeitende so inspirieren, dass sie an der Reise teilnehmen wollen. Besonders die Mitarbeiter in einer volatilen, unsicheren, komplexen, unklaren (VUCA)-Arbeitswelt brauchen starke Führungskräfte, die als Vorbild dienen, überall im Unternehmen die Zustimmung zur digitalen Transformation fördern und Ängste beseitigen (vgl. Frankenberger et al., 2021, S. 200).

Von Au (2021, S. 234) beschreibt einen Führungswandel in der modernen Arbeitswelt und fordert ein **ganzheitliches Verständnis der Führung,** das auf vier tragenden Grundpfeilern basiert – s. Tab. 2.6.

Das neue Führungsverständnis bedeutet eine radikale Wende sowohl für die Führenden als auch für die Geführten. Die Führungskräfte, die diesen Wandel mitmachen, müssen auf die Position eines allwissenden Chefs verzichten und eine bescheidene Rolle des Coachs annehmen. Sie müssen selbst für die Sache brennen und

Tab. 2.6 Vier Grundpfeiler des Führungsverständnis für die moderne Arbeitswelt (in Anlehnung an von Au, 2021, S. 235)

1	Beziehung	Die Führung ist ein Beziehungs- und Interaktionsphänomen, eine wechselnde Transformation von Führenden und Geführten. Vertrauen und Wertschätzung spielen dabei eine Schlüsselrolle. Transparente Kommunikation ist das zentrale Führungsmittel
2	Partizipation	Vertrauen und Wertschätzung erfordern eine Führung auf Augenhöhe. Hierarchische und autoritäre Führung haben ausgedient. Man braucht partizipative, agile oder gar verteilte Führung
3	Sinn	Die Mitarbeitenden verlangen nach sinnvollen Aufgaben und wollen nicht mehr fremde materielle Interessen bedienen
4	System	Jede Organisation ist ein System mit lebenden Organisationsmitgliedern, die in einem wechselseitigen Austauschprozess stehen. Führung soll gute Rahmenbedingungen für die erforderliche Arbeit im und am System schaffen

die Mitarbeitenden damit anstecken. Dafür sollen sie Visionen formulieren, die richtigen Menschen zusammenbringen und die Rahmenbedingungen für ihr selbstständiges Arbeiten schaffen. Und die Mitarbeitenden müssen sich darauf einlassen, Initiative zu übernehmen, Verantwortung zu tragen, sich selbst zu organisieren.

Wie kann dieser Führungswandel gelingen? Die Führungskräfte müssen Experimente wagen und neue Konzepte und Ansätze ausprobieren. Die Führung ist gefordert, sich selbst ständig neu zu erfinden. Eine laufende Selbstreflexion, kombiniert mit einem Feedback der Geführten, können zu einem kontinuierlichen Verbesserungsprozess des Führungsverhaltens und der Führungsbeziehung beitragen.

Zusätzlich zu diesen Erkenntnissen haben wir alle in den vergangenen Corona-Jahren neue Erfahrungen gesammelt. Die Corona-Pandemie treibt die Digitalisierung voran, befördert New Work, Agilität und mobile Arbeitsmodelle (vgl. Borggräfe & Rump, 2020). Diese Veränderungen stellen Führung in digitalen Kontexten vor weitere Herausforderungen.

2.3.2 Corona-Krise als Stresstest für die Führung

Die durch die Corona-Pandemie in den Jahren 2020–2022 beschleunigte Flexibilisierung der Arbeit hat gezeigt, dass Remote-Arbeit für viele Beschäftigtengruppen durchaus möglich ist. Die Anzahl der Beschäftigten im Homeoffice hat sich in diesem Zeitraum verdoppelt (vgl. Initiative D21, 2021). Allerdings ist lediglich ein Drittel aller Tätigkeiten in der deutschen Wirtschaft Homeoffice-fähig. Die Jobs in der Fertigung, Logistik, auf dem Bau, in der Pflege und im Service-Bereich können nicht in Homeoffice ausgeübt werden (vgl. Bock & Schwienhorst, 2021, S. 320).

2.3 Aktuelle Sicht auf die Führung

In der Corona-Krise haben sich die Arbeitswelt und das soziale Miteinander in Unternehmen und Organisationen verändert. Bei der Büroarbeit mussten an vielen Stellen in einem stärkeren Ausmaß als bisher die Kommunikation und Kollaboration auf digitale Kanäle verlagert werden, was zwangsläufig eine Umstellung bei der Arbeitsorganisation und Führung notwendig gemacht hat (vgl. Lange et al., 2021, S. 276).

Kennzeichnend ist die Veränderung von Prioritäten hinsichtlich Personalthemen in Unternehmen, die laut einer Studie des Bundesverbands der Personalmanager (BMP) nach dem Ausbruch der Corona-Pandemie stattgefunden hat: Zu den Top 3 Prioritäten vor der Krise gehörten Recruiting, Talentmanagement/Personalentwicklung und Digitalisierung, nach dem Ausbruch der Corona waren es New Work/Arbeitsorganisation, Digitalisierung und Change-Management/Organisationsentwicklung. Auch die Themen wie interne Kommunikation und Gesundheitsmanagement haben wesentlich an Bedeutung gewonnen (vgl. Baier et al., 2021).

Die Corona-Krise hat nicht nur unser Arbeits- und Kommunikationsverhalten verändert, sondern auch grundlegende Fragen nach Leistungsbeurteilung gestellt. Die einst verbreitete Meinung, dass die Arbeitszeit im Büro als Beweis für die Leistung gilt, wurde radikal widerlegt. Das Verhältnis zwischen Vertrauen und Kontrolle im Führungsprozess musste neu austariert werden. Die Vor- und Nachteile der Arbeit in Homeoffice sind für viele Menschen zu einer erlebten Realität geworden. Wie wird es nach Corona weitergehen? Welche Lektionen nehmen wir für die Neugestaltung der Arbeitsorganisation und Führung mit?

Eine Umfrage des Digitalverbandes Bitkom (2021) belegt, dass der Digitalisierungsschub in deutschen Unternehmen die Pandemie **überdauern** wird: 92 % der Unternehmen bestätigen eine gestiegene Bedeutung der Digitalisierung, 95 % werden die Weiterbildung der Beschäftigten zu Digitalthemen beibehalten oder sogar ausweiten, 87 % wollen auch zukünftig die Tools zur digitalen Zusammenarbeit nutzen, 75 % werden sich weiterhin mit der Entwicklung digitaler Geschäftsmodelle befassen, 68 % werden auch in Zukunft auf Videokonferenzen statt persönliche Treffen setzen, 27 % wollen Homeoffice als Arbeitsform weiter nutzen (vgl. Bitkom, 2021).

Laut einer aktuellen Studie beziehen sich die **Auswirkungen** der Digitalisierung auf die Führung in der Zeit der Corona-Pandemie vor allem auf die Bereiche Organisation, Kommunikation und Zusammenarbeit und können wie folgt zusammengefasst werden (vgl. Lange et al., 2021, S. 277–279):

- Eine Verflachung von Hierarchien, die von Führungskräften bewusst gestaltet werden. Die Mitarbeiter werden stärker in die Entscheidungsprozesse eingebunden.
- Auf dieser Basis verändert sich das Führungsverhältnis, die Führenden übernehmen häufig eine begleitende und Coaching-Rolle.
- Als Voraussetzung für eine funktionierende virtuelle Führung ist ein großes Vertrauen in jeden einzelnen Mitarbeiter notwendig.
- Digitalisierung der Kommunikation durch die Nutzung von E-Mails-, Chat-Programmen Videokonferenztools macht es möglich, standortübergreifend und

von unterwegs zu führen, führt zu einem Zeitgewinn, aber auch zum Verlust von Informationen und zwischenmenschlichen Aspekten. Persönlicher Austausch ist für die Führung unentbehrlich.
- Für eine erfolgreiche digitale Zusammenarbeit ist Ergebnisorientierung notwendig. Dafür können Zielvereinbarungen eingesetzt werden, die ein konkretes Arbeitsergebnis festhalten, dem Mitarbeiter aber auf dem Weg dorthin möglichst viel Entscheidungsfreiheit und Selbstbestimmung bieten.
- Es ist wichtig, Mitarbeitende bei der Nutzung der digitalen Technologien zu unterstützen, ihre Ängste und Vorbehalte ernst zu nehmen und zu entkräften.

In den Krisenzeiten sind innovatives und kreatives Denken und Handeln sowie Offenheit gegenüber dem Unbekannten mehr denn je gefragt. Es braucht die kollektive Intelligenz einer Belegschaft, um die Krise zu meistern. Dazu gehören Zusammenhalt, Kommunikation, Kooperation, Partizipation sowie das Zusammenbringen von unterschiedlichen Perspektiven und Potenzialen. Vor diesem Hintergrund sind agile Organisations- und Arbeitsformen besonders geeignet, um die Überlebens- und Wettbewerbsfähigkeit des Unternehmens zu erhöhen (vgl. Borggräfe & Rump, 2020, S. 39).

Bei Ausbruch der Coronakrise waren viele Unternehmen und Organisationen gezwungen, mutige Experimente bei der Neugestaltung der Arbeitswelt und Führung zu wagen, und bisher Unmögliches wurde Realität: flächendeckende Arbeit im Homeoffice, Vertrauen in das Improvisationsvermögen virtueller Teams, gelebte Selbstorganisation und Eigeninitiative, pragmatisches Ausprobieren anstelle perfekter Planung. Dabei kann man eine Tendenz weg von der klassisch hierarchischen hin zu einer **verteilten** und **kollektiven Führung** beobachten (vgl. Wüthrich, 2021, S. 317).

Viele Führungskräfte, die zunächst weniger Vertrauen in ihre Mitarbeitenden hatten und an der Selbstorganisation und Leistung im Homeoffice gezweifelt haben, mussten ihre Einstellung aufgrund guter Arbeitsleistungen und Erfolgserlebnisse korrigieren. Studien belegen, dass die Leistung und Arbeitsproduktivität der meisten Beschäftigten im Homeoffice nicht gesunken, sondern vielmehr gestiegen sind (vgl. Bock & Schwienhorst, 2021, S. 320).

Dieser Vertrauenszuwachs und als Folge ein positiveres Menschenbild vieler Führungskräfte sind – neben einem gewaltigen Schub für Digitalisierung und Agilität in Organisationen – ein bedeutender Gewinn durch die Corona-Krise, der eine Basis für eine nachhaltige Umgestaltung der Führung schafft.

Wie in jeder Krise, rücken Menschen zusammen, nicht nur in der Gesellschaft, sondern auch Mitarbeitende und Führungskräfte. Das Gefühl von „Wir sitzen alle im selben Boot" und der gemeinsamen Arbeit bei der Bewältigung von Corona-Herausforderungen ist in vielen Unternehmen und Organisationen deutlich geworden und kann als eine Chance für die Gestaltung der Arbeitswelt der Zukunft erschlossen werden. Dies kann langfristig zu einem neuen partnerschaftlichen Verständnis der Führung beitragen (vgl. Borggräfe & Rump, 2020, S. 40).

Laut Studien der Trainer-Akademie-München in der Corona-Zeit wird die Führung der Zukunft durch die folgenden **zehn Leadership-Trends** geprägt: digitale Führung, moderne Strukturen (Agilität, flache Hierarchien), Nachhaltigkeit, psychologische Kenntnisse für Führungskräfte, geteilte Führung, Personalentwicklung, Employer Branding, agile Führung, empathische Führung, Führungskraft als Coach und Mentor (vgl. TAM, 2021).

Als Quintessenz dieser Entwicklungen und Anforderungen wird mit dem 4D-Modell der Führung ein Versuch unternommen, die zentralen Dimensionen der Führung der Zukunft zu beschreiben.

2.4 4D-Modell der Führung für die Zukunft

Die Arbeitswelt wird von der Digitalisierung und Vernetzung sowie von hoher Dynamik und Komplexität der Unternehmensumwelt, dem demografischen Wandel, vielfältigen Belegschaften, veränderten Werten sowie Forderungen nach mehr Partizipation und Nachhaltigkeit beeinflusst. Die Corona-Pandemie wirkt als Katalysator dieser Veränderungen und stellt eine Chance dar, die Arbeitswelt und Führung zu transformieren.

Die digitalisierte Arbeitswelt der Zukunft erfordert agile Organisation und Führung, die dezentrale Entscheidungen ermöglichen, sich selbst organisierende Teams unterstützen, Integration sämtlicher Potenziale heterogener Belegschaften anstreben sowie Mut zum Experimentieren und Ausprobieren fördern.

Der Schlüssel dafür ist eine innovative Führung, die aus den digitalen Möglichkeiten und neuartigen Herausforderungen der Wirtschaft und Gesellschaft einen nachhaltigen Mehrwert für Menschen und Unternehmen schafft, d. h. zur Steigerung der Effizienz und Kundenzufriedenheit sowie einer personengerechten Kompetenzentwicklung und Arbeitszufriedenheit beiträgt.

Die Führung der Zukunft muss diesen Herausforderungen gerecht werden und die 4 D – Digitalisierung, Diversität, Demokratie und Dynamik – reflektieren (vgl. Abb. 2.3).

Die vier Dimensionen des Modells beschreiben zentrale Gestaltungsdimensionen, die in jedem Unternehmen individuell und nach Bedarf umgesetzt werden sollen. Die beispielhaften Instrumente in der Abbildung dienen nicht als Erfolgsrezepte, sondern als Anregungen für eine maßgeschneiderte Gestaltung. Führungsinstrumente sollen in jedem Einzelfall experimentell, mit allen Beteiligten zusammen entwickelt und durch ein schrittweises Einführen und Testen an die Gegebenheiten angepasst werden. Die Inhalte und Gestaltungsmöglichkeiten einzelner Dimensionen werden in weiteren Unterkapiteln in Form von zentralen Fragen, die beantwortet werden sollen, thematisiert.

Abb. 2.3 Führung 4D

2.4.1 Digitalisierung der Führung

Die Digitalisierung der Arbeitswelt stellt vielfältige Anforderungen an die Führung (vgl. Abschn. 1.1). Die Vision der intelligenten Fabrik (Smart Factory), die voll automatisiert und autonom arbeitet, könnte in vielen Unternehmen bereits in zehn-zwanzig Jahren Realität werden. Die Geschäftsmodelle von Unternehmen sind im Wandel, verursachen disruptive Veränderungen, bedrohen traditionelle Unternehmen und Berufe, schaffen Unsicherheit. Die Arbeitsaufgaben von und Kompetenzanforderungen an die Beschäftigten verändern sich rasant. Die Aufgabe der Führung ist es, Weichen zu stellen, strategische Ausrichtung zu bestimmen und den Menschen Orientierung und Zukunftsperspektive zu geben.

Digitale Technologien verändern unsere Arbeitsweise, Kommunikation, Führungsbeziehungen. Sie können die Arbeit erleichtern, abwechslungsreicher und interessanter machen. Aber sie können auch zur Reduzierung persönlicher Kontakte führen und digitale Kontrolle ermöglichen. Es gehört zu den Aufgaben einer Führungskraft, die Chancen und Risiken bei dem Einsatz von digitalen Technologien abzuwägen, die Beschäftigten in dem Prozess der digitalen Transformation mitzunehmen, zu begleiten und gegebenenfalls durch Schulungen und Weiterbildungen zu unterstützen.

Folgende Fragestellungen sind in diesem Kontext zu beantworten:

- Mit welchen Konzepten kann Führung zu einer optimalen Nutzung von strategischen Chancen der Digitalisierung in Form von neuen Geschäftsmodellen, Innovationen und Zielgruppen beitragen?

- Wie können neue Technologien wie Big Data Analytics, Cloud Computing, Künstliche Intelligenz und digitale Kommunikationstools effizient und ethisch vertretbar im Führungsprozess umgesetzt werden? Wie geht man mit persönlichen Daten um?
- Welchen Grad der Automatisierung und Robotisierung ist für unser Unternehmen sinnvoll? Welche Auswirkungen werden diese Veränderungen für die Beschäftigten haben und wie sollen sie darauf vorbereitet werden?
- Welchen Stellenwert wird virtuelle Zusammenarbeit in unserem Unternehmen haben? Mit welchen Instrumenten kann Führung Kreativität und Flexibilität in virtuellen Arbeitsbedingungen unterstützen? Wie motiviert man Mitarbeiter auf Distanz? Wie schafft man Vertrauen in virtuellen Teams? Welche Technologien sind dafür hilfreich?
- Wie kann das Zusammenspiel zwischen der digitalen und nichtdigitalen Arbeit und Kommunikation gestaltet werden? Welche Rolle spielt Büro in der hybriden Arbeitswelt?
- Wie kann die Digitalisierung zu einem Vorteil für alle gemacht werden? Wie nutzt das Unternehmen die Kompetenzen der Digital Natives und wie werden die Älteren für die neuen Technologien geschult?
- Wie können die Kompetenzen für die digitalisierte Arbeitswelt effizient vermittelt werden? Welche Geräte und Technologien stehen im Mittelpunkt? Wie finden Schulungen statt?

Mögliche Antworten und Gestaltungsinstrumente im Kontext der Digitalisierung der Führung mit praktischen Best-Practices-Beispielen werden in Kap. 3 erläutert.

2.4.2 Demografie- und Diversityorientierung der Führung

Aufgrund demografischer Veränderungen werden die Unternehmensbelegschaften zunehmend älter und vielfältiger, und es ist die Aufgabe der Führungskräfte, Diversität wertzuschätzen und ihre Potenziale optimal zu nutzen. Dafür sind eine bewusste Wahrnehmung von Stärken, Schwächen, Einstellungen und Erwartungen einzelner Zielgruppen sowie transparente Bewerbungsverfahren, gruppenspezifische Fördermaßnahmen, Arbeitszeitmodelle und Work-Life-Konzepte erforderlich.

Das übergeordnete Ziel der Gestaltung der Dimension Demografie/Diversität ist es, die kollektive Intelligenz aller Beschäftigten optimal zu nutzen, Talente der Mitarbeitenden zu erkennen und um sie herum zu organisieren, anstatt Menschen verändern und verbessern zu wollen. So können die wertvollen Potenziale der Belegschaft erschlossen werden.

Die zentralen Fragestellungen bei der Dimension Demografie- und Diversityorientierung sind:

- Wie können die Potenziale der Diversität – ältere Beschäftigte, junge Generationen Y und Z, Frauen, Beschäftigte mit Migrationshintergrund, Behinderte – in der digitalen Arbeitswelt optimal erschlossen werden? Wie können spezifische Stärken von Digital Natives eingesetzt werden? Wie nutzt man die Vorteile der Digitalisierung, um allen Gruppen von Beschäftigten eine Stimme zu geben?
- Sind unsere Personalmaßnahmen (Rekrutierung, Entlohnung, Förderung, Weiterbildung) diversitygerecht? Wie können transparente Bewerbungsverfahren und gruppenspezifische Fördermaßnahmen gestaltet werden?
- Unter welchen Führungsbedingungen entstehen Synergieeffekte in heterogenen (virtuellen) Teams? Bei welchen Aufgaben und Voraussetzungen erbringen heterogene Teams bessere Leistungen als homogene? Wie kann man Vertrauen und Zusammenhalt in solchen Gruppen stärken?
- Wie können Jung und Alt voneinander lernen? Mit welchen Führungsinstrumenten kann diese Zusammenarbeit im Kontext der digitalen Transformation gefördert werden?
- Welche Technologien tragen zur besseren Vereinbarkeit von Beruf und Privatleben bei? Welche Formen der Flexibilisierung sind für verschiedene Beschäftigtengruppen und für einzelne Mitarbeitende erwünscht und optimal?
- Welches Gesundheitsmanagement ist sinnvoll und wünschenswert? Wie können diese Angebote zielgruppenspezifisch kommuniziert werden?

Wie man diese Fragen beantworten kann und welche Erfahrungen die Vorreiterunternehmen damit gesammelt haben, wird in Kap. 4 erläutert.

2.4.3 Demokratisierung der Führung

Mit dem wachsenden Anteil der Generationen Y und Z an den Belegschaften findet ein Wertewandel in Unternehmen statt. Die Einstellungen der Menschen in Bezug auf die Arbeit, die zunehmend nicht nur als Mittel zum Zweck, sondern auch als Möglichkeit, eigene Talente und Fähigkeiten zu realisieren, gesehen wird, wandeln sich. Gleichzeitig verlieren die klassischen Tugenden wie Gehorsam und Disziplin an Bedeutung. Stattdessen wünschen sich die Beschäftigten, insbesondere jüngere Generationen, mehr Partizipation, Nachhaltigkeit und Chancengerechtigkeit. Von den Führungskräften wird erwartet, dass sie als Wegbereiter und Vorbilder in diesem Transformationsprozess agieren.

In digitalisierten, flexiblen Unternehmen der Zukunft werden dezentrale Einheiten (Teams, Mitarbeitende) zunehmend Entscheidungen treffen und Verantwortung übernehmen müssen, sodass der Trend zur Partizipation und Demokratisierung von Unternehmen nicht nur von unten gefordert, sondern auch von oben begünstigt wird. Mehr Autonomie und zunehmende Dezentralisierung bedeuten, dass anstelle von

Machthierarchien neue netzwerkartige, projektbezogene und agile Führungsstrukturen treten werden.

Mündige, qualifizierte Beschäftigte sollen in der digitalisierten Arbeitswelt mehr Souveränität hinsichtlich ihrer Arbeitszeiten, Arbeitsorte und Arbeitsaufgaben bekommen. Diese Selbstverantwortung und Selbstorganisation erfordern zugleich, dass die Führungskräfte bereit sind, zu delegieren, zu kooperieren und ihre Macht zu teilen.

Vor diesem Hintergrund stellen sich folgende Fragen bei der Gestaltungsdimension der Demokratisierung der Führung:

- Welche Führung wird den Forderungen nach mehr Partizipation und Demokratie gerecht? Welche Führungsstile sind für die digitalisierte Arbeitswelt angemessen?
- Welche Konzepte der kollektiven und geteilten Führung kommen infrage?
- Welcher Grad der Agilität ist sinnvoll und effizient? Wieviel Hierarchie ist förderlich und wieviel kann „abgeflacht" werden? Wie können agile Strukturen und Methoden eingeführt werden?
- Mit welchen Führungsinstrumenten lässt sich Selbstorganisation und Partizipation der Beschäftigten verwirklichen?
- Wie können sich selbst organisierende Teams etabliert und unterstützt werden?
- Mit welchen Führungskonzepten können die Forderungen der Menschen nach mehr Nachhaltigkeit und Chancengerechtigkeit umgesetzt werden?

Wie Unternehmen diese Fragen beantworten, neue Führungskonzepte praktizieren, auf die Themen Partizipation und Nachhaltigkeit setzen, wird in Kap. 5 dargestellt.

2.4.4 Dynamisierung der Führung

Um der dynamischen Umwelt gerecht zu werden und die Veränderungen in Unternehmen permanent gestalten zu können, muss die Führung selbst flexibel und lernfähig sein. Neue Situationen und wechselnde Teamzusammensetzungen verlangen von den Führenden eine ständige Anpassung von Führungsmethoden und -instrumenten.

Um die Flexibilität in Unternehmen zu managen, ist es wichtig, das Verhältnis zwischen Agilität und Stabilität auszubalancieren. Die grundlegende Struktur der Organisation sollte fest und gleichzeitig flexibel angelegt werden. Gleichzeitig lautet die Aufgabe für die Führung, Lernfelder zu eröffnen, Freiräume für Experimentieren und Innovationen zu gestalten.

Besondere Herausforderungen entstehen durch virtuelle, interdisziplinäre und interkulturelle Arbeitsteams. Hier sind die Führenden hinsichtlich ihrer digitalen, kommunikativen und interkulturellen Kompetenz gefordert, die kontinuierlich auf den neusten Stand gebracht werden sollte.

Neue technische Möglichkeiten und digitale Lösungen für die Prozessgestaltung und Kommunikation eröffnen Chancen für die Automatisierung von standardisierbaren

Führungsaufgaben. Dadurch wird den Führenden mehr Zeit für die interaktive Führung in Form von Mitarbeitergesprächen, Zielbesprechungen und Meetings zur Verfügung stehen.

In diesem Kontext der Dynamisierung der Führung sind folgende Fragen zu beantworten:

- Wie kann Führung auf die Dynamik der Technik, Wirtschaft und Gesellschaft adäquat reagieren? Mit welchen Instrumenten lassen sich die aktuellen Trends beobachten und rechtzeitig integrieren?
- Mit welchen Führungsinstrumenten können Lern- und Veränderungsbereitschaft bei Führungskräften und bei Beschäftigten gefördert werden?
- Wie gestaltet man Freiräume für Experimentieren und wie implementiert man Fehlertoleranz?
- Wie kann die Führung von dem Feedback der Mitarbeitenden profitieren, um Selbstreflexions- und Lernprozesse in Gang zu setzen?
- Was kann Führungskräfte motivieren, ihr Führungsverhalten regelmäßig zu hinterfragen?

Wie man eine optimale Führung in der neuen digitalisierten Arbeitswelt gestaltet, kann nur durch Versuch und Irrtum, durch Experimentieren in konkreten Situationsbedingungen entschieden werden. Unternehmen sollten solche Experimentierräume, Führungs-Labs schaffen, wo verschiedene Konzepte und Instrumente in praktischer Zusammenarbeit von Führungskräften und Mitarbeitenden getestet werden. Konkrete Beispiele und Best Practices aus Unternehmen werden in Kap. 6 erläutert.

Für die Neugestaltung der Führung nach den beschriebenen vier Dimensionen ist eine Unternehmenskultur notwendig, in der Vertrauen, Offenheit und Wertschätzung fest verankert sind.

2.4.5 Kulturelle Werte für die Führung der Zukunft

Die digitalisierte Arbeitswelt der Zukunft benötigt eine Unternehmenskultur, die Mitarbeitende und Führungskräfte zu hoher Eigenständigkeit, Selbstverantwortung, Kreativität, Veränderung und Lernbereitschaft anregt.

Viele Unternehmen haben die Bedeutung der Unternehmenskultur im Rahmen der Digitalisierung erkannt und befassen sich bewusst mit ihrer Gestaltung. Eine nachhaltige, erfolgreiche digitale Transformation muss von einem Kulturwandel begleitet sein und im gewissen Maße wurzelt sie auch darin (vgl. Franken et al., 2019; Frankenberger et al., 2021).

Aufgrund von aktuellen Studien und Best Practices können einige Kulturwerte abgeleitet werden, die für die digitalisierte Arbeitswelt von Bedeutung sind: Kundenorientierung, Nachhaltigkeit, partnerschaftliche Führung und Partizipation, gegenseitiges

2.4 4D-Modell der Führung für die Zukunft

Vertrauen, Freiräume für Ideen und Kreativität, Lernorientierung, Fehlertoleranz. Nur unter diesen Bedingungen können die Autonomie, Selbstorganisation und Kreativität der Beschäftigten gedeihen, die für die Arbeitswelt der Zukunft erforderlich sind.

Die wichtigsten Fragen bei der Gestaltung der Unternehmenskultur für die Zukunft sind:

- Welche Werte und Normen der Unternehmenskultur sind für den Erfolg der digitalen Transformation in Unternehmen notwendig? Wie lassen sich diese Werte und Normen implementieren?
- Welche Kulturwerte begünstigen eine reflexive Arbeitskultur, Mitverantwortung und kollaborative Prozesse? Wie können diese Werte gefördert werden?
- Mit welchen Werten können Lernprozesse und Wissensaustausch in Unternehmen begünstigt werden?
- Wie werden neue Ideen und Innovation gefördert? Wie schafft man Freiräume zum Experimentieren und Ausprobieren für Führungskräfte und Mitarbeitende?
- Wie werden Führungskräfte als Träger und Vorbilder der Kulturwerte geschult? Welche Werte und wie sollen konkret vermittelt werden?

Besonders innovative Unternehmen legen viel Wert auf ihre Kulturentwicklung und motivieren ihre Beschäftigten zum innovativen Denken und Handeln mithilfe von Freiräumen und Fehlertoleranz. Sie fördern Initiative und Experimentieren, praktizieren kooperativen Führungsstil, Partizipation und Beteiligung der Mitarbeitenden.

Was kann man aus diesen Erfahrungen lernen? Praktische Instrumente und Beispiele für die Gestaltung der kulturellen Werte werden in Abschn. 7.5 diskutiert.

> **Verständnis- und Reflexionsfragen**
>
> 1. Nennen und charakterisieren Sie die wichtigsten traditionellen Führungskonzepte.
> 2. Welchen entscheidenden Mangel weisen die Eigenschafts- und Verhaltenstheorien der Führung auf?
> 3. Welchen Vorteil haben gegenüber diesen die Situationstheorien der Führung?
> 4. Nennen und charakterisieren Sie die neueren Führungskonzepte im Vergleich zu den älteren.
> 5. Erläutern Sie das Konzept der symbolischen Führung.
> 6. Erläutern und vergleichen Sie transaktionale und transformationale Führung.
> 7. Erläutern Sie das Konzept der emotionalen Führung.
> 8. Beschreiben Sie die moderne Sicht auf die Führung. Warum genügen die gängigen Führungskonzepte nicht, um die Herausforderungen der Arbeitswelt der Zukunft zu bewältigen?
> 9. Erläutern Sie die vier Dimensionen (4D) der Führung für die Arbeitswelt der Zukunft und nennen Sie beispielhafte Fragen für jede Dimension.
> 10. Was bedeutet für Sie „gute Führung"?

Literatur

Baier, M., Fechner, R., Ritter, J. K., & Sadowski, R. (2021). *Hart am Wind – Die BPM-Berufsfeldstudie People & Organization 2020.* Quadriga Media Berlin GmbH.
Bass, B. M., & Avolio, B. J. (1990). *Transformational leadership development. Manual for the multifactor leadership questionnaire.* Palo Alto.
Bauer, J. (2006). *Warum ich fühle, was du fühlst. Intuitive Kommunikation und das Geheimnis der Spiegelneurone.* Heyne.
Bitkom. (2021). Digitalisierungsschub in der Wirtschaft wird Pandemie überdauern. https://www.bitkom.org/Presse/Presseinformation/Digitalisierungsschub-in-Wirtschaft-wird-Pandemie-ueberdauern Zugegriffen: 6. Febr. 2022.
Blessin, B., Wick, & A. (2021). *Führen und führen lassen: Ergebnisse, Kritik und Anwendungen der Führungsforschung* (9. Aufl.). UTB.
Bock, J., & Schwienhorst, R. L. (2021). Die Rendite des Vertrauens. *zfo 05/2021, 90,* 320–322.
Borggräfe, J., & Rump, J. (2020). Der Corona-Effekt in der Führung. *Personalmagazin 10/2020,* 39–42.
Franken, S. (2019). *Verhaltensorientierte Führung. Handeln, Lernen und Diversity in Unternehmen* (4. Aufl.). Springer.
Franken, S., Prädikow, L., & Vandieken, M. (2019). Fit für Industrie 4.0? Ergebnisse einer empirischen Untersuchung im Rahmen des Forschungsprojektes Fit für Industrie 4.0. FGW-Studie Digitalisierung von Arbeit 18. In H. Hirsch-Kreinsen, A. Karacic (Hrsg.), FGW, Düsseldorf, ISSN 2510–4101.
Frankenberger, K., Mayer, H., Reiter, A., & Schmidt, M. (2021). *Das Digital Transformer`s Dilemma. Wie Sie Ihr Kerngeschäft digitalisieren und gleichzeitig innovative Geschäftsmodelle aufbauen.* Wiley.
Goleman, D. (2004). *Emotionale Führung.* Ullstein.
Goleman, D., & Boyatzis, R. (2009). Warum Führung Einfühlung bedeutet. *Harvard Business Manager, 1.*
Hersey, P. H., & Blanchard, K. H. (1977). *Management of organizational behavior: Utilizing human resources.* Prentice Hall.
Hersey, P. H., Blanchard, K. H., & Johnson, D. E. (2012). *Management of organizational behavior: Leading human resources.* Upper Saddle River.
Initiative D21 e. V. (Hrsg.) (2021). D21 digital Index 2020/2021. https://initiatived21.de/app/uploads/2021/02/d21-digital-index-2020_2021.pdf. Zugegriffen: 18. Jan. 2022.
Lange, A., Busse, J., & Schumann, M. (2021). Leadership und Digitalisierung. Wie digitale Technologien den Führungsstil verändern. *zfo 05/2021, 90,* 276–281.
Müllner, M., & Müllner, C. (2021). *Emotional intelligent führen: Authentisch, motivierend, wirksam* (2. Aufl.). Springer.
Neuberger, O. (1985). *Unternehmenskultur und Führung.* Universität Augsburg.
Neuberger, O. (2002). *Führen und führen lassen* (6. Aufl.). UTB.
Peters, T. (2015). *Leadership. Traditionelle und neue Konzepte.* Springer Fachmedien.
Reinbacher, P. (2021). Jenseits der Sinnstiftung. Führung im Medium der Emotionen. *zfo 05/2021,* 90. Jahrgang, S. 296–301.
Rybnikova, I., & Lang, R. (2021). *Aktuelle Führungstheorien und -konzepte* (2. Aufl.). Springer.
Stock-Homburg, R., & Groß, M. (2019). *Personalmanagement. Theorien-Konzepte-Instrumente* (4. Aufl.). Springer Gabler.
TAM (Trainer-Akademie-München). (2021). Die 10 größten Leadership Trends 2022. https://tam-akademie.de/die-10-groessten-leadership-trends/. Zugegriffen: 19. Febr. 2022.

Von Au, C. (2021). Führungspersönlichkeiten im digitalen Zeitalter – Eine achtsam-reflektierte Haltung ist entscheidend. In O. Geramanis et. al. (Hrsg.), *Kooperationen in der digitalen Arbeitswelt* (S. 231–246). Springer.

Von Rosenstiel, L., & Nerdinger, F. W. (2020). Grundlagen der Führung. In L. Von Rosenstiel, E. Regnet, & M. E. Domsch (Hrsg.), *Führung von Mitarbeitern. Handbuch für erfolgreiches Personalmanagement* (8. Aufl., S. 21–53). Schäffer Poeschel.

Wolters, H., & Najipoor-Schütte, K. (2021). Anpassungsfähig, reflektiert, nahbar. CEOs in einer hyperkomplexen Welt. *zfo 05/2021, 90,* 282–287.

Wunderer, R. (2011). *Führung und Zusammenarbeit. Eine unternehmerische Führungslehre.* Luchterhand.

Führungskonzepte für die Digitalisierung

3

> **Zusammenfassung**
>
> Die Digitalisierung bringt Unternehmen neue strategische Chancen und sollte als Quelle für innovative Geschäftsmodelle, Produkte, Prozesse und Arbeitsabläufe betrachtet werden. Allerdings sollten neue Technologien nicht nur effizient, sondern auch menschengerecht und ethisch vertretbar umgesetzt werden, mit Rücksicht auf mögliche Risiken wie digitale Kontrolle, Verletzung der Privatsphäre und Datensicherheit. Es ist die Aufgabe der Führungskräfte, diese Chancen und Risiken zu erkennen und darauf angemessen zu reagieren. Es geht um ein weites Spektrum von Fragestellungen, von einer strategischen Neuausrichtung des Unternehmens aufgrund neuer digitaler Geschäftsmodelle über die Entscheidungen über die Einbeziehung externer Akteure in die Produktentwicklung, optimale Konzepte für die Flexibilisierung der Arbeit bis zu praktischen Führungsinstrumenten für die virtuelle Zusammenarbeit, digitale Kommunikation und die Qualifizierung der Beschäftigten für die digitalisierte Arbeitswelt. Für die zentralen Aspekte der Führung im Kontext der Digitalisierung werden geeignete Führungskonzepte erläutert und konkrete Unternehmensbeispiele aufgezeigt.

3.1 Strategische Chancen der Digitalisierung nutzen

In einer digitalisierten Unternehmenswelt mit hoher Dynamik und Komplexität stehen praktisch alle Unternehmen unter Veränderungsdruck. Zahlreiche Beispiele disruptiver (d. h. zerstörerischer) datenbasierter Geschäftsmodellinnovationen wie Amazon oder Uber, die die Existenz von traditionellen Einzelhändlern und Taxifahrern bedrohen, zeigen, wie wichtig es für ein Unternehmen ist, rechtzeitig neue Trends zu erkennen und darauf innovativ zu reagieren. Man kann auch von einem Wettbewerb „Start-ups gegen etablierte Unternehmen" sprechen: Start-ups können leichter als bestehende Großunternehmen disruptive Neuerungen einführen, da sie nicht durch bestehende Strukturen oder traditionelles Mindset beeinträchtigt sind (vgl. Frankenberger et al., 2021, S. X). Aber auch die traditionellen Unternehmen können sich wandeln und die Chancen der digitalen Transformation erfolgreich nutzen.

In einer vernetzten Welt bedarf es spezieller Führungskonzepte für die Gestaltung der digitalen Transformation. Immer kürzere Innovationszyklen bei der Produktentwicklung und disruptive Geschäftsmodelle können nur entstehen, wenn Führungskräfte die Transformationsprozesse intelligent vorantreiben. Um den digitalen Wandel im Unternehmen mitzugestalten, müssen Führungskräfte sich stetig weiterentwickeln und zu Digital Leader werden (vgl. TAM, 2021).

Führungskräfte sind dafür verantwortlich, strategisch zu denken und langfristige Entscheidungen im Interesse des Unternehmens zu treffen. Basierend auf der Zukunfts- und Trendforschung sollten sie eine ständige Überprüfung der bestehenden und Entwicklung der zukünftigen Geschäftsmodelle initiieren sowie Kreativität und Innovationsorientierung aller Akteure im Unternehmen fördern.

Die Digitalisierung bietet bei diesen strategischen Fragestellungen vielfältige Chancen und Instrumente. Geschäftsmodellinnovationen werden zunehmend durch die Möglichkeiten der digitalen Technologien wie Internet of Things, Big Data Analytics und Künstliche Intelligenz vorangetrieben (vgl. Abschn. 1.1). Allerdings können die Ideen für Innovationen nur von Menschen generiert werden, die dazu motiviert, befähigt und gefördert werden sollen. Außerdem soll das laufende Geschäft parallel erhalten und optimiert werden, was zu einer so genannten Ambidextrie führt.

Mit speziellen Führungskonzepten sollten Führungskräfte zu einer besseren Nutzung von strategischen Chancen der Digitalisierung beitragen, indem sie digitale Produkt- und Geschäftsmodellinnovationen vorantreiben, für einen intelligenten und ethischen Einsatz von Data Analytics und Künstlicher Intelligenz sorgen sowie die Innovationsfähigkeit des Unternehmens nachhaltig steigern.

3.1.1 Erfolgreich innovieren mit Ambidextrie

Die meisten Unternehmen in Deutschland befassen sich im Rahmen der digitalen Transformation überwiegend mit der Digitalisierung ihrer bestehenden Prozesse, um ihre Effizienz zu steigern, ohne ihr Geschäftsmodell grundsätzlich zu ändern. In vielen Betrieben verläuft der digitale Wandel **inkrementell** und ist eng verwoben mit den gegebenen realen, stofflichen, sozialen und ökonomischen Möglichkeiten und Restriktionen (vgl. Hirsch-Kreinsen, 2020, S. 42).

Beispielhaft dafür ist so genanntes „selektives Digitalisieren", bei dem lediglich Teillösungen im Produktionsbereich realisiert werden, z. B. Einführung eines fahrerlosen Transportsystems, Vernetzung von Produktion und Planung, Einführung mobiler

Endgeräte wie Tablets und Wearables etc. (vgl. Hirsch-Kreinsen, 2020, S. 44). Diese Vorgehensweise bei der Digitalisierung verfolgt als Ziel die Optimierung der vorhandenen Prozesse ohne größere Strukturveränderungen oder Eingriffe in das bestehende Geschäftsmodell.

Besonders erfolgreich und zukunftsfähig sind jedoch die Unternehmen, die überwiegend auf digitale Produkte und Services setzen und ihre **Geschäftsmodelle** hinterfragen. Während die Digitalisierung des traditionellen Kerngeschäfts lediglich zur Steigerung der Effizienz und Senkung der Kosten beitragen kann, können neue digitale Geschäftsmodelle neue Wege zu den Kunden eröffnen und eine dominante Positionierung im Markt bedeuten.

Die Staufen-Studie „Digitalisierung 2020" spiegelt dieses qualitative Bild in Zahlen wider: Die meisten Unternehmen haben klare Digitalisierungsziele und streben mehrheitlich eine Steigerung der Effizienz (81 %), Kostensenkungen (60 %) und mehr Transparenz in den Abläufen (57 %) an. Immerhin gut jedes zweite Unternehmen (53 %) will die Kundenschnittstelle digital stärken und größere Erfolge mit New Work und Remote Arbeit erzielen. Umsatzsteigerung durch neue digitale Geschäftsmodelle steht derzeit nur für eine Minderheit (36 %) von Unternehmen auf der Agenda (vgl. Staufen, 2021).

Allerdings gewinnen neue Technologien wie KI und Data Analytics kontinuierlich an Bedeutung und werden in vielen Unternehmen als Zukunftstreiber angesehen, deswegen kann man erwarten, dass die Transformation von Geschäftsmodellen demnächst zunehmen wird.

Die Reihenfolge von Technologien, die in Unternehmen aktuell am häufigsten eingesetzt werden, sieht wie folgt aus (vgl. Staufen, 2021):

- Die Themen Smart Data und Predictive Maintenance sind für jedes zweite Unternehmen relevant, und etwas mehr als ein Drittel hat bereits in diese Richtung investiert.
- Künstliche Intelligenz und Machine Learning werden von 56 % der Befragten hochgeschätzt, aber lediglich 27 % haben bereits konkrete Projekte verwirklicht.

Die Corona-Pandemie ist für viele Unternehmen zu einem Stresstest für die digitale Transformation geworden und hat die Schwächen der (digitalen) Geschäftsmodelle aufgedeckt. Jene Unternehmen, die auf digitale Produkte und Services gesetzt haben, sind in Zeiten von Corona im Vorteil. Unternehmen, deren Wertschöpfung mit digitalen Mitteln generiert und geleistet wird, haben sich während der Pandemie besser behauptet als jene, deren Wertschöpfung einzig offline passiert (vgl. Frankenberger et al., 2021, S. XXII, Staufen, 2021).

In den meisten Unternehmen geht es allerdings darum, beide Arten der Innovation parallel zu praktizieren: inkrementelle digitale Verbesserung von bestehenden Prozessen und radikale Innovationen in Richtung digitaler Produkte und Geschäftsmodelle. Neben den alten hierarchischen Strukturen entwickelt sich eine neue agile Organisation. In diesem Fall wird von einer ambidextren Organisation oder Ambidextrie gesprochen.

Bei der **ambidextren Organisation** (ambidexter – lat. mit beiden Händen gleich geschickt) geht es darum, gegensätzlichen Anforderungen gleichzeitig gerecht zu werden. So müssen Unternehmen das bestehende Geschäftsmodell verfeinern und zugleich Neues entwickeln (vgl. Scherer et al., 2021, S. 310).

▶ **Ambidextrie** bedeutet „Beidhändigkeit": radikale Innovationen und traditionelles Kerngeschäft existieren nebeneinander und ergänzen sich gegenseitig.

Ambidextrie ist die Fähigkeit, inkrementelle und radikale Innovationen gleichzeitig zu verfolgen, um den kurz- sowie langfristigen Erfolg des Unternehmens sicherzustellen. Jedoch erfordern diese zwei grundverschiedenen Aufgabenstellungen völlig gegensätzliche strategische Zielsetzungen, Handlungsfelder, Kompetenzen, Organisationsstrukturen, Maßstäbe, Kulturen sowie Führungsstile (vgl. Olivan, 2019, S. 33) – s. einzelne Aspekte in der Abb. 3.1.

Eine praktische Umsetzung der Ambidextrie ist eine Kombination aus einer stabilen Linienstruktur im Kerngeschäft mit einer agilen Arbeitsweise an neuen Projekten (z. B. unter Einsatz von Scrum oder Design Thinking) oder mit neuen Organisationseinheiten mit Startup Charakter wie Labs oder Garagen, in denen ausprobiert werden kann.

Die organisatorische Ambidextrie bedeutet, dass ein Unternehmen kurzfristig sowie langfristig erfolgreich bleiben kann, wenn es inkrementelle und radikale Innovationen gleichermaßen vorantreibt. Inkrementelle Verbesserungen haben dabei den Fokus auf kurzfristigen Unternehmenserfolg, indem Prozesse und Strukturen höchst effektiv und effizient eingesetzt werden, um bestehende Produkte und Geschäfte schrittweise zu verbessern. Radikale Innovationen hingegen haben den Fokus auf langfristigen Unternehmenserfolg,

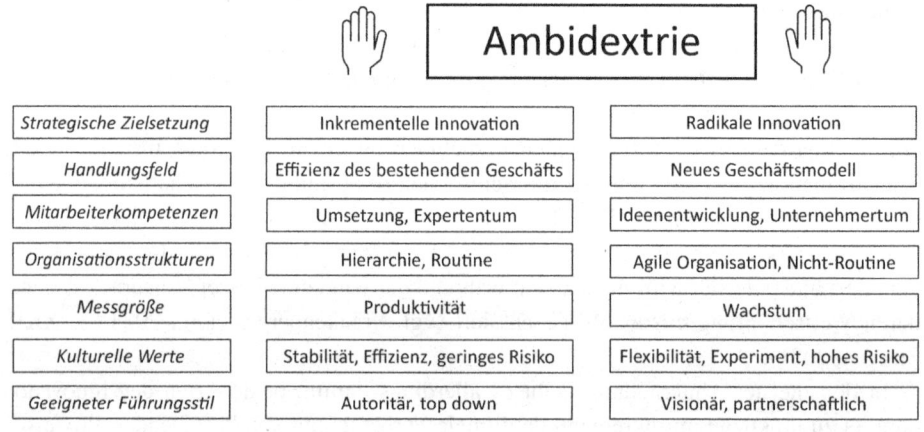

Abb. 3.1 Aspekte der Ambidextrie in Unternehmen (Eigene Darstellung in Anlehnung an Olivan, 2019, S. 34)

durch kreative und wandlungsfähige Arbeitsweisen und Strukturen, um radikale Innovationen hervorzubringen (vgl. Olivan, 2019, S. 43).

Es ist eine Herausforderung für die Führung, beide Arten von Innovationen zu fördern und durchzuführen, da die Abläufe und Rahmenbedingungen grundverschieden sind. Frankenberger et al. (2021) bezeichnen diese Herausforderung als „das Digital Transformer's Dilemma" und sprechen von zwei Innovationskurven (inkrementelle und radikale Innovationen), die in einem Unternehmen gleichzeitig umgesetzt werden sollen. Es ist erforderlich, zwei Digitalisierungsstrategien zu haben – für die Digitalisierung des Kerngeschäfts und für das neue digitale Geschäft – sowie einen Plan, wie man beide zusammenbringt und die Interaktionen zwischen ihnen managt.

Wie etablierte Unternehmen „beidhändig" digitale Innovationen vorantreiben, zeigt das Beispiel der Deutschen Bahn.

Ambidextrie bei der Deutschen Bahn

Für die Digitalisierung des bestehenden Geschäftes nutzt die DB die Innovation-Labs, um an Problemfeldern des Kerngeschäfts zu arbeiten. Diese Labs sind direkt in den Geschäftsbereichen des Kerns verortet und arbeiten an Produkten oder Dienstleistungen und an Lösungen für bestehende Herausforderungen, die im oder sehr nah am Kerngeschäft liegen. Der Fokus liegt vor allem auf Effizienzverbesserungen und wird direkt vom Kerngeschäft finanziert. Die Entwicklung von neuen Geschäftsmodellen läuft vom Kerngeschäft getrennt. Diese Initiativen werden normalerweise direkt vom Vorstand finanziert und haben einen längeren Investitionshorizont. Die Initiativen werden von Unternehmungen umgesetzt, die intern aufgebaut werden (interne Venture-Aktivitäten), oder solchen, die mit externer Unterstützung funktionieren (z. B. Ideen werden durch Venture-Capital-Beteiligungen verfolgt) (vgl. Frankenberger et al., 2021, S. 91). ◄

Die **Führungsstile** der beiden Innovationsarten unterscheiden sich voneinander. Die Führungskräfte des Kerngeschäfts führen eher traditionell, mit dem Ziel, Effizienz, Produktivität und perfekte Lösungen zu gewährleisten. Sie setzen auf Hierarchien, Null-Fehler-Toleranz-Strategie, das Modell „Kommando und Kontrolle". Ihre professionale Erfahrung prädisponiert sie, klassische Manager zu sein und einen eher autoritär-direktiven Führungsstil anzuwenden (vgl. Frankenberger et al., 2021, S. 202).

Setzt sich ein Unternehmen das Ziel, das Kerngeschäft zu digitalisieren, braucht man dafür andere Führungseigenschaften und -methoden. Die Kommunikation zwischen Führenden und Geführten gewinnt an Bedeutung, der Führungsstil wandelt sich in Richtung gegenseitige Beratung und Kooperation sowie transaktionale Führung (vgl. Abschn. 2.1). Die Rolle eines Leaders – im Gegensatz zu dem Manager des traditionellen Geschäfts – gewinnt hier an Bedeutung (vgl. Frankenberger et al., 2021, S. 204).

Für die zweite Innovationsart – radikale Erneuerung von Geschäftsmodellen – ist eine völlig andere Art der Führung erforderlich. Frankenberger et al. Bezeichnen sie als Transformations-Führungsstil. Die Mitarbeiter sind hier Teammitglieder, die ihren Führungskräften auf Augenhöhe begegnen. Die Führenden sind Coachs und Ratgeber. Transformations-Führungskräfte sind bereit, Risiken einzugehen, als Intrapreneure aktiv zu werden und intelligentes Scheitern zu fördern (vgl. Frankenberger et al., 2021, S. 204).

Die Kunst der Ambidextrie in der Führung besteht darin, eine hybride Führungsstrategie zu entwickeln und umzusetzen, indem neue Führungskräfte mit passenden Führungsstilen eingesetzt werden oder die bestehenden Führungskräfte nach Bedarf situationsorientiert verschiedene Führungsstile kombinieren. Zwischen den Stilen hin und her zu springen, stellt jedoch eine große Herausforderung dar (vgl. Eigenschaften und Weiterbildung der Führungskräfte Kap. 9).

3.1.2 Digitale Geschäftsmodellinnovationen vorantreiben

Sich mit den neuen Technologien proaktiv zu beschäftigen, bedeutet, die Folgen für das Unternehmen abzuschätzen und an neuen Geschäftsmodellen für die Zukunft zu arbeiten. Strategisch denkende Führungskräfte betrachten diese Tätigkeit als ihre zentrale Aufgabe.

▶ **Geschäftsmodell** beschreibt die Logik der Wertschöpfung eines Unternehmens und beantwortet z. B. die Fragen, wer die Kunden sind, was verkauft wird, wie man es herstellt und wie man einen Ertrag realisiert.

Geschäftsmodellinnovationen sind besonders umfassend, komplex und erfordern oft ein radikales Umdenken in Unternehmen. Man braucht Mut, um das Gewohnte infrage zu stellen, besonders wenn man mit dem alten Geschäft erfolgreich ist. Neue disruptive Geschäftsmodelle der Wettbewerber oder Quereinsteiger gefährden oft bestehende Unternehmen und Branchen, deswegen ist die Bedeutung von Geschäftsmodellinnovationen im Rahmen der Innovationsarbeit sehr groß (s. ausführlicher Franken & Franken, 2020). Viele einst erfolgreiche Unternehmen sind von Geschäftsmodellinnovationen überrascht und damit verdrängt oder vernichtet worden: Kodak von den Digitalkameras, traditionelle Buchläden von Amazon, CD-Hersteller von Apples iTunes.

Geschäftsmodellinnovationen sind tiefgreifende, strategische Innovationen, die die grundlegende Struktur eines Geschäftes verändern. Die Logik, wie Werte für den Kunden geschaffen werden, wie die Wertschöpfung im Netzwerk aus Zulieferern, Komplementären und Distributoren verteilt wird oder wie Werte für das eigene Unternehmen nachhaltig gesichert werden, zum Gegenstand der Veränderung (vgl. Hauschildt et al., 2016, S. 11).

▶ **Geschäftsmodellinnovation** ist eine bewusste Veränderung eines bestehenden oder Schaffung eines neuen Geschäftsmodells, das Kundenbedürfnisse auf eine neuartige und bessere Art und Weise befriedigt.

Eine Geschäftsmodellinnovation verkörpert die wirtschaftliche Umsetzung einer neuen Geschäftsidee, sodass die grundlegende Struktur eines Geschäfts neu gedacht und ein Wettbewerbsvorteil durch Differenzierung gegenüber Konkurrenten geschaffen wird. Beispiele für erfolgreiche Geschäftsmodellinnovationen sind das vom Nahrungsmittelkonzern Nestlé betriebene Geschäftsmodell Nespresso, das portionierten Kaffee in Kapseln und Kaffeemaschinen direkt vertreibt, oder das IKEA-Konzept, bei dem der Transport und Aufbau von Möbeln von Kunden selbst übernommen werden.

Geschäftsmodellinnovation IKEA

Das 1943 von Ingvar Kamprad in Schweden gegründete Einrichtungsunternehmen IKEA basiert auf einem – zu jener Zeit ganz neuen – Geschäftsmodell, das einen Teil der Wertschöpfung (Transport und Zusammenbau der Möbelstücke) zum Kunden auslagert. IKEA wurde nach den Initialen des Gründers **I**ngvar **K**amprad, nach **E**lmtaryd, dem Bauernhof, auf dem er aufwuchs, und nach **A**gunnaryd, dem nahegelegenen Dorf, benannt. Ingvar Kamprad gründete IKEA im Alter von 17 Jahren und verkaufte zuerst Haushaltsartikel wie Stifte, Brieftaschen und Bilderrahmen. 1951 erschien der IKEA-Katalog, in dem gute Möbel zu niedrigen Preisen angeboten wurden, die man in flachen Paketen verschicken konnte. Diese geniale Idee hat IKEA zu einem multinationalen Konzern mit aktuell 400 Häusern in 50 Ländern und 200 Tsd. Mitarbeitern gemacht (vgl. IKEA, o. J.). ◀

Geschäftsmodellinnovationen können die Wettbewerbsregeln innerhalb einer Branche wesentlich verändern oder sogar ganz neue Branchen schaffen. So hat das Geschäftsmodell IKEA das Geschäft vieler traditioneller Möbelunternehmen zerstört, die Möbel komplett zusammengebaut und geliefert haben. Heute sind solche Möbelhersteller eher eine Nische.

Aufgrund der Digitalisierung können alle Komponenten eines Geschäftsmodells verändert werden – es entstehen neue Kundengruppen, neue Leistungen, neue Arten und Weisen, diese zu erzeugen, neue Ertragswege, neue Vertriebswege, neue Kanäle, um Kunden anzusprechen und zu binden usw.

Ein zentraler Treiber für **digitale Geschäftsmodelle** ist das Internet der Dinge (IoT) (vgl. Abschn. 1.1.2), d. h. die Vernetzung und dadurch automatisierte Überwachung und Steuerung von Produkten. Die Einsatzbereiche für IoT sind vielfältig: Durch Sensoren in der Lagerhaltung und Logistik werden Bestände optimiert und Störungen in der Lieferkette in Echtzeit erkannt. In der Produktion überwachen sie die Prozesse und vermindern Produktionsausfälle durch frühzeitige Warnmeldung. Eine automatische Steuerung von Beleuchtungs-, Heiz- und Kühlsystemen führt zu einer Einsparung von

Energieressourcen. Die IoT-Technologie ist aber nicht auf den Unternehmensbereich beschränkt. Smart-Home verbindet Haustechnik, Haushaltsgeräte und Unterhaltungselektronik und ermöglicht intelligentes Wohnen.

Mit digitalisierten Prozessen in Unternehmen können Produkte individualisiert gestaltet werden (z. B. Smart Factory – vgl. Abschn. 1.1). Man kann Kunden auf anderen Kommunikationswegen erreichen – z. B. mit einer App oder in Social Media (neue Kommunikationskanäle für neue Kundengruppen).

Digitale Geschäftsmodelle können direkt durch die Nutzung der digitalen Technologie anstelle einer konventionellen Technologie entstehen, wobei neue Leistungen angeboten werden, z. B. statt optischer – digitale Fotografie, statt CD und DVD – Files im MP3- und MP4-Format im Netz. Unternehmen, die schnell einen neuen technologischen Trend erkennen und ihre Geschäftsmodelle umgestalten, sind besonders erfolgreich.

Auch die Verlagerung von ursprünglich physischen Aktivitäten ins Internet wie Online-Shopping kann zu Veränderung des Geschäftsmodells führen. Die Internettechnologie hat den Trend zum Online-Handel verstärkt, da das Einkaufen für Kunden rund um die Uhr möglich und recht unkompliziert ist.

Online-Bezahlsystem PayPal

Eine disruptive Umgestaltung musste in den letzten Jahren der Finanzsektor wegen sogenannter FinTechs erleben. Innovative IT-basierte Lösungen wie das Online-Bezahlsystem PayPal haben sich als Alternativen zum klassischen Finanzgeschäft verbreitet und den Kunden eine schnelle, unkomplizierte, mobile Abwicklung von Zahlungsoperationen ermöglicht. Das Geheimnis des Erfolgs liegt in einem neuen Kundenverständnis. Die FinTech-Gründer gehen stärker auf den Kunden ein, passen ihre Konzepte an seine Bedürfnisse an und bieten dem Endkunden damit einen echten Mehrwert. Damit wird das traditionelle Bankenwesen massiv bedroht. ◄

In den zwei Jahren der Corona-Pandemie wurde die Etablierung von digitalen Angeboten deutlich beschleunigt, die Kunden haben sich wegen der Mobilitätsbeschränkungen an die digitalen Vorteile gewöhnt. Man kann davon ausgehen, dass die Konsumenten auch in der Zeit nach der Corona-Krise die neuen digitalen Vertriebskanäle nutzen werden, selbst wenn die traditionellen Vertriebskanäle wieder voll verfügbar sein werden.

Ähnliches gilt für die Anbieter von digitalen Kommunikations-Tools. Auch wenn die Beschäftigten wieder ins Büro zurückkehren werden, ist es sehr wahrscheinlich, dass viele Kommunikationsaktivitäten weiterhin digital ablaufen werden, z. B. Meetings mit mehreren Teilnehmenden von verschiedenen Orten. Digitale Meetings sparen Anfahrtszeiten und Kosten. Von diesem Trend profitieren erfolgreiche Anbieter von Kommunikations-Tools.

> **Zoom als Profiteur der Corona-Krise**
>
> Dem Unternehmen Zoom ist es gelungen, zu Beginn der Corona-Pandemie im Jahr 2020, sich einen großen Anteil am Videokonferenzkuchen zu sichern, wodurch sich der Aktienpreis des Unternehmens innerhalb von wenigen Monaten vervielfacht hat (vgl. Frankenberger et al., 2021, S. XXII). ◄

Die Entscheidungsträger in Unternehmen sollten sich mit der Frage beschäftigen, wie einzelne Bestandteile des Geschäftsmodells digitalisiert werden können und wie es das Geschäft des Unternehmens modifizieren kann. Hilfreich sind dabei die von Meyer (2016, S. 23–24) beschriebenen Prinzipien der Digitalisierung von Geschäftsmodellen:

1. Nutzen statt kaufen – digitale Disruptoren haben oft kein eigenes Produkt, sie verkaufen Nutzen statt Produkte (z. B. Carsharing, Vermietung, Teilen).
2. Crowdification – Wikipedia statt Brockhaus. Irgendwo findet sich jemand, der etwas leistet, tut oder weiß. Vertrauen auf die Gemeinschaft (z. B. Produktentwicklung durch Kunden, Fachforen).
3. Zielgruppe eins – extreme Individualisierung der Angebote, bis zu Losgröße eins (z. B. maßgeschneiderte Produktangebote, Musik und Videos mit Spotify oder Amazon Prime).
4. Glaskugel 3.0 – datengestützte Vorhersage, was der Kunde morgen tun und wollen wird (Predictive Analytics aufgrund der Analyse des früheren Verhaltens).
5. Kompetenzstandardisierung – dort, wo das Wissen standardisierbar ist, werden demnächst Algorithmen eingesetzt.
6. Zentralisierung der Kundenschnittstelle – Wer den Kunden hat, hat das Geld.
7. Radikale Effizienzsteigerung – die ganze Wertschöpfungskette (Einkauf, Produktion, Logistik, Verkauf etc.) wird vernetzt.

Um von den disruptiven Geschäftsmodellen nicht überrollt zu werden, ist es hilfreich, sich diese Prinzipien genauer anzuschauen und sein eigenes Geschäftsmodell hinsichtlich dieser Bedrohungen zu hinterfragen.

Besonders gute Erfolgschancen haben Innovationen, die neue technologische Möglichkeiten mit dem Kundenverständnis kombinieren. Deswegen ist es bei der Entwicklung eines neuen Geschäftsmodells entscheidend, das Produkt mit den Augen des Kunden zu sehen und zu verstehen, was der Kunde wirklich will. Dabei geht es um den Wandel vom Produkt zur Lösung, der für digitale Geschäftsmodelle erforderlich ist. Um die Kundeninteressen in den Vordergrund zu stellen, verwenden Unternehmen verschiedene Strategien, wie Kundeneinbeziehung in den Innovationsprozess (sogenannte Open Innovation mit Kunden, s. dazu Abschn. 3.1.4) oder agile Entwicklungsmethoden (vgl. Kap. 6).

Die Formen der Einbeziehung von Kunden in den Innovationsprozess variieren von Kundenworkshops bis zu Crowdsourcing, bei dem ein Unternehmen über das Internet seine Kunden aufruft, Lösungsvorschläge für bestimmte Probleme oder neue Produkte zu generieren.

Ein Automobilhersteller sollte sich beispielsweise fragen, welche Leistung sein Kunde haben will: Ist es der Besitz eines Autos oder eher seine einfache und spontane Nutzung? Auf dieser Basis sind in den vergangenen Jahren erfolgreiche Konzepte wie „DriveNow" und „car2go" entstanden. Vielleicht will der junge, sportliche, umweltbewusste Kunde gar keinen Wagen? Geben wir ihm ein Fahrrad oder einen E-Roller! So kam die Deutsche Bahn zur Vermietung von Leihfahrrädern in Großstädten („Call-a-Bike"). Bei allen diesen Beispielen spielt digitale Technologie eine zentrale Rolle – die Nutzung eines Leihautos oder Fahrrads muss schnell und unkompliziert sein, direkt mit dem Smartphone.

> **E-Scooter-Sharing**
>
> Seit 2019 gibt es in Deutschland diverse Sharing-Dienste für Elektro-Roller (E-Scooter). Die Sharing-Anbieter Tier, Lime, Circ und Co. setzen dabei auf das Free-Floating-Modell, wie es auch die Auto-Sharing-Dienste DriveNow und Car2Go machen. Hierbei kann man die E-Scooter innerhalb des Geschäftsgebiets einfach anmieten und an einem anderen Ort wieder abstellen. Die Anmietung ist sehr simpel und funktioniert über eine Smartphone-App (vgl. Steimels, 2019). ◀

Dieser Wandel von Lebenseinstellungen und Prioritäten bewegt nicht nur Automobilkonzerne, sondern auch andere Unternehmen, sich umzuorientieren, um den Bedürfnissen junger Menschen gerecht zu werden. Es ist eine neue Art des Wirtschaftens entstanden – Sharing-Economy, die eine Vielzahl neuer Geschäftsmodelle hervorruft.

▶ **Sharing-Economy** beschreibt eine gemeinsame zeitlich begrenzte Nutzung von mehrfach einsetzbaren Objekten, die nicht dauerhaft benötigt werden.

Auf der Grundlage der Sharing-Idee haben sich viele Geschäftsmodelle entwickelt: neue Formen der Mobilität (Carsharing), Wohnung-Sharing (AirBnB) oder Musik- und Videoportale, wo es um die zeitlich begrenzte Nutzung von Produkten oder Leistungen geht, nicht um das Besitzen.

Ein weiterer Trend bei der Entwicklung von digitalisierten Geschäftsmodellen ist die Möglichkeit, dem Kunden ein neues Nutzenniveau durch die Verwendung von Daten zu offerieren, z. B. ein individualisiertes Angebot aufgrund einer Verhaltensanalyse eines Kunden bei seinen Online-Aktivitäten. Diese Anwendungen basieren auf der Analyse von Big Data und dem Einsatz von KI.

3.1.3 Data Analytics und Künstliche Intelligenz einsetzen

Nutzung von Big Data (siehe auch Abschn. 1.1) kann zu einer Veränderung eines bestehenden Geschäftsmodells oder zur Entstehung eines komplett neuen Geschäftsmodells führen. Big Data bedeutet viel mehr als „große Datenmengen", es kommt darauf an, wie man diese Daten nutzt. Die Erhebung von Big Data dient insbesondere der Erkennung von bestimmten Mustern, um davon ausgehend Vorhersagen zu treffen.

Aufgrund einer Datenanalyse kann man komplexe Zusammenhänge erkennen und bessere Entscheidungen treffen. Zu Big Data gehören neben den Daten auch Softwarelösungen wie analytische Datenbanken, Applikationen und analytische Software, die Unternehmen dabei unterstützen, die Informationsflut zu bewältigen und die gesammelten Daten zu einem Mehrwert zu machen. Diese Daten können aus unternehmensinternen IT-Systemen, digitalisierten Produktionsprozessen, sozialen Netzwerken, Sensoren oder Kameras stammen.

Datenanalytik wird in der Fertigung eingesetzt, um operative Abläufe zu überwachen und zu verbessern oder Einsparungspotenziale zu generieren. So können Fertigungsprozesse optimiert werden. Man kann Big Data zur Prognose von Fehlern und Maschinenschäden nutzen, wenn man die Nutzung von ähnlichen Maschinen mithilfe von speziellen Sensoren überwacht und aufgrund bestimmter Merkmale die erhöhte Wahrscheinlichkeit eines Ausfalls prognostiziert.

Der Einsatz von Sensoren führt jedoch zur Erfassung vielfältiger Daten, die nicht nur die technischen Systeme, sondern auch die Mitarbeiter und ihre Leistung betreffen. Leistung wird messbar und kontrollierbar hinsichtlich Quantität, Qualität und Zeitbedarf. Der „gläserne Mitarbeiter" ist ein Nebenprodukt der optimalen Produktionssteuerung und der digitalen Erfassung seiner Stammdaten (vgl. dazu Gefahr der digitalen Kontrolle im Abschn. 3.2.3.1).

Auch im Vertrieb bietet Big Data neue Chancen, die Kundenbetreuung aufgrund der Analyse des Nutzungsverhaltens zu verbessern. Besonders verbreitet ist der Einsatz der Datenanalytik zur Verhaltensanalyse von Kunden, sei es im Internet oder in einem Kaufhaus. Jeder Schritt der Kunden kann beobachtet, gespeichert und analysiert werden. Wer bei Amazon oder Zalando einkauft, weiß, dass jede Aktion ausgewertet wird. Nach einer Google-Recherche zu einer Fernreise bekommt man auch in den nächsten Tagen weitere Reiseangebote eingeblendet. Unsere Wünsche werden erkannt und in individualisierte Angebote übersetzt.

Um die Vorlieben und Bedürfnisse des Nutzers zu verstehen, nutzen Online-Unternehmen und Plattform-Anbieter Big Data, die auf intelligente Art und Weise verknüpft (Smart Data) und in Form von intelligenten Services monetarisiert werden. Wegen der Menge an erforderlichen Daten sind einzelne Unternehmen häufig allein nicht in der Lage, datengetriebene Geschäftsmodelle umzusetzen. Deswegen entstehen digitale Plattformen als digitale Ökosysteme, um die sich Unternehmen unterschiedlicher Branchen und Größen gruppieren und zusammenarbeiten (vgl. dazu Abschn. 1.1.3).

Die auf der Informationstechnologie basierte Analyse des Online-Verhaltens der Kunden ist schon seit langem bekannt. Kennt ein Unternehmen (oder eine Plattform) seine Kunden, so kann es ihnen bessere Angebote machen und sie dauerhaft binden. In diesem Fall wäre die Frage nach der Ethik bei der Anwendung solcher Methoden zu stellen: Welche Daten darf man erheben? Wie kann Datenmissbrauch verhindert werden? (s. dazu Abschn. 3.2.4).

Für die Analyse von Daten werden spezielle Analyse-Tools eingesetzt, vor allem **Künstliche Intelligenz** und **maschinelles Lernen** (vgl. Abschn. 1.1.2).

Die meisten Unternehmen in Deutschland begreifen die Bedeutung der KI als Technologie der Zukunft, sind jedoch bei ihrer praktischen Anwendung zögerlich. Dieses hat mit fehlendem Know-how und Erfahrungen, mit Vorbehalten und mangelnder Akzeptanz von KI sowie mit der Unklarheit des KI-Begriffs zu tun (vgl. Bitkom, 2021; Hagmann, 2021; IBM, 2020; Lenz, 2021).

In allgemeiner, generalisierter Form lässt sich **KI** als ein informationstechnisches System verstehen, welches ein eigenständiges Problemlösungsverhalten zeigt, wobei die Problemlösung auf der Grundlage einer Aufgabenstellung durch Auswertung von großen Datenmengen mithilfe geeigneter Tools geschieht (vgl. ausführlicher Abschn. 1.1).

KI ist schon heute in der beruflichen und privaten Lebenswelt ein Bestandteil unserer Realität, auch wenn es uns nicht immer bewusst ist. Ein Beispiel dafür sind Autokorrekturen oder Wörtervorschläge beim Schreiben von Nachrichten am Smartphone, die sich mit der Zeit verbessern, da die intelligenten Algorithmen lernen, welche Wörter wir meistens verwenden. Eine weitere KI-Anwendung im Smartphone ist die Gesichtserkennung, wodurch Storys aus unseren Fotos automatisch erstellt werden.

Neben diesen Anwendungen für Endkunden transformiert KI die Produktionsprozesse, das Datenmanagement und Kundenmanagement von Unternehmen und kann zu neuen digitalen Geschäftsmodellen führen (vgl. Abschn. 3.1.2).

Zu den besonders erfolgreichen Unternehmen beim Einsatz von KI zählen in verschiedenen Rankings Amazon, Apple, Google/Alphabet, IBM und Intel (vgl. Lichtenthaler, 2020, S. 50).

Wo und wofür wird KI in Unternehmen genutzt? Die Bitkom Studie zu KI in Deutschland zeigt die am häufigsten genutzten KI-Anwendungen (vgl. Bitkom, 2021) – vgl. Tab. 3.1.

Wie man sieht, sind zurzeit die KI-Anwendungen in Kundenbeziehungen (personalisierte Werbung, Kundendienst, Analyse des Kundenverhaltens) und bei der Effizienzsteigerung der Produktionsprozesse besonders verbreitet. Interessanterweise nimmt auch der Einsatz von KI bei der Textanalyse, in der Buchhaltung und im Management zu, was durch die wachsenden Erfahrungen mit der KI-Technologie begründet werden kann.

Für einen sinnvollen Einsatz von KI sollte zunächst die entscheidende Frage über die optimale Arbeitsteilung zwischen der menschlichen und künstlichen Intelligenz beantwortet werden. Welche Stärken und Schwächen haben beide Partner – Menschen und Algorithmen – in einer digitalisierten Arbeitswelt?

Tab. 3.1 Wo und wofür wird KI in deutschen Unternehmen eingesetzt (vgl. Bitkom, 2021)

Prozent der Unternehmen	KI-Anwendung
71	KI-Technologien für personalisierte Werbung
64	zur Verbesserung interner Abläufe in der Produktion und Instandhaltung
63	im Kundendienst, z. B. bei der automatisierten Beantwortung von Anfragen
53	bei der Analyse des Kundenverhaltens im Vertrieb
50	bei Texten wie Berichten oder Übersetzungen
44	in der Buchhaltung, z. B. für automatisierte Buchungen
43	zur Managementunterstützung, z. B. bei der Entwicklung von Strategien
39	in der IT-Abteilung
35	in der Logistik, z. B. für bessere Routenplanungen
25	in der Forschung und Entwicklung
21	in der Personalabteilung, z. B. zur Vorauswahl von Bewerbern
18	im Controlling, um Risiken im Unternehmen aufzudecken

Während Maschinen bei der Analyse und bei sich wiederholenden Routinetätigkeiten besonders stark sind, ist der Mensch mit seinen kreativen Fähigkeiten und seinem Urteilsvermögen immer dann gefordert, wenn vorhandene Entscheidungsregeln versagen. Das Ziel bei der Gestaltung der Zusammenarbeit der menschlichen und künstlichen Intelligenz sollte sein: Menschen ergänzen Maschinen, und Maschinen erweitern menschliche Fähigkeiten (vgl. Schwuchow, 2021, S. 30).

Basierend auf der Theorie der multiplen Intelligenz nach H. Gardner hat Lichtenthaler (2020) einen Ansatz der **Integrierten Intelligenz** entwickelt, bei dem die menschliche und künstliche Intelligenz zu einer Meta-Intelligenz kombiniert werden (vgl. Abb. 3.2).

Durch die Nutzung der verschiedenen Arten der Intelligenz und unter Berücksichtigung ihrer Wechselwirkungen können Unternehmen einen Wettbewerbsvorteil erlangen. Menschliche und künstliche Intelligenz greifen auf die zugrunde liegenden Daten, Informationen und Wissen zurück. Meta-Intelligenz entsteht aus der Transformation und Rekombination von Elementen der menschlichen und künstlichen Intelligenz (vgl. Lichtenthaler, 2020, S. 67–68).

Die Rollen der Menschen in Bezug auf die KI sind: KI trainieren (z. B. bei maschinellem Lernen), die Ergebnisse von KI-basierten Prozessen verstehen und erklären und KI-Anwendungen überprüfen und kontrollieren (vgl. Lichtenthaler, 2020, S. 82–83).

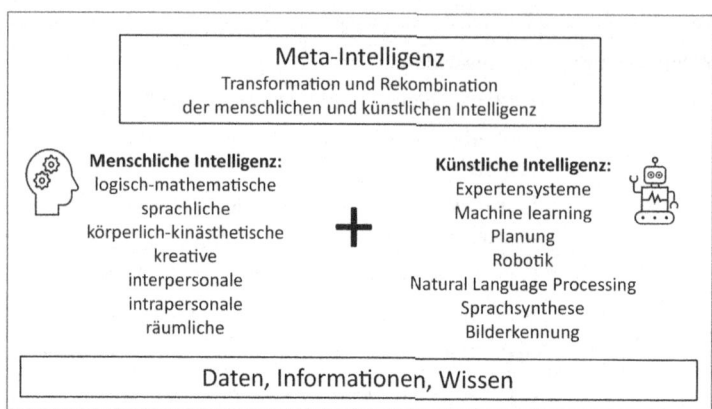

Abb. 3.2 Integrierte Intelligenz nach Lichtenthaler (in Anlehnung an Lichtenthaler, 2020, S. 68)

Für die Arbeit mit der KI brauchen Menschen drei spezifische **Kompetenzfelder** (s. ausführlicher zu den Kompetenzanforderungen Abschn. 3.4.1) (vgl. Neuburger, 2021, S. 20–21):

1. Technologisches Grundwissen und KI-Verständnis, um Awareness für KI-Systeme aufzubauen. Unabhängig von Rolle und Aufgabe sollte jeder, der mit KI-Systemen in Kontakt kommt, ein rundlegendes Verständnis erwerben sowie Offenheit gegenüber den im Unternehmen eingesetzten KI-Systeme und ihren prinzipiellen Leistungsfähigkeiten zeigen, um KI-Systeme im jeweiligen Arbeitskontext einordnen zu können.
2. Mensch-Maschine-Interaktionsfähigkeiten sind notwendig, um für den direkten Umgang mit KI-Systemen befähigt zu werden. Erforderlich ist zunächst ein Grundverständnis, um die sich verändernde Arbeitsteilung zwischen Mensch und KI-System einerseits verstehen und gestalten zu können und andererseits in ihr agieren zu können. Je nach Aufgabe und Nutzungskontext kommen eventuell IT- und Data-Kompetenzen sowie persönliche Metakompetenzen wie Reflexion und Problemlösung hinzu. Für Nutzer und Anwender sind Fähigkeiten zur direkten Anwendung oder Zusammenarbeit mit KI notwendig (z. B. beim Einsatz eines Chatbots oder Agieren mit einem Roboter). Auch Reflexions- und Beurteilungsvermögen sind gefragt, um die Schlussfolgerungen von KI zu bewerten und nachzuvollziehen.
3. Gestaltung des Kontextes der KI-Systeme, um sich verändernde Arbeitsprozesse und -umgebungen weiterzuentwickeln und zu steuern. Dazu zählen persönliche und soziale Fähigkeiten wie Selbstorganisation, Eigenverantwortung, Lernbereitschaft, Kommunikations- und Teamfähigkeit im virtuellen und physischen Umfeld. Darüber hinaus sind strategisches, interdisziplinäres Denken und Kreativität wichtig.

3.1 Strategische Chancen der Digitalisierung nutzen

Wie kann KI die Beschäftigten in Unternehmen unterstützen? KI kann menschliche Fähigkeiten und Intelligenz auf folgende Weise erweitern (vgl. Lichtenthaler, 2020, S. 84–85):

- Unterstützung menschlicher kognitiven Fähigkeiten durch die KI-basierte Informationsverarbeitung und Analyse (rechtzeitig Informationen zur Verfügung stellen, effiziente Berechnungen durchführen, kreative Prozesse durch Aufzeigen von Möglichkeiten und Varianten aufgrund vordefinierter Kriterien unterstützen etc.),
- Interaktion zwischen Mensch und Maschine (Customer Service Bots in der Kundenberatung, persönliche digitale Assistenten auf Basis von Natural Language Communication etc.),
- Nutzung von KI-unterstützten Roboter und Maschinen (KI-Anwendungen in Hardwarekomponenten, um die Zusammenarbeit von Menschen und Maschinen flexibler, sicherer und natürlicher zu machen).

Aus der gegenseitigen Ergänzung der menschlichen und maschinellen Intelligenz resultieren neue Arbeitsverteilung und veränderte Arbeitseinsatzkonzepte: Der Roboter mag präziser operieren als ein Mensch, doch ohne das Wissen und die Fähigkeiten des Chirurgen funktioniert es nicht. Im perfekten Zusammenwirken können sich Mensch und Maschine jeweils optimieren (vgl. Schwuchow, 2021, S, 30).

3.1.4 Innovationspotenziale erschließen und vernetzen

Im Endeffekt entscheiden die Menschen, und nicht die Technik allein, über den Erfolg oder Misserfolg der digitalen Transformation. Menschen sind Träger von Ideen und Wissen, sie entwickeln Technologien und wenden sie an. Um die digitalen Innovationen voranzutreiben, sollten die Führenden die Innovationspotenziale interner und externer Akteure erschließen und vernetzen. Daraus resultieren konkrete Aufgaben für die Führungskräfte:

- Kreativität und Innovationsfähigkeit der Beschäftigten erschließen – durch spezielle Schulungen, Zeit- und Freiräume, Ideenwettbewerbe etc.
- Wissensträger in Unternehmen vernetzen, auch über die Bereichs- und Hierarchiegrenzen hinweg, – durch Projektarbeit, Communities, Wissensplattformen.
- Relevante externe Akteure, vor allem Kunden, in die Innovationsarbeit einbeziehen (Open Innovation).

3.1.4.1 Kreativität und Innovationsfähigkeit der Beschäftigten fördern

Jede Innovation beginnt mit einer Idee, die in der Regel von Menschen kommt. Die Ideen für Innovationen werden in Unternehmen nicht nur von der eigenen F&E, im

Rahmen der definierten Innovationsstrategie generiert, sondern auch von Beschäftigten aus anderen Abteilungen und Bereichen.

Besondere Erfahrungen, Fachexpertise und Kenntnisse der Prozesse und Abläufe prädestinieren die Beschäftigten für eine erfolgreiche Ideen- und Innovationsarbeit. Die Beschäftigten im Kundendienst und Vertrieb, die an der Schnittstelle zum Markt sind, Kundenfeedback und Beschwerden bekommen, wissen am besten, was sich die Konsumenten wünschen und was sie verärgert. Die Beschäftigten in der Produktion, die alle Abläufe und Probleme aus ihrer täglichen Routine kennen, erkennen eher, was verbessert werden kann. Junge Mitarbeiter und Anfänger sowie Unternehmenswechsler, die einen frischen Blick mitbringen, können Probleme identifizieren, die für die Ansässigen wegen der Betriebsblindheit nicht sichtbar sind.

Es ist sinnvoll, die **ganze Belegschaft** in die Ideenarbeit einzubeziehen, individuelle Kreativität zu fördern und Menschen zum Ideenaustausch anzuregen. Die gängigen Instrumente dafür sind Ideenwettbewerbe, kontinuierliche Verbesserungsprozesse (KVP), betriebliches Ideenmanagement, Schulungen für Kreativitätstechniken und agile Arbeitsmethoden etc.

Ideen basieren auf Wissen von Menschen und kombinieren es neu. Ideen tauchen bei Individuen auf, die mit fundiertem Wissen in eine geeignete Umgebung eingebettet sind und sich mit Neuem beschäftigen. Identifiziert man ein Problem, so ist es häufig möglich, eine Lösung dafür zu finden. Entscheidend dafür sind unternehmerisches Denken und Engagement von einzelnen Personen.

Das heißt, die Bedingungen für die **individuelle Kreativität** beinhalten Fachwissen, Kreativitätsfähigkeit und Motivation. Diese Elemente der Kreativität können – zumindest zum Teil – durch die Rahmenbedingungen begünstigt werden. Man kann Spezialisten mit Fachwissen mit der Ideenfindung beauftragen, sie mit Kreativitätstechniken und agilen Methoden (s. dazu Abschn. 6.3) anregen und ihre Motivation durch Autonomie, Freiräume oder Prämien fördern.

Schlechte Führung und negatives Arbeitsklima können sich negativ auf die Kreativität von Beschäftigten auswirken. Abwertende Bemerkungen oder direkte Kritik auf einen Vorschlag können die Lust an Ideenfindung abschwächen oder sogar zunichtemachen.

Gruppenarbeit kann unter bestimmten Bedingungen die Entstehung neuer Ideen fördern, wenn verschiedene Sichtweisen, Kenntnisse und Erfahrungen aufeinandertreffen. Ein Austausch von Meinungen in einer Gruppe, in der positive Arbeitsatmosphäre und gegenseitiges Vertrauen vorherrschen, kann die Ideenfindung anregen und Kreativität fördern. Besonders fruchtbar sind gemischte Projekt- und Problemlösungsgruppen, die in Bezug auf Geschlecht, Alter, Fachgebiet, kulturelle Herkunft, Erfahrungen und andere Faktoren heterogen sind. Nach diesen Kriterien werden in Unternehmen spezielle Innovationsteams zusammengestellt, die eine allgemeine Problemstellung als Zielsetzung erhalten und unter Einsatz von Kreativitätstechniken Ideen entwickeln.

> **Innovation Labs brauchen Vielfalt**
>
> Firmen wie Cisco, die Commerzbank, Daimler, Deloitte, die Allianz, die Deutsche Telekom und andere haben in den vergangenen Jahren eigene Innovationszentren bzw. Innovation Labs gegründet, die als Schutzraum für innovative Gedanken und Experimentierfelder dienen. Im Mittelpunkt steht der interdisziplinäre Austausch zwischen Spezialisten für unterschiedliche Technologien und kreativen Köpfen mit digitalem Verständnis. Ein entscheidender Erfolgsfaktor bei der Zusammenstellung solcher Teams ist Augenhöhe. Ein zweiter ist Diversität, also ein bunter Mix aus Expertisen, Generationen und Nationalitäten (vgl. Schüller & Steffen, 2017, S. 129, 135). ◄

Viele Unternehmen gewähren ihren Beschäftigten sogenannte Zeit- und Freiräume für die Arbeit an Ideen und Innovationen, um die Kreativitätspotenziale der Mitarbeitenden besser zu erschließen. Das heißt, die Beschäftigten dürfen allein oder in Gruppen während der bezahlten Arbeitszeit an eigenen Projekten für die Zukunft arbeiten und präsentieren regelmäßig die Ergebnisse ihren Vorgesetzten. Es können auch spezielle Ideenwettbewerbe zu aktuellen Themen ausgeschrieben werden, die die Mitarbeitenden motivieren, ihre Vorschläge einzureichen.

3.1.4.2 Wissensträger im Unternehmen vernetzen

Manche Großunternehmen erschließen die Ideen- und Wissenspotenziale der ganzen Belegschaft, indem sie Wissensnetzwerke und Communities initiieren bzw. fördern, in denen das Wissen unter Spezialisten ausgetauscht wird. In solchen Wissens- und Innovationsnetzwerken entstehen Ideen, die bereits durch das Teilen und Diskutieren relativ reif und grob bewertet sind. Darüber hinaus wird dort das unternehmensrelevante Wissen geteilt und vermehrt, es findet ein gemeinsames Lernen statt.

Interdisziplinäre und Projektarbeit sowie die Notwendigkeit eines intensiven Wissensaustauschs sind die Faktoren, die die Bedeutung der internen Netzwerke untermauern. Vor diesem Hintergrund nehmen Wissensgemeinschaften und Expertennetzwerke in Unternehmen eine besondere Stellung ein.

▶ **Community** ist eine Gruppe von Menschen, die sich freiwillig gemeinschaftlich einem Ziel oder Interesse widmen und sich dazu regelmäßig austauschen.

Die bekannten Formen von Communities in Unternehmen sind Wissensgemeinschaften (Knowledge-Communities), die schwerpunktmäßig dem Wissensaustausch dienen, und Communities of Practice, die praktische Erfahrungen zu einzelnen Themen bündeln. Häufig werden beide Begriffe auch synonym verwendet.

In der digitalisierten Arbeitswelt gewinnen insbesondere **virtuelle Communities** an Bedeutung, da sie hervorragende Möglichkeiten bieten, das Wissen von Experten und Gruppen zu vernetzen und zu erschließen. Solche Expertennetzwerke werden über

Intranet realisiert und können verschiedene Elemente wie „Gelbe Seiten" mit Expertennamen und Kontaktdaten, Wikis, Projektberichte und Wissensforen beinhalten.

Viele Mitarbeiter erzielen eine große Befriedigung nicht aus ihrer eigentlichen Funktion, sondern aus Spezialgebieten, die idealerweise mit der Funktion verbunden sind. Diese Form von Leidenschaft und Expertise außerhalb des Jobprofils ist für Unternehmen nützlich, da das Entstehen von innovativen Lösungen und persönlicher Leidenschaft in starker Abhängigkeit zueinanderstehen.

Die virtuellen Communities sind meistens abteilungs- und hierarchieübergreifend und machen die Expertise von engagierten und erfahrenen Beschäftigten für das ganze Unternehmen nutzbar. Gleichzeitig bieten sie den Beschäftigten eine Chance, ihre spezifischen, individuellen Interessen einzubringen und dafür Anerkennung zu bekommen.

In der Regel bildet sich eine Community „von unten", auf freiwilliger Basis, und die Führungskräfte brauchen nur diese Entwicklung mit finanziellen Mitteln und organisatorisch zu unterstützen. Vorteile der Zusammenarbeit in Communities bestehen auf beiden Seiten – für die Mitglieder und für das Unternehmen.

3.1.4.3 Externe Innovationsakteure einbeziehen

Um die Innovationsfähigkeit eines Unternehmens zu steigern, sollten die Führungskräfte über die Möglichkeit nachdenken, neben den internen Akteuren auch externe Stakeholder in die Netzwerke und den Innovationsprozess einzubinden, um von ihrem Wissen und ihren Ideen zu profitieren. Diese Prozesse werden als Open Innovation bezeichnet.

▶ **Open Innovation** ist die Öffnung des Innovationsprozesses in Unternehmen für eine aktive strategische Nutzung von Wissen, Kreativität und Innovationspotenzialen außerhalb des Unternehmens.

Die maßgeblichen treibenden Faktoren der Öffnung des Innovationsprozesses sind der steigende Wettbewerbsdruck durch die Globalisierung, kürzere Entwicklungs- und Produktlebenszyklen und der immer höhere Innovationsdruck auf Unternehmen. Unter diesen Bedingungen können interdisziplinäre, gemischte Innovationsteams unter Beteiligung von Kunden, Lieferanten und/oder Wettbewerbern die Qualität von Ideen steigern und die Risiken eines Misserfolgs reduzieren.

Eine besondere Stellung hat im Rahmen der Open Innovation die Einbeziehung von **Kunden.** Um ein Produkt mit den Augen des Kunden zu sehen, muss ein Unternehmen seine Zielgruppen verstehen. Früher hat man dafür verschiedene Marktforschungsmethoden angewendet, heute setzt man auf die Vorteile der Digitalisierung. Der kurze Weg zum Kunden über das Internet, insbesondere soziale Netzwerke und konsumentenorientierte Corporate-Blogs, ermöglicht es einem Unternehmen, viele Kunden schnell nach ihrer Meinung zu bestehenden Produkten zu fragen, Prototypen von ihnen testen zu lassen oder sie an der Entwicklung neuer Produkte zu beteiligen.

> **Genussblog von Metro**
>
> In seinem Genussblog bietet Metro seinen Kunden nützliche Inhalte, wie Rezepte und Restaurant-Tipps an. Auch Marketing für eigene Produkte und die Imagebildung gehören zu den zentralen Funktionen. Das Blog wurde von einem internen kleinen Team des Unternehmens umgesetzt (vgl. Hoffmann, 2020). ◄

Für die Integration von Kunden als Mitentwickler neuer Produkte können Ideenwettbewerbe und Preisausschreibungen auf der Website des Unternehmens oder in sozialen Netzwerken angeboten werden. Auch (moderierte) Blogs für Endverbraucher sind verbreitet und liefern Informationen über Kundenvorlieben, Zufriedenheit und Unzufriedenheit, Vorschläge und Ideen.

Viele Unternehmen setzen bei der Kundenintegration auf virtuelle Innovationswettbewerbe oder Communities. Als Motivation, neue Produkte im Internet zu bewerten oder Ideen für Produktinnovationen zu äußern, kann eine Belohnung oder Teilnahme an einer Verlosung angeboten werden. Häufig sind die Kunden auch ohne materielle Anreize bereit, sich an den Umfragen oder Diskussionen zum Produkt zu beteiligen, da sie sich dadurch als Experten wertgeschätzt fühlen.

Industrie 4.0 erfordert eine neuartige Zusammenarbeit mit den Kunden: Will man individualisierte Produkte herstellen, dann sollte man zunächst die Wünsche jedes einzelnen Kunden erfassen. So wie wir heute ein individuelles Auto einer bestimmten Marke mit verschiedenen Eigenschaften und Merkmalen bestellen können, wird es in Zukunft mit vielen anderen Produkten gehen. Der Kunde muss seine Wünsche schnell und einfach kommunizieren können. So werden Konsumenten zu „Prosumenten" (Produzent und Konsument in einem).

Neben den Kunden sind auch **Zulieferer** und **Wettbewerber** wichtige Akteure für Open Innovation. Die Rolle der Lieferanten wandelt sich, ihr Wertschöpfungsanteil steigt. Im Rahmen der Digitalisierung von Produkten und Geschäftsmodellen muss die gesamte Wertschöpfungskette umgestaltet werden. Die Beteiligung von Zulieferern und häufig auch von Wettbewerbern (im Rahmen von gemeinsamen Plattformen) ist hierfür erforderlich. Als Folge können Entwicklungskosten gesenkt, Entwicklungszeiten verkürzt und Risiken reduziert werden. So werden Elektromotoren, Batterien für E-Autos oder Software für autonomes Fahren von Automobilproduzenten gemeinsam mit den Zulieferern entwickelt.

> **VW und Bosch arbeiten gemeinsam an der Software für autonomes Fahren**
>
> Der größte Autobauer Europas Volkswagen und der weltgrößte Automobilzulieferer Bosch arbeiten künftig zusammen bei der Entwicklung von Roboterautos. Anfang 2022 gaben beide Unternehmen bekannt, dass sie ab sofort gemeinsam eine Software für automatisiertes Fahren entwickeln wollen. Damit gibt es erstmals eine Kooperation eines Zulieferers und eines Autobauers auf Augenhöhe. Bosch und

Cariad, eine Softwaretochter von VW, wollen künftig mehr als 1000 Fachleute aus beiden Häusern an der Software arbeiten lassen. Ein wichtiger Vorteil der Zusammenarbeit ist die große Autoflotte von VW, so können große Mengen von Daten der vernetzten Fahrzeuge in der Realität gesammelt werden (vgl. Tagesschau, 2022). ◄

Mit den beschriebenen Konzepten und -instrumenten kann sich ein Unternehmen bei der Nutzung von digitalen Möglichkeiten Wettbewerbsvorteile gegenüber der Konkurrenz schaffen und langfristige Erfolgschancen sichern. Diese bedeuten jedoch gleichzeitig auch eine Umstellung der Führung im Unternehmen gegenüber den Mitarbeitern.

Die Führenden als Entscheidungsträger und zentrale Gestalter der Unternehmenszukunft sind dafür verantwortlich, die strategischen Chancen der Digitalisierung zu erkennen und optimal zu nutzen. In ihrer Rolle als Führungskräfte sollten sie die digitalisierte Arbeitswelt im Interesse des Unternehmens und der Beschäftigten gestalten und die Mitarbeitenden in die Analyse von neuen Anwendungsmöglichkeiten und in die Entscheidungsfindung über praktische Use Cases miteinbeziehen. Diese Führungskonzepte und -methoden werden in den weiteren Kapiteln beschrieben.

3.2 Digitalisierte Arbeitswelt gestalten

Eine Umfrage von Bitkom (2021) belegt, dass der Digitalisierungsschub durch die Pandemie die künftige Arbeitswelt stark verändern wird:

- 95 % der Unternehmen werden die Weiterbildung der Beschäftigten zu Digitalthemen beibehalten oder sogar ausweiten,
- 87 % wollen auch zukünftig die Tools zur digitalen Zusammenarbeit nutzen,
- 68 % werden auch in Zukunft auf Videokonferenzen statt persönlicher Treffen setzen,
- 27 % wollen Homeoffice als Arbeitsform weiter nutzen.

Wie sollte die digitalisierte Arbeitswelt der Zukunft aussehen, damit die Beschäftigten produktiv und engagiert arbeiten und dem Unternehmen verbunden bleiben? Wie können digitale Technologien im Interesse aller Beteiligten eingesetzt werden? Das sind aktuelle Fragestellungen für viele Führungskräfte. Dazu gehören vielfältige Einzelfragen, wie die Gestaltung der Zusammenarbeit von Menschen und Maschinen in der automatisierten Produktion und in den von KI unterstützten Verwaltungsbereichen, praktische Umsetzung der Flexibilisierung der Arbeit, die zum Vorteil für Unternehmen und Beschäftigte gemacht werden sollte, sowie verantwortungsvoller und ethischer Umgang mit neuen Technologien und Daten.

3.2.1 Zusammenarbeit von Mensch und Maschine

Aufgrund der Digitalisierung und Vernetzung werden die ausführenden Tätigkeiten in der Produktion weitestgehend automatisiert und robotisiert.

Der Trend zur Automatisierung war bisher vor allem darauf gerichtet, monotone, schwere und wiederkehrende Produktionsabläufe möglichst vollständig von Maschinen durchführen zu lassen. Im Vordergrund standen Produktivitätssteigerungen und Humanisierung der Arbeit.

Bei der Automatisierung und Robotisierung im Kontext der Industrie 4.0 geht es darum, Arbeitsfolgen mit unterschiedlichen Aufgabenstellungen durch flexible Fertigungssysteme vollziehen zu lassen, um nicht nur Produktivitätssteigerung, sondern auch Flexibilisierung und dadurch eine höhere Wirtschaftlichkeit bei der Individualisierung von Produkten zu erreichen.

Heute bezieht sich die Automatisierung nicht nur auf schwere und monotone Produktionsarbeit, sondern auch auf große Teile der administrativen und Wissensarbeit. Langfristig werden sämtliche standardisierbare (Routine-)Tätigkeiten wie Buchhaltung, Planung, Kontrolle, Management, Personalverwaltung digitalisiert und von Algorithmen ausgeführt.

Nicht standardisierbare Aufgaben, vor allem strategische, kreative, gestalterische oder soziale Tätigkeiten, werden weiterhin von Menschen ausgeführt, häufig entkoppelt von Zeit und Ort. Sie können aber durch digitale Tools wie virtuelle Modellierung und Simulation unterstützt werden. Die Zusammenarbeit von Menschen und Maschinen sollte so gestaltet werden, dass die Stärken der Partner zur Geltung kommen (s. die Diskussion zu der Zusammenarbeit der menschlichen und künstlichen Intelligenz im Abschn. 3.1.3).

Die Zahl der Industrieroboter nimmt in verschiedenen Industrien rapide zu, und das kann zu einem Verlust von Arbeitsplätzen führen. Andererseits können Mitarbeitende in der Produktion durch die Robotisierung unterstützt werden, z. B. durch neuartige kollaborierende Leichtbauroboter (**Cobots**) als Assistenz für schwere körperliche Tätigkeiten in der Fertigung.

Auch der Einsatz von **Datenbrillen** kann Menschen in Unternehmen unterstützen. Damit kann die virtuelle und die reale Welt verbunden und eine Anleitung z. B. für die Bedienung einer Maschine ins Display der Brille als Video eingeblendet werden, etwa bei der Fernwartung von Maschinen und Anlagen. Besonders für die ausländischen oder weitentfernten Niederlassungen von Unternehmen lohnt es sich, Datenbrillen zu nutzen, um die Kosten für (Auslands)Reisen zu sparen und die Wartungszeiten zu reduzieren.

> **Fernwartung mit Datenbrillen bei Essert**
>
> Das Unternehmen Essert in der Nähe von Bruchsal bietet seinen Kunden Augmented Automation Apps, die den Servicetechniker vor Ort per Datenbrille mit dem Support im Betrieb verbinden. Der Support kann im Livebild virtuelle Markierungen an einer

Maschine anbringen oder Schaltpläne übermitteln, die sofort auf dem Brillendisplay des Technikers eingeblendet werden. So kann eine schnellere Störungsbehebung teure Maschinenausfälle reduzieren (vgl. Haidar, 2021). ◄

Die Aufgaben der Führungskräfte in diesem Prozess beziehen sich auf die effiziente und humane Gestaltung der Automatisierung und Robotisierung. Die Führenden sollten sich mit den positiven und negativen Konsequenzen für die Betroffenen beschäftigen – der Arbeitserleichterung, Effizienzsteigerung, aber auch mit dem möglichen Verlust der Arbeitsplätze, Veränderung in den Aufgaben und Anforderungen, Notwendigkeit der Weiterbildung und Qualifizierung.

Führungskräfte sind gefordert, Menschen in Unternehmen in den Fokus zu stellen, ihre Bedürfnisse stärker zu berücksichtigen, klare Perspektiven für ihre berufliche Zukunft zu geben, die erforderliche Vertrauenskultur und die Akzeptanz der Veränderungen in allen Belegschaftsgruppen zu fördern.

3.2.2 Konzepte für die Flexibilisierung der Arbeit

Die Art und Weise, wie und vor allem wo wir arbeiten, befindet sich im Umbruch, insbesondere unter Einfluss der Corona-Pandemie. Die Tools und Lösungen sowie die Anforderungen der Mitarbeiter an eine neue, moderne und digitale Arbeitswelt sind vielfältig, denn neben den technologischen werden auch organisatorische und unternehmenskulturelle Maßnahmen immer wichtiger. Vor welchen Herausforderungen Unternehmen stehen und welche Pläne sie haben, hat die neue Studie von International Data Corporation untersucht (vgl. IDC, 2021):

- 35 % der Firmen haben bereits Richtlinien für flexibles Remote-Arbeiten etabliert, weitere 38 % planen dies für die nächsten Monate,
- Technologie ist der Enabler der Arbeitstransformation, aber Firmenkultur, Personalentwicklung und Raumkonzepte sind für die Befragten nahezu gleichbedeutend,
- Sicherheit und Compliance benötigen dringend mehr Aufmerksamkeit, denn lediglich 40 % der Unternehmen halten Sicherheits- und Compliance-Regeln ein.

Diese Erkenntnisse zeigen, wie wichtig das Thema Flexibilisierung für Unternehmen ist und mit welchen Themen sich die Führung dabei in erster Linie beschäftigen sollte.

Neue intelligente und vernetzte Organisation erlaubt eine enorme Flexibilisierung der Arbeit, die sich zunehmend von Zeit und Ort aber auch von der starren Festlegung von Arbeitsinhalten, -methoden und -kontexten für die einzelnen Mitarbeiter entkoppelt. Diese Flexibilisierung der Arbeit in zeitlicher, organisatorischer und räumlicher Hinsicht wird durch die beschleunigte Dezentralisierung von Unternehmensstrukturen und die Zugänglichkeit von digitalen Daten und Informationen vorangetrieben.

Die Flexibilisierung der Arbeit wird meistens als Chance für die Work-Life-Balance angesehen, man darf jedoch nicht übersehen, dass sie auch eine Herausforderung und Belastung bedeuten kann. Flexibilisierung der Aufgaben erfordert von den Beschäftigten Veränderungsbereitschaft und kontinuierliches Lernen. Flexible Arbeitszeiten und Arbeitsorte, wechselnde Aufgaben und Kontexte verlangen von den Mitarbeitenden Anpassungsfähigkeit und können zu einer Verschmelzung der Arbeits- und Privatzeit, zu ständiger digitaler Erreichbarkeit und im Endeffekt zur Überforderung führen.

Die Führungskräfte sind dafür verantwortlich, zusammen mit den Beschäftigten und der Interessenvertretung die Flexibilisierung in allen ihren Facetten so zu gestalten, dass ein Mehrwert sowohl für die Beschäftigten als auch für das Unternehmen entsteht. Dafür gibt es keine pauschalen Lösungen, es sind einzelne Entscheidungen im Kontext erforderlicher Arbeitsbedingungen und individueller Präferenzen notwendig.

Flexible Arbeitszeiten Das bekannteste Element der Flexibilisierung ist das Arbeitszeitmodell. Dies bedeutet nicht nur die Regelung der Kernarbeitszeit, sondern auch die Schaffung von flexiblen Möglichkeiten, die den Lebensphasen der Mitarbeiter und den Bedürfnissen des Unternehmens angepasst werden können, wobei digitale Technologie eine bedeutende Rolle spielt.

Bei Teilzeitarbeit und insbesondere beim Job Sharing, wenn zwei Mitarbeiter sich die Aufgaben einer Stelle teilen, ist Kooperation und Kommunikation zwischen den Partnern außerordentlich wichtig. Dank modernen Technologien wie unternehmensinterner Netzwerke, Kommunikations- und Kollaborations-Tools können die Informationen und Aufgabenpakete dokumentiert, gemeinsam bearbeitet und geteilt werden.

Der allgemeine Wandel von Anwesenheits- zur Leistungskultur führt dazu, dass die Arbeitszeiten in vielen Bereichen der Wissensarbeit nicht kontrolliert werden (können). Die Beschäftigten genießen die Freiheit, die Arbeitszeiten variabel zu gestalten, solange die geforderte Leistung erbracht wird. Von den Führungskräften werden in diesem Kontext die Fähigkeit und Bereitschaft erwartet, ziel- und leistungsorientiert zu führen, Vertrauen zu besitzen und Feedback zu geben.

Flexible Arbeitsorte Auch eine Entkopplung der Arbeit von festen Arbeitsorten ist voll im Gange, insbesondere durch die Corona-Pandemie. Mobile Endgeräte in Verbindung mit Internetzugang und Cloud Computing ermöglichen es, an nahezu jedem Ort zu arbeiten. Hierbei geht es um verschiedene Konzepte wie Remote Arbeit oder Homeoffice, die mittlerweile sehr verbreitet sind.

▶ **Remote Arbeit** (auch Remote Work, Fernarbeit) ist ein Arbeitskonzept, bei dem nicht im Büro gearbeitet wird.

Remote Work kann an jedem beliebigen Ort erledigt werden, ein Internetanschluss genügt. **Homeoffice** meint demgegenüber einen Arbeitsplatz oder ein Arbeitszimmer im privaten Umfeld, d. h. bürobezogene Erwerbsarbeit von zu Hause aus. Remote Arbeit schließt Homeoffice mit ein.

Laut IDC Studie (2021) wollen 29 % der befragten Entscheider auch in Zukunft remote arbeiten, das sind fast dreimal so viel wie noch vor dem Jahr 2020. 79 % der Unternehmen planen ein neues bzw. verändertes Arbeitsplatzmodell, 36 % davon eine Mischung aus der Präsenz am Unternehmensstandort und Remote-Arbeit – also ein **hybrides** Arbeitsplatzmodell, die Bürozentriertheit ist damit auch hierzulande passé. 11 % wollen ihre Büroflächen sogar gänzlich aufgeben und verfolgen einen rein virtuellen Ansatz (vgl. IDC, 2021) (s. ausführlicher zur hybriden Arbeit Abschn. 3.3.2).

Die Umgestaltung des traditionellen Büros zu einem **Multi-Space-Office,** das die klassischen Raumkonzepte aufbricht und kommunikative, offene Strukturen, Zonen für Erholung, Kreativität oder Begegnungen ermöglicht, liegt in vielen Unternehmen im Trend. Büroräume werden bedürfnisbezogen anstatt einheitlich gestaltet, der Arbeitsplatz wird der Aufgabe angepasst, nicht umgekehrt. Das Arbeiten in Teams oder Projekten – Cross-functional-work – wird dadurch möglich. Solche Lösungen verbessern die Leistungsfähigkeit und fördern Ideenreichtum. Damit bei wechselnden Aufgaben oder Teamkonstellationen schnell reagiert werden kann, muss das Multi-Space-Office wandelbar und nicht fest zusammengebaut sein.

Bei der virtuellen Arbeit bekommen Büroräume eine neue Funktion – das sind Begegnungs- und Kommunikationsräume für persönliche Kontakte, strategische Meetings, informelle Kommunikation. Deswegen ist hier eine persönliche Note erforderlich – mit Sofas, Kaffeeküche, Grünpflanzen, buntem Design.

Eine Alternativ zum Homeoffice sowie der Arbeit in einer weit vom Wohnsitz eines Mitarbeiters entfernten Unternehmensniederlassung bieten dezentrale **Co-Working-Spaces.** In den speziell dafür eingerichteten Räumen arbeiten Mitarbeiter in möglicher Nähe ihres Wohnsitzes mit anderen Menschen zusammen. So können Freiberufler, Kreative, kleinere Startups oder digitale Nomaden, die meistens in unterschiedlichen Firmen und Projekten tätig sind, gleichzeitig in größeren, offenen Räumen zusammenarbeiten und gegebenenfalls voneinander profitieren. Co-Working-Spaces stellen Arbeitsplätze und Infrastruktur (Netzwerk, Drucker, Scanner, Beamer, Besprechungsräume) zur Verfügung und ermöglichen die Bildung einer temporären Community, welche gemeinsame Veranstaltungen, Workshops und weitere Aktivitäten durchführt.

Um die neuen Arbeitskonzepte zu realisieren, werden in vielen Unternehmen neue Strategien, Technologien, Tools und Lösungen sowie ein verändertes Mindset bei Führungskräften und Beschäftigten erforderlich sein. Ein Kulturwandel weg von Anwesenheitspflicht zur Leistungsorientierung und mehr Vertrauen ist dafür unentbehrlich (vgl. dazu Abschn. 7.6).

Darüber hinaus sind die Fragen des Datenschutzes und der Compliance für die Remote-Arbeit bedeutend: Durch die quasi über Nacht entstandenen Remote-Arbeitsplätze in der Corona-Krise sind vielerorts neue Einfallstore für Cyberkriminelle entstanden. Hier besteht dringender Handlungsbedarf für die Unternehmen, Lösungen wie ein Passwortmanager, Multifaktor-Authentifizierung sowie Gateway-Zugriffe und Endpoint-Security-Lösungen zu etablieren (vgl. IDC, 2021).

Flexible Aufgaben Flexible Organisation von Prozessen erfordert flexible Selbstorganisation der Beschäftigten, die abwechselnd verschiedene Aufgaben übernehmen können. Ähnlich wie bei Job Rotation, hat die Flexibilisierung von Arbeitsaufgaben die Notwendigkeit ständiger Lernprozesse zur Folge, bedeutet jedoch weniger Monotonie und eine Chance für die persönliche Entwicklung und gegebenenfalls einen Aufstieg.

Um die Reaktionszeit bei schwankender Auftragslage zu verkürzen, unproduktive Zeiten zu vermeiden und den Aufwand zu reduzieren, kann eine selbstorganisierte Aufgabenverteilung und Kapazitätssteuerung unter den Beschäftigten eingeführt werden. Dabei können die beteiligten Mitarbeiter ihre Einsätze anhand des Bedarfs, der Kompetenzen und persönlichen Präferenzen selbstständig planen. Anstelle der traditionellen zentralen Planung können sich die Beschäftigten digital, mit einer App abstimmen. Solche Verfahren werden zurzeit in vielen Unternehmen getestet.

Die Flexibilisierung von Arbeitsaufgaben stellt zudem hohe Anforderungen an die Kompetenzen und Agilität von Beschäftigten, die schnell dazulernen und mental wandelbar sein müssen.

Die Führungskräfte sind aufgefordert, die Verteilung von Aufgaben zu begleiten, individuelle Kompetenzen und Bedürfnisse zu berücksichtigen sowie die Lernfähigkeit und Agilität der Beschäftigten zu fördern.

Flexible Formen der Zusammenarbeit – Teams, Projekte In Unternehmen werden vermehrt flexible und temporäre Formen der Arbeit realisiert, wie Team- und Projektarbeit, die neben traditionell existierende hierarchische Organisations- und Managementstrukturen treten. Dabei eröffnet digitale Kommunikation neue Möglichkeiten der Kollaboration und Kommunikation sowohl prozessübergreifend als auch innerhalb autonomer Organisationssegmente und Projektgruppen, unternehmensintern und -extern. Die Beschäftigten werden zunehmend in teamorientierten Arbeitsformen an unterschiedlichen Projekten, an verschiedenen Orten und im Kontext verschiedener Wissensdomäne arbeiten (vgl. Hirsch-Kreinsen, 2020, S. 69).

Von den Beschäftigten werden in wechselnden Teams und Projekten neben den fachlichen Kompetenzen soziale und persönliche Kompetenzen wie Kommunikations- und Teamfähigkeit, Empathie, Lernbereitschaft und Anpassungsfähigkeit verlangt.

In diesen Kontexten spielen die Führungskräfte und Teamleiter eine wichtige Rolle bei der Teamentwicklung, Stärkung des Wir-Gefühls und Vertrauens. Insbesondere bei der interdisziplinären Zusammenarbeit im Rahmen von Projekten sind Teamleistung und Arbeitszufriedenheit von der Qualität der Teamführung abhängig (vgl. dazu Gestaltung der Teamarbeit im Abschn. 7.4).

3.2.3 Risiken und ethische Fragen im Kontext der Digitalisierung

Die Digitalisierung ermöglicht den Arbeitenden flexiblere und familienfreundlichere Arbeitsformen. Dies kann positive Auswirkungen auf die Sicherung von Beschäftigungsfähigkeit im Alter sowie auf die Bindung von qualifizierten Fachkräften an Unternehmen haben.

Zugleich birgt die Arbeit in flexiblen Strukturen viele **Risiken** wie

- digitale Überwachung und Kontrolle,
- ständige Erreichbarkeit und Überforderung,
- kurzfristige und prekäre Arbeitsverhältnisse.

3.2.3.1 Gefahr der digitalen Überwachung und Kontrolle

Digitalisierung verursacht ein neuartiges Problem – digitale Kontrolle und Überwachung von Beschäftigten. Es entstehen reale Möglichkeiten, Leistungen der Mitarbeiter zu steuern und zu kontrollieren. Die Nutzung und Auswertung von arbeits- und Personenbezogenen Daten erstreckt sich potenziell auf alle Tätigkeits- und Qualifikationsbereiche. Der Einsatz digitaler Endgeräte wie Tablets, Laptops oder Wearables eröffnet enorme Kontrollpotenziale: sowohl die Abweichungen von den vorgegebenen Arbeitsinhalten und -geschwindigkeiten als auch sämtliche Standort- und Bewegungsdaten der Nutzer werden dokumentiert. Durch die Wearables wird der Beschäftigte als lebende Person Teil der digitalen Vernetzung (vgl. Hirsch-Kreinsen, 2020, S. 65).

Die Beschäftigten werden auch heute in einigen ausländischen Unternehmen ständig kontrolliert, überwacht und dem System unterworfen, wobei die Kontrolle digital, durch den permanenten Zugriff auf die Leistungsdaten stattfindet.

> **Algorithmische Kontrolle in Amazon-Verteilzentren**
>
> Amazon setzt in seinen globalen Paketverteilzentren für hunderttausende Beschäftigte ein umfassendes System zur sekundengenauen Leistungskontrolle und automatisierten Steuerung jedes Arbeitsschritts auf Basis von Handscannern ein. Die Handscanner sind dabei nicht nur mobile Aufzeichnungs- und Überwachungswerkzeuge, sondern geben auf dem Display vor, welches Produkt als nächstes aus einem Regal geholt, in eine Kiste gelegt oder in ein Regal gestellt werden soll – und zählen die Sekunden hinunter, die für den nächsten Arbeitsschritt zur Verfügung stehen. Ist der Zähler abgelaufen, wird die restliche Zeit als „unproduktive" Zeit aufsummiert. Leistungsauswertungen über die Zahl der bearbeiteten Produkte pro Stunde oder die durchschnittliche Taktrate in Sekunden pro Produkt sind für die Beschäftigten allgegenwärtig. Werden die Vorgaben nicht erfüllt, erfolgen automatisierte Verwarnungen und gar Kündigungen (vgl. Christl, 2021). ◄

Auch die Tools wie Microsoft Workplace Analytics nutzen die Erhebungsmethoden wie organisationale Netzwerkanalyse und sammeln Daten über das Verhalten von Beschäftigten mithilfe von E-Mails, Kalendereinträgen, Meetings, Posts in sozialen Netzwerken etc.

Die so genannte Graph-Technologie von Microsoft Office 365 sammelt automatisch Daten aus der Nutzung von Outlook, Teams oder Sharepoint zu folgenden Fragen (vgl. Gärtner, 2020, S. 34):

- An welchen Kontakt wurde mit welcher Betreffzeile und in welchem Zeitfenster eine E-Mail geschrieben?
- Wer war mit wem wie lange in Meetings bzw. Videokonferenzen?
- Wie lange wurde von wem an einem Dokument gearbeitet?
- Mit wem hat man sich vernetzt und gechattet?

Aus den Daten werden Vorschläge zur Optimierung des Arbeitsalltags generiert, wobei der Microsoft Graph nach und nach Verbindungen zwischen Personen, Dokumenten und Interaktionen knüpft und dabei lernt. Die Auswertung der Daten ermöglicht Microsoft über MyAnalytics (Auswertung für einzelne Mitarbeitende) und Workplace Analytics (weitergehende Analysen, die von Unternehmen hinzugekauft werden können). Im Endeffekt können beispielsweise die Merkmale der von einer Führungskraft durchgeführten Mitarbeitergespräche (Dauer, Häufigkeit etc.) mit der Leistung und Zufriedenheit ihrer Mitarbeiter verknüpft werden. Microsoft weist darauf hin, dass Daten pseudonymisiert und aggregiert erhoben werden, dennoch sind die verarbeiteten Daten als personenbezogene Daten zu werten, weil die einzelnen Personen über das Hinzuziehen anderer Daten identifiziert werden können (vgl. Gärtner, 2020, S. 35–37).

Mithilfe der Analyse von Nutzerverhalten in sozialen Netzwerken lassen sich ebenfalls vielfältige Daten sammeln, die Menschen zu gläsernen Personen machen, deren Verhalten und Performance vorhergesagt werden können.

In Deutschland ist die Implementierung von technischen Überwachungsmitteln **mitbestimmungspflichtig** und kann nicht ohne Weiteres von der Geschäftsführung beschlossen werden. Allerdings gibt es auf diesem Gebiet gewisse Grauzonen, wo die Entscheidungen nicht rechtlich, sondern ethisch geregelt werden.

Führungskräfte sind für eine ethische, menschengerechte Gestaltung der Arbeit in Unternehmen verantwortlich. Sie können zum Beispiel die Leistungskultur in Unternehmen maßgeblich beeinflussen, indem sie digitale Überwachung ablehnen und stattdessen eine Vertrauensbasis stärken.

3.2.3.2 Ständige Erreichbarkeit und Überforderung

Die Digitalisierung und Flexibilisierung der Arbeit führen oft zu einer Überlappung der Arbeits- und Privatzeit, ständiger Erreichbarkeit und Überforderung. Wie findet man eine Balance zwischen der digitalen Präsenz und der notwendigen Freizeit? Neben einer persönlichen Entscheidung jedes Nutzers, wann er sein Smartphone ausschaltet und sich der Familie, dem Partner oder seinem Hobby widmet, sollte es auch um die Verantwortung des Unternehmens und der Führungskräfte für eine Work-Life-Balance in der digitalisierten Arbeitswelt gehen.

Untersuchungen belegen, dass Führungskräfte und Beschäftigte häufig auch nach dem Feierabend für berufliche Anrufe und Mails zur Verfügung stehen. Der Trend zum mobilen Arbeiten ermöglicht eine intensivere Nutzung der Arbeitszeit – auch unterwegs, im Auto oder in der Bahn wird gearbeitet. Auf einer Dienstreise oder bei einem Kundenbesuch ist man ebenfalls online, das Geschäft geht ununterbrochen weiter. Die Folgen sind die Entgrenzung von Arbeits- und Privatleben, die zum Stress und Überforderung führen kann.

Die Flexibilisierung der Arbeit hat oft zur Folge, dass die Grenze zwischen Privatem und Beruflichem verschwimmt und viele Arbeitnehmer mehr Zeit mit dem Beruf verbringen als vorher. Menschen befinden sich in einem dauernden Standby-Modus und leiden unter Stress.

Hilfreich ist ein bewusster Umgang mit Kommunikationsmitteln und Geräten, z. B. verbindliche Regelungen für Nichterreichbarkeit am Feierabend, die von den Führungskräften eingeführt werden sollen.

Eine aktuelle Studie des Soziologischen Forschungsinstituts Göttingen (SOFI) zeigt: Nicht die Digitalisierung an sich ist für Arbeitsbelastungen verantwortlich, sondern die Art, wie die neuen Technologien in den Betrieben eingesetzt werden. Führungskräfte, die Mitgestaltung fördern und Teams, die ihre Arbeit gemeinsam gestalten und sich wechselseitig beim Umgang mit den neuen Technologien unterstützen, sind daher eine wichtige Voraussetzung für Gesundheit in der digitalen Arbeitswelt (vgl. IDW, 2021).

3.2.3.3 Kurzfristige und prekäre Arbeitsverhältnisse

Für die modernen Unternehmen sind wechselnde Aufträge und variierende Auslastung kennzeichnend. Das kann zur Reduzierung der Kernbelegschaft zugunsten von Zeitarbeitern führen, die in kurzfristigen, nichtsozialversicherungspflichtigen, sogenannten prekären Beschäftigungsverhältnissen arbeiten werden. Prekär bedeutet vor allem eine schlechtere Entlohnung, weniger Arbeitnehmerschutz und begrenzte berufliche Perspektiven. In der virtuellen Arbeitswelt werden die Beschäftigungsformen wie Teilzeit und geringfügige Beschäftigung, Leiharbeit, Freelancing und hoch qualifizierte Zeitarbeit an Bedeutung gewinnen.

Die Corona-Pandemie hat gezeigt, dass Remote Arbeit durchaus funktionieren kann. Für viele Unternehmen bietet sich nun die Möglichkeit, Fachkräfte aus Billiglohnländern als Freelancer oder Clickworker einzusetzen, die von Rumänien oder Indien aus bestimmte Arbeitspakete erledigen können. Dieses Modell wird als **Crowdworking** oder als **Plattformarbeit** bezeichnet.

Bei der Plattformarbeit vermittelt eine digitale Plattform meist selbstständige Auftragnehmer an die Auftraggeber. Beispiele für ortsgebundene Plattformen sind

Uber-Taxifahrerdienst und Foodora-Lieferdienst. In der digitalisierten Arbeitswelt können zunehmen viele Tätigkeiten als Remote Arbeit verrichtet werden, von niedrigqualifizierten Tätigkeiten der Clickworker, die die Verschlagwortung von Bildern oder Sprach- und Bewegungsaufnahmen zur Optimierung von künstlicher Intelligenz übernehmen, bis hin zu hoch qualifizierten Tätigkeiten auf Upwork oder Fiverr für Softwareprogrammierung oder Grafikdesign. Die Plattformarbeit macht die Online-Auslagerung von Dienstleistungsarbeit für auftraggebende Unternehmen äußerst lukrativ (vgl. Hennig, 2021).

Wird in der virtuellen Arbeitswelt der Zukunft ein Teil der Beschäftigten in die Plattformarbeit ausgelagert, um Kosten zu sparen, mit der Gefahr einer zunehmenden Prekarisierung der Arbeit? Diese Frage sollte sowohl auf politischer Ebene als auch in Unternehmen beantwortet werden. Politik sollte dafür sorgen, dass Plattformarbeit stärker reguliert wird und die Clickworker vor der Ausbeutung geschützt werden. Die Geschäftsführungen von Unternehmen sollten sich Gedanken machen, ob die für geringen Stundenlohn kurzfristig beschäftigte Crowdworker notwendige Expertise, Kreativität und Motivation mitbringen können, die für einen nachhaltigen Unternehmenserfolg notwendig sind.

Generell sollten Führungskräfte die Chancen und Risiken der Digitalisierung der Arbeitswelt abwägen und die Auswirkungen jeder konkreten Maßnahme überprüfen. Dient beispielsweise die Einführung der hybriden Arbeit (drei Tage Homeoffice und zwei Tage Büroarbeit) der Leistungssteigerung und einer besseren Work-Life-Balance der Beschäftigten, oder trägt sie zu geringeren Leistungen und einer stärkeren Belastung bei? Und welche Unterstützung bei der Gestaltung der Homeoffice-Arbeit und Kommunikation sind erforderlich? Solche Fragen sollten Führungskräfte gemeinsam mit den betroffenen Mitarbeitern diskutieren, um optimale Lösungen für Unternehmen und Beschäftigten zu finden.

3.2.4 Datenschutz und Datensicherheit garantieren

Die Bedeutung von Datenschutz und Datensicherheit wächst kontinuierlich, sowohl im unternehmerischen Umfeld als auch im privaten Umgang mit digitalen Medien. Der Datenschutz hat sich zum entscheidenden Faktor für Digitalisierung von Unternehmen entwickelt.

Laut einer Bitkom Studie 2020 verzichtet jedes zweite Unternehmen aus Datenschutzgründen auf innovative Produktentwicklungen und gerade einmal jedes fünfte Unternehmen hat die Vorgaben der Datenschutzgrundverordnung inklusive aller Prüfvorgaben umgesetzt. Sechs von zehn Internetnutzern waren im Jahr 2020 von Cyberkriminalität betroffen. Die Anzahl der Vorfälle steigt stetig. Besonders im Fokus der Cyber-Kriminellen standen Unternehmen und die Betreiber kritischer Infrastrukturen (vgl. Bitkom Akademie, 2021).

Die Vernetzung des kompletten Wertschöpfungsprozesses in und zwischen den Unternehmen ist ein zentraler Aspekt der intelligenten Fabrik der Zukunft. Grundvoraussetzung und notwendige Begleiterscheinung sind große Datenmengen. Für jeden Zugriff, für jede Information zwischen Menschen und Maschinen beziehungsweise Maschine und Maschine werden Daten generiert, zur Verfügung gestellt, durch Kabel und Funktechnik übertragen und gespeichert.

Das öffnet digitale Einfallstore für Datenklau, Industriespionage und Cyberkriminalität. Der Datenschutz in Unternehmen muss an die neuen Herausforderungen angepasst werden. Als zentrale Fragestellungen sind die Sicherheit von personenbezogenen Daten, Betriebssicherheit (safety) und Betriebsschutz (security) zu gewährleisten.

Der sichere Umgang mit **personenbezogenen Daten** wird immer wichtiger. Für Kunden ist es praktisch nicht mehr möglich, ohne Weitergabe von privaten Daten zu konsumieren, sodass man bereits von einem gläsernen Kunden sprechen kann. Unternehmen, die über Kundendaten verfügen und diese analysieren, haben enorme Wettbewerbsvorteile gegenüber Konkurrenten. Allerdings sind Unternehmen gesetzlich und moralisch verpflichtet, persönliche Daten zu schützen und ihren Missbrauch zu verhindern.

Auch die personenbezogenen Daten der Beschäftigten in der digitalisierten Arbeitswelt können laufend erfasst, gespeichert und analysiert werden. Die Nutzung von digitalen Endgeräten bietet die Möglichkeiten der Ortung, Auswertung von Taktung, Dauer von einzelnen Arbeitsschritten etc. Dadurch wird eine totale digitale Überwachung möglich (vgl. Abschn. 3.2.3.1).

Die Europäische Datenschutzgrundverordnung (DSGVO) bildet einen rechtlichen Rahmen für den Umgang mit personenbezogenen Daten und den Schutz von Persönlichkeitsrechten. Dabei steht eine Datenschutzfolgenabschätzung im Mittelpunkt, d. h. digitale Technologien und KI-Systeme müssen so umgesetzt werden, dass sie die Persönlichkeitsrechte der Beschäftigten wahren.

Bei der Einführung neuer Technologien, die dazu bestimmt sind oder die Möglichkeit bieten, Verhalten und/oder Leistungen von Mitarbeitenden zu überwachen, ist Mitbestimmung erforderlich. Gleichwohl greift die Mitbestimmung nur bei Verhaltens- und Leistungskontrollen, sie ist aber nicht ausgelegt für die Möglichkeiten, die durch die prädiktive Analytik Lernender Systeme auf der Grundlage von Beschäftigtendaten denkbar ist (vgl. Stowasser et al., 2020, S. 11). So entsteht ein für die gesetzlichen Regelungen unklarer Bereich, der einen Interpretationsraum zulässt und konkrete Entscheidungen von Führenden erfordert.

Die **Betriebssicherheit** befasst sich mit dem sicheren Betrieb von smarten Objekten ohne menschlichen Eingriff (z. B. autonome Roboter). Die Technik muss sicher funktionieren, ohne Menschen zu gefährden. Die neuartigen Cobots werden dafür mit verschiedenen Sensoren ausgestattet, die Gefahren erkennen und Unfälle verhindern.

Der intensive Datenaustausch erhöht die Gefahr von externen Angriffen auf die Daten. Der **Betriebsschutz** muss die Sicherheit und Vertraulichkeit der Daten garantieren. Es muss mit authentifizierten und autorisierten Partnern (z. B. Menschen oder Maschinen) kommuniziert werden und die Integrität und Vertraulichkeit der übertragenen Daten gewährleistet sein. Dafür sind entsprechende Verträge und Vertrauensbeziehungen zwischen Geschäftspartner notwendig, die die Vielseitigkeit des Datenschutzes berücksichtigen. Die Einführung neuer digitaler Produktionssysteme sollte von Anfang an von Maßnahmen zum Datenschutz begleitet werden. Digitalen Systeme sollten so eingerichtet werden, dass Manipulationen sofort identifizierbar und behebbar sind.

Auf der technischen Seite sind als gefährdete Objekte Netzwerke, Rechnersysteme sowie Software zu nennen. Schutzmechanismen wie Anti-Viren-Software sollten immer auf dem neuesten Stand sein. Um Sicherheitslücken zu schließen, implementieren viele Unternehmen ein wirkungsvolles Updatemanagement. Die Sicherheit der Software betrifft nicht nur stationäre, sondern auch **mobile Geräte** wie Smartphones, Tablets und Laptops, die sowohl in Unternehmen als auch im Homeoffice zum Einsatz kommen. Spezielle Softwarelösungen können verhindern, dass nicht autorisierte Geräte (Festplatten, USB-Sticks) verwendet werden.

Um die DSGVO-Vorgaben umzusetzen und gleichzeitig datenschutzkonforme Innovationen voranzutreiben, benötigen Unternehmen gut ausgebildete Fachkräfte. Dabei reicht es jedoch nicht aus, wenn allein Spezialisten im Umgang mit Datenschutz und Datensicherheit geschult werden. Auch Angestellte, insbesondere Führungskräfte, in weniger datengetriebenen Bereichen sollten im Umgang mit personenbezogenen Daten sensibilisiert und **geschult** werden – auch mit Blick auf die IT-Sicherheit (vgl. Bitkom Akademie, 2021).

Es liegt in der Verantwortung der Unternehmensführung und der Führungskräfte, für die Datensicherheit und einen vertraulichen Umgang mit den persönlichen Daten der Beschäftigten, Kunden und Partner zu sorgen und erforderliche Maßnahmen zu ergreifen.

3.3 Virtuelle Zusammenarbeit und Führung

Die Arbeit in der digitalisierten Arbeitswelt geht oft mit örtlich und zeitlich verteilten Strukturen einher und erfordert eine virtuelle Führung. Wegen des Mangels an direkten Kontakten und Interaktion zwischen Führungskräften und Geführten werden dabei vor allem digitale Kommunikations- und Kollaborationsmittel eingesetzt. Die Zusammenarbeit auf Distanz ist mit Komplikationen wie soziale Isolation, Konfliktpotenzial, Leistungs- und Kreativitätsminderung verbunden. Das Gefühl der Zusammengehörigkeit ist in einem virtuellen Team schwer herzustellen, das gegenseitige Vertrauen muss langsam erarbeitet werden. Man braucht geeignete Führungskonzepte und Instrumente, um die Chancen der virtuellen Zusammen zu erschließen und die Gefahren zu minimieren.

3.3.1 Führung in virtuellen Kontexten

Bereits vor der Corona-Pandemie war ein Trend zur Flexibilisierung und Virtualisierung der Arbeit erkennbar. Die Digitalisierung ermöglicht virtuelle Zusammenarbeit, die von Ort und Zeit losgelöst stattfindet. Die international agierenden Unternehmen richten ihre Wertschöpfungsketten global aus und haben Niederlassungen und Produktionsstandorte auf allen Kontinenten. In solchen Konstellationen ist virtuelle Zusammenarbeit theoretisch rund um die Uhr möglich.

Virtuelle Teams, beispielsweise Entwicklungsteams in Forschung und Entwicklung (F&E), können an verschiedenen Standorten an einem Projekt zusammenarbeiten, koordinieren sich per Mail, tauschen sich in digitalen Meetings aus und arbeiten gemeinsam an Dokumenten in Microsoft Teams o. ä. Digitale Kommunikations- und Kollaborations-Tools ermöglichen einen schnellen Informationsaustausch und eine kontinuierliche Vernetzung des Wissens.

Virtuelle Teams bringen zahlreiche Vorteile für Unternehmen und Beschäftigte. Insbesondere für den Erfolg wissensbasierter Organisationen sind virtuelle Teams unerlässlich, da diese die Möglichkeit bieten, sich unter Einbezug der global verfügbaren Expertise komplexen Fragestellungen zu widmen. Außerdem können attraktive Arbeitsmodelle für die Mitarbeitenden angeboten und Kosten gespart werden (vgl. Gleichmann & Herter, 2021, S. 362).

In der Corona-Krise ist die Zahl der Beschäftigten in Homeoffice sprunghaft gestiegen, und die virtuelle Arbeit ist für viele Menschen zur Normalität geworden. Die neuen Möglichkeiten, sich standortübergreifend per Zoom- oder Teams-Meeting auszutauschen und gemeinsam an Dokumenten zu arbeiten, werden auch in Zukunft genutzt, da dadurch die Anreisezeit und Kosten reduziert werden.

Allerdings kann sich die Virtualität auf die Qualität der Zusammenarbeit negativ auswirken, deswegen bedarf virtuelle Zusammenarbeit spezieller Führungskonzepte.

▶ **Virtuelle Führung** ist Führung in zeitlich und räumlich verteilten Strukturen mithilfe von Kommunikations- und Kollaborations-Tools.

Die traditionellen Führungskonzepte funktionieren nur in direkten Interaktionen und können nicht eins zu eins auf die virtuelle Führung übertragen werden. Es ist notwendig, zu analysieren, wie Führung im virtuellen Kontext abläuft und wie sie durch technologische Mittel vermittelt werden kann.

Von Au (2021, S. 233) nennt drei Herausforderungen der Führung von virtuellen Teams:

1. veränderte Art der Kommunikation und digitale Missverständnisse;
2. ständige digitale Erreichbarkeit, die Grenzen zwischen Ruhe- und Arbeitsphasen verschwimmen;

3.3 Virtuelle Zusammenarbeit und Führung

3. die Macht des virtuellen Netzwerkes: die Menschen sind in diverse Netzwerke eingebunden, in denen sie sich informieren und von denen sie beeinflusst werden.

Eine Studie des Instituts für Führungskultur im digitalen Zeitalter (IFIDZ) stellt fest, dass nur wenige Führungskräfte im Kontext der Virtualisierung einen Kontrollverlust befürchten, jedoch haben viele Führende Angst, dass **Teamspirit** und Identifikation bei der Arbeit auf Distanz verloren gehen (vgl. IFIDZ, 2021).

Führungskräfte müssen Lösungen für diese neuen Probleme finden. Hier sind einige Vorschläge dazu: Die Führungsbeziehungen in virtuellen Umgebungen zeichnen sich durch einen neuartigen Kontakt mit den Mitarbeitenden aus. Da überwiegend schriftlich oder per Video kommuniziert wird, geht oft die persönliche Komponente der Kommunikation verloren. Die schriftlichen Kurzmitteilungen sind außerdem für Interpretationen und Missverständnisse anfällig und sollten eindeutig formuliert und nach Möglichkeit durch Videokommunikation ergänzt werden. Die Problematik der ständigen Erreichbarkeit sollte von einer Führungskraft explizit angesprochen und durch klare Vereinbarungen geregelt werden. Wegen der großen Macht der virtuellen Netzwerke sollten Führungskräfte in gängigen sozialen Netzwerken selbst aktiv werden (weitere Ausführungen zur Gestaltung der virtuellen Kommunikation folgen in Abschn. 8.4.1).

Da kaum spontane Treffen und persönliche Begegnungen im Team stattfinden, mangelt es an physischer Interaktion, Face-to-Face-Kommunikation und vertrauensbildenden gemeinsamen sozialen Aktivitäten. Als Folge sind die persönlichen Kontakte und emotionalen Beziehungen in einem virtuellen Arbeitsteam kaum vorhanden, Gruppenzusammenhalt und Vertrauen müssen gezielt mit speziellen Maßnahmen geschaffen werden.

Die physische Distanz in virtuellen Kontexten lässt eine mentale (z. B. gemeinsame Werte, geteilte Begrifflichkeit) und soziale Distanz entstehen. Durch die mentale Distanz werden effiziente Zusammenarbeit und der Wissensaustausch erschwert. Aufgrund der sozialen Distanz lassen sich Zusammengehörigkeit und Vertrauen schwer herstellen. Zugleich spielt das Vertrauen in virtuellen Kontexten eine besonders wichtige Rolle, es ist für die Leistung von Mitarbeitern und Teams unter virtuellen Bedingungen unabdingbar.

Wie kann das Vertrauen in virtuellen Kontexten aufgebaut werden und welche Rolle spielen dabei die Führungskräfte?

Die Erfahrungen mit der Corona-Krise haben gezeigt, dass die Leistung der Beschäftigten im Homeoffice im hohen Maß von der Qualität der Führung abhängt. Deswegen ist es wichtig, dass die Führungskräfte über ihre Führungsmethoden reflektieren und neue Instrumente einsetzen.

Einige Autoren bezeichnen die Fähigkeit der Mitglieder eines virtuellen Teams, den Teamkollegen einen **Vertrauensvorschuss** (Swift Trust) zu schenken, als einen Erfolgsfaktor, wenn keine oder nur begrenzte Möglichkeit für persönliche Begegnungen und Teamtreffen besteht. Diese Art des Vertrauens basiert auf der grundsätzlichen Annahme, dass ein Team vertrauenswürdig ist. Diese Annahme wird später, während der Aufgabenerfüllung überprüft und justiert (vgl. Welge & Bruggmann, 2021, S. 178).

Es ist wichtig, dass die Führungskräfte selbst einen Vertrauensvorschuss mitbringen und gezielte Maßnahmen zur Förderung des Vertrauens und dem Aufbau der sozialen Nähe während der Zusammenarbeit ergreifen.

Der Erfolg der virtuellen Führung wird in starkem Ausmaß durch die Qualität der Kommunikation beeinflusst. Es geht dabei sowohl um die eingesetzten Kommunikationsmedien und ihre Reichhaltigkeit (Video- und interaktive Kommunikation), als auch um die Fähigkeit der Führungskräfte, auch in virtuellen Kontexten auf der Beziehungsebene zu kommunizieren. Empathische, authentische und beziehungsorientierte Führungskräfte können eher emotionale Nähe, Wir-Gefühl und Vertrauen aufbauen.

Darüber hinaus sollten Führende in virtuellen Teams smarte Ziele setzen und dafür sorgen, dass das Team Zugriff auf digitale Ressourcen wie Kollaborationsprogramme und Entwicklungsbudget hat, um diese zu erreichen. Hierzu zählen auch einfache Mittel, wie das Zurverfügungstellen von gemeinsam genutztem Cloud-Speicherplatz, das Verwenden von Kommunikationsprogrammen wie Slack, oder gemeinsames Dokumentenmanagement über Google Docs bzw. Microsoft Teams (vgl. TAM, 2021).

Häufig haben Führungskräfte in virtuellen Kontexten Angst vor Kontrollverlust oder wenig Vertrauen in die Selbstmotivation und Leistungsorientierung der Angestellten. Selbstverständlich ist die Fähigkeit von Mitarbeitenden, im Homeoffice sich selbst zu organisieren und zu motivieren und folglich effektiv und effizient zu arbeiten, unterschiedlich ausgeprägt. Die Aufgabe der Führungskraft ist es, Ergebnisorientierung einzuführen (statt Arbeitszeit die Arbeitsleistung zu kontrollieren), Sinn zu vermitteln und zu motivieren, Vertrauensvorschuss zu gewähren und Feedback zu geben. (vgl. TAM, 2021).

Die **Rolle der Führungskräfte** von virtuellen Arbeitsteams beinhaltet folgende Aufgaben (vgl. Gleichmann & Herter, 2021, S. 365):

- Bewusstsein für die besonderen Herausforderungen der Zusammenarbeit im virtuellen Kontext schaffen.
- Vertrautheit schaffen durch: Teambuilding-Aktivitäten, regelmäßige (virtuelle) Treffen für den informellen Austausch sowie den spontanen Austausch ermöglichen und klare Kommunikationsstrukturen implementieren.
- Koordination durch einen frühzeitigen, intensiven Austausch und Rollenzuweisungen erleichtern.

Als **Erfolgsfaktoren** für virtuelle Führung wurden in einer repräsentativen Studie der Universität Göttingen identifiziert (vgl. Lange et al., 2021, S. 279–280):

1. Vertrauen in die Eigenständigkeit der Mitarbeiter aufbauen und fördern. Führungskräfte benötigen ein Grundvertrauen in jeden einzelnen Mitarbeiter, dass diese, auch wenn sie nicht vor Ort sind, ihre Aufgaben gewissenhaft erledigen.

2. Ziel- und ergebnisorientiert führen. Das Vereinbaren konkreter Ziele hilft, um für beide Seiten das erwartete Ergebnis festzuhalten. Dabei behält die Führungskraft eine gewisse Kontrolle über die Aufgabenerledigung, während die Mitarbeiter mehr Raum zur Selbstbestimmung, Selbstorganisation und Entscheidungsfreiheit innerhalb ihres Arbeitsalltages erfahren.
3. Regelmäßig persönlich kommunizieren. Digitale Kommunikation ist kein Ersatz für persönliche Gespräche, bei denen Details geklärt, Beziehungen und Vertrauen aufgebaut werden können.
4. Bedenken und Ängste der Mitarbeiter aus dem Weg räumen. In der digitalen Transformation sind die Ängste der Beschäftigten berechtigt, dass ihre Arbeitsplätze wegfallen und die Arbeitsaufgaben sich verändern können. Es liegt in der Verantwortung der Führenden, diese Ängste aus dem Weg zu räumen und Mitarbeiter für neue Technologien zu begeistern, indem man ihnen die Vorteile aufzeigt.
5. Personalentwicklung fördern. Sowohl an die Führungskräfte als auch an die Beschäftigten werden durch die Digitalisierung neue Anforderungen gestellt, die Schulungen und Weiterbildungen erforderlich machen.

Weitere praktische Empfehlungen für virtuelle Führungskräfte werden in Kapiteln „Instrumente der strukturellen Führung" Abschn. 7.4 und „Instrumente der interaktiven Führung" Abschn. 8.4 erläutert.

3.3.2 Hybride Arbeitswelt

Der Arbeitsmarkt-Report des Personaldienstleisters Robert Half, 2021 zeigt: Die Mehrheit der Arbeitgeber (86 %) sieht **hybrides Arbeiten** bereits als permanente Arbeitsform der Zukunft an. Dieses Modell hilft Unternehmen dabei, während der Pandemie-Situation agil zu bleiben, zwingt sie zu digitalen Arbeitsweisen und beschleunigt dadurch die digitale Transformation. Damit geht auch die Verbesserung technischer Kompetenzen der Mitarbeiter einher. Ein weiterer Vorteil: Hybrides Arbeiten stellt in Krisenzeiten die Geschäftskontinuität und Produktivität der Firmen sicher. Auch Mitarbeiter schätzen die Möglichkeit, flexibel von zu Hause aus oder nach Möglichkeit im Büro zu arbeiten: Die Mehrheit (62 %) möchte weiterhin zwischen einem und drei Tagen pro Woche von zu Hause aus arbeiten. Das fördert die Bindung wichtiger Mitarbeiter an das Unternehmen. Besonders gefragt ist Remote Work im IT-, Finance- und im kaufmännischen Bereich (vgl. Robert Half, 2021).

Der Arbeitsplatz der Zukunft wird nach Meinung von Kratzer (2021) ein Arrangement verschiedener Arbeitsplätze an unterschiedlichen Orten, das sich an die individuellen Bedürfnisse anpassen lässt, aus vier Bausteinen sein: Das betriebliche Büro als ein Ort des Austauschs, der persönlichen Interaktion und der sozialen Einbettung; das Homeoffice, wo man ohne Arbeitsweg (und Umweltverschmutzung) mit mehr Ruhe und weniger Unterbrechungen arbeiten kann; ein flexibler Arbeitsplatz in einem Coworking-

Space mit einer vernünftigen Büroinfrastruktur und einer anregenden Gemeinschaft und die mobile Arbeit an diversen Orten – im Zug, im Café oder beim Spaziergang (vgl. Kratzer, 2021).

Eine Studie von Bitkom hat im Dezember 2020, als 10,5 Mio. Berufstätige in Deutschland ausschließlich im Homeoffice und weitere 8,3 Mio. teilweise im Homeoffice gearbeitet haben, die Vor- und Nachteile von Homeoffice untersucht. Als **Vorteile** wurden von den Befragten folgende genannt (vgl. Bitkom, 2020):

- Acht von zehn (80 %) empfinden weniger Stress, da der Arbeitsweg entfällt.
- Drei Viertel (76 %) sehen den damit verbundenen Zeitgewinn positiv.
- Sechs von zehn (59 %) bemerken eine generell bessere Vereinbarkeit von Berufs- und Privatleben.
- 43 % betonen mehr zeitliche Flexibilität.
- 32 % schätzen die Möglichkeit eines gesundheitsbewussteren Lebensstils etwa in Hinblick auf Sport und Ernährung.
- 28 % erleben weniger Störungen durch Kollegen.

Die Liste mit den **Nachteilen** von Homeoffice wird von dem fehlenden persönlichen Austausch mit anderen Mitarbeitern dominiert (vgl. Bitkom, 2020):

- Mehr als die Hälfte (55 %) beklagt weniger Kontakt mit Kollegen.
- Für jeden Fünften (20 %) ist es auch ein Problem, weniger Kontakt mit Vorgesetzten zu haben.
- 21 % haben Schwierigkeiten, das Privatleben vom Job abzugrenzen.
- 21 % beklagen schlechtere Arbeitsbedingungen als im Büro.
- Jeder Sechste (17 %) hat das negative Gefühl, von wichtigen Informationen abgeschnitten zu sein.

Die Zeit nach der Corona-Krise wird für viele Unternehmen ein Neubeginn bedeuten: Wie können Unternehmen ihre Beschäftigten motivieren, wieder im Büro zu arbeiten? Wie viel Remote und Homeoffice-Arbeit ist sinnvoll? Und wie sollen neue Bürokonzepte aussehen, um für die Mitarbeitenden attraktiv zu sein und Arbeitsproduktivität und Engagement zu steigern?

Viele Unternehmen bauen ihre Großraumbüros zu Co-Working Spaces um und schaffen Meetingräume, in denen man sich face-to-face trifft, um gemeinsam kreativ zu arbeiten und zu diskutieren. Außerdem probieren Unternehmen verschiedene Kombinationen aus Büro und Remote Arbeit aus: Office First oder Virtual First, teil- oder vollflexible Wahl des Arbeitsorts, fest definierte Arbeitszeiten oder Teil- oder auch Voll-Flexible-Lösungen (vgl. Remdisch, 2022, S. 14).

Remote Arbeit hat das Potenzial, den Arbeitsmarkt zu verändern, da Arbeitgeber auf einen viel größeren Pool an Talenten zugreifen und dadurch die Diversität am Arbeitsplatz vorantreiben können. Die Verlagerung hin zu Remote Work macht es für

3.3 Virtuelle Zusammenarbeit und Führung

Arbeitnehmer unerlässlich, bereichsübergreifend zu arbeiten und Fachwissen mit Soft Skills zu kombinieren (vgl. Robert Half, 2021).

Remote Arbeit ist nicht nur ein Konzept der Arbeitsorganisation, sondern ein grundsätzlicher Wandel im **Verständnis von Arbeit**.

Die Arbeit in hybriden Strukturen mit dem Homeoffice, Office und allem dazwischen, Arbeiten von jedem beliebigen Ort der Welt aus – und das im steten Wechsel, heute so, morgen so, übermorgen wieder anders, ist eine Herausforderung für Führungskräfte und ebenso für Mitarbeitende. Die Arbeit ist heute etwas, das man tut, und nicht mehr ein Ort, an den man geht (vgl. Remdisch, 2022, S. 14).

Es wird zunehmend von hybrider Arbeit als Arbeitsmodell der Zukunft gesprochen, in dem Büroarbeit und Remote Arbeit im Interesse der Unternehmen und der Beschäftigten kombiniert werden.

▶ **Hybride Arbeit** ist eine Arbeitsform, die feste Arbeitszeiten im Büro mit Remote Arbeit verbindet, mit dem Ziel, flexibel zu sein und auf unterschiedliche Herausforderungen der Organisation und unterschiedliche Bedürfnisse der Mitarbeitenden adaptiv reagieren zu können (Remdisch, 2022, S. 14).

Genauso wie Remote Arbeit ist die hybride Arbeit nicht für alle Bereiche und Berufsgruppen realisierbar, z. B. in der Fertigung oder in menschennahen Dienstleistungen bleibt die Präsenzarbeit im Büro oder bei Kunden bestehen.

Laut Manager Barometer 2021–22 ist hybrides Arbeiten in Deutschland bereits Normalität. Neun von zehn Mitarbeitenden haben bereits hybrid gearbeitet. Mehr als 80 % der Führungskräfte und gut zwei Drittel der Mitarbeitenden können zumindest teilweise selbst über ihren Arbeitsort entscheiden. Die Erfahrungen mit der hybriden Arbeit sind überwiegend positiv: höhere Produktivität, Nachhaltigkeit, Work-Life-Balance und Arbeitszufriedenheit (vgl. Odgers Berndtson, 2021, S. 10).

Für die Führung bedeutet die Umstellung auf die hybride Arbeit ein Umdenken: Führungskräfte stehen vor der Herausforderung transparenter zu kommunizieren und ihre Mitarbeitenden stärker zu coachen. Mit rund 71 % ist die Mehrheit der Befragten der Meinung, dass hybrides Arbeiten mehr Vertrauen in die Arbeitsmotivation der Mitarbeitenden voraussetzt. Mehr als die Hälfte der Manager gibt zu, bereits nach dem New-Leadership-Gedanken zu führen. Außerdem wachsen durch die hybride Arbeit die Belastung für Führungskräfte und der Bedarf an Weiterbildung bzw. Training, um die Herausforderungen der hybriden Arbeitswelt zu bewältigen (vgl. Odgers Berndtson, 2021, S. 10).

Die Aufgaben der Führung und die Kompetenzanforderungen an die Führungskräfte in der hybriden Arbeitswelt verändern sich.

Um hybride Arbeit optimal zu gestalten, sind Maßnahmen auf der organisatorischen und auf der persönlichen Ebene erforderlich, die Führungskräfte im Rahmen der strukturellen Führung (s. Kap. 7) und interaktiven Führung (s. Kap. 8) umzusetzen haben.

Auf der Ebene der Organisation spielen die Rahmenbedingungen wie eine gute technische Infrastruktur, die rechtlichen Regelungen sowie eine Unternehmenskultur, in der das soziale Wohlbefinden aller Mitarbeitenden Beachtung findet, in der das richtige Mindset vorherrscht und Innovation, Change und eine positive Fehlerkultur verankert sind, eine entscheidende Rolle. Auf der Ebene der Person sind persönliche Kompetenzen, die Einstellung gegenüber hybrider Arbeit und individuelle Bedürfnisse rund um die Arbeitsplatzgestaltung zentral. Zusätzlich sind die Kommunikations- und Selbstorganisationsfähigkeiten und digitale Kompetenz erforderlich, damit hybride Arbeit funktioniert, sowohl bei den Führungskräften als auch bei ihren Mitarbeitenden (vgl. Remdisch, 2022, S. 17).

3.4 Qualifizierung für digitalisierte Arbeit

Digitale Transformation basiert zwar auf digitalen Technologien, wird jedoch von Menschen umgesetzt. Die Beschäftigten eines Unternehmens stellen entscheidende Erfolgsfaktoren der Digitalisierung dar und müssen im Prozess der Transformation mitgenommen, befähigt und motiviert werden. Um die Vorteile der Digitalisierung in Unternehmen zu nutzen, benötigen die Führungskräfte und Beschäftigten spezifische Kompetenzen für die digitalisierte Arbeitswelt. Der Mangel an diesen Kompetenzen (Skill-Gap) ist für viele Unternehmen zu einem Risikofaktor geworden, um digitale Transformation voranzutreiben. Dazu kommt ein Generationenproblem: Während die meisten Digital Natives intuitiv und spielerisch digitale Geräte nutzen, brauchen ältere und weniger digitalaffine Mitarbeiter in der Regel spezielle Sensibilisierung und zusätzliche Schulungen für die Entwicklung von digitalen Kompetenzen. Führungskräfte sollten solche Fortbildungen und einen praktischen Erfahrungsaustausch zwischen den Beschäftigten unterstützen und selbst als Vorbilder für die digitale Weiterbildung agieren.

3.4.1 Kompetenzanforderungen in der digitalisierten Arbeitswelt

Die Beschäftigten sind die entscheidenden Akteure des digitalen Wandels und müssen für die neuen Technologien sensibilisiert und für die neuen Aufgaben in der digitalisierten Arbeitswelt qualifiziert werden. Mit der Einführung oder Aktualisierung digitaler Technologien in Unternehmen entsteht Weiterbildungsbedarf, um das Knowhow zum zielgerichteten Umgang mit den neuen Maschinen, Geräten oder Programmen aufzubauen. Durch neue und veränderte Prozesse können sich Tätigkeiten wandeln, indem Aufgaben wegfallen oder andere hinzukommen, oder es können gänzlich neue Tätigkeiten entstehen In einer Weiterbildungserhebung des Instituts der deutschen Wirtschaft (IW) berichten 65 % der Unternehmen, dass der Weiterbildungsbedarf durch die Einführung neuer digitaler Technologien gestiegen ist (vgl. Seyda, 2021, S. 81).

3.4 Qualifizierung für digitalisierte Arbeit

Laut Kienbaum und StepStone Studie 2021 erkennen die meisten befragten Führungskräfte in deutschen Unternehmen die hohe Relevanz der Zukunftskompetenzen, bemängeln jedoch ihre unklare Definition in Unternehmen. Mehr als die Hälfte (59 %) der Befragten sieht ihr Unternehmen mit einem Skill-Gap konfrontiert, insbesondere im Bereich IT & Datenanalyse. Die Gründe für Skill-Gap sehen die Befragten im War for Talent, in der Digitalisierung und digitalen Technologien (vgl. Kienbaum & StepStone, 2021).

Der Mangel an funktionaler Expertise in den Bereichen KI, Blockchain, IoT und Data Analytics zählen zu den größten Hürden bei der digitalen Transformation in deutschen Unternehmen. Nur 15 % der Unternehmen gaben in einer Studie der TU München an, dass sie genügend Mitarbeiter mit den erforderlichen Fähigkeiten haben (vgl. Frankenberger et al., 2021, S. 239).

Der Bericht der OECD „Skills for a Digital World" bezeichnet digitale Kompetenzen als Voraussetzung für eine erfolgreiche Digitalisierung und definiert drei Stufen von **digitalen Kompetenzen** (vgl. OECD, 2016):

1. spezialisierte digitale Kompetenzen, z. B. die Fähigkeit, neue Applikationen zu entwickeln und zu programmieren;
2. generische digitale Kompetenzen, z. B. die Fähigkeit, neue Technologien für professionelle Zwecke zu nutzen;
3. komplementäre digitale Kompetenzen, z. B. die Fähigkeit, neue Aufgaben auszuführen, die mit den neuen Technologien verbunden sind.

Diese Stufen der digitalen Kompetenz sind je nach Berufsgruppe und Position in Unternehmen zu differenzieren. So gilt die Stufe der spezialisierten digitalen Kompetenz für die IT-Spezialisten und ist für die Fach- und Führungskräfte in anderen Bereichen nicht zwingend erforderlich. Die komplementären digitalen Kompetenzen sind demgegenüber für alle Beschäftigten notwendig.

Um digitale Technologien erfolgreich anzuwenden, sind neben diesen digitalen Kompetenzen logisches Denken, soziale und andere Kompetenzen gefragt. Als Schnittmenge aus Studienergebnissen zu den Kompetenzanforderungen im Kontext der Digitalisierung (vgl. acatech, 2016; Ahrens & Spöttl, 2018, Eilers et al., 2017; Franken et al., 2019, Manpower, 2018; Münchner Kreis, 2020; Pfeiffer et al., 2017; Windelband & Dworschak, 2018) können folgende Kompetenzen – ergänzend zu der digitalen Kompetenz – genannt werden:

- ein Überblickswissen als Verständnis für die Zusammenhänge und das System als Ganzes,
- Fähigkeit zu interdisziplinärer Kommunikation und Zusammenarbeit,
- logisches und kritisches Denken,
- Fähigkeit zur Kreativität und Innovation,
- Veränderungs- und Lernbereitschaft,
- Offenheit für das Neue.

Diese zusätzlichen Kompetenzen lassen sich in zwei Gruppen unterteilen: kognitive und soziale/persönliche Kompetenzen.

Die **kognitiven Kompetenzen** ermöglichen es den Beschäftigten, in einer komplexen, intelligenten Arbeitsumgebung die strategische Funktion zu übernehmen sowie bei Störungen und Problemen souverän zu handeln. Deswegen brauchen die Beschäftigten ein Verständnis für die Zusammenhänge und systemisches Denken. Weiterhin sind logisches und kritisches Denken, die Fähigkeit, das Gewohnte infrage zu stellen, tägliche Routinen zu hinterfragen, neue kreative Wege zu gehen gefragt. Diese Eigenschaften werden in Zukunft unentbehrlich, damit der Mensch die Kontrolle über die intelligente Technik behält.

Da in Zukunft zunehmend in Teams und Projekten mit heterogenen Teammitgliedern gearbeitet wird, sind bestimmte **soziale und persönliche Kompetenzen** der Beschäftigten von Bedeutung: Fähigkeit zur interdisziplinären Zusammenarbeit und Kommunikation, Kreativität, Innovationsorientierung, Lernbereitschaft und Offenheit für das Neue. Hohe Anforderungen werden auch an das Selbstmanagement der Mitarbeitenden gestellt, da dezentrale Entscheidungen in agilen Unternehmen mehr Autonomie, Selbstständigkeit und Selbstorganisation erfordern. Ein effizientes Selbst- und Zeitmanagement ist für den Umgang mit den flexiblen Arbeitsaufgaben, -zeiten und -orten wichtig.

Ein Überblick über die Kompetenzen für die Arbeitswelt der Zukunft gibt die Kienbaum & StepStone Studie 2021. Die **Top 10 Zukunftskompetenzen** ergeben sich primär aus digitalen Kompetenzen sowie Lern- und Veränderungsbereitschaft (vgl. Kienbaum & Stepstone, 2021):

1. digitale Kommunikation,
2. lebenslanges Lernen/Lernagilität,
3. Veränderungsbereitschaft/Anpassungsfähigkeit,
4. digitale Anwendungskompetenz,
5. Kundenzentriertheit,
6. Digitalstrategie,
7. Problemlösekompetenz,
8. virtuelles Arbeiten,
9. interpersonelle Zusammenarbeit,
10. technisches Grundverständnis.

3.4.2 Vermittlung von Zukunftskompetenzen

Bei einer Fortbildung für die Arbeit in der digitalisierten Arbeitswelt werden die Fähigkeiten der vorhandenen Mitarbeitenden durch die Weiterbildungsmaßnahmen so weit verbessert, dass sie die neuen oder erweiterten Kompetenzen im Kontext der digitalen Transformation einsetzen können, wobei sie möglicherweise auch in einer anderen

Rolle als zuvor zum Einsatz kommen werden. Zum Beispiel kann eine traditionelle Offline-Marketingkraft durch eine Schulung die Kompetenzen erwerben, um im Online-Marketing zu arbeiten (vgl. Frankenberger et al., 2021, S. 252).

Für die Vermittlung der digitalen Kompetenzen können verschiedene Lernformen und Instrumente eingesetzt werden. Die Digitalisierung erfordert nicht nur neue Kompetenzen der Mitarbeiter, sondern bietet auch vielfältige neue Möglichkeiten der Wissensaneignung. Die Vermittlung von digitalen Kompetenzen sollte im Idealfall arbeitsbegleitend (on the Job), praxisnah, selbstgesteuert und digital erfolgen.

Optimale arbeitsbegleitende, praxis- und problemorientierte Schulungen basieren auf persönlichen Erfahrungen und auf Problemstellungen aus der Praxis und ermöglichen einen unmittelbaren Lerntransfer. Bei dem selbst gesteuerten Lernen übernimmt der Lernende selbst die Verantwortung für das eigene Lernen und gestaltet seinen individuellen Lernweg. Selbstverständlich sollte die Vermittlung der digitalen und Medienkompetenzen auf digitalen Technologien basieren.

Die IW-Weiterbildungserhebung 2020 belegt, dass digitale Lernangebote in deutschen Unternehmen an Bedeutung gewonnen haben. Diese Tendenz wird dadurch begründet, dass die Mitarbeitenden so direkt an den neuen digitalen Arbeitsmitteln des Unternehmens lernen und damit ein konkreter Anwendungsbezug gesichert werden kann. Zu den besonders verbreiteten digitalen Lernformaten, die in mehr als der Hälfte von Unternehmen genutzt werden, zählen (vgl. Seyda, 2021, S. 82):

- elektronische Bereitstellung von Literatur, Bedienungsanleitungen und vergleichbaren Dokumenten,
- multimediale Formate für interaktives webbasiertes Lernen wie Webinare, Online-Kurse, virtuelle Klassenräume und sogenannte Massive Open Online Courses (MOOCs),
- Lernvideos, Podcasts und Audiomodule als niedrigschwellige flexible Formate,
- computer- und webbasierte Selbstlernprogramme,
- Lernen an mobilen Endgeräten, z. B. über Weiterbildungs-Apps.

Diese Top 5 Lernformate dominieren die Liste der digitalen Lernangebote. Demgegenüber werden firmeninterne kooperative Lernplattformen, Wissensbibliotheken, Wikis und Foren sowie Simulationen, „Serious Games" oder digitale Planspiele eher selten eingesetzt (vgl. Seyda, 2021, S. 84).

Die Studie von Kienbaum und StepStone 2021 deckt viele Defizite in betrieblichen Lernsystemen auf: Digitale und individualisierte Lernmethoden werden in kaum mehr als jedem vierten Unternehmen eingesetzt, obwohl sie von den Fach- und Führungskräften gewünscht sind. Mehr als die Hälfte der befragten Arbeitnehmer ist eher unzufrieden mit der Qualität (58 %) und Vielfalt (65 %) der Lern- und Entwicklungsangebote sowie dem Angebot an digitalen (62 %) und nicht-digitalen (58 %) Lernformaten. Diese Unzufriedenheit ist signifikant geringer, wenn es Angebote zum eigenverantwortlichen Lernen gibt. Positiv anzumerken ist jedoch, dass die Lerninhalte der nächsten fünf Jahre auf die Schließung des Skill-Gaps ausgerichtet sind: (Digitale) Führung, Digitalthemen und klassisches Management stehen auf den Prioritätenlisten von Top-Management, mittlerem Management sowie Fachkräften und Spezialisten (vgl. Kienbaum & StepStone, 2021).

Die Corona-Krise hat offensichtlich einen nicht unerheblichen Einfluss auf die Lernangebote. Das vor Corona von vielen Unternehmen favorisierte Blended-Learning als Kombination aus digitalen und analogen Einheiten ist wegen dem Ausfall von Präsenzformaten nicht mehr so verbreitet.

Es ist allerdings zu erwarten, dass analoge Lernformate nach Corona wieder an Relevanz gewinnen werden. Vor allem die Kreativitätsworkshop und agile Entwicklungsmethoden sind in virtuellen Kontexten kaum realisierbar.

Bei der Nutzung digitaler Lernangebote zeigt sich deskriptiv ein Zusammenhang zum Digitalisierungsgrad der Unternehmen. In multivariaten Berechnungen im Rahmen der IW-Weiterbildungserhebung 2020 sind positive Korrelationen zwischen digitalen Lernformaten und dem Fortschritt beim Einsatz von digitalen Technologien festgestellt worden, wobei Großunternehmen im Schnitt digitaler sind, als kleinere Unternehmen (vgl. Seyda, 2021, S. 87):

- Je mehr digitale Technologien ein Unternehmen einsetzt, desto größer ist die Wahrscheinlichkeit, dass es auch eine größere Anzahl digitaler Lernmedien nutzt.
- Die Qualifikation der Mitarbeiter steht in einem positiven Zusammenhang zur Anzahl digitaler Lernangebote im Unternehmen. Je mehr Mitarbeiter mit Fortbildungsabschluss oder Hochschulstudium im Unternehmen beschäftigt sind, umso höher ist die Anzahl der eingesetzten digitalen Medien. Das Alter hingegen hat keinen Einfluss.

Auch die Studie von Kienbaum und StepStone belegt einen positiven Effekt der Maßnahmen zur Vermittlung von digitalen Kompetenzen. Strategische Ausrichtung des Corporate Learning begünstigt insbesondere Innovationsleistung, Gesamtperformance und digitale Transformation. Ist das Corporate Learning stark an der Unternehmensstrategie ausgerichtet, wird die Unternehmensperformance signifikant höher eingeschätzt. Das gilt insbesondere für die Innovationsleistung, Gesamtperformance und digitale Transformation des Unternehmens. Auch die Zufriedenheit mit dem Lern- & Entwicklungsangebot geht mit erhöhter Unternehmensperformance einher (vgl. Kienbaum & StepStone, 2021).

Diese Tatsachen zeigen die Bedeutung des digitalen Lernens für die digitale Transformation und allgemein für den Erfolg eines Unternehmens in der digitalen Welt auf. Deswegen engagieren sich vor allem die Vorreiterunternehmen bei der Vermittlung von digitalen Kompetenzen für ihre Beschäftigten, die sie als Investition in die Zukunft betrachten.

3.4 Qualifizierung für digitalisierte Arbeit

> **Vermittlung von digitalen Kompetenzen bei Nestlé**
>
> Um die Mitarbeitenden fit für die Aufgaben der digitalen Transformation zu machen, hat Nestlé drei Arten der Fortbildung entwickelt. Ein Training-on-the-Job unter dem Titel „15 Schlüsselkompetenzen für den digitalen Erfolg" wird für jede Marke und jede Region je nach Bedarf angeboten. Darüber hinaus hat Nestlé die Digital Academy gegründet, eine Plattform, auf der alle Beschäftigten grundlegende digitale Fähigkeiten erlernen, Fachwissen oder eine Ausbildung auf speziellen Fachgebieten erwerben können, die mit einem Zertifikat abgeschlossen wird. Außerdem gibt es noch das Digital Acceleration Team – eine achtmonatige Ausbildung für eine exklusivere Gruppe (vgl. Frankenberger et al., 2021, S. 254–255). ◄

Während der Corona-Pandemie haben sich vor allem die Instrumente für die Wissensvermittlung wie Lernvideos, interaktive E-Books, Webinare, Podcasts etc. bewährt, die auf einem Laptop oder Smartphone funktionieren. Das so genannte Mobile Learning, bei dem die Lerninhalte in kleinen Portionen (Lern-Nuggets) laufend angeboten werden, wird bestimmt auch in Zukunft eine wichtige Rolle spielen.

Immer häufiger werden in der Aus- und Weiterbildung Datenbrillen eingesetzt. Die Mitarbeiter können in der virtuellen Realität oder erweiterten Realität, neudeutsch Virtual und Augmented Reality, arbeiten und lernen. Bei Festo wird das Arbeiten mit der Datenbrille HoloLens in einem Pilotprojekt erprobt (vgl. Haidar, 2021). Die Technologie leistet individualisierte Unterstützung der Mitarbeitenden beim Erwerb von Kompetenzen für ihre Tätigkeit.

> **Arbeiten und Lernen mit Datenbrillen bei Festo**
>
> Beim Einlernen von Mitarbeitern an Industriemaschinen kommt bei Festo HoloLens zum Einsatz. Anstatt direkt an der Anlage im Werk zu arbeiten, wird in einem Schulungsraum der Montageprozess für Elektromotoren, pneumatische Antriebe oder Zylinder virtuell geübt. Der Arbeiter trägt dabei die Datenbrille, auf die holografische Bilder und Sprachanweisungen projiziert werden. Auf diese Weise kann er nicht nur die Montage üben, sondern auch Produkte kennenlernen und wichtige Verhaltens- und Sicherheitsschulungen erhalten. Die Geschwindigkeit kann individuell an die Lerngeschwindigkeit der Mitarbeiter angepasst werden. So können auch Menschen mithalten, die lernschwächer sind und mit dem Tempo der normalen Fertigungsprozesse zunächst überfordert wären (vgl. Haidar, 2021). ◄

Auch wenn aktuell nur wenige Unternehmen in der Aus- und Weiterbildung auf Gamification setzen, ist ihre Bedeutung für die Zukunft unumstritten. Gamification bedeutet eine Übertragung von spielerischen Elementen bzw. spielerischen Konzepten auf ein normalerweise nichtspielerisches Umfeld. Bei Gamification des Lernens werden Belohnungssysteme, die sonst bei Spielen verschiedener Art zum Einsatz kommen, in den Lernprozess integriert: Punkte, Ranglisten, Verfolgungsjagden. Der Vorteil ist dabei, dass ein menschlicher Spieltrieb zur Steigerung der Motivation genutzt wird. So können sich die Teilnehmer individuell oder in Gruppen mit anderen messen.

Wie üblich, werden die Weiterbildungsmaßnahmen in Kooperation zwischen der Personalabteilung und den Führungskräften initiiert und organisiert. Bei den Qualifizierungen, die direkt am Arbeitsplatz und praxisnah stattfinden, sind Führungskräfte direkte Ansprechpartner, Vorbilder und Begleiter für das Lernen der Mitarbeitenden. Im Kontext des zunehmend selbstgesteuerten Lernens sollten Führungskräfte die Rolle eines Coachs übernehmen und in Abstimmung mit den Mitarbeitern optimale Rahmenbedingungen für die Lernprozesse schaffen.

Als Top 5 der Erfolgsfaktoren des Lernens wurden in der Studie von Kienbaum und StepStone folgende identifiziert: Eigenmotivation, Betreuung durch die direkten Vorgesetzen, Möglichkeiten, eigene Ideen einzubringen, Zugang zu Lerninhalten und -formaten sowie Möglichkeiten zum Wissensaustaus (vgl. Kienbaum & StepStone, 2021). Diese Liste bestätigt die Rolle der Führungskräfte im Lernprozess (Unterstützung, Betreuung der Mitarbeitenden) und zeigt zugleich die erforderlichen Unterstützungsmaßnahmen durch die Führungskraft auf – Stärkung der Eigenmotivation, Freiraum für Ideen sowie Unterstützung eines Wissensaustausches.

Wichtig ist auch die Rolle der Führungskräfte als Vorbilder für Lernprozesse, deswegen sollten sie offen für das Neue sein, kontinuierlich dazulernen und manchmal sogar eigene Fehler oder Unwissen eingestehen (vgl. dazu Anforderungen an die Führungskräfte der Zukunft Kap. 9).

Verständnis- und Reflexionsfragen

1. Welche Chancen in Bezug auf die Innovation ergeben sich für Unternehmen durch die Digitalisierung?
2. Was verstehen Sie unter der Ambidextrie?
3. Welche Komponenten eines Geschäftsmodells können aufgrund der Digitalisierung verändert werden?
4. Mit welchen Chancen und Risiken ist bei der Nutzung der Data Analytics und KI zu rechnen?
5. Welche spezifischen Stärken haben menschliche und künstliche Intelligenz? Wie können sie optimal zu einer Meta-Intelligenz verknüpft werden?
6. Was bedeutet Flexibilisierung der Arbeit und welche Folgen hat sie für Unternehmen und Beschäftigte?
7. Welche Arten der Datensicherheit sollten bei der Digitalisierung in Unternehmen gewährleistet werden?
8. Durch welche Besonderheiten und Herausforderungen zeichnet sich virtuelle Führung aus?
9. Wie könnte hybride Arbeit in der Zukunft aussehen?
10. Welche Kompetenzanforderungen werden in der digitalisierten Arbeitswelt an die Beschäftigten gestellt? Wie können diese Kompetenzen vermittelt werden?

Literatur

acatech. (Hrsg.) (2016). Kompetenzentwicklungsstudie Industrie 4.0. Erste Ergebnisse und Schlussfolgerungen. https://www.plattform-i40.de/I40/Redaktion/DE/Downloads/Publikation/acatech-kompetenzentwicklungsstudie-i40.pdf?__blob=publicationFile&v=4. Zugegriffen: 10. Jan. 2022.

Ahrens, D., & Spöttl, G. (2018). Industrie 4.0 und Herausforderungen für die Qualifizierung von Fachkräften. In H. Hirsch-Kreinsen, P. Ittermann, & J. Niehaus (Hrsg.), *Digitalisierung industrieller Arbeit Die Vision Industrie 4.0 und ihre sozialen Herausforderungen* (2. Aufl., S. 175–194). Nomos.

Bitkom. (2020). Mehr als 10 Millionen arbeiten ausschließlich im Homeoffice. https://www.bitkom.org/Presse/Presseinformation/Mehr-als-10-Millionen-arbeiten-ausschliesslich-im-Homeoffice#:~:Text=Berlin%2C%208 Zuggegriffen: 7. März 2022.

Bitkom. (2021). Digitalisierungsschub in der Wirtschaft wird Pandemie überdauern. https://www.bitkom.org/Presse/Presseinformation/Digitalisierungsschub-in-Wirtschaft-wird-Pandemie-ueberdauern. Zugegriffen: 6. Febr. 2022.

Bitkom Akademie. (2021). Datenschutz gewinnt immer stärker an Bedeutung. https://www.bitkom-akademie.de/news/europaeischer-datenschutztag-2021. Zugegriffen: 10. März 2022.

Christl, W. (2021). Digitale Überwachung und Kontrolle am Arbeitsplatz. Von der Ausweitung betrieblicher Datenerfassung zum algorithmischen Management? Eine Studie von Cracked Labs, September 2021. https://crackedlabs.org/daten-arbeitsplatz/#c2. Zugegriffen: 9. März 2022.

Deloitte. (Hrsg.). (2020). Data Analytics: So machen Sie aus Masse Klasse. Wie Big Data auch Ihrem Unternehmen Wettbewerbsvorteile verschafft. https://www2.deloitte.com/de/de/pages/trends/data-analytics.html. Zugegriffen: 23. Jan. 2022.

Eilers, S., Möckel, K., Rump, J., & Schabel, F. (2017). HR Report 2017. Schwerpunkt Kompetenzen für eine digitale Welt. Eine empirische Studie des Instituts für Beschäftigung und Employability IBE im Auftrag von Hays für Deutschland, Österreich und die Schweiz. https://www.hays.de/documents/10192/118775/Hays-Studie-HR-Report-2017.pdf/3df94932-63ca-4706-830b-583c107c098e. Zugegriffen: 10. Jan. 2022.

Franken, R., & Franken, S. (2020). *Wissen, Lernen und Innovation im digitalen Unternehmen* (2. Aufl.). Springer.

Franken, S.; Prädikow, L., & Vandieken, M. (2019). Fit für Industrie 4.0? Ergebnisse einer empirischen Untersuchung im Rahmen des Forschungsprojektes Fit für Industrie 4.0. FGW-Studie Digitalisierung von Arbeit 18. In H. Hirsch-Kreinsen & A. Karacic (Hrsg.), FGW, Düsseldorf, ISSN 2510-4101.

Frankenberger, K., Mayer, H., Reiter, A., & Schmidt, M. (2021). *Das Digital Transformer's Dilemma. Wie Sie Ihr Kerngeschäft digitalisieren und gleichzeitig innovative Geschäftsmodelle aufbauen.* Wiley.

Gärtner, C. (2020). Objektive Arbeitsbeurteilung oder Überwachungsalbtraum? *Personalmagazin Plus 10/2020*, 34–38.

Gleichmann, K., & Herter, C. (2021). Informationsverarbeitung in virtuellen Teams. *zfo 06/2021, 90*, 362–367.

Hagmann, J. (2021). Die Bedeutung der Künstlichen Intelligenz. In B. Wildhaber (Hrsg.), *Leitfaden Information Governance. Organisationen erfolgreich digitalisieren* (2. Aufl.). Kompetenzzentrum Records Management.

Haidar, L. (2021). Lernen und Arbeiten mit Datenbrille. https://www.stzw.info/allgemein/lernen-und-arbeiten-mit-datenbrille. Zugegriffen: 10. März 2022.

Hauschildt, J., Salomo, S., Schultz, C., & Kock, A. (2016). *Innovationsmanagement* (6. Aufl.). Vahlen.

Hennig, M. (2021). Wie prekär ist digitale Plattformarbeit? Einblicke in strukturelle Prekarisierung durch private Regulierung, finanzielle Ausbeutung und soziale Kontrolle auf Online-Plattformen. https://awblog.at/wie-prekaer-ist-digitale-plattformarbeit/. Zugegriffen: 9. März 2022.

Hirsch-Kreinsen, H. (2020). *Digitale Transformation von Arbeit. Entwicklungstrends und Gestaltungsansätze.* Kohlhammer.

Hoffmann, K. (2020). Beispiele für Corporate Blogs: Wie gut stehen deutsche Unternehmen da? https://www.upload-magazin.de. Zugegriffen: 8. März 2022.

IBM. (Hrsg.) (2020). From roadblock to scale: The global sprint towards AI. http://filecache.mediaroom.com/mr5mr_ibmnews/183710/Roadblock-to-Scale-exec-summary.pdf. Zugegriffen: 23. Jan. 2022.

IDC (International Data Corporation). (2021). IDC Studie: Knapp 80 Prozent der deutschen Unternehmen planen ein neues Arbeitsplatzmodell, mehr als ein Drittel will künftig hybrid arbeiten. https://www.idc.com/getdoc.jsp?containerId=prEUR148049121. Zugegriffen: 6. März 2022.

IDW (Informationsdienst Wissenschaft). (2021). Führt Digitalisierung zu mehr Belastungen in der Arbeitswelt? Neue SOFI-Studie über Lösungen für gesünderes Arbeiten. https://nachrichten.idw-online.de/2021/09/13/fuehrt-digitalisierung-zu-mehr-belastungen-in-der-arbeitswelt-neue-sofi-studie-ueber-loesungen-fuer-gesuenderes-arbeiten/. Zugegriffen: 9. März 2022.

IFIDZ (Institut für Führungskultur im digitalen Zeitalter). (2021). Herausforderungen beim Führen hybrider Teams. https://ifidz.de/digital-leadership-beratung-metastudie/leadership-development-berater/hybride-teams-fuehrung-fuehren-beratung/. Zugegriffen: 13. März 2022.

IKEA. (Hrsg.) (o. J.). 75 Jahre IKEA Geschichte. https://www.ikea.com/de/de/this-is-ikea/corporate-blog/75-jahre-ikea-firmengeschichte-pubd02d8af0 Zugegriffen: 7. März 2022.

Kienbaum & StepStone. (Hrsg.) (2021). Future skills – Future learning. https://institut.kienbaum.com/wp-content/uploads/sites/24/2021/06/Kienbaum-StepStone-Studie_2021_WEB.pdf. Zugegriffen: 21. Febr. 2022.

Kratzer, N. (2021). Zwischen Office und Homeoffice. https://www.handelsblatt.com/karriere/zukunft-der-arbeit-vier-wissenschaftler-erklaeren-wie-die-arbeitswelt-nach-corona-aussehen-wird/v_detail_tab_print/26738340.html. Zugegriffen: 4. März 2022.

Lange, A., Busse, J., & Schumann, M. (2021). Leadership und Digitalisierung. Wie digitale Technologien den Führungsstil verändern. *zfo 05/2021, 90,* 276–281.

Lenz, U., et al. (2021). Verlässliche Kooperation mit künstlicher Intelligenz als neuem Akteur in Organisationen? Ein kritischer Blick auf Chancen, Risiken, Gestaltungsmöglichkeiten. In O. Geramanis (Hrsg.), *Kooperationen in der digitalen Arbeitswelt* (S. 55–75). Springer.

Lichtenthaler, U. (2020). *Integrierte Intelligenz. Wettbewerbsvorteile erzielen durch die Kombination menschlicher und künstlicher Intelligenz.* Campus.

Manpower Group. (Hrsg.) (2018). Skills Revolution 2.0. https://www.manpowergroup.de/neuigkeiten/studien-und-research/skills-revolution-ii/#_ga=2.212613268.1033596777.1558884674-2117599411.1558884674. Zugegriffen: 6. Jan. 2022.

Meyer, J.-U. (2016). *Digitale Disruption. Die nächste Stufe der Innovation.* BusinessVillage.

Münchner Kreis. (Hrsg.) (2020). Kompetenzentwicklung für und in der digitalen Arbeitswelt. Positionspapier 2020 des Arbeitskreises „Arbeit in der digitalen Welt". https://www.muenchner-kreis.de/download/MUENCHNER-KREIS-Kompetenzpapier.pdf. Zugegriffen: 5. März 2022.

Neuburger, R. (2021). KI: Welche Kompetenzen benötigen wir? *Wissensmanagement, 6*(2021), 18–21.

Odgers Berndtson. (2021). Manager Barometer 2021–2022. https://www.odgersberndtson.com/media/11152/ob-managerbarometer-2122.pdf. Zugegriffen: 11. März 2022.

OECD. (2016). Skills for a Digital World. https://www.oecd.org/els/emp/Skills-for-a-Digital-World.pdf. Zugegriffen: 28. Febr. 2022.

OECD. (2019). Going digital: Shaping Polices, Improving Lives. OECD Publishing. https://www.oecd.org/publications/going-digital-shaping-policies-improving-lives-9789264312012-en.htm. Zugegriffen: 24. Jan. 2022.

Olivan, P. (2019). Methode zur organisatorischen Gestaltung radikaler Technologieentwicklungen unter Berücksichtigung der Ambidextrie. Schriftenreihe der Universität Stuttgart, Bd. 51. Fraunhofer. https://elib.uni-stuttgart.de/handle/11682/10656 Zugegriffen: 5. März 2022.

Pfeiffer, S., Lee, H., Zirnig, C., & Suphan, A. (2016). Industrie 4.0 – Qualifizierung 2025. VDMA-Studie. https://www.vdma.org/v2viewer/-/v2article/render/13668437. Zugegriffen: 6. Jan. 2022.

Remdisch. (2022). Weiche Faktoren im Fokus – Hybride Führung erfolgreich gestalten. *Personalführung 3/2022, 12*–18.

Robert Half. (Hrsg.) (2021). Führungskräfte in Deutschland sehen hybrides Arbeiten als festen Bestandteil der neuen Arbeitswelt. https://www.roberthalf.de/presse/fuehrungskraefte-deutschland-sehen-hybrides-arbeiten-als-festen-bestandteil-der-neuen. Zugegriffen: 3. März 2022.

Scherer, L., Czarniecki, M., Spinnler, D., & Baumgartner, R. (2021). Bumerangeffekte in der Führung. *zfo 05/2021, 90*, 308–313.

Schüller, A. M., & Steffen, A. T. (2017). *Fit für die Next Economy. Zukunftsfähig mit den Digital Natives*. Wiley-VCH.

Schwuchow, K., et al. (2021). Mittelpunkt Mensch? Die Toxik der neuen Arbeitswelt. In O. Geramanis (Hrsg.), *Kooperationen in der digitalen Arbeitswelt* (S. 19–33). Springer.

Seyda, S. (2021). IW-Trends 1/2021. Digitale Lernmedien beflügeln die betriebliche Ergebnisse der zehnten IW-Weiterbildungserhebung. https://www.iwkoeln.de/fileadmin/user_upload/Studien/IW-Trends/PDF/2021/IW-Trends_2021-01-05_Seyda.pdf. Zugegriffen: 21. Febr. 2022.

Staufen AG. (Hrsg.) (2021). Studie Digitalisierung 2020. https://www.staufen.ag/wp-content/uploads/STAUFEN.AG_Studie_Digitalisierung_2020_web.pdf Zugegriffen: 22. Febr. 2022.

Steimels, D. (2019). E-Scooter-Sharing in Deutschland: So geht's mit Tier, Lime, Circ und Co. https://www.pcwelt.de/news/E-Scooter-mieten-in-Deutschland-So-geht-s-mit-Tier-Lime-Circ-und-Co.-10616327.html. Zugegriffen: 3. März 2022.

Stowasser, S., & Suchy, O. et al. (Hrsg.) (2020). Einführung von KI-Systemen in Unternehmen. Gestaltungsansätze für das Change-Management. Whitepaper aus der Plattform Lernende Systeme. https://www.plattform-lernende-systeme.de/files/Downloads/Publikationen/AG2_Whitepaper_Change_Management.pdf. Zugegriffen: 24. Jan. 2022.

Tagesschau. (2022). Allianz von VW und Bosch bei Roboterautos. https://www.tagesschau.de/wirtschaft/technologie/autoindustrie-vw-und-bosch-entwickeln-automatisiertes-fahren-101.html. Zugegriffen: 7. März 2022.

TAM (Trainer-Akademie-München). (2021). Die 10 größten Leadership Trends 2022. https://tam-akademie.de/die-10-groessten-leadership-trends/. Zugeriffen: 19. Febr. 2022.

Von Au, C. (2021). Führungspersönlichkeiten im digitalen Zeitalter – Eine achtsam-reflektierte Haltung ist entscheidend. In O. Geramanis et. al. (Hrsg.), *Kooperationen in der digitalen Arbeitswelt* (S. 231–246). Springer.

Welge, K. & Bruggmann, A. (2021). Distanz und Nähe verbindende Führung und Zusammenarbeit – wie gefühlte Nähe eine positive soziale Identität und Vernetzung bewirken kann. In: Geramanis, O. et al. (Hrsg.) Kooperation in der digitalen Arbeitswelt. Verlässliche Führung in Zeiten virtueller Kommunikation. S. 175 - 190. Wiesbaden: Springer Gabler.

Windelband, L., & Dworschak, B. (2018). Arbeit und Kompetenzen in der Industrie 4.0. Anwendungsszenarien Instandhaltung und Leichtrobotik. In H. Hirsch-Kreinsen, P. Ittermann, & J. Niehaus (Hrsg.), *Digitalisierung industrieller Arbeit. Die Vision Industrie 4.0 und ihre sozialen Herausforderungen* (2. Aufl., S. 63–79). Nomos.

4. Demografie- und diversitygerechte Führung

> **Zusammenfassung**
>
> Infolge des demografischen Wandels wird die Bevölkerung in Deutschland älter, weniger und bunter. Auch die Unternehmensbelegschaften werden zunehmend älter und heterogen, und es ist die Aufgabe der Führungskräfte, dem Fachkräftemangel vorzubeugen, Generationenmanagement zu betreiben und die Vielfalt zu managen. Um die Potenziale der älteren Beschäftigten, der Generationen Y und Z, der Frauen und Beschäftigten mit Migrationshintergrund zu erschließen, sind gruppenspezifische Fördermaßnahmen und bedarfsorientierte Arbeitsmodelle notwendig, die Stärken, Schwächen und Bedürfnisse einzelner Zielgruppen berücksichtigen. Die Möglichkeiten der Automatisierung und Digitalisierung können dabei als Vorteil realisiert werden, z. B. Roboterassistenz für ältere Beschäftigte, flexible Arbeitszeiten und -orte für junge Eltern. Vor allem aber sollte Führung stärken- und potenzialorientiert sein – jeder einzelne Mitarbeiter besitzt eigene Talente und Potenziale, die es im Interesse des Unternehmens und des Individuums zu erschließen gilt.

4.1 Demografische Entwicklung als Determinante der Führung

Die demografischen Veränderungen in der Gesellschaft werden mit der kurzen Formel beschrieben: Wir werden älter, weniger und bunter (vgl. Abschn. 1.2). Diese Tendenzen spiegeln sich in der Struktur der Unternehmensbelegschaften wider. Unternehmen sehen sich mit alternden Belegschaften, dem zunehmenden Fachkräftemangel und der Vielfalt der Beschäftigten konfrontiert, und die Führungskräfte benötigen neue

Führungskonzepte, um auf diese demografiebedingten Probleme adäquat zu reagieren und die Potenziale der Vielfalt im Interesse des Unternehmens und der Beschäftigten zu erschließen.

4.1.1 Die Auswirkungen des demografischen Wandels auf Unternehmen

Laut Bevölkerungsvorausberechnung wird die Bevölkerung in Deutschland im Jahr 2040 auf 82,1 Mio. Menschen schrumpfen, davon 45,8 Mio. im arbeitsfähigen Alter von 20 bis 66 Jahren und 21,4 Mio. im Alter 67 und älter (vgl. Statistisches Bundesamt, 2022a). Mit mehr als einem Viertel Personen im Rentneralter wird die deutsche Gesellschaft eine der ältesten weltweit sein.

Der Rückgang und die zunehmende Alterung der Bevölkerung in Deutschland sind auf folgende einzelne Faktoren zurückzuführen (vgl. Regnet, 2020a, S. 841):

- Der sogenannte Babyboom der 1960er-Jahre führt zurzeit zu besonders vielen Personen im Lebensalter zwischen 50 und 60 Jahren.
- Der Rückgang der Geburten auf aktuell rund durchschnittlich 1,5 Kinder pro Frau in Deutschland hält seit Ende der 1960er-Jahre an.
- Seit dem Mauerfall verstärkt sich diese Entwicklung durch einen Rückgang der Geburten in Ostdeutschland.
- In den letzten 20 Jahren sanken die Geburten weiter, da weniger Frauen im gebärfähigen Alter in Deutschland leben.
- Aufgrund höherer Lebenserwartung steigt die Gruppe der Rentner und zukünftig auch der Hochbetagten deutlich an.

Der Umgang mit **älteren Beschäftigten** ist in den vergangenen Jahren zu einem bedeutenden Personalmanagementthema geworden. Aber wer ist er, der „ältere Mitarbeiter"? Einige Unternehmen bezeichnen diese Zielgruppe als „Mitarbeiter 55+", die anderen „Mitarbeiter über 60". Es gibt dafür keine einheitliche Definition.

Darüber hinaus ist das Alter weniger ein biologisches, sondern eher ein soziales Konstrukt. Das Bild von älteren Menschen in der Gesellschaft hat sich in den letzten Jahrzehnten stark verändert, viele einstige Altersklischees haben ausgedient. Die heutigen 60-Jährigen haben häufig eine gute physische Kondition und hohe psychische Stabilität. Dementsprechend verändern sich ihr Selbstbild und die soziale Akzeptanz in der Gesellschaft. Für die Wirtschaft und Gesellschaft sind die heutigen Älteren unentbehrlich – als erfahrene, kompetente Beschäftigte und als kauffreudige Konsumenten. Die Zielgruppe der „jung gebliebenen Alten" ist aktiv und reiselustig. Typisch sind

Hobbies wie Haus und Garten, Reisen, sportliche Betätigungen, Teilnahme am Vereinsleben und soziales Engagement. So ist ein lukrativer Markt für die Personen aus dieser Kundengruppe entstanden, die sich durch gutes Einkommen und relativ viel Freizeit auszeichnet.

Die Alterung der Bevölkerung wirkt sich auf die Altersstruktur von Belegschaften in Unternehmen aus: das Durchschnittsalter der Belegschaften steigt, begleitet von den Schwierigkeiten, Nachwuchskräfte zu bekommen, und von einer zunehmenden Vielfalt der Beschäftigten.

Unternehmen müssen auch mit alternden Belegschaften innovativ und erfolgreich bleiben, dafür ist es erforderlich, die Beschäftigungsfähigkeit, Innovationsorientierung und Motivation der älteren Mitarbeitenden zu fördern. Als Instrumente dafür sind spezielle Fortbildungen, Maßnahmen des Gesundheitsmanagements, bedarfsorientierte flexible Arbeitszeiten etc. gefragt.

Speziell in der digitalisierten Arbeitswelt zeichnet sich die Problematik der Sicherung der digitalen Kompetenz von älteren Mitarbeitenden, die – im Gegensatz zu den Generationen der Digital Natives – nicht so selbstverständlich digitale Technik nutzen.

Laut aktuellem Digitalbarometer des Bayerischen Instituts für Digitale Transformation (bidt) besteht in Deutschland eine **digitale Kluft** je nach Alter, Geschlecht und Qualifikation: Männer, jüngere Personen und formal höher Gebildete weisen eine höhere Digitalkompetenz auf als Frauen, ältere Personen und formal niedrig Gebildete (vgl. bidt, 2022, S. 9). Mit der Zunahme des Anteils von älteren und weiblichen Beschäftigten an den Belegschaften entsteht in Unternehmen ein Handlungsbedarf in Bezug auf die Vermittlung von digitalen Kompetenzen.

Eine weitere Folge des demografischen Wandels sind **Engpässe** bei qualifizierten **Fachkräften.** Die Fachkräftelücke (die Anzahl an offenen Stellen, für die es in einer Region keine passend qualifizierten Arbeitslosen gibt) hat sich im Jahr 2021 mehr als verdoppelt (vgl. Malin & Hickmann, 2022). Mit welchen Instrumenten können Unternehmen die jüngeren Fachkräfte gewinnen und langfristig binden? Um zukunftsfähig zu sein, müssen Unternehmen für die Beschäftigten der jüngeren Generationen attraktiv sein. Das Ausscheiden älterer Mitarbeiter aus dem Erwerbsleben führt darüber hinaus zu einer Notwendigkeit von Sicherungsmaßnahmen für das Unternehmenswissen und erfordert gezielte Maßnahmen.

Unternehmen greifen zu verschiedenen Instrumenten, um den Bedarf an Fachkräften zu decken: längere Beschäftigung von Älteren, verstärkte Einstellung von Frauen, das Anwerben von ausländischen Fachkräften. Dadurch werden die Unternehmensbelegschaften immer heterogener und erfordern spezielle Maßnahmen für einen bewussten Umgang mit der **Diversität,** so genanntes Diversity Management.

Im Kontext dieser Entwicklungen entsteht Handlungsbedarf seitens der Führung, die Folgen des demografischen Wandels in Unternehmen zu managen.

4.1.2 Führungsaufgaben im Kontext der demografischen Veränderungen

Unternehmen, die den demografischen Wandel frühzeitig erkennen und eine Strategie zum Umgang mit seinen Folgen entwickeln, können sich langfristig Wettbewerbsvorteile sichern.

Die Alterung der Gesellschaft kann als Chance angesehen werden: Senioren sind eine loyale, kauffreudige Kundengruppe, die spezielle Bedürfnisse und Vorlieben hat, die es zu verstehen und zu befriedigen gilt. Auch die älteren Mitarbeiter haben bestimmte Vorteile gegenüber jüngeren – sie sind loyaler, verfügen über Erfahrungswissen sowie soziale und methodische Kompetenzen. Allerdings werden in Studien auch Probleme und Herausforderungen identifiziert, die mit der Beschäftigung älterer Menschen zusammenhängen, z. B. geringere digitale Kompetenz, Veränderungsbereitschaft und Lerngeschwindigkeit.

Im Umgang mit alternden und schrumpfenden Belegschaften muss die Führung lernen, auch mit älteren Beschäftigten effizient und innovativ zu arbeiten und für die jungen Bewerber attraktiv zu sein, um sie zu gewinnen und zu binden.

Deswegen gelten die Maßnahmen im Kontext der Bewältigung des demografischen Wandels vor allem der gezielten Personalarbeit mit verschiedenen Generationen innerhalb des Unternehmens, so genanntes **Generationenmanagement** (s. ausführlich Abschn. 4.6.2).

▶ **Generation** ist eine gesellschaftliche Gruppe von Menschen in ungefähr gleichem Alter, die durch prägende kollektive Ereignisse in der Sozialisation bestimmte Werte und Vorstellungen hat.

In einem Unternehmen arbeiten in der Regel mehrere Generationen der Beschäftigten zusammen, die Meisten gehören zurzeit den folgenden vier Generationen an:

1. Baby-Boomer-Generation (geboren zwischen 1955 und 1965),
2. Generation X (geboren zwischen 1966 und 1980),
3. Generation Y (geboren zwischen 1981 und 1995),
4. Generation Z (geboren zwischen 1996 und 2009).

Jede Generation zeichnet sich – aufgrund erlebter Sozialisation und Lebenserfahrungen – durch bestimmte Besonderheiten sowie spezifische Stärken und Schwächen aus, die es zu berücksichtigen gilt. Das Generationenmanagement ist eine wichtige Führungsaufgabe. Eine Führungskraft sollte ein Vorbild für Wertschätzung aller Generationen geben, Mitarbeiter individuell behandeln und fördern. Nur wenn man individuell auf jedes Mitglied der Belegschaft eingeht, kann man Mitarbeiter auch langfristig begeistern und an Unternehmen binden (vgl. ausführlicher Abschn. 4.6.2).

Zusammengefasst ergeben sich aus der demografischen Entwicklung folgende **Führungsaufgaben:**

- ältere Beschäftigte fördern, ihre Leistungs- und Innovationsfähigkeit erhalten und digitale Kompetenz stärken,
- rechtzeitig für Nachwuchskräfte sorgen, um Engpässe zu vermeiden,
- jüngere Beschäftigte (Generationen Y und Z) adäquat einsetzen, motivieren und an Unternehmen binden,
- Wissenstransfer zwischen Älteren und Jüngeren unterstützen, um das Know-how und Erfahrungswissen in Unternehmen zu halten.

Darüber hinaus ergeben sich aus der zunehmenden Vielfalt der Belegschaften spezifische Aufgaben im Umgang mit der Diversität:

- individuelle Bedürfnisse und Erwartungen einzelner Belegschaftsgruppen erkennen und zielgruppenspezifische Maßnahmen ergreifen,
- die Beschäftigten je nach Stärken einsetzen, um ihre Potenziale zu erschließen, für eine Unternehmenskultur der Wertschätzung und Offenheit sorgen.

Die Konstellation relevanter Führungsaufgaben ergibt sich in jedem Unternehmen abhängig von der Struktur der Belegschaft hinsichtlich verschiedener demografischer Merkmale sowie von der Größe, Branche und den Produkten eines Unternehmens. Hinsichtlich des Fachkräftemangels haben zum Beispiel kleine und mittlere Unternehmen größere Schwierigkeiten, junge Fachkräfte zu rekrutieren, als namhafte Großunternehmen. Produzierende Unternehmen mit einem großen Anteil manueller Arbeit werden stärker mit der Arbeitsgestaltung für ältere Beschäftigte in der Produktion konfrontiert als Unternehmen mit überwiegend wissensbasierten Tätigkeiten wie z. B. Versicherungsunternehmen. Für die Ford Werke in Deutschland war bereits in den 1960er Jahren das Thema der Integration von Zugewanderten (damals die erste Welle sogenannter Gastarbeiter) ein zentrales Thema. Geeignete Führungskonzepte für den Umgang mit verschiedenen Fragestellungen im Kontext der demografischen Veränderungen und der Diversität werden in den weiteren Kapiteln diskutiert.

4.2 Potenziale der älteren Beschäftigten erschließen

Vor dem Hintergrund des demografischen Wandels müssen Unternehmen damit rechnen, dass die Zahl junger Erwerbstätigen langfristig stark zurückgehen wird. In Kombination mit der schrumpfenden Gesamtbevölkerung führt dies zu einem steigenden Durchschnittsalter der Beschäftigten in Unternehmen. Deshalb ist es wichtig, Arbeitsprozesse und Arbeitsumgebung an die physischen und psychischen Bedürfnisse und Möglichkeiten alternder Mitarbeitenden anzupassen. Andererseits sollten ältere Beschäftigte mit speziellen Fortbildungen und Fördermaßnahmen in die Lage versetzt werden, in der digitalisierten Arbeitswelt entsprechende Aufgaben zu übernehmen, innovativ und motiviert zu arbeiten. Eine weitere Herausforderung im Personalbereich stellt das Wissensmanagement dar, welches der Abwanderung von Know-how und Erfahrungswissen durch den Renteneintritt der Älteren entgegenwirken muss.

4.2.1 Stärken und Schwächen älterer Beschäftigter

Mit dem Alter finden im Körper eines Menschen bestimmte Veränderungen statt, wie z. B. die Abnahme der Muskelkraft, der Seh- und Hörleistung, des Lungenvolumens. Für älter werdende Mitarbeitende hat das im Allgemeinen folgende Auswirkungen (vgl. Regnet, 2020a, S. 846):

- Schwierigkeiten bei der körperlich anstrengenden Arbeit,
- längere Regenerationszeiten (Pausen, Urlaub),
- Zunahme von chronischen Erkrankungen und als Folge etwas längere Fehlzeiten,
- Schichtarbeit ist kaum möglich, da sie zusätzliche Belastungen hervorruft.

Die negativen Zuschreibungen wie geringere Lernfähigkeit der Älteren sowie ihre Schwierigkeiten bei neuen Herausforderungen und modernen Technologien sind allerdings zum Teil widerlegt. Der Umgang der Älteren mit dem Internet zeigt, dass sie durchaus in der Lage sind, moderne Kommunikationstechnologien zu nutzen: 94 % der 50- bis 59-Jährigen und 85 % der 60- bis 69-Jährigen nutzen Internet (vgl. Initiative D21, 2021). Allerdings brauchen ältere Mitarbeitende mehr Unterstützung und Förderung bei der Nutzung digitaler Technologien (s. dazu Abschn. 4.2.3).

Menschen können bin ins hohe Lebensalter lernen. Ihr Kurzzeitgedächtnis und die Geschwindigkeit bei der Informationsverarbeitung (fluide Intelligenz) lassen zwar nach, doch ihr Erfahrungswissen und ihre methodische Kompetenz (kristalline Intelligenz) ist davon nicht beeinträchtigt (vgl. Regnet, 2020a, S. 846). Das heißt, dass die allmählich nachlassende körperliche Leistungsfähigkeit in den meisten Berufsfunktionen durch Erfahrung wettgemacht wird.

Entgegen häufig geäußerten Vorurteilen sind ältere Mitarbeitende im Unternehmen durchaus **veränderungsbereit,** wie empirische Analysen von Erika Regnet mit ihren Kollegen belegen. bei denen 534 Fach- und Führungskräfte verschiedener Unternehmen im Alter von Mitte 30 bis Anfang 60 befragt wurden (vgl. Regnet, 2020a, S. 848): Quer durch alle Altersgruppen haben die Befragten sehr deutliche Vorstellungen, welche weiteren beruflichen Herausforderungen und Veränderungen sie sich wünschen. Zwar sind die über 50-Jährigen deutlich zurückhaltender, abgesehen von zusätzlichen Projekten, Wissensweitergabe und Mentorenfunktion. Hier dürfte sich eine Anpassung an die erlebte Unternehmensrealität mit geringeren Entwicklungschancen widerspiegeln.

Die Realisierungschance von beruflichen Veränderungen wird von Jüngeren durchgehend signifikant positiver beurteilt, aber bereits ab dem Alter von 40 Jahren glauben viele nicht mehr an einen Aufstieg, Funktions- oder Unternehmenswechsel.

Die Studie zeigt auch, dass es nicht »den« älteren Mitarbeitenden gibt, die zielgruppenspezifischen Maßnahmen sollten individualisiert angeboten werden. Hierarchischer Aufstieg sowie mehr Freiraum und Verantwortung in der gegenwärtigen Position sind für die Mehrzahl der Älteren attraktiv, die Mitarbeit in Gremien oder Verbänden, Mentorentätigkeit, Interimsmanagement, Auslandseinsatz oder Standortwechsel sind dagegen nur für Einzelne von Interesse (vgl. Regnet, 2020a, S. 848).

Auch die fachlichen und sozialen Kompetenzen eines Menschen ändern sich im Laufe des Lebens. Einige Kompetenzen nehmen mit dem Alter zu, die anderen nehmen ab. Es ist wichtig, diese Veränderungen zu verstehen und im Führungsprozess zu berücksichtigen. Allerdings sind diese Veränderungen keine Automatismen, sondern werden durch die Arbeitsgestaltung und Personalmaßnahmen beeinflusst. Für die Steigerung und den Erhalt der Fachkompetenz mit dem Alter braucht man kontinuierliche fachliche Herausforderungen, Arbeitsaufgaben, an denen die Mitarbeiter wachsen können, spezielle Schulungen (z. B. für digitale Kompetenzen) oder Erfahrungsaustausch. Ebenfalls sind für die zunehmenden Sozialkompetenzen positive Erfahrungen in der Zusammenarbeit mit anderen notwendig. Man kann auch einer Verringerung von Kompetenzen älterer Beschäftigten entgegenwirken: mit regelmäßigen Weiterbildungen, herausfordernden Aufgaben und Projektarbeit können geistige Beweglichkeit, Lern- und Weiterbildungsbereitschaft und Flexibilität gefördert werden.

Ältere Beschäftigten besitzen verschiedene **Stärken,** die einem Unternehmen zugutekommen. Dazu zählen beispielsweise Disziplin und Bereitschaft, Verantwortung zu übernehmen, lange Berufserfahrung, spezielles Wissen über Unternehmen und Kunden, abgeschlossene Familienplanung, mehr Engagement im Unternehmen, umfangreiches Fach- und Branchen-Know-how, Glaubwürdigkeit für Kunden, langjährig gepflegte Netzwerke und Loyalität gegenüber dem Unternehmen. Um diese Vorteile zu erschließen, bedarf es bestimmter Führungsinstrumente und -maßnahmen.

Herausforderungen im Personalmanagement und der Führung Älterer liegen laut Regnet (2020a, S. 851) insbesondere darin,

- betriebliche Anforderungen so zu gestalten und durch Maßnahmen des Gesundheitsmanagements zu fördern, dass Mitarbeitende lange leistungsfähig und belastbar bleiben,
- Wissensweitergabe von Erfahrenen zu fördern, um den Nachwuchs zu unterstützen, die Zusammenarbeit zwischen den Altersgruppen zu fördern, lebenslanges Lernen im Unternehmen zu verankern, um die Innovationskraft dauerhaft sicherzustellen,
- Motivation der Belegschaft fördern: für Jobrotationen zu sorgen, um die Flexibilität, die Beschäftigungsfähigkeit und Motivation zu stärken, neue Führungsmodelle zu entwickeln (beispielsweise Projektkarrieren oder Führung auf Zeit), Motivation auch in einem Karriereplateau zu erreichen.

Die Vermittlung und Förderung der digitalen Kompetenzen von älteren Beschäftigten sind eine zusätzliche Führungsaufgabe im Kontext der digitalen Transformation. Diese Kompetenzen bilden in der digitalisierten Arbeitswelt eine wichtige Facette der Beschäftigungsfähigkeit.

4.2.2 Führungsinstrumente zur Förderung der Beschäftigungsfähigkeit älterer Mitarbeitenden

Die Notwendigkeit der Förderung der Beschäftigungsfähigkeit (Employability) älterer Beschäftigten wurde durch die bekannten Megatrends und die Corona-Krise weiter gesteigert. Nach Rump beinhaltet Employability drei Dimensionen: Kompetenzen und Qualifikationen, Motivation und Identifikation sowie Gesundheit und Wohlbefinden. Kompetenzen und Qualifikationen tragen dazu bei, dass Aufgaben bearbeitet und Prozesse bewältigt werden. Die Motivation und Identifikation der Beschäftigten bilden einen Hebel, um sich von einer „guten" zu einer „bestmöglichen" Prozessbewältigung und Aufgabenbearbeitung zu wandeln. Gesundheit und Wohlbefinden stellen einen Rahmenfaktor dar. Nur Mitarbeitende, die gesund sind und sich wohlfühlen für das, was es zu tun gilt, können jeden Tag den Anforderungen standhalten und „ihr Bestes geben" (vgl. Rump, 2021, S. 118).

Nach Rump und Eilers (2017) sollten für die Förderung der Beschäftigungsfähigkeit der älteren Beschäftigten – eingebettet in eine Unternehmens- und Führungskultur, die Mitarbeiter über alle Altersgruppen hinweg wertschätzt und fördert – folgende zentrale Handlungsfelder einer genaueren Betrachtung unterzogen werden:

- alter(n)sgerechte Arbeits- und Laufbahngestaltung,
- alter(n)sgerechtes Gesundheitsmanagement,
- alter(n)sgerechte Personalentwicklung.

Alter(n)sgerechte Arbeits- und Laufbahngestaltung Beim Arbeitseinsatz von älteren Beschäftigten sollte man ihre Stärken und Schwächen berücksichtigen und sie in solchen Bereichen einsetzen, wo ihre Stärken wie Erfahrungswissen, methodische Kompetenz, soziale und kulturelle Fähigkeiten gefragt sind. Der Einsatz von älteren Mitarbeitern bei der körperlichen, ausführenden Arbeit erfordert eine Anpassung der Arbeitsabläufe an den körperlichen Leistungsabfall. Um der sinkenden körperlichen Leistungsfähigkeit vorzubeugen, sind Gesundheitsmanagement, Work-Life-Balance und bedarfsorientierte Flexibilisierung der Arbeit sowie digitale und Roboterassistenz möglich.

Zu den Lösungen für eine alter(n)sgerechte Arbeitsgestaltung zählen: ein systematischer Belastungswechsel, die ergonomische Gestaltung von Arbeitsplätzen und -mitteln, die Erweiterung von Handlungsspielräumen, neue Arbeitsaufgaben mit weniger "alterskritischen" Belastungen und besserer Nutzung der Erfahrung, Flexibilisierung der Arbeitszeit, die Partizipation der Mitarbeiter bei der Arbeitsgestaltung und der gezielte Einsatz gemischter Teams (vgl. Rump & Eilers, 2017).

Flexible Arbeitszeiten für Ältere, die in Absprache mit den betroffenen Personen bestimmt werden, spielen dabei eine zentrale Rolle. Nicht nur in der Produktion, sondern auch im Management werden ältere Arbeitende durch den Stress oder 60-h-Arbeitswochen überfordert. Hier können flexible Arbeitszeiten (Gleitzeit, Arbeitszeitkonten, Sabbaticals) oder Maßnahmen zur Work-Life-Balance Abhilfe schaffen. Wichtig ist, dass die Maßnahmen individuell und maßgeschneidert, je nach Lebensalter und -situation umgesetzt werden.

> **Arbeitszeitreduzierung für ältere Mitarbeiter bei der Deutschen Bahn**
>
> Der DB Konzern bietet Arbeitnehmern mit besonders belastenden Tätigkeiten eine Reduzierung der Arbeitszeit mit teilweisem Entgeltausgleich an. Ab dem 59. Lebensjahr können Arbeitnehmer die Arbeitszeit um 45 Regenerationsschichten reduzieren. Das Entgelt wird dann auf 90 % aufgestockt. Voraussetzung sind u. a. 20 Jahre Betriebszugehörigkeit und mehr als 10 Jahre besondere Arbeitsbedingungen über längere Zeiträume (z. B. regelmäßige Nachtarbeit, Rufbereitschaft, Witterungseinflüsse, Lärm) oder eine Schwerbehinderung. Arbeitnehmern und ihren Arbeitgebern stehen verschiedene Modelle zur Verfügung: Reduzierung auf eine 4-Tage-Woche, Aufteilung in zusammenhängende Freizeitblöcke im Kalenderjahr oder Ansparen der Freistellung über das Langzeitkonto und Vollfreistellung vor Rentenbeginn (vgl. Deutsche Bahn, 2020, S. 16). ◄

Viele Mitarbeiter – ob alt oder jung – wünschen sich mehr Vereinbarkeit von Familie und Beruf. Die ausgeglichene Work-Life-Balance ist für eine langfristige Motivation und Arbeitszufriedenheit entscheidend. Wichtig ist, dass die Flexibilisierungsmaßnahmen bedarfsorientiert und zum Vorteil für die Beschäftigten gestaltet werden. Dafür ist die Führungsarbeit entscheidend, weil ein Ausgleich zwischen den individuellen und Unternehmensanforderungen von der Führung organisiert wird.

Digitale Technologien können dabei helfen, Arbeitsplätze für ältere Beschäftigte ergonomischer und besser zu gestalten, um physische Belastungen zu reduzieren. Die vorhandenen technischen Lösungen für die Automatisierung der Produktionsprozesse befreien Menschen von monotonen und anstrengenden Arbeiten. Darüber hinaus können spezielle **Assistenzsysteme** zur Erleichterung menschlicher Arbeit in der Produktion beitragen. Zur Entlastung der Älteren können verschiedene technische Arbeitshilfen wie Hebehilfen, Cobots oder Exoskelette konsequent genutzt werden. Insbesondere in Unternehmen mit einem hohen Anteil manipulativer Tätigkeiten, wie in der Automobilindustrie, sind solche Lösungen sinnvoll.

> **Exoskelette in der Montage bei Audi**
>
> Audi möchte die Ergonomie seiner Mitarbeiter weiter verbessern und testen seit Ende 2019 im Rahmen einer Vergleichsstudie zwei Exoskelette. Diese äußeren Stützstrukturen sollen Mitarbeiter bei Tätigkeiten im Überkopfbereich unterstützen, indem sie Gelenke schonen und die Muskulatur weniger schnell ermüden lassen. Anwendung finden die Anzüge insbesondere beim Montieren der Bremsleitungen, dem Verschrauben der Unterbodenverkleidung sowie beim Auftragen von Korrosions- und Abdichtungsschutz (vgl. Schachtner, 2020). ◄

Auch eine barrierefreie Mensch-Roboter-Kooperation ist aufgrund einer ausgefeilten Sensorik möglich, die bemerkt, wenn sich ein Mensch dem Roboter nähert. Vor allem kooperierende Leichtbauroboter (Cobots) können direkt neben den Produktionsmitarbeitern eingesetzt werden. Insbesondere ältere Arbeitnehmer profitieren davon, wenn ein Roboter körperlich anstrengende Tätigkeiten übernimmt.

Zusätzlich zu der Gestaltung des Arbeitsplatzes sollte die alter(n)sgerechte Laufbahngestaltung fokussiert werden, die von den Fähigkeiten und dem Arbeitsvermögen der Beschäftigten sowie deren Entwicklung ausgeht. Dazu gehört die Suche nach neuen Positionen, die einem sich ggf. verändernden Leistungspotenzial entsprechen. Ein typisches Beispiel dafür ist ein Wechsel eines Fachspezialisten in die Position eines Berufsausbilders.

Weitere geeignete Einsatzgebiete für die älteren Mitarbeiter können sein: Programm- oder Projektleiter, diverse Lehrfunktionen wie Ausbilder, Meister, Coach, Trainer, Mentor, Pate), Tätigkeiten im Vertrieb wie Kundenbetreuer für Kunden im gleichen Alter, Berater, Repräsentant, Qualitätsmanagement, Koordinationstätigkeiten wie Mediator, Supervisor (vgl. Rump & Eilers, 2017).

Alter(n)sgerechtes Gesundheitsmanagement Gesundheit und Wohlbefinden tragen zum Erhalt von Employability erheblich bei, deswegen ist es unerlässlich, Gesundheitsförderung als personalwirtschaftliches Handlungsfeld zu implementieren, was im Rahmen des betrieblichen Gesundheitsmanagements passieren kann.

► **Betriebliches Gesundheitsmanagement** ist die Gestaltung, Organisation und Steuerung betrieblicher Strukturen und Prozesse mit dem Ziel der Erhaltung und Förderung der Arbeitsfähigkeit der Beschäftigten.

Das betriebliche Gesundheitsmanagement (BGM) umfasst den Arbeits- und Gesundheitsschutz, das Eingliederungsmanagement und die betriebliche Gesundheitsförderung. Während die ersten zwei Bereiche gesetzlich vorgeschrieben sind, ist die **Gesundheitsförderung** ein freiwilliges Angebot eines Unternehmens für die Beschäftigte. Sie eröffnet Arbeitgebern die Chance, Angebote und Maßnahmen für mehr Gesundheit am

Arbeitsplatz auszubauen und diese an die Bedürfnisse der Beschäftigten anzupassen. Das Spektrum ist groß: Aktivitäten, die die Bewegung der Mitarbeitenden fördern, zählen genauso dazu wie die Unterstützung bei Ernährungsfragen, Hilfe bei der Suchtprävention oder die Moderation von Arbeitsgruppen (vgl. Bundesministerium für Gesundheit, 2021).

Um eine präventive Gesundheitsförderung zu betreiben, sollen zunächst bekannte physische und psychische Belastungen an Arbeitsplätzen abgebaut oder reduziert werden. Negativer Stress kann zum Beispiel durch adäquates Führungsverhalten und einer konstruktiven Arbeitsatmosphäre begrenzt werden. In Fällen körperlicher Belastungen können entsprechende Pausenregelungen und systematischer Tätigkeitswechsel dem betroffenen Arbeitnehmer Erleichterung verschaffen. Gruppen- und Teamarbeit ist nahezu ideal dazu geeignet, einseitige Belastungen zu vermeiden, und dient darüber hinaus der Vermittlung neuer Kompetenzen und Fertigkeiten. Darüber hinaus gehören zur präventiven Gesundheitsförderung Fitnessangebote und Betriebssport, Programme zur Förderung der gesundheitlichen Kompetenzen sowie Gesundheits-Checks (vgl. Rump & Eilers, 2017).

Viele Unternehmen verfolgen einen proaktiven Ansatz, d. h. ihr Betriebliches Gesundheitsmanagement-System orientiert sich nicht an dem negativen Verständnis „Krankheit vermeiden", sondern an dem positiven Ziel „Gesundheit fördern und bewahren". Das Betriebliche Gesundheitsmanagement kommt den Beschäftigten und dem Unternehmen gleichermaßen zugute – durch die Reduzierung der krankheitsbedingten Abwesenheit und durch ein besseres Wohlbefinden und Fitness der Beschäftigten.

> **Gesundheitsförderung bei der Deutschen Bahn**
>
> Einzelne DB Betriebe bieten ihren Mitarbeitenden Angebote zum Ausgleich von Körper und Geist über die konzernweiten Gesundheitsangebote hinaus. Dazu zählen Veranstaltungen, die Tipps für eine gesunde Lebensweise geben (Ernährung, Bewegung, Ergonomie, Entspannung), Seminare für Mitarbeitende und Führungskräfte zu den Themen Stressprävention und Konfliktmanagement, Projekte zur betrieblichen Gesundheitsförderung durch mehr Ergonomie. Ein praktischer Handlungsleitfaden unterstützt Führungskräfte, Experten und Interessenvertreter in Digitalisierungsprozessen bei der Gesunderhaltung der Mitarbeitenden in der digitalen Transformation (vgl. Deutsche Bahn, 2020, S. 22). ◄

Bei der Auswahl von Maßnahmen werden neben den typischen Altersproblemen auch die individuellen Belastungen berücksichtigt. Zu den bereits genannten allgemeinen altersbedingten Problemen gehören Abnahme der Muskelkraft, des Lungenvolumens, der Seh- und Hörleistung. Die spezifischen Belastungen können je nach Arbeitsplatz variieren. Bei den körperlichen Aufgaben sind es z. B. Nacken- und Rückenschmerzen, bei der Computerarbeit – Überanstrengung der Augen. Die Angebote des Gesundheitsmanagements sollten sich nach den Bedarfen der Beschäftigten ausrichten. Es ist sinnvoll, eine Mitarbeiterbefragung durchzuführen, welche Gesundheitsangebote gefragt und erwünscht sind.

Zu den gängigen Maßnahmen des BGM zählen: flexible Arbeitszeitmodelle, spezielle Maßnahmen zur Förderung der Selbstverantwortung zur Gesundheitsförderung (Raucherentwöhnungen), Kurse für Rückenschule, Bewegungsprogramme, Ernährungsberatung, Ergonomie-Schulungen, Arbeits- und Gesundheitsschutz (Impfungen) usw. Die Maßnahmen für Ältere müssen individuell und nach Bedarf gestaltet und angeboten werden.

Wie aktiv die Beschäftigten die Angebote des Betrieblichen Gesundheitsmanagements nutzen, hängt unter anderem davon ab, inwieweit ihre Führungskräfte – als Autoritätspersonen und Vorbilder – ein gesundheitsförderndes und -bewahrendes Verhalten zeigen und propagieren.

Alter(n)sgerechte Personalentwicklung Die Teilhabe der älteren Beschäftigten an Weiterbildungsmaßnahmen ist in der Praxis geringer als die der jüngeren Beschäftigten, was sowohl mit der Zurückhaltung der Arbeitgeber bei Weiterbildungsangeboten für Ältere als auch mit geringerer Motivation der älteren Beschäftigten zusammenhängt. Die Notwendigkeit des lebenslangen Lernens in der modernen Arbeitswelt bedarf eines Umdenkens auf beiden Seiten.

Um alter(n)sgerechte Personalentwicklung zu gewährleisten, sollten die Beschäftigten in die Planung der Weiterbildungsmaßnahmen hinsichtlich der Inhalte, Organisation und Formate einbezogen werden. Die Weiterbildungsmaßnahmen für Ältere sollten arbeitsnah, praxisorientiert und selbstgesteuert sein, was den allgemeinen Trends für Weiterbildung und Lernen entspricht (vgl. Abschn. 9.2). Konkrete Maßnahmen für die Weiterbildung der älteren Mitarbeitenden werden im Abschn. 4.2.3 ausführlich erläutert.

Employability ist eng verknüpft mit der Motivation und dem Empowerment der Beschäftigten. Die kontinuierliche Stärkung und Förderung der Beschäftigungsfähigkeit ist zwingend erforderlich, um die Kontinuität in der Leistungserbringung zu gewährleisten. Eine wesentliche Voraussetzung dafür ist jedoch die Talent- und Stärkenorientierung in der Führung. Nur dann sind Mitarbeitende willens und in der Lage, immer mitzudenken, über den Tellerrand hinauszuschauen, aktiv Veränderungen anzustoßen und sich lebenslang weiterzuentwickeln und lebenslang zu lernen (vgl. Rump, 2021, S. 118).

Im Führungsprozess sollte sich der Umgang mit den Mitarbeitenden nach ihren Stärken und Bedürfnissen ausrichten. Den älteren Beschäftigten gegenüber gebührt es, Respekt und Wertschätzung zu zeigen, Aufgaben zu delegieren, sich auf ihre Selbstorganisation und Selbstkontrolle zu verlassen. Zugleich darf man die Älteren nicht überfordern, wenn es um anstrengende, schwere Aufgaben geht. Die altersbedingten Veränderungen bei fachlichen und sozialen Kompetenzen sollten dabei berücksichtigt werden. Diese Vorgehensweise entspricht den Prinzipien einer potenzial- und stärkenorientierten Führung, die im Abschn. 4.6 ausführlich diskutiert wird.

4.2.3 Wissensaustausch und Kompetenzvermittlung fördern

Da die Älteren über einen besonderen Schatz an Erfahrungswissen, Expertise und Netzwerken verfügen, ist es notwendig, geeignete Nachwuchskräfte rechtzeitig zu finden und den Wissenstransfer zwischen Alt und Jung zu organisieren. Mit speziellen Programmen der Personalentwicklung werden Nachfolger für strategische Fach- und Führungspositionen im Voraus ausgewählt und langfristig auf die Übernahme vorbereitet.

Andererseits wird den älteren Beschäftigten in Studien eine geringere digitale und Medienkompetenz unterstellt (vgl. bidt, 2022, Statistisches Bundesamt, 2022a). Vertreter verschiedener Generationen in Unternehmen weisen unterschiedliche Verhaltensweisen bei der Nutzung von digitalen Technologien und Medien auf. Für die Generationen Y und Z (Digital Natives) ist die Anwendung neuer Medien im privaten und beruflichen Umfeld selbstverständlich. Sie bestellen ein Taxi zum Geschäftstermin per App, arbeiten mit dem Kunden über die Cloud, begrüßen einen neuen Kollegen über Xing. Die Älteren (Digital Immigrants) sind vor Smartphone und Internet aufgewachsen. Sie nutzen die Technik, haben zu ihr jedoch eine andere Beziehung.

Wie kann man die Mitarbeiter – unabhängig vom Alter – auf den neusten Stand bringen? Eine gezielte Vermittlung und Förderung der digitalen Kompetenzen kann in verschiedenen Formen stattfinden – als Schulungen, Sensibilisierungsworkshops oder auch in altersgemischten Teams.

Im Idealfall wird die Vermittlung von digitalen Kompetenzen mit einem Wissenstransfer von Älteren zu den Jüngeren kombiniert, beispielsweise in altersgemischten Teams und Tandems, durch klassisches und Reverse Mentoring, durch befristete doppelte Stellenbesetzung, mithilfe von Wissensdatenbanken, ehrenamtlicher Beschäftigung von Experten nach der Verrentung etc.

Altersgemischte Teams und Tandems In altersgemischten Teams sollen die Stärken der Jüngeren mit den Fähigkeiten der Älteren verbunden werden. So können Jüngere häufig besser mit modernen Endgeräten und digitalen Tools umgehen, arbeiten schneller und sind zeitlich belastbarer. Doch der Kundenkontakt, das Eingehen auf und Verstehen der speziellen Wünsche des Auftraggebers fällt Älteren aufgrund ihrer Erfahrung meist leichter (vgl. Regner, 2020a, S. 855).

Es ist bekannt, dass nur ein kleiner Teil des Wissens in Form von Datenbeständen, Checklisten oder Regelungen weitergegeben werden kann (so genanntes explizites, leicht formalisierbares Wissen). Ein Großteil des Wissens – implizites Wissen – ist schwer zugänglich und formalisierbar und kann lediglich im Prozess der gemeinsamen Arbeit weitergegeben werden (vgl. Franken & Franken, 2020, S. 59).

Hilfreich für die Wissensweitergabe sind Know-how-Tandems, die auf dem Grundprinzip basieren, dass ein erfahrener und ein wenig erfahrener, jüngerer Mitarbeiter über einen bestimmten Zeitraum eng zusammenarbeiten, um die Arbeitsübergabe und Nachfolgeplanung, die Einarbeitung eines neuen Kollegen oder die Wissensweitergabe systematisch sicherzustellen. Während der Zeit der Zusammenarbeit im Tandem sind beide Beteiligte Lernende und Lehrende, jeder hat bereits Erfahrungen, man lernt von den Stärken des Partners, erfährt das Vorgehen der anderen Generation und kann eigene Verhaltensweisen hinterfragen. Es bestehen eine individuell geprägte Lernpartnerschaft und ein Lernen on the Job, was gleichzeitig das Verständnis über die Altersgruppen hinweg fördert (vgl. Regner, 2020a, S. 855).

In altersgemischten Teams und Tandems können die Stärken von Jüngeren und Älteren verbunden werden und spezifische Kompetenzen vermittelt werden. Häufig sind Jüngere offener für die neuen Technologien und können besser mit moderner Technik umgehen, schneller arbeiten und Dauerbelastung aushalten. Die Älteren sind im Kundenkontakt, Umgang mit Konflikten und bei strategischen Entscheidungen erfahrener und methodisch kompetenter. So können beide Seiten voneinander lernen, vorausgesetzt, sie haben Vertrauen zueinander und schätzen die jeweiligen Stärken des Anderen.

Die Zusammenarbeit in altersgemischten Teams bietet viele Chancen und Vorteile, wenn das Team angemessen geführt wird. Bei unzureichender Führung können jedoch Konflikte entstehen und die Zusammenarbeit kann misslingen. Eine Aufgabe der Führungskräfte in diesem Kontext besteht darin, die verbreiteten Altersstereotype offenzulegen, ihre negativen Konsequenzen auf Kommunikation, Wissenstransfer und Innovationspotenziale in einem altersgemischten Team bewusst zu machen und ihre Anwendung zu vermeiden.

> **Bereichsübergreifende Generationen-Tandems bei Bosch**
>
> Das Wissen des anderen wertzuschätzen und ein besseres Verständnis zwischen den Generationen herbeizuführen, ist Kerngedanke des Pilotprojektes, das Bosch 2015 am Standort Schwieberdingen ins Leben gerufen hat. In einem bereichsübergreifenden Generationen-Tandem finden sich jeweils zwei Mitarbeiter zusammen, deren Altersunterschied mindestens zehn Jahre beträgt. In regelmäßigen Abständen treffen sie sich, tauschen Wissen und Erfahrungen aus und geben sich Hilfestellung: Der Jüngere erfährt zum Beispiel von seinem Tandem-Partner, wie dieser Meetings ergebnisorientiert strukturiert und leitet, und der ältere Partner lernt, wie er welche sozialen Netzwerke für seine Arbeit nutzen kann. Das Feedback der Teilnehmer zum Pilotprojekt bestätigt seinen Erfolg. Nach eigenen Angaben empfinden rund 97 % der Teilnehmenden diese Form der Vernetzung als persönliche Bereicherung und als Vorteil für die eigene Arbeit (vgl. Neumann, 2019). ◄

Weitere gängige Instrumente für Wissensweitergabe und Kompetenzvermittlung sind Mentoring und doppelte Stellenbesetzungen, die als spezielle Formen der altersgemischten Tandems bezeichnet werden können. Dabei werden für eine bestimmte Zeit erfahrene ältere Mitarbeiter mit unerfahrenen Neulingen zusammengebracht. So finden Arbeits- und Wissensübergabe, Nachfolgevorbereitung und Einarbeitung als Lernen am

4.2 Potenziale der älteren Beschäftigten erschließen

Modell statt. In diesen Maßnahmen lernen beide Partner, da jeder bereits bestimmte Kenntnisse und Erfahrungen gesammelt hat.

Um das Erfahrungswissen in Unternehmen zu bündeln, versuchen einige Unternehmen, ihre besonders erfahrenen ehemaligen Beschäftigten weiterhin in Projekten oder als Berater einzusetzen. Viele Ruheständler sind bereit und willig, in Projekten ehrenamtlich mitzuarbeiten und ihr Wissen und ihre Expertise mit Jüngeren zu teilen.

> **Das Senior Experten Programm bei BMW**
>
> Die derzeit über 93.000 Mitarbeiter der BMW Group in Deutschland sind im Durchschnitt seit 17 Jahren im Unternehmen, die längste Betriebszugehörigkeit beträgt sogar 50 Jahre. Um die Erfahrungen der älteren Beschäftigten an die jüngeren Generationen weiterzugeben, hat BMW 2019 mit dem Senior Experten Programm einen neuen Weg eingeschlagen. Ehemalige Mitarbeiter im Ruhestand können als Senior Experten weiter mit anpacken und Projekten mit ihrem Erfahrungsschatz zum Erfolg verhelfen (vgl. BMW Group, 2019). ◄

Reverse Mentoring Einige Unternehmen setzen für den Wissenstransfer ein innovatives Instrument – Reverse Mentoring ein, das auf einen Dialog zwischen den Generationen setzt und die traditionellen Rollen im Mentoring umkehrt.

▶ **Reverse Mentoring** bedeutet, dass Ältere von Jüngeren lernen, z. B. der Digital Native lehrt den Top-Manager.

Beim Lernen werden die Rollen nach Expertise, nicht unbedingt nach Alter verteilt. Auch Ältere können von kompetenten Jüngeren lernen.

> **Der Ursprung des Reverse Mentoring**
>
> Jack Welch, der ehemalige CEO von General Electric, hat 1999 das Konzept des Reverse Mentoring populär gemacht. In seinem Pilotprojekt stellte er 500 leitende und jüngere Mitarbeiter zusammen, in der Hoffnung, dass letztere die ersteren über technologische Fortschritte und Werkzeuge informieren würden. „Wir haben die Organisation auf den Kopf gestellt", erklärte er. „Wir haben jetzt die Jüngsten und Klügsten, die die Ältesten lehren." (vgl. Zimmerling, 2019). ◄

Die Lufthansa Business School hat vor vielen Jahren als Erste in Deutschland ein Konzept für das obere Management entwickelt, das von jüngeren Mitarbeitern in Fragen des Internets geschult wurde. Ein verbindliches Curriculum sowie Schulungsunterlagen wurden zusammen mit ca. 20 Mentoren, die sich freiwillig für die Mitarbeit im Projekt gemeldet hatten, erstellt. Inzwischen gibt es ähnliche Beispiele in anderen Großunternehmen. Neben der Information für die Topführungskräfte wird mit einem solchen Ansatz noch viel mehr erreicht: Jüngere Mitarbeitende kommen an das Topmanagement heran, die direkte Kommunikation wird möglich. Gleichzeitig erhöht sich das gegenseitige Verständnis, Ideen- und Meinungsaustausch zwischen älteren erfahrenen Führungskräften und jüngeren Spezialisten finden statt. Zudem ist ein Reverse-Mentoring kostengünstig (vgl. Regner, 2020a, S. 855).

Für die Mentees aus dem Senior Management ergeben sich aus dem Reverse Mentoring nicht nur Vorteile in Form eines versierteren Umgangs mit den digitalen Technologien und Social Media, sie senden darüber hinaus ein positives Signal an die Belegschaft, nicht allwissend zu sein, sondern sich in bestimmten Lernfeldern proaktiv Unterstützung zu suchen. So wirken sie als Vorbilder im Prozess des lebenslangen Lernens.

Vom Reverse Mentoring profitiert das ganze Unternehmen: Ältere werden offener und fitter in Bezug auf digitale Technologien, Jüngere lernen von erfahrenen Führungskräften und Spezialisten, das Erfahrungswissen wird im Unternehmen gebündelt. Darüber hinaus wird durch diesen Austausch die Unternehmenskultur geprägt – in Richtung gegenseitige Wertschätzung, Vertrauen, lebenslanges Lernen.

Führungsaufgaben für altersgemischte Teams Altersgemischte Teams und Belegschaften tragen zu einem intensiven Wissensaustausch und Vermittlung von relevanten Kompetenzen bei und können aufgrund verschiedener Perspektiven und Erfahrungen der Akteure zu Synergieeffekten, ausgeglichenen und kreativen Problemlösungen führen. Allerdings sind diese positiven Effekte keine Automatismen. Optimale Zusammenarbeit in altersgemischten Teams bedarf spezieller **Führungsinstrumente,** vor allem im Umgang mit Konflikten, die in altersgemischten Teams entstehen können.

Eine Ursache für Konflikte in der Zusammenarbeit verschiedener Altersgruppen sind die unterschiedlichen Werte und Vorstellungen, die über die Sozialisation erworben werden und die aufgrund der ganz unterschiedlichen gesellschaftlichen Rahmenbedingungen zwischen den Altersgruppen differieren (vgl. Regnet, 2020a, S. 850).

Um ein altersgemischtes Team zu führen, sollte eine Führungskraft generelle Probleme und Konfliktpotenziale der Zusammenarbeit verschiedener Generationen offen ansprechen, allen Teammitgliedern unabhängig vom Alter Respekt und Wertschätzung entgegenbringen, Kommunikation im Team intensivieren (berufliche und insbesondere private Kommunikation, die gegenseitiges Vertrauen und Sympathie stärkt) und entstehende Konflikte transparent machen und schlichten. Teamentwicklungsmaßnahmen wie gemeinsame Ausflüge, Sportaktivitäten, Feiern von Teamerfolgen etc. tragen zur Entstehung eines Wir-Gefühls bei.

Eine besonders konfliktträchtige Situation ist die Führung älterer Mitarbeitender durch eine jüngere Führungskraft. Bei den Älteren liegt das Erfahrungswissen, bei dem Jüngeren die Entscheidungsbefugnis und aktuelle Macht. In dieser Situation wird Führungskräften empfohlen, den Älteren viel Handlungsautonomie zu gewähren, d. h. partizipative Führung, Kommunikation, Einbezug in Entscheidungen und Führen durch Überzeugen werden erfolgsentscheidend (vgl. Regnet, 2020a, S. 850).

4.3 Generationen Y und Z führen

Die Generationen Y und Z haben aufgrund ihrer Sozialisation bestimmte Verhaltensweisen, Einstellungen und Bedürfnisse entwickelt, die für Unternehmen relevant sind und von den Führenden berücksichtigt werden sollten. Ihre Affinität für digitale Technologien macht jüngere Beschäftigte zu den bedeutenden Akteuren der digitalen Transformation. Vor dem Hintergrund des Fachkräftemangels ist es für die Führenden wichtig, die Jüngeren zu gewinnen und in Unternehmen langfristig zu halten. Die Beschäftigten der jüngeren Generationen haben bestimmte Anforderungen und Erwartungen an Unternehmen und Führung und befinden sich wegen des Fachkräftemangels in einer starken Position, um diese Anforderungen durchzusetzen. Um die Mitarbeitenden der Generationen Y und Z optimal führen zu können, brauchen Führungskräfte fundierte Kenntnisse über ihre Verhaltensweisen und Wünsche.

4.3.1 Charakteristika und Umgang mit der Generation Y

Der Eintritt der Generation Y ins Berufsleben zu Beginn 2000er Jahre wird häufig als ein Wendepunkt hinsichtlich der Werte und Arbeitseinstellungen angesehen, insbesondere bezogen auf die Individualisierung der Lebens- und Arbeitsentwürfe, die neue Rolle der Frauen, veränderte Präferenzen in Bezug auf Arbeit und freie Zeit sowie Forderungen nach mehr Partizipation in Unternehmen.

Studien zum Verhalten der Generation Y belegen, dass die digitale Sozialisation, die antiautoritäre Erziehung in der Familie und die modernen pädagogischen Konzepte zur Entwicklung der Eigenständigkeit, Teamorientierung, Kreativität und digitaler Kompetenzen dieser Generation beigetragen haben. Die Y-ler sind technisch affin, immer online, arbeiten besonders gerne in Gruppen und Netzwerken.

Als Folge verändern sich die Anforderungen der jungen Beschäftigten an die Arbeitswelt und Führung. In dem **„Manifest der Digital Natives"**, das 2009 von Dürhager und Heuer veröffentlicht wurde, haben die Vertreter der Generation Y ihre Werte und Normen für die Arbeitswelt deklariert. Sie schätzen in Unternehmen vor allem Transparenz, Offenheit und den sozialen Umgang mit Menschen und der Umwelt und fordern flexible Arbeitszeiten und Arbeitsorte, wollen keine 8 bis 17 Uhr Jobs, schätzen Vertrauen, Selbstorganisation und ein regelmäßiges Feedback seitens der Vorgesetzten (vgl. Dürhager & Heuer, 2009).

Für die Beschäftigten der Gen Y soll **Arbeit** kein notwendiges Übel sein, sondern vor allem **sinnvoll**. Ihrem Wunsch nach Selbstverwirklichung folgend haben die Y-ler neben einer intensiven Ausbildung viele (unbezahlte) Praktika absolviert. Ihre erste feste Stelle haben sie oft erst mit Ende 20 angetreten. Das hat ihnen auch den Beinamen "Generation Praktikum" eingebracht. Ihr Streben nach Abwechslung und Spaß im Job ist weder durch interne Kennzahlen noch durch Tischkicker zu befriedigen. Sie wollen echte Probleme lösen, gerne im Team und Netzwerk. Mit Kollegen machen sie auch Sport oder gehen einen trinken, sodass Arbeitsleben und Privates oft miteinander verschmelzen (**„Work-Life-Blend"**). Der Job soll Freiraum für persönliche Angelegenheiten bieten, im Gegenzug arbeitet man auch in der Freizeit: im Büro, zu Hause oder im Café. Y-ler wollen zeitliche wie räumliche Flexibilität, Projektarbeit ist ihr Ding (vgl. Borghardt, 2020).

Insgesamt ist die Generation Y leistungsorientiert und möchte auch erfolgreich sein, aber nicht auf Kosten der Familie, Freunde oder persönlicher Interessen. Die Generation Y möchte eine Arbeit, die sinngebend ist und zur Selbstverwirklichung beiträgt. Dieser Wunsch nach einer **Synthese aus Leistung und Lebensgenuss** ist nicht neu. Neu ist: Diese Generation formuliert sie und fordert sie ein, und zwar nicht erst nach 20 Berufsjahren, sondern von Beginn an. Sie verzichtet auf Geld zugunsten von mehr Freizeit und möchte trotzdem die Führungsposition (vgl. Greiner, 2018).

Mittlerweile sind die ersten Y-ler 40 Jahre alt geworden und bekleiden Führungspositionen in Unternehmen.

Das Manager Barometer 2021–22 hat eine besondere Stellung der **Führungskräfte der Generation Y** in der Arbeitswelt im Vergleich zu anderen Generationen festgestellt. Die Generation Y ist demnach individuell und weniger kompromissbereit und setzt neue Maßstäbe in der Führung. Während für die anderen Generationen die Sinnhaftigkeit der Aufgabe in der Motivation entscheidend ist, stellt die Generation Y ihre eigenen Bedürfnisse stärker in den Vordergrund, vor allem die Möglichkeit, ihre persönlichen Stärken und Begabungen ausleben zu können sowie Neues zu lernen und sich persönlich weiterzuentwickeln. Die Führungskräfte der Generation Y streben oft höhere Positionen und hohe Vergütung an. Doch Geld ist für sie bei Weitem nicht alles, sie legen Wert auf eine persönliche Work-Life-Balance und ihre Gesundheit. Wenn durch Mehrbelastung gesundheitliche Einbußen befürchtet werden, lehnt ein knappes Drittel neue Führungsaufgaben ab. Die Generation Y würde für eine neue Position auch weniger taktieren und möchte ungern eine neue Position antreten, wenn damit verbunden wäre, den Kopf für unangenehme Entscheidungen hinzuhalten (vgl. Odgers Berndtson, 2021, S. 7).

Vor allem die geforderten Freiräume und Arbeitsflexibilität sowie die deutlich gestiegenen Ansprüche an die Vereinbarkeit von Privat- und Berufsleben bereiten vielen Unternehmen Schwierigkeiten bei der praktischen Umsetzung. Dafür müssen Unternehmensstruktur sowie interne Verantwortlichkeiten, Abläufe und Prozesse angepasst werden. Außerdem geht es um eine radikale Veränderung der Unternehmenskultur.

Geeignete **Führungskonzepte** im Umgang mit der Generation Y sind die Flexibilisierung der Organisationsstrukturen in Richtung teilautonome Arbeitsteams und agile Organisation sowie diverse Maßnahmen zur Demokratisierung in Unternehmen, die den Anforderungen der Y-ler an die Arbeit und Führung gerecht werden. Die Tendenzen zur Arbeitsflexibilisierung sowie zur Partizipation und organisationalen Demokratie spiegeln den Wertewandel wider, der durch die Generation Y vorangetrieben wurde und in immer mehr Unternehmen realisiert wird (vgl. ausführlicher Abschn. 5.2 und 6.2).

Es ist wichtig, den Y-ler die Möglichkeit zu geben, ihre Talente und Interessen in der Arbeit verwirklichen zu können, was durch herausfordernde Aufgaben unter Berücksichtigung von Stärken und Kompetenzen einzelner Mitarbeitender vor allem in der Projekt- und Teamarbeit sowie durch die Gestaltung von Fachkarrieren realisiert werden kann. Auch die (selbstgesteuerten) Weiterbildungen dürfen nicht zu kurz kommen. Parallel sollte eine Work-Life-Balance geschaffen werden, zum Beispiel in Form der Teilzeitarbeit, Vertrauensarbeitszeit, Sabbaticals, Homeoffice etc. Die Y-ler wünschen sich Führungskräfte als Coachs und erwarten partnerschaftliche Führung auf Augenhöhe.

Die Führungskräfte der Generation Y, die zunehmend in die Führung einsteigen, verkörpern die Werte und Anforderungen ihrer Generation und prägen als Vorbilder die partnerschaftlichen Führungsbeziehungen und die Unternehmenskultur, in der Führung auf Augenhöhe, Teamorientierung, Sinnhaftigkeit und Work-Life-Balance als zentrale Werte verankert sind. Ihre spezifischen Motivationsfaktoren wie Selbstverwirklichung und persönliche Weiterentwicklung bilden eine Basis für Offenheit und kontinuierliche Lernprozesse, die für Unternehmen der Zukunft besonders relevant sind.

4.3.2 Charakteristika und Umgang mit der Generation Z

Zurzeit kommt die Generation Z in Unternehmen, die sich von ihren Vorgängern wesentlich unterscheidet. Professor Scholz, der als Kenner dieser Generation gilt, charakterisiert die Generation Z wie folgt: Erfüllung in der Arbeit ist den Z-lern sehr wichtig, Großraumbüros und Überstunden werden aber selten gewünscht. Junge Menschen verlangen **Struktur, Sicherheit** und **Wohlfühlen** und wollen **Berufliches und Privates trennen** (vgl. Scholz, 2019).

Die Top 3 Ansprüche der Generation Z an den Job sind: Ehrlichkeit und offene Kommunikation, ein gutes Gehalt und Offenheit für neue Ideen und Konzepte. Die Z-ler haben darüber hinaus Drang nach Autonomie und Mitbestimmung (ähnlich wie die Generation Y), wollen sich einbringen und die Unternehmenszukunft mitgestalten. Sie schätzen es, wenn Unternehmen in ihre individuelle und professionelle Weiterentwicklung investieren. Auch Nachhaltigkeit und soziales Engagement sind ihnen wichtig. Eher weiter unten ranken Ansprüche an die Unternehmensstruktur wie Diversität, flache Hierarchien und Firmenfeiern (vgl. Zenjob, 2021).

Heutige Berufseinsteiger der Generation Z wissen um ihre Begehrtheit auf dem Arbeitsmarkt und formulieren selbstbewusst ihre Ansprüche. Doch die Generation Z sucht die Selbstverwirklichung nicht mehr nur in der Arbeit, sondern vor allem in sozialen Kontakten, on- und offline. Smartphone und Social Media waren für sie schon immer da. Der Austausch mit Anhängern derselben Medien findet permanent statt. Anders als die Generation Y trennt die Generation Z wieder klar zwischen Job und Freizeit. Den Wohlstand der Eltern werden die Jungen nicht erreichen, dafür können sie sich in alle Richtungen frei entfalten. Z-ler probieren sich ständig aus und streben in einer ungewissen Zukunft zugleich nach Sicherheit. Dazu sind sie auffällig werteorientiert, wollen insbesondere Chancengleichheit und Nachhaltigkeit. Die Generation Z ist leistungsbereit, lehnt aber das Arbeiten im „Hamsterrad" strikt ab. Sie wünscht sich weniger Arbeitsanweisungen, dafür aber mehr Feedback (vgl. Borghardt, 2020).

Die Ansprüche der Z-ler an den Arbeitsplatz ähneln denen der Y-ler, sind jedoch etwas pragmatischer. Die Vereinbarkeit des Jobs mit dem Privatleben (69 %) sowie Flexibilität (54,8 %) stehen an den obersten beiden Stellen der Bedürfnispyramide, ihr folgen aber direkt persönliche Identifikation (54,7 %) und vielfältige Aufgaben (52,5 %). Arbeitsplatzsicherheit ist immerhin 45,4 % besonders wichtig. Dass ein Unternehmen besonders digital und fortschrittlich ist, ist für 23,6 % der befragten Gen Z elementar (vgl. Zenjob, 2021).

Die Vertreter der Generation Z sind zurzeit zwischen 12 und 26 Jahre alt und noch nicht in Führungspositionen angekommen. Die Führungskräfte von Z-lern, insbesondere die älteren, aus den Generationen der Babyboomer und X, haben oft Schwierigkeiten, das Verhalten und die Motive der Generation Z zu verstehen.

> **Wie die älteren Führungskräfte die Gen Z wahrnehmen**
>
> Versteh einer den Nachwuchs: Mit 20 hat er die halbe Welt gesehen und will das Klima retten. Im Job das meiste für sich herausholen, am liebsten in Teilzeit. Selbstbewusst formulieren die Jungen ihre Forderungen – und ziehen weiter, wenn ihre moralischen Vorstellungen nicht mit den Unternehmenswerten übereinstimmen (vgl. Borghardt, 2020). ◄

Für die Gewinnung von Z-lern sind einfache digitale Bewerbungsverfahren sinnvoll, am besten von Smartphone, bei der Ansprache sind Faktoren wie Gehalt, Boni, Arbeitszeitregelungen und Work-Life-Balance, aber auch die Werte der Unternehmenskultur wie Nachhaltigkeit wichtig.

Die für die Generation Z geeigneten **Führungskonzepte** ähneln denen der Generation Y, sollten jedoch etwas angepasst werden. Auch die Z-ler wollen ernstgenommen und partnerschaftlich geführt werden, demokratischer Führungsstil ist für sie selbstverständlich. Deswegen sind die Flexibilisierung der Organisationsstrukturen (z. B. teilautonome Arbeitsteams) und die Maßnahmen für mehr Partizipation und organisationale Demokratie geeignet. Allerdings wünschen sich die Mitarbeitenden der Generation Z – im Gegensatz zu Gen Y – eine klare Trennung zwischen der Arbeits- und Privatzeit sowie ein häufiges Feedback für ihre Leistungen.

Um die Vertreter der Generation Z zu höheren Leistungen zu motivieren und an das Unternehmen zu binden, sollte man klare Regeln, Strukturen und Zeitregelungen als Rahmenbedingungen für das Arbeitsverhalten sowie eine vertrauensvolle Arbeitsatmosphäre in Teams schaffen. Den Z-lern gegenüber sollte man Respekt und Wertschätzung entgegenbringen, mit ihnen auf Augenhöhe agieren und sie in Entscheidungen einbeziehen. Sehr bedeutend sind regelmäßiges Feedback und persönliche Fördergespräche über Entwicklungswege und Karriereperspektiven.

Scholz bezeichnet die Generation Z als **Gamechanger** der zukünftigen Arbeitswelt: Fakten und Wissenschaft sprechen für ihre Vision der Klimarettung und gegen Work-Life-Blending der Generation Y. Außerdem sind ihre Ideen ansteckend: Auch Vertreter der anderen Generationen wollen kreative Wohlfühlbüros und haben nichts dagegen, abends keine Mails beantworten zu müssen und am Wochenende ungestört Zeit für die Familie zu haben (vgl. Scholz, 2019).

Beide Generationen – Y und Z – sind Digital Natives, d. h. sie leben Internet und Social Media, lernen in Netzwerken, haben wenig Hemmungen, private Informationen und Wissen mit anderen zu teilen. Es ist wichtig, die jungen Generationen von Beschäftigten intensiver in die Prozesse der digitalen Transformation miteinzubeziehen und ihnen sogar die Initiative bei der Beschaffung und Implementierung der digitalen Technologien zu überlassen. Mit ihren digitalen Kompetenzen und dem Vertrauen in die Technologien können sie zu den **Vorreitern der Digitalisierung** werden und als Mentoren für die älteren Beschäftigten und auch für die Führungskräfte agieren.

Um die Generationen Y und Z vor dem Hintergrund des Fachkräftemangels für Unternehmen zu gewinnen, zu besseren Leistungen zu motivieren und langfristig zu binden, braucht man eine individualisierte Vorgehensweise, die spezifische Stärken und Bedürfnisse einzelner Mitarbeitenden berücksichtigt. Nur dann kann man mit Leistung und Kreativität von Jüngeren rechnen, die teamfähig und technikaffin sind, was einem Unternehmen zugutekommen kann. Die Einstellungen und Werte verschiedener Generationen sollten im Führungsprozess individuell berücksichtigt werden (vgl. dazu auch Potenzialorientierung der Führung Abschn. 4.6).

4.4 Potenziale von Frauen für Unternehmen erschließen

Frauenförderung ist für viele Unternehmen eines der großen Themen: Die Firmen haben erkannt, dass sie die Talente vieler gut ausgebildeter Frauen im Beruf mehr und besser nutzen müssen, insbesondere wegen des zunehmenden Fachkräftemangels. Dazu kommen politische Anforderungen: Seit 2016 gilt eine gesetzliche Frauenquote für die Aufsichtsräte börsennotierter Unternehmen (30 % der Neubesetzungen durch Frauen), seit 2021 – für Frauenanteile in Vorständen von Großunternehmen. Zu den Aufgaben der Führungskräfte gehört es, qualifizierte karriereorientierte Frauen zu unterstützen und Talente von Frauen für Unternehmen zu erschließen.

4.4.1 Frauen in der Beschäftigung und Führung

Frauen verfügen in Deutschland insgesamt über eine **höhere Qualifikation** und Bildung als Männer: Im Jahr 2018 hatten 58 % der 20- bis unter 25-jährigen Frauen ein Abitur, bei den Männern lag der Anteil bei 49 % (vgl. Statistisches Bundesamt, 2020). An den

Hochschulabsolventen des Jahres 2020 machen Frauen 51,7 % aus (vgl. Statistisches Bundesamt, 2021a).

Allerdings sind die Anteile von Frauen in **MINT**-Studiengängen und -Berufen (MINT steht für Mathematik, Informatik, Naturwissenschaft und Technik) sehr **gering,** obwohl in digitalisierten Unternehmen viele gefragte und gutbezahlte Jobs in diesem Bereich entstehen. Die Gestaltung der Digitalisierung liegt dabei fast ausschließlich in den Händen von Männern.

Der Anteil der weiblichen Studienanfängerinnen im MINT-Bereich betrug im Jahr 2018 33,4 % und speziell im für Digitalisierung bedeutsamen Fach Informatik nur 24,7 % (vgl. Kompetenzzentrum Technik-Diversity-Chancengleichheit, 2020). Noch geringer ist der Frauenanteil bei abgeschlossenen Ausbildungsverträgen im MINT-Bereich, im Jahr 2018 lag er bei lediglich 11,2 % (vgl. Bundesagentur für Arbeit, 2020).

Viele Untersuchungen belegen einen **Mangel an digitaler Kompetenz** bei vielen Frauen. Wie die Studie D21-Digital-Index zeigt, schneiden Frauen in Deutschland (besonders ältere Frauen) bei den meisten Dimensionen der digitalen Kompetenz schlechter ab als Männer. Frauen benutzen weniger häufig als Männer das Internet, können seltener erklären, worum es sich bei Begriffen wie Künstliche Intelligenz, Cloud oder Industrie 4.0 handelt (vgl. Initiative D21, 2020).

Die Studie Digicom Gender stellt Defizite hinsichtlich digitaler Kompetenz bei Studentinnen fest: Frauen berichten, dass sie häufiger auf die Hilfe anderer bei technischen Problemen zurückgreifen als Männer und größeren Nachholbedarf bei digitalen Kompetenzen haben. Frauen verbringen mehr Zeit mit Kommunikation über digitale Medien, schätzen allerdings die Bedeutung relevanter digitaler Technologien wie Augmented Reality, Blockchain und Chatbots geringer ein als Männer (vgl. Franken et al., 2019).

Hier liegt ein wesentlicher Handlungsbedarf, da digitale Kompetenzen vor dem Hintergrund der digitalen Transformation praktisch für alle Berufsgruppen bedeutend sind.

Zugleich ist die **Erwerbsbeteiligung** von Frauen in allen Altersgruppen geringer als von Männern (aktuell ca. 73 % für Frauen und 81 % für Männer). Wegen der schlechten Vereinbarkeit von Familie und Beruf weisen erwerbstätige Frauen, insbesondere mit Kindern, eine deutlich geringere Arbeitszeit auf als erwerbstätige Männer. Teilzeitbeschäftigung kommt bei Frauen weiterhin deutlich häufiger vor als bei Männern (vgl. Bundesagentur für Arbeit, 2021).

Durch eine Erhöhung der Erwerbsbeteiligung und Arbeitszeit von qualifizierten Frauen können künftige Fachkräftelücken geschlossen werden, deswegen ist es für Unternehmen allein aus diesem Grund wichtig, qualifizierte Frauen zu gewinnen und zu binden. Darüber hinaus können heterogene, darunter auch geschlechtergemischte, Teams ausgeglichene und innovative Lösungen erbringen (vgl. dazu Abschn. 4.6).

Insgesamt machen Frauen 46 % aller Beschäftigten in Deutschland aus, allerdings variiert dieser Anteil je nach Branche. Der Anteil weiblicher Beschäftigter im

4.4 Potenziale von Frauen für Unternehmen erschließen

Gesundheits- und Sozialwesen beträgt 77 %. Einen hohen Frauenanteil verzeichnet auch der Bereich Erziehung und Unterricht (72 %). In der öffentlichen Verwaltung sind etwa zwei Drittel der Beschäftigten Frauen. Im Bereich der Informations- und Kommunikationstechnologie machen Frauen nur 33 %, im verarbeitenden Gewerbe 26 % der Beschäftigten aus (vgl. Bundesagentur für Arbeit, 2021).

In **Führungspositionen** sind Frauen auch bei gleicher Qualifikation unterrepräsentiert, trotz der anhaltenden Diskussion um Frauenquoten und anderen politischen Fördermaßnahmen.

In Deutschland sind **29,4 %** der Führungspositionen von Frauen besetzt, weit unter dem EU-Durchschnitt mit 34,4 %. Lettland ist mit einem Frauenanteil von 45,8 % in den Führungsetagen EU-Spitzenreiter, relativ hohe Quoten verzeichneten auch Polen (43,0 %) und Schweden (40,3 %) (vgl. Statistisches Bundesamt, 2021b).

Seit 2016 gilt eine gesetzliche Frauenquote für die Aufsichtsräte börsennotierter und paritätisch mitbestimmter Unternehmen in Deutschland (30 % der Neubesetzungen durch Frauen), seit 2021 – für Frauenanteile im Top Management (30 %, bei mindestens drei Mitgliedern eines Vorstandes muss mindestens ein Mitglied eine Frau sein).

Auch wenn vom Gesetz nur knapp 100 Unternehmen in Deutschland betroffen sind, hat das Gesetz bewirkt, dass der Frauenanteil auch in den 200 größten deutschen Unternehmen gestiegen ist, hauptsächlich in den Aufsichts-/Verwaltungsräten, aber auch in den Vorständen. Zwischen 2006 und 2020 hat sich der Frauenanteil in den Verwaltungs-/Aufsichtsräten von 7,8 % auf **29,9 %** entwickelt; der Frauenanteil in den Vorständen dieser 200 Unternehmen betrug 1,2 % im Jahr 2006 und **11,5 %** im Jahr 2020 (vgl. Kirsch & Wrohlich, 2021, S. 23).

Trotz dieser politischen Bemühungen sind die Anteile von Frauen an Führungs- und Entscheidungspositionen in der Wirtschaft, Verwaltung und Wissenschaft immer noch gering, insbesondere in den Tech-Bereichen. In Deutschland stellen Frauen in Vorständen aktuell einen Anteil von 14,7 % in DAX-30 Unternehmen, 8,9 % in MDAX- und 5,8 % in SDAX-Unternehmen. In den Vorständen der TecDAX-Technologieunternehmen machen Frauen nur 9,2 % aus (vgl. Kirsch & Wrohlich, 2020).

In Tech-Branchen, wo Weichen für den Einsatz digitaler Technologien gestellt werden, ist der Frauenanteil an Führungspositionen sehr gering: Informations- und Kommunikations-Unternehmen weisen nur einen Frauenanteil von 13 % aus (vgl. IAB, 2019).

Je größer ein Unternehmen, desto schwieriger ist es für eine Frau, in die Entscheidungspositionen zu kommen. In Unternehmen mit 500 und mehr Beschäftigten machen Frauen lediglich 14 % der Führungskräfte aus (vgl. IAB, 2019).

Die im Jahr 2021 eingeführte Regelung zur Erhöhung des Frauenanteils in Vorständen deutscher Großunternehmen soll diese Situation ändern. Bei großen Unternehmen, die börsennotiert und paritätisch mitbestimmt sind, soll ab vier Vorstandsmitgliedern künftig mindestens eine Frau im Vorstand sein (vgl. Bundesregierung, 2021).

4.4.2 Barrieren für den Aufstieg von Frauen

Warum haben es Frauen – sogar bei besseren Qualifikationen als Männer – immer noch schwer, eine Führungskarriere zu machen? In der Literatur werden meistens schlechte Vereinbarkeit von Beruf und Familie, Geschlechterrollenstereotype und männerdominierte Netzwerke genannt.

Eine systematische Analyse und Strukturierung von Barrieren für den Aufstieg von Frauen findet man bei Grosch et al. (2020), die zwischen Barrieren auf individueller, sozialer, organisationaler und gesellschaftlicher Ebene unterscheiden (vgl. Tab. 4.1).

Einige dieser Barrieren für Frauenkarrieren werden ausführlicher erläutert.

Mangelndes Selbstbewusstsein bei Frauen Häufig wird Frauen zugeschrieben, dass sie weniger Selbstbewusstsein und Selbstvertrauen besitzen und an eigenen Kompetenzen zweifeln. Selbstverständlich ist das lediglich eine Tendenz und gilt nicht für alle Frauen. Jedoch zeigen verschiedene Studien und Untersuchungen, dass Frauen oft – bei gleicher Kompetenz – ihre Fähigkeiten geringer einschätzen als Männer.

Folgendes Beispiel von Zenger und Folkman Beratung für Führungskräfteentwicklung beschreibt die genderspezifischen Unterschiede hinsichtlich des Selbstbewusstseins sehr plastisch: Ein Mann und eine Frau, denen es bei gleicher Qualifikation an Erfahrung für eine höhere Position mangelt, kommen zu sehr unterschiedlichen Schlussfolgerungen, wenn es um eine Beförderung geht. Der Mann ist eher geneigt anzunehmen, dass er im neuen Job lernen kann, woran es ihm noch fehlt. Er sagt sich: „Ich bin nahe genug dran." Die Frau tendiert dazu, vorsichtiger zu sein, und neigt zu weniger Bereitschaft, den neuen Job unter diesen Vorzeichen anzutreten (vgl. Zenger & Folkman, 2020).

Tab. 4.1 Barrieren für den Aufstieg von Frauen in Führungspositionen (Eigene Darstellung in Anlehnung an Grosch et al., 2020, S. 5–7)

Ebene	Barrieren
Individuelle Ebene	Geringe Wettbewerbsorientierung, geringeres Selbstbewusstsein, insbesondere in Verhandlungen, das Gefühl immer mehr leisten zu müssen als männliche Kollegen
Soziale Ebene	Ungleiche Verteilung von unbezahlter Arbeit, insbesondere der Kindererziehung, zwischen Männern und Frauen
Organisationale Ebene	Mangelnde Vereinbarkeit von Familie und Beruf sowie die Diskriminierung von Müttern in Unternehmen Männerdomänen: Männer befördern eher Männer, verfügen über stärkere Netzwerke als Frauen, wodurch der Status quo reproduziert wird
Gesellschaftliche Ebene	Geschlechterrollenstereotype

Ungleiche Verteilung unbezahlter Sorgearbeit Tätigkeiten für die Familie, in der Pflege, in der Hausarbeit oder im Ehrenamt, für die kein Einkommen erzielt wird, werden unter dem Begriff „unbezahlte Sorgearbeit" zusammengefasst. Ohne diese notwendigen Arbeiten wäre gesellschaftliches Leben und wirtschaftliches Handeln unmöglich. Hier existiert jedoch noch ein großer Unterschied zwischen den Geschlechtern: Täglich wenden Frauen im Schnitt 52 % mehr Zeit für unbezahlte Sorgearbeit auf als Männer. Dieser Unterschied heißt Gender Care Gap (vgl. BMFSFJ, 2020).

Aus diesem Grund arbeiten Frauen doppelt so oft in Teilzeit wie Männer. Auch die Erfahrungen mit dem Corona-Lockdown haben gezeigt, dass Frauen und Mütter stärker ihre Arbeitszeit reduziert und mehr unbezahlte Arbeitsstunden im Haushalt geleistet haben, um ihre Familien, Kinder oder Pflegeangehörige zu versorgen.

Für die Frauen bringt die ungleiche Verteilung der Sorgearbeit viele Nachteile: Sie haben es schwerer, ihre Existenz selbst zu sichern und sie besitzen nach längerer Zeit niedrigere eigenständige Alterssicherungsansprüche. Deshalb kann eine partnerschaftliche Teilung der Sorgearbeit ein Schlüssel für die gleichberechtigte Teilhabe von Frauen am Arbeitsmarkt sein (vgl. BMFSFJ, 2020).

Geschlechterstereotype Die immer noch vorhandenen Geschlechterstereotype prägen die Wahrnehmung und Entscheidung von Personalverantwortlichen und Führungskräften, beispielsweise bei der Auswahl von Kandidaten für eine Führungsposition. Die Reduzierung einer qualifizierten Bewerberin auf die Mutterrolle als mentale Einstellung eines Personalverantwortlichen schränkt ihre Karrierechancen beträchtlich ein.

Eine Untersuchung von Zenger und Folkman (2020) zeigt, dass unbewusste Vorurteile eine wichtige Rolle bei Einstellungs- und Beförderungsentscheidungen spielen, was dazu beiträgt, dass weniger Frauen in Schlüsselpositionen tätig sind (vgl. Zenger & Folkman, 2020).

Um Geschlechterstereotypen vorzubeugen, ist es zunächst wichtig, sich ihrer Wirkung bewusst zu werden. Die Reflexion des eigenen Führungs- und Entscheidungsverhalten ist dabei von zentraler Bedeutung. Zenger und Folkman (2020) empfehlen: Diejenigen, die Personalentscheidungen treffen, müssen innehalten und sich fragen: „Erliegen wir unbewussten Vorurteilen? Geben wir automatisch einem Mann den Vorzug, wenn es eine ebenso kompetente Frau gibt?" Außerdem spielt die Unternehmenskultur, die den Menschen und seine individuellen Stärken und Schwächen ins Zentrum rückt und nicht auf Rollenklischees und Stereotypen basiert, eine wichtige Rolle.

Häufig wird behauptet, Frauen besäßen aufgrund ihrer Sozialisation die neu geforderten Kriterien in besonders ausgeprägtem Maße und hätten daher einen Wettbewerbsvorteil. Inwieweit Frauen tatsächlich kommunikativer, sensibler, flexibler und kreativer sind, bleibt allerdings im Spekulativen. Vergleichsstudien an weiblichen und männlichen Managern zeigen bisher kein einheitliches Bild, jedoch bestehen Geschlechtsstereotype fort, während nichts dafürspricht, Frauen seien schlechter als Männer für Führungspositionen geeignet (vgl. Regnet, 2020b, S. 73–74).

Die aus Studien bekannten Barrieren für einen Aufstieg von Frauen zeigen, welche Unterstützungsmaßnahmen für die Frauen in Unternehmen sinnvoll sind und wie die Führungskräfte eine konstruktive und nachhaltige Förderung der Frauen gestalten können.

4.4.3 Frauenförderung – Maßnahmen und Erfolgsfaktoren

Welche Maßnahmen und Instrumente sind geeignet, um die Barrieren für Frauenkarrieren aus dem Weg zu räumen und mehr qualifizierte Frauen für Unternehmen zu gewinnen? Und welche Effekte kann man durch diese Maßnahmen erwarten?

Maßnahmen für Frauenförderung Rybnikova und Menzel (2021) listen folgende Maßnahmen in Unternehmen, die der Förderung von Frauen dienen können:

- Gender-reflektierte Kriterien für Personalselektion, -beurteilungen und Entlohnung,
- Maßnahmen zur besseren Vereinbarkeit von Beruf und Familie (z. B. Kinderbetreuung),
- Flexible Arbeitszeiten für die oberen Führungsetagen,
- Geschlechterdiversität in den oberen Führungsetagen, auch über die Geschlechterquoten hinaus,
- Stellenangebote für Frauen jenseits der „weiblichen Bereiche",
- Karriere- und Mentoring-Programme für Mitarbeiterinnen und weibliche Führungskräfte,
- Frauensensible Organisationskultur.

Bereits bei der Besetzung von Fach- und Führungsstellen ist es relevant, für transparente, nichtdiskriminierende Bewerbungsverfahren zu sorgen, die den qualifizierten Frauen reale Chancengleichheit garantieren.

Auch wenn Männer und Frauen im Grundgesetz gleichgestellt sind und laut dem Allgemeinen Gleichberechtigungsgesetz (AGG) jegliche Benachteiligungen aus Gründen der Rasse oder wegen der ethnischen Herkunft, des Geschlechts, der Religion oder Weltanschauung, einer Behinderung, des Alters oder der sexuellen Identität untersagt sind, gibt es in der Praxis zahlreiche Benachteiligungen für Frauen.

Um die reale Chancengleichheit beider Geschlechter zu erreichen und die wertvollen Potenziale von Frauen für Unternehmen und Organisationen zu erschließen, sind spezielle Maßnahmen für die Förderung von karriereorientierten Frauen notwendig. Dabei können Frauennetzwerke, Weiterbildung und Mentoring für Frauen, Maßnahmen für bessere Vereinbarkeit von Beruf und Familie sowie Kinderbetreuung eine sinnvolle Unterstützung leisten.

> **Frauennetzwerk groW bei Evonik**
>
> groW ist das Frauennetzwerk bei Evonik – Seit mehreren Jahren teilen Frauen ihre Erfahrungen, ihr Wissen und ihre Visionen. Teams an unterschiedlichen Evonik-Standorten engagieren sich über Grenzen hinaus, bieten kollegiale Beratung an, organisieren Netzwerktage und Veranstaltungen, schaffen eine Plattform für gemeinsame Themen und wirken aktiv in Projekten und Gremien mit, um gemeinsam zu wachsen (Evonik, o. J.). ◀

Viele Unternehmen in Deutschland fördern die Chancengleichheit, die Vereinbarkeit von Beruf, Karriere und Familie und besetzen ihre Beförderungsgremien gemischt, um mehr Frauen in Führungspositionen zu gewinnen. Frauenförderpläne sind insbesondere im öffentlichen Dienst und weniger in der Privatwirtschaft gängig. Weit verbreitet sind flexible Arbeitszeitmodelle, Teilzeit für Führungskräfte, spezielle Weiterbildungen für Frauen, eine innenbetriebliche Zielsetzung für den Frauenanteil an Führungspositionen und das Mentoring. Weitere sinnvolle Maßnahmen sind Förder- und Weiterbildungsmaßnahmen für Mütter zum Wiedereinstieg in das Erwerbsleben und der Ausbau von Betreuungsinfrastruktur, da die Mutterzeit oft eine Hürde für den Aufstieg von Frauen bildet.

Effekte der Frauenförderung Einige Studien liefern Erkenntnisse über die Vorteile von einer stärkeren Beteiligung von Frauen an Entscheidungen und Führung. Ob Frauen bessere Führungskräfte sind, ist also eine Spekulation und gehört in die Kategorie „positiver" Geschlechterstereotype. Allerdings belegen viele Studien, dass Frauen als Führungskräfte andere Motivationsfaktoren aufweisen.

Laut Manager Barometer 2021–2022 legen Frauen in Führungspositionen mehr Wert auf Sinnhaftigkeit der Aufgabe. Weibliche Führungskräfte unterscheiden sich in ihrer generellen Motivation für ihren Beruf nur wenig von der ihrer männlichen Kollegen. Noch wichtiger als diesen sind den Managerinnen die Sinnhaftigkeit ihrer Aufgabe und die Möglichkeit, zu lernen und sich weiterzuentwickeln. Weniger motiviert sind sie durch die Freude an der Führungsaufgabe selbst. Auch streben sie stärker nach inhaltlicher Verantwortung, um sich beruflich zu verwirklichen, als zu einer Position in der Geschäftsführung wie die Männer – Macht ist für Frauen kein Motivator (vgl. Odgers Berndtson, 2021, S. 5).

Zenger und Folkman (2020) kommen in ihrer Studie, in der die Ergebnisse von 360-Grad-Feedbacks bei mehreren Tausend weiblichen und männlichen Führungskräften ausgewertet wurden, zur Erkenntnis: Frauen in Führungspositionen werden als genauso kompetent wie ihre männlichen Kollegen wahrgenommen – wenn nicht sogar als kompetenter. Die Leistungen von Frauen werden von ihren Mitarbeitenden – vor allem von Männern – auf jeder Hierarchieebene und in praktisch allen Funktionsbereichen als etwas besser eingeschätzt als die von Männern. Das schließt traditionell männliche Bereiche wie IT, Produktion und Recht mit ein. Frauen wurden als besonders herausragend eingestuft, wenn es darum geht, Initiative zu ergreifen, Resilienz beim Handeln unter Beweis zu stellen, sich weiterzuentwickeln und Ziele zu erreichen. Auch Integrität und Ehrlichkeit wurden bei Frauen höher eingeschätzt. Insgesamt schnitten Frauen bei 84 % der von uns am häufigsten gemessenen Kompetenzen besser ab. Männer wurden lediglich bei zwei Bewertungskategorien als stärker eingestuft: „entwickelt eine strategische Perspektive" und „technisches oder professionelles Fachwissen" (vgl. Zenger & Folkman, 2020).

Bei der Förderung von Frauenkarrieren geht es jedoch nicht darum, wer besser oder anders führt, sondern vor allem um die reale **Chancengerechtigkeit,** partizipative **Gestaltung der künftigen Arbeitswelt** durch Männer und Frauen und um die Vorteile von geschlechtergemischten Entscheidungs- und Arbeitsteams (vgl. zu heterogenen Teams Abschn. 4.6).

Der Digitalisierungs-Schub durch die Corona-Pandemie hat die Möglichkeiten für die Gestaltung der neuen Arbeitswelt gezeigt. Wir haben gelernt, digital zu arbeiten, virtuell zu führen, agil zu sein. Fest steht, dass es kein „back to normal" geben wird, das scheint nicht sinnvoll und auch nicht wünschenswert (vgl. Gunkel, 2021).

Wir sind gerade dabei, eine neue Arbeitswelt zu schaffen, die flexibel und ortsunabhängig sein wird – im Homeoffice, im Coworking-Space, im Büro oder anderswo. Diese Veränderungen betreffen die Beschäftigten je nach Geschlecht unterschiedlich. Deswegen ist es wichtig, die Interessen von Männern und Frauen in diesem Gestaltungsprozess zu berücksichtigen.

Die berühmte Präsenzkultur, die eher den Männern zugutekommt und oft familienfeindlich ist, gehört auf den Prüfstand. Frauen werden durch das Homeoffice in der Corona-Pandemie stärker belastet, da sie oft die traditionell „weiblichen" Aufgaben wie Kinderbetreuung, Haushalt, Pflege übernehmen. Das sind keine guten Voraussetzungen für die Etablierung der New Work-Konzepte. Verschiedene Optionen müssen dabei getestet werden, insbesondere hinsichtlich ihrer Auswirkungen auf die Leistung, Vereinbarkeit von Beruf und Familie sowie Belastungen (wie Entgrenzung der Arbeit und ständige Erreichbarkeit).

Die Entscheidungen über die Gestaltung der künftigen Arbeitswelt sollten deswegen von geschlechtergemischten Arbeits- und Führungsteams getroffen werden.

4.5   Führung von multikulturellen Belegschaften

Mehr als ein Viertel der Bevölkerung in Deutschland hat einen Migrationshintergrund und bringt zum großen Teil eigene Migrationserfahrungen in ca. 190 Ländern mit. Auch die Belegschaften von Unternehmen sind multikulturell, und es bedarf einer Diversity-Strategie, um die Chancen der Vielfalt im Interesse des Unternehmens und der Beschäftigten zu nutzen. Die relevanten Führungskonzepte für einen bewussten Umgang mit multikulturellen Belegschaften und Arbeitsteams werden in diesem Abschnitt diskutiert.

4.5.1 Status quo der kulturellen Vielfalt in deutschen Unternehmen

Im Jahr 2020 hatten rund 21,9 Mio. Menschen in Deutschland (mehr als 26,7 % der Gesamtbevölkerung) einen Migrationshintergrund, das heißt entweder sie selbst oder ihre Eltern sind nach Deutschland zugewandert. Knapp 20 Mio. Menschen haben eigene Migrationserfahrung (vgl. Statistisches Bundesamt, 2022b).

Bevölkerung mit Migrationshintergrund in Deutschland
Insgesamt umfasst die Bevölkerung mit Migrationshintergrund alle Personen, die entweder selbst nicht mit deutscher Staatsangehörigkeit geboren sind oder bei denen mindestens ein Elternteil nicht mit deutscher Staatsangehörigkeit geboren ist. Hierzu gehören Ausländer, (Spät-) Aussiedler, Eingebürgerte, Personen, die die deutsche Staatsangehörigkeit durch Adoption erhalten haben sowie die mit deutscher Staatsangehörigkeit geborenen Kinder dieser vier Gruppen (vgl. Statistisches Bundesamt, 2022b).

Von allen Personen mit Migrationshintergrund sind 62 % selbst eingewandert (erste Generation) und 38 % sind in Deutschland geboren. Etwas mehr als die Hälfte der Personen mit Migrationshintergrund sind Deutsche (53 %). Mittelfristig wird sich der Anteil der Personen mit Migrationshintergrund weiter erhöhen: 2020 hatten 40 % aller Kinder unter fünf Jahren einen Migrationshintergrund (vgl. bpb, 2022).

Die meisten Zugewanderten stammen aus Europa: 34,2 % aller Personen mit Migrationshintergrund stammen aus der Europäischen Union, weitere 28,9 % aus einem anderen europäischen Land. Die meisten der 21,9 Mio. Personen mit Migrationshintergrund stammen aus der Türkei (12,6 %), Polen (9,4 %), Russland (5,6 %), Rumänien und Italien (4,3 bzw. 4,2 %). Kasachstan und Syrien sind mit Anteilen von 5,2 bzw. 4,6 % die wichtigsten nicht-europäischen Herkunftsländer (vgl. bpb, 2022).

Mehr als jedes zweite Unternehmen in Deutschland beschäftigt Menschen mit Migrationshintergrund, vor allem Unternehmen mit Schwierigkeiten bei der Personalbeschaffung. Als Motive für die Beschäftigung von Menschen mit Migrationshintergrund nennen die meisten Unternehmen: Übernahme gesellschaftlicher Verantwortung (54 %), Steigerung der eigenen Arbeitgeberattraktivität (51 %), Besetzung von (Ausbildungs) Stellen (36 %), Ansprache internationaler Kunden (29 %), Etablierung innovativer Arbeitsmethoden (16 %) und Pflege von Geschäftskontakten im Ausland (12 %) (vgl. KOFA, 2020, S. 10).

Für viele Unternehmen ist der Fachkräftemangel ein zentraler Grund für die Beschäftigung von Zugewanderten. Menschen mit Migrationshintergrund können einen wichtigen Beitrag zur Schließung der Fachkräftelücke in Deutschland leisten. Auch der Faktor der erwarteten Steigerung der Arbeitgeberattraktivität weist in diese Richtung.

Eine weitere Gruppe von Motiven für die Beschäftigung von Zugewanderten zielt auf ihre spezifischen kulturellen Kompetenzen ab – Ansprache internationaler Kunden und Kontaktpflege im Ausland. Diese Faktoren sind für exportorientierte Unternehmen in Deutschland von großer Bedeutung.

Mitarbeitende mit Migrationshintergrund können hier beispielsweise durch ihre Sprachkenntnisse oder ihr Wissen über ausländische Gebräuche und Kommunikations- bzw. Umgangsformen hilfreich sein. Dabei hilft es z. B. die Sprachkenntnisse der Mitarbeitenden systematisch zu erfassen, um so im Bedarfsfall besser darauf zurückgreifen zu können (vgl. KOFA, 2020, S. 12).

Allerdings berichten Unternehmen, die Zugewanderte beschäftigen, von einigen Hemmnissen wie Mangel an Bewerbern mit Migrationshintergrund, rechtliche Probleme bei der Beschäftigung, mangelnde Erfahrungen mit der Praxis der Beschäftigung und Integration, hohe Wechselbereitschaft durch Rückkehr ins Heimatland und Anstieg kulturell bedingter Spannungen innerhalb der Belegschaft (vgl. KOFA, 2020, S. 12).

Die Spannungen in der Belegschaft aufgrund der Multikulturalität werden zwar von lediglich 24 % der Unternehmen genannt, sind jedoch nicht zu unterschätzen. Die Vielfalt muss gemanagt werden, damit ihre positiven Auswirkungen zustande kommen und ihre problematischen Seiten reduziert werden können (vgl. Abschn. 4.5.3).

4.5.2 Vorteile der kulturellen Vielfalt für Unternehmen

Wie die Ergebnisse der KOFA-Studie 2020 zeigen, berichten die Unternehmen, die Menschen mit Migrationshintergrund beschäftigen, von einigen positiven Auswirkungen.

Allgemein betrachtet, können folgende **Vorteile** der kulturellen Vielfalt genannt werden:

- eine Chance, um Fachkräftelücke zu schließen: Besetzung von offenen Stellen und Ausbildungsplätzen durch die Kandidaten aus anderen Herkunftskulturen, Steigerung der Arbeitgeberattraktivität.
- Vorteile bei internationalen Aktivitäten: Kultur- und Sprachkompetenzen von Zugewanderten als Schlüssel zu neuen Kunden und Märkten, Unterstützung bei Geschäftskontakten und Anpassung von Produkten und Werbung an die Kultur und Mentalität etc.
- Synergieeffekte in kulturgemischten Teams: mehr Ideen, Sichtweisen, Erfahrungen können zu innovativeren Lösungen führen.

Mit multikulturellen Beschäftigten dem Fachkräftemangel vorbeugen Unternehmen, die gezielt nach Kandidaten mit Migrationshintergrund oder aus dem Ausland suchen, erweitern den Kreis der Suche und erhöhen damit die Erfolgschancen für die Besetzung von offenen Stellen und Positionen. Zugleich senden sie damit ein Signal, dass sie für die kulturelle Vielfalt offen sind, und steigern ihre Attraktivität als Arbeitgeber. Insbesondere für die jüngeren Generationen ist Multikulturalität eine Selbstverständlichkeit und die Chancengerechtigkeit ein wichtiger Wert. So wirkt die Einstellung von Menschen mit anderskulturellen Hintergründen zusätzlich als eine Maßnahme für Employer Branding.

4.5 Führung von multikulturellen Belegschaften

Vorteile bei internationalen Aktivitäten Die Beschäftigten mit internationaler Herkunft können einem Unternehmen Vorteile in Form der Sprach- und Kulturkompetenz bringen, insbesondere in interkulturellen Geschäften.

Ob im Ausland oder im Inland, Kunden wollen in ihrer Sprache angesprochen werden. Deswegen bemühen sich viele Unternehmen, bestimmte Positionen im internationalen Geschäft und im Kundendienst mit geeigneten Kulturexperten zu besetzen. Diese kennen nicht nur die Sprache des Ziellandes bzw. des Kunden, sondern verstehen seine Traditionen, Gepflogenheiten und Mentalität.

Verhandlungen und Kontaktsuche im Ausland können beispielsweise durch Mitarbeitende mit Migrationshintergrund effizienter gestaltet werden. Produkte und Marketingmaßnahmen für ausländische Märkte werden optimal angepasst. Dadurch werden mögliche Fehler vermieden, Kosten reduziert und Umsätze gesteigert.

Durch eine gezielte Ansprache von kulturellen Communities in Deutschland gewinnen Unternehmen neue Zielgruppen und Marktnischen. Die Kundenbetreuung in der Muttersprache der Kunden (vor allem Türkisch und Russisch) wird von einigen Telekommunikationsanbietern, Banken und Kreditinstituten in Deutschland praktiziert. Als Ergebnis steigen Servicequalität und Kundenzufriedenheit.

> **Evonik: Wir leben Vielfalt**
>
> Wir sind überzeugt von der Kraft der Vielfalt. Sie ist einer der Schlüssel für unseren wirtschaftlichen Erfolg. Deshalb fördern wir eine offene Leistungskultur, in der alle Beschäftigten unabhängig von Rasse, ethnischer Zugehörigkeit, Alter, Religion, Geschlecht, sexueller Orientierung oder Behinderung die gleichen Chancen haben. Dabei setzen wir bei Evonik auf Transparenz, Vernetzung und Unterstützung unserer Mitarbeiterinnen und Mitarbeiter und bieten darauf basierend eine breite Palette an Angeboten und Maßnahmen, um Diversity fest in der Unternehmenskultur zu verankern. Vielfalt schafft Wachstum, Innovation und Kundennähe (vgl. Evonik, o. J.) ◄

Synergieeffekte in kulturell gemischten Teams Aus der Sozialpsychologie ist der Ansatz „Information/Decision-Making" bekannt: heterogene Teams verfügen über eine größere Vielfalt und damit ein größeres Potenzial an Erfahrungswissen als homogene Teams (vgl. Williams & O'Reilly, 1998; Boerner et al., 2012). Gemischte Arbeitsgruppen sind in der Lage, innovative Lösungen zu erarbeiten, da sie von der Vielfalt verschiedener Perspektiven und Sichtweisen profitieren. Sie neigen zwar zu Konflikten und Missverständnissen und dadurch zu einem höheren Zeitaufwand, können jedoch – unter bestimmten Voraussetzungen – besonders kreative und innovative Lösungen hervorbringen.

Zahlreiche Studien konnten zeigen, dass Unternehmen erfolgreicher wirtschaften, wenn sie Vielfalt anstreben, statt sie lediglich zu dulden. Diversität führt nachweislich zu solideren Lösungen und einer höheren Akzeptanz über den Kreis der Entscheidungsträger hinaus (vgl. Wolters & Najipoor-Schütte, 2021, S. 285).

Da in gemischten Gruppen verschiedene Ansichten, Erfahrungen und Überzeugungen aufeinandertreffen, sind Kommunikationsprobleme und Konflikte vorprogrammiert. Um sich zu einigen, brauchen multikulturelle Gruppenmitglieder mehr Zeit für Besprechungen und Abstimmungen. Es ist die Aufgabe des Gruppenleiters, die Kommunikation zu steuern und für Konfliktlösung zu sorgen, damit die gemischten Arbeitsgruppen ihre Vorteile realisieren können.

Als Voraussetzungen für die Synergieeffekte der Interkulturalität in Arbeitsgruppen werden meistens spezifische Maßnahmen zur Verbesserung der Zusammenarbeit und Erhöhung des Teamzusammenhalts genannt, vor allem Aufbau einer konstruktiven Konflikt- und Feedback-Kultur, Stärkung des Vertrauens, Wertschätzung jedes einzelnen Teammitglieds, allgemeine Kommunikations- und Diversity-Trainings.

Die Vorteile für Kreativität und Innovation ergeben sich vor allem in multikulturellen Gruppen mit einem höheren Bildungs- und Qualifikationsstand der Mitglieder, bei kreativen, komplexen Gruppenaufgaben sowie unter der Voraussetzung, dass die Potenziale und Stärken aller Gruppenmitglieder zur Erreichung gemeinsamer Ziele eingesetzt werden.

Eine spezifische Fragestellung ist die Vielfalt in den oberen Führungsetagen, wo noch ein Nachholbedarf besteht: Gender-Diversity oder internationale Herkunft sind bei den bestehenden CEOs in den DAX-Unternehmen noch wenig ausgeprägt. Menschen unterschiedlichen Geschlechts und mit verschiedenen Erfahrungs- und Migrationshintergründen gehören in verantwortliche Positionen und Vorstände (vgl. Wolters & Najipoor-Schütte, 2021, S. 285).

4.5.3 Führungskonzepte für das Management kultureller Diversität

Um die Vorteile der kulturellen Vielfalt zu erschließen, stehen Unternehmen verschiedene Führungsinstrumente zur Verfügung, die je nach Bedarf eingesetzt werden können:

- gezielte Bildung und Management von kulturgemischten Arbeitsteams,
- Etablieren einer Unternehmenskultur der Vielfalt (Verankerung der Kulturwerte wie Wertschätzung und Chancengleichheit, Formulieren von Leitbildern mit Bezug zur Vielfalt etc.),
- Maßnahmen zur Berücksichtigung von kulturellen Besonderheiten im Arbeitsalltag (Freistellung für religiöse Feierlichkeiten Einrichtung von Gebetsräumen, fleischloses Kantinenessen etc.),

- Schulungsangebote und Weiterbildung für Führungskräfte und Mitarbeitende im Umgang mit kultureller Vielfalt (Kultursensibilisierung, Kommunikationstrainings, Konfliktmanagement-Workshops etc.),
- Gezielte Rekrutierung von Beschäftigten mit Migrationshintergrund und Ausländern,
- Ernennung von Ansprechpersonen für interkulturelle Angelegenheiten (Diversity-Beauftragte, Mediatoren, Mentoren),
- Förderung von (auf Initiative der Beschäftigten entstandenen) kulturellen Netzwerken.

Die KOFA Studie 2020 gibt einen Einblick in die Betriebspraxis im Umgang mit der kulturellen Vielfalt in deutschen Unternehmen: Die häufigste von Unternehmen genutzte Maßnahme zur Förderung von kultureller Vielfalt ist die Etablierung einer durch kulturelle Vielfalt geprägten Unternehmenskultur, was in knapp einer Hälfte der Unternehmen praktiziert wird. Die Bildung von kulturell gemischten Arbeitsteams wird von den Unternehmen am zweithäufigsten (37,2 %) genutzt. Danach folgen die Berücksichtigung von kulturellen Besonderheiten von Beschäftigten mit Migrationshintergrund im Arbeitsalltag (31,4 %) sowie das Bekenntnis zur kulturellen Vielfalt im Unternehmensleitbild (28,5 %). Andere der genannten Maßnahmen kommen in der Praxis nur selten vor (vgl. KOFA, 2020, S. 18).

Verankerung der Wertschätzung der kulturellen Vielfalt in den Werten der Unternehmenskultur und im Unternehmensleitbild ist grundsätzlich als starkes Signal sowohl nach innen wie nach außen und trägt dazu bei, dass sich die Beschäftigten mit anderskulturellen Hintergründen willkommen fühlen. Es reicht nicht, die Kulturvielfalt zu tolerieren, die Vielfalt sollte als Mehrwert und Bereicherung für alle verstanden werden.

Die als ebenfalls verbreitete Maßnahme genannte gezielte Bildung von multikulturellen Teams belegt einen tatsächlichen oder erwarteten höheren Nutzen von kulturell gemischten Arbeitsteams gegenüber kulturell homogenen Arbeitsteams. Allerdings kommen diese Synergieeffekte nur unter der Voraussetzung eines gezielten Managements der Vielfalt zustande, welches die Problematik der Vielfalt offenlegt und bewusst auf die Stärken und Potenziale von Beschäftigten setzt.

4.6 Potenzial- und Stärkenorientierung der Führung

Bei dem stärkenorientierten Ansatz der Führung geht es darum, Potenziale und Stärken der Mitarbeitenden zu erkennen und zu erschließen, anstatt Menschen verändern und verbessern zu wollen. Nur so können die wertvollen Potenziale jedes einzelnen Mitarbeiters für das Unternehmen genutzt werden. Die Potenziale und Stärken können als individuelle Eigenschaften einer Person zustande kommen oder auch tendenziell als charakteristische Merkmale einer Generation (z. B. nativer Umgang mit digitalen Medien bei den Jüngeren, Erfahrungswissen bei den Älteren) oder als spezifische

Kompetenzen aufgrund soziodemografischer Merkmale (z. B. interkulturelle Kompetenz, Sprachkenntnisse wegen eines Migrationshintergrunds) vorkommen.

4.6.1 Konzept der Stärkenorientierung im Umgang mit Vielfalt

Die Belegschaften von Unternehmen zeichnen sich durch Vielfalt hinsichtlich des Alters, Geschlechts, kultureller Hintergründe, sozialer und beruflicher Prägungen aus. Darüber hinaus ist jeder Mensch einmalig und hat seine spezifischen Stärken und Schwächen. Wie können diese Besonderheiten im Interesse von Personen und des ganzen Unternehmens berücksichtigt werden?

Eine fundierte **Strategie** zum Erschließen von Vorteilen der Vielfalt beinhaltet mehrere Aspekte: Chancengleichheit gewährleisten, zielgruppenorientierte Maßnahmen umsetzen, Unternehmenskultur der Wertschätzung etablieren.

Zunächst sollte die Chancengleichheit gewährleistet werden, um jegliche Diskriminierungen im Arbeitsalltag auszuschließen. Hierbei geht es vor allem um das Vorbeugen der Diskriminierung und Unterstützung von benachteiligten Gruppen im Sinne des 2006 eingeführten Allgemeinen Gleichbehandlungsgesetzes (AGG).

Ziel des Allgemeinen Gleichbehandlungsgesetzes (AGG)
Ziel des Gesetzes ist, Benachteiligungen aus Gründen der Rasse oder wegen der ethnischen Herkunft, des Geschlechts, der Religion oder Weltanschauung, einer Behinderung, des Alters oder der sexuellen Identität zu verhindern oder zu beseitigen. Das Gesetz bezieht sich auf die Bedingungen für den Zugang zu Erwerbstätigkeit und beruflichen Aufstieg, einschließlich Auswahlkriterien und Einstellungsbedingungen, die Beschäftigungs- und Arbeitsbedingungen einschließlich Arbeitsentgelt und Entlassungsbedingungen, den Zugang zu Berufsberatung, Berufsbildung, Berufsausbildung, beruflicher Weiterbildung, Mitgliedschaft und Mitwirkung in Gewerkschaften und Arbeitgebervereinigungen, den Sozialschutz, einschließlich der sozialen Sicherheit und der Gesundheitsdienste, die sozialen Vergünstigungen, die Bildung, den Zugang zu und die Versorgung mit Gütern und Dienstleistungen, die der Öffentlichkeit zur Verfügung stehen, einschließlich von Wohnraum (vgl. Antidiskriminierungsstelle, o. J.)

Darüber hinaus sollten die individuellen Unterschiede zwischen den Menschen akzeptiert und legitimiert werden, d. h. die Vielfalt hinsichtlich des Alters, Geschlechts, kultureller Herkunft, sexueller Orientierung, Behinderung etc. wird thematisiert und anerkannt, was einen spezifischen Umgang mit den Bedürfnissen und Interessen einzelner Zielgruppen in der Belegschaft erfordert.

Diese zielgruppenspezifischen Maßnahmen sollten durch eine Unternehmenskultur der Wertschätzung der Vielfalt und des gegenseitigen Lernens flankiert werden. Vermehrt finden sich Unternehmen und Organisationen, die gezielt Mitarbeiter mit vielfältigem Identitätshintergrund, Geschlecht, Kompetenzen, professioneller Ausrichtung und Generationszugehörigkeit einstellen und fördern. Diversität wird als Ressource für

4.6 Potenzial- und Stärkenorientierung der Führung

das ganze Unternehmen genutzt. Die spezifischen Erfahrungen heterogener Belegschaft werden aufgenommen, wertgeschätzt und für organisationale Lernprozesse eingesetzt. Marktstrategien werden aufgrund von deren Erfahrungen gezielt hinterfragt, Produkte und Geschäftsmodelle neu konzipiert oder angepasst, Abläufe und Strukturen optimiert. Durch einen intensiven Wissensaustausch wird die Kreativität gesteigert und der Weg zu organisationalem Lernen eingeleitet.

Als praktische Umsetzung der beschriebenen Strategie zum Erschließen von Vorteilen der Vielfalt kann das Konzept einer **stärkenorientierten Führung** implementiert werden.

Stärkenorientierung bedeutet, individuelle Potenziale zu erkennen, wertzuschätzen und ihnen ein Umfeld zu ermöglichen, in dem sie sich entfalten und dabei dem Unternehmen zugutekommen können.

Besonders für die Förderung der Agilität in Unternehmen ist der Grundsatz der diversifizierten Stärkenorientierung von großer Bedeutung. Jeder für sich hat ein oder mehrere Talente und Stärken. Durch den talent- und stärkeorientierten Einsatz im Team entsteht eine sich ergänzende Team-Performance, die ungleich höher ist als die Summe der Einzelstärken und Einzelleistungen. Damit reduziert sich die Gefahr der Überforderung und der Zurückhaltung bei der Übernahme von Verantwortlichkeiten bei verteilter Führung (vgl. Borggräfe & Rump, 2020, S. 41).

Wann erbringen Mitarbeiter die Höchstleistungen? Wenn sie das, was sie besonders gut können (Stärken), mit Begeisterung und Leidenschaft (Engagement) im Interesse des Unternehmens (Bedarf) tun. Die Führungskräfte sollten dafür sorgen, dass die Talente der Mitarbeiter an richtigen Stellen, entsprechend ihren Stärken eingesetzt werden (vgl. Abb. 4.1).

Es kann um kollektive (z. B. generationenbedingte) und individuelle Stärken gehen. In der Regel werden zur Erklärung von Unterschieden im Verhalten von Menschen verschiedenen Alters Generationeneffekte genutzt. In der Sozialisation, die immer in einem gesellschaftlichen Kontext stattfindet, entstehen die grundlegenden Werte eines

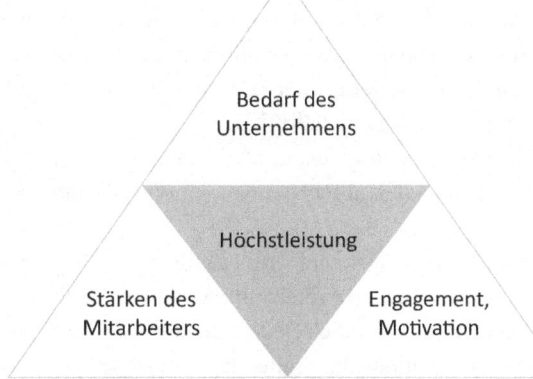

Abb. 4.1 Stärkenorientierte Führung. (Eigene Darstellung)

Menschen, deswegen ist es nachvollziehbar, dass Vertreter verschiedener Generationen gewisse Verhaltensähnlichkeiten aufweisen. Allerdings darf man die generationenbedingten Merkmale nicht pauschalisieren und die individuelle Vielfalt von Charakteren und Persönlichkeiten nicht nivellieren. Jeder Mensch ist einmalig und hat eigene Stärken und Talente.

4.6.2 Generationenbedingte Vorteile und Stärken nutzen

In Abhängigkeit von den Rahmenbedingungen ihrer Sozialisation haben Vertreter verschiedener Generationen bestimmte Verhaltensbesonderheiten, die für Unternehmen und Arbeitsprozess Stärken oder Schwächen darstellen können.

Generationenzugehörigkeit findet ihren Ausdruck im Kleidungsstil, in der Sprache, den Umgangsformen, dem Verhalten. In Bezug auf die Arbeitswelt kann man von generationenabhängigen Unterschieden in der Arbeitskommunikation und dem Arbeitsverhalten sprechen. Ältere Mitarbeiter nutzen für Kommunikation eher (Festnetz)Telefon und E-Mail, Jüngere ziehen WhatsApp und Instagram vor; Ältere schlagen bei Bedarf ein Fachbuch auf, Jüngere googeln oder sehen sich ein YouTube-Erklärvideo an.

Die typischen generationenbedingten Vorteile und Stärken der vier gängigen Generationen in Unternehmen – Baby Boomer, Generationen X, Y und Z – sind in Tab. 4.2 zusammengestellt (selbstverständlich sind diese Beschreibungen nur als Tendenzen, ohne Pauschalisierung zu verstehen).

Da Abteilungen oder Büros mit mehreren Generationen in deutschen Unternehmen oft vorkommen, sind Konflikte kaum vermeidbar. Während die einen eine klare Trennung von Beruflichem und Privatem favorisieren, gehen die beiden Lebensbereiche bei anderen Generationen fließend ineinander über. Jüngeren Jahrgängen sind die Ergebnisse wichtiger als die Anwesenheit am Arbeitsplatz. Sie wünschen sich flexible Arbeitszeiten und die Möglichkeit vom Homeoffice aus arbeiten zu können. Manchmal sind es aber auch nur Kleinigkeiten. Wenn die Jüngeren zum Beispiel lieber chatten als – wie die Älteren – zum Telefonhörer zu greifen (vgl. Personalwissen, 2022).

Trotz erhöhtem Konfliktpotenzial können Jung und Alt voneinander lernen. Die generationenbedingten Stärken können – kombiniert in einem Arbeitsteam – die Leistungen und Innovationsfähigkeit des Teams positiv beeinflussen und gegenseitige Lernprozesse fördern, allerdings nur unter den Bedingungen eines guten Teamklimas und einer Zusammengehörigkeit.

Ein erfolgreiches Generationenmanagement in der Praxis könnte wie folgt, basierend auf einigen Säulen aufgebaut werden (vgl. Riedel, 2020):

1. **Kommunikation und Interaktion:** Jede Generation hat eigene Vorstellungen von einem optimalen Arbeitsumfeld. Um zwischen den Generationen das gegenseitige Verständnis für die Gedankenwelt der Kollegen zu stärken, sollten abteilungs- und generationsübergreifende Teams gebildet werden, die – wenn möglich – in

Tab. 4.2 Vorteile und Stärken der Generationen Baby Boomer, X, Y und Z. (Eigene Darstellung in Anlehnung an Borghardt, 2020; Personalwissen, 2022)

Generation	geboren	Spezifische Vorteile und Stärken
Baby Boomer	1955–1965	Fleiß, „protestantische Arbeitsethik", Arbeit an erster Stelle, Loyalität, Dankbarkeit, Fürsorglichkeit, Lebenserfahrung, Expertenwissen, strukturierter Arbeitsstil, intensive analoge Netzwerke und Beziehungen Motto: Leben, um zu arbeiten
Generation X	1966–1980	Gute Arbeitsethik, hohe Qualifikation, Berufserfahrung, Ausgeglichenheit von Arbeit und Freizeit, Karriereorientierung, Arbeitsqualität, Eigeninitiative, Selbstständigkeit, Individualismus, Ehrgeiz, Offenheit für das Neue, Zugang zu Technik Motto: Arbeiten, um zu leben
Generation Y	1981–1995	Sinnorientierung in der Arbeit, hohe Qualifikation, Lernwille, Selbstverwirklichung in der Arbeit, Problemlösungsorientierung, Teamfähigkeit, Wunsch nach Freiraum, Flexibilität und flachen Hierarchien, digitale Affinität, digitale und analoge Vernetztheit, Arbeit und Privates verschmelzen Motto: Arbeit und Freizeit verschmelzen
Generation Z	1996–2009	Digitale Affinität, Selbstbewusstsein, Selbstverwirklichung in sozialen Kontakten, Trennen zwischen Job und Freizeit, Wunsch nach Sicherheit und Struktur, Teamorientierung, Kreativität, Werteorientierung (Nachhaltigkeit, Chancengerechtigkeit) Motto: Arbeit und Freizeit werden getrennt

regelmäßigen Abständen in neue Teams aufgebrochen werden, um firmeninternen Wissenstransfer zu fördern. Hilfreich ist auch Mentoring zur Förderung jüngerer Mitarbeiter durch ältere Kollegen, dadurch fließen Erfahrungen im Unternehmen weiter und es entstehen neue Bezugspunkte zwischen verschiedenen Altersgruppen. Die internen Kommunikationsmedien sollten so gewählt werden, dass alle Mitarbeiter davon profitieren. Schwerfällige Kommunikation via klassischer E-Mail-Ketten und umständliche Meeting-Strukturen sind für die Vertreter der Generation Z auf Dauer nicht mehr vermittelbar.
2. **Transparenz und Partizipation:** Etablieren einer transparenten Kommunikations- und Feedback-Kultur im Unternehmen, die Ansprüche der verschiedenen Generationen berücksichtigt. Jeder Mitarbeiter muss das Gefühl haben, etwas zum Unternehmenserfolg beizutragen und überholte Strukturen und Abläufe verbessern zu können. Insbesondere Personalentscheidungsprozesse müssen unbedingt transparent für den jeweiligen betroffenen Mitarbeiter ablaufen. Hier können Modelle des Peer-Feedbacks, also der gegenseitigen Leistungsbewertung unter den Angestellten helfen, z. B. 360 Grad-Feedback. Führungskräfte sollten regelmäßige Feedback-Gespräche sowohl für einzelne Mitarbeiter als auch für Teams anbieten.

3. **Individualität:** Zeitgemäße Mitarbeiterführung und -entwicklung muss sich an den Bedürfnissen der Arbeitnehmer ausrichten und sowohl auf die individuellen Lebensphasen eingehen, in denen diese sich gerade befinden, als auch den generationsspezifischen Hintergrund beachten. Die Kollegin aus der Generation Y möchte möglicherweise eher räumliche und zeitliche Flexibilität als Option haben, als der Mitarbeiter aus der Generation der Baby Boomer. Hier bedarf es aktiven Zuhörens der Führungskraft, um für jeden Mitarbeiter die passenden Optionen für einen optimalen Arbeitseinsatz zu finden. Die Beschäftigten haben ihre individuellen Stärken, Schwächen und Entwicklungspotenziale, die erkannt werden sollen. Gerade mit Hinblick auf die geringe Loyalität der Generation Z, sollten junge Mitarbeiter individuelle Weiterbildungsangebote und Karriereperspektiven bekommen.
4. **Wertschätzung:** Im Umgang mit den unterschiedlichen Generationen im Team sollten Führende den Vorurteilen entgegenwirken, vor allem dem Defizitmodell des Alterns (vgl. Abschn. 4.2.1). Ältere Kollegen dürfen nicht aus dem Blickfeld des Talent Managements verschwinden. Man kann beispielsweise ein spezielles Entwicklungsprogramm für die Generation 50plus schaffen. Das regelmäßige Vermitteln von Empathie und Wertschätzung ist wichtiger denn je. Die Älteren dürfen sich durch die Digitalisierung der Arbeitsabläufe nicht überfordert oder gar abgehängt fühlen. Die Jüngeren sind durch das Feedback-Prinzip der sozialen Medien auf unmittelbare, positive Rückmeldungen konditioniert und brauchen regelmäßiges Feedback als Zeichen der Wertschätzung.
5. **Offenheit für Neuerungen:** Die heutige Arbeitswelt ist komplex und dynamisch, dabei ist es besonders wichtig, sich als Führungskraft eine wertfreie Offenheit für Trends und technologische Neuerungen zu behalten. Digitale Neuerungen sollten nicht nur Effizienz steigern, sondern auch das Wohlbefinden der Mitarbeiter erhöhen. Als Führungskraft sollte man sich auch bezüglich der Flexibilisierung von Arbeitszeiten und -orten öffnen. Dabei ist es entscheidend, auf die Wünsche verschiedener Generationen individuell einzugehen. Die Generation Z zum Beispiel bevorzugt eine flexible Einteilung der Arbeitszeit, wünscht sich dafür aber dennoch einen festen zeitlichen Rahmen, um das gefürchtete Work-Life-Blending zu reduzieren. Die Generation Y ist demgegenüber dem Konzept des Work-Life-Blending aufgeschlossen.

Die spezifischen Vorteile und Stärken verschiedener Generationen ermöglichen einen stärkenorientierten Einsatz der Mitarbeiter in altersgemischten Arbeitsteams und fördern gegenseitiges Lernen und einen intensiven Wissensaustausch, der allen Beteiligten Vorteile bringt. Es liegt in der Verantwortung der Führungskräfte, diese Stärken zu erkennen und zu erschließen.

4.6.3 Individuelle Stärken und Potenziale erschließen

Neben den generationenbedingten Besonderheiten sind die individuellen Stärken und Potenziale einzelner Mitarbeitender zu berücksichtigen.

Stärken beschreiben die gegenwärtigen, vorhandenen fachlichen, methodischen, sozialen oder persönlichen Fähigkeiten/Kompetenzen eines Mitarbeiters. Allerdings zeigt ein Mitarbeiter sein ganzes Können nur wenn er eine herausfordernde Aufgabe hat, motiviert ist und wenn die situativen Möglichkeiten/Bedingungen gegeben sind. Sonst sind die Stärken des Mitarbeiters nur Potenziale, die erst erschlossen werden sollen.

Es ist wichtig, nicht nur die gegenwärtigen Stärken, sondern auch die verborgenen **Talente** und **Potenziale** der Beschäftigten zu erkennen. Das kann mithilfe von herausfordernden Aufgaben, die das „normale" Niveau übersteigen, gemacht werden, z. B. indem ein Mitarbeiter eine Urlaubsvertretung in einer höheren Position oder eine Projektleitung übernimmt. Wirksam sind auch spezielle Potenzialgespräche mit den einzelnen Mitarbeitern, in denen sie sich zu ihren Wünschen und Zukunftsplänen äußern können.

Eine Führungskraft könnte beispielsweise einen neu eingestellten Mitarbeiter nach zwei-drei Wochen bezüglich seiner Probleme und Fortschritte bei der Einarbeitung fragen und später – nach vier-sechs Wochen – über seine Vorstellungen über die Aufgaben und Ziele für die Zukunft diskutieren. In solchen Gesprächen können sowohl Interessen als auch Potenziale von Beschäftigten erkannt werden.

Die individuellen Stärken können auf die Besonderheiten der Sozialisation oder spezifische persönliche Erfahrungen zurückgeführt werden, z. B. spezifische Kompetenzen eines Quereinsteigers aus einer anderen Branche, aus der Selbstständigkeit oder persönliche Erfahrungen aufgrund einer Zuwanderungsgeschichte.

Eine Führungskraft sollte eigene Eindrücke sammeln, die Mitarbeiter in ihrem Arbeitsalltag beobachten und häufiger Mitarbeitergespräche führen, um die persönlichen Stärken jedes Mitarbeiters zu erkennen (vgl. Ausführungen zu der interaktiven Führung Kap. 8).

Auch die Kenntnis von eigenen Stärken und Potenzialen ist in diesem Prozess wichtig: Jeder Mensch sollte sich mit eigenen Stärken und Schwächen beschäftigen, um sein Leben und seine Karriere optimal zu gestalten, seine Talente zu nutzen. Selbstreflexion ist eine wichtige Kompetenz für Selbstmanagement, -motivation und kontinuierliches Lernen.

Die **praktische Umsetzung** der stärkenorientierten Führung könnte wie folgt aussehen: Eine Führungskraft sollte die Talente und Potenziale der Mitarbeitenden in einem dreistufigen Prozess identifizieren und diese zu Stärken ausbauen (in Anlehnung an Gall & Wittenberg, 2021, S. 148):

1. Zunächst identifiziert eine Führungskraft die Talente und Potenziale ihrer Mitarbeiter und macht ihnen bewusst, wie diese ihre Tätigkeit prägen. Das sollte in regelmäßigen individuellen Potenzialgesprächen mit jedem einzelnen Mitarbeiter passieren.
2. Dann zeigt sie ihren Mitarbeitenden, wie sie ihre Talente und Potenziale gezielter nutzen können, und unterstützt sie dabei, ihre Potenziale als solche anzuerkennen. Dazu sollte die Führungskraft den Mitarbeiter bei der Tätigkeit beobachten und fundierte Vorschläge für eine bessere Nutzung der Potenziale unterbreiten.
3. Im dritten Schritt geht es darum, die Talente und Potenziale durch einen bewussten Einsatz zu Stärken auszubauen. Hierzu sollte die Führungskraft die persönliche Entwicklung des Mitarbeiters intensiv begleiten und regelmäßig Feedback geben.

Als Voraussetzung für die stärkenorientierte Führung braucht man eine wertschätzende Unternehmenskultur, die generationenbedingte, kulturelle und individuelle Vielfalt als Vorteil und Mehrwert versteht. Oft sind dafür spezielle Sensibilisierungstrainings und Workshops erforderlich, die sich in erster Linie an die Führungskräfte als Vorbilder und Träger der Unternehmenskultur und generell an alle Beschäftigten richten. Auch eine Vielfalt in den Führungsetagen hinsichtlich der Generation, des Geschlechts und der kulturellen Herkunft trägt zu einer erfolgreichen Zusammenarbeit von vielfältigen Belegschaften bei.

Ein Unternehmen, das auf die Stärken der Beschäftigten setzt und ihnen Freiräume für die Weiterentwicklung anbietet, kann von einer höheren Leistungsmotivation und Loyalität der Mitarbeitenden profitieren.

Wer stärkenorientiert führt, zwingt Teammitglieder nicht mehr, in Projekten mitzuarbeiten, sondern fragt, wer die anstehenden Aufgaben übernehmen möchte. Manchmal ist es einfach, die passenden Teammitglieder zu finden, mitunter muss man das Team aber neu zusammenstellen. Wer stärkenorientiert führt, wird am Ende eine bessere Führungskraft sein und die besseren Ergebnisse erzielen. Die Forschungsergebnisse von Gallup zeigen, dass Mitarbeiter, die stärkenorientiert geführt werden, in mehreren Punkten eine bessere Performance aufweisen, die durch folgende Indikatoren zur Geltung kommt (vgl. Tödtmann, 2022):

- 7 % bis 23 % höhere emotionale Mitarbeiterbindung,
- 8 % bis 18 % höhere Leistung,
- 20 % bis 73 % geringere Fluktuation.

Um solche Ergebnisse zu erreichen, sind verschiedene Dinge zu beachten. Ein erfolgreiches Team ist vergleichbar mit einem Puzzle – erst wenn alle Teile zusammenpassen, erhält man ein vollständiges Bild. Die Vielfalt im Team, je nach verschiedenen Kriterien wie Alter, Geschlecht, kulturelle und soziale Herkunft, Berufsgruppen etc., macht Synergieeffekte möglich. Zusätzlich ist es wichtig, eine Kultur des Vertrauens und der Transparenz zu schaffen. Die Führungskraft sollte als Coach und Befähiger des Teams agieren. Stärkenorientierte Führung bedeutet, Menschen zu ermutigen, ihr volles Potenzial auszuschöpfen und den Weg zu finden, der zu ihnen passt (vgl. Gall & Wittenberg, 2021, S. 148).

> **Verständnis- und Reflexionsfragen**

1. Wie lässt sich die demografische Entwicklung in Deutschland beschreiben und welche Auswirkungen hat sie auf Unternehmen?
2. Welche Aufgaben ergeben sich für die Führungskräfte in Unternehmen vor dem Hintergrund des demografischen Wandels?
3. Welche Vor- und Nachteile haben ältere Beschäftigte?
4. Mit welchen Instrumenten kann die Beschäftigungsfähigkeit älterer Mitarbeiter gefördert werden? Wie kann man das Erfahrungswissen Älterer im Unternehmen halten?
5. Durch welche Besonderheiten zeichnen sich die Vertreter der Generationen Y und Z aus?
6. Warum ist es notwendig, Frauenkarrieren in Unternehmen zu fördern? Welche Maßnahmen halten Sie für sinnvoll?
7. Unter welchen Bedingungen kann (kulturelle) Vielfalt zu einem Vorteil für Unternehmen werden?
8. Was verstehen Sie unter der Stärkeorientierung der Führung? Wie lässt sich diese Führung praktizieren?

Literatur

Antidiskriminierungsstelle des Bundes. (Hrsg.) (o. J.). AGG. https://www.antidiskriminierungsstelle.de/SharedDocs/downloads/DE/publikationen/AGG/agg_gleichbehandlungsgesetz.pdf?__blob=publicationFile. Zugegriffen: 28. März 2022.

bidt (Bayerisches Forschungsinstitut für Digitale Transformation). (Hrsg.). (2022). Das bidt-SZ-Digitalbarometer. https://www.bidt.digital/wp-content/uploads/2022/01/Analysen-Studien-bidt-SZ-Digitalbarometer.pdf. Zugegriffen: 17. März 2022.

BMFSFJ (Bundesministerin für Familie, Senioren, Frauen und Jugend). (2020). Projekt erforscht Ungleichheiten bei der unbezahlten Sorgearbeit. https://www.bmfsfj.de/bmfsfj/themen/gleichstellung/gender-care-gap/projekterstellung/projekt-erforscht-ungleichheiten-bei-der-unbezahlten-sorgearbeit-137292. Zugegriffen: 21. März 2022.

BMW Group. (Hrsg.) (2019). BMW Group startet Senior Experten Programm. https://www.press.bmwgroup.com/deutschland/article/detail/T0291183DE/bmw-group-startet-senior-experten-programm?language=de. Zugegriffen: 18. März 2022.

Boerner, S., Keding, H., & Hüttermann, H. (2012). Gender Diversity und Organisationserfolg: Eine kritische Bestandsaufnahme. *Schmalenbachs Zeitschrift für betriebswirtschaftliche Forschung, 1*, 37–70.

Borggräfe, J., & Rump, J. (2020). Der Corona-Effekt in der Führung. *Personalmagazin, 10*, 39–42.

Borghardt, L. (2020). Babyboomer bis Gen-Z – so bringt man vier Generationen unter einen Hut. https://www.haufe.de/immobilien/wirtschaft-politik/personalstratetgie-vier-generationen-in-einem-unternehmen_84342_515054.html. Zugegriffen: 18. März 2022.

bpb (Bundeszentrale für politische Bildung). (2022). Bevölkerung mit Migrationshintergrund. https://www.bpb.de/kurz-knapp/zahlen-und-fakten/soziale-situation-in-deutschland/61646/bevoelkerung-mit-migrationshintergrund/. Zugegriffen: 24. März 2022.

Bundesagentur für Arbeit. (2020). Anteil von Frauen und Männern in verschiedenen Berufsgruppen in Deutschland am 30. Juni 2019 (sozialversicherungs-pflichtig und geringfügig Beschäftigte). Statista, https://de.statista.com/statistik/daten/studie/167555/umfrage/frauen-anteil-in-verschiedenen-berufsgruppen-in-deutschland/. Zugegriffen: 27. März 2022.

Bundesagentur für Arbeit. (2021). Die Arbeitsmarktsituation von Frauen und Männern 2020. https://statistik.arbeitsagentur.de/DE/Statischer-Content/Statistiken/Themen-im-Fokus/Frauen-und-Maenner/generische-Publikationen/Frauen-Maenner-Arbeitsmarkt.pdf?__blob=publicationFile. Zugegriffen: 19. März 2022.

Bundesministerium für Gesundheit. (2021). Betriebliches Gesundheitsmanagement. https://gesund.bund.de/betriebliches-gesundheitsmanagement-bgm. Zugegriffen: 18. März 2022.

Bundesregierung. (2021). Mehr Frauen in Vorstände. https://www.bundesregierung.de/breg-de/aktuelles/mehr-frauen-in-vorstaende-1834446. Zugegriffen: 11. Jan. 2022.

Deutsche Bahn. (2020). Für Sie und Ihre Familie. Das Plus der DB. https://karriere.deutschebahn.com/resource/blob/2654840/6b16c52462750fba884107a53759830c/PDF_Sozialleistungen_liveUmgebung-data.pdf. Zugegriffen: 18. März 2022.

Dürhager, R., & Heuer, T. (2009). Manifest der Digital Natives. https://www.changex.de/Article/manifest_digital_natives. Zugegriffen: 28. März 2022.

Evonik. (Hrsg.) (o. J.). Diversity bei Evonik. https://careers.evonik.com/de/ueber-uns/was-uns-antreibt/diversity-bei-evonik. Zugegriffen: 28. März 2022.

Franken, R., & Franken, S. (2020). *Wissen und Innovation im digitalisierten Unternehmen* (2. Aufl.). Springer Gabler.

Franken, S., Abels, K., & Hahn, S. (2019). Digicom Gender: Untersuchung von geschlechtsspezifischen Ausprägungen bei Studierenden und die Vermittlung im Rahmen des Studiums, Whitepaper, FH Bielefeld. https://www.fh-bielefeld.de/multimedia/Fachbereiche/Wirtschaft/Forschung/Denkfabrik+Digitalisierte+Arbeitswelt/DigiCom+Gender+Abschlussbericht-p-130290.pdf. Zugegriffen. 28. März 2022.

Gall, S., & Wittenberg, J. (2021). *Erfolgreich führen in hybriden Arbeitswelten. Analog und digital – Roadmap für Führungskräfte*. Haufe Group.

Greiner, L. (2018). So haben die Millennials die Arbeitswelt verändert. In Spiegel, 01. März 2018. https://www.spiegel.de/karriere/generation-y-so-haben-die-millennials-die-arbeitswelt-bereits-veraendert-a-1195595.html. Zugegriffen: 20. April 2022.

Grosch, K., Gangl, K., Spitzer, F., & Walter, A. (2020). Frauen in Führungspositionen, insbesondere in technischen Berufen. Identifikation von Barrieren und Maßnahmen. https://irihs.ihs.ac.at/id/eprint/5270/2/ihs-policy-brief-2020-grosch-gangl-spitzer-walter-frauen-fuehrungspositionen-technische-berufe.pdf. Zugegriffen: 19. März 2022.

Gunkel, J. (2021). Neue Aufgaben für den Einzelnen. https://www.handelsblatt.com/karriere/zukunft-der-arbeit-vier-wissenschaftler-erklaeren-wie-die-arbeitswelt-nach-corona-aussehen-wird/v_detail_tab_print/26738340.html. Zugegriffen: 4. Jan. 2022.

IAB (Institut für Arbeitsmarkt- und Berufsforschung). (2019). Anteil der weiblichen Führungskräfte stagniert. https://www.iab.de/de/informationsservice/presse/presseinformationen/kb2319.aspx. Zugegriffen: 6. Dez. 2021.

Initiative D21. (2020). Wie digital ist Deutschland? D21 Digital Index 19/20. Jährliches Lagebild zur Digitalen Gesellschaft. https://initiatived21.de/app/uploads/2020/02/d21_index2019_2020.pdf. Zugegriffen: 17. März 2022.

Initiative D21. (2021). D21 digital Index 2020/2021. https://initiatived21.de/app/uploads/2021/02/d21-digital-index-2020_2021.pdf. Zugegriffen: 18. Jan. 2022.

KfW. (2021). KfW Research. KfW-ifo-Fachkräftebarometer: 4. Quartal 2021. Fachkräfte so knapp wie nie seit der Wiedervereinigung. https://www.kfw.de/PDF/Download-Center/Konzernthemen/Research/PDF-Dokumente-KfW-ifo-Fachkr%C3%A4ftebarometer/KfW-ifo-Fachkraeftebarometer_2021-11.pdf. Zugegriffen: 24. Jan. 2022.

Kirsch, A., & Wrohlich, K. (2020). Frauenanteile in Spitzengremien großer Unternehmen steigen – abgesehen von Aufsichtsräten im Finanzsektor. In: DIW Wochenbericht Nr. 4/2020. Managerinnen-Barometer 2020, Berlin, S. 38–49, https://www.diw.de/documents/publikationen/73/diw_01.c.703374.de/20-4.pdf. Zugegriffen: 4. März 2022.

Kirsch, A., & Wrohlich, K. (2021). Mehr Frauen in Spitzengremien großer Unternehmen, Dynamik aber verhalten – Gesetzliche Vorgabe könnte Schwung bringen. *DIW Wochenbericht, 88*(3). https://www.diw.de/de/diw_01.c.808794.de/publikationen/wochenberichte/2021_03_2/mehr_frauen_in_spitzengremien_grosser_unternehmen__dynamik_a___r_verhalten_____gesetzliche_vorgabe_koennte_schwung_bringen.html. Zugegriffen: 19. März 2022.

KOFA (Kompetenzzentrum Fachkräftesicherung). (2020). KOFA-Studie 3/2020: Kulturelle Vielfalt in Unternehmen. https://www.kofa.de/fileadmin/Dateiliste/Publikationen/Studien/Kulturelle_Vielfalt_in_Unternehmen_3_2020.pdf. Zugegriffen: 24. März 2022.

Malin, L., & Hickmann, H. (2022). KOFA Kompakt. Jahresrückblick Arbeitsmarkt 2021. https://www.iwkoeln.de/studien/lydia-malin-helen-hickmann-jahresrueckblick-der-arbeitsmarkt-2021.html. Zugegriffen: 7. Febr. 2022.

Neumann, A. (2019). Generationen-Tandems sichern Wissenstransfer. https://www.vdi-nachrichten.com/karriere/management/generationen-tandems-sichern-wissenstransfer/. Zugegriffen: 18. März 2022.

Odgers Berndtson. (2021). Manager Barometer 2021–2022. https://www.odgersberndtson.com/media/11152/ob-managerbarometer-2122.pdf. Zugegriffen: 11. März 2022.

Personalwissen Redaktion. (Hrsg.) (2022). Generationen am Arbeitsplatz: Vorteil Generationenvielfalt. https://www.personalwissen.de/personalwesen/diversity/generationen-am-arbeitsplatz/. Zugegriffen: 28. März 2022.

Regnet, E. (2020a). Ageing Workforce – Herausforderung für die Unternehmen. In L. Von Rosenstiel, E. Regnet, & M. E. Domsch (Hrsg.), *Führung von Mitarbeitern. Handbuch für erfolgreiches Personalmanagement* (8. Aufl., S. 841–859). .: Schäffer Poeschel.

Regnet, E. (2020b). Der Weg in die Zukunft – Anforderungen an die Führungskraft. In L. Von Rosenstiel, E. Regnet, & M. E. Domsch (Hrsg.), *Führung von Mitarbeitern. Handbuch für erfolgreiches Personalmanagement* (8. Aufl., S. 55–75). Schäffer Poeschel.

Riedel, P. (2020). So gelingt das Generationenmanagement. https://www.personalwirtschaft.de/news/hr-organisation/so-gelingt-das-generationenmanagement-98788/. Zugegriffen: 18. März 2022.

Rump, J. (2021). Die Neue Normalität in der Arbeitswelt – Die 7 * 3er-Regel. https://flexible-arbeit.de/wp-content/uploads/2021/11/Kompendium_Artikel-Dr.-Jutta-Rump.pdf. Zugegriffen: 18. März 2022.

Rump, J., & Eilers, S. (2017). *Auf dem Weg zur Arbeit 4.0. Innovationen in HR.* Springer.

Rybnikova, I., & Menzel, V. (2021). Führung und Frauen: Ein zähes Ringen um die Gleichberechtigung. In I. Rybnikova & R. Lang (Hrsg.), *Aktuelle Führungstheorien und Konzepte* (2. Aufl., S. 433–469). Springer.

Schachtner, M. (2020). Gerüstet für Schwerstarbeit. Exoskelette können dem Bewegungsapparat unter die Arme greifen und Belastungen vermeiden. https://www.amz.de/geruestet-fuer-schwerstarbeit. Zugegriffen: 18. März 2022.

Schnetzer, S. (2019). Studienergebnisse junge Deutsche 2019. https://simon-schnetzer.com/studienergebnisse-junge-deutsche-2019/. Zugegriffen: 25. Jan. 2022.

Scholz, C. (2019). Christian Scholz Gedanken und Materialien zur Generation Z. https://die-generation-z.de/. Zugegriffen: 25. Jan. 2022.

Statistisches Bundesamt Deutschland. (2020). Bevölkerung (ab 15 Jahren): Deutschland, Jahre, Geschlecht, Altersgruppen, Allgemeine Schulausbildung. https://www-gene-sis.destatis.de/genesis/online. Zugegriffen. 21. März 2022.

Statistisches Bundesamt Deutschland. (2021a). Frauenanteile nach akademischer Laufbahn. https://www.destatis.de/DE/Themen/Gesellschaft-Umwelt/Bildung-Forschung-Kultur/Hochschulen/Tabellen/frauenanteile-akademischelaufbahn.html. Zugegriffen: 19. März 2022.

Statistisches Bundesamt Deutschland. (2021b). Frauenanteil in Führungspositionen in der EU. Stand 2019. https://www.destatis.de/Europa/DE/Thema/Bevoelkerung-Arbeit-Soziales/Arbeitsmarkt/Qualitaet-der-Arbeit/_dimension-1/08_frauen-fuehrungspositionen.html. Zugegriffen: 21. März. 2022.

Statistisches Bundesamt Deutschland. (2022a). Bevölkerungsvorausberechnung. https://www.destatis.de/DE/Themen/Gesellschaft-Umwelt/Bevoelkerung/Bevoelkerungsvorausberechnung/_inhalt.html. Zugegriffen: 25. Jan. 2022a.

Statistisches Bundesamt Deutschland. (2022b). Bevölkerung. Migration und Integration. https://www.destatis.de/DE/Themen/Gesellschaft-Umwelt/Bevoelkerung/Migration-Integration/_inhalt.html. Zuggegriffen: 24. März 2022b.

Tödtmann, C. (2022). Gallup-Studie Jobwechsel? Ja gern! Die Great Resignation erreicht Deutschland. https://www.wiwo.de/erfolg/management/gallup-studie-jobwechsel-ja-gern-die-great-resignation-erreicht-deutschland/28227928.html. Zugegriffen: 19. April 2022.

Williams, K. Y., & O'Reilly, C. A. (1998). Demography and diversity in organizations: A review of 40 years of research. *Research in Organizational Behavior, 52*, 599–627.

Wolters, H., & Najipoor-Schütte, K. (2021). Anpassungsfähig, reflektiert, nahbar. CEOs in einer hyperkomplexen Welt. *zfo 05/2021, 90*, 282–287.

Zenger, J., & Folkman, J. (2020). Mehr Mut bei Beförderungen. https://www.manager-magazin.de/harvard/fuehrung/frauen-in-fuehrungspositionen-mangelndes-selbstvertrauen-a-00000000-0002-0001-0000-000165870961. Zugegriffen: 20. Jan. 2022.

Zenjob. (Hrsg.) (2021). Zenjob Gen-Z-Studie: Das wünschen sich junge Arbeitnehmer*innen von ihrem Job. https://www.zenjob.com/wp-content/uploads/210629_PM_Gen-Z-Studie-1.pdf. Zuggegriffen: 25. Jan. 2022.

Zimmerling, T. (2019). Wie Reverse Mentoring den Wandel treibt. https://www.diekarrieremacher.de/wie-reverse-mentoring-den-wandel-treibt/. Zugegriffen: 19. März 2022.

Demokratisierung der Führung 5

> **Zusammenfassung**
>
> Neue Anforderungen der modernen Arbeitswelt, veränderte Werteorientierungen der Beschäftigten infolge des Wertewandels und die technischen Möglichkeiten der Digitalisierung bilden die Voraussetzungen für mehr Partizipation und Teilhabe aller Akteure an Unternehmensentscheidungen. Die digitalisierte Arbeitswelt verlangt nach mehr Dezentralisierung, Agilität und Selbstorganisation bei Menschen und Strukturen in Unternehmen. Zugleich ermöglichen digitale Technologien schnelle gemeinsame Abstimmungen, interaktive Kommunikation und Kollaboration. Als Folge entstehen in Unternehmen verschiedene Formen der organisationalen Demokratie, von der Partizipation der Beschäftigten an Entscheidungen, Verantwortung und Erfolg des Unternehmens über innovative Konzepte wie die Wahl der Führungskräfte bis zu mitarbeitergeführten Unternehmen, Holakratie und Soziokratie. Die Einführung von Maßnahmen zur Demokratisierung bedarf geeigneter Führungskonzepte und Führungsstile, fachlicher und sozialer Kompetenzen der Beschäftigten und Führungskräfte sowie einer Flankierung durch kulturelle Werte. Die Treiber der Demokratisierung in Unternehmen, mögliche Formen der Partizipation und organisationalen Demokratie mit Beispielen aus der Praxis bilden zentrale Fragestellungen dieses Kapitels.

5.1 Treiber der Demokratisierung in Unternehmen

Der Trend zur Demokratisierung und Partizipation in Unternehmen liegt sowohl im technologischen Wandel als auch in veränderten Werteorientierungen und Erwartungen im Rahmen des Wertewandels begründet (vgl. Abschn. 1.2).

Die Treiber der Demokratisierung in Unternehmen sind:

- Veränderungen in der Arbeitswelt: große Bedeutung der Qualifikation und des Wissens der Mitarbeitenden, Trend zur Autonomie, Dezentralisierung und Flexibilisierung der Arbeit und Organisation,
- neue Werteorientierungen und Erwartungen der Beschäftigten: Forderung nach mehr Teilhabe, Partizipation und Führung auf Augenhöhe.

Es ist eine Situation entstanden, in der die Führenden ihre Macht nicht mehr allein ausüben können, die Geführten mehr Teilhabe fordern und die technischen Voraussetzungen für mehr Partizipation gegeben sind.

5.1.1 Steigende Bedeutung der Qualifikation, Dezentralisierung und Flexibilisierung in Unternehmen

Steigendes Qualifikationsniveau der Beschäftigten stellt einen bedeutenden Treiber der Demokratisierung dar. Das Führungsmodell mit einem alleswissenden Chef, der mit „Kommando und Kontrolle" seine unmündigen, unwissenden Untergebenen anleitet, verliert an Bedeutung und ist lediglich für die Führung des geringqualifizierten Personals geeignet.

Viele empirische Beispiele aus der Betriebspraxis zeigen, dass durch neue Automatisierungstechnologien vor allem einfache Tätigkeiten zunehmend substituiert werden. Dadurch werden die bisherigen Angelernten Jobs wegfallen, und die weitgehend automatisierte Produktion in Zukunft wird nur noch einige Einrichter für die Störungsbeseitigung sowie Sachbearbeiter und Software-Spezialisten benötigen (vgl. Hirsch-Kreinsen, 2020, S. 48). Die einfachen Jobs werden verschwinden, die qualifizierten Tätigkeiten werden zunehmen.

Auch jetzt verfügen die meisten Fachkräfte in Unternehmen über Kenntnisse und Fähigkeiten, um die technologischen Anforderungen zu bewältigen, so die Ergebnisse einiger Studien. Zu den Kenntnissen und Fähigkeiten zählen das vorhandene Fachwissen, die akkumulierten Erfahrungen und die Motivation der Beschäftigten, sich im laufenden Prozess mit neuen technischen Herausforderungen auseinanderzusetzen (vgl. Hirsch-Kreinsen, 2020, S. 46).

Die heutigen Beschäftigten sind meistens **Experten** auf ihren Gebieten und bringen ihr Fachwissen, Kompetenzen und Kreativität in die Arbeit ein. Ihre Ideen und Engagement bilden die Basis für den Erfolg von Unternehmen. Allerdings kann die Kreativität der Mitarbeitenden nicht erzwungen, sondern nur freiwillig (als good will) geleistet werden. Folglich benötigen hoch qualifizierte Fachkräfte in der digitalisierten Arbeitswelt mehr Autonomie und Selbstbestimmung, um neue Ideen und Innovationen entwickeln zu können. Und die Führung hat die Aufgabe, dieses Wissen und die Innovationsimpulse zu erschließen und Rahmenbedingungen zu schaffen, damit die Mitarbeitenden selbstständig und autonom – wie Unternehmer im Unternehmen – agieren können.

> **AXA Switzerland: Führungskräfte sind keine alleinigen Know-how-Träger**
>
> Die AXA Versicherung Switzerland hat erkannt, dass die Führungskräfte eine neue Rolle spielen sollen. Sie sind keine Know-how-Träger oder Spezialisten mehr, die für jede Situation eine richtige Antwort parat haben und einfach nur Informationen an ihre Untergebenen weitergeben. Stattdessen müssen Führungskräfte Personalentwickler sein, die es sich zur Aufgabe machen, eine Bestimmung vorzugeben und ihre Teammitglieder bei der Lösung unklar definierter Probleme zu coachen, damit sie ihr volles Potenzial ausschöpfen können (vgl. Frankenberger et al., 2021, S. 210). ◄

Für moderne digitalisierte Unternehmen mit überwiegend automatisierten Routinearbeiten ist ein Dialog zwischen Führenden und qualifizierten Geführten notwendig, bei dem die Führungskraft ihre Teammitglieder herausfordern kann und sollte, aber auch deren professionelle Entwicklung im Blick hat. Die Teammitglieder sollten sich frei fühlen, alle Themen anzusprechen, die ihnen wichtig sind, und ihre Führungskräfte immer dann zurate zu ziehen, wenn sie es für erforderlich halten. Die Führungskräfte sollten lediglich Rat und Denkanstöße geben, wobei die Entscheidung bei den Mitarbeitenden bleibt (vgl. Frankenberger et al., 2021, S. 209).

Die sich selbst organisierenden Mitarbeiter suchen nach Verbesserungen in ihrer Tätigkeit und entwickeln neue Ideen. Um diese Ideen in Innovationen umzuwandeln, sollten den Experten und Wissensträgern **Souveränität** bei der Organisation ihrer Arbeit (hinsichtlich der Arbeitszeit, des Arbeitsortes und der Arbeitsmethoden) gewährt sowie mehr Mitsprache bei Entscheidungen über die Unternehmensstrategie, Teamzusammensetzung und Verteilung von Arbeitsaufgaben eingeräumt werden. Auch Freiräume für Eigeninitiative von Beschäftigten und eine Kultur der Innovation und des Lernens helfen dabei, in Beschäftigten Unternehmergeist zu wecken, sie in ihrem Selbstbewusstsein zu fördern und Loyalität und Verbundenheit zu erhöhen. Die Aufgabe der Führenden besteht dann vor allem in der Koordination der individuellen Entwicklungen der Mitarbeiter und der Entscheidung über den Einsatz von Ressourcen des Unternehmens bei (individuellen) Veränderungen. Hier können z. B. Ressourcenbudgets zur Regelung des Entscheidungsspielraumes eingesetzt werden.

Ein weiterer Treiber der Demokratisierung ist die **Flexibilisierung** der Arbeit und Organisation. Eine beschleunigte Flexibilisierung und Entgrenzung von Arbeit in zeitlicher, organisatorischer und räumlicher Hinsicht ist eine bedeutende Dimension der digitalen Transformation (vgl. Abschn. 1.1).

Beschäftigte in indirekten Bereichen, die selbst bestimmen, wo, wann und mit welchen Methoden sie arbeiten, sind frei in Bezug auf Entscheidungen über ihre Arbeitsorganisation und Wege zur Zielerreichung. Das ist ein wichtiger Schritt in Richtung mehr Selbstständigkeit und eigenverantwortliches Handeln.

Auch im Produktionsbereich nimmt die Dezentralisierung zu. Industrie 4.0 mit der zunehmenden Vernetzung von Menschen und Maschinen birgt für Unternehmen Chancen, die in der zunehmenden Entscheidungsfindung vor Ort und unmittelbarer Abstimmung aller Akteure liegen. Dies ermöglicht den Menschen (im positiven Fall) eine höhere Autonomie und Flexibilität – ohne dass es klassischer Anweisungen „von oben" bedarf.

Für Unternehmen der Zukunft bilden Dezentralisierung und autonomes Handeln einzelner Akteure wichtige Voraussetzungen, um die Flexibilität und hohe Anpassungsfähigkeit des Geschäfts an die Kundenbedürfnisse zu gewährleisten.

In vielen Unternehmen entstehen anstelle von Hierarchien neue Netzwerkstrukturen, die Top-down-Entscheidungen und -Steuerung infrage stellen. Im Gegensatz zu einer Hierarchie mit ihrem geordneten und kalkulierbaren Vorgehen, in der Führung die Aufgabe hatte, vorzudenken und die Aktivitäten der Mitarbeitenden zu überwachen, entwickeln Netzwerkstrukturen ihre eigene Dynamik. In einem hierarchischen System mit langen Entscheidungswegen ist ein schnelles Reagieren auf neue Anforderungen der Kunden und Märkte oder Prozessabweichungen unmöglich, sodass dezentrale Einheiten zunehmend Entscheidungen treffen und Verantwortung übernehmen müssen (vgl. Abschn. 1.1).

Unternehmen mit flachen Hierarchien und hochgradiger Vernetzung müssen den Prinzipien der Selbstorganisation folgen und autonomes Handeln der Mitarbeitenden ermöglichen. Deswegen entsteht im Rahmen der digitalen Transformation eine Tendenz zu dezentraler Organisation.

▶ **Dezentrale Organisation** ist eine Organisationsform, in der Entscheidungen nicht nur auf oberen Hierarchiestufen, sondern auch in Geschäftsbereichen, Niederlassungen, Abteilungen oder Tochtergesellschaften bis hinunter zu Mitarbeitern getroffen werden.

Durch die Dezentralisierung wird die Entscheidungsgewalt auf teilautonome Organisationseinheiten, die nicht gänzlich von der zentralen Organisation kontrolliert werden, übertragen. Das sind oft **autonome Teams** und kleine Abteilungen, die selbstorganisiert arbeiten.

Diese Dezentralisierung bedeutet eine Einschränkung der Kontrolle seitens der Führungskräfte und eine Reduzierung von Hierarchiestufen in der Organisation, da es in den unteren Bereichen des Unternehmens mehr Entscheidungsfreiheit gibt. Entscheidungen werden demokratisch und partizipativ getroffen. Das System entwickelt seine eigene Dynamik und Flexibilität. Wissen, Informationen und Ideen können auf allen Ebenen eines Unternehmens erschlossen und von unten nach oben weitergereicht werden.

Auch Industrie 4.0 mit ihrer erhöhten Komplexität der Fertigung erfordert Dezentralisierung von Entscheidungs-, Kontroll- und Koordinationsfunktionen. Die betroffenen Beschäftigten auf der operativen Ebene werden zunehmend eigenständig planen und Abläufe abstimmen. Dafür erforderlich ist ein breiteres Verständnis über das Zusammenwirken des gesamten Produktionsprozesses, der Logistikanforderungen sowie der Lieferbedingungen, aber auch soziale Kompetenzen, da mit der intensivierten Integration früher getrennter Funktionsbereiche der Bedarf an Interaktion – real und digital – mit unterschiedlichen Personengruppen und weiteren Funktionsbereichen ansteigt (vgl. Kapitel Qualifizierung für digitalisierte Arbeit Abschn. 3.4).

Aufgrund der dezentralen Selbstorganisation der Systeme und einer entsprechend flexiblen Arbeitsorganisation auf der operativen Ebene wird ein Teil von bisher auf der Leitungsebene von technischen Experten und vom Produktionsmanagement ausgeführten Planungs- und Steuerungsfunktionen „nach unten" abgegeben werden. Das heißt, mit Industrie 4.0-Systemen verbindet sich ein Dezentralisierungsschub und Hierarchieabbau innerhalb oft ohnehin schon relativ flach strukturierter Fabrikorganisationen (vgl. Hirsch-Kreinsen, 2020, S. 61).

Allerdings benötigen Selbstorganisation, Mitwirkung und Mitverantwortung der Beschäftigten spezifische Organisations- und Führungskonzepte. Die Mitarbeiter sollten Souveränität über ihre Arbeitszeiten, -orte und -aufgaben erhalten, an der Festlegung der Ziele teilnehmen, bei wesentlichen Entscheidungen mitreden und am Erfolg des Unternehmens beteiligt werden. Dies erfordert zugleich, dass die Führungskräfte bereit sind, zu delegieren, zu kooperieren und ihre Macht zu teilen.

Dieses gilt insbesondere für die Prozesse der digitalen Transformation. Nur wenn die Führenden bereit sind, Entscheidungsmacht an die Teammitglieder zu delegieren, können sie dafür sorgen, dass die Beschäftigten ihr volles Potenzial ausschöpfen können. Sie müssen ihnen einen sicheren Ort bieten, an dem sie experimentieren und den eigenen Ideen Raum geben, Entscheidungen auch ohne vorherige Zustimmung treffen und ihre digitalen Transformationsarbeitspakete zur eigenen Sache machen können (vgl. Frankenberger et al., 2021, S. 211).

Eine Studie des Fraunhofers Instituts für Arbeitswissenschaft und Organisation (IAO) hat herausgefunden, dass zwei Faktoren für erfolgreiche Veränderungsprozesse in Unternehmen entscheidend sind – transformationale Führung und starke Partizipation der Belegschaft an der Gestaltung von Veränderungsprozessen (vgl. Wackernagel & Haner, 2019, S. 5).

Zusammenfassend kann man feststellen, dass die Digitalisierungsprozesse in Unternehmen mit einer hohen Qualifikation der Beschäftigten und einem hohen Grad der Dezentralisierung und Flexibilität als Folgen zu der Notwendigkeit der Demokratisierung der Führung führen.

Andererseits kommen die Forderungen nach mehr Teilhabe und Partizipation auch von unten, vor allem von jüngeren Beschäftigten.

5.1.2 Forderungen der Mitarbeitenden nach mehr Teilhabe und Partizipation

Mitarbeiter, insbesondere die Vertreter der jüngeren Generationen, haben ein neues Selbstbewusstsein entwickelt und fordern immer offensiver Transparenz und Teilhabe ein.

Mit dem Prozess des Wertewandels (vgl. Abschn. 1.3) verändern sich die Einstellungen der Menschen in Bezug auf die Arbeit, die nicht mehr nur als Mittel zum Zweck, sondern auch als die Möglichkeit, eigene Talente und Potenziale zu realisieren, angesehen wird. Die (jüngeren) Beschäftigten wünschen sich mehr Mitwirkung, Partizipation und Freiräume.

Die Anforderungen und Erwartungen der Generationen Y und Z wurden in zahlreichen Studien und Publikationen thematisiert (vgl. Kapitel Generationen Y und Z führen Abschn. 4.4). Oft vermitteln solche Studien ein stark pauschalisiertes, vereinfachtes Bild der Realität, das der ganzen Vielfalt der jungen Menschen nicht gerecht wird. Allerdings zeichnen sich Studienergebnisse durch bestimmte Übereinstimmungen hinsichtlich der Werte und Erwartungen der jungen Generationen aus, die als repräsentativ angesehen werden können.

Die Vertreter der jüngeren Generationen streben nach mehr Teilhabe in Unternehmen im Sinne Mitentscheidung, Selbstbestimmung und Eigenverantwortung.

Eine Studie der Hochschule Ludwigshafen am Rhein und der Beratung Jobactive (2019) fand heraus, was die Generationen Y und Z unter guter Führung verstehen. Zu den Erwartungen beider Generationen (insbesondere der Generation Z) gehört ein **partizipativer Führungsstil,** bei dem die Mitarbeitenden bei Entscheidungen beteiligt werden. Weitere beliebte Führungsstile der jungen Generationen sind die charismatische und dann die teamorientierte Führung (vgl. Birkner, 2019).

Auch eine Studie der Boston Consulting Group (BCG) stellt fest, dass viele junge Arbeitnehmer nicht nur nach einem Job mit gutem Gehalt und ausgeglichener Work-Life-Balance suchen, sondern auch nach Flexibilität und einer sinnstiftenden Tätigkeit. Die jungen Mitarbeiter wünschen sich auch eine andere Führungskultur: Sie fordern **flache Hierarchien,** wollen schnell Verantwortung übernehmen und sich stetig weiterentwickeln. Moderne Vorgesetzte müssen demnach mehr **Coach** als Chef sein, mehr **Mentor** als Kontrolleur (vgl. Greiner, 2018).

Der Trend zu mehr Teilhabe und Partizipation wird durch das aktive digitale Verhalten von Jüngeren verstärkt. Die Generationen Y und Z sind gewohnt, in der digitalen Welt ihre Meinung zu äußern und verschiedene Dinge zu bewerten. Täglich posten sie Bewertungen von Forenbeiträgen, Einkaufsportalen, Hotels, Büchern, Arbeitgebern etc., tragen ihre Erfahrungen in Facebook, Instagram und anderen Social Media zusammen und machen sie transparent.

Unternehmen und Führungskräfte werden ebenfalls bewertet. Bekannt sind beispielsweise die Arbeitgeberbewertungsportale wie Kununu, Glassdoor, Indeed, Jobvoting oder MeinChef, wo Arbeitgeber und Führungskräfte von ihren gegenwärtigen und ehemaligen Mitarbeitern oder Bewerbern bewertet werden können.

> **Arbeitgeberbewertungsportal kununu**
>
> Kununu (in der afrikanischen Sprache Suaheli „unbeschriebenes Blatt") ist das größte und bekannteste Arbeitgeberbewertungsportal im deutschsprachigen Raum, auf der bereits 5,2 Mio. Bewertungen zu ca. 1 Mio. Arbeitgebern in Deutschland, Österreich und der Schweiz zu finden sind (Stand Februar 2022). Auf kununu können gegenwärtige und Ex-Mitarbeiter, Praktikanten und Auszubildende absolut sicher und anonym ihre Erfahrungen und Meinungen in Bezug auf Betriebsklima, Aufstiegschancen etc. in Unternehmen äußern (www.kununu.com). ◄

Die Möglichkeit, Unternehmen und Führungskräfte zu bewerten, gibt den Arbeitnehmern eine neue Informations- und Einflussmacht, da die Bewerber – im Kontext des Fachkräftemangels – in der Position sind, ein Unternehmen auszuwählen, das sich durch bestimmte Werte und Führungsstile auszeichnet.

Als Folge entwickelt sich eine neue, demokratische Art von Führungskraft-Mitarbeiter-Beziehungen, die auf einem neuen Führungsverständnis basiert und sich verschiedener Instrumente der Partizipation bedienen kann. Führungskräfte sollten sich auf diese Veränderungen einstellen, Machtverschiebung akzeptieren, Vertrauen zu den Mitarbeitern aufbauen, Veränderungsbereitschaft fördern und Mut zum Ausprobieren besitzen. Von den Mitarbeitenden werden fachliche Kompetenzen und persönliche Reife erwartet, um die entstandenen Entscheidungs-, Koordinations- und Kontrollaufgaben zu übernehmen.

5.2 Partizipation und Demokratisierung in Unternehmen

Die beschriebenen Treiber für Demokratisierung in Unternehmen zeigen, dass die Entwicklung zu mehr Partizipation und Teilhabe von Beschäftigten unumkehrbar ist. Bei der Demokratisierung der Unternehmen und der Führung geht es um die Mitwirkung der Mitarbeitenden bei Entscheidungen, die in verschiedenen Formen realisiert werden können. Die breite Palette der Ansätze reicht von der partizipativen Führung bei Entscheidungen über geteilte Führungskompetenzen innerhalb eines Teams bis hin zu Konzepten der kollektiven Führung, die Mitarbeiterführung grundsätzlich als ein pluralistisches, kollektives Phänomen auffassen, sowie den Ansätzen zur demokratischen Führung, deren Ziel darin besteht, Organisationen zu demokratisieren und hierarchische Strukturen aufzubrechen (vgl. Rybnikova & Lang, 2021).

5.2.1 Begriff und Formen der Partizipation in Unternehmen

Der Begriff der Partizipation ist seit langem bekannt und kommt bereits in älteren Führungstheorien (vgl. Partizipationsorientierung der Führung und Führungsstile nach Tannenbaum/Schmidt Abschn. 2.1) vor. **Partizipative Führung** stellt Dezentralisierung der Führung und Machtteilung zwischen Führungskraft und Geführten in den Vordergrund und wird häufig synonym als kooperative Führung bezeichnet.

▶ **Partizipation** bedeutet allgemein Beteiligung und Mitwirkung bestimmter Gruppen/Personen an Entscheidungs- und Gestaltungsprozessen in Unternehmen.

Eine bekannte Kategorisierung nach Weber unterscheidet folgende **Grade der Partizipation** an Entscheidungen in der Reihenfolge zunehmender Entscheidungskompetenz (vgl. Weber, 1999, S. 272): keine Partizipation – Information – Konsultation (Anhörung) – Mitwirkung – Mitbestimmung/Mitentscheidung – Selbstbestimmung. Die höchsten Grade der Partizipation bezeichnet Weber als organisationale Demokratie (vgl. Abschn. 5.2.2).

Die Partizipation kann in verschiedenen Formen vorkommen. Stock-Homburg und Groß (2019, S. 612) differenzieren je nach Art zwischen direkter und indirekter Partizipation sowie je nach Umfang zwischen Partizipation in Entscheidungsvorbereitung, -findung und -umsetzung.

Bei der **direkten** Partizipation werden die Mitarbeitenden unmittelbar in den Entscheidungsprozess involviert, bei der indirekten – mittelbar, durch bestimmte Vertreter. Typische Beispiele für direkte Partizipation sind partizipative Gruppen wie Projektgruppen und teilautonome Arbeitsteams, in denen Entscheidungen gemeinsam getroffen werden. Bei der indirekten (repräsentativen) Partizipation kann es um Vertretung durch den gewählten Betriebsrat oder durch Gewerkschaften, Berufsverbände und Interessensvertretungen gehen.

Der **Umfang der Partizipation** wird von Stock-Homburg und Groß (2019, S. 613) wie folgt beschrieben:

- Die Partizipation an der **Entscheidungsvorbereitung** bezieht sich auf den Zeitraum vor der eigentlichen Entscheidung. Die Mitarbeiter werden hierbei an der Alternativen- und Umsetzungsprüfung beteiligt, darüber hinaus können die Mitarbeiter mitentscheiden, in welcher Form die Entscheidung getroffen wird (z. B. basisdemokratisch).
- Werden die Mitarbeiter an der **Entscheidungsfindung** beteiligt, können sie sich zur Bewertung der Ergebnisse aus der Phase der Entscheidungsvorbereitung äußern. Es kann um eine Diskussion von Vor- und Nachteilen und das Abstimmen über die finale Entscheidung gehen.

- Auf die Implementierung getroffener Entscheidungen bezieht sich schließlich die Partizipation der Mitarbeiter an der **Entscheidungsumsetzung**. Das kann allerdings nur dann funktionieren, wenn die Mitarbeiter in den Entscheidungsvorbereitungs- bzw. Entscheidungsfindungsprozess involviert wurden.

Bei der Partizipation an der Entscheidungsvorbereitung und -findung geht es vor allem um verschiedene Führungsstile (vgl. dazu den Abschnitt zu den geeigneten Führungsstilen Abschn. 5.3). Die Partizipation an der Aufgabenerfüllung kann in Form der Kooperation, Delegation oder Teilautonomie stattfinden.

Neben der Partizipation auf der Ebene der einzelnen Beschäftigten und Gruppen kann partizipative Entscheidungsfindung auf höheren Ebenen stattfinden – der Ebene der Abteilungen, des Unternehmens sowie mit externen Akteuren (Stakeholder wie Kunden, Lieferanten, Wettbewerber) (s. dazu Abschn. 3.1).

Zusammengefasst können die Ebenen und Instrumente der Partizipation in Unternehmen mit beispielhaften Inhalten dargestellt werden (s. Tab. 5.1).

Partizipation in Unternehmen bringt diverse Vorteile wie höhere Leistung, Innovation, Arbeitszufriedenheit. Die kollektive Intelligenz der Beschäftigten (ihre Kompetenzen, Erfahrungen, Ideenreichtum) kann erschlossen werden. Zugleich kann die Partizipation mit einer steigenden Komplexität und höherem Zeitaufwand bei der Entscheidungsfindung einhergehen. Eine gelungene Partizipation bedarf bestimmter Voraussetzungen, wie fachliche Qualifikation und Reife der Beschäftigten, das Bedürfnis der Mitarbeitenden nach Teilhabe und Selbstständigkeit, Interesse an den Ergebnissen und Akzeptanz der Ziele.

Als die höchst Form der Partizipation wird die organisationale Demokratie bezeichnet, bei der die Mitarbeitenden quasi die Zukunft des Unternehmens mitentscheiden und mitverantworten.

Tab. 5.1 Ebenen und Instrumente der Partizipation in Unternehmen

Ebenen	Beispielhafte Instrumente
Mitarbeiter	Handlungsspielraum, Selbstkontrolle, Arbeitszeit-, -ort- und -kontextautonomie
Gruppen	Projektgruppen, teilautonome Arbeitsteams, betriebliche Problemlösegruppen, Qualitätszirkel
Abteilungen	Partizipatives Management, Versammlungen, Workshops
Unternehmen	Wirtschaftsausschüsse, Betriebsversammlungen, gesetzliche Mitbestimmung, Konzernbetriebsrat, Aufsichtsrat
Stakeholder	Partizipative Produktentwicklung, Open Innovation

5.2.2 Begriff und Formen der organisationalen Demokratie

Der Begriff „Demokratie" stammt aus dem antiken Griechenland und bedeutet sinngemäß übersetzt „Herrschaft des Volkes". Unter der organisationalen Demokratie wird das Konzept für die Ausübung der demokratischen Prinzipien in Unternehmen verstanden.

▶ **Organisationale Demokratie** bedeutet gleichberechtigte demokratische Entscheidungsmacht und gemeinschaftliche Selbstverwaltung, die über bloße Partizipation hinausgeht.

Eine Abgrenzung der Begriffe Partizipation und organisationale Demokratie geht auf Weber zurück: Organisationale Demokratie bedeutet Teilhabe nicht nur an operativen Entscheidungen, sondern auch an taktischen und strategischen Unternehmensentscheidungen. Deswegen beinhaltet organisationale Demokratie Förderung des unternehmerischen Denkens, Erhöhung der Wettbewerbsfähigkeit, Förderung wirtschafts- und gesellschaftspolitischer Ziele und Förderung humanistisch motivierter Ziele im Sinne von Persönlichkeitsentwicklung (vgl. Weber, 1999, S. 270).

Weber und Unterrainer verwenden den Begriff der organisationalen Demokratie erst ab Partizipationsgrad vier (vgl. Abschn. 5.2.1) im Falle einer verbindlichen Mitwirkung, d. h. dass Vorschläge oder Einwände untergebener organisationaler Einheiten in die Entscheidungen Übergeordneter verbindlich einzubeziehen sind und nicht ohne Einigungsversuch zurückgewiesen werden können. Mitbestimmung/Mitentscheidung bedeutet, dass untergeordnete Einheiten in paritätisch zusammengesetzten Gremien mitentscheiden können, unter Mitverantwortung für die Entscheidungskonsequenzen (vgl. Unterrainer, 2020; Weber, 1999). Die höchste Stufe wird als Selbstbestimmung bezeichnet und kann als Holakratie oder Soziokratie umgesetzt werden.

Die Reichweite der organisationalen Demokratie kann sich auf drei Ebenen erstrecken: strategische, taktische und operative Ebene der Planung und Entscheidung (vgl. Tab. 5.2).

Die Tabelle (Tab. 5.2) macht deutlich, dass die Partizipation (auf den unteren Ebenen) fließend in die demokratische Unternehmung (strategische Ebene) übergeht. Kennzeichnend für die **organisationale Demokratie** ist, dass die Beschäftigten die langfristige Ausrichtung eines Unternehmens wie Geschäftsmodell, Standorte, Finanzierung etc. mitbestimmen und mitverantworten (Kapital- oder Erfolgsbeteiligung).

Es gibt grundsätzlich zwei Wege, Beschäftigte finanziell **am Unternehmenserfolg** zu beteiligen: Bei der Gewinn- oder Erfolgsbeteiligung erhalten die Mitarbeitenden im Rahmen der Vergütung neben dem festen Gehalt eine erfolgsabhängige Sonderzuwendung. Bei der Kapitalbeteiligung stellen sie dem Unternehmen zunächst Geld zur Verfügung – sei es als Fremd- oder Eigenkapital. Von der Form der Kapitalbeteiligung

5.2 Partizipation und Demokratisierung in Unternehmen

Tab. 5.2 Ebenen der organisationalen Demokratie (vgl. Unterrainer, 2020)

Ebenen	Reichweite der Beteiligung
Strategische Ebene	Beteiligung an strategischen, unternehmenspolitischen und strukturierenden Planungen und Entscheidungen, z. B. über das Geschäftsmodell, den Unternehmenshaushalt, Standorte, Investitionen, Kapital- bzw. Gewinnbeteiligung und -verteilung, Digitalisierung, Zusammenarbeit mit Stakeholdern etc.
Taktische Ebene	Beteiligung an taktischen Planungen und Entscheidungen, z. B. bezüglich Produktionstechnik, innerbetrieblicher Ausbildung, Personalangelegenheiten, Flexibilisierung der Arbeit, Beteiligung an der Produkt- und Prozessentwicklung und anderen betrieblichen Innovationen, Ernennung oder Wahl und Abwahl von Vorgesetzten
Operative Ebene	Operative Entscheidungsbereiche von Problemlösegruppen, Qualitäts- und Gesundheitszirkeln, teilautonomen Arbeitsteams, wie Mitentscheidungen über die Produktionsfeinsteuerung, Arbeitsverteilung, Schichtplanung und Personaleinsatz, gemeinsame technisch-organisatorische Veränderungen, Qualifizierung und Weiterbildung

hängt es ab, ob die Mitarbeiter eine feste oder erfolgsabhängige Verzinsung erhalten oder als Anteilseigner mit allen Chancen und Risiken am unternehmerischen Erfolg teilhaben.

Nach Bösch (2019) gibt es zurzeit keine klaren Grenzen zwischen herkömmlichen hierarchischen und demokratischen Unternehmen; viele Unternehmungen weisen heute eine teildemokratische Kultur auf. Als kennzeichnende **Merkmale** eines **demokratischen Unternehmens** nennt Bösch:

- Flache Organisationsstrukturen,
- Demokratischer/partizipativer Führungsstil,
- Transparenz,
- Mitsprache und Mitbestimmung der Mitarbeitenden.

Die Organisationsstruktur ist für die Demokratisierungsmaßnahmen von zentraler Bedeutung. Die Leitungsstrukturen sollen teamorientiert sein. Man kann es sich als ein Netzwerk aus autonom arbeitenden Teams vorstellen (vgl. Abschn. 6.2). Noch weiter gehen die Modelle der Holakratie und Soziokratie, die im Weiteren erläutert werden.

Bei dem partizipativen Führungsstil geht es vor allem um das eigenständige Handeln und Entscheiden der Mitarbeitenden. Durch den hohen Partizipationsgrad der Mitarbeitenden übernehmen Führungskräfte eine andere Rolle (z. B. ein Coach) und Koordinationsaufgaben. Verbreitet sind teildemokratische Formen mit einem kooperativen oder partizipativen Führungsstil (vgl. Abschn. 5.3), bei dem die Mitarbeitenden ihre Meinung zu einer bevorstehenden Entscheidung äußern oder selbst Vorschläge zur Problemlösung einbringen (vgl. Bösch, 2019).

Transparenz bedeutet offene Kommunikation und gut informierte Mitarbeitende, die dadurch stärker motiviert sind und somit auch einen besseren Job machen. Bei den meisten demokratisch geführten Unternehmen besteht aber auch eine weitgehende Lohntransparenz, eigentlich werden alle Informationen über die Unternehmung gegenüber den Mitarbeitenden offengelegt, was die Kommunikation im Unternehmen bestärkt (vgl. Bösch, 2019).

Mitsprache und Mitbestimmung der Mitarbeitenden sind fast in allen Bereichen des Unternehmens erwünscht. Dies beginnt bei der Rekrutierung oder der Festlegung von Löhnen und reicht bis zu operativen und strategischen Entscheidungen. Die Motivation der Mitarbeitenden und die Identifikation mit dem Unternehmen kann dadurch verbessert werden, weil sie quasi zu Mitunternehmern gemacht werden. Auch bei Entscheidungen über zukünftige Projekte oder Strategien wird die anschließende Umsetzung von den Mitarbeitenden viel besser mitgetragen. Sie tragen Verantwortung für den Erfolg und das Fortbestehen des Unternehmens (vgl. Bösch, 2019).

Diese Merkmale eines demokratischen Unternehmens bilden eine geeignete Grundlage für die Umsetzung von Demokratisierungskonzepten in der Unternehmenspraxis und geben Anregungen für den Prozess des erforderlichen Führungswandels.

In der Praxis sind verschiedene Formen der organisationalen Demokratie denkbar – von einer einfachen Mitentscheidung über die Arbeitsflexibilität (wo und wann man arbeitet) bis zu einem demokratischen Unternehmen, in dem alle Entscheidungsprozesse demokratisch ablaufen.

In Anlehnung an die Grade der Partizipation bei Entscheidungen nach Weber und die Häufigkeit der Ausübung (selten, wiederholt oder kontinuierlich) können in diesem Koordinatensystem verschiedene Formen von demokratischen Prozessen in Unternehmen abgebildet werden (s. grafische Darstellung in Abb. 5.1).

Es wird deutlich, dass die praktische Gestaltung der organisationalen Demokratie in **vielfältigen Formen** möglich ist, was einige Beispiele demonstrieren (vgl. Bösch, 2019; Stock-Homburg & Groß, 2019; Unterrainer, 2020; Welpe et al., 2015):

- Innovationsworkshops: in interdisziplinären, bereichsübergreifenden Gruppen werden die Zukunftsfragen eines Unternehmens wie neue Produkte und digitale Geschäftsmodelle mit Einsatz von agilen Methoden und Kreativitätstechniken diskutiert. Als Ergebnisse werden Ideen und Vorschläge für die Innovationen vorbereitet.
- World-Café (Diskussions-Café): Eine Diskussionsrunde, bei der die Teilnehmenden relevante Fragestellungen besprechen und gemeinsam Lösungen erarbeiten, z. B. zu den Themen wie digitale Transformation, Einsatz von KI etc. Intensive Diskurse werden in kleinen Kreisen am runden Tisch geführt, wobei die Teilnehmer mehrmals die Tische wechseln und die Gruppen durchmischt werden. Am Ende steht eine Abschlussrunde im Plenum, bei der die Teilnehmer ihre Ergebnisse präsentieren.
- Resonanzgruppen: Resonanzgruppen sind Frühwarnsysteme in Veränderungsprozessen, die aus Freiwilligen bestehen und frühzeitig Feedback der Mitarbeiter zur Neuorganisation sammeln und an die Geschäftsführung weitergeben.

5.2 Partizipation und Demokratisierung in Unternehmen

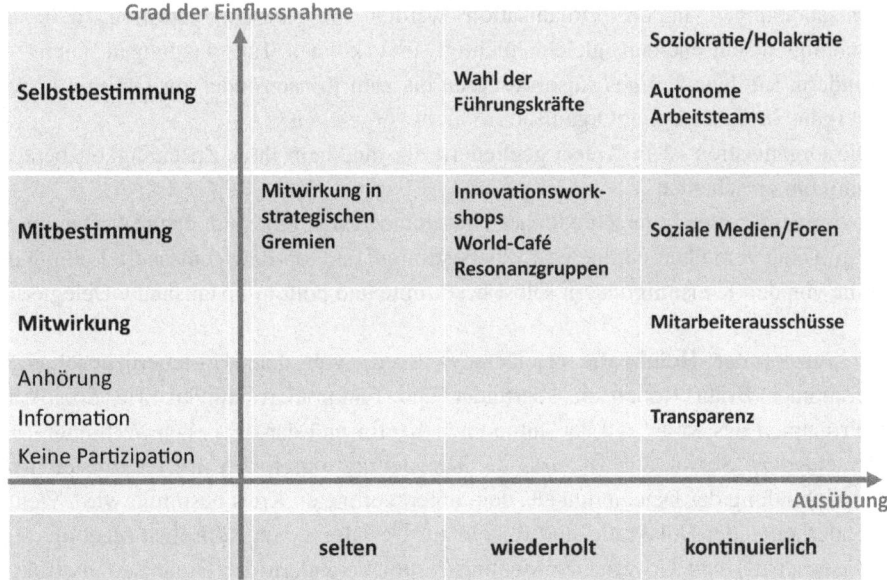

Abb. 5.1 Formen der demokratischen Prozesse in Unternehmen. (Eigene Darstellung in Anlehnung an Stock-Homburg & Groß, 2019; Unterrainer, 2020; Weber, 1999; Welpe et al., 2015)

- Wahl oder Abwahl von Vorgesetzten durch die Beschäftigten: gemeinsame demokratische Abstimmung über mehrere Kandidaten, die ihre Programme für die kommenden 1–2 Jahre vorstellen.
- Mitarbeit der Beschäftigten bei der Entwicklung der Unternehmensstrategie, z. B. bei den Entscheidungen über Standortverlagerung und (De)Globalisierung oder über die Schwerpunkte und Gestaltung der digitalen Transformation.
- Aufgaben- und Arbeitszeitautonomie: Mitarbeiter können selbst entscheiden, woran, wann und von wo aus sie arbeiten. Dies bedeutet großen Einfluss auf die eigene Arbeit zu haben und findet – verstärkt durch die Corona-Pandemie – in vielen Unternehmen statt.
- Soziokratie und Holakratie als die höchsten Grade der Partizipation und des demokratischen Unternehmens.

Soziokratie und Holakratie sind die bekanntesten Modelle für sogenannte **kreisförmige Organisationen** als flexible Organisationen mit flachen Hierarchien, die nicht nur effizient sind, sondern auch innovativ und für ihre Mitglieder sinnstiftend.

Soziokratie („gemeinsame Herrschaft") ist ein Organisationsmodell für eine effektive Zusammenarbeit auf Augenhöhe. Projekt- oder Teammitglieder sind an den Entscheidungsprozessen gleichberechtigt beteiligt. Essenzielle Prinzipien der Soziokratie sind (vgl. Meyer et al., 2021, S. 141):

1. Entscheidungen in der Organisation werden im Konsent getroffen, d. h. alle Beteiligten entscheiden gleichberechtigt und können Entscheidungen auch verhindern. Ein langwieriges Ausdiskutieren bis zum Konsens oder zur Optimal-Lösung ist (ganz im Sinne agiler Organisation) nicht vorgesehen.
2. Die Organisation ist in Kreise gegliedert, die innerhalb ihres Zuständigkeitsbereichs autonom entscheiden.
3. Zwischen Kreisen unterschiedlicher Hierarchieebenen gibt es doppelte Verbindungen durch eine vom übergeordneten Kreis bestimmte und top-down entsandte Leitung und eine von den Kreismitgliedern selbst bestimmte und bottom-up entsandte Delegierte.

Das Konzept der **Holakratie** (Holacracy) wurde von dem US-amerikanischen IT-Unternehmer Brian Robertson begründet und funktioniert ähnlich wie Soziokratie auf Prinzipien des Konsents, der autonomen Kreise und der doppelten Verlinkung. Ein Unterschied zu Soziokratie ist, dass die Kreisleitung durch den übergeordneten Kreis ohne Einbindung der Delegierten aus dem untergeordneten Kreis bestimmt wird. Weitere Besonderheiten der Holakratie sind Regeln zur Gestaltung von taktischen Meetings (fürs Alltagsgeschäft) und Governance-Meetings (zum Verändern der Organisationsstruktur) sowie das Softwarepaket Glassfrog, das den Überblick über die Rollen, Kreisstrukturen und Meetings-Rituale sicherstellen soll (vgl. Meyer et al., 2021, S. 142, Zeuch, 2016).

Als eine flexible Weiterentwicklung von Soziokratie und Holakratie wird der Ansatz **Soziokratie 3.0** bezeichnet (vgl. Bösch, 2019). Priest et al. (2019) haben die Ideen der Soziokratie mit agilen Methoden und speziellen Kommunikationsansätzen kombiniert. Soziokratie 3.0 ist eine Anleitung, um Organisationen zu entwickeln, Vertrauenswürdigkeit einer Organisation zu fördern und eine agile und soziokratische Geisteshaltung zu entwickeln. Sie basiert auf sieben Prinzipien der Zusammenarbeit: Effektivität, Konsens, Empirismus, kontinuierliche Verbesserung, Gleichstellung, Transparenz, Verantwortlichkeit. Die Methode bietet eine ganzheitliche Sammlung von Mustern und Vorgehensweisen, die es Organisationen ermöglicht, komplexe Probleme durch schrittweise Veränderung und unter Einbezug der kollektiven Intelligenz einer Gruppe anzugehen. Dazu wird ein flexibles Konsent-Verfahren mit Einwandbehandlung genutzt. Durch die flexiblen Organisationsstrukturen werden der Informationsfluss und die Führungsstrukturen an den Wertfluss der Organisation angepasst.

In der digitalisierten Arbeitswelt werden organisationale Demokratie und Partizipation der Mitarbeitenden weiterhin an Bedeutung gewinnen und können mithilfe der **digitalen Tools** in neuartigen Formen umgesetzt werden, darunter

- digitale Bewertung von Vorgesetzten im Intranet, auch als 360-Grad-Beurteilung bezeichnet,
- direkte digitale Abstimmung über die wichtigen Unternehmensfragen wie Strategieentwicklung, Innovation, neue Geschäftsmodelle etc.,
- digitales Brainstorming mit allen Beschäftigten (oder auch externen Akteuren) über die Zukunft des Unternehmens oder inhaltliche Probleme (Swarming).

Wie verbreitet sind verschiedene Formen der organisationalen Demokratie in der Unternehmenspraxis? Meyer et al. (2021) haben in einer Studie in Deutschland und Österreich über 100 Organisationen identifiziert, die als kreisförmige Organisationen bezeichnet werden können, da sie gleichberechtigtes Entscheiden in Kreisen durch Konsens, Konsent oder demokratische Abstimmung praktizieren, weitgehend autonome Kreise haben, formelle Regeln für das Entscheiden in Kreisen einsetzen und formal verankerte bottom-up Beteiligung haben. Die meisten Organisationen sind in der Software-Entwicklung, Organisationsberatung, in der ökologischen Wirtschaft und im Nonprofit-Sektor angesiedelt (vgl. Meyer et al., 2021, S. 145).

Einige Best Practice Beispiele der organisationalen Demokratie werden im Abschn. 5.4 ausführlich diskutiert.

5.2.3 Chancen und Grenzen der Demokratisierungsansätze

Sicherlich sind demokratische Elemente und Prozesse nicht immer über alle Ebenen, in allen Entscheidungsprozessen oder für alle Mitarbeiter einer Organisation sinnvoll, sondern nur, wenn sich dadurch langfristig Vorteile für Unternehmen und Mitarbeiter ergeben. Dies ist beispielsweise dort der Fall, wo Kommunikationskosten gering sind und z. B. Kreativität, Flexibilität und verteiltes Wissen zur Lösung einer Aufgabe notwendig sind (Welpe et al., 2015, S. 80).

Eine Studie von Fraunhofer IAO (2019) hat wesentliche **positive Effekte** der Partizipation von Beschäftigten an der Gestaltung der digitalen Transformation aufgezeigt. Unter Voraussetzung, dass von der obersten Führungsebene ein hohes Maß an transformationaler Unternehmensführung gelebt wird, führt eine starke Partizipation der Belegschaft an Veränderungen im Unternehmen zu höher ausgeprägten Zielgrößen. Unternehmen, die ihre Belegschaft in Veränderungen stark integrieren, nutzen intensiver vielfältige Arbeitsumgebungen und digitale Arbeitstechnologien. Es entsteht eine stärkere Kollaborationsintensität in der gesamten Belegschaft, auch über Abteilungsgrenzen hinweg. Personen mit einer aktiven Rolle in einem Veränderungsprojekt bewerten die Nutzungsintensität von technologischen und räumlichen Arbeitsinfrastrukturen höher als Personen, die keine aktive Rolle in einem Veränderungsprojekt haben (vgl. Wackernagel & Haner, 2019).

Da es bis jetzt nur vereinzelte Beispiele der Demokratisierungsansätze in der Wirtschaftspraxis gibt, fehlen fundierte Belege für ihre wirtschaftlichen Auswirkungen. Einzelne Beispiele oder Fallstudien wie beispielsweise die brasilianische Semco oder Zappos, die Unternehmung des Holakratie-Begründers Brian Robertson, belegen, dass es zu wirtschaftlichem Erfolg kommen kann. Grundsätzlich braucht es dafür aber einen Prozess der strukturellen und kulturellen Anpassung, welche nicht unter allen Voraussetzungen möglich ist. Wenn sie jedoch erfolgreich vollzogen werden können, bergen demokratische Ansätze viel Potenzial in sich (vgl. Bösch, 2019).

Unternehmen, die einem interessenpluralistischen Ansatz folgen, können von der Demokratisierung der Führung profitieren, vor allem durch die Steigerung der Innovationskraft. Die organisationale Demokratie kann grundsätzlich zu einer gesteigerten Wettbewerbs- und Leistungsfähigkeit des Unternehmens beitragen, indem sie zu besseren Entscheidungen (z. B. durch verbesserte Nutzung des Wissens der Mitarbeiter, eine höhere Motivation, stärkeres unternehmerisches Denken), höherer Identifikation von Wissensarbeitern und einer Stärkung der Innovations- und Kooperationsfähigkeit (z. B. durch vermehrten Wissensaustausch und höhere Kreativität) führt.

Größere individuelle und gruppenbezogene Handlungs- und Entscheidungsspielräume fördern intrinsische Motivation der Beschäftigten, ermöglichen ganzheitliches Verständnis von Zusammenhängen, steigern Produktivität und Effizienz. Eine aktive Partizipation fördert außerdem die Transparenz und Akzeptanz von Entscheidungen. Die Selbst- und Mitverantwortung der Mitarbeiter führt zu mehr Engagement und Leistung.

Eine partizipative Mitarbeiterführung auf Augenhöhe, bei der eine Führungskraft als Coach und Motivator agiert, steigert das Vertrauen und die Loyalität, die Arbeitnehmer dem Unternehmen entgegenbringen. Sie führt zu einer stärkeren Bindung an das Unternehmen, reduziert Fluktuation und verbessert das Arbeitsklima.

Partizipation sollte jedoch nur dort genutzt werden, wo sie wirklich zu Vorteilen für die beteiligten Akteure führt. Unnötige Diskussionen verlangsamen den Prozess der Entscheidungsfindung und frustrieren die Teilnehmer. Dann ist es besser, auf andere, wirkungsvollere Impulse der einzelnen Experten zurückzugreifen, um die Überzeugung und Akzeptanz in der Fläche zu sichern. Deswegen sind die Konzepte der organisationalen Demokratie **weniger geeignet,** wenn es um einfache Aufgaben geht, die von geringqualifizierten Mitarbeitenden in standardisierten Situationen erledigt werden.

Demgegenüber ist mehr Partizipation für hoch qualifizierte Fachkräfte erforderlich, die an komplexen Aufgaben arbeiten. Diese Bedingungen werden offensichtlich auf die digitalisierte Arbeitswelt mit dem hohen Grad der Dezentralisierung und Flexibilität und mit qualifizierten Mitarbeitenden zutreffen.

Aus Sicht der Führungskräfte führt Partizipation zu einer Entlastung der Koordinationstätigkeit, da die Mitarbeiter durch Selbstkoordination und Selbstcontrolling eine leicht überschaubare und kontrollier- sowie koordinierbare Basis schaffen. Trotzdem wird immer noch der (drohende) Machtverlust als schwerwiegender erachtet.

Für die Gestaltung der Partizipation gibt es keine allgemeingültigen Erfolgsrezepte, es geht darum, **auszuprobieren,** was zur jeweiligen Unternehmenskultur und den konkreten Aufgaben am besten passt. Die Entwicklung zu mehr Partizipation muss nicht sofort das ganze Unternehmen umfassen. Es ist sinnvoll, einen Experimentierprozess zunächst in einzelnen Teams oder Abteilungen zu initiieren, denen es Spaß macht, Neues auszuprobieren (Reallabor) und im Erfolgsfall das Konzept auf das ganze Unternehmen zu übertragen.

5.3 Führungsverständnis für Partizipation und organisationale Demokratie

Um Selbstorganisation, Mitwirkung und Mitverantwortung der Beschäftigten in digitalisierten Unternehmen zu verwirklichen, ist in vielen Unternehmen ein Umdenken in Richtung von mehr Partizipation und Demokratie erforderlich. Die Demokratisierungsprozesse in Unternehmen können zu mehr Agilität, Flexibilität, Effizienz und Mitsprache beitragen, benötigen jedoch bestimmte Rahmenbedingungen wie hohe Fach- und Sozialkompetenz der Beteiligten, gegenseitiges Vertrauen und ein neues Führungsverständnis.

Für die digitalisierte Arbeitswelt der Zukunft wird es immer wichtiger, sich auf ergebnisoffene Prozesse einzulassen, mehr Mut zu iterativ-testender Agilität zu haben, Ziele gemeinsam mit den Mitarbeitern zu entwickeln. Das neue Führungsverständnis, das dem Wunsch nach Partizipation und Teilhabe der Mitarbeiter entspricht, sieht Führung als Diskussionsangebot bei der gemeinsamen Suche nach der bestmöglichen Lösung für alle.

In Studien und Publikationen wird häufig die Rolle der Führungskraft als Coach und Mentor hervorgehoben, die von den Beschäftigten favorisiert wird. Es wird von einer Führungskraft als Coach erwartet, mit systemischen Grundprinzipien Hilfe zur Selbsthilfe zu leisten, d. h. auf Augenhöhe agieren und die Fähigkeit besitzen, nur durch Fragen zu führen. Als Mentor muss die Führungskraft eine Beziehung zu den Mitarbeitern aufbauen, um diese bei der persönlichen und beruflichen Entwicklung zu unterstützen. Dabei ist der Führende ein Vorbild und trägt die Unternehmenskultur ins Team. Eine Grundlage für die Rollen eines Coachs und Mentors bilden das Vertrauen zwischen den Beteiligten und die Offenheit für Feedback und Kritik (vgl. TAM, 2021).

Um diese Rolle spielen zu können, setzen moderne Führungskräfte bestimmte Führungskonzepte und Führungsstile ein.

5.3.1 Geeignete Führungskonzepte

Als geeignete Konzepte der Führung im Kontext der Demokratisierung werden – ohne Einspruch auf Vollständigkeit – partizipative (kooperative), transformationale, geteilte, kollektive und agile Führung beschrieben. Die Entscheidung, welches der Konzepte zielführend ist, ist in der Praxis individuell zu treffen – je nach Persönlichkeiten und Kompetenzen der Führenden und Geführten sowie Rahmenbedingungen im Team oder Unternehmensbereich.

Partizipative Führung ist das älteste dieser Führungskonzepte und geht ursprünglich auf Tannenbaum und Schmidt mit ihrem bekannten Kontinuum der Führungsstile zurück, das am Grad der Partizipation an Entscheidungen ausgerichtet ist (vgl. Abschn. 2.1). Die Vorstellung der hier vertretenen partizipativen Führung bezieht sich hauptsächlich auf die Beteiligungsmöglichkeiten einer Arbeitsgruppe bei der Entscheidungsfindung. Im deutschsprachigen Raum werden die Begriffe der partizipativen und kooperativen Führung synonym verwendet.

Die **kooperative Führung** nach Wunderer (2011) beschreibt gemeinsame Einflussnahme durch Beteiligung der Mitarbeitenden am Entscheidungsprozess auf der Basis partnerschaftlicher, gruppenbezogener interpersoneller Arbeits- und Führungsbeziehungen (vgl. Abschn. 2.3). Als charakteristische Merkmale der partizipativen bzw. kooperativen Führung bezeichnet Wunderer (2011):

- Gemeinsame, gegenseitige Einflussnahme durch Gruppenmitglieder,
- Sachautorität, bei der jeweils der fachlich Kompetente die Mitarbeiter führt,
- Multilaterale Informations- und Kommunikationsbeziehungen innerhalb der Arbeitsgruppe,
- Konfliktmanagement durch Aushandeln und Verhandeln,
- Gruppenorientierung statt individueller Orientierung,
- Vertrauen statt Kontrolle,
- Bedürfnisbefriedigung der Mitarbeiter und der Vorgesetzten als anzustrebendes individuelles Ziel,
- Ziel- und Leistungsorientierung als anzustrebendes Organisationsziel,
- Ständige Personal- und Organisationsentwicklung.

Wie man sieht, muss sich eine Führungskraft im Fall kooperativer Führung sehr zeitnah und intensiv an dem Geschehen im Team beteiligen, ständig auf dem Laufenden sein, was mit einem hohen Zeitaufwand verbunden ist. Darüber hinaus sind aufseiten der Führenden und Mitarbeitenden hohe Fach- und Sozialkompetenzen notwendig, um Kommunikation und Konfliktmanagement zu praktizieren.

Auch die **transformationale Führung** wird häufig als zukunftsträchtiges Konzept beschrieben (vgl. dazu Abschn. 2.2). Sie wurde in der Studie von IAO (2019) als geeignetes Führungskonzept für die digitale Transformation identifiziert. Dieses Führungskonzept zeichnet sich durch folgende Faktoren aus (vgl. Wackernagel & Haner, 2019, S. 25):

- Vermittlung einer klaren Vision für die Zukunft des Unternehmens an die Belegschaft;
- sichtbare Förderung von Veränderungen im Unternehmen;
- Vorleben von Veränderungen, die von den Beschäftigten erwartet werden;
- ein offenes Ohr für die Sorgen der Beschäftigten bezüglich Veränderungen im Unternehmen;
- mutige Entscheidungen auch bei Widerständen;
- Initiierung von verschiedenen Projekten zur internen Weiterentwicklung des Unternehmens;
- Sicherstellung, dass einzelne Neuerungen im Unternehmen aufeinander abgestimmt sind.

Die transformationale Führung beinhaltet in der Regel charismatische Wirkung der Führungskraft zur Vermittlung der Visionen und Sinnorientierung (vgl. dazu Abschn. 7.3). Diese Aufgabe kann eher von erfahrenen, fachlich und persönlich reifen Führungskräften übernommen werden. Außerdem bildet hier das Vertrauen der Mitarbeitenden in die Führung und die Führungskraft eine wesentliche Voraussetzung.

Das Konzept der **geteilten Führung** (shared leadership) impliziert die Beteiligung verschiedener Personen an der Führung, die als ein dynamischer, interaktiver Einflussprozess zwischen Individuen in Gruppen mit dem Ziel der wechselseitigen Führung zur Erreichung von Gruppen- und/oder Organisationszielen verstanden wird. Die wechselseitigen Einflussprozesse und die laterale Verteilung von Führung auf mehrere Teammitglieder bilden den Kern geteilter Führung. Verschiedene Untersuchungen stellen positive Effekte dieser Art der Führung fest, vor allem steigende Kreativität, Leistung und Arbeitszufriedenheit im Team sowie erfolgreiche Veränderungsprozesse (vgl. Rybnikova & Lang, 2021).

Die **kollektive Führung** ist eine Fortsetzung der Idee der geteilten Führung. Zu den Attributen dieser Führung zählen ein urteilsfreier und offener Dialog, die Bereitschaft zum kritischen Austausch sowie die Überzeugung über die Innovationspotenziale eines solchen Austausches. Der Austausch beruht auf Gegenseitigkeit und einer Wertschätzung jeglichem Beitrag gegenüber, unabhängig vom Status oder fachlicher Expertise der Beteiligten. Die Führung erfolgt dabei kollektiv in dem Sinne, dass mehrere Mitglieder einer Arbeitsgruppe als Führende tätig werden und dabei Macht und Einfluss untereinander teilen (vgl. Rybnikova & Lang, 2021).

Ebenfalls als eine Erweiterung des Konzeptes der geteilten Führung kann die **agile Führung** nach Hofert bezeichnet werden. Agile Führung basiert auf der Selbstorganisation von Teams, für deren Ermöglichung und Unterstützung sowie Zusammenarbeit innerhalb eines Teams Führungskräfte verantwortlich sind. Dabei wird Führung als entkoppelt von einer Person angesehen, sodass mehrere Teammitglieder Führungsaufgaben erledigen, indem sie die entsprechenden Rollen vorübergehend übernehmen oder vom Team übergetragen bekommen (vgl. Hofert, 2018, S. 51).

Hofert beschreibt agile Führung wie folgt: Führung ist die Kunst, Geschichten zu erzählen, Metaphern zu entwickeln und sich mit Ideen zu verbinden. Es ist auch das Design eines Rahmens, in dem etwas stattfindet. Es bedeutet immer, sich zwischen Gegensätzen wie Führen und Folgen zu bewegen und eine situativ angemessene Position zu finden. Führung braucht Ermächtigung in Form der formalen, effektiven und psychologischen Macht. Psychologische Macht ist die Kraft des Wohin, des Wegweisens. Effektive Macht ist die Macht, mit der Ziele erreicht werden (vgl. Hofert, 2020, S. 257).

Um die Konzepte der geteilten, kollektiven und agilen Führung erfolgreich zu praktizieren, bedarf es sowohl spezifischer Rahmenbedingungen wie Team- und Unternehmenskultur der Teilhabe als auch bestimmter Kompetenzen aufseiten der Führenden und Geführten, vor allem Fachexpertise und sozialer Kompetenzen (s. ausführlicher Kap. 9).

Entscheidungen über die Führungskonzepte werden meistens auf der Ebene des Gesamtunternehmens, durch die Geschäftsführung getroffen, und basieren auf der strategischen Ausrichtung eines Unternehmens und seiner Unternehmenskultur.

Die Freiheit einer Führungskraft besteht eher darin, über konkrete Führungsstile zu entscheiden, die seltener formell vorgeschrieben werden und eher persönliche Präferenzen und/oder die Besonderheiten des konkreten Führungsverhältnisses zwischen einer Führungskraft und einem Mitarbeiter bzw. einem Team widerspiegeln.

5.3.2 Geeignete Führungsstile

Einer Führungskraft stehen je nach Situation und Mitarbeiterkompetenzen verschiedene Führungsstile zur Auswahl. Der autoritäre Führungsstil sieht keine Beteiligung der Untergebenen vor – die Führungskraft entscheidet allein. Beratender, kooperativer, delegativer und teilautonomer Führungsstile zeichnen sich in der Reihenfolge durch einen steigenden Grad der Partizipation der Mitarbeiter an Entscheidungen aus und tragen zu einer höheren Motivation und Arbeitszufriedenheit bei (vgl. Führungsstile Abschn. 2.1).

Einige Führungsstile aus den älteren Theorien – kooperativer, delegativer und teilautonomer Führungsstil – und konsensualer Führungsstil als neuer Ansatz sind für die demokratisierte Arbeitswelt der Zukunft geeignet. Es geht jedoch darum, diese Führungsstile je nach Situation, Aufgabe und Mitarbeiterkompetenzen optimal einzusetzen.

Kooperativer Führungsstil Eine Führungskraft, die in den Arbeitsprozess involviert ist, diskutiert gemeinsam mit einem Mitarbeiter oder einer Gruppe über Probleme, Lösungen und ihre Umsetzung. Es herrscht ein freier und offener Ideenaustausch zwischen gleichberechtigten Partnern, Entscheidungen werden gemeinsam getroffen und die Verantwortung wird nicht nur von der Führungskraft, sondern auch von der ganzen Gruppe getragen. Ein gegenseitiges Vertrauen zwischen der Führungskraft und den Mitarbeitern sowie Zusammenhalt in der Gruppe sind erforderlich.

Delegativer Führungsstil Vorausgesetzt, eine Führungskraft hat kompetente, erfahrene und reife Mitarbeiter, die Erfahrungen mit selbstverantwortlicher Arbeit haben, kommt Delegation von Aufgaben infrage. Die Führungskraft erläutert dem Mitarbeiter/der Gruppe das Problem und überlässt die Lösung dem Mitarbeiter/der Gruppe. Diese Situation eignet sich insbesondere bei fachlicher Spezialisierung der Mitarbeitenden, die über eine besondere Fachexpertise verfügen und besser als die Führungskraft wissen, wie das Problem zu lösen ist.

Teilautonomer Führungsstil Liegt eine hohe Fachkompetenz, beträchtliches Erfahrungswissen und eine hohe Reife der Mitarbeitenden vor, kann eine Führungskraft die Problemdefinition und die Lösung komplett den Mitarbeitenden überlassen. Der Mitarbeiter/die Gruppe arbeitet komplett autonom, sie organisiert und kontrolliert sich selbst. Die Führungskraft muss dabei Vertrauen in die Fähigkeiten, Kompetenzen und Motivation der Mitarbeiter haben.

Konsensualer Führungsstil Die Befähigung der Mitarbeiter und ihre individuelle Weiterentwicklung zum emanzipierten Kollegen ist eine der Kernaufgaben der neuen Führung. Die Tendenz geht hin zu einem konsensualen (auf Konsens ausgerichteten) Führungsstil, der eher moderiert und orchestriert, anstatt zu befehlen. Dieser Stil eignet sich, um Mitarbeiter stärker eigenverantwortlich arbeiten und im Sinne des Unternehmens mitdenken zu lassen. Er entspricht dem Menschenbild eines kompetenten, intrinsisch motivierten Spezialisten, der auf seinem Fachgebiet oft bessere Entscheidungen treffen kann, als seine Führungskraft (vgl. Gebhardt et al., 2015, S. 36).

Die Entscheidung über den Einsatz von einem oder anderen Führungsstil hängt von vielen Faktoren ab: der Organisationsform, den Mitarbeitenden und ihren Reifegraden, der Unternehmenskultur, den Kompetenzen und Präferenzen der Führungskraft etc.

Die Situation und die Fähigkeiten der Mitarbeitenden richtig einzuschätzen, einen Vertrauensvorschuss zu geben und Probleme und Vorgehensweisen richtig zu kommunizieren – das sind die Aufgaben der Führungskraft bei der Auswahl von geeigneten Führungsstilen. Deshalb werden für die Führungskräfte Eigenschaften wie Offenheit und Kommunikationsfähigkeit und die sozialen Kompetenzen, vor allem die Fähigkeit, zuzuhören, zu beteiligen, zu fördern und Feedback zu geben, zukünftig entscheidend sein.

In den Unternehmen von heute kann man den Wandel von tradierten zu den moderneren Führungskonzepten und -stilen beobachten, der sowohl durch den Generationen- und Wertewechsel als auch durch das Entstehen von innovativen Start-ups und neuen Geschäftsmodellen vorangetrieben wird.

5.4 Best Practices der Demokratisierungskonzepte in Unternehmen

Tendenziell zeichnen sich kleinere und jüngere Unternehmen durch mehr Partizipation und Demokratie aus, allerdings gibt es fortschrittliche Großunternehmen, insbesondere im IT- und Technologiebereich, die die Vorteile der Demokratisierung für die Förderung der Kreativität und Innovation erkannt und realisiert haben.

Internationale Firmen wie Gore (Textilindustrie) und Mondragon (genossenschaftliche Unternehmensgruppe) und deutsche Unternehmen wie Semco (Glasproduktion) und Haufe-Umantis (Software) haben schon länger erfolgreich demokratische Strukturen wie die Wahl der Führungskräfte, Arbeitszeitflexibilität und Gehaltstransparenz in ihren Unternehmen etabliert (vgl. Welpe et al., 2015, S. 78). Und wie sieht es in der Masse der deutschen Unternehmen aus?

In den meisten deutschen Unternehmen geht es um die Maßnahmen für **mehr Partizipation** und Teilhabe an Entscheidungsvorbereitung und -findung. Dazu gehören Ansätze für Arbeitsautonomie, Beteiligung an Entscheidungen und eigenverantwortliches Arbeiten von Teams. Anders gestaltet es sich bei Wahlen von Vorgesetzten, Führung auf Zeit, der Implementierung finanzieller Beteiligungsformen und Einführung von Soziokratie oder Holakratie. Hier herrscht noch große **Skepsis** in Bezug auf deren Realisierbarkeit.

In der Studie des Beratungsunternehmens ComTeam (2017) gab die überwältigende Mehrheit (90 %) der Umfrageteilnehmer an, dass sie sich mehr Mitsprache und Partizipation wünschen. Auf diesen Wunsch ihrer Mitarbeiter reagieren die Unternehmen offenbar auch, denn **drei Viertel der Befragten** berichteten davon, dass die Stärkung von Eigenverantwortung in ihrem Unternehmen gerade sehr präsent ist, und es sind vor allem die oberen Führungskräfte und Vorstände, die die Ansicht vertreten, dass eine stärkere Verteilung von Verantwortlichkeiten relevant ist. Von einer konkreten Umsetzung von Partizipation im Unternehmen konnten hingegen weniger Befragte aus eigener Erfahrung berichten. Immerhin **knapp die Hälfte** der Angestellten sagten, dass es in ihrem Unternehmen Bestrebungen zur Umorganisation von Entscheidungsbefugnissen in ihrem Arbeitsumfeld gibt (vgl. Haufe, 2017).

In den letzten Jahren hat sich die Tendenz zu agilen Organisationen verstärkt, die Agilität (vgl. Abschn. 6.2) ist in vielen Unternehmen zu einem aktuellen Thema geworden. Die Anwendung von agilen Arbeitsmethoden wie Scrum und Design Thinking, vor allem in der IT-Abteilung und in der Forschung und Entwicklung, übt einen positiven Einfluss auf andere Bereiche aus. Auch interdisziplinäres Arbeiten in Projekten und autonomen Teams gewinnt zunehmend an Bedeutung. Diese Faktoren verstärken den Trend zur Demokratisierung in Unternehmen. Auch die Corona-Krise, die als Katalysator für Digitalisierung, Agilität und Führungswandel gewirkt hat, trägt zu diesem Trend bei.

Anhand einiger erfolgreichen Beispiele aus Unternehmen werden mögliche Lösungen für die organisationale Demokratie, ihre Vorteile und Grenzen aufgezeigt.

5.4.1 Mitarbeitergeführte Unternehmen

Wie die theoretischen Ausführungen zu verschiedenen Graden der Partizipation gezeigt haben, kann bei den höheren Stufen der Partizipation von der organisationalen Demokratie gesprochen werden, vor allem wenn die Mitarbeitenden nicht nur an Entscheidungen, sondern auch am Erfolg oder Kapital des Unternehmens beteiligt werden (vgl. Abschn. 5.2).

Die Verbreitung der **Mitarbeiterkapitalbeteiligung** in Deutschland wurde in einer Studie im Auftrag des Bundesministeriums für Wirtschaft und Energie untersucht. Die Studie beziffert den Anteil der Unternehmen mit einer Kapitalbeteiligung der Mitarbeitenden in Deutschland mit 2 %, bei den Großunternehmen ab 500 Beschäftigten sind es 8,2 %. Betriebe in der Industrie und Finanzdienstleistungen/Immobilien weisen die höchste Mitarbeiterkapitalbeteiligung auf. Die dominierenden Formen der Kapitalbeteiligung in Deutschland sind Belegschaftsaktien und Genossenschaftsbeteiligung (vgl. Czay et al., 2020, S. 23–25).

Grundsätzlich kann die finanzielle Beteiligung als Eigenkapitalbeteiligung (über Belegschaftsaktien oder GmbH-Anteile) oder als Fremdkapitalbeteiligung (als Mitarbeiterdarlehen oder Schuldverschreibungen) umgesetzt werden. Die Eigenkapitalbeteiligung zeichnet sich durch besonders weitgehende Folgen für die Beteiligten aus: Je nach Rechtsform des Unternehmens erhalten die Beschäftigten Belegschaftsaktien (in einer Aktiengesellschaft AG), GmbH-, Genossenschafts- oder Kommandit-Anteile. Dadurch werden die Mitarbeiter gesellschaftsrechtlich am Unternehmen beteiligt und haben die gleichen Informations-, Kontroll- und Mitentscheidungsrechte wie die übrigen Gesellschafter bzw. Mitglieder des Unternehmens. Gleichzeitig tragen sie auch dieselben Risiken wie die übrigen Anteilseigner, etwa das Risiko der Haftung, der Erfolgsabhängigkeit der Erträge (z. B. der Höhe der Dividendenzahlung) oder von Kursschwankungen bis hin zum Totalverlust in der Insolvenz. Eigenkapitalbeteiligungen bieten sich in erster Linie für Kapitalgesellschaften (hier insbesondere für Aktiengesellschaften) und Genossenschaften an.

Großunternehmen nennen am häufigsten folgende Motive für die Einführung der Kapitalbeteiligung der Mitarbeitenden (vgl. Beyer, 2020, S. 81):

- monetäre Gründe (besonders oft genannt): Belegschaftsaktien als Teil der (variablen) Vergütung oder als Instrument, die Mitarbeiter am Erfolg des Unternehmens zu beteiligen.
- „weiche" Gründe: die Erhöhung der Mitarbeiterbindung, der Motivation, des unternehmerischen Denkens und der Identifikation mit dem Unternehmen.
- weitere Gründe (selten genannt): Förderung der Altersvorsorge, Stärkung der Mitbestimmung und Abwehr von Übernahmen.

Mittelständische Unternehmen, die finanzielle Mitarbeiterbeteiligung anstreben, nennen meistens andere Motive als Großunternehmen, vor allem wegen ihrer besonders schwierigen aktuellen Situation im Kontext des Fachkräftemangels (vgl. Beyer, 2020, S. 88):

- Fachkräftemangel (genannt von fast allen Unternehmen): die Attraktivität des Unternehmens für qualifizierte Fach- und Führungskräfte steigern,
- Mitarbeiterbindung und unternehmerisches Denken stärken,
- Teilhabe am gemeinsamen Erfolg ermöglichen und einen Beitrag zur Vermögensbildung leisten,
- Das Motiv, die finanzielle Situation des Unternehmens zu verbessern (seltener genannt).

Die Mitarbeiterkapitalbeteiligung hat vor allem für kleinere Unternehmen und Startups erhebliches Potenzial im Wettbewerb um hoch qualifizierte IT- und insgesamt MINT-Fachkräfte. Das ist ein aktueller Treiber für die Zunahme der Ansätze für die Mitarbeiterkapitalbeteiligung in Betrieben.

In mitarbeitergeführten Unternehmen, bei denen die Beschäftigten zu Aktionären (in einer AG) oder Inhabern (in einer GmbH) werden, werden verschiedene Formen der Partizipation realisiert. Neben der finanziellen Beteiligung ist es Partizipation an (Management) Entscheidungen. Oft praktizieren mitarbeitergeführte Unternehmen weitere Formen der organisationalen Demokratie wie Entscheidungen über die zukünftige Ausrichtung, Definition der Verantwortungsbereiche, direkte Wahl der Führungskräfte.

> **ageff GmbH als eigenverantwortliches, „chefloses" Unternehmen**
>
> Der ageff-Geschäftsführer Markus Franz begann 2009 als selbständiger Solartechniker. 2016 gründete er die ageff GmbH mit zwei Mitarbeitern. Heute sind es 15 Mitarbeitende, der Umsatz wuchs jedes Jahr in zweistelligen Prozentzahlen. Statt immer weiter zu wachsen, hat Markus Franz im Jahr 2020 beschlossen, ein eigenverantwortliches, „chefloses" Unternehmen mit glücklichen Mitarbeitenden zu schaffen. Um den schwierigen Wandel vom inhaber- zum mitarbeitergeführten Unternehmen zu bewältigen, hat sich das ageff Team für einen „Testmonat" ohne Chef Mitte 2021 entschieden. So konnte die Belegschaft eigenverantwortliche Betriebsführung erproben und danach reflektieren, wie es zukünftig laufen soll und welche Verantwortungsbereiche noch konkret verteilt werden müssen (vgl. Zimmermann, 2020). ◀

Oft werden finanzielle Beteiligungskonzepte mit der Einführung agiler Organisationsstrukturen verknüpft, wie das folgende Fallbeispiel von Oraylis GmbH demonstriert.

> **Fallstudie zur Mitarbeiterkapitalbeteiligung bei der Oraylis GmbH**
>
> Die Oraylis GmbH ist ein schnell wachsender Entwickler von Business Intelligence-, Data Analytics- und KI-Lösungen mit 95 Mitarbeitern (davon 75 Experten) und einem Umsatz von 14 Mio. €. Den (potenziellen) Engpass für die Unternehmensentwicklung sieht die Geschäftsführung nicht bei den Aufträgen, sondern vor allem bei der Gewinnung und Bindung von Fachkräften. Organisatorisch liegt der Schwerpunkt der Arbeit auf agilen Projektteams. Das Durchschnittsalter der Mitarbeiter liegt bei Mitte 30, der Bildungsstand bzw. der Akademikeranteil der Mitarbeiter ist hoch.
>
> 2019 wurde ein Mitarbeiterkapitalbeteiligungsprogramm eingeführt: Den Führungskräften der ersten und zweiten Führungsebene wurde eine direkte Beteiligung am Unternehmen (in flexiblem Umfang) angeboten und es wurde eine stille Gesellschaft gegründet, an der sich alle Mitarbeiter (ab einer Beschäftigungsdauer von mehr als einem Jahr) beteiligen konnten. Auch eine Verlustbeteiligung ist

vorgesehen. Die Beteiligung wird durch volle Informationsrechte begleitet. 76 % der berechtigten Mitarbeiter nahmen das Angebot an.

Das Unternehmen zeichnet sich durch eine offene Unternehmenskultur aus. Es besteht eine sehr familiäre Atmosphäre und Duzkultur. Das Unternehmen hat offene, helle Projekträume und Großraumbüros mit flexiblen Arbeitsplätzen. Die Geschäftsführer betonen die flache Hierarchie und verstehen sich in erster Linie als Coaches ihrer Mitarbeiter. Darüber hinaus gibt es eine Vielzahl von Einrichtungen (z. B. Firmen-Zeitschrift), Veranstaltungen (z. B. Oraylis-Campus zur Weiterbildung) und Attraktionen (z. B. gemeinsames Kochen, Ausflüge), durch die die offene Unternehmenskultur gelebt wird. Oraylis wurde so in der Vergangenheit bereits mehrfach als „Great place to work" ausgezeichnet (vgl. Steger & Sieg, 2020, S. 103–105). ◄

Diese Beispiele zeigen, dass eine Ausweitung der Partizipation auf die finanzielle Beteiligung bei vielen Unternehmen möglich ist. Während die Großunternehmen sich davon vor allem eine höhere Motivation und Bindung versprechen, streben die kleineren Unternehmen und Startups vor allem nach Fachkräftesicherung. Die Kapitalbeteiligung wird mit anderen Beteiligungsformen wie Partizipation an Entscheidungen und Informationsrechte verknüpft.

Besonders oft werden die Maßnahmen für Kapitalbeteiligung in den Unternehmen mit hoch qualifizierten Beschäftigten, flachen Hierarchien und agilen Arbeitsmethoden eingeführt, in denen ein modernes Führungsverständnis vorherrscht.

5.4.2 Führung auf Zeit mittels demokratischer Wahlen

Als eine der Formen der organisationalen Demokratie ist Führung auf Zeit mittels demokratischer Wahlen von Projektleitern, Teamleitern und anderen Führungskräften denkbar. Einige Unternehmen haben dieses System eingeführt und die ersten Erfahrungen gesammelt, z. B. Haufe-Umantis.

Als Auslöser für diese radikale Veränderung bezeichnet der CEO von Haufe-Umantis Marc Stoffel die Anforderungen der digitalisierten Wirtschaftswelt: „Wir haben bemerkt, dass wir im Unternehmen einen Spagat erleben zwischen dem Innovationsgeschäft, wo wir neue Ideen starten, und dem Kerngeschäft, bei dem wir unsere Kunden zufriedenstellen und jedes Jahr ein bisschen mehr wachsen. Das hat uns zerrissen, weil wir beide Geschäfte in der gleichen Organisationsform managen wollten. Wir haben auf der einen Seite Mitarbeiter, die sich mit neuen Projekten ins Abenteuer stürzen wollen, und auf der anderen Seite Menschen, die mehr Beständigkeit suchen. Beiden müssen wir Raum bieten. Mit dem alten Organisationsmodell sind wir daran gescheitert." (Stoffel, 2020).

Marc Stoffel ist seit 2013 Geschäftsführer von Haufe-Umantis, er wurde von seinen Mitarbeitern zum Chef gewählt und dreimal im Amt bestätigt.

> **Wahl der Führungskräfte bei Haufe-Umantis**
>
> Der Schweizer Anbieter von Talentmanagement-Softwarelösungen Haufe-Umantis gehört zur Haufe Group. Aktuell arbeiten 130 Mitarbeiter bei Haufe-Umantis, die Gesamtgruppe erzielte 2018 einen Umsatz von 366 Mio. €. Im Jahr 2013 führte das Unternehmen agile Strukturen und Mitbestimmung bis hin zur Wahl des Chefs ein. Immer im November wählen die 150 Mitarbeiter ihre Chefs. Im Prinzip kann sich jeder aus dem Team dafür bewerben. Im Rahmen des Wahlprozesses stimmt das gesamte Team über die Rolle sowie die Schwerpunkte des jeweiligen Leaders ab. Mit der Wahl beauftragen die Mitarbeiter dann jedoch die Person, die sie für geeignet halten, das gemeinsam verabschiedete Wahlprogramm selbstständig und top-down durchzuführen. Der Leader ist in der Pflicht, das Mandat erfolgreich umzusetzen, denn nach einem Jahr wählen die Mitarbeiter erneut (vgl. Stoffel, 2015, S. 280, Stoffel, 2020). ◄

Ein gewählter Chef braucht bestimmte Rahmenbedingungen, um effizient zu führen und bei Bedarf unangenehme Entscheidungen zu treffen. Das Team muss hinter dem Führenden stehen. Ein ehrliches Feedback von unten und von oben ist dabei sehr wichtig.

Wenn die Technologien, Märkte und Rahmenbedingungen ständig im Wechsel sind, verändern sich auch die Anforderungen an die Führungskräfte, von denen andere Kompetenzen und Stärken erwartet werden. Das ist die grundlegende Einstellung, die Unternehmen an den Tag legen, die sich für die Führung auf Zeit entscheiden. Ähnliche Gründe liegen den Konzepten der geteilten und kollektiven Führung zugrunde (vgl. Abschn. 5.3.1).

Grabmeier (2017) nennt folgende **Vorteile** der Wahl der Führungskräfte:

- Gewählte Führungskräfte haben mehr Rückhalt. Je nach Wahlmodus ist bis zu eine Zwei-Drittel-Mehrheit erforderlich, um „ins Amt" zu kommen bzw. dort zu bleiben. Wer seine Führungskraft in der Wahl unterstützt hat, versucht meist auch, die spätere Zusammenarbeit zum Erfolg zu führen.
- Klare Zukunftsperspektiven. In ihren Wahlprogrammen formulieren die Kandidaten, wie sie ihre Führungsaufgabe ausgestalten und wahrnehmen wollen. So beschäftigen sich alle Beteiligten intensiver mit Führungsaufgaben und Zukunftsperspektiven.
- Klare Rollen. Durch den Abgleich der Erwartungen im Vorfeld haben gewählte Führungskräfte mehr Akzeptanz zu erwarten. Ihre Führungsrolle ist demokratisch legitimiert.
- Wahlen als Feedback. Wenn Führungskräfte mit weniger Stimmen als beim letzten Mal wiedergewählt werden, ist das ein klares Feedback, dass bei der Führung etwas verändert werden muss.
- Wer die Wahl hat, hat die Verantwortung. Wer sich über mangelnde Aufstiegsmöglichkeiten beschwert, der kann durch eine Wahl sein Schicksal selbst in die Hand nehmen.

Alle Mitarbeiter können sich selbst zur Wahl um eine Führungsrolle stellen und so die Verantwortung für die eigene Karriere übernehmen.
- Auch eine Nicht-Wahl ist eine Wahl. Auch wenn nur ein Kandidat zur Wahl steht: Niemand ist gezwungen, ihm seine Stimme zu geben. Kandidaten können damit auch abgewählt werden.
- Abwahl wird normal. Wer nicht in seiner Führungsposition bestätigt wird, für den wird es sich erstmal wie eine herbe Niederlage anfühlen. Mit der Zeit wird der demokratische Prozess aber zur Normalität, das ist eine völlig neue kulturelle Dimension.
- Selbstreflexion. Durch die Wahl der Führungskräfte wird ein Reflexionsprozess gefördert, der sich intensiv mit der Führungsrolle und den Erwartungen der Mitarbeiter auseinandersetzt.

Die Möglichkeit, Führungskräfte zu wählen, wird jedoch kontrovers diskutiert. Ohne die Flankierung durch andere inhaltliche Formen der Beteiligung (z. B. finanzielle Beteiligung) und die Einführung vernetzter autonomer Teamstrukturen kann eine Wahl der Führungskräfte nicht funktionieren.

5.4.3 Soziokratie und Holakratie in der Praxis

Wie bereits beschrieben, wurden in einer Studie von Meyer et al. (2021) über 100 Organisationen in Deutschland und Österreich identifiziert, die den Kriterien der Soziokratie und Holakratie entsprechen. Die meisten Organisationen stammen aus den Bereichen der Software-Entwicklung, Organisationsberatung, ökologischen Wirtschaft und des Nonprofit-Sektors (vgl. Abschn. 5.2.2).

In Unternehmen, die Soziokratie oder Holakratie als extreme Form der Selbststeuerung von Organisationen einführen, werden formale Hierarchien durch flache, kreisförmige Strukturen ersetzt, in denen die Mitarbeitenden verschiedene Rollen entsprechend ihren Kompetenzen einnehmen können. Dadurch haben die Beschäftigten oft unterschiedliche Rollen in verschiedenen Teams. Die Teams und Rollen wechseln nach Bedarf und werden nach dem Erfüllen einer Aufgabe abgeschafft.

Durch die Einführung von kreisförmigen Strukturen verändern sich die Unternehmenskultur und die Führungsstrukturen. Führungskräfte gibt es in diesem Konzept nur bedingt, als Lead Links, die Rollen zuteilen und Verbindungen zwischen verschiedenen Kreisen herstellen. Es werden feste Regeln für den Ablauf der Kreisbildung, Kommunikation und Entscheidungsfindung formuliert.

Deswegen bedarf die Einführung der kreisförmigen Strukturen einer guten Vorbereitung von Führenden und Mitarbeitenden, damit die Anpassung und Lernprozesse erfolgreich verlaufen.

Eine Fallstudie zur Einführung einer holakratischen Organisationsstruktur bei den Stadtwerken Konstanz zeigt erforderliche Maßnahmen und Erfolgsfaktoren auf (vgl. Kunze et al., 2021, S. 303).

> **Fallstudie zur Einführung der Holakratie bei den Stadtwerken Konstanz**
>
> Die Stadtwerke Konstanz sind ein öffentliches Versorgungsunternehmen mit 913 Mitarbeitenden, das für die Bereiche Gas-, Wasser- und Stromversorgung sowie öffentliche Mobilität zuständig ist. Um wettbewerbsfähig zu bleiben, streben Stadtwerke eine Flexibilisierung der Prozess und Organisationsstruktur an.
>
> 2018 hat die Geschäftsführung entschieden, die Stadtwerke in eine Holakratie zu überführen, am 1.1.2019 wurde die holakratische Verfassung unterschrieben, die in Betriebsvereinbarungen integriert wurde. Die Ziele dabei waren: Dezentralisierung und Beschleunigung von Entscheidungen, Empowerment der Beschäftigten, um Kundenbedürfnisse in Fokus zu rücken, Erhöhung der Agilität der Organisation.
>
> 2019 wurden in Pilotbereichen die Instrumente der Holakratie eingeführt: Meetings Formate, Rollen, Begrifflichkeiten. Nach Monaten des agilen Arbeitens zeigt die Erfahrung, dass die Holakratie vor allem in wissensgetriebenen, kreativen Wertschöpfungstätigkeiten wie Produktentwicklung, Marketing, Kundenservice einen wahrnehmbaren Mehrwert erzeugt, während eine hierarchische Strukturierung für tätigkeitsgetriebene Arbeit wie Busbetrieb oder Montage weiterhin sinnvoll ist. Es wurde beschlossen, die Einführung der Holakratie auf die wissensintensiven Bereiche zu begrenzen (vgl. Kunze et al., 2021, S. 304–305). ◄

Erfahrung der Unternehmen, die kreisförmige Organisationsstrukturen wie Holakratie und Soziokratie eingeführt haben, belegen, dass diese Strukturen nicht für alle Tätigkeiten und Bereiche sinnvoll sind. Außerdem braucht der radiale Wechsel von hierarchischen zu holakratischen Strukturen viel Zeit, um den damit einhergehenden Kulturwandel umzusetzen. Deswegen sollte der Transformationsprozess in einzelnen Schritten stattfinden, die kontinuierlich reflektiert und evaluiert werden sollten.

5.4.4 Konsequenzen für die Führung im Kontext der Demokratisierung

Was bedeutet die Einführung von demokratischen Prozessen und Maßnahmen für alle Beteiligten? Welche Rolle nehmen Führungskräfte und Mitarbeiter bei der Gestaltung dieses Betriebssystems ein? Beide Gruppen werden wesentlich stärker in die Verantwortung gezogen.

Aufgrund der Analyse von Unternehmensbeispielen können einige Handlungsempfehlungen für die Führungskräfte, die Elemente der organisationalen Demokratie einführen wollen, abgeleitet werden.

Wo wollen wir hin? Es ist wichtig, zunächst eine Standortbestimmung und Zielsetzung vorzunehmen. Welchen Zielen sollte die Demokratisierung dienen? Diese Sinnfrage ist für die weitere Vorgehensweise entscheidend.

5.4 Best Practices der Demokratisierungskonzepte in Unternehmen

Meistens geht es bei den Demokratisierungsansätzen darum, die Wissens- und Kreativitätspotenziale der Menschen im Unternehmen optimal zu erschließen. Dafür ist es erforderlich, mitdenken zu ermöglichen, mitentscheiden zuzulassen, Freiräume einzuräumen und zu gestalten, Selbstverantwortung zu fördern und zu fordern, konsequent Potenziale im Ideenmanagement, in der Entwicklung von Lösungen zu nutzen. Dafür sollten Hierarchien abgebaut und die Selbstbestimmung der Beschäftigten gefördert werden.

Außerdem fordert digitale Transformation selbstbestimmte und befähigte Mitarbeiter, die in der Lage und willig sind, Probleme vor Ort selbstständig zu lösen. Damit einher gehen neue Formen der Zusammenarbeit, Abbau von Hierarchien und Agieren auf Augenhöhe. Demokratisierung der Organisation von Unternehmen ist kein Selbstzweck, sondern ein Mittel, unternehmerischen Erfolg und Flexibilität zu steigern und Arbeitszufriedenheit und Loyalität der Beschäftigten zu erhöhen.

Haltung und Führungsverständnis Führungskräfte sollten den Mut haben, bestehende Unternehmensstrukturen – selbst wenn sie in den letzten Jahre Basis ihres Erfolgs waren – zu hinterfragen. Das ist neben der großen Verantwortung, die bei Managern und Mitarbeitern liegt, eine weitere zentrale Herausforderung. Neue Wege zu beschreiten bedeutet immer öfter, Mitarbeiter in Entscheidungen einzubeziehen, sie gestalten zu lassen und starre Strukturen aufzubrechen.

Sind wir als Führungskräfte bereit, unsere Macht zu teilen? Haben wir genug Vertrauen in unsere Mitarbeiter und ihre fachlichen und persönlichen Kompetenzen?

Der Wertewandel bei den jüngeren Generationen fordert mehr Individualität, weniger hierarchisch geprägtes Arbeiten, mehr Antworten auf die Sinnfrage des Tuns und weniger autoritäres Von-oben-herab. Unternehmen von heute können nicht auf die vielfältigen Potenziale ihrer Mitarbeiter verzichten und müssen insofern auch vielseitiger in Bezug auf Strukturen, Führungsansätze und Zusammenarbeit und auch personalwirtschaftlicher Instrumente werden. Demokratisierung ist daher mehr denn je ein Anspruch und ein Weg, Unternehmen erfolgreich werden zu lassen.

Die Aufgabe, die demokratischen Abläufe aktiv zu gestalten und die vorhandenen Management-Tools zu erweitern, kommt den Führungskräften zu. Welche kulturellen und strukturellen Änderungen dafür notwendig sind, hängt von der Entwicklung des Unternehmens, der Organisationsform und dem Geschäftsmodell ab, jedes Unternehmen muss den eigenen Weg finden und die für sich richtige Methode wählen.

Bereitschaft der Mitarbeitenden Dem Mitarbeiter sollten die Konsequenzen seiner bewussten Entscheidung für mehr Beteiligung klar gemacht werden: Wenn er einen Vorgesetzten wählt, der ihm viele Freiräume lässt, dann muss er auch damit leben, dass er selbst mehr mitdenken muss. Wenn der Mitarbeiter umgekehrt einen Vorgesetzten wünscht, der ihn klar führt, dann muss er auch bereit sein, ihm zu folgen.

Bei der Einführung der Demokratisierung sollte Vertrauen und Offenheit geschaffen werden. Nicht nur der Führende muss sich im Klaren darüber sein, dass er Mitarbeiter braucht, denen er blind vertrauen kann, wenn er sich für das Macht-Teilen entscheidet. Auch der Mitarbeiter trägt die Verantwortung dafür, den für ihn passenden Führungsstil mitzutragen. Wenn er merkt, dass er mit dem großen Freiraum, den ihm sein Vorgesetzter lässt, nicht zurechtkommt, muss er dies der Führungskraft gegenüber klar kommunizieren, damit einvernehmlich eine Lösung gefunden werden kann.

Passende Konzepte und Instrumente anwenden Es gibt verschiedene Grade der Partizipation, von „einfacher" Beteiligung an Entscheidungen bis zu den mitarbeitergeführten Unternehmen, Holakratie und Soziokratie. Welches Modell passt zu unserem Unternehmen? Diese Entscheidung sollte in interdisziplinären, bereichsübergreifenden Teams unter Beteiligung von Wissenschaftlern, Beratern und Interessenvertretungen diskutiert und gefällt werden.

Danach gilt es, Pilotbereiche zu definieren, wo die Konzepte getestet und evaluiert werden. Erst danach können Konzepte verbindlich eingeführt werden.

Der Grenzen der Demokratieansätze bewusst sein Es ist auch unumgänglich, sich der Grenzen der organisationalen Demokratie in Unternehmen bewusst zu sein. Eine gewisse Macht-Asymmetrie zwischen Führungskraft und Mitarbeiter wird auch weiterhin bestehen, da die Verantwortung für bestimmte Aspekte unteilbar ist. Es gibt viele Prozesse, für die Mitarbeiter weiterhin eine klare Führung und keine demokratischen Entscheidungen erwarten.

Entsprechend dem situativen Ansatz der Führung sollte eine Führungskraft eine ganze Palette der Führungsstile praktizieren können, von Unterweisung über Kooperation bis zu Delegation und Autonomes Arbeiten. Eine Entscheidung über den Führungsstil ist von der Art der Aufgabe, der Situation und von dem Reifegrad des Mitarbeiters abhängig. Das bedeutet, dass unerfahrene und unreife Mitarbeitende durch die Freiheit der eigenständischen Entscheidungen und daraus resultierende Verantwortung überfordert werden können.

Positive Effekte der Demokratisierungsansätze wahrnehmen und messen Mehr Partizipation an Entscheidungen und Unternehmenserfolg wirkt sich auf die Unternehmensergebnisse und Arbeitsmotivation und -zufriedenheit positiv aus. Diese Effekte sollte man messen und kommunizieren. Nichts bestätigt unsere Vorgehensweise besser als die nachweisen Erfolgserlebnisse.

Forschungsergebnisse belegen, dass Partizipation die Kommunikation und Koordination, das Verständnis der eigenen Arbeit sowie die Nutzung von Kompetenzen fördert, was wiederum einen positiven Einfluss auf die Arbeitszufriedenheit und Leistung der Partizipierenden hat. Durch die Partizipation werden menschliche Bedürfnisse nach Anerkennung, Zugehörigkeit, Selbstbestimmtheit, Erleben von Leistung befriedigt, was die Motivation der Beschäftigten steigert. Die Partizipation an Entscheidungen führt zu einer höheren Akzeptanz der Ziele.

In vielen Unternehmen spielen Mitentscheiden und Mitgestalten eine immer größere Rolle, zahlreiche Unternehmen experimentieren mit neuen Elementen der Demokratie und führen mit Erfolg innovative Instrumente wie die Wahl der Führungskräfte oder Mitarbeiterkapitalbeteiligung ein. Die Entwicklung zu mehr Demokratie ist unumkehrbar, und die Führungskräfte sollten in diesem Gestaltungsprozess eine aktive Rolle spielen.

Verständnis- und Reflexionsfragen

1. Welche wirtschaftlichen und gesellschaftlichen Veränderungen treiben die Demokratisierung in Unternehmen voran?
2. Erläutern Sie den Begriff und die Formen der Partizipation in Unternehmen. Mit welchen Maßnahmen wird Partizipation auf verschiedenen Ebenen des Unternehmens umgesetzt?
3. Was verstehen Sie unter Soziokratie und Holakratie?
4. Grenzen Sie den Begriff der organisationalen Demokratie von dem Begriff der Partizipation ab.
5. Wie können die Mitarbeiter an (Management-)Entscheidungen beteiligt werden?
6. In welchen Formen kann die finanzielle Beteiligung von Mitarbeitern praktiziert werden?
7. Beschreiben Sie die Merkmale eines demokratischen Unternehmens.
8. Welches Führungsverständnis und welche Führungsstile liegen der organisationalen Demokratie zugrunde?
9. Welche Elemente der organisationalen Demokratie sind für Sie als potenziellen Arbeitnehmer besonders attraktiv?
10. Wie funktionieren mitarbeitergeführte Unternehmen? Welche Vorteile haben sie?
11. Nennen Sie Chancen und Risiken der Wahl von Führungskräften in Unternehmen.

Literatur

Beyer, H. (2020). MKB in deutschen Großunternehmen und im Mittelstand. In J. Lowitzsch (Hrsg.), *Verbreitung der Mitarbeiterkapitalbeteiligung in Deutschland und Europa – Entwicklungsperspektiven. Eine Studie im Auftrag des Bundesministeriums für Wirtschaft und Energie.* https://www.bmwi.de/Redaktion/DE/Publikationen/Studien/verbreitung-der-mitarbeiterkapitalbeteiligung-in-deutschland-und-europa.pdf?__blob=publicationFile&v=6. Zugegriffen: 12. März 2022.

Birkner, G. (2019). Führung à la Generation Y und Z. https://www.faz-personaljournal.de/ausgabe/04-2019/fuehrung-a-la-generation-y-und-z-1247/. Zugegriffen: 26. Febr. 2022.

Bösch, P. (2019). Demokratische Unternehmen sind im Trend. https://hub.hslu.ch/management-and-law/2019/07/03/demokratische-unternehmen-sind-im-trend/. Zugegriffen: 26. Febr. 2022.

Czay, A., Matiaske, W., Schmidt, T., & Tobsch, V. (2020). Datenlage und Dynamik Deutschland und EU. In J. Lowitzsch (Hrsg.), *Verbreitung der Mitarbeiterkapitalbeteiligung in*

Deutschland und Europa – Entwicklungsperspektiven. Eine Studie im Auftrag des Bundesministeriums für Wirtschaft und Energie. https://www.bmwi.de/Redaktion/DE/Publikationen/Studien/verbreitung-der-mitarbeiterkapitalbeteiligung-in-deutschland-und-europa.pdf?__blob=publicationFile&v=6. Zugegriffen: 12. März 2022.

Frankenberger, K., Mayer, H., Reiter, A., & Schmidt, M. (2021). *Das Digital Transformer's Dilemma. Wie Sie Ihr Kerngeschäft digitalisieren und gleichzeitig innovative Geschäftsmodelle aufbauen.* Wiley.

Gebhardt, B., Hoffmann, J., & Roehl, H. (2015). *Zukunftsfähige Führung. Die Gestaltung von Führungskompetenzen und -systemen.* Bertelsmann.

Grabmeier, S. (2017). Der mündige Mitarbeiter: Führungskräfte stellen sich zur Wahl. https://stephangrabmeier.de/der-muendige-mitarbeiter-fuehrungskraefte-stellen-sich-zur-wahl/. Zugegriffen: 13. März 2022.

Greiner, L. (2018). So haben die Millennials die Arbeitswelt verändert. https://www.spiegel.de/karriere/generation-y-so-haben-die-millennials-die-arbeitswelt-bereits-veraendert-a-1195595.html. Zugegriffen: 26. Febr. 2022.

Haufe Online Redaktion. (2017). Manager bemängeln Missverhältnis zwischen Macht und Verantwortung. https://www.haufe.de/personal/hr-management/mitarbeiterpartizipation-woran-sie-scheitern-koennte_80_434784.html. Zugegriffen: 26. Febr. 2022.

Hirsch-Kreinsen, H. (2020). *Digitale Transformation von Arbeit. Entwicklungstrends und Gestaltungsansätze.* Kohlhammer.

Hofert, S. (2018). *Agiler Führen: Einfache Maßnahmen für bessere Teamarbeit, mehr Leistung und höhere Kreativität* (2. Aufl.). Springer Gabler.

Hofert, S. (2020). *Führen in die postagile Zukunft. Die Arbeitswelt sinnvoll gestalten und mutig vorangehen.* Springer.

Kunze, F., Zimmermann, S., & Lauterbach, A. S. (2021). Einführung einer holokratischen Organisationsstruktur. Eine Fallstudie bei den Stadtwerken Konstanz. *Zeitschrift für Führung und Organisation, 90,* 303–307.

Meyer, M., Maier, F., & Schneider, H. (2021). Die agile Kreisorganisation. *Zeitschrift für Führung und Organisation, 90,* 141–147.

Priest, J., Bockelbrink, B., & David, L. (2019). Sociocracy 3.0 – Ein Praxisleitfaden. https://sociocracy30.org/_res/practical-guide/S3-Praxisleitfaden.pdf. Zugegriffen: 27. Febr. 2022.

Rybnikova, I., & Lang, R. (2021). *Aktuelle Führungstheorien und -konzepte* (2. Aufl.). Springer.

Steger, T., & Sieg, R. (2020). Fallstudien Deutschland. In J. Lowitzsch (Hrsg.), *Verbreitung der Mitarbeiterkapitalbeteiligung in Deutschland und Europa – Entwicklungsperspektiven. Eine Studie im Auftrag des Bundesministeriums für Wirtschaft und Energie.* https://www.bmwi.de/Redaktion/DE/Publikationen/Studien/verbreitung-der-mitarbeiterkapitalbeteiligung-in-deutschland-und-europa.pdf?__blob=publicationFile&v=6. Zugegriffen: 12. März 2022.

Stock-Homburg, R., & Groß, M. (2019). *Personalmanagement. Theorien-Konzepte-Instrumente* (4. Aufl.). Springer Gabler.

Stoffel, M. (2015). Mitarbeiter führen Unternehmen – Demokratie und Agilität bei der Haufe-umantis AG. In T. Sattelberger, I. Welpe, & A. Boes (Hrsg.), *Das demokratische Unternehmen* (S. 260–283). Freiburg.

Stoffel, M. (18. November 2020). Ich habe mich selbst überflüssig gemacht. *Interview mit Harvard Business Manager.* https://www.manager-magazin.de/harvard/fuehrung/marc-stoffel-haufe-umantis-ich-habe-mich-selbst-ueberfluessig-gemacht-a-00000000-0002-0001-0000-000165377624. Zugegriffen: 13. März 2022.

TAM (Trainer-Akademie-München). (2021). Die 10 größten Leadership Trends 2022. https://tam-akademie.de/die-10-groessten-leadership-trends/. Zugegriffen: 19. Febr. 2022.

Unterrainer, C. (2020). Stimmen für Demokratie in der Arbeitswelt. Organisationale Demokratie. https://www.armutskonferenz.at/media/12-armkon_forum10_unterrainer_praesentation.pdf. Zugegriffen: 11. März 2022.

Wackernagel, S., & Haner, U.-E. (2019). Ergebnisbericht zur Studie „Transformation von Arbeitswelten". https://publica.fraunhofer.de/eprints/urn_nbn_de_0011-n-5551970.pdf. Zugegriffen: 27. Febr. 2022.

Weber, W. G. (1999). Organisationale Demokratie – Anregungen für innovative Arbeitsformen jenseits bloßer Partizipation? *Zeitschrift für Arbeitswissenschaft, 53*(4), 270–281.

Welpe, I. M., Tumasjan, A., & Theurer, C. (2015). Der Blick der Managementforschung. In T. Sattelberger, I. Welpe, & A. Boes (Hrsg.), *Das demokratische Unternehmen* (S. 74–91). Freiburg.

Wunderer, R. (2011). *Führung und Zusammenarbeit: Eine unternehmerische Führungslehre*. Luchterhand.

Zeuch, A. (2016). Holacracy. Vom Scheitern eines Betriebssystems. https://www.unternehmensdemokraten.de/holacracy-vom-scheitern-eines-betriebssystems/. Zugegriffen: 27. Febr. 2022.

Zimmermann, T. (2020). ageff – Das eigenverantwortliche, „cheflose" Unternehmen – Das ZUK Team begleitet den Wandel. https://www.zuk2020.de/2020/12/10/ageff-das-eigenverantwortliche-cheflose-unternehmen-beginn/. Zugegriffen: 12. März 2022.

Dynamische Führung 6

Zusammenfassung

Die Unternehmensumwelt zeichnet sich durch eine hohe Dynamik und Komplexität aus, und die Führung muss adäquate Antworten auf die neuen Gegebenheiten finden und darüber hinaus die Veränderungen proaktiv gestalten. Mithilfe von Methoden der Zukunfts- und Trendforschung sollten unternehmensrelevante Megatrends in der Technologie, Wirtschaft und Gesellschaft wahrgenommen und in strategische Innovationen umgesetzt werden. Die Führungskräfte und Mitarbeiter brauchen eine Lern- und Veränderungsbereitschaft und Freiräume für das Experimentieren, um neue Ideen und Innovationen zu entwickeln. Neben dieser persönlichen Agilität sind agile Arbeitsmethoden wie Scrum, Design Thinking und Kanban sowie neuartige agile Organisationsstrukturen erforderlich, die mithilfe von Konzepten der autonomen Arbeitsteams, Scrum-basierter Organisation oder Holakratie realisiert werden können. Auch die Führungskräfte selbst sollen ein agiles Mindset verinnerlichen und bereit sein, ihr Führungsverhalten permanent zu hinterfragen und zu ändern.

6.1 Veränderungen wahrnehmen und initiieren

Eine sich ständig wandelnde, unsichere und komplexe Unternehmensumwelt – sei es durch neue Technologien, neues Kundenverhalten, Aufsteigen neuer Konkurrenten oder Anforderungen junger Generationen – verlangt von Unternehmen die Fähigkeit zu schnellen und effizienten Reaktionen. Mitarbeitende und Führungskräfte werden gleichermaßen herausgefordert, anpassungsfähig und agil zu sein, frühzeitig Signale für Veränderungen zu erkennen und auf diese schnell zu reagieren. Um der dynamischen Umwelt gerecht zu werden und die Veränderungen in den Unternehmen permanent gestalten zu können, muss die Führung zunächst die relevanten Trends in der Technik, Wirtschaft und Gesellschaft wahrnehmen. Mit einer Trend- und Zukunftsforschung sollten die zukünftigen Chancen und Risiken für das Unternehmen identifiziert und die Suchfelder für strategische Innovationen festgelegt werden. Auf dieser Basis werden Ideensuche und Innovationsarbeit in Unternehmen initiiert und gesteuert.

6.1.1 Trend- und Zukunftsforschung

Die steigende Komplexität und Dynamik der Unternehmensumwelt erfordern Frühwarnsysteme, die auf die Veränderungen schnell und ganzheitlich reagieren. Jedes Unternehmen sollte sich fragen, mit welchen Produkten, für welche Kunden und in welchen Märkten es in fünf oder zehn Jahren erfolgreich sein kann. Diese Fragen können weder von außenstehenden Experten (die die Spezifika des Unternehmens nicht kennen) noch von der Geschäftsleitung allein (die nicht in alle Kleinigkeiten des Alltags eingeweiht ist) beantwortet werden.

Trendbeobachtung und Wahrnehmung schwacher Signale sollte zu einer Aufgabe der ganzen Organisation werden. Alle Beschäftigten des Unternehmens sind seine Schnittstellen zur Außenwelt – im Kundendienst, im Einkauf, in der Produktion, in der Finanzabteilung oder in einer Auslandsniederlassung. Deswegen sollte die Führung die Trendbeobachtung (Trendscouting) als eine Aufgabe von jedem Einzelnen in der Belegschaft definieren und als Vorbild in diesem Prozess dienen. Ein regelmäßiges Beobachten von meistens frei zugänglichen Datenquellen, wie Fachliteratur, Fach-Newsletter, Messen, wissenschaftliche Konferenzen, ist für jedes, auch für ein kleines und mittelständisches Unternehmen durchaus möglich. Die Fach- und Führungskräfte entwickeln im Rahmen der Arbeitsteilung ein Expertentum auf ihrem eigenen Gebiet, das sie zu dieser Beobachtung befähigt.

▶ **Trendscouting** ist das Aufspüren von neuen Trends, eine professionelle Beobachtung und Analyse von Bedürfnissen des Marktes, der Gesellschaft und der eigenen Mitarbeiter, um auf diese Entwicklungen rechtzeitig reagieren zu können.

Neben der permanenten Beobachtung an verschiedenen Schnittstellen des Unternehmens braucht man eine Organisationseinheit (eine Person oder Gruppe), die sich professionell mit der Trend- und Zukunftsforschung befasst. In den meisten Großunternehmen werden spezielle Trendteams oder Trendscouts damit beschäftigt, unternehmensrelevante Entwicklungen in der Wissenschaft und der Branche zu analysieren. Kleinere Unternehmen beauftragen damit Trendscouting-Agenturen oder delegieren diese Aufgabe an die Unternehmensverbände.

Meistens wird in Unternehmen eine integrierte Trend- und Zukunftsforschung betrieben, obwohl diese Bereiche nicht deckungsgleich sind. Im Gegensatz zu der Trendforschung, die eher als Instrument für kurzfristige Prozesse in Marketing, Produkt- und

6.1 Veränderungen wahrnehmen und initiieren

Innovationsentwicklung dient, hat Zukunftsforschung einen strategischen, systemischen Charakter. Sie ist langfristig, perspektivisch ausgerichtet, bezieht sich auf allgemeine Veränderungen, die sich innerhalb von Jahrzehnten vollziehen, – so genannte Megatrends.

Das Zukunftsinstitut aus Frankfurt am Main hat zwölf solcher **Megatrends** identifiziert, die sich als die großen Treiber des Wandels darstellen (vgl. Zukunftsinstitut, 2021): Gender Shift, Gesundheit, Globalisierung, Individualisierung, Konnektivität, Mobilität, Neo-Ökologie, New Work, Sicherheit, Silver Society, Urbanisierung, Wissenskultur (in alphabetischer Reihenfolge, ohne Priorisierung).

Zu den **Megatrends** mit einem besonders starken Einfluss auf die **Arbeitswelt** gehören folgende (vgl. Gall & Wittenberg, 2021, S. 21):

- Megatrend »New Work« formt ein neues Verständnis von Arbeit. Die klassische Karriere verliert an Bedeutung, wohingegen die Sinnfrage in den Vordergrund rückt.
- Megatrend »Individualisierung« spielt ebenfalls eine große Rolle, bei dem das Verhältnis von Ich und Wir neu ausgehandelt wird. Es geht um die Zunahme individueller Wahlfreiheiten und dem Fokus auf die Selbstbestimmung.
- Megatrend »Silver Society« beschreibt die Tatsache, dass die Menschen immer älter werden und dabei leistungsfähig bleiben müssen.
- Durch den Megatrend »Gender Shift«, der vorhandene Geschlechterstereotype zunehmend aufbricht, kommt es zu einem neuen Rollendenken von Frauen und Männern.
- Megatrend »Konnektivität« steht für ein Grundmuster der gesellschaftlichen Veränderung: die Vernetzung auf Basis digitaler Infrastrukturen.
- Megatrend »Globalisierung«, der sich durch die zunehmenden weltweiten Verflechtungen zwischen Individuen, Unternehmen, Gesellschaften und Systemen auszeichnet. Vieles, was an anderen Orten auf der Welt passiert, hat auch Auswirkungen auf uns persönlich.

Die für die Arbeitswelt relevanten Megatrends zeigen, wie viel Veränderung und Neuorientierung in der Arbeitswelt und insbesondere der Führung gefordert ist. Jedes Unternehmen – in Abhängigkeit von seiner Branchenzugehörigkeit, Produktpalette, Kunden und Märkte – sollte die Megatrends sichten und je nach Relevanz hinterfragen und ihre Spezifika berücksichtigen. So ergeben sich spezifische unternehmensrelevante Herausforderungen. Fünf bis sechs Trends, die besonders relevant sind, sollten permanent beobachtet und hinsichtlich ihrer Auswirkungen auf Produkte, Märkte und Prozesse des Unternehmens analysiert werden. Durch die Beobachtung von spezifischen Business Trends für das Unternehmen werden strategische Innovationsentscheidungen über neue Geschäftsmodelle, Produkte und Prozesse getroffen.

Vor dem Hintergrund der Digitalisierung wird insbesondere auf die Entwicklung von neuen **Technologien** und ihren Folgen geachtet, da disruptive Technologien ganze Märkte und Branchen verändern oder sogar zerstören können (vgl. dazu Abschn. 3.1).

Die Bewertung von den für das Unternehmen relevanten Trends sollte in einem ganzheitlichen Bewertungskontext der Technologie und ihrer Anwendungen stattfinden. Als Ergebnis wird ein für das Unternehmen relevantes **Trend Radar** erstellt, das die für das Unternehmen in den kommenden 5 bis 10 Jahren bedeutenden Trends abbildet. (vgl. Abb. 6.1).

In dem Radar von DHL werden die bekannten Megatrends und technologische Treiber – getrennt nach ökonomischen und gesellschaftlichen Trends (links) und technologischen Trends (rechts) je nach Zeithorizont und Relevanz platziert. Die allgemeinen Megatrends (vgl. Zukunftsinstitut, 2021) wurden vor dem Hintergrund der Besonderheiten der Logistikbranche reduziert und angepasst, man erkennt die Megatrends Silver Society, Individualisierung, Sicherheit, New Work wieder (vgl. Abschn. 6.1.1), die für DHL besonders bedeutend sind. Aus den relevanten Technologien (vgl. Abschn. 1.1) kommen in dem Trend Radar von DHL folgende vor: KI, IoT, Data Analytics, Robotik und Automatisierung, Cloud Technologie, selbstfahrende Autos, 3D Druck, Erweiterte und virtuelle Realität (AR/VR) etc.

Als Schlussfolgerungen aus der Trendanalyse werden bei der Deutschen Post DHL Group folgende Konsequenzen abgeleitet: Dynamisches Wachstum in den Bereichen Datenanalytik, künstliche Intelligenz, Robotertechnik, Internet der Dinge, Cloud, und API signalisieren eine neue Normalität für die Logistik. Bahnbrechende Entwicklungen bei Quantencomputing, Blockchain und Weltraumlogistik eröffnen Logistikanbietern Chancen für neue, großangelegte Lösungen und neue Services. Die Nachhaltigkeit ist für alle Branchen ein Muss und erfordert rasche Innovationen für Verpackung, Planung und Optimierung sowie im Gebäudemanagement, um Emissionen zu reduzieren (vgl. Deutsche Post DHL Group, 2020).

Das reine Auffinden der Technologien, die sich als disruptiv erweisen könnten, bereitet den meisten Unternehmen kein Problem. Am schwierigsten ist es, die langfristigen Folgen eines Technologietrends für ein Unternehmen zu bewerten. Um eine solche Bewertung zu ermöglichen, braucht man in einem Unternehmen nicht nur eine bloße Beobachtung der Technologietrends, sondern eine breite Einschätzung der Folgen durch die Fachexperten, die zugleich das Produkt und seinen Nutzen mit den Augen des Kunden sehen können. Das ist eine echte Herausforderung. Erfolgreiche Unternehmen versuchen, eine breite Kommunikation der Trendauswirkungen auf ihren IT-Plattformen anzuregen, um möglichst viele Spezialisten in diesen Prozess einzubeziehen.

6.1.2 Innovationen vorantreiben

Aufgrund der Trendforschung werden die Suchfelder für eine aktive Suche nach Ideen für Erneuerungen (neue Geschäftsmodelle, Produkte oder Prozesse) definiert. Die Führung agiert als Promotor der Veränderung und Innovation: Führungskräfte entwickeln und kommunizieren Visionen und Innovationsstrategien, sorgen für ihre praktische

6.1 Veränderungen wahrnehmen und initiieren

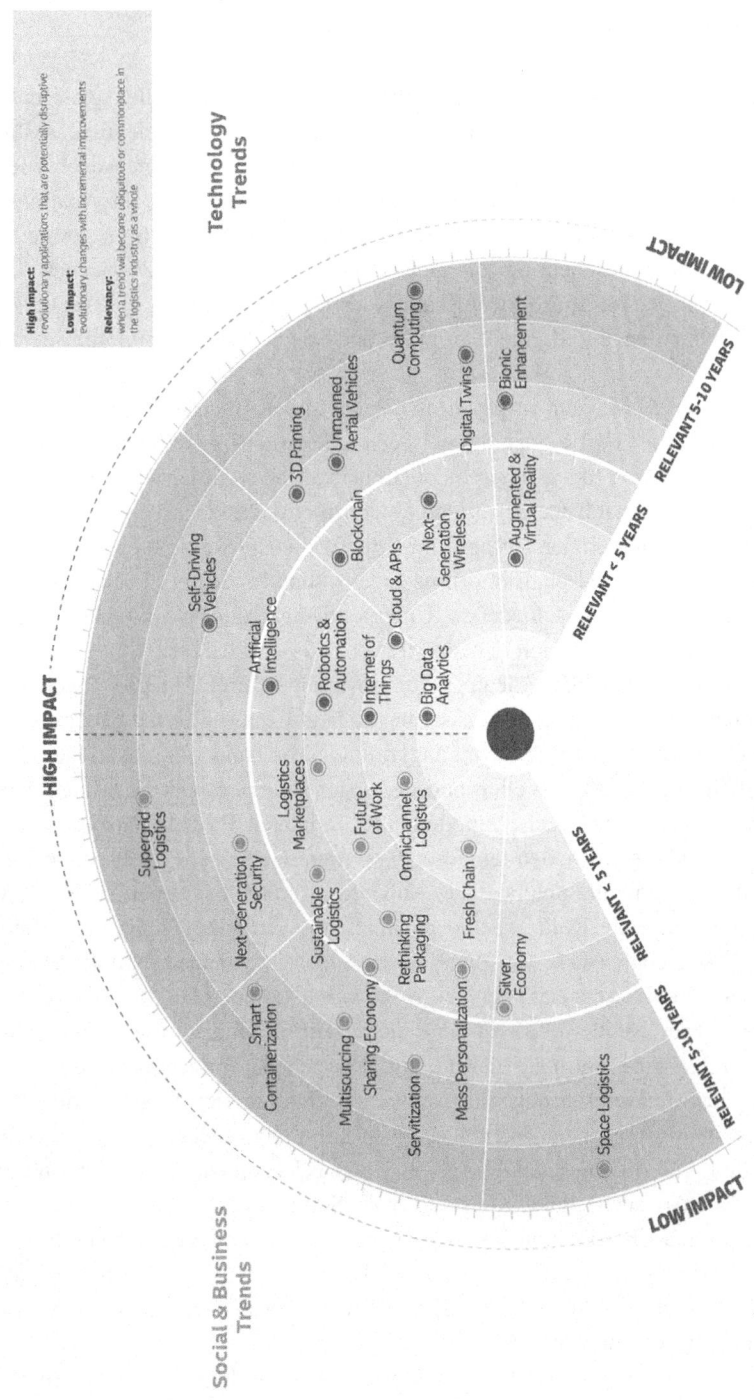

Abb. 6.1 Trend Radar von Deutsche Post DHL (vgl. Deutsche Post DHL Group, 2020)

Realisierung und schaffen Rahmenbedingungen für eine Innovationskultur, die sich an jeden Beschäftigten richtet.

Innovationsstrategie und -prozess gestalten Eine wichtige Rolle spielt dabei die Kommunikation von Innovationsstrategien und zukünftigen Denkrichtungen für neue Ideen. Für diese Kommunikation bieten sich neben den traditionellen Wegen wie Statements im Rahmen von Veranstaltungen und Besprechungen digitale Informationskanäle an. Soziale Netzwerke sind sehr geeignet, die Informationen schnell zu verbreiten und die Meinungen auszutauschen, um die Betroffenen zu Beteiligten zu machen. Darüber hinaus wird auf diese Weise die Identifikation der Beschäftigten mit den Veränderungen gefördert, da über den Beteiligungscharakter der Social Media ein Gefühl der Mitgestaltung entsteht.

Die Ideengenerierung kann in geschlossenen Räumen (innerhalb des Unternehmens oder sogar nur in der F&E) oder offen (Open Innovation) stattfinden. Auf jeden Fall ist ein interdisziplinäres Ideen- oder Innovationsteam erforderlich, das sich – oft unter Anwendung von Kreativitätstechniken – mit einer intensiven Ideensuche befasst.

Immer mehr Unternehmen öffnen ihre Innovationsprozesse gegenüber Kunden, Lieferanten und der Wissenschaft in offline- oder online-Prozessen. In Innovationsteams suchen Teilnehmer aus verschiedenen Unternehmensbereichen und Hierarchiestufen zusammen mit Kunden- und Lieferantenvertretern, Wissenschaftlern, Studenten etc. nach den interessanten Ideen. In Unternehmensforen werden externe Akteure eingeladen, sich an der Produktentwicklung oder -verbesserung zu beteiligen (vgl. dazu Abschn. 3.1.4).

Besonders kompliziert ist der Umgang mit Geschäftsmodellinnovationen, die das ganze Geschäft auf den Kopf stellen und deswegen eines besonderen Mutes bedürfen. Für die Entwicklung von Geschäftsmodell- und radikalen Produktinnovationen sollten spezielle Entwicklungsmethoden eingesetzt werden (vgl. dazu Abschn. 6.2.2), die kollektive Ideengenerierung unterstützen. Außerdem spielen bei diesen Innovationen die Netzwerke eine tragende Rolle, da die nachhaltigen Veränderungen von Technologie, Markt und Gesellschaft (wie z. B. die Industrie 4.0) gemeinsame Standards brauchen und nur von allen Partnern zusammen bewältigt werden können.

Ideengenerierung ist allerdings nur der erste Schritt im Innovationsprozess. Führungskräfte sollten für eine optimale Gestaltung des ganzen Innovationsprozesses Sorge tragen, bis zur Markteinführung der Innovation. Die in der Regel standardisierten Schritte des Innovationsmanagements – Ideensammlung, Ideenprüfung, Innovationsprojekte bis zu Anfertigung eines Prototyps, Tests bei Kunden, Produktion und Markteinführung – oder auch agile Konzepte wie Scrum sollten unter Teilnahme von bereichsübergreifenden Akteuren aus dem Unternehmen und gegebenenfalls mit Vertretern von Lieferanten und Kunden abgewickelt werden (s. ausführlich Franken & Franken, 2020 und Abschn. 6.2.2.1). Ein effizientes Management von Innovationsprojekten spielt dabei eine wichtige Rolle.

Um Innovationen in Unternehmen voranzutreiben, sollten Führungskräfte in der Innovationsarbeit folgende Aufgaben übernehmen: die Bedeutung der Innovation für das

Unternehmen hervorheben, Visionen entwickeln und kommunizieren, Eigenständigkeit und selbstverantwortliches Handeln der Mitarbeiter unterstützen, Inspiration für neue Ideen geben und sich für Ideen der Beschäftigten aufrichtig interessieren, erforderliche Ressourcen zur Verfügung stellen und eine innovationsfreundliche Unternehmenskultur gestalten.

Da Menschen im Mittelpunkt von Veränderungen stehen, müssen sich die Führungskräfte in einer dynamischen Umgebung noch stärker auf die Mitarbeiter konzentrieren und die Neuausrichtung der Unternehmenskultur vorantreiben. Zugleich brauchen sie selbst als Gestalter der Flexibilität eine ausgeprägte Change-Kompetenz. Als Motivatoren und Vorbilder der Veränderung müssen die Führenden die Tragweite des Wandels erkennen, Strategien ganzheitlich und verständlich formulieren, Maßnahmen für die Veränderung definieren und konsequent umsetzen.

Freiräume für Ideen und Kreativität gewähren Menschen erzielen besonders dann sehr gute Leistungen, wenn Handlungs- und Gestaltungsspielräume groß sind, deswegen sollten Führungskräfte für die notwendigen Freiräume für Innovationen sorgen, in denen Ideen erprobt werden können, ohne Angst vor dem Scheitern zu haben.

Freiräume werden durch die Maßnahmen der Unternehmenskultur und Unternehmensstruktur bestimmt. Wenn die Unternehmenskultur nur auf Effizienz und Null-Fehler-Strategie ausgerichtet ist, werden die persönlichen Ideen in diesem strengen Korsett sehr begrenzt vorkommen. Ein Unternehmen, das radikale Veränderungen bei Produkten und Geschäftsmodellen anstrebt, sollte die Kulturwerte wie Engagement, Unternehmertum und Experiment setzen. Dann können Mitarbeiter der Kreativität und Intuition freien Lauf lassen. Und man braucht eine Fehlerkultur, die Fehler als Chance ansieht, die auch mit einer entsprechenden Achtsamkeit von Führungskräften vorgelebt wird. Hinsichtlich der Unternehmensstruktur für Freiräume müssen den Beteiligten neben finanziellen und personellen Ressourcen genügend zeitliche, methodische und Kooperationsmöglichkeiten angeboten werden. Die Mitarbeitenden sollen einen Teil ihrer bezahlten Arbeitszeit für Projekte aufwenden dürfen, die außerhalb ihrer täglichen Arbeitsaufgaben liegen, wie beispielsweise bei 3M, das als eins der innovativsten Unternehmen weltweit gilt.

3M-Unternehmenskultur als Nährboden für Innovation

Freiräume und Risikobereitschaft sind wichtige Voraussetzungen für ein innovationsfreundliches Klima. So können beispielsweise Erfinder bei 3M 15 % ihrer Arbeitszeit Projekten eigener Wahl widmen – Ideen, die sie ganz persönlich faszinieren und von deren Erfolg sie überzeugt sind. Querdenken und mutige Entscheidungen treffen, sind ausdrücklich gewünscht. 3M beschäftigt keine Innovationsmanager – das Unternehmen hat mehr als 90.000. Denn Verantwortung für Erneuerung und Innovation haben alle Mitarbeiter – auch diejenigen, die keinen Kundenkontakt haben und nicht in der Forschung arbeiten (vgl. 3M Deutschland, 2019). ◄

Selbstverständlich geht mit mehr Freiraum auch mehr Verantwortung einher: bekommen die Beschäftigten Spielräume, dann sollten sie diese ausfüllen können, was nur unter Bedingung der Fach- und Sozialkompetenz gelingen kann. Deswegen sind neben der Gestaltung von Freiräumen auch eine sorgfältige Auswahl von Kandidaten und vielfältige Weiterbildungsangebote zur Förderung von Fach-, Sozial- und speziell Kreativitäts-Kompetenzen erforderlich. Die Zeiträume (wie die bekannte Zeitregel bei 3M) werden oft mit anderen Maßnahmen zur Förderung der Innovation und Kreativität verknüpft.

Die Gestaltung von Freiräumen für Kreativität und Lernen ist eine Aufgabe der Führung. Da Kreativität jedoch nicht auf Knopfdruck funktioniert, können Führungskräfte den auslösenden Moment, an dem Intuition in eine Problemlösung umschlägt, nicht herbeiführen. Sie können ihn lediglich durch passende Rahmenbedingungen proaktiv vorbereiten.

Die Erkenntnisse der Psychologie des Lernens und der Kreativität helfen dabei, optimale Rahmenbedingungen für die Kreativität zu schaffen. Sie besagen, dass Menschen eher in sicheren, angstfreien Umgebungen mit positiver Stimmung Ideen entwickeln können. Das Umfeld für Kreativität lässt sich durch Förderung aller Aspekte, die eine positive Grundeinstellung schaffen („Freude am Ausprobieren") und die den Fokus auf die Zielerreichung auch dann stärken, wenn die Chancen gering erscheinen, gestalten.

Ganz wichtig ist der Umgang mit den Ideenbringern im Unternehmen. Mitarbeiter, die tradierte Abläufe infrage stellen, ungewöhnliche Ideen einreichen, für das Neue brennen sollten wertgeschätzt werden. Führungskräfte sollten sich für die Ideen der Mitarbeiter Zeit nehmen, interessiert und aufmerksam zuhören und nicht negativ reagieren, auch wenn die Idee fraglich erscheint. Respekt für die Vorschläge anderer Menschen haben, die Champions der Ideenarbeit unterstützen und würdigen – das sind die einfachen Regeln, um die Ideenarbeit anzukurbeln.

Neben den persönlichen Freiräumen sind Freiräume auf der Gruppenebene notwendig. Die meisten Innovationen entstehen in interdisziplinären Bereichen, deswegen ist die Zusammenarbeit von Experten aus verschiedenen Fachdisziplinen und Unternehmensbereichen notwendig. Praktische Instrumente dafür sind Gruppen-, Projekt- und Gremienarbeit, Communities (Community of Practice, Knowledge-Community etc.) und andere Innovationsnetzwerke (vgl. zu Communities Abschn. 3.1.4).

Im Rahmen von Open Innovation oder Ko-Kreation können Mitarbeiter eines Unternehmens von den Kunden, Lieferanten oder wissenschaftlichen Partnern lernen. Es ist wichtig, hier entsprechende Möglichkeiten zu schaffen, temporäre Partnerschaften ins Leben zu rufen und das gemeinsame Lernen zu unterstützen. Beispielsweise bei der Implementierung der Industrie 4.0 sollten Akteure unterschiedlicher Fachgebiete, Hierarchiestufen, Bereichen aus dem Unternehmen gemeinsam mit externen Akteuren wie Kunden, Lieferanten, Wissenschaftlern und Studierenden zusammenarbeiten, um komplementäre technologisch-ökonomische und soziale Lösungsansätze erarbeiten zu können.

Mithilfe der digitalen Technologie lassen sich Akteure des gemeinsamen Lernens langfristig vernetzen. So wird der Wissensaustausch intensiviert und parallel zu den Netzwerken entstehen wertvolle Wissens- und Erfahrungsdatenbanken, von denen alle Beteiligten profitieren können.

6.2 Agilität in Unternehmen fördern

Unternehmen der Zukunft werden sich ständig verändern müssen, wechselnde Anforderungen früh erkennen, sich schnell anpassen und ihre Zukunft aktiv gestalten. In einem dynamischen Umfeld müssen Unternehmen schnell Innovationen und Veränderungen umsetzen, um auf die Kundenanforderungen und das Wettbewerberverhalten zu reagieren. Die traditionellen Steuerungsinstrumente wie Zielvereinbarungen und hierarchische Strukturen mit festen Stellen, abgeschotteten Abteilungen und Bereichen stoßen an ihre Grenzen. Gefragt sind neue Steuerungsmechanismen wie Dezentralisierung, flachere Hierarchien und agile Strukturen. Wie kann ein Unternehmen agiler gemacht werden? Die Basis für die Agilität bildet das agile Mindset, das von allen Akteuren verinnerlicht werden soll. Außerdem sind agile Entwicklungs- und Arbeitsmethoden wie Scrum, Design Thinking oder Kanban für die Steigerung der Agilität förderlich. Aber auch die Organisation sollte agiler werden, was mit neuen Konzepten wie autonome vernetzte Teams oder Holakratie praktisch umgesetzt werden kann. Eine wichtige Voraussetzung für die Agilität ist eine aktive Rolle der Führungskräfte und Mitarbeitenden, deswegen sind neben den strukturellen Veränderungen mitarbeiterbezogene und kulturelle Maßnahmen erforderlich.

6.2.1 Agilität und agiles Mindset

Das Wort „agil" steht für beweglich, lebhaft, wendig und bringt auf den Punkt, worauf es heute für Unternehmen ankommt: mehr Flexibilität und Standhaftigkeit gegenüber Komplexität, Veränderungsdynamik und Ungewissheit (vgl. Hatfield & Winkler, 2020, S. 748).

Agilität kann sich auf ganze Organisationen, einzelne Projektteams oder auf ein Individuum beziehen.

Es kann grundsätzlich zwischen drei Ausprägungsformen von Agilität unterschieden werden – der Projektagilität, der Alltagsagilität und der ganzheitlichen Agilität (vgl. Hatfield & Winkler, 2020, S. 748):

- **Projektagilität** findet im Rahmen von Projekten und Projektteams statt. Agilität bezieht sich hier auf die Ebene der Selbstorganisation einzelner Teams und wird im Rahmen einer definierten, agilen Methode, wie beispielsweise Scrum, angewandt. Außerhalb des agilen Projektteams können die anderen Teams bzw. Abteilungen auch

nach nichtagilen Prinzipien organisiert sein, weshalb aufgrund dieses Agilitätsgefälles auch entsprechende Konflikte auftreten können (vgl. Ausführungen zu Ambidextrie Abschn. 3.1.1).
- Bei der Form der **Alltagsagilität** nimmt das Ausmaß an Agilität in der Organisation zu. Es geht darum, dass ein Unternehmen, ein Team oder ein Mitarbeiter einzelne agile Gestaltungselemente übernimmt. So können beispielsweise Routinen zur Reflexion, z. B. Retrospektiven, aus einer agilen Methode übernommen werden, ohne dass diese gleich vollständig für die ganze Organisation eingeführt wird.
- Agilitätskonzepte, die eine **ganzheitlich agile Organisation** anstreben, sind beispielsweise holakratische Organisationen mit autonomen Rollen mit klar definierten Zuständigkeiten. Holakratische Organisationen stehen für kurze Entscheidungswege, flache Hierarchien und Aufgabenverteilung nach Kompetenzen und bieten demzufolge einen Rahmen für agiles Arbeiten (vgl. Ausführungen zu Holakratie Abschn. 5.2.2).

In traditionellen, auf Hierarchien basierten Organisationen ist das Ausmaß von Agilität sehr gering. Junge Unternehmen und Startups nutzen häufiger verschiedene Agilitätsformen, auch die ganzheitliche agile Organisation. Etablierte Unternehmen führen meistens Projektagilität und Alltagsagilität in innovativen Bereichen, entsprechend dem Ambidextrie-Konzept.

Agilität spiegelt sich in den agilen Strukturen und Arbeitsmethoden wie Scrum, Design Thinking, Kanban oder Lean Startup wider, beginnt jedoch mit dem **agilen Mindset.**

Die Basis für Agiles Mindset bilden die Prinzipien des **Agilen Manifests,** das bereits im Jahr 2001 von den Scrum-Begründer Ken Schwaber, Mike Beedle und Jeff Sutherland veröffentlicht wurde. Seine wichtigsten Grundsätze sind (vgl. TAM, 2021):

1. Individuen und Interaktionen haben Vorrang vor Prozessen und Werkzeugen. Das bedeutet, dass nicht jede interne Regel sinnvoll ist, und manche Prozesse als Relikt der Vergangenheit angehören sollten. Die Hauptsache ist die rege, wertschätzende Interaktion und Kommunikation untereinander, die den Erfolg der agilen Produktentwicklung mitträgt.
2. Funktionsfähige Produkte haben Vorrang vor ausgedehnter Dokumentation. Nicht jedes Produktmeeting braucht ein vollumfängliches Protokoll. Der Fokus sollte darauf liegen, das Produkt für den Kunden zu optimieren. Der Weg dorthin ist nur Mittel zum Zweck, und muss nicht immer schriftlich festgehalten werden.
3. Zusammenarbeit mit dem Kunden hat Vorrang vor Vertragsverhandlungen. Es geht bei agilen Entwicklungsprozessen nicht um das strukturierte Abarbeiten und Abnehmenlassen von Aufträgen. Vielmehr geht es um das kontinuierliche Feedback des Kunden für Teilabschnitte der Entwicklung. Wenn alle 2 Wochen ein Feedback stattfindet, kann man deutlich schneller auf veränderte Kundenwünsche eingehen, und arbeitet nicht am Auftraggeber vorbei.

6.2 Agilität in Unternehmen fördern

4. Das Eingehen auf Veränderungen hat Vorrang vor strikter Planverfolgung. Nur weil etwas so geplant wurde, muss es nicht auf diese Weise durchgezogen werden. Flexibilität ist das Wichtigste in der agilen Arbeitswelt. Wer aus bürokratischen Gründen die Arbeit verrichtet, anstatt sich an den Anforderungen zu orientieren, wird auf Dauer scheitern.

Unter agilem Mindset kann ein sinnvoller individueller Beitrag verstanden werden, im Rahmen eines Teams, schnell, kreativ und chancenorientiert, auf Veränderungen im Markt zu reagieren und Veränderungen und Innovationen proaktiv zu initiieren sowie kundenfokussiert zu gestalten. Sinn ist es, neuen Wert für Kunden zu schaffen bzw. die Zukunft des Unternehmens durch neue Geschäftsmodelle zu sichern, sodass das Unternehmen und auch das Individuum erfolgreich in der VUKA-Welt bestehen können (vgl. Hatfield & Winkler, 2020, S. 752).

Agile Führungskräfte akzeptieren, dass man die Welt nicht kontrollieren kann, ständig alles hinterfragen muss und dass Veränderungen zum Arbeitsleben gehören. Das (verinnerlichte) Agile Mindset prägt das Selbstbild und das Fremdbild eines Menschen (vgl. Gall & Wittenberg, 2021, S. 68) – vgl. Abb. 6.2.

Das Selbst- und Fremdbild stehen im Wechselspiel zueinander: das Selbstvertrauen und Eigenmotivation einer Führungskraft bewirkt ihr Vertrauen in die Mitarbeitenden und ihre intrinsische Motivation. Und umgekehrt: engagierte, für experimentieren offenen Mitarbeiter können die intrinsische Motivation und das positive Menschenbild einer Führungskraft bestätigen und stärken.

Abb. 6.2 Selbst- und Fremdbild agiler Führungskräfte. (Eigene Darstellung in Anlehnung an Gall & Wittenberg, 2021, S. 69)

Basierend auf dem agilen Manifest kann man die zentralen **agilen Prinzipien** für eine konkrete Implementierung des Agilen Mindsets in Unternehmen formulieren, die bei der Förderung der ganzheitlichen Agilität einer Organisation behilflich sein können (vgl. Tab. 6.1).

Dieses Verständnis der Agilität ist sowohl für die Geschäftsführung und Führungskräfte als auch für jeden Beschäftigten in Unternehmen wichtig. Das Agile Mindset sollte in Workshops und Schulungen sowie durch die praktische Arbeit mit agilen Methoden (vgl. Abschn. 6.2.2) vermittelt und gestärkt werden. Die Strukturen und Prozesse des Unternehmens sollen anhand des Agilen Mindsets ausgerichtet werden und die Beschäftigten sollten befähigt werden, agil zu arbeiten.

Tab. 6.1 Zentrale agile Prinzipien für Unternehmen. (In Anlehnung an Hatfield & Winkler, 2020, S. 751; Sauter et al., 2018, S. 27 f.)

Prinzip	Inhalte
Mitarbeitende stehen im Mittelpunkt	Wertschätzende, offene, schnelle Kommunikation und Interaktion der Beteiligten stehen über Regeln und Formalitäten
Konsequente Kundenfokussierung	Kundennutzen und Qualität sind Hauptgegenstand des Arbeitsprozesses, daher werden Kunden partnerschaftlich in den laufenden Prozess einbezogen
Interdisziplinäre Zusammenarbeit	Arbeitsteams werden interdisziplinär, bereichs- und hierarchieübergreifend sowie mit Beteiligung externer Stakeholder zusammengestellt, um bessere und kreativere Ergebnisse zu erzielen
Selbstorganisation und Verantwortung	Die Teams organisieren sich selbst und übernehmen die Verantwortung für die Ergebnisse und Qualität
Kontinuierliche Reflexion und Lernprozesse	Arbeitsprozesse im Team werden hinterfragt und optimiert, die Kunden hinsichtlich ihrer Anforderungen einbezogen. Wissen und Erfahrungen werden stets geteilt, auch bereichsübergreifend
Einfachheit	Tätigkeiten, die nicht der Wertschöpfung dienen, sind zu hinterfragen. Produkte sollen nicht überentwickelt werden, sondern zügig zur Nutzung vorliegen (minimum viable product = Produkt, das minimalen Anforderungen genügt, um umgesetzt zu werden)

6.2.2 Agile Entwicklungs- und Arbeitsmethoden

Um Ideen und Innovation zu fördern und Agilität in Arbeitsalltag zu implementieren, praktizieren viele Unternehmen agile Entwicklungs- und Arbeitsmethoden, mit denen Kreativitätsprozesse und flexible Arbeitsprozesse in Gruppen gefördert werden können.

Laut Umfrage des Bundesverbands der Personalmanager 2021 haben rund 43 % der Unternehmen in Deutschland die Tools zum agilen Arbeiten wie Kanban, Scrum oder Sprints etabliert, weitere 14 % planen deren Einsatz (vgl. Baier et al., 2021).

Damit können neue Produkte, Leistungsangebote oder ganze Geschäftsmodelle schneller und effizienter entwickelt werden, als mit althergebrachten linearen Entwicklungsverfahren. Meistens geht es dabei um agile Methoden, die Spielwiesen für Fantasie schaffen und auf dieser Basis zur Entfaltung von Kreativitätspotenzialen der Mitarbeitenden beitragen. Drei agile Methoden – Scrum, Design Thinking und Kanban – werden beispielhaft beschrieben.

6.2.2.1 Scrum

Die Scrum Methode stammt ursprünglich aus dem Bereich der Softwareentwicklung, wo die Produktbeschreibung häufig sehr unscharf ist und erst im Entwicklungsprozess genauer festgelegt werden kann. Agile Unternehmen, die kundenindividuelle Produkte anstreben, wenden Scrum für Produktentwicklung an und erarbeiten die Spezifikation zusammen mit den Kunden.

Wie der Ursprung der Methode klar macht, kann der Kunde für ein neues Produkt sowohl ein unternehmensexterner Kunde als auch ein interner Kunde sein. Die Scrum Methode ist also auch bei internen Veränderungen sinnvoll.

Je höher die Unsicherheit und die Dynamik in der Umwelt, desto zielführender ist die Anwendung der Scrum-Methode. Zu ihren Vorteilen zählen Kunden- und Marktorientierung, Commitment von Schlüsselpersonen, hohe Geschwindigkeit (vgl. Scherer et al., 2021, S. 309).

Wie keine andere agile Methode knüpft Scrum an die Prinzipien des agilen Manifests an (vgl. Abschn. 6.2.1): Individuen und Interaktionen sind wichtiger als Prozesse und Werkzeuge, funktionierende Produkte sind bedeutender als Dokumentation, Kundenzentrierung steht im Mittelpunkt, Reagieren auf Veränderungen ist wichtiger als Befolgen des Plans.

Die Scrum-Erfinder Ken Schwaber und Jeff Sutherland haben Scrum bereits im Jahr 2010 als Rahmenwerk definiert, mit dem Menschen in die Lage versetzt werden sollen, produktiv und kreativ Produkte mit höchstmöglichem Wert zu entwickeln. Ende 2020 erschien die siebte Auflage ihres Scrum-Guides, in der sie den Prozess und die Regeln wesentlich vereinfacht haben, um Scrum-Methode für die Anwender zugänglicher zu machen (vgl. Brüggenkamp & Preuss, 2021, S. 46).

▶ **Scrum** ist ein Rahmenwerk zur schrittweisen Entwicklung von Produkten, das unter Einsatz von einigen festen Regeln einen flexiblen, kundenzentrierten Entwicklungsprozess neuer und innovativer Produkte ermöglicht.

Der Ansatz von Scrum ist praktisch, inkrementell und iterativ. Ausgangspunkt für die Anwendung von Scrum sind Situationen, bei denen die Produktspezifikation mit einem Kunden nicht komplett und mit hinreichender Sicherheit entwickelt werden konnte. Der Kunde weiß noch nicht, was er überhaupt „wünschen" könnte und/oder der Produzent kennt noch nicht das endgültige Verfahren und die endgültigen Eisatzfaktoren für die Herstellung. Diese Unklarheit lässt sich bewältigen, indem Zwischenergebnisse geschaffen werden. Anhand dieser Zwischenergebnisse lassen sich die fehlenden Anforderungen und Lösungstechniken effizienter finden als durch abstrakte Modelle. Es ist ein gemeinsamer Lernprozess von Produzenten und Konsumenten erforderlich, um das Produkt zu spezifizieren und zu produzieren.

Statt im Voraus einen festen Projektplan zu erstellen, arbeitet ein selbstorganisiertes Team aus fachlich unterschiedlichen Experten in kurzen Zyklen zusammen. Es wird regelmäßig ein erweitertes Produkt ausgeliefert und Feedback für die folgende Entwicklung eingeholt. Ein Sprint ist ein Arbeitsabschnitt (eine bis vier Wochen) innerhalb des Scrum-Vorgehensmodells. Das Besondere ist, dass während des Sprints keine Änderungen erlaubt sind, die das Sprintziel beeinflussen und dass ein Sprint niemals verlängert wird (vgl. Scherer et al., 2021, S. 309).

Bei Scrum arbeitet man mit kleinen Planeinheiten. Der Detailplan (das Sprint Backlog) wird nur für den jeweils nächsten Sprint erstellt. Auf der Basis der Sprint-Ergebnisse wird der langfristige Plan (das Product Backlog) kontinuierlich, iterativ verfeinert und verbessert.

Die Durchführung der Prozesse erfolgt in einem Team nach den Prinzipien der Selbstorganisation, Eigenverantwortung und Selbstverwaltung.

In einem Scrum-Team gibt es drei verschiedene Rollen, die getrennt besetzt werden sollten:

- Der **Product Owner** legt zusammen mit dem Kunden die aktuelle Produktvision fest und definiert das Produktziel (Product Goal).
- Der **Scrum-Master** ist das Bindeglied des Projektteams zum Rest der Organisation. Er führt das Team der Entwickler (ohne Weisungsbefugnis), organisiert seinen Prozess und schützt es nach außen.
- Die **Entwickler** (Developer) planen zusammen mit dem Product Owner und Scrum-Master die nächsten Schritte und führen diese aus.

Die Führungsaufgaben in einem Scrum-Team werden unter den genannten Rollen aufgeteilt. Der Product-Owner ist für die fachlichen Aufgaben und die für das Projekt notwendigen Ressourcen zuständig. Er hat besonders den Return on Invest des Teams im

Blick, priorisiert Aufgaben und bewertet, ob die Aufgaben erreicht wurden. Teil der Rolle des Product Owners ist auch der Kontakt zum Kunden. Der Scrum-Master ist dagegen für die Förderung der agilen Methoden und die Einhaltung der Scrum-Regeln zuständig. Er coacht den Product-Owner und das Team in den wesentlichen Scrum-Methoden und versucht die Organisationskultur des Unternehmens mit der Scrum-Arbeit im Team zu harmonisieren. Auch wenn die eine Rolle „Master" und die andere „Owner" genannt wird, beides Begrifflichkeiten, die wir normalerweise mit Macht assoziieren, ist keiner der beiden den anderen Teammitgliedern vorgesetzt. Dennoch nehmen die beiden Rollen Einfluss auf das Team. Dieser erfolgt aber nicht durch Positionsmacht, sondern durch Expertise (vgl. Schermuly, 2020b).

Ein Scrum-Team ist selbstorganisierend und in der Regel interdisziplinär. Als selbstständige Teams definieren sie das Sprintziel und entscheiden selbst, wie sie ihre Arbeit am besten erledigen, anstatt dieses durch andere Personen außerhalb des Teams vorgegeben zu bekommen. Als interdisziplinäre Teams verfügen sie über alle Kompetenzen, die erforderlich sind, um die Arbeit zu erledigen, ohne dabei von Personen außerhalb des Entwicklungsteams abhängig zu sein. Das Team-Modell in Scrum wurde konzipiert, um Flexibilität, Kreativität und Produktivität zu optimieren (vgl. Schwaber & Sutherland, 2020).

Die optimale Größe des Entwicklungsteams ist klein genug, um flink zu bleiben und groß genug, um bedeutende Arbeit innerhalb eines Zyklus (Sprint) erledigen zu können. Bei weniger als drei Mitgliedern könnte es dem Team an notwendigen Fähigkeiten und Interaktionen mangeln. Bei mehr als neun Mitgliedern ist zu viel Koordination erforderlich.

Im Sprint Planning geht es um die Beantwortung von drei zentralen Fragestellungen (vgl. Brüggenkamp & Preuss, 2021, S. 46):

1. **Warum** ist der Sprint sinnvoll?
2. **Was** für Product Backlog Items sollen im nächsten Sprint bearbeitet werden?
3. **Wie** werden diese realisiert?

Um die Arbeit des Teams zu synchronisieren, findet in der Regel ein tägliches Scrum-Meeting statt, das maximal 15 min dauern darf. Um es auch tatsächlich kurz zu halten, bleiben die Teammitglieder meistens stehen. Jedes Teammitglied soll wissen, was die anderen Mitglieder tun und wo sie gegebenenfalls Hilfe benötigen. Immer wenn Teilziele erreicht wurden (ein Sprint abgeschlossen wurde), findet ein zusätzliches Meeting statt, um den Prozess und den Produktstand zu bewerten. Der Kunde ist bei den Meetings dabei, in denen der Produktstand präsentiert wird, und kann hier in einen offenen Austausch mit den Entwicklern eintreten (vgl. Schermuly, 2020b).

Scrum als Methode ist dann geeignet, wenn man Projekte effizient durchführen oder in der Umsetzung beschleunigen will. Wenn es um Entwicklungen mit einem offenen Ende geht, wird Design Thinking als Methode empfohlen.

6.2.2.2 Design Thinking

Design Thinking kommt ursprünglich aus den USA und basiert auf der für Design typischen nutzenorientierten Vorgehensweise. Design Thinking ist ein wohlstrukturierter, kundenorientierter, iterativer Prozess.

▶ **Design Thinking** ist eine agile Kreativitätsmethode für Ideenfindung in Gruppen, die sich am Nutzer orientiert und in einzelnen iterativen Schritten verläuft.

Design Thinking als eine systematische Herangehensweise an komplexe Problemstellungen kann in allen Bereichen angewandt werden, wenn das Endergebnis offen ist. Der Ansatz unterscheidet sich von klassischen Herangehensweisen in Wissenschaft und Praxis, die von der technischen Lösbarkeit die Aufgabe angehen durch seine starke Zentrierung auf Nutzerwünsche und -bedürfnisse.

Design Thinking fordert eine stetige Rückkopplung zwischen dem Entwickler einer Lösung und seiner Zielgruppe. Design Thinker stellen dem Endnutzer Fragen, nehmen seine Abläufe und Verhaltensweisen genau unter die Lupe. Lösungen und Ideen werden in Form von Prototypen möglichst früh sichtbar und kommunizierbar gemacht, damit potenzielle Anwender sie – noch lange vor der Fertigstellung oder Markteinführung – testen und ein Feedback abgeben können. Auf diese Weise erzeugt Design Thinking praxisnahe Ergebnisse (vgl. HPI Academy, o. J.).

Aber auch als eine Methode zur Sensibilisierung und Anregung der Kreativität ist Design Thinking wirksam, deswegen eignet sich Design Thinking für die Förderung des agilen Mindsets.

Der Erfolg von Design Thinking wird maßgeblich durch eine gemeinschaftliche Arbeits- und Denkkultur bestimmt. Diese beruht auf 3 wesentlichen Elementen: multidisziplinäre Teams, variable Räume und Design Thinking-Prozess (vgl. Tab. 6.2).

Die Methode beinhaltet eine systematische Vorgehensweise aus sechs Phasen, die sich nach Bedarf wiederholen können (vgl. HPI Academy, o. J.) (Abb. 6.3):

1. Verstehen: Das Team steckt den Problemraum ab. Was ist das eigentliche Problem?
2. Beobachten: Die Teilnehmer sehen nach außen und bauen Empathie für Nutzer und Betroffene auf. Was erwarten die Kunden? Wer ist die Zielgruppe? Welche Wünsche und Bedürfnisse haben die Kunden?
3. Sichtweise definieren: Es werden die gewonnenen Erkenntnisse zusammengetragen und auf eine spezielle Perspektive hin verdichtet.
4. Ideen finden: Das Team entwickelt zunächst eine Vielzahl von Lösungsmöglichkeiten, um sich dann zu fokusieren. Es geht darum, möglichst viele, auch unrealistische, ungewöhnliche Vorschläge zu generieren.
5. Prototypen entwickeln: Ideen werden in ersten Prototypen greifbar und erlebbar gemacht, um sie an den passenden Zielgruppen zu testen.
6. Testen: Die Zielgruppe testet die Prototypen und gibt Feedback.

6.2 Agilität in Unternehmen fördern

Tab. 6.2 Erfolgsfaktoren von Design Thinking. (Eigene Darstellung in Anlehnung an HPI Academy, o. J.)

Team	Innovation und Antworten auf komplexe Fragestellungen entstehen am besten in einem heterogenen Team aus fünf bis sechs Personen. Unterschiedliche fachliche und persönliche Hintergründe und Funktionen, Neugier und Offenheit für andere Perspektiven sind das Fundament der kreativen Arbeitskultur. Um den größtmöglichen Lerneffekt zu erzielen, arbeiten die Teams immer auf anfassbare und konkrete Ergebnisse hin. Diese werden zudem regelmäßig mit den anderen Teams ausgetauscht. Die Aufteilung in kleine Gruppen stellt sicher, dass jede Perspektive berücksichtigt werden kann. Innerhalb der Teams entsteht ein starker Zusammenhalt, der durch die hohe Akzeptanz für die entstehenden Konzepte nachhaltig wirkt
Prozess	Der Design-Thinking-Prozess ist an den Arbeitsprozess angelehnt, dem Designer intuitiv folgen. Er führt Teams in iterativen Schleifen durch sechs verschiedene Phasen. Es wird in Unmöglichkeiten gedacht, anstatt nur in Grenzen des Machbaren. Der Nutzer steht im Mittelpunkt des empathischen Herangehens und Entwickelns. Der Prozess aktiviert den kompletten Denkapparat der Beteiligten – analytische Fähigkeiten, Empathie mit dem Kunden und den kreativ-intuitiven Teil
Raum	Freie und flexible Arbeitsumgebung, variable Räume, die spontan auf die Bedürfnisse des Projektes angepasst werden können. Tische und Stellwände auf Rollen. Wände und andere Oberflächen für die Visualisierung von Gedanken. Regale voll bunte Materialien laden dazu ein, Ideen schnell zu veranschaulichen und erlebbar zu machen

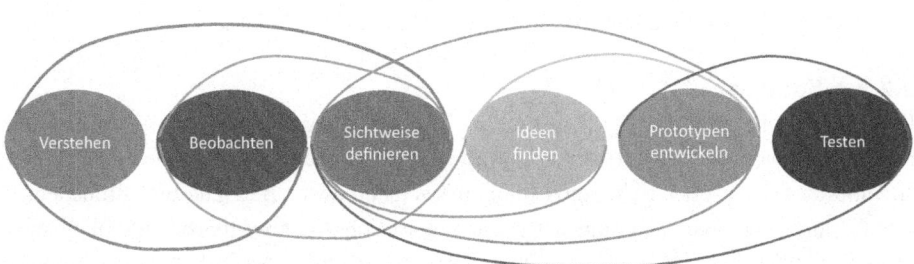

Abb. 6.3 Design-Thinking-Prozess. (Eigene Darstellung in Anlehnung an HPI Academy, o. J.)

Für den Erfolg des Entwicklungsprozesses ist Empathie mit dem Kunden von zentraler Bedeutung. In den ersten drei Schritten geht es darum, sich in die Kunden hineinzuversetzen, ihre Gefühle und Bedürfnisse zu verstehen, empathisch zuzuhören und dann die unterschiedlichen Perspektiven in den Prozess zu integrieren. In der Phase „Definieren" besteht die schwierige Aufgabe darin, das Problem des Kunden richtig zu formulieren. Besonders geeignet ist Design Thinking für Probleme, die schlecht definiert oder unbekannt sind (vgl. Frankenberger et al., 2021, S. 158).

> **Geeignete Problemdefinition für die Gestaltung von Onboarding**
>
> Geht es beispielsweise um die Maßnahmen für ein erfolgreiches Onboarding neuer Mitarbeiter, dann beginnt man mit der Analyse von Erlebnissen und Gefühlen von Jobanfängern an ihrem ersten Tag im Unternehmen. Die Fragestellung „Entwerfen Sie einen Maßnahmenkatalog für Onboarding" würde nicht funktionieren. Eine Formulierung wie „Finden Sie einen Weg, um die Anfänger direkt am ersten Tag zu begeistern und in das Unternehmensgeschehen zu integrieren!" könnte eher Ideen anregen. ◄

Nur wenn die ersten drei Schritte des Design-Thinking-Prozesses erfolgreich verlaufen sind, kann die Ideenfindung fruchtbar sein. Ansonsten sollte man die ersten Schritte wiederholen. Nach der Ideenfindung wird ein Prototyp angefertigt, der ganz unterschiedlich gestaltet sein kann – eine Skizze, eine Sammlung von Zetteln, ein Plakat oder ein Rollenspiel. Wichtig ist dabei, den Kunden mit dem Prototyp zu konfrontieren und seine Reaktionen zu beobachten. Das ermöglicht eine Nachbesserung oder auch einen kompletten Neuanfang. Ist es nicht möglich, den Kunden zum Workshop einzuladen, sollte der Kunde zum Beispiel von den Mitarbeitenden aus dem Kundendienst oder von anderen Personen glaubwürdig gespielt werden.

Die Vorteile und Auswirkungen der Methode Design Thinking liegen nicht nur in der Entwicklung von neuen kundengerechten Produkten, sondern auch in einer intensiven persönlichen Vernetzung über die Bereichsgrenzen und Hierarchien hinweg. Zugleich werden die kreativen Potenziale der Beschäftigten besser erschlossen.

6.2.2.3 Kanban

Ursprünglich kommt die Methode aus Japan (kan = Signal, ban = Karte) und wurde bereits 1953 von der Toyota Motor Corporation entwickelt. Das Kanban Board erfreut sich mittlerweile großer Beliebtheit in Teams verschiedener Bereiche und Branchen. Es schafft durch die Visualisierung der einzelnen Einträge jedes Mitarbeiters einen guten Überblick über den Stand der laufenden Arbeitsprozesse. Außerdem wird durch die aktive Nutzung des Boards die Effizienz der Zusammenarbeit im Team verbessert (vgl. Gall & Wittenberg, 2021, S. 156).

▶ **Kanban Board** ist ein agiles Projektmanagement-Tool, mit dem die Aufgaben bei der Teamarbeit für alle Beteiligten visualisiert und dadurch die Effizienz gesteigert werden kann.

Ein Kanban Board besteht grundsätzlich aus vier Bereichen: Wartend, Zu tun, In Bearbeitung, Erledigt. Links auf dem Bord werden die Aufgaben (Tickets) gelistet, die schon anvisiert sind, jedoch noch nicht angepackt werden konnten, da noch auf etwas oder jemanden gewartet werden muss (z. B. auf Freigabe oder Konkretisierung). In der zweiten Spalte sind alle Aufgaben, die erledigt werden müssen, in der dritten – Aufgaben in Bearbeitung und rechts – fertige Aufgaben (vgl. Abb. 6.4).

Die Ziele beim Einsatz eines Kanban Boards sind: volle Transparenz der Arbeitsprozesse im Team, Klarheit bei den Absprachen untereinander und einfache, übersichtliche Visualisierung der Arbeitsprozesse.

Da das Kanban Board vor allem eine anschauliche Visualisierung des Projektfortschritts bezweckt, werden auf dem Board meistens bunte Kanban-Karten in diversen Farben, Swimlanes, Tags und Fälligkeitsdaten verwendet. Diese bunte Gestaltung soll Aufmerksamkeit fesseln und Ideen fördern.

Bei der Einführung ist es sinnvoll, zunächst dem Team die Methode und den Nutzen zu erläutern und anschließend gemeinsam eine sinnvolle individuelle Struktur des Kanban Boards zu bestimmen. Es gibt auch gut geeignete online nutzbare Kanban Boards, die sich für virtuell zusammenarbeitende Teams empfehlen. So kann jeder Mitarbeiter orts- und zeitunabhängig den Stand der Arbeitsprozesse beobachten und seine Arbeitsfortschritte dokumentieren.

Agile Arbeitsmethoden können auch in einzelnen Bereichen von klassischen hierarchischen Strukturen praktiziert werden. Eine agile Organisation geht über die agilen Methoden hinaus und gestaltet die ganze Organisation um (vgl. Abschn. 6.2.1).

6.2.3 Agile Organisation einführen

Viele Unternehmen haben immer noch traditionelle, hierarchische Organisationsstrukturen, die auf dem Effizienz-Paradigma basieren, das voraussagbare Kundenbedürfnisse in einem stabilen Marktumfeld bedient, und sind für die neuen Spielregeln einer digitalen Welt kaum geeignet.

In der dynamischen Wirtschaftswelt werden die starren Strukturen und die Grenzen von Unternehmen zunehmend verschwinden. Statt einer Abschottung der funktionalen Bereiche setzen Unternehmen vermehrt auf eine systemische Integration, um ihre

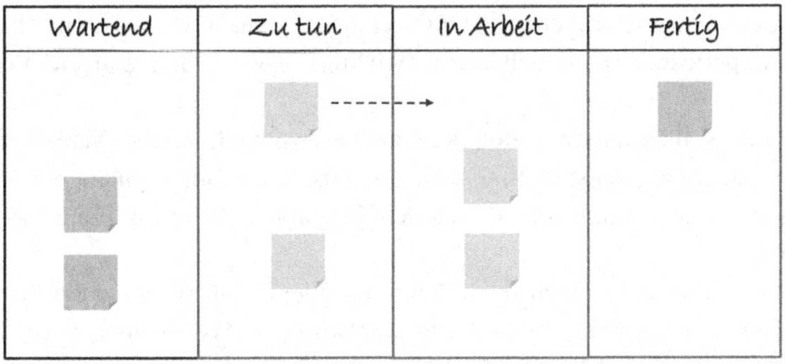

Abb. 6.4 Typisches Kanban Board. (Eigene Darstellung)

Wertschöpfungsketten ganzheitlich zu optimieren, auch über die Unternehmensgrenzen hinweg. Sogar die Zugehörigkeit zu einem Unternehmen wird demnächst schwer zu definieren sein: Gehört der Kunde als Produkt-Mitentwickler zum Unternehmen? Ist ein Zulieferer, der einen wesentlichen Teil des Produktes beeinflusst, ein externer oder ein interner Akteur? Die Rollen und Beziehungen in und um Unternehmen werden immer komplexer. Gefragt ist eine Organisationsform, die den Herausforderungen der Dynamik und Flexibilität genügt, eine agile Organisation.

Agilität zu fördern ist eine der zentralen Herausforderungen für die Führung von morgen, und die strukturelle Agilität ist dafür von zentraler Bedeutung. Es lässt sich auf fast jedes Unternehmen anwenden, unabhängig von seiner bestehenden Organisation, der Branche oder der Größe. Die kleinste Einheit einer agilen Organisation ist ein autonomes Arbeitsteam. Darauf basierend können verschiedene Gestaltungsformen von agilen Strukturen realisiert werden, z. B. Scrum-basierte Organisationen oder Holakratien. Diese Umsetzungsformen der agilen Organisation werden im Weiteren beschrieben.

6.2.3.1 Autonome Arbeitsteams

Sämtliche Formen der agilen Organisation basieren auf teambasiertem Arbeiten, wobei Teams eine durchgängige Verantwortung für die ihnen zugewiesenen Projekte haben und so wenig wie möglich hierarchischen Bürden ausgesetzt sind. Diese Teams bilden im Unternehmen ein Netzwerk und ersetzen quasi die hierarchischen Strukturen (vgl. Frankenberger et al., 2021, S. 300).

Die **Selbstorganisation** bildet das zentrale Element agiler Teamarbeit. Die Verantwortung und Entscheidungen liegen bei der Gruppe, um zu schnelleren und durch das umfassendere Wissen des Teams zu qualitativ besseren Ergebnissen zu kommen. Essenziell für Personen, die in einem sich selbst organisierenden Team arbeiten, ist die gemeinsame Vorstellung vom Sinn und Zweck ihrer Arbeit als Team und in ihrem Netzwerkverbund (vgl. Hatfield & Winkler, 2020, S. 754).

Außerdem benötigen die Teammitglieder die Fähigkeiten, selbstorganisiert zu handeln, Verantwortung zu übernehmen, offen und effizient zu kommunizieren, andere Meinungen zu akzeptieren und wertzuschätzen.

Die selbstständig agierenden Teams sollten interdisziplinär und hierarchieübergreifend zusammengesetzt werden. Die Diversität – je nach Alter, Geschlecht, kulturelle Herkunft, Expertise – spielt dabei eine wichtige Rolle, um kreativere Lösungen zu finden.

Die Teams sollten große Autonomie haben, wodurch rasche Veränderungen und flexibles Handeln möglich sind. Eine agile Organisation ist mithin nicht nur ein Strukturelement, sondern auch ein neues Modell der Zusammenarbeit (vgl. Frankenberger et al., 2021, S. 300).

Das Netzwerk aus autonomen Teams kann schneller und flexibler auf die Anforderungen aus den Märkten reagieren, arbeitet eigenverantwortlich. Als Voraussetzungen dafür sind gemeinsame Visionen und Werte erforderlich, die von Führungskräften vermittelt werden sollen, sowie eine gute Vernetzung und ein intensiver Wissensaustausch zwischen den Teams.

Die **Rolle der Führungskräfte** in agilen Teams besteht darin, ihren Teams bzw. Mitarbeitenden Verantwortung zu übergeben und sie zur Selbstorganisation zu befähigen. Das bedeutet für die Führungskraft, loszulassen und dem Team zu dienen, anstatt Vorgaben zu machen und es zu kontrollieren. Statt operativer Aufgaben rücken strategische Aufgaben zur Weiterentwicklung des eigenen Bereichs in den Mittelpunkt. Ein weiteres Ziel von agilen Führungskräften ist die Entwicklung von Personen und Fähigkeiten. Dabei stehen im agilen Kontext Wissensarbeiter im Vordergrund. Diese zu führen ist eine besondere Herausforderung für Führungskräfte, da sie oft ein fundierteres Fachwissen auf ihrem Gebiet besitzen als die Führungskraft und der Erfolg ihrer Arbeit abhängig ist von ihrer Motivation, Eigeninitiative und Kooperationsbereitschaft. Zentral für die Führungskräfte ist das Nachdenken über den eigenen Führungsstil, die Erkenntnis, dass eine Command-and-control-Kultur kein Empowerment fördert und dass agile Unternehmen die Rolle von Führungskräften anders bewerten (vgl. Hatfield & Winkler, 2020, S. 754). In agilen Teams werden die Führungskräfte zu Coaches und Entwickler ihrer Mitarbeitenden.

6.2.3.2 Scrum-basierte agile Organisation

Als zentrales Merkmal agiler Organisation gilt autonomes Arbeiten in Teams, das schnelle Entscheidungen ohne bürokratische Abstimmungen ermöglicht. Wie die agilen Teams vernetzt werden, ist je nach konkreter Umsetzungsform variabel. Einige Unternehmen legen ihrer Organisation die bereits erläuterte agile Methode Scrum zu Grunde (vgl. Abschn. 6.2.2.1), was die Fallstudie von Spotify zeigt.

Der 2006 gegründete Musik-Streaming-Dienst Spotify ist ein Beispiel für eine erfolgreiche Organisation aus vernetzten Teams. Der Erfolg von Spotify basiert größtenteils auf der Anwendung flexibler Konzepte im Organisationsdesign und der konsequenten Anwendung agiler Arbeitsweisen. Ursprünglich hatte das Spotify-Entwicklungsteam mit Scrum gearbeitet. Als das Unternehmen anfing stärker zu wachsen, das Produkt zunehmend komplexer wurde und sich das Entwicklungsteam nach Themengebieten aufteilte, wurden einige der Scrum-Prinzipien hinderlich für das flexible und schnelle Zusammenarbeiten. So entschied sich Spotify, seine eigene agile Organisation zu entwerfen, basierend auf den Werten und der Kultur des Unternehmens. Spotify arbeitet bis heute sehr erfolgreich nach agilen Prinzipien bei gleichzeitiger Aufrechterhaltung der hohen Ergebnisverantwortung innerhalb der Teams (vgl. Deloitte, 2018, S. 12).

> **Fallstudie zum Spotify Organisationsmodell**
>
> Die kleinste organisationale Einheit bei Spotify sind selbst-organisierte Teams von maximal acht Mitarbeitern, genannt **Squad.** Sie sind verantwortlich für einen spezifischen Aspekt des Produktes, wie beispielsweise das Design der Browser-Funktion, und entscheiden für sich, wie sie ihre Arbeit organisieren. Jedes Squad hat einen

Product Owner, der die anstehende Arbeit priorisiert – dieser ist nicht mit einem formellen Manager zu vergleichen, da sich Führung innerhalb eines Squads informell bildet. Die Product Owner der unterschiedlichen Squads tauschen sich regelmäßig aus, um die Ausrichtung auf die strategischen Ziele sicherzustellen und eine gemeinsame Roadmap abzustimmen. Mehrere dieser Squads bilden zusammen einen **Tribe.** Dieser fungiert als eine Art Inkubator und hat maximal 100 Mitarbeiter am gleichen Standort, um einen intensiven und regelmäßigen persönlichen Austausch zu fördern (Co-Location-Prinzip). Tribes werden nach Themen wie beispielsweise „User Experience" gebündelt – die einzelnen Squads arbeiten wiederum an einem Aspekt der User Experience wie der Radio- oder der bereits erwähnten Browser-Funktion. Die Squads innerhalb eines Tribes sind durch sogenannte **Chapter** verbunden. Chapter fungieren als Austauschplattformen für Entwickler mit ähnlichen Aufgaben und sind Anlaufstelle zur Diskussion von Fragen und Herausforderungen. Der Chapter Lead hat die Aufgabe, diese Diskussionen zu moderieren, die Mitglieder des Chapters weiterzuentwickeln, Gehälter festzulegen etc. Er ist in seiner Funktion mit einem klassischen Linienmanager vergleichbar, ist aber selbst auch Teil eines Squads und damit in das Tagesgeschäft eingebunden (Spieler-Coach-Modell). Da der Chapter Lead auch der formale Manager aller Mitarbeiter desselben Chapters ist, können diese bei Bedarf in ein anderes Squad wechseln, ohne ihren Manager als direkten Bezugspunkt zu verlieren. Neben Squads, Chapters und Tribes gibt es eine vierte organisatorische Einheit in dem Spotify-Modell – die **Guilds,** informelle Interessensgruppen zum Austausch Chapter-unabhängigen Wissens, wie beispielsweise Leadership oder Coaching (vgl. Deloitte, 2018, S. 13). ◄

Eine Scrum-basierte agile Organisation wie Spotify, die auf autonomen, crossfunktionalen Teams basiert, hat folgende Vorteile (vgl. Deloitte, 2018, S. 13):

- Die Teams werden nach konkreten Themen aufgestellt (z. B. Produktfunktionalität), was **schnellere** Entwicklungs- und Testzyklen und ein Design nahe an **Kundenwünschen** ermöglicht.
- Ressourcen sind durch den vereinfachten Teamwechsel flexibel einsetzbar, was die **Effizienz** der Organisation steigert und die nötige **Flexibilität** in zunehmend komplex gestalteten Ökosystemen garantiert.
- Darüber hinaus sind Autonomie und Entscheidungsfreiheit sowie ausreichend Spielraum, Verantwortung zu übernehmen, entscheidende **Motivationsfaktoren** für die Teammitglieder.

Selbstverständlich kann nicht jede Organisation nach dem Vorbild von Spotify agil umgebaut werden. Bei Spotify waren die Voraussetzungen – Erfahrungen mit Scrum und bestimmte Kulturwerte – gegeben, die zu dieser Organisationsstruktur geführt haben. Auch andere Modelle der agilen Organisation sind möglich.

6.2.3.3 Holakratie

Holacracy (deutsch: Holakratie) strebt eine ganzheitliche Flexibilisierung der Organisationsstrukturen eines Unternehmens an und ist zugleich eine Form der organisationalen Demokratie (vgl. ausführlicher Abschn. 5.2).

Während es bei den agilen Methoden möglich ist, diese auch in einem einzelnen Bereich des Unternehmens einzuführen, hat Holacracy in seiner Reinform den Anspruch, das ganze Unternehmen umzukrempeln. Die Bezeichnung ist aus dem griechischen Begriff Holon abgeleitet, der übersetzt "das Teil eines Ganzen seiende" meint. Die Entscheidungsgewalt wird nicht bei Führungskräften gebündelt, denen eine Position gehört und die einer Abteilung vorstehen. Statische Positionen mit ihren schnell veralteten Stellenbeschreibungen oder Titeln haben in der Holakratie genauso wie starre Abteilungen keinen Platz (vgl. Schermuly, 2020a).

Das Holacracy Organisationsmodell ist ein ganzheitliches System, das sich durch Selbstorganisation auszeichnet. Klassische funktionale Bereiche wie etwa Marketing oder Finanzen sind dabei in **Kreisen** (Holons) organisiert, die je nach Verantwortungsspanne in weitere Sub-Kreise gegliedert werden. Entscheidungsbefugnisse liegen gleichberechtigt in diesen Kreisen, innerhalb welcher die Mitarbeiter vielfältige und dynamische **Rollen** einnehmen, die sich nach veränderndem Bedarf der Organisation neugestalten lassen. Jeder Kreis und jede Rolle innerhalb der Holacracy-Organisation besitzt vollständige Autonomie und Autorität als eigenständige, selbstorganisierte und kompakte Einheit mit Verantwortung gegenüber der übergreifenden Vision der Organisation. Damit sind Kreise und Rollen eingebettet in einem System, das gemeinschaftlich ein bestimmtes Ziel verfolgt – mit starken Vernetzungen und Interdependenzen zwischen den verschiedenen Einheiten. Damit einhergeht, dass die wesentlichen organisationalen Steuerungs- und Führungsprozesse nicht mehr durch formelle Führungskräfte, sondern durch die aktive Mitwirkung jedes Einzelnen ausgeführt werden (vgl. Deloitte, 2018, S. 19).

Die Holacracy-Organisation ist fließend und ständig in Bewegung. Ein Mitarbeiter kann verschiedene Rollen übernehmen. Wenn eine Rolle zu komplex wird, dann bildet sich eine neue. Wenn mehrere Rollen zusammenkommen, dann entsteht ein neuer Kreis. Die Struktur aus Rollen und Kreisen ermöglicht Agilität: Wenn eine Rolle nicht mehr zur Umwelt passt und nicht mehr gebraucht wird, dann wird sie abgeschafft. Da eine Rolle keine Position ist, muss der Mitarbeiter nicht um seinen Job oder seine Arbeitsaufgaben fürchten. Er wendet sich verstärkt einer seiner anderen Rollen zu oder entwickelt eine neue (vgl. Schermuly, 2020a).

Die Mitglieder der Kreise entsenden Vertreter in die allgemeineren Kreise, die wiederum Vertreter in den generellen Unternehmenskreis entsenden. Hier werden die strategischen Unternehmensentscheidungen getroffen. Jeder Kreis hat einen Zweck und kennt seine Ziele. Die Koordination erfolgt autonom und begleitet durch intensive Meetings. Hier ähneln sich Scrum und Holacracy. Die Arbeit wird in und durch regelmäßige Treffen synchronisiert (vgl. Schermuly, 2020a).

6.2.3.4 Der Weg zu agiler Organisation

Agile Organisationen kommen in verschiedenen Formen vor, jedoch lassen sich nach Deloitte (2018, S. 14) fünf wesentliche Eigenschaften agiler, netzwerkbasierter Organisationen identifizieren (vgl. Tab. 6.3).

Für die Implementierung der organisationalen Agilität sind laut Deloitte Studie folgende vier **Kernelemente** erforderlich, die als Roadmap für die Führungskräfte dienen können (vgl. Deloitte, 2018, S. 5):

- Den Kern schützen und an den Rändern disruptiv sein: Die Bereiche in der Organisation, die eine hohe Flexibilität erfordern, sollen identifiziert und mit modernen Arbeitsweisen und Strukturen verändert werden (quasi Ambidextrie – vgl. Abschn. 3.1.1).
- Arbeit in vernetzten Teams fördern: Bestehende Strukturen müssen in selbstorganisierte, vernetzte Teams umgebaut werden, die für konkrete Arbeitsergebnisse verantwortlich sind (vgl. Abschn. 6.2.3.1).
- Ein übergreifendes Systemdenken etablieren: Die Denkweise in der Organisation muss verändert werden – weg vom Silo-Denken hin zu einem Systemdenken, das transformatives Potenzial freisetzt.
- Voraussetzungen für ein agiles Organisationsdesign schaffen: Da Flexibilisierung mehr bedeutet als nur Strukturveränderung, sollten Unternehmenskultur, Führung, Prozesse und Technologien im Unternehmen die Vision von Agilität fördern und die vernetzten Teams befähigen.

Diese Aufgaben sollten von den Führungskräften im Rahmen der strukturellen Führung (vgl. Ausführungen zur Gestaltung der Unternehmenskultur in Abschn. 7.5) und der interaktiven Führung (s. Ausführungen zu Vermittlung von Visionen und Sinn in Abschn. 8.3). Um diese Aufgaben zu bewältigen, sollen Führungskräfte selbst agil werden.

6.3 Agile Führungskräfte

Durch die Dynamik innerhalb des Unternehmens und in seinem Umfeld werden Führungskräfte herausgefordert, ihr Verhalten regelmäßig zu hinterfragen und bei Bedarf zu ändern. Die Führung muss nicht nur Agilität von Strukturen, Prozessen und Arbeitsverhalten der Mitarbeiter gestalten und ermöglichen, sondern selbst agil sein. Dafür benötigen Führungskräfte spezielle agile Kompetenzen, die auf der Fähigkeit zur Selbstreflexion basieren. Unabdingbar für die Führenden in agilen Kontexten ist eine kontinuierliche Suche nach einer optimalen Führung, die eine Führungskraft aus dem Inneren heraus zu einem ständigen Ausprobieren und Experimentieren motiviert.

Tab. 6.3 Fünf Eigenschaften agiler Organisationen (vgl. Deloitte, 2018, S. 14–15)

1	Autonome Teams mit klar definierten Zielen	Individuen arbeiten in multidisziplinären, selbstorganisierten Teams zusammen. Sie verfolgen gemeinsam ein klar definiertes Ziel (z. B. Geschäftsentscheidungen hinsichtlich Produktentwicklung, Produktangeboten, Kundensegmenten), aber haben vollkommene Autonomie in der Entscheidung, wie dieses Ziel erreicht werden soll
2	Geteilte Verantwortung und gemeinsame Entscheidungen	In autonomen, selbst-organisierten Teams hat jeder das Recht, Entscheidungen zu treffen, und die Pflicht, Verantwortung innerhalb des Teams und als Teil der Gesamtorganisation zu übernehmen
3	Flexible Rollen und flache Hierarchien	Agile Organisationen bauen auf möglichst flachen Hierarchien mit maximal zwei Ebenen auf: General Management und Teams. Anstelle von Führungs- und Kontrollspanne kommt eine „Unterstützungsspanne": Führungskräfte werden nicht daran gemessen, wie viele Mitarbeiter ihnen unterstehen, sondern wie viele Mitarbeiter sie effektiv coachen können. Der Gedanke der Community steht im Vordergrund, weshalb auch Individuen innerhalb der einzelnen Teams ihre Rolle auf ihrem Ziel basierend definieren. Rollen können sich mit der Zeit verändern und werden von einem Team je nach Bedarf herangezogen. Damit kann die Teamkapazität flexibel angepasst werden und besser auf aktuelle Marktbewegungen und Kundenbedürfnisse reagieren
4	Transparenz und offener Informationsfluss	Eine zentrale Voraussetzung vernetzter Teamstrukturen ist die Transparenz von und der Zugang zu Informationen. Die Leistung von Teammitgliedern, Planung, Fortschritt innerhalb eines Teams – alles ist allen zugänglich. Ebenso transparent sind auch die Richtlinien, nach denen die Teams arbeiten. Es gibt keine hierarchieorientierten Regeln mehr, die versuchen, das große Ganze zu reglementieren, sondern teamfokussierte Richtlinien
5	Enge horizontale Abstimmung bei minimaler Abhängigkeit	Teams sind eng miteinander abgestimmt und entscheiden selbst, wann sie welche anderen Teams oder Experten in ihren Prozess involvieren. Diese Einbindung geschieht unkompliziert und auf direktem Wege. Teams sind so strukturiert, dass formelle Abhängigkeiten und die damit einhergehende Abstimmungsnotwendigkeit auf ein Minimum reduziert werden. Das Prinzip der Agilität betont die Zusammenarbeit, fördert gemeinsame Entscheidungen und fokussiert kontinuierliche Verbesserungen über intensiven Austausch. Anstelle von häufigen persönlichen Treffen können Unternehmen auf gute virtuelle Kommunikations- und Meeting Formate für global verteilten Teams setzen

6.3.1 Agile Führungskompetenzen

Voraussetzung für eine gute Führung ist ein agiles persönliches Mindset (vgl. Abschn. 6.2.1), das jede Führungskraft verinnerlichen sollte, um für die Mitarbeitenden als Vorbild für agiles Denken zu dienen. Die spezifischen Kompetenzen agiler Führungskräfte werden in verschiedenen Studien und Publikationen definiert (vgl. Häusling & Kahl, 2018; Hatfield & Winkler, 2020; Mastantuono, 2021).

Hatfield und Winkler (2020, S. 757) identifizieren in Anlehnung an Häusling und Kahl (2018) acht Kernkompetenzen für Führungskräfte im agilen Kontext, die etwas abgewandelt in der Tab. 6.4 dargestellt werden.

Diese acht Kompetenzen zeigen, wie vielfältig die Anforderungen an die Führenden in agilen Kontexten sind, und belegen die Notwendigkeit des kontinuierlichen Lernens,

Tab. 6.4 Agile Kompetenzen von Führungskräften. (In Anlehnung an Hatfield & Winkler, 2020, S. 757)

Agile Kompetenzen	Inhalte
Agile Methoden-Kompetenz	Basisverständnis für agile Werte, Prinzipien und Methoden und ihre Anwendung im Berufsalltag
Transformationskompetenz und Ambiguitätstoleranz	Fähigkeit, Veränderungen proaktiv angehen zu können, Umgang mit Ängsten, Unsicherheiten und Widerständen bei sich und bei anderen
Kommunikationskompetenz	Fähigkeit, Mitarbeitende und Kollegen in Transformationen adäquat einzubinden, zu überzeugen und zu begeistern sowie aktiv zuzuhören
Teamkompetenz	Stärken, Schwächen und Bedürfnisse von Teammitgliedern erkennen, wertschätzen und fördern sowie eine Vertrauens- und Feedbackkultur etablieren
Geeignete Führungsstile	Transformationales und situatives Führen, Delegation von Verantwortung und Befähigung im Team
Ergebnisorientierung	Fokus auf Ziele und Ergebnisse, um individuelle Einzellösungen zu einer erfolgreichen Gesamtlösung zu verbinden
Unternehmerisch-integrative Handlungskompetenz	Interessen verschiedener Stakeholder (Kunden, Mitarbeiter, Vorstände etc.) verstehen und dabei unterschiedliche Bedürfnisse und Erwartungen vereinen bzw. ausgleichen
Selbstkenntnis und Selbstmanagement	Erkennen von eigenen Stärken und Schwächen, Fähigkeit zur Selbstmotivation, Frustrationstoleranz, emotionale Stabilität

das für die Führungskräfte der Zukunft von entscheidender Bedeutung sein wird. Gefragt sind neben den agilen Prinzipien auch die Kommunikations-, Team-, Transformations- und Change-Kompetenzen sowie transformationales und situatives Führen als Eigenschaften eines guten Leaders. Außerdem sind Ergebnisorientierung und unternehmerische Fähigkeiten erforderlich, die einen guten Manager charakterisieren. Und schließlich sind Selbstkenntnis und Selbstmanagement notwendig, die eine starke, reife Persönlichkeit auszeichnen.

In eine ähnliche Richtung argumentiert Mastantuono (2021) in seinem Ansatz zu den agilen Führungskompetenzen. Mastantuono versteht unter der agilen Kompetenz der Führung die Fähigkeit zur schnellen Umorientierung von Mitarbeitern, Prozessen und Technologien mit dem Ziel der Sicherung von Geschäftswachstum und Wettbewerbsvorteil und definiert die drei „Cs" agiler Führungskompetenz wie folgt:

- C1 – **Courage.** Um die digitale Transformation unternehmensweit umzusetzen, unabhängig von der Größe des Unternehmens, brauchen Führungskräfte den Mut, neue agile Geschäftsmodelle, Strategien und Technologien einzuführen.
- C2 – **Compassion,** d. h. Mitgefühl. Mitarbeiter sind für den Erfolg in agilen Kontexten entscheidend. Führungskräfte müssen sich mit dem, was Mitarbeitende im Zuge der Veränderungen erleben und was ihre Bedürfnisse sind, auseinandersetzen. Dieses Mitgefühl sollte sich dabei aber nicht nur auf ihre Mitarbeiter beschränken, sondern auch relevante Kunden, Partner und Lieferanten einbeziehen. Sie alle stehen vor vergleichbaren Herausforderungen. Mitgefühl kann zudem Geschäftschancen auftun und neue Mitarbeiterbedarfe offenlegen.
- C3 – **Curiosity,** also Neugier. Der Wunsch, kontinuierlich Neues zu erfahren und dazuzulernen und gespannt in die Zukunft zu blicken, ist für eine ständige Veränderungsbereitschaft wichtig. Studien zufolge fördert Neugier kreative Problemlösungen, weil wir auf diese Weise erkennen, was anders sein könnte. Das kann den entscheidenden Unterschied bei der schnellen Anpassung an Veränderungen ausmachen. Dazu kommt die Fähigkeit zu schneller Innovation.

Der Drei C-Ansatz fokussiert vor allem die persönlichen Kompetenzen einer Führungskraft in agilen Kontexten. Auf der Grundlage dieser Einstellungen und Eigenschaften sollte eine agile Führungskraft ihr Handeln reflektieren und bei Bedarf Veränderungen in Gang setzen.

6.3.2 Selbstreflexion und Veränderung der Führungskräfte

Agile Führungskräfte benötigen ein dynamisches Führungs-Selbstverständnis und müssen regelmäßig reflektieren, ob ihr Führungsverhalten noch zielführend ist und wie sie ihre Wirksamkeit im Führungsprozess steigern können. Dafür ist Selbstreflexion erforderlich.

Selbstreflexion, das Nachdenken über sich selbst, ist notwendig, wenn man sein eigenes Verhalten verbessern will. Aber es ist oft schwierig, sich mit Problemen, mit eigenen Schwächen und Fehlern zu beschäftigen (vgl. Ausführungen zur emotionalen Intelligenz Abschn. 2.2.3).

Im Unternehmenskontext bedeutet Selbstreflexion der Führungskräfte, sich selbst Fragen zum eigenen Führungsverhalten, zur Vision im Unternehmen und zu persönlichen Werten zu stellen. Diese Arbeit an sich selbst erfordert, sich auf Mitmenschen (ganz gleich, welche Position sie im Unternehmenskontext einnehmen) einzustellen und die Beziehung mit ihnen zu pflegen. Außerdem wird man sich im Laufe der Selbstreflexion darüber bewusst, wie man auf andere Menschen wirkt und wie man lernen kann, selbstsicherer und empathischer zu sein. Man wird sich seiner Rollen- und Beziehungsmuster klar und ist aufgrund dessen eher in der Lage, sie zu durchbrechen, damit sich schlechte Angewohnheiten nicht verfestigen (vgl. Raichle, 2019).

Was kann Führungskräfte motivieren, ihr Führungsverhalten regelmäßig zu hinterfragen? Wenn die Mitarbeiter nicht die gewünschten Arbeitsleistungen erbringen, nicht in der Lage sind selbstständig zu arbeiten, sich wenig engagieren, häufig fehlen, sollte sich eine Führungskraft fragen, woran das liegt und ob es eine Folge ihres falschen Verhaltens ist. Allerdings neigen viele Führungskräfte dazu, die Schuld den Anderen zu geben, und nicht sich selbst infrage zu stellen.

Vor allem in der dynamischen Arbeitswelt, wo sich die Rahmenbedingungen und Einstellungen der Mitarbeiter schnell wandeln und viele Generationen in einem Team oder Unternehmen zusammenarbeiten, sollten sich die Führungskräfte immer wieder mit den Fragen beschäftigen, ob sie die gewünschte Wirkung erzielen und wie sie jeden einzelnen Mitarbeitenden besser verstehen und motivieren können.

Jede Führungserfahrung gibt die Möglichkeit, Beobachtungen für spätere Reflexionen zu sammeln. Es geht darum zu analysieren, wie man sich in bestimmten Situationen verhält, und dabei die hilfreichen und die weniger hilfreichen Elemente zu erkennen, sich mit eigenen Gefühlen, Stärken und Schwächen zu befassen. Die Selbstreflexion sollte im Spannungsfeld zwischen Ehrlichkeit und Selbstwertgefühl stattfinden, da jede Führungskraft – auch wenn sie Fehler macht, was allzu menschlich ist – auch sie selbst bleiben sollte, mit eigenen unverwechselbaren Eigenschaften, Stärken und Grenzen.

Der Wille, eigenes Führungsverhalten zu verbessern, ist für den Erfolg entscheidend. Solange die Führenden gewillt sind, den Grund für ihr eigenes Verhalten und das ihrer Mitarbeitenden zu verstehen, können sie etwas lernen und sich als Führungskräfte weiterentwickeln.

> **Der Blick der Führungskraft auf das eigene Tun – kritische Fragen**
>
> Einige Fragen können den Führenden helfen, die eigene Rolle im Führungsprozess besser zu verstehen: Zeigen sich meine Mitarbeiter führungsbedürftig, weil ich so bestimmend bin? Sind sie etwa deshalb so ruhig, weil ich ihre Meinung nicht gelten

lasse? Kommen keine Ideen von ihnen, weil ich immer alles besser weiß? Hätte ich unseren besten Kunden so behandelt, wie ich heute meinen Mitarbeiter behandelt habe? (vgl. Schüller, 2018). ◄

Die Selbstreflexion kann mit einem Erfahrungsaustausch mit anderen Führungskräften verknüpft, z. B. in Erfahrungsgruppen oder Führungsworkshops oder durch Coaching unterstützt werden (vgl. dazu Abschn. 9.3.5).

Es wird empfohlen, für eine wirksame Selbstreflexion zunächst folgende **grundlegende Fragen** zu beantworten (vgl. Raichle, 2019):

- Was macht eine gute Führungskraft aus?
- Wie will ich als Führungskraft sein? (Vielleicht kennen Sie ja aus Ihrem direkten Umfeld bereits sehr gute Führungskräfte und können Eigenschaften ableiten, die diese Person als Leader so vorbildlich macht.)
- Was sind meine zentralen Prinzipien und Kerneinstellungen?
- Wie nehme ich mich in Interaktionen als Führungskraft wahr? (Selbstbeurteilung)
- Wie nehmen mich meine Mitarbeiter und Kollegen wahr? (Fremdbeurteilung) (in diesem Zusammenhang können Sie sich erneut fragen, ob Sie mit dem Ergebnis zufrieden sind, ob Selbst- und Fremdbeurteilung gut zueinander passen oder ob Sie vielleicht ein anderes Bild von sich selbst haben, als andere von Ihnen).

Das Ziel dieser Fragen sollte sein, ein Idealbild der eigenen Führungspersönlichkeit zu kreieren und dann Schritt für Schritt zu erreichen, indem man sein Selbstbild mit dem Fremdbild vergleicht und an sich arbeitet. Basierend auf der Selbstreflexion sollten Führungskräfte ihren Führungsstil, ihr Verhalten und ihre Methoden laufend hinterfragen und optimieren.

> **Vorteile des Sich-Selbst-Hinterfragens für Führende**
>
> Immer mehr Business Schools im deutschen Sprachraum lehren die Selbstreflexion. An der Frankfurt School of Finance & Management gehört ein Lerntagebuch mit zum MBA-Programm. Im Fokus steht die Selbstbeobachtung des eigenen Verhaltens, der Gedanken und der Gefühle. Fragen an Sie selbst könnten sein: „Wieso reagiere ich auf diese Frage so wütend?", „Wieso bin ich so enttäuscht darüber, dass mir diese Aufgabe nicht zugetraut wurde?", „Wie wird Herr Mustermann darauf reagieren, wenn ich ihn auf seine Leistungen anspreche?" Teilnehmer wurden nach diesem Programm aufgrund von Verhaltensänderungen befördert, sie erkannten ihre Stärken und Schwächen und sind dank der Optimierung ihres Führungsstils erfolgreicher in der Teamführung sowie in Verhandlungen (vgl. Kreblewski, 2021). ◄

6.3.3 Feedback und Mitwirkung der Mitarbeiter

Wie kommt unser Selbstbild zustande? Reicht es aus, dass sich die Führungskräfte ehrlich und mutig mit der eigenen Persönlichkeit und dem eigenem Führungsverhalten beschäftigen? Neben einer Selbstreflexion brauchen Führungskräfte regelmäßiges Feedback der Mitarbeitenden und anderen Personen und sollten bei Veränderungen der Führungsmethoden ihre Beschäftigten einbeziehen.

Feedback als Unterstützung für Selbstreflexion Unser Konzept darüber, wer wir wirklich sind, wird nur zum Teil durch unser Selbstbild geprägt (welches häufig trügerisch ist) und formt sich überwiegend aus Reaktionen und Zuschreibungen von unseren Mitmenschen. Als soziale Wesen brauchen Menschen einen Spiegel, um sich selbst und ihre Wirkung auf Andere adäquat wahrzunehmen.

Deswegen brauchen Führungskräfte für ihre Selbstreflexion einen Spiegel, der von den Mitarbeitern, Kollegen oder Vorgesetzten gehalten werden kann. Je mehr Spiegel, desto objektiver ist die Bewertung, desto größer ist die Übereinstimmung zwischen dem Selbst- und Fremdbild.

Aus diesem Grund ist für die Führung wichtig, regelmäßig Feedback der Mitarbeiter auf das Führungsverhalten einzuholen, um ein realistisches Bild über ihre Wirkung zu erhalten. Instrumente wie Mitarbeiterbefragung, Bewertung der Führenden durch die Untergebenen oder 360-Grad-Feedback sind dafür gut geeignet.

In einer **Mitarbeiterbefragung** können Fragen zum Führungsverhalten und Führungskompetenzen gestellt werden. Sie ist allerdings nur dann sinnvoll und wirksam, wenn die Anonymität gewährleistet ist, sodass die Mitarbeiter sich ehrlich äußern können, ohne Angst vor möglichen Konsequenzen zu haben. Die Anonymität kann eher in größeren Gruppen gewährleistet werden, wenn keine demografischen Daten abgefragt werden. In kleinen Teams sind die einzelnen Personen eher identifizierbar.

Auch digitale Befragungen und Bewertungen sind denkbar. Eine Bewertung der Führungsleistung durch die Mitarbeiter kann mit speziellen Tools im Intranet schnell und kostengünstig durchgeführt werden, vorausgesetzt, die Führungskraft stellt sich dieser Kritik. In der Praxis haben die Beschäftigten jedoch häufig mehr Angst vor dem Verlust der Anonymität, wenn eine Befragung online läuft. In diesem Fall sollten klassische Papierbögen eingesetzt werden.

Häufig sind die Führenden nicht bereit, sich bewerten zu lassen. Die Einführung einer regelmäßigen Beurteilung (beispielsweise einmal pro Jahr) für alle Führungskräfte im Unternehmen als integrierte Maßnahmen der Personal- und Organisationsentwicklung könnte eine Atmosphäre schaffen, in der diese Maßnahme selbstverständlich wird und keine Widerstände und Abwehrreaktionen verursacht.

Um Führungskräfte zu ermutigen, sich das Feedback ihrer Mitarbeitenden zu holen und auf dieser Basis Reflexions- und Lernprozesse in Gang zu setzen, sollte man im Rahmen der Führungskräfteentwicklung die Vorteile dieser Maßnahme aufzeigen, um die Zufriedenheit auf beiden Seiten – bei den Führenden und Geführten – langfristig zu erhöhen.

Die Digitalisierung eröffnet die Möglichkeiten für schnelles und effizientes digitales Feedback auf das Verhalten der Führungskräfte. Mit speziellen Tools kann eine umfassende Online-Beurteilung der Führungskräfte durch ihre Untergebenen oder ein digitales 360-Grad-Feedback schnell durchgeführt und ausgewertet werden.

▶ **360-Grad-Feedback** ist ein Instrument der Personalentwicklung, das besonders häufig bei Führungskräften zum Einsatz kommt. Mögliche Perspektiven bei der Rundumbeurteilung sind die Führungskraft selbst (durch Selbsteinschätzung), der direkte Vorgesetzte, Kollegen, Mitarbeitende sowie externe Personen wie Kunden (vgl. Personio HR-Lexikon, o. J.).

Mit dem 360-Grad-Feedback wird das Verhalten einer Führungskraft von vier verschiedenen Seiten bewertet, was die Objektivität der Einschätzung des Führungsverhaltens steigern kann.

Das Verfahren sollte anonym ablaufen, da es vielen Menschen schwerfällt, anderen direkt offenes Feedback zu geben. Die Anonymität fördert Ehrlichkeit und Offenheit der Antworten. Ansonsten bekommt man unaufrichtige oder „politische" Ergebnisse. Erst wenn eine offene Feedback-Kultur entstanden ist, könnte die Anonymität überflüssig werden.

Die Ergebnisse des Feedbacks sollten vertraulich behandelt und nur der Führungskraft zur Verfügung gestellt werden. Sie dienen in erster Linie dem Lernprozess und geben Impulse für die ständigen Anpassungs- und Veränderungsprozesse, um das Führungsverhalten zu optimieren. Allerdings ist es empfehlenswert, dass die Führungskraft die Ergebnisse mit ihren Mitarbeitern bespricht und erläutert, was sie in Zukunft anders machen will. Diese Offenheit wird die Partizipation und das Vertrauen zwischen dem Vorgesetzten und den Mitarbeitern stärken.

Mitwirkung der Mitarbeitenden an der Optimierung der Führung Führung als sozialer Prozess findet immer in einem konkreten Kontext statt, in dem Personen, Aufgaben und Situationen eine Rolle spielen. Je nach Aufgabe und Konstellation des Teams sind verschiedene Führungsmethoden und -instrumente angebracht. Dieser Dynamik sollte die Führungskraft gerecht werden und die Führungsinstrumente flexibel, je nach Bedarf anwenden.

Es gilt auch, neue Führungsmethoden nicht allein, sondern mit den Mitarbeitenden zusammen zu entwickeln und zu erproben. Der Trend zur Partizipation und Demokratie in Unternehmen erfordert Beteiligung der Beschäftigten an allen Prozessen, auch an der Neuausrichtung der Führung.

Die Ziele der Arbeit, der Ablauf und die Organisation der Zusammenarbeit, die Normen des Miteinanders sowie die angemessene Partizipation an Entscheidungen und

Verantwortung sollten von der Führungskraft und den Mitarbeitenden gemeinsam offen und konstruktiv diskutiert werden. Diese Diskussionen geben wertvolle Impulse für die Weiterentwicklung der Führung.

In Teambesprechungen, Meetings und Mitarbeitergesprächen sollten sich Führungskräfte gemeinsam mit den Mitarbeitern, dialogisch und konstruktiv über die Aufgabenverteilung und Verantwortungsbereiche abstimmen. So wird das Führungsverhältnis immer wieder neu geschaffen und an die Anforderungen und Erwartungen beider Seiten – Führenden und Geführten – angepasst.

6.3.4 Experimentieren!

Eine perfekte Führung, die für die Arbeitswelt der Zukunft geeignet ist, kann nicht mithilfe von Standards und Erfolgsrezepten definiert werden. Die Vielfalt an Situationen, Charakteren und Rahmenbedingungen machen das Adjektiv „perfekt" im Kontext der Führung obsolet. Führen ist ein Prozess des kontinuierlichen Lernens aus Erfahrung in konkreten Konstellationen.

Bedeutende Verhaltensänderungen geschehen grundsätzlich nur aufgrund eines stark empfundenen Bedürfnisses und einer tiefen persönlichen Überzeugung. Es ist daher unmöglich, jemanden zur guten Führung zu zwingen. Genauso unmöglich wäre es, Führerschaft zu entwickeln, wenn es den Führungskräften nicht erlaubt wird, neugierig zu sein, zu experimentieren und Fehler zu machen – das heißt, wenn sie davon abgehalten würden, selbst die Führung ihrer eigenen Entwicklung zu übernehmen.

Wir sollten uns von der Vorstellung verabschieden, idealtypische Leadership-Standards definieren und umsetzen zu können. Jedes Unternehmen ist gut beraten, die für den jeweiligen Kontext passenden Formen von Führung, in Form von nie endenden experimentellen Lernprozessen, stets neu zu erfinden (vgl. Wüthrich, 2021, S. 317).

Die Erfahrungen mit der Corona-Pandemie haben gezeigt, dass sich einzelne Menschen und ganze Unternehmen schnell wandeln können, wenn die Realität es erfordert. Neue Arbeits- und Führungskonzepte sind quasi über Nacht entstanden, wurden schnell eingeführt, getestet und angepasst. Wir haben gelernt, dass es möglich ist, anders zu arbeiten als im traditionellen Büro. Dadurch sind neue Arbeitskonzepte für die Zukunft entstanden, die sich demnächst beweisen müssen.

Auch in der Führung gilt es zu experimentieren. Eine der wichtigsten Eigenschaften der Führenden sollte ihre Fähigkeit sein, Dinge infrage zu stellen und immer wieder neu anzufangen. Wie man eine optimale Führung in der digitalisierten Arbeitswelt der Zukunft gestaltet, kann nur durch Versuch und Irrtum, durch Experimentieren in konkreten Situationsbedingungen entschieden werden. Unternehmen sollten solche Experimentierräume, Führungslabore schaffen, wo verschiedene Konzepte und Instrumente in praktischer Zusammenarbeit von Führungskräften und Mitarbeitenden getestet werden können.

Verständnis- und Reflexionsfragen

1. Warum spielt Trendscouting eine wichtige Rolle in Unternehmen? Welche Megatrends sind für die Arbeitswelt der Zukunft besonders relevant?
2. Mit welchen Methoden und Instrumenten können Führungskräfte Innovationen in Unternehmen vorantreiben?
3. Wie lassen sich Freiräume für Ideen und Kreativität gestalten?
4. Was verstehen Sie unter der Agilität? Welche Arten der Agilität kann man unterscheiden?
5. Beschreiben Sie die wesentlichen Prinzipien von Scrum in der Produktentwicklung.
6. Welche Vorteile bringt Design Thinking? Wie wird es praktiziert?
7. Wofür wird ein Kanban Board in Unternehmen eingesetzt?
8. Warum sind agile Organisationsstrukturen erforderlich?
9. Beschreiben Sie die Arbeitsweise von agilen autonomen Arbeitsteams.
10. Was versteht man unter Holacracy? Wie kann diese Form der agilen Organisation umgesetzt werden?
11. Warum ist die Selbstreflexion für die Agilität der Führungskräfte wichtig?
12. Welche Fragen sollte sich eine Führungskraft in Bezug auf ihr Führungsverhalten stellen?
13. Mit welchen Instrumenten können Führungskräfte Feedback von den Mitarbeitern einholen? Welche Instrumente würden Sie persönlich priorisieren?
14. Wie funktioniert das 360-Grad-Feedback und was ist bei seiner Durchführung zu berücksichtigen?

Literatur

3M Deutschland. (2019). Die 3M Innovationskultur. https://www.3mdeutschland.de/3M/de_DE/presse-de/pressemeldungen/ganzemeldung/?storyid=288a9ef9-c117-4871-98b1-627a7afaed24. Zugegriffen: 20. März 2022.

Baier, M., Fechner, R., Ritter, J. K., & Sadowski, R. (2021). *Hart am Wind – Die BPM-Berufsfeldstudie People & Organization 2020.* Quadriga Media Berlin GmbH.

Brüggenkamp, J., & Preuss, P. (2021). Der neue Scrum Guide: Alle Neuerungen im Überblick. *Wissensmanagement, 2*(2021), 46–48.

Deloitte. (2018). Organisation neu denken. Flexible Organisationsmodelle für das digitale Zeitalter. https://www2.deloitte.com/content/dam/Deloitte/de/Documents/human-capital/Organisation-neu-denken-flexible-organisationsmodelle-2018.pdf. Zugegriffen: 29. März 2022.

Deutsche Post DHL Group. (2020). Künstliche Intelligenz, Robotertechnik, Quantencomputing, Nachhaltigkeit und globale Volatilität: DHL Logistics Trend Radar enthüllt Trends, die die Zukunft der Logistik prägen werden. https://www.dpdhl.com/de/presse/pressemitteilungen/2020/dhl-logistics-trend-radar-enthuellt-trends-die-die-zukunft-der-logistik-praegen-werden.html. Zugegriffen: 20. März 2022.

Franken, R., & Franken, S. (2020). *Wissen, Lernen und Innovation im digitalen Unternehmen*. Springer.

Frankenberger, K., Mayer, H., Reiter, A., & Schmidt, M. (2021). *Das Digital Transformer's Dilemma. Wie Sie Ihr Kerngeschäft digitalisieren und gleichzeitig innovative Geschäftsmodelle aufbauen*. Wiley.

Gall, S., & Wittenberg, J. (2021). *Erfolgreich führen in hybriden Arbeitswelten. Analog und digital – Roadmap für Führungskräfte*. Haufe Group.

Häusling, A., & Kahl, M. (2018). Treiber für Agilität – Gründe und Auslöser. In A. Häusling (Hrsg.), *Agile Organisationen. Transformationen erfolgreich gestalten – Beispiele agiler Pioniere* (S. 17–26). Haufe-Lexware.

Hatfield, S., & Winkler, K. (2020). Agiles Arbeiten und Führen. In L. Von Rosenstiel, E. Regnet, & M. E. Domsch (Hrsg.), *Führung von Mitarbeitern* (8. Aufl., S. 747–760). Schäffer Poeschel.

HPI Academy (Hasso-Plattner-Institut). (Hrsg.). (o. J.). Was ist Design Thinking. https://hpi-academy.de/design-thinking/was-ist-design-thinking/. Zugegriffen: 30. März 2022.

Kreblewski, B. (2021). Selbstreflexion: In 5 Schritten zum besseren Chef. https://arbeitgeber.careerbuilder.de/blog/selbstreflexion-als-fuehrungskraft. Zugegriffen: 1. Apr. 2022.

Mastantuono, G. (2021). Warum agile Führungskompetenz Ihre oberste Priorität sein sollte. https://www.computerwoche.de/a/warum-agile-fuehrungskompetenz-ihre-oberste-prioritaet-sein-sollte,3551742. Zugegriffen: 13. März 2022.

Personio HR-Lexikon. (o. J.). 360 Grad Feedback: Der Schlüssel für eine effektive Beurteilung. https://www.personio.de/hr-lexikon/360-feedback/. Zugegriffen: 1. Apr. 2022.

Raichle, K. (2019). Level up: Führung verbessern durch Selbstreflexion. https://media.zweikern.com/de/index/level-up-fuehrung-verbessern-durch-selbstreflexion. Zugegriffen: 1. Apr. 2022.

Sauter, R., Sauter, W., & Wolfig, R. (2018). *Agile Werte- und Kompetenzentwicklung*. Springer Gabler.

Scherer, L., Czarniecki, M., Spinnler, D., & Baumgartner, R. (2021). Bumerangeffekte in der Führung. *zfo, 05*(2021), 308–313.

Schermuly, C. C. (2020a). Holacracy: Die holokratische Organisation. https://www.haufe.de/personal/hr-management/new-work-moderne-formen-der-arbeitsgestaltung/holacracy-die-holokratische-organisation_80_406704.html. Zugegriffen: 20. März 2022.

Schermuly, C. C. (2020b). Agile Methoden zur Arbeitsgestaltung. https://www.haufe.de/personal/hr-management/new-work-moderne-formen-der-arbeitsgestaltung/agile-methoden-zur-arbeitsgestaltung_80_406702.html. Zugegriffen: 20. März 2022.

Schüller, A. M. (2018). Selbstreflexion in der Führung. Wichtige Fragen für Führungskräfte. https://www.business-wissen.de/artikel/selbstreflexion-in-der-fuehrung-wichtige-fragen-fuer-fuehrungskraefte/. Zugegriffen: 1. Apr. 2022.

Schwaber, K., & Sutherland, J. (2020). The scrum guide – The definitive guide to scrum: The rules of the game. https://scrumguides.org/docs/scrumguide/v2020/2020-Scrum-Guide-US.pdf. Zugegriffen: 28. März 2022.

TAM (Trainer-Akademie-München). (2021). Die 10 größten Leadership Trends 2022. https://tam-akademie.de/die-10-groessten-leadership-trends/. Zugegriffen: 19. Febr. 2022.

Wüthrich, H. A. (2021). Das Geheimnis perfekter Führung. *zfo, 05*(2021), 317–318.

Zukunftsinstitut. (Hrsg.). (2021). Die Megatrends. Dossier. https://www.zukunftsinstitut.de/dossier/megatrends/#megatrend-map. Zugegriffen: 20. März 2022.

Teil III
Wie wird die neue Führung umgesetzt?

Instrumente der strukturellen Führung   7

Zusammenfassung

Strukturelle (indirekte) Führung erfolgt über die Gestaltung von Führungskonzepten, Arbeitsstrukturen, kulturellen Werten und schafft Rahmenbedingungen für die interaktive (direkte) Führung. Im Rahmen der strukturellen Führung werden Entscheidungen über Arbeitsorganisation, z. B. Gruppen- und Projektarbeit und Dezentralisierungsgrad, über technische Infrastruktur und digitale Assistenzsysteme, über ganzheitliche Führungskonzepte wie situative, transaktionale und transformationale Führung getroffen, systemische Personalarbeit gestaltet, Purpose und Unternehmenskultur implementiert. Vor dem Hintergrund der Digitalisierung werden an die Instrumente der strukturellen Führung sowie an die Kompetenzen der Führungskräfte für die strukturelle Führung neue Anforderungen gestellt. In Bezug auf die Führungskonzepte wird in Zukunft die transformationale Führung an Bedeutung gewinnen, auch in Kombination mit der transaktionalen Führung. Darüber hinaus ist eine stärkere Situations- und Personenorientierung der Führung notwendig. In der Projekt- und Teamarbeit werden vor allem interdisziplinäre, interkulturelle und virtuelle Teams dominieren, die spezielle kommunikations- und vertrauensbildende Maßnahmen erfordern und oft in Form geteilter Führung geleitet werden. Die Unternehmenskultur für die digitalisierte Arbeitswelt wird Werte wie Fehlertoleranz, Experimentierfreundlichkeit und Wertschätzung der Vielfalt hervorheben und Partnerschaftlichkeit, Freiräume für Ideen und Work Life Balance in Unternehmen fördern.

7.1 Strukturelle Führung im Überblick

Es ist sinnvoll, die Führungsinstrumente in strukturelle und interaktive einzuteilen: Strukturelle (indirekte) Führung erfolgt über die Gestaltung von Führungskonzepten, Arbeitsstrukturen, technischen Unterstützungssystemen, kulturellen Werten und schafft damit die Rahmenbedingungen für die interaktive (direkte) Führung als Interaktion zwischen Führenden und Geführten (s. Kap. 8).

Die strukturelle Führung dient auf der Ebene der mittelbaren Verhaltensbeeinflussung und entfaltet ihre Wirkung durch die Gestaltung der Führungskonzepte, Formulierung und Implementierung von betrieblichen Strategien, die alle mit zielgerichteten inhaltlichen, prozessualen und strukturellen Regelungen speziell in der Führungs- und Arbeitsorganisation Anreize für Leistungsmotivation bieten. Es geht um eine Verhaltensbeeinflussung der Mitarbeiter nicht durch reale Personen, sondern durch das ganze System Unternehmen. Die strukturelle Führung liegt damit weniger in der Verantwortung einzelner Vorgesetzten als vielmehr in der Verantwortung des Top-Managements und der Geschäftsführung. Allerdings sind die Führenden als Träger der Visionen und Kulturwerte sichtbar und dienen mit ihrem Verhalten in Unternehmen als Vorbilder für die Beschäftigten. Deswegen gehört die Vermittlung von Visionen, Werten und Sinnorientierung zu den wichtigen Aufgaben der Führungskräfte auf der Ebene der interaktiven Führung (vgl. Abschn. 8.3).

Zu den praktischen **Instrumenten** der strukturellen Führung zählen:

- Gestaltung der **Organisation** wie Arbeitsorganisation, agile Strukturen, hierarchische Beziehungen, Dezentralisierungsgrad, Gruppen- und Projektarbeit etc.;
- Schaffen einer **Infrastruktur** aus technischen Mitteln als Unterstützungssysteme (z. B. Einführung von Kommunikations- und Kollaborations-Tools, Digitalisierung und Automatisierung in Produktion und Verwaltung, Simulation für die Abschätzung der Folgen von Führungsentscheidungen etc.);
- strategische Entscheidungen über fest verankerte **Führungskonzepte** (z. B. situative, transaktionale, transformationale, emotionale Führung), Führungsgrundsätze etc.;
- Gestaltung der systemischen **Personalarbeit** wie allgemeine Regeln und Instrumente für die Auswahl, Beurteilung, Motivation, Weiterbildung, Bindung der Mitarbeitenden;
- Gestaltung der **Unternehmenskultur** inklusive Vision und Sinn des Unternehmens sowie Werten und Normen der Unternehmenskultur.

In der digitalisierten Arbeitswelt wird die Bedeutung der strukturellen Führung zunehmen, da die Möglichkeiten der interaktiven Führung in virtuellen Kontexten beschränkt sind. Desto bedeutender ist es, die strukturellen Führungsinstrumente an die Anforderungen der Arbeitswelt der Zukunft anzupassen und damit eine Grundlage für effiziente Interaktionen zwischen den Führenden und Geführten zu schaffen.

Organisation Die Aufbau- und Ablauforganisation bietet eine Vielzahl von Ansatzpunkten, um führungsrelevante Strukturen zu etablieren. Die Verflachung von Hierarchien und die Steigerung des Dezentralisierungsgrades (vgl. Abschn. 5.1) zählen zu den wesentlichen Treibern für die Unterstützung eigenverantwortlicher Arbeit und der Agilität. Je unabhängiger die untergeordneten Einheiten (z. B. autonome Arbeitsteams) von der Zentrale agieren dürfen, desto unternehmerischer und flexibler ist ihre Arbeitsweise. Vor allem die Agilität der Organisation und Arbeitsmethoden fordert ein Umdenken bei der Gestaltung von strukturellen Führungsmaßnahmen. Gefragt sind Strukturen, Regeln und Werte, die Agilität ermöglichen und unterstützen. Das fördert den Autonomiegrad der Beschäftigten und stellt zugleich hohe Anforderungen an die Agilität der Führungskräfte (siehe ausführlich Abschn. 6.2 und 6.3).

Infrastruktur Im Verlauf der Corona-Pandemie wurde die Informations- und Kommunikationstechnologie in Unternehmen intensiv ausgebaut. Kollaborationssoftware, wie Microsoft Teams, Zoom oder Slack, haben an Akzeptanz gewonnen und der Umgang damit wurde für viele selbstverständlich. Es haben sich aber auch Defizite in der Arbeitsumgebung (z. B. Bildschirme, Arbeitszimmer), Sicherheitsaspekten sowie Führungsinstrumente bei der Arbeit von Beschäftigten im Homeoffice gezeigt. Da die Arbeitswelt der Zukunft auf hybride Arbeitskonzepte setzen wird, sind hier Handlungsbedarfe offensichtlich, um die Remote Arbeit optimal zu gestalten. Außerdem sind in den letzten Jahren diverse Tools und Algorithmen entstanden, die die Arbeit und Führung wesentlich unterstützen können, z. B. Assistenzsysteme in der Fertigung und Verwaltung, spezielle Tools für die Simulationen von Folgen der Managemententscheidungen etc.

Führungskonzepte Der im Führungsleitbild bei vielen Unternehmen verankerte Führungsstil zählt ebenfalls zu den wesentlichen Elementen der strukturellen Führung, weil er über die Zielinhalte, Rollenbilder, Motivationsansätze und Koordinationsmechanismen auf die Mitarbeitenden wirkt. Oftmals werden hier konkret die transaktionale, transformationale und situative Führung angesprochen. Während die transaktionale Führung auf einen Austausch von Leistung und Gegenleistung im Sinne einer extrinsischen Motivation setzt, zielt die transformationale Führung auf eine intrinsische Motivation durch die Aufgabe selbst und wird mit einem moderneren, visionären Führungsverständnis gleichgesetzt. Als zukunftsfähig erweisen sich – vor allem in virtuellen Kontexten – Kombinationen aus der Zielorientierung (transaktionell) und individueller Sinnvermittlung (transformationell) in der Führung. Allgemein gewinnt in der dynamischen komplexen Arbeitswelt eine Situations- und Personenorientierung der Führung an Relevanz.

Personalarbeit Die Mitarbeitenden sind die wertvollste Ressource eines Unternehmens und daher werden mit der systemischen Personalarbeit auch die Strukturen für den Erfolg des Unternehmens gelegt. Die allgemeinen Vorgaben für die Auswahl, Motivation, Weiterbildung und Beurteilung von Mitarbeitern entscheiden darüber, welche Mitarbeitende gewonnen und an das Unternehmen gebunden werden können. Insbesondere mit Blick auf die Auswirkungen demografischer Veränderungen auf Unternehmen gewinnt systematische Personalarbeit als Element der strukturellen Führung an Bedeutung.

Unternehmenskultur Die Gesamtheit der Werte, Normen und Haltungen, die ein Unternehmen prägt, beschreibt die Unternehmenskultur, die in den tatsächlichen Entscheidungen, Verhaltensweisen und Handlungen aller Beschäftigten sichtbar wird. Die Unternehmenskultur ist zwar ein kollektives Phänomen, das nur in der Gemeinschaft geschaffen und gelebt werden kann, doch übernehmen die Führungskräfte hier eine entscheidende Vorbildfunktion gegenüber den Mitarbeitenden. Die kulturellen Werte basieren auf der Vision und dem Sinn des Unternehmens, deswegen ist die Frage nach dem Warum (Purpose) von zentraler Bedeutung. Auf dieser Grundlage werden konkrete Werte und Normen der Unternehmenskultur, die von den Führenden verinnerlicht und vorgelebt werden sollen, geschaffen.

Einige der aufgelisteten Instrumente sind bereits in anderen Kapiteln ausführlich beschrieben, vor allem die Maßnahmen zur Dezentralisierung und Partizipation (vgl. Kap. 5) sowie die agilen Arbeitsmethoden und Organisationsstrukturen (vgl. Abschn. 6.2) und werden hier nicht mehr erläutert. Die Gestaltung der Personalarbeit mit den Aufgaben Auswahl, Motivation, Weiterbildung und Beurteilung von Mitarbeitern, die überwiegend von Personalverantwortlichen in Unternehmen umgesetzt werden, werden hier ebenfalls nicht weiter vertieft. Andere für die digitalisierte Arbeitswelt geeignete Instrumente der strukturellen Führung aus der Übersicht werden im Weiteren dargestellt, hinsichtlich ihrer Anwendung in vernetzten Unternehmen der Zukunft analysiert und mit praktischen Beispielen aus der Unternehmenspraxis untermauert.

7.2 Technische Infrastruktur und Assistenzsysteme

Durch organisatorische Entscheidungen werden Aufgabenrahmen für Führungskräfte und Mitarbeiter bestimmt, die bei der interaktiven Führung als gegeben unterstellt werden. Sie definieren die organisatorischen Bedingungen für die interaktive Führung.

Technische Assistenzsysteme sind digitale Tools, die beim (Führungs-)Handeln als Instrumente eingesetzt werden, um Handlungspotenzial zu erhöhen oder zu verbessern. Die im Hintergrund dieser Tools laufenden Programme und Algorithmen sind hoch komplex und entziehen sich oft dem genauen Verständnis der Nutzer. Im Mittelpunkt steht jedoch die praktische Nutzung dieser Systeme, die benutzerfreundlich gestaltet werden sollen, um Mehrwerte für das Unternehmen und für die Beschäftigten zu erzielen.

Zu den technischen Unterstützungs- und Assistenzsystemen zählen (ohne Anspruch auf Vollständigkeit):

- Kommunikations- und Kollaborationstools,
- Assistenz- und Automatisierungssysteme in der Fertigung und Verwaltung,
- Assistenz- und Simulationstools zur Unterstützung von Führungsentscheidungen.

Diese Systeme helfen Führungskräften sowohl bei der strukturellen als auch bei der interaktiven Führung. Gleichzeitig bilden sie strukturelle Elemente, die die Ausführung der Führungsaufgaben vorprägen, ihre Durchführung unterstützen oder sie sogar automatisieren. Damit prägen digitale Technologien die strukturellen Rahmenbedingungen der Arbeit und Führung in Unternehmen.

7.2.1 Kommunikations- und Kollaborationstools

In der Zeit der Corona-Krise arbeitete nach Angaben von Bitkom (2021) jeder zweite Beschäftigte in Deutschland zumindest teilweise aus dem Homeoffice, dabei kamen immer stärker Kollaborationstools zum Einsatz, die nicht nur die Kommunikation erleichtern, sondern die Projektverwaltung steuern und den internen Austausch fördern können. Allein für die interne und externe Kommunikation nutzten im Jahr 2021 36 % der Unternehmen solche digitalen Tools: Viele Firmen verwenden Chattools wie Slack, Teams oder auch Whatsapp für den direkten Austausch in Echtzeit unter Kollegen. Um sich mit einer größeren Anzahl von Kollegen gleichzeitig per Video auszutauschen, sind Zoom, Webex und GoToMeeting mittlerweile weit verbreitet. Spezielle digitale Lösungen gibt es auch für das Projekt- und Prozessmanagement. Sie sind in jedem zweiten Betrieb schon im Einsatz – und knapp jedes fünfte plant die Einführung. Gerade beim agilen Arbeiten spielen sie eine wichtige Rolle. Sie können Prozesse transparenter machen und ermöglichen es, in größeren Gruppen Orientierung zu finden: Wer arbeitet woran, wie weit ist die Arbeit fortgeschritten, wo gibt es Probleme, was machen die anderen gerade? (vgl. Koschik, 2021).

Während die menschliche Face-to-Face-Kommunikation eine zeitliche und räumliche Nähe der Kommunikationspartner erfordert, ermöglichen die technischen Tools eine zeitliche und räumliche Entkopplung der Kommunikation, Verarbeitung von sehr großen Datenmengen in verschiedenen Formaten (Text, Bild, Audio, Video) und schnelles Erreichen von vielen Nutzern.

Moderne digitale Tools bieten verschiedene **Funktionen,** die bei der Zusammenarbeit in Unternehmen genutzt werden können, beispielsweise Besprechung von einzelnen Projekten und Aufgaben; Benachrichtigungen über bestimmte Ereignisse und Aktivitäten; Zuweisung von Aufgaben und Rollen; Möglichkeit zum Upload, Sharing und gemeinsamen Bearbeiten von Dokumenten; Visualisierung von Prozessen etc.

Aktuell gibt es diverse **Kommunikations-** und **Kollaborationstools,** die für verschiedene **Zwecke** in Unternehmen eingesetzt werden können (vgl. Digitalzentrum Berlin, 2021):

- Projektmanagement Software zur Planung und Verteilung von Aufgaben und Fristen (z. B. Asana, monday.com, Trello oder Zenkit),
- Kommunikationstools für Sprachchats in der Gruppe, Textnachrichten und Videokonferenzen (z. B. Zoom, Discord, Google Hangouts, Microsoft Teams oder Slack),
- Toolsets zur gemeinsamen Verwaltung und Bearbeitung von Dokumenten (z. B. Evernote Business, OneNote, oder G Suite),
- Toolsets zur individuellen oder gemeinsamen Strukturierung und Entwicklung von Wissen (z. B. Mindmanager oder TheBrain),
- Dienste zur Speicherung und zum Transfer von Daten (z. B. Dropbox, Google Drive und MediaFire),
- Werkzeuge zum virtuellen Brainstormen, Designen und Bau an Prototypen (z. B. Miro, InVision, Canva und Milanote),
- Soziale Intranets und Social Media-gebundene Teamnetzwerke (z. B. Facebook Workplace und Yammer).

Da die Bedarfe in Betrieben je nach Größe, Branche, Aufgabenbereich unterschiedlich ausfallen, sollte man jeweils individuell entscheiden, welche Tools am besten geeignet sind. Im Detail sind viele der Tools in ähnlichen Formen in verschiedenen Sets vorhanden.

Asana als Beispiel eines Kollaborations-Tools

Asana bietet eine übersichtliche Benutzeroberfläche, die sich schnell und intuitiv erschließen lässt. Die einfach erlernbare Software ist für Einsteiger geeignet. Für Fragen sind Hilfefunktionen wie Erklärvideos direkt im Asana-Guide integriert. Aufgaben und Termine sowie Zuständigkeiten werden anhand von Kanban-Boards dargestellt. Sowohl die persönlichen Prozesse wie auch die gesamten Projektverläufe sind auf einen Blick nachvollziehbar. Die Anzeige kann nach Bedarf individuell angepasst werden. Besonders für kleine Teams, die eingespielte Abläufe und eine direkte Kommunikation pflegen, ist Asana eine passende Option. Bis zu 15 Mitarbeitende können mit der kostenlosen Version Nachrichten schreiben, Projekte diskutieren, Dokumente austauschen, Aufgaben verwalten, zuteilen sowie in Kalender überführen. Zudem lassen sich weitere Tools je nach Bedarf aus einem App-Verzeichnis integrieren. Asana ist als Cloud-App im Browser oder als sehr anwenderfreundliche Smartphone App nutzbar. Die jeweiligen Tarife für Premium- und Enterprise-Versionen sollten auf den Nutzen überprüft werden (vgl. Digitalzentrum Berlin, 2021). ◄

Viele Unternehmen nutzen digitale Tools für Sharing und Streaming. **Sharing** (gemeinsame Bearbeitung von Dokumenten) wird mit Diensten wie Google Docs, Microsoft Office 365 oder Dropbox Paper praktizierbar, die eine Versionierung von Änderungen (Anwälte schicken Vertragsentwürfe hin und her) oder Annotation

7.2 Technische Infrastruktur und Assistenzsysteme

(Menschen schreiben Kommentare an einen fremden Textkorpus) möglich machen. Eine zweite Dimension der digitalen Kollaboration ist **Streaming**, der Fluss der Aktivitäten. Der Stream entlastet nicht nur das Gedächtnis, sondern erleichtert asynchrones Arbeiten. Zusammen mit Notification-Systemen wird zeitversetztes Arbeiten unter Abwesenden möglich. Wie sich auf Social Media zeigt, sind Streams weit mehr als nur detaillierte Logbücher, sie ändern den Umgang mit Information ganz fundamental (vgl. Kappes, 2018).

Damit die Kollaborationstools ihre volle Wirkung erzielen können, ist es wichtig, eine Vertrauenskultur zu schaffen, dafür ist Transparenz hinsichtlich der Aufgaben, ihrer Verteilung und ihrem Fortschritt relevant. Diese **Transparenz** kann in folgenden vier Schritten: geschaffen werden (vgl. Koschik, 2021):

1. Projektmanager oder Product Owner legen die notwendigen Vorgänge und Aufgaben an und können zum Beispiel auch direkt Tickets zur Softwareentwicklung verteilen.
2. Die einzelnen Aufgaben werden den in den Projekten jeweils verantwortlichen internen oder auch externen Mitarbeitern zugewiesen.
3. Anschließend erfolgt die Organisation der Prozesse und Abläufe, indem auch bestimmte Meilensteine oder Leistungskennzahlen, sogenannte KPIs, festgelegt werden.
4. Ein Gesamtüberblick zeigt die Projektplanung an und sorgt für Transparenz.

Diese Schritte helfen dabei, wichtige Informationen den einzelnen Vorgängen direkt zuzuordnen, Probleme aufzudecken und den Fortschritt des Projekts zu beobachten.

Außerdem ist es wichtig, Sicherheitsbedenken abzuklären. Dafür sollte festgelegt werden, wie persönliche Informationen gespeichert werden, welche Personen auf welche Dokumente zugreifen dürfen und welche Sicherheitseinstellungen vorgenommen werden.

Die Kollaborations-Tools sind für die agile virtuelle/hybride Arbeitswelt äußerst relevant, sie unterstützen selbstbestimmtes, ortsunabhängiges Arbeiten und helfen, Unternehmen flexibler zu machen. Deshalb ist das Verständnis digitaler Kollaborationstools und ihrer Potenziale ein wichtiger Bestandteil digitaler Kompetenzen der Führungskräfte.

7.2.2 Assistenzsysteme in der Produktion und Führung

Mit Einsatz von Assistenz-, Automations- und Simulationstools können verschiedene Tätigkeiten von Menschen in der Produktion, Verwaltung und Führung unterstützt werden.

Zu unterscheiden sind zunächst kognitive und physische Assistenzsysteme. Unter den kognitiven wird unterschieden, ob das System die Wahrnehmung (Mitarbeiterassistenzsystem) oder Entscheidungsfindung (Softwareunterstützung bei komplexen

Entscheidungen oder Aufgabenpriorisierung) des Mitarbeiters unterstützt. Bei den physischen Assistenzsystemen handelt es sich um Ausführungsassistenzsysteme wie Exoskelette oder Mensch-Roboter-Kooperationen (vgl. Poll, 2020).

In der Produktion werden digitale Assistenzsysteme vor allem in manuellen oder teilautomatisierten Montage-, Prüf- oder Logistikprozessen eingesetzt. Industrie 4.0 bedeutet, dass die Werker auf Shopfloor-Ebene nahtlos in ein eng vernetztes, cyber-physisches Gefüge eingebunden werden, und digitale Assistenzsysteme sind ein wichtiger Baustein auf dem Weg zur vernetzten Fabrik der Zukunft. Visualisierte Arbeitsanweisungen steigern die Fähigkeiten der eingesetzten Mitarbeiter, die Qualität der Produkte sowie die Produktivität und Wettbewerbsfähigkeit eines Unternehmens (vgl. Rothenberger, 2020).

Digitale Assistenzsysteme unterstützen Menschen bei der Informationssammlung und -aufbereitung, dem Treffen von Entscheidungen sowie dem Ausführen und der Kontrolle von Menschen, Maschinen, Prozessen und Produkten. Ebenso können sie beim Lernen und Einüben von Tätigkeiten helfen. Laut einer Studie des Fraunhofer Instituts für Arbeitswirtschaft und Organisation werden für Assistenzsysteme in der Fertigung folgende Technologien eingesetzt (vgl. Rothenberger, 2020):

- **Virtual Reality** (VR), eine vom Computer geschaffene Welt ohne reale Gegenstände. VR bildet eine hochwertige Benutzerschnittstelle, die über Kopf- und Handbewegungen, über die Sprache oder den Tastsinn gesteuert wird. Der Einsatz von VR reicht mittlerweile weit über die Darstellung einzelner Produkt-Bauteile hinaus. Ganze Umgebungen und Prozesse können virtuell generiert werden, auch virtuelle Meetings mit VR sind möglich.
- **Augmented Reality** (AR) steht für die erweiterte Realität. Es ist eine Zwischenform aus der Wahrnehmung von Realität und computergenerierten Daten. Diese Zwischenform ist im Bereich der Mixed Reality einzustufen. Die Daten und Informationen werden mithilfe verschiedener Endgeräte in die Realität überlagert. Ein gängiges Endgerät für diese Technologie ist eine Datenbrille, eingesetzt wird sie etwa für die Einblendung von Maschinendaten oder Betriebsanweisungen über die realen Assets. Die erweiterte Realität kann sich auf mehrere sensorischen Dimensionen, nicht nur den visuellen Bereich, beziehen. Es können zusätzlich z. B. auch Geräusche eingebunden werden.
- **Picking-Technologien** helfen Mitarbeitern bei der Kommissionierung von Gegenständen, häufig für den Versand von Produkten oder die Materialversorgung der Fertigung. Dazu kommen oft visuelle Hilfsmittel wie Lampen und zunehmend auch AR zum Einsatz. Eine Pick-by-Vision-Applikation blendet Kommissionierern im Lager zum Beispiel zielgerichtete Informationen direkt in das Blickfeld einer Datenbrille, oder Head-Mounted Display, ein.
- **Condition Monitoring** beschreibt eine Identifikation des genauen, zumeist nicht direkt messbaren Anlagenzustands und die Extrapolation der Zustandsveränderung

bis zum Ausfall. Die Hauptziele des Condition Monitorings sind es, Ausfallzeiten zu verhindern und die Wartungsintervalle zu optimieren.

- **RFID** (Radiofrequenzidentifikation) ermöglicht es, jeden Gegenstand, der mit einem RFID-Transponder ausgestattet ist, kontaktlos zu identifizieren und ihm zusätzliche Informationen mitzugeben. Ein Chip, der als Datenspeicher dient, kommuniziert hierzu über Funk mit einer Basiseinheit. Einsätze in Bezug auf digitale Assistenz sind die Identifikation von Mitarbeitern für die Rechtefreigabe zur Maschinenbedienung oder das Anbringen von RFID-Tags an Montageteilen zur Identifikation. Mit implantierten RFID-Tags können auch Zugangsberechtigungen für Mitarbeiter zu Räumen oder Computern oder die Bezahlung in der Kantine geregelt werden. Ein praktisches Beispiel für diesen Einsatz ist die Implantierung der Chips bei Mitarbeitern von TUI-Nordic (vgl. Läsker, 2019).
- **Industrielle Bildverarbeitung** könnte als Wegbereiter für Industrie 4.0 eine Schlüsselrolle einnehmen. Berührungslos arbeitende Multisensor-Architekturen machen es möglich, qualitätsbestimmende Produktmerkmale möglichst früh, umfassend und taktgebunden zu überwachen. Daneben übernehmen direkt in der Linie eingesetzte Systeme zunehmend prozesssteuernde Aufgaben und dienen mit vielen einzelnen Abfragen je Herstellungsschritt der Beherrschung, Absicherung und Regelung von Produktionsabläufen in Abhängigkeit der rückgeführten Echtzeitdaten.
- **Fahrerlose Transportfahrzeuge** (FTF) erfüllen autonom und kooperativ logistische Aufgaben. Die Wandelbarkeit der FTF erlaubt es, Betriebspunkte einer Anlage flexibel an aktuelle Gegebenheiten anzupassen.
- **GPS für Positionserkennung.** GPS-Module werden für die Ortung von Objekten (Mitarbeitern, Maschinen, Hilfs- und Transportmitteln) genutzt, die Positionsdaten lassen sich über drahtlose Netzwerke übertragen, um Positionen von Fahrzeugen, Produkten und Betriebsmitteln zu erfassen.

Wie diese Übersicht zeigt, umfassen digitale Assistenzsysteme eine große Bandbreite an Technologien, Ein- und Ausgabegeräten sowie Anwendungen, die nach unterschiedlichen Kriterien klassifiziert werden können. So können verschiedene Arten der Bedienung (z. B. Touch-, Sprach- oder Gestensteuerung) mit bestimmter Software, Art der Informationsdarstellung und einem alternativen Realitätsgrad (z. B. Virtual Reality) zu einem digitalen Assistenzsystem kombiniert werden. Bei dieser Kombination sind zudem Sensoren, Aktoren oder Informations- und Kommunikationstechnologien entsprechend einzubinden. Vorteile von digitalen Assistenzsystemen können z. B. in der Zunahme von Mobilität und Flexibilität, der individuellen Anpassung an Vorwissen und Informationsbedarf des Bedieners, der Nutzung als Kommunikationskanal mit Kollegen oder Maschinen sowie der schnellen und aktuellen Informationsverfügbarkeit liegen (vgl. Merhar et al., 2019).

Neuartige Planungssoftware z. B. auf der Basis von Multiagentensystemen, ermöglicht die Automatisierung der Einsatzplanung von Menschen und Maschinen im Produktionsprozess mit einer Geschwindigkeit und in einer Komplexität, die das menschliche Leistungsvermögen weit überschreitet (s. ausführlich Franken & Franken, 2020, S. 126 f.)

Ähnliche Modelle, wie sie zur Planung und Steuerung von Produktionsprozessen eingesetzt werden, ermöglichen es auch, das Verhalten von komplexen Systemen zu analysieren und zu visualisieren. Eine Modellierung komplexer Systeme durch die Beschreibung ihrer Elemente und deren Beziehungen hilft Entscheidungsträgern bei der Abschätzung der Folgen ihrer Systemgestaltungsentscheidungen. Der Computer trägt zur Komplexitätsreduktion bei der Folgenabschätzung und zur Möglichkeit eines spielerischen Ausprobierens von Systemvarianten bei. Durch eine computergestützte Simulation können Strukturierungsalternativen auch in einem dynamischen Umfeld einer klaren Bewertung zugänglich gemacht werden.

Die Visualisierung von Daten und Informationen kann bei der Gestaltung von Assistenzsystemen für die Führung hilfreich sein. Ein digitales Shopfloor-Management ermöglicht eine einfache Maßnahme zur Visualisierung und Transparenz von Informationen.

Digitales Shopfloor-Management

In einem komplexen, digitalen Produktionssystem ist die Einbeziehung der Mitarbeiter und das Führen am Ort der Wertschöpfung besonders wichtig. Das analoge Vorgehen mit dem händischen Verfolgen von Kennzahlen und Maßnahmen kann digitalisiert werden. Über Schnittstellen zur IT-Landschaft können Kennzahlen live visualisiert werden. Ein digitales Shopfloor-Board ist die zentrale Informationsplattform auf dem Hallenboden und steigert die Effizienz und Effektivität der Führung vor Ort. Diese Lösung bringt vielfältige Mehrwerte. Es wird ein visuelles Management mit aktuellen Kennzahlen ohne Pflegeaufwand, direkt aus Maschinendaten und mit einer nutzerspezifischen Datenvisualisierung realisiert. Dadurch wird eine systematische Problemlösung ermöglicht, mit einer strukturierten Vorgehensweise, kontextsensitiver Bereitstellung von Informationen aus den angeschlossenen Systemen und Maßnahmenverfolgung an allen Standorten. Als Folge wird Wissensmanagement unterstützt – Probleme und Lösungen werden für alle Standorte gespeichert und zur Verfügung gestellt. Für die Einführung braucht man Hardware (Bildschirme, Anschlüsse) und je nach Zielen angepasste Software, um unternehmensspezifische Prozesse abzubilden (vgl. Poll, 2020). ◄

Um das gesamte Potenzial digitaler Assistenzsysteme auszuschöpfen, empfiehlt es sich, die Auswahl und Implementierung eines Assistenzsystems durch eine strukturierte Vorgehensweise zu unterstützen, die die beteiligten Mitarbeiter fall- und situationsspezifisch einbindet (vgl. Merhar et al., 2019).

Die betroffenen Mitarbeitenden sollten in die Entwicklung konkreter Use Cases von Anfang an einbezogen werden, damit sie die Systeme optimal nutzen können. Nur dann entfalten Assistenzsysteme ihre Vorteile für die Unternehmen und Beschäftigte. Ein weiterer Aspekt bei der Gestaltung der digitalen Infrastruktur ist die Wahl von geeigneten Führungskonzepten.

7.3 Führungskonzepte: transaktional, transformational, situativ

Eine wichtige Komponente der strukturellen Führung ist die Entscheidung über geeignete Führungskonzepte, die als Empfehlung für einzelne Unternehmensbereiche in den Führungsrichtlinien formuliert und in Workshops mit Führungskräften kommuniziert werden sollte.

Die Grundprinzipien der situativen, transaktionalen und transformationalen Führung wurden bereits in Kap. 2 im Kontext der Entwicklung der Führungstheorien erläutert (vgl. Abschn. 2.2) und werden nun in Bezug auf die Anwendungsgebiete in der Arbeitswelt der Zukunft analysiert.

Ein Vergleich der transaktionalen und transformationalen Führung zeigt in Überblick die zentralen Merkmale beider Konzepte (vgl. Abb. 7.1).

Wie man sieht, unterscheiden sich beide Konzepte in allen Dimensionen – in Bezug auf die Koordinationsmechanismen, den Fokus der Motivation, die Zielinhalte und die Rollen der Führungskräfte.

In der Forschung wird das Konzept der transaktionalen Führung wegen seiner einseitigen Fokussierung auf die Zielvorgaben und die Leistungsbewertung kritisiert. Allerdings eröffnet die künftige Arbeitswelt mit ihren flexiblen und virtuellen Kontexten und ihrer Orientierung an der Leistung statt Anwesenheit (Zeit) neue Chancen für die Führung durch Ziele. In Zukunft kann die transaktionale Führung in bestimmten Bereichen eingesetzt werden, eventuell mit einigen Modifikationen.

Merkmale	Transaktionale Führung	Transformationale Führung
Koordinationsmechanismen der Führung	Verträge, Belohnung, Bestrafung	Begeisterung, Zusammengehörigkeit, Vertrauen, Kreativität
Fokus der Mitarbeitermotivation	äußere Anreize (extrinsisch)	die Aufgabe selbst (intrinsisch)
Fokus der Zielerreichung	eher kurzfristig	mittel- bis langfristig
Zielinhalte	materielle Ziele	ideelle Ziele (Werte)
Rolle der Führungsperson	Kontrolleur	Coach

Abb. 7.1 Transaktionale und transformationale Führung im Vergleich. (Eigene Darstellung in Anlehnung an Stock-Homburg & Groß, 2019, S. 522)

7.3.1 Transaktionale Führung: Konzept, Umsetzung, Anwendung

Die Basis der transaktionalen Führung bildet die Annahme, dass sowohl die Führungskraft als auch der Mitarbeiter nach Maximierung des eigenen Nutzens streben. Und der transaktionale Ansatz bietet einen Tausch von Leistung und Belohnung, um den Nutzen auf beiden Seiten (Arbeitgeber und Arbeitnehmer) zu maximieren (vgl. Abschn. 2.2.2).

Die Mitarbeiter leisten einen austauschorientierten Dienst nach Vorschrift und erbringen die Leistungen aus extrinsischer Motivation heraus. Die darauf aufbauende praktische Anwendung setzt Zielvereinbarungen als Instrument ein, um den Austauschprozess zu operationalisieren.

Die praktische Umsetzung der transaktionalen Führung ist Management by Objectives, oder Führung durch Ziele, die auf Zielvereinbarungen zwischen Führungskraft und Mitarbeiter basiert.

▶ **Zielvereinbarung** beschreibt die durch die Führungsperson und die einzelnen Mitarbeiter definierten Leistungsergebnisse, welche innerhalb einer vorgegebenen Zeit durch den Mitarbeiter erzielt werden sollen (Stock-Homburg & Groß, 2019, S. 606).

Es werden Ziele festgelegt, die die angestrebten Leistungen des Mitarbeiters innerhalb einer zeitlichen Periode definieren. Der Prozess der Zielvereinbarung findet gemeinsam, in einem Gespräch zwischen dem Führenden und dem Geführten statt, in der Regel einmal pro Jahr. Aufgrund der Zielerreichung, die in einer Beurteilung der Leistung des Mitarbeiters festgestellt wird, wird über die Entlohnung und Beförderung des Mitarbeiters entschieden.

Für die Umsetzung des Konzepts sind folgende Maßnahmen seitens der Führungskraft notwendig:

- Diskussion mit dem Mitarbeiter über seine beruflichen Ziele und Motive,
- Vereinbaren von SMART-Zielen (**s**pezifisch, **m**essbar, **a**ktivierend, **r**ealistisch und **t**erminiert),
- Delegieren von Aufgaben an den Mitarbeiter,
- regelmäßige Beurteilung von Leistungen des Mitarbeiters,
- Ableiten von Konsequenzen (Vergütung, Beförderung).

Die Zielvereinbarungen sind nur dann wirksam, wenn die Arbeitsergebnisse von dem Mitarbeiter beeinflussbar sind und wenn der Mitarbeiter Spielräume und Motivation für mehr Leistung hat. Diese Voraussetzungen deuten auf die begrenzte Anwendbarkeit der transaktionalen Führung hin.

Für die **Anwendbarkeit** des Konzeptes der transaktionalen Führung spricht der Trend zur Ergebnisorientierung statt Anwesenheit, insbesondere bei flexiblen und Remote-Formen der Arbeit wie Vertrauens- und gleitende Arbeitszeit, mobile oder Homeoffice-

Arbeit. Reine Anwesenheit ist kein Beweis für die Leistung, was zählt, sind die Ergebnisse.

Allerdings lassen sich die Ergebnisse nicht immer messen – Kreativität oder Ideen sind schwer messbar und können nicht in einer Zielvereinbarung mit SMART-Prinzip formalisiert werden. Bei den wissensintensiven Tätigkeiten wie IT, Beratung oder Analytik geht es um unstrukturierte und nicht repetitive Aufgaben, das Ergebnis der Arbeit kann häufig gar nicht im Voraus definiert werden. Deswegen ist die transaktionale Führung nur in begrenzten Bereichen mit messbaren Ergebnissen anwendbar.

Die Zielvereinbarung galt lange Zeit als ein entscheidendes Führungsinstrument in einer auf Leistung beruhenden Organisation. In einem dynamischen Umfeld, in dem viele Unternehmen sich gezwungen sehen, ihre Strategie vierteljährlich oder noch häufiger neu zu überdenken, stößt das Instrument mit seinen Jahresgesprächen allein aus diesem Grund an seine Grenzen. An Stelle von Zielvereinbarungen tritt die Übernahme von Verantwortung durch die autonom arbeitenden Mitarbeiter und Teams.

Viele Unternehmen haben die Grenzen der Zielvereinbarungen erkannt und wenden sich von der transaktionalen Führung ab. In modernen Betrieben geht es nicht mehr rein um das Messen und den Vergleich der Leistungen, sondern darum, den Mitarbeiter seinen Fähigkeiten entsprechend zu fördern und weiterzuentwickeln.

Man braucht einen Wandel im Performance-Management von einer punktuellen quantitativen Analyse zu einem kontinuierlichen Feedback-Prozess, der unmittelbar an Aufgaben und Projekte gebunden ist und die individuelle Entwicklung des Mitarbeiters in den Fokus stellt.

Für die Anwendung der transaktionalen Führung in der digitalisierten Arbeitswelt sollte das Konzept modifiziert werden: das Feedback und die Korrektur der Ziele sollte häufiger, nach Bedarf stattfinden – monatlich, wöchentlich oder entsprechend den Projektmeilensteinen (vgl. Feedback als Instrument der direkten Führung Abschn. 8.4.3).

Eventuell lässt sich transaktionale Führung mit transformationalen Elementen erweitern und kombinieren, was bereits die Autoren des Konzeptes – Bass und Avolio – angedacht haben.

Während die transaktionale Führung nur den homo oeconomicus im Mitarbeiter anspricht, richtet sich die transformationale Führung an die ganze Persönlichkeit mit ihren Werten, Prinzipien und Talenten. Die Wirkung dieser Führung findet auf einer ideellen Ebene statt (vgl. Abschn. 2.2.2).

7.3.2 Transformationale Führung: Konzept für die Zukunft?

Das wesentliche Merkmal der transformationalen Führung besteht darin, dass die Einflussnahme der Führungskraft aufgrund der Transformation von Werten, Einstellungen und Zielen eines Mitarbeiters erfolgt. Es wird eine Veränderung der Präferenzen angestrebt, die sowohl den Mitarbeiter als auch das Team und das Unternehmen weiterbringen.

Die Autoren des Konzeptes Bass und Avolio stellen vier Faktoren der transformationalen Führung heraus, die in ihrem Zusammenwirken eine überdurchschnittliche Bemühung (Motivation) und auf dieser Basis eine hervorragende Arbeitsleistung der Geführten hervorrufen können: individualisierte Berücksichtigung, intellektuelle Stimulierung, inspirierende Motivation und idealisierende Einflussnahme (vgl. Bass & Avolio, 1990). Diese vier Merkmale weisen viele Überschneidungen mit den Anforderungen der zukünftigen Arbeitswelt und den Dimensionen der Führung 4D auf:

Individualisierte Berücksichtigung Individualisierte Berücksichtigung (individuelle Förderung) bedeutet, dass eine Führungskraft einzelne Mitarbeiter als Individuen behandelt, ihre Besonderheiten, Stärken und Bedürfnisse berücksichtigt. Die bereits an mehreren Stellen beschriebene Notwendigkeit einer Individualisierung der Führung im Sinne einer Stärken- und Potenzialorientierung (vgl. Abschn. 4.7) kommt hier zum Tragen. Im Idealfall agiert die Führungskraft als Mentor oder Coach für die Mitarbeiter, erkennt sie in ihren individuellen Bedürfnissen nach Wachstum, begleitet sie in ihrer Entwicklung und fördert sie durch Maßnahmen der Personalentwicklung, Delegation von Aufgaben etc.

Intellektuelle Stimulierung Intellektuelle Stimulierung bedeutet, dass die Führungskraft ihre Mitarbeiter zum Hinterfragen altbewährter Lösungen und darüber hinaus etablierter Einstellungen und Werte anregt und mit ihnen zusammen neue Argumente und neue Wege erarbeitet. Es werden bestimmte Freiräume für Ausprobieren und Testen gegeben, die für die flexibilisierte Arbeitswelt besonders wichtig sind (vgl. Abschn. 3.1.4). Die Mitarbeitenden werden darin bestärkt, Probleme oder unbefriedigende Zustände kritisch zu überdenken. Im Endeffekt stimuliert die Führungskraft das Interesse bei Kollegen und Mitarbeitern, ihre Arbeit aus neuen Perspektiven zu sehen und Ideen zu entwickeln.

Inspirierende Motivierung Inspirierende Motivierung charakterisiert die Fähigkeit einer Führungskraft, ansprechende, wirksame Visionen zu entwickeln und Sinn (Purpose) zu stiften. Sie kommuniziert diese Visionen mit ihren Mitarbeitern und Kollegen und begeistert sie mit einem attraktiven Zukunftsbild. Durch eine solche Vision zeigt die Führungskraft den Beschäftigten, dass sie mit ihren Aufgaben zum großen Ganzen beitragen und unentbehrlich sind. Die Bedeutung der Arbeit und Anstrengungen jedes einzelnen Mitarbeiters werden so hervorgehoben. So motiviert die Führungskraft ihre Kollegen und Mitarbeiter, zum Wohl der Gruppe beizutragen und gemeinsam erfolgreich zu werden.

Idealisierte Einflussnahme Idealisierte Einflussnahme kann nur dann funktionieren, wenn eine Führungskraft sich authentisch und glaubwürdig verhält sowie klare moralische Prinzipien repräsentiert. Außerdem erfordert idealisierte Einflussnahme eine charismatische Ausstrahlung und Begeisterungsfähigkeit der Führungskraft, um eine freiwillige Gefolgschaft durch Mitarbeiter zu bewirken. Eine Führungskraft, die respektiert und bewundert wird, dient als Vorbild und Leader, dem man gerne folgt. Bei der idealisierten Einflussnahme geht es um die Ansprache von Emotionen (Stolz, Bewunderung, Begeisterung) und Erzeugung von positiver Resonanz (vgl. Emotionale Führung im Abschn. 2.2.3), die eine nachhaltige intrinsische Motivation der Mitarbeitenden bewirken.

Die transformationale Führung geht über charismatische Führung hinaus, insbesondere in Bezug auf die individuelle Zuwendung. Diese Zuwendung erfordert eine Beziehungsarbeit und eine Hinwendung zu den Problemen und Sorgen der Geführten, Unterstützung von Mitarbeitenden bei der Erreichung gemeinsamer Ziele und bei der individuellen Persönlichkeitsentwicklung.

Mit der transformationalen Führung können mehrere **Vorteile** für Unternehmen und Beschäftigte zustande kommen. Da eine transformationale Führungskraft bestimmte Werte vorlebt und versucht, auch die Mitarbeiter dafür zu begeistern, können die Mitarbeitenden Visionen und Ziele des Unternehmens besser verstehen, den Sinn ihrer eigenen Tätigkeit erkennen und sich für die Erreichung der Ziele einsetzen. Ihre intrinsische Motivation und Bindung an das Unternehmen werden dadurch gestärkt.

Deswegen kann die transformationale Führung zu Motivation, Leistung, Arbeitszufriedenheit und Bindung der Mitarbeiter beitragen, den Zusammenhalt, die Produktivität und Kreativität in Arbeitsgruppen fördern und so die Kennzahlen und Innovationsfähigkeit des Unternehmens verbessern.

Gerade in Zeiten, in denen die Mitarbeiter häufig über spezielles Expertenwissen verfügen, sind Unternehmen auf die Bereitschaft der Mitarbeiter angewiesen, ihr Expertenwissen einzusetzen, um kreative Lösungen zu erarbeiten und innovative Vorschläge zu machen. Transformationale Führung fördert die Bereitschaft zu solchen innovativen Verhaltensweisen, da sie den Mitarbeitern eine attraktive Vision für die Zukunft aufzeigt und sie zu Ideen anregt. Diese Vorteile machen das Konzept der transformationalen Führung für die digitalisierte Arbeitswelt der Zukunft besonders geeignet.

Die transformationale Führung bedarf bestimmter **Voraussetzungen** sowohl auf der Seite der Führungskräfte als auch auf der Seite der Mitarbeitenden. An die Führenden werden bei der Umsetzung der transformationalen Führung in der Praxis folgende Anforderungen gestellt:

- eine klare und attraktive Vision formulieren und überzeugend kommunizieren,
- erklären, wie diese Vision praktisch erreicht werden kann,
- Mitarbeitende individuell behandeln, als Persönlichkeiten wahrnehmen,
- Vertrauen in die Geführten haben,
- selbst ein Vorbild für die Geführten sein.

Eine transformationale Führungskraft sollte die Fähigkeiten und Potenziale ihrer Mitarbeitenden erkennen und ihre Bedürfnisse mit denen der Organisation verknüpfen, Weiterentwicklung und Wandel über erstrebenswerte Zukunftsvisionen anregen, intrinsische Motivation bei den Mitarbeitern erzeugen.

Die transformationale Führung setzt auf Eigenverantwortung der Mitarbeiter statt Kontrolle, deswegen sollten die Beschäftigten eigeninitiativ und selbstkontrollierend arbeiten können. Das setzt nicht nur eine bestimmte fachliche und persönliche Reife, sondern auch Erfahrungswissen und Methodenkompetenz sowie eine hohe intrinsische Motivation voraus.

7.3.3 Kombination der transaktionalen und transformationalen Führung

Transformationale Führung zielt weniger auf Kontrolle, sie verlangt Eigenverantwortung, Erfahrung und Selbstreflexion. Gleichzeitig können Führungskräfte transaktionale Elemente nutzen und ergebnisorientiert, mit Zielen führen. Deswegen ist es möglich, beide Konzepte zu verbinden und kombiniert zu praktizieren, insbesondere in virtuellen Arbeitskontexten.

Die Mitglieder eines Teams, die in Homeoffice arbeiten, bekommen konkrete Zielsetzungen und werden mit Zielvereinbarungen und regelmäßigen Feedbackgesprächen motiviert, diese Leistungen zu erbringen (transaktionale Führung). Zusätzlich finden regelmäßige Teamtreffen und Meetings statt, in denen die Führungskraft eine ideelle Orientierung hinsichtlich Visionen und Sinn der Zusammenarbeit gibt (transformationale Führung).

Diese Kombination entspricht den aktuellen Erfahrungen aus dem coronabedingten Homeoffice und der Vorstellungen von der künftigen hybriden Arbeitswelt. Die individuelle Remote-Arbeit wird ziel- und ergebnisorientiert stattfinden. Die persönlichen Treffen im Büro verfolgen das Ziel, Teamzusammenhalt zu stärken und gemeinsam kreativ an der Zukunft zu arbeiten (vgl. ausführlicher Abschn. 3.3.2).

Aulinger und Diensthuber (2021, S. 137) bezeichnen transaktionale und transformationale Führung als ein Händepaar im Kontext der Ambidextrie der Führung (vgl. zu Ambidextrie Abschn. 3.1.1). Die transformationale Führung ist dort einzusetzen, wo die langfristige Kooperation und gemeinsame Entwicklung eines Unternehmens, Teams oder seiner Beschäftigten gestärkt werden sollten. Parallel dazu ist die transaktionale Führung dort erforderlich, wo es darum geht, im Kerngeschäft Leistungen zu erbringen und für diese entlohnt zu werden. Transaktionale Führung dient dazu, Dinge am Laufen zu halten. Die transformationale Führung hilft dabei, Dinge zum Laufen zu bringen, Zukünfte und Akteure zu transformieren (vgl. Aulinger & Diensthuber, 2021, S. 138).

Viele Unternehmen sind dabei, ihre Führungsleitlinien oder -prinzipien neu auszurichten, um mehr transformationale Elemente in die Führungsbeziehung zu bringen, die für die Förderung der Agilität notwendig sind. Auch wenn es unmöglich ist, sämtliche Führungskräfte eines Unternehmens zu bewegen bzw. zu überzeugen, transformationale Führung zu praktizieren, kann mithilfe von Führungskräftetrainings und Workshops ein Umdenken eingeleitet werden, neue Instrumente auszuprobieren, was das Beispiel von Lufthansa belegt.

> **Einführung von Leadership Principles bei Lufthansa**
>
> Mit der Einführung von neuen Führungsprinzipien strebt Lufthansa eine Transformation im Unternehmen an, die dazu führt, dass die Mitarbeiter sich kontinuierlich weiterentwickeln, neue Kompetenzen erlernen und in der Lage sind, mit komplexen Sachverhalten umzugehen. Dies erfordert eine neue Art der Zusammenarbeit. Vor einigen Jahren sind bei Lufthansa „Leadership Principles" entstanden, um die transformationalen Aspekte von Führung zu verstärken: 1. Driving Business: Ich setze mich stets für unseren nachhaltigen Erfolg ein. 2. Leading Change: Ich gestalte meinen Verantwortungsbereich proaktiv. 3. Creating Spirit: Der Mensch macht für mich den Unterschied. 4. Fostering Talent: Ich unterstütze jeden Mitarbeiter dabei, sein volles Potenzial zu entfalten. 5. Mastering Complexity: Ich entscheide und handle mutig und achtsam zugleich. Jeder Mitarbeiter möchte etwas Sinnvolles tun, dafür respektiert und wertgeschätzt werden. Hierauf muss Führung eingehen. Kern des neuen Leadership Verständnisses ist die Erhöhung der Agilität. Ein neues Führungsverhalten soll inspirieren, Sinn und Zweck von Veränderungen vermitteln und somit die individuellen Potenziale stärker zur Geltung bringen. Zur Einführung der Leadership-Principles in die Organisation wurden umfangreiche Trainings angeboten, gleichzeitig wurden alle Führungs- und Vergütungsinstrumente auf den Prüfstand gestellt und neu ausgerichtet (vgl. Personalwirtschaft, 2019). ◄

7.3.4 Situations- und Personenorientierung der Führung

Die klassische situative Führung nach Hersy & Blanchard (vgl. Abschn. 2.1.3) stellt die Situation der Führung und den Reifegrad von Mitarbeitenden als Determinanten des Führungsstils dar und betont damit die Notwendigkeit, das Führungsverhalten nach Situationen und Personen zu differenzieren.

In der komplexen, dynamischen Arbeitswelt gewinnt diese Forderung an Bedeutung. In einem situativen Führungsmodell nach Stoi (2022) wird ein System kontextbedingter Unternehmensführung vorgestellt, das abhängig vom jeweiligen Führungskontext die situative Wahl sowohl des Führungsstils als auch des geeigneten Führungssystems ermöglicht.

Die bekannten Führungsstile nach Tannenbaum und Schmidt (vgl. Abschn. 2.1.2) sind auf verschiedene Führungskontexte anwendbar. Der autoritäre, patriarchalische und informierende Führungsstil eignen sich eher für die einfachen Kontexte mit bekannten, relativ stabilen Anforderungen, klaren Zusammenhängen von Ursache und Wirkung und eindeutigen Lösungen. Komplizierte Führungskontexte, in denen die Zusammenhänge nur von Experten erkannt werden und mehrere Lösungen möglich sind, erfordern einen beratenden, kooperativen oder delegativen Führungsstil. Und in komplexen Kontexten wie VUCA-Arbeitswelt, d. h. volatil, unsicher, komplex und ambiguer (mehrdeutig), ist der autonome Führungsstil passend, bei dem die Mitarbeitenden (Teams) selbstständig Entscheidungen treffen, Aufgaben erledigen und die Verantwortung für die Ergebnisse übernehmen (vgl. Abb. 7.2).

Die komplexen Führungskontexte, die dem Charakter der modernen Arbeitswelt entsprechen, zeichnen sich durch unklare Ursache-Wirkungs-Mechanismen, zwischen sich ständig verändernden Umweltzuständen aus. Es gibt keine Standardlösungen für die neuen Probleme, deswegen besteht die Aufgabe der Führung darin, innovative Lösungen zusammen mit dem Team zu entwickeln und auszuprobieren. Dafür bedarf es entsprechender Rahmenbedingungen, die von der Führung geschaffen werden sollen, und eines Empowerments, bei dem die Mitarbeitenden in die Entscheidungen und Verantwortung miteinbezogen werden, beispielsweise in Form von sich selbst organisierenden Arbeitsteams. Dieses Modell der Führung wurde bereits im Kontext der Demokratisierung der Führung im Abschn. 5.3 und im Kontext der auf autonomer Teamarbeit basierenden agilen Organisation im Abschn. 6.2 ausführlich erläutert.

Da sich die Führungskontexte – hinsichtlich der beteiligten Personen und vorliegenden Situationen – stetig ändern, ist eine kontinuierliche Anpassung der Führungsstile und -konzepte erforderlich. Auch die Notwendigkeit, Ambidextrie in der Führung (vgl. Abschn. 3.1) zu praktizieren und in Bereichen mit unterschiedlichen Anforderungen (z. B. Kerngeschäft vs. innovatives Geschäftsmodell) verschiedene Führungsstile anzuwenden, bestätigt die Relevanz einer kontextbezogenen Führung.

Aus diesem Grund ist es im Rahmen der strukturellen Führung grundsätzlich nicht möglich, „richtige" Führungsstile und Führungskonzepte für ein Unternehmen oder zumindest einen Bereich zu nennen. Eher geht es in der Praxis darum, in jedem Arbeitsteam und jeder Abteilung einen geeigneten Führungsstil zu finden. Dafür sollten die Führungskräfte in Workshops und Erfahrungsgruppen für die situationsabhängige Anwendungen und für mutiges Ausprobieren sensibilisiert werden.

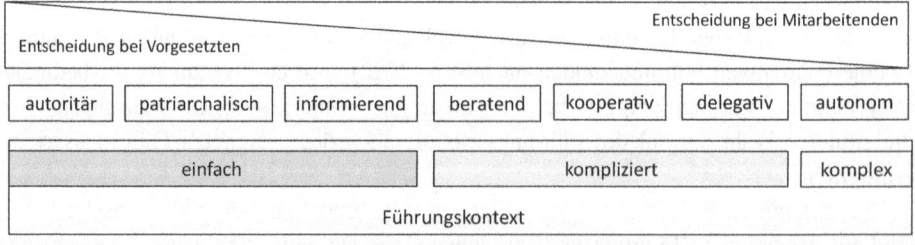

Abb. 7.2 Führungskontinuum nach Tannenbaum und Schmidt in verschiedenen Führungskontexten. (Eigene Darstellung in Anlehnung an Stoi, 2022, S. 73)

7.4 Arbeit und Führung in Teams

In Zukunft wird die Arbeit in agilen, digitalisierten Unternehmen überwiegend teamorientiert gestaltet, um Perspektiven, Fähigkeiten und Kenntnisse der Mitarbeitenden optimal auszuschöpfen und die Effizienz und Agilität des Unternehmens zu stärken. Der Charakter der Teams wird sich ändern – von heutigen eher stabilen, abgegrenzten, oft homogenen Arbeitsgruppen hin zu temporären interdisziplinären, interkulturellen, virtuellen/hybriden Teams.

Stabile, klar definierte Teamstrukturen werden zunehmend durch flexible Einheiten ersetzt – interdisziplinäre Teams, deren Mitglieder ihre unterschiedlichen Fähigkeiten zusammenbringen und die durch die Diversität im Denken ganzheitliche und innovative Lösungen finden, die ein einzelner Experte niemals entwickeln kann. Spezialisten finden sich für einen kurzen Zeitraum zusammen, um gemeinsam an einem spezifischen Problem zu arbeiten (vgl. Schwuchow, 2021, S. 29).

Solche Teams entfalten ihre Vorteile nicht automatisch, sondern erfordern neuartige Führungskonzepte für den Umgang mit Vielfalt sowie für virtuelle und geteilte Führung. Führungskräfte sind herausgefordert, die vielfältigen Potenziale von qualifizierten Mitarbeitern in virtuellen Kontexten und über Ländergrenzen hinweg zu erschließen.

7.4.1 Begriff und Formen der Teamarbeit

Von einer Gruppe wird meist gesprochen, wenn eine Mehrzahl von Personen, relativ überdauernd in direkter Interaktion zueinanderstehen, die durch Rollendifferenzierung und gemeinsame Normen gekennzeichnet ist, und durch ein Wir-Gefühl verbunden sind. Das könnte auch eine Studentengruppe, Familie oder Freundschaftsgruppe sein.

Wenn man von Teams (Arbeitsgruppen) in Unternehmen spricht, ist vor allem eine gemeinsame Aufgabe (Zielsetzung) von zentraler Bedeutung.

▶ **Team** (Arbeitsgruppe) sind zwei oder mehrere Personen, die ein gemeinsames Ziel verfolgen und dabei interdependent (abhängig voneinander) interagieren.

Die Begriffe Arbeitsgruppe und Team werden meistens synonym verwendet. Bei einer Arbeitsgruppe bzw. einem Team handelt es sich nicht lediglich um eine Ansammlung von Einzelpersonen, sondern es sind auch gruppendynamische Prozesse zu beachten, die sich aus verschiedenen Merkmalen ergeben. Man unterscheidet zwischen konstituierenden Merkmalen, die vorliegen müssen, damit überhaupt von einem Team gesprochen werden kann. Beschreibende Merkmale legen demgegenüber die Besonderheiten von Teams (im Vergleich zur Einzelarbeit) dar (vgl. Stock-Homburg & Groß, 2019, S. 618).

Konstituierende Merkmale von Teams sind:

- Multipersonalität – ein Team besteht aus mindestens zwei Mitgliedern.
- Zielorientierung – die Teammitglieder arbeiten zusammen mit dem Zweck, gemeinsame Ziele zu erreichen.
- Gegenseitige Abhängigkeit – bei der Zielerreichung sind die Teammitglieder aufeinander angewiesen.

Zu den beschreibenden Merkmalen von Teams zählen:

- Zwischenmenschliche Interaktion – die Teammitglieder tauschen sich regelmäßig fachlich und zwischenmenschlich aus.
- Wahrnehmung von Mitgliedschaft – die Teammitglieder fühlen sich zugehörig zu einer sozialen Einheit innerhalb des Unternehmens.
- Strukturierte Beziehungen – es existieren Rollen, Regeln und Normen, die das Verhalten der Teammitglieder steuern und kontrollieren.
- Gegenseitige Beeinflussung – die Teammitglieder beeinflussen die Einstellungen bzw. die Verhaltensweisen der anderen Teammitglieder.
- Individuelle Motivation – durch die Mitgliedschaft im Team werden persönliche Bedürfnisse befriedigt.

Darüber hinaus ist die Gruppengröße von Bedeutung. Die Kommunikations- und Abstimmungsprozesse verlaufen am besten in Teams mit fünf bis sechs Mitgliedern. Die Wahl der Gruppengröße hängt in Arbeitsgruppen allerdings entscheidend von der Art des Arbeitsauftrags und von der vorgesehenen Dauer der Zusammenarbeit ab. Von der Dauer der Zusammenarbeit hängt ab, inwieweit eine Arbeitsgruppe gemeinsame Regeln, Normen und ein Wir-Gefühl entwickelt.

Je nach Zusammensetzung und Gruppendynamik kann man drei **Formen** der Gruppenarbeit in Unternehmen definieren: dauerhafte Aufgabengruppen/Arbeitsteams, Projektgruppen und Entscheidungs-/Abstimmungsgruppen, die sich hinsichtlich ihrer zeitlichen Dauer und ihrer Aufgabeninhalte unterscheiden.

Dauerhafte Aufgabengruppen/Arbeitsteams Dauerhafte Aufgabengruppen wie Abteilungen kleinerer Unternehmen, teilautonome Fertigungsteams erledigen überwiegend operative Aufgaben und sind langfristig angelegt. Auch die Communities of Practice als spezielle Form können dazu gezählt werden, obwohl ihre Mitglieder sich in Communities freiwillig, parallel zu ihrem normalen Job engagieren. Eine weitere Form sind Qualitätszirkel, die ebenfalls parallel zu den anderen Tätigkeiten, aber kontinuierlich angelegt sind. Dauerhafte Aufgabengruppen bleiben relativ lange bestehen, haben klare gemeinsame Ziele und sind durch unmittelbare Interaktion unter den Mitgliedern gekennzeichnet, folglich etablieren sich in diesen Gruppen langfristige soziale Prozesse und Beziehungen.

7.4 Arbeit und Führung in Teams

Projektteams Projektteams sind Problemlösegruppen mit Experten und Führungskräften unterschiedlicher Fachbereiche, die besonders komplexe neuartige gesamtbetriebliche oder bereichsbezogene Problemstellungen bearbeiten. Projektgruppen sind bis zum Projektende zeitlich begrenzt. Dazu zählen auch Innovationsteams, z. B. bereichsübergreifende Produkt- und Organisationsentwicklungsteams, die häufig nur für eine bestimmte Zeit vorgesehen sind, wobei ihre Tätigkeiten sowohl Planungs- und Entwicklungsaufgaben beinhalten als auch die operative Realisierung der Innovationen. Die Projektgruppen zeichnen sich in der Regel durch komplexe interdisziplinäre Zielsetzungen aus. Sie bestehen aus Spezialisten verschiedener Fachrichtungen und Bereiche, aus internen und externen Akteuren.

Entscheidungs- und Abstimmungsgruppen Dazu gehören sich regelmäßig treffende Gruppen wie Entscheidungs- und Abstimmungsgruppen oder Gesprächskreise. Die Entscheidungsgruppen wie Topmanagementteams befassen sich überwiegend mit planenden und dispositiven Aufgaben. Die Entscheidungs- und Abstimmungsgruppen treffen sich (auch wenn regelmäßig) nur für eine begrenzte Zeit.

Ein Überblick über die Formen der Gruppenarbeit in Unternehmen im Kontinuum Lebensdauer – Aufgabenkomplexität wird in Abb. 7.3 dargestellt.

Als eine spezifische Form der Teamarbeit in der digitalisierten Arbeitswelt werden virtuelle Teams bezeichnet, die ebenfalls zu einer der drei genannten Formen der Gruppenarbeit gehören können.

Virtuelle Teams Unter einem virtuellen Team versteht man eine Arbeitsgruppe, bei der die Mitglieder an verschiedenen Orten an einer gemeinsamen Aufgabe zusammenarbeiten. Verbunden durch moderne Kommunikationsmittel können virtuelle Teams

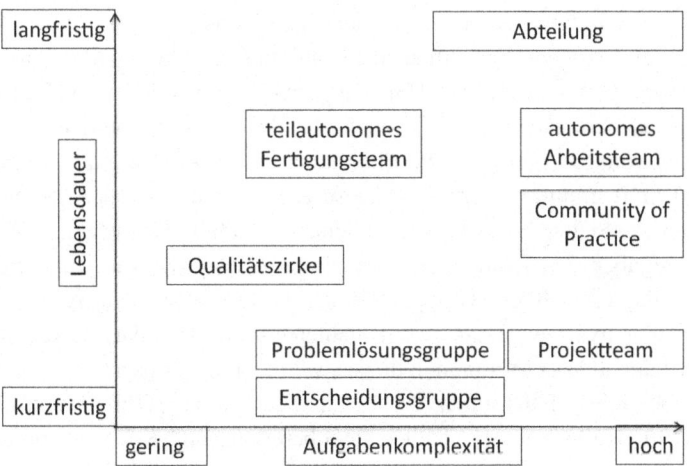

Abb. 7.3 Formen der Gruppenarbeit in Unternehmen. (Eigene Darstellung)

schnell entstehen, über große räumliche Entfernungen, Zeit und organisationale Grenzen hinweg zusammenarbeiten und sich kurzfristig wandeln oder auflösen. Gerade die zunehmende Internationalisierung fördert computerbasierte Interaktion, bei der virtuelle interkulturelle Teams entstehen.

Vor- und Nachteile der Teamarbeit
Teamarbeit zeichnet sich durch verschiedene **Vorteile** aus: Steigerung der Qualität und Effizienz der Leistung, schnellere Problemlösung durch Spezialisierung und Arbeitsteilung, Steigerung individueller Leistung dank gegenseitiger Anregung und gemeinsames Lernen.

Verschiedene Kompetenzen, Erfahrungen und Vorgehensweisen werden in einem Team zusammengebracht und im Interesse der gemeinsamen Zielerreichung miteinander kombiniert. Diese Vielfalt wird als ein Vorteil für kreativere Lösungen angesehen.

Als Folge einer positiven Entwicklung eines Teams entsteht eine Gruppenkohäsion – die subjektiv empfundene Attraktivität der Gruppe für ihre Mitglieder, die sie zusammenhält. Diese Attraktivität hängt von mehreren Faktoren ab:

- von den Vorteilen, die der Einzelne im Hinblick auf die Erreichung seiner persönlichen Ziele erwartet,
- von der Art, wie er im Team angenommen wird,
- von der Art der sozialen Interaktion,
- von dem Prestige der Teamzugehörigkeit.

Je höher die Kohäsion, desto stärker ist das Zusammengehörigkeitsgefühl ausgeprägt, jedes Mitglied setzt sich für die gemeinsamen Ziele ein und beachtet die gemeinsamen Normen. Eine Arbeitsgruppe, die sich zu einer sozialen Einheit entwickelt hat, demonstriert Zusammenhalt und ist leistungsfähig. Die Mitlieder des Teams sind bereit, sich gegenseitig zu unterstützen und voneinander zu lernen.

Gemeinsames Erfüllen von Aufgaben in unmittelbarer Interaktion führt dazu, dass Mitglieder eines Teams bestimmte Umgangsformen und Vorgehensweisen entwickeln, die in geschriebenen und ungeschriebenen Regeln verankert werden. Dies führt zur Herausbildung von Teamnormen. Die Einhaltung dieser gemeinsamen Verhaltensregeln wird von jedem Teammitglied erwartet. Diese gemeinsamen Normen geben jedem Mitglied eine gewisse Sicherheit und Unterstützung, ein Gefühl der Zugehörigkeit.

Zu den Aufgaben des Teamleiters zählt die Förderung des Zusammenhalts und des Wir-Gefühls, da dadurch die Gruppenleistung gesteigert werden kann. Dieses stellt in virtuellen und hybriden Teams ein bedeutendes Problem dar, da die persönlichen Kontakte im Team auf ein Minimum reduziert werden (vgl. Abschn. 3.3).

Zu den möglichen **Nachteilen** der Teamarbeit zählen: Gruppendenken, erhöhter Zeitaufwand zu Beginn der Arbeit für die Vorbereitung und Koordination und soziales Faulenzen.

Gruppendenken (Groupthink) ist das Phänomen, bei dem eine Gruppe schlechtere oder realitätsfernere Entscheidungen trifft, weil jedes Gruppenmitglied die eigene Meinung an die erwartete Gruppenmeinung anpasst. Man hat Angst, eine abweichende Meinung zu äußern und als Ausreißer zu gelten. Um dem Gruppendenken vorzubeugen, sollte der Gruppenleiter bei Diskussionen jeden Einzelnen in der Gruppe zum Wort kommen lassen und eine offene Gesprächsatmosphäre schaffen.

Darüber hinaus bedarf Teamarbeit immer einer Zeitinvestition: Bevor man mit der Ausführung des Arbeitsauftrags beginnt, braucht ein Team Vorbereitungsarbeit – Klärung der Ziele, Verteilung von Teilaufgaben, Verteilung der Arbeitspakete, Implementierung der Rollen.

Es kann auch zu sogenanntem sozialem Faulenzen kommen, bei dem die Mitglieder einer Gruppe ihre Leistungen auf ein Minimum reduzieren, wenn die Einzelleistungen nicht gemessen werden. Man verlässt sich auf die anderen, die die Arbeit richten werden. Als Maßnahme gegen soziales Faulenzen sollte der Gruppenleiter nach Möglichkeit die individuellen Leistungen messen und transparent machen sowie regelmäßig Feedback geben.

7.4.2 Führung von neuartigen Teams in der Arbeitswelt der Zukunft

In den vernetzten Unternehmen der Zukunft werden Projektteams, interdisziplinäre, interkulturelle und virtuelle/hybride Teams an Bedeutung gewinnen, die überwiegend autonom und oft unter Einsatz von agilen Methoden wie Scrum, Design Thinking oder Kanban arbeiten (vgl. Abschn. 6.2.2).

Interdisziplinäre Projektteams

Die Digitalisierung und Industrie 4.0 verlangen Unternehmensstrukturen, die sich durch die Dezentralisierung von Entscheidungen, Verteilung der Macht und Verantwortung kennzeichnen. An die Stelle der Führung durch Einzelne werden eine gemeinsame Führung und Steuerung sowie agile Organisationsformen wie Projekte und vernetzte Arbeitsteams treten, die sich selbst steuern.

Projekte weisen eine Reihe spezifischer Merkmale und Herausforderungen auf und erfordern spezielle Führungsansätze. Typische Kennzeichen von Projekten sind (vgl. von Rosenstiel et al., 2018, S. 11):

- Neuartigkeit und Einzigartigkeit,
- Komplexität,
- Interdisziplinarität,
- klare Zielsetzung (inhaltlich, zeitlich, in Bezug auf die Kosten),
- klar definierter Anfang und klar definiertes Ende,
- begrenzte Ressourcen (Zeit, Geld, Personal).

Projektteams unterscheiden sich in vielerlei Hinsicht von anderen Arbeitsteams: Sie müssen komplizierte, oft neuartige Probleme innerhalb einer beschränkten Zeitspanne und mit einem begrenzten Budget lösen. In vielen Fällen arbeiten die Gruppenmitglieder das erste Mal zusammen und sind noch nicht aufeinander eingespielt. Die interdisziplinäre Zusammensetzung stellt eine besondere Herausforderung an die Kommunikation bei der Arbeit eines Projektteams – Spezialisten verwenden oft fachspezifische Begriffe und haben verschiedene Vorgehensweisen und Methoden bei der Arbeit, sodass zunächst eine gemeinsame Begrifflichkeit und Verständnis bezüglich Verfahren und Lösungswegen in der Projektarbeit gefunden werden soll.

Virtuelle interkulturelle Teams
Durch die Globalisierung und Internationalisierung der Geschäfte, auch in mittelständischen Unternehmen, sowie aufgrund der verstärkten Digitalisierung und Vernetzung werden virtuelle internationale Arbeitsteam zu den gängigen Formen der Zusammenarbeit der Zukunft gehören.

Durch die gleichzeitige Zunahme der Projektarbeit und Digitalisierung geht die Entwicklung in Richtung virtuelle interkulturelle Projektteams, die eine besondere Komplexität besitzen. In internationalen Konzernen arbeiten Forscher und Entwickler aus verschiedenen Ländern gemeinsam in Innovationsprojekten, nutzen kollaborativ Datenbanken in der Cloud, erstellen zusammen Arbeitsberichte, tauschen ihre Ergebnisse aus.

Kommuniziert wird per Telefon, Mail, Social Media oder Videokonferenzen. Zusätzlich zu der Herausforderung Virtualität kommen interkulturelle Kommunikationsprobleme, wie Fremdsprachen und kulturelle Gepflogenheiten. In solchen Teams ist eine hohe Autonomie und Selbstorganisation jedes einzelnen Mitglieds gefragt, gepaart mit den Führungsinstrumenten, die auf den Aufbau des Vertrauens und einer reibungslosen interkulturellen Kommunikation abzielen.

In solchen Teams ist die Entwicklung eines Wir-Gefühls durch die interkulturellen Unterschiede und Sprachprobleme zusätzlich erschwert. Um einen Zusammenhalt zu erreichen, sind spezielle Teambuilding-Maßnahmen erforderlich, die lediglich in persönlichen Begegnungen funktionieren. Die Führungskraft als Projektleiter spielt bei der Entwicklung eines Wir-Gefühls und des gegenseitigen Vertrauens eine wichtige Rolle.

Spezifische Führungsaufgaben in interdisziplinären virtuellen Teams
Die Führung von interdisziplinären (Projekt)Teams ist anspruchsvoller als die Führung dauerhafter Teams, insbesondere wenn diese Führung zusätzlich in virtuellen oder hybriden Kontexten stattfinden soll. Um ihre Projektziele zu erreichen, muss es den Führenden in besonderem Maße gelingen, die vielfältigen Spezialisten im Team zu einer Mannschaft zusammenzuschweißen und für die gemeinsamen Ziele zu begeistern. Das ist besonders kompliziert, wenn es um globale, räumlich verteilte, virtuelle und interkulturelle Projektarbeit geht.

7.4 Arbeit und Führung in Teams

Außerdem gestattet die Projektarbeit kein langsames Hineinwachsen in die Führungsrolle. Die zeitliche Begrenztheit in Projekten erfordert schnelles und effizientes Handeln.

Unter diesen Bedingungen ist es für einen Teamleiter wichtig, möglichst schnell ein **Wir-Gefühl** im Team zu erzeugen. In hybriden Kontexten sind dafür persönliche Treffen, auch nach Feierabend, oder gemeinsame Feiern/Ausflüge hilfreich, bei denen sich die Teammitglieder näher kennenlernen und private Beziehungen entwickeln. In virtuellen Teams geben die Videoformate eine Möglichkeit, sich zu sehen und austauschen, wobei Zeit für eine persönliche Vorstellung jeder Person und einen Austausch über das Berufliche hinaus vorgesehen sein sollte.

Die Rolle des Teamleiters ist dabei absolut entscheidend – neben einer Vermittlung des Sinns und den klar definierten Zielen des Projektes sollte sich der Teamleiter mit der Gestaltung der Beziehungen befassen, wobei er selbst mit der Offenheit und einem Vertrauensvorschuss als Vorbild für andere agiert.

Studien zeigen, dass den Projektleitenden in interdisziplinären virtuellen Umgebungen eine stärker fördernde Rolle zukommt, mit dem Ziel, technische Ressourcen zur Verfügung zu stellen und Strukturen zu schaffen, welche die Kommunikation wie auch geteilte bzw. kollegiale Führung zwischen den Mitarbeitenden fördern können. Auch zielorientierte und richtungsweisende Führung wird von den Teamleitenden virtueller Teams erwartet (vgl. Welge & Bruggmann, 2021, S. 184).

Welge und Bruggmann empfehlen für die Führungskräfte von interdisziplinären virtuellen Projektteams das VIST-Modell einzusetzen (vgl. Welge & Bruggmann, 2021, S. 184):

- **Valence** – Bedeutung der Gruppe. Ziele der Gruppe klar definieren und abstimmen, individuelle Ziele der Teammitglieder mit den Gruppenzielen verknüpfen, adäquate Anreizsysteme schaffen, Leistungen gerecht anerkennen.
- **Instrumentality** – Bedeutung des eigenen Beitrags. Feedback in Bezug auf Bedeutung für Teamerfolg geben, Zielerreichung auf Teamebene transparent machen, klare Aufgabenstruktur und Rollenverteilung kommunizieren.
- **Self**-Efficacy – Selbstwirksamkeit. Regelmäßiges und konkretes individuelles und teambezogenes Feedback, Trainingsmaßnahmen umsetzen, Vorbild sein.
- **Trust** – Vertrauen in die anderen und das System. Regeln einhalten, konstruktives Konfliktmanagement, persönliche Kommunikation fördern, Wir-Gefühl stärken, funktionierende Technik und Support stellen, Informationstransparenz.

Auch für virtuelle Teams sind persönliche Treffen wichtig, die nach Möglichkeit organisiert werden sollten, damit die Teilnehmenden sich persönlich kennenlernen können. Bei solchen Treffen sollten vor allem Sinnvermittlung und Beziehungspflege im Mittelpunkt stehen.

Den Anforderungen an die Projektleitung von interdisziplinären virtuellen Teams wird eine Kombination aus transformationaler und transaktionaler Führung gerecht (vgl. Abschn. 7.3.3). Die transaktionale Führung entspricht demnach der Zielorientierung in

Projekten, während der transformationale Führungsstil motivierende Verhaltensweisen beschreibt: Ein transformational führender Projektleiter begeistert, reißt mit, regt zu kreativen Höhenflügen und Spitzenleistungen an. Allerdings sind je nach Projektphase unterschiedliche Instrumente angebracht. In den kreativen Phasen eines Projektes ist die transformationale Führung vorteilhaft, weil sie die Mitarbeiter dazu anregt, kritisch zu denken und Mängel anzusprechen. In der Umsetzung eignet sich eher zielorientierte Führung.

Zusammengefasst ergeben sich folgende **Aufgaben** für die Führungskräfte in interdisziplinären, virtuellen/hybriden Arbeitsteams:

- Vermittlung des Sinns und Bedeutsamkeit der Zusammenarbeit,
- Definition und Abstimmung von klaren Zielen und Arbeitspaketen,
- Kontrolle der Teamergebnisse und Feedback (teamorientiert und individuell),
- Optimale Infrastruktur für digitale Kommunikation und Kollaboration,
- Aufbau des Vertrauens und Wir-Gefühls, nach Möglichkeit auch in persönlichen Treffen,
- Effiziente Organisation virtueller Meetings und digitaler Kommunikation.

Als erforderliche **Kompetenzen** für einen Teamleiter in interdisziplinären virtuellen Kontexten sind vor allem soziale, Kommunikationskompetenz und Empathie zu nennen. In interkulturellen Teams kommen der Umgang mit der Virtualität, interkulturelle Handlungskompetenz und Englischkenntnisse dazu.

Einige Studien belegen, dass auch die Persönlichkeit des Teamleiters eine bedeutende Rolle für den Teamerfolg spielt: Je mehr ein Team sich mit der Führungsperson identifizieren kann, desto mehr wahrgenommene Qualität enthält die Kommunikation zwischen ihnen und desto höher ist der Grad des Selbstmanagements einzelner Teammitglieder. Auch die gemeinsame Identität und die gefühlte Nähe werden dadurch gefördert. Es bedarf einer Führungsperson, die in der Lage ist, die Bedürfnisse ihrer Mitarbeitenden zu erkennen, zu verstehen und angemessen darauf einzugehen (vgl. Welge & Bruggmann, 2021, S. 186–187).

Geteilte Führung in interdisziplinären (Projekt)Teams
Für die Zusammenarbeit von mehreren Experten an komplexen, herausfordernden Aufgaben ist konventionelle Führung mit konkreten Zielvorgaben und Anweisungen unangebracht. Angemessen ist eine geteilte, kollektive Teamführung, weil damit die Selbststeuerungsfähigkeit des Teams und seine Leistung erhöht werden.

Die Expertise der Beteiligten prädestiniert sie dazu, fundierte Entscheidungen zu treffen und Verantwortung zu übernehmen. Außerdem entspricht das Konzept der geteilten Führung dem Wunsch der Mitarbeitenden nach Bedeutung, Selbstorganisation und Autonomie.

7.4 Arbeit und Führung in Teams

Im Modell der geteilten Führung liegt die Führung nicht mehr allein in den Händen des Vorgesetzten, sondern ist verteilt auf alle Mitglieder einer Gruppe im Kontext einer partizipativen Entscheidungsfindung, unter der Voraussetzung, dass das für hochwertige Entscheidungen nötige Fachwissen in der Gruppe vorhanden ist. Führung, Macht und Einfluss sind auf mehrere Individuen verteilt, anstelle einer Zentralisierung auf eine Person.

▶ **Geteilte Führung** ist ein dynamischer, interaktiver Beeinflussungsprozess zwischen Individuen in Gruppen mit dem Ziel, sich gegenseitig zu führen, um Gruppen- und Unternehmensziele zu erreichen.

Die Führungsverantwortung wird von mehreren Teammitgliedern gemeinsam übernommen, basierend auf Expertise und Wissen. Jedes Teammitglied übernimmt Führung in dem Bereich, in dem es am meisten beizutragen hat – z. B. Marketing, Prozessoptimierung oder Kundenzufriedenheit. So entwickelt sich Führung dynamisch über Projekte und Zeit hinweg. Bei der geteilten Führung beeinflussen sich alle Teammitglieder gegenseitig. Es kann im Team auch eine formale Führungskraft geben, die sich darauf konzentriert, die richtigen Rahmenbedingungen für das Team zu bieten, und folgt selbst den Vorschlägen ihrer Teammitglieder (vgl. Welpe et al., 2018, S. 118).

Bei der geteilten Führung werden einzelne Aktivitäten von den Kollegen innerhalb dieser Gruppe geleitet. Neben dem relevanten Wissen und der erforderlichen Führungsfähigkeit einzelner Beteiligter sind auch ein gemeinsames Problemverständnis und Vertrauen zueinander wichtige Bedingung für das Teilen der Führungsfunktion. Je nach konkreter Situation, Konstellation der Gruppe und gefragter Kompetenz bei der Entscheidungsfindung kann die eine oder andere Person spontan als Führungskraft agieren. Man kann davon ausgehen, dass ein Gruppenmitglied mit der erforderlichen Expertise und ausreichender Erfahrung durchaus in der Lage ist, Entscheidungs- und Führungsverantwortung zu tragen.

Auf Basis verschiedener internationaler Studien beschreiben Rybnikova und Lang (2021, S. 170) einen positiven Zusammenhang zwischen der geteilten Führung in Teams und der Kreativität und Innovation sowohl auf individueller als auch auf Gruppenebene. Allerdings zeigt sich dieser Effekt lediglich unter der Bedingung ausreichender Fachexpertise und des Vertrauens in der Gruppe.

Die geteilte Führung in Teams ist ein Bestandteil der Partizipation und organisationaler Demokratie in Unternehmen (vgl. Abschn. 5.2) auf der Ebene der Gruppe und kann sie als eine praktische Maßnahme bei der Gestaltung der Demokratisierung in Unternehmen umgesetzt werden.

Die beschriebenen Führungs- und Teamleitungskonzepte funktionieren nur unter bestimmten Rahmenbedingungen, die wesentlich von den Werten und Normen der Unternehmenskultur bestimmt werden. Deswegen gehört die Gestaltung der Unternehmenskultur ebenfalls zu den Instrumenten der strukturellen Führung.

7.5 Gestaltung der Unternehmenskultur

Die Unternehmenskultur für die Arbeitswelt der Zukunft sollte die Rahmenbedingungen für die Führung schaffen und die Anforderungen der Digitalisierung, Demografie/Diversität, Demokratisierung und Dynamisierung der Arbeitswelt widerspiegeln. In diesem Kontext sollten die zentralen Werte und Normen der Unternehmenskultur der Zukunft formuliert werden. Dazu zählen vor allem Innovationsorientierung, Lernbereitschaft, Partnerschaftlichkeit, Fehlertoleranz, Experimentierfreundlichkeit, Nachhaltigkeit und Wertschätzung der Vielfalt. Allerdings ist Unternehmenskultur ein komplexes Konstrukt, das zum großen Teil unbewusst und emotional ist. Unternehmenskultur entsteht nicht auf Kommando von oben, sondern im alltäglichen Zusammenspiel zwischen den Akteuren des Unternehmens und den dynamischen Faktoren der Unternehmensumwelt. Die Gründer und Führungskräfte eines Unternehmens spielen in dem Prozess der Kulturgestaltung eine zentrale Rolle – als Visionäre, Sinnstifter und Vorbilder. Als Grundlage einer Unternehmenskultur dient eine Vision, oder auf neudeutsch Purpose.

7.5.1 Purpose und Vision als Grundlagen der Unternehmenskultur

Nach Meinung einiger Autoren (vgl. Gall & Wittenberg, 2021) ist für den Erfolg eines Unternehmens die Frage nach dem Sinn seiner Tätigkeit entscheidend. Häufig wird dafür der Begriff **Purpose** verwendet, den man mit Daseinszweck oder Sinn übersetzen kann. Der Purpose erklärt demnach, warum es Sinn macht, dass ein Unternehmen überhaupt existiert (vgl. Gall & Wittenberg, 2021, S. 114).

Der Sinn der Tätigkeit eines Unternehmens (oder einer Abteilung, eines Teams) ist sowohl nach außen als auch nach innen zu vermitteln: Den Kunden sollte der Sinn des Geschäftsmodells erklärt werden, damit sie dem Unternehmen und seinen Produkten gegenüber Loyalität entgegenbringen, den Mitarbeitenden sollte der Sinn ihrer Tätigkeit vermittelt werden, damit sie motiviert und engagiert arbeiten und dem Unternehmen verbunden bleiben.

Traditionell bilden die Fragen „Was" und „Wie" den Mittelpunkt eines Geschäftsmodells oder eines Projekts. Diese Fragestellungen entfalten jedoch nur eine geringe emotionale Wirkung. Die Kunden oder Teammitglieder sollten in erster Linie mit dem Sinn des Unternehmens oder des Projektes konfrontiert werden, damit sie eine Passion dafür entwickeln können. Während „Was" und „Wie" eher rationale Faktoren sind, wirkt „Warum" auf die Emotionen der Menschen (vgl. Gall & Wittenberg, 2021, S. 115).

Viele Unternehmen sehen den erkennbaren Sinn und inneren Antrieb ihres Unternehmens als entscheidend für den künftigen Erfolg und versuchen, ihren Purpose des Geschäftsmodells im Leitbild zu verankern und in ansprechende Claims zu übersetzen.

Die Frage nach dem Sinn wird auch durch den Wertewandel im Kontext der Generationenwechsel vorangetrieben. Die jüngeren Generationen erfordern es, Sinn und Werte im organisationalen Handeln zu verankern. Um der Frage nach dem Sinn in

7.5 Gestaltung der Unternehmenskultur

Organisationen auf den Grund zu gehen, gilt es den Kern der Organisation freizulegen und Klarheit zu haben über „Wofür stehen wir?", „Wer sind wir?" und „Warum tun wir, was wir tun?". Dazu gehört es, den Lebensweg der Organisation anzuschauen und die inneren Stärken mit den gegenwärtigen Trends und Entwicklungen in Einklang zu bringen (vgl. Reinhardt & Winners, 2021, S. 90).

Traditionell wird oft von einer **Vision** gesprochen, die ein Unternehmen oder die erfolgreiche Führung braucht. Eine Vision zu haben, bedeutet viel mehr, als nur Ziele vorzugeben. Vision beinhaltet auch Wünsche, Träume und Hoffnungen, sie wirkt direkt auf die Emotionen der Mitarbeitenden.

Eine Unternehmensvision ist ein wünschenswertes Zukunftsbild eines Unternehmens, sie sollte einfach formuliert, sinnstiftend, richtungsweisend und motivierend sein. In der Wirtschaft beschreibt eine Vision, was ein Unternehmen in der Zukunft sein und erreichen will, als übergeordnetes Ziel. Purpose beschreibt den Zweck eines Unternehmens (Warum existiert das Unternehmen). Dieser Unterscheid wird am Beispiel von Lufthansa aufgezeigt.

> **Vision und Purpose der Lufthansa Group**
>
> Ziel der Lufthansa Group ist es, als führende europäische Airline Group den globalen Airline-Markt weiterhin aktiv mitzugestalten. Die Lufthansa Group verbindet Menschen, Kulturen und Volkswirtschaften auf nachhaltige Weise (vgl. Lufthansa Group, 2021). ◄

Vision und Purpose werden in der Regel schriftlich festgehalten und dienen der Ansprache von Kunden und Öffentlichkeit sowie der Motivation und Bindung der Beschäftigten, vorausgesetzt, die Unternehmensvision wird von den Führungskräften kommuniziert und glaubwürdig vorgelebt.

Akzeptierte und geteilte Visionen tragen zur Motivation bei und stärken das Selbstvertrauen der Mitarbeiter und vermitteln einen Sinn ihres Tuns. Bei Visionen geht es allerdings nicht nur darum, dafür zu sorgen, Arbeitsaufgaben zu bewältigen. Es geht vielmehr darum, dass die Führungskraft erkennt, was bei Menschen, Projekten, Vorhaben und dem Unternehmen möglich ist. Das erfordert von der Führungskraft, die Fähigkeit und die Bereitschaft, neue Möglichkeiten zu erschließen und neue Strukturen zu erfinden oder die Spielregeln in bestehenden Strukturen zu verändern (vgl. Peters, 2015, S. 83).

Es reicht allerdings nicht aus, wenn eine Führungskraft die Vision des Unternehmens verinnerlicht hat und in Besprechungen mit den Mitarbeitern wiederholt. Die Führenden sollten darüber hinaus die Gesamtvision in die konkrete Vision bzw. den Sinn für ihre Abteilung oder ihr Team übersetzen und die Rolle der Abteilung/des Teams für die Umsetzung der Unternehmensvision definieren. Nur so können die Mitarbeiter die Sinnhaftigkeit ihrer Arbeit erkennen und ihr Bestes geben.

Die Formulierung von Purpose und Visionen wird oft kritisch hinterfragt, vor allem da es keinen Automatismus zwischen erklärtem Sinn und gezeigtem Mitarbeiterengagement gibt. Sinnerleben ist vielmehr ein individuelles Erlebnis. Was für den einen Sinn macht, ist für den anderen sinnlos. Eine Sinnbotschaft der Führungskraft ist in diesem Sinne nur ein Angebot, das nicht angenommen werden muss. Darüber hinaus sind da noch eine Vielzahl anderer Faktoren, die das Engagement der Mitarbeiter beeinflussen, wie z. B. die Art der Arbeit, der Autonomiegrad, der Führungsstil, die Unternehmenskultur, die Arbeitsorganisation und die Persönlichkeitseigenschaften der Mitarbeitenden. Allerdings ist es auf jeden Fall förderlich, der Arbeit einen Sinn zu geben: Wir verbringen alle einen Großteil unserer Lebenszeit mit Arbeit und es wäre frustrierend, wenn dies im Grunde sinnlos wäre (vgl. Rose, 2020, S. 49–50).

Auf der Basis von Purpose (oder Vision) sollten die zentralen Werte der Unternehmenskultur gestaltet werden.

7.5.2 Begriff und Modell der Unternehmenskultur

Jede menschliche Gemeinschaft – Familie, Gruppe, Unternehmen, Gesellschaft – entwickelt gemeinsame Normen und Werte des Miteinanders, die als Kultur bezeichnet werden. In der Unternehmenskultur wird ein gemeinsames und anerkanntes Wertesystem geschaffen und aktiv gelebt und vorgelebt.

▶ **Unternehmenskultur** ist die Gesamtheit der verhaltensbeeinflussenden Werte, Normen und Symbole in einem Unternehmen, die in der Interaktion gemeinsam geschaffen, geteilt und weiterentwickelt werden und die Basis für die Unternehmensidentität bilden.

Die Werte der Unternehmenskultur werden im Wesentlichen durch die Visionen und das Vorbild der Unternehmensgründer und Führungspersonen geprägt. Werte sind Einstellungen und gelebte Verhaltensweisen in Bezug auf bestimmte Wunschvorstellungen und betreffen alle Akteure – Mitarbeiter, Kunden, die Führung, die Gesellschaft. Unternehmenskultur ist ein kollektives Phänomen und kann nur in einer Gemeinschaft geschaffen und gelebt werden. Sie wird in der menschlichen Interaktion geschaffen und hat dadurch einen emotionalen Charakter.

Unternehmenskultur ist dynamisch und verändert sich mit den Veränderungen der Unternehmensumwelt, der Gruppennormen, einzelner Individuen. Sie ist auch wandlungsfähig – man kann sie gezielt gestalten. Unternehmenskultur macht organisatorisches Handeln tendenziell einheitlich, schafft Orientierung, trägt zur Koordination bei, erleichtert Kommunikation. Sie spielt eine wichtige Rolle bei der Entstehung der Identifikation mit dem Unternehmen, schafft ein Zusammengehörigkeitsgefühl in der Belegschaft bzw. Abteilung und bildet die Basis für ein gemeinsames Auftreten des Unternehmens nach außen.

Das bekannteste Unternehmenskulturmodell stammt von Edgar Schein. Seine Theorie und seine Untersuchungen auf dem Gebiet der Erfassung und Gestaltung von Kultur

7.5 Gestaltung der Unternehmenskultur

dienen seit Jahrzehnten als Basis und Inspiration für viele Wissenschaftler und Praktiker. Das Modell von Schein umfasst drei Ebenen: Artefakte, bekundete Werte und Grundprämissen (vgl. Abb. 7.4).

Symbole und Artefakte Die oberste Ebene der Unternehmenskultur umfasst Symbole und Artefakte. Sie sind die sicht- und spürbaren Zeugnisse einer Gemeinschaft und beschreiben „die Architektur ihrer räumlichen Umgebung, ihre Sprache, ihre Technologie und Produkte, ihre künstlerischen Werke und ihr Stil, wie er in der Kleidung, der Sprechweise, den Gefühlsäußerungen, den Legenden und Geschichten über das Unternehmen, den Verlautbarungen über Unternehmenswerte und den beobachtbaren Ritualen und Zeremonien zum Ausdruck kommt" (Schein, 1995, S. 30). Aufgrund der Offensichtlichkeit sind Artefakte leicht zu beobachten. Auf dieser Ebene ist die Kultur sehr klar und hat unmittelbare emotionale Auswirkungen. Allerdings gelingt dem Beobachter die Entschlüsselung der dahinterliegenden Bedeutung nur, wenn er in Kenntnis der tiefliegenden Ebenen (Werte und Grundannahmen) ist.

Werte und Normen Die zweite Ebene der Kultur beinhaltet die bekundeten Werte und Normen eines Unternehmens. Dies sind die von allen Beteiligten anerkannten und gelebten Prinzipien und Leitlinien im Umgang mit Mitarbeitern, Kunden oder Partnern. Sie werden häufig in Form von Unternehmensstrategie, Unternehmenszielen und -philosophie, Kundenstrategie, Prinzipien des Qualitätsmanagements usw. schriftlich dokumentiert. Typische Aussagen sind: „Unsere Mitarbeiter sind unsere wichtigste Ressource" oder „Wir leben und fördern offene Kommunikation". Damit wird dem sichtbaren Ausdruck der Unternehmenskultur, also der ersten Ebene, einen Sinn gegeben. Eine Auskunft über die Werte und Normen können die Mitarbeiter geben, die langjährige Erfahrung im Unternehmen haben, obwohl auch ihnen die Werte oft nicht bewusst sind.

Grundprämissen Die tiefste Ebene der Unternehmenskultur bildet ihre Basis und erklärt die sichtbaren Artefakte und bekundeten Normen und Werte – das sind die grundlegenden und unausgesprochenen Annahmen, oder Grundprämissen, die gemeinsam

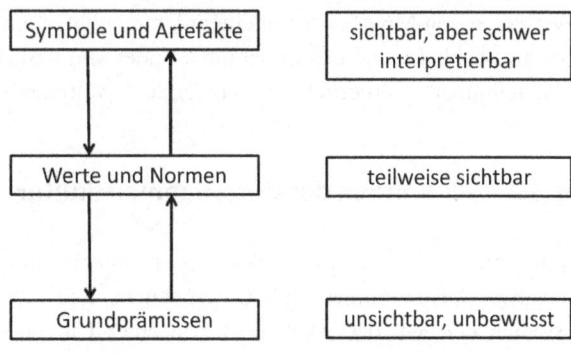

Abb. 7.4 Modell der Unternehmenskultur nach Schein. (Eigene Darstellung nach Schein, 1995, S. 30)

geteilten unbewussten Grundannahmen, wie man in einem Unternehmen zu handeln hat. Sie sind Selbstverständlichkeiten, ungeschriebene Gesetze einer Gruppe, einer Abteilung, einer Firma (Schein, 1995, S. 33). Die unausgesprochenen Annahmen üben durch ihre Selbstverständlichkeit einen starken Einfluss auf die Unternehmenskultur aus. Die Wurzeln der Grundprämissen werden häufig auf die Unternehmensgründer und ihre Ideen zurückgeführt. Diese tiefliegenden Grundannahmen bilden den Kern der Kultur und beschreiben die Grundorientierungen in Bezug auf die Wirklichkeit und Wahrheit, den Sinn des Lebens und Arbeitens, die Vorstellung von der Natur der Menschen, menschlichem Handeln und menschlichen Beziehungen (Schein, 1995, S. 92–93).

Eine wichtige Besonderheit des Modells von Schein besteht darin, dass zwischen den drei Ebenen eine dynamische Wechselwirkung besteht. Die Ebenen der Kultur sind nicht starr, sondern beweglich. Entsprechend einem Wertewandel in der Gesellschaft ändern sich die Grundprämissen und Werte. Die Beeinflussungsprozesse können sowohl von unten nach oben (von den Grundannahmen in Richtung Werte und Normen und danach ihrer Verkörperung in Artefakten), als auch umgekehrt erfolgen. Neue Praktiken, Rituale und Symbole können die zweite Ebene (Werte und Normen) verändern, was zur Überprüfung und Veränderung von Grundannahmen führen kann. Deswegen ist es auch möglich, eine Unternehmenskultur neu zu gestalten: Durch die Einführung neuer Leitbilder als Symbolen kann ein Prozess der Werteüberprüfung und -gestaltung initiiert werden.

In diesem Sinn ist klar, dass die Einführung von digitalen Technologien als neuartige Artefakte die Werte, Normen und Grundannahmen der Menschen in Unternehmen radikal verändern. Die neue Arbeitswelt steht oft im Widerspruch zu den traditionellen Werten und Normen, die das Unternehmen seit langem geprägt haben, und ruft Widerstände hervor. In welchem Ausmaß können und sollen die bestehenden Werte verändert werden, damit die digitale Transformation erfolgreich verläuft? (s. dazu Abschn. 7.5.4).

Beim Beantworten dieser Frage darf man nicht vergessen, dass die Unternehmenskultur einem Eisberg gleicht, da sie nur zu einem kleinen Teil sichtbar ist. Symbole und Artefakte, die sich an der Oberfläche befinden, bilden nur die Spitze des Eisbergs. Werte und Normen kommen ab und zu zur Schau, wenn sie definiert, überprüft oder bezweifelt werden. Die prägenden Grundannahmen bleiben immer unter der Wasseroberfläche, sind für eine bewusste Überprüfung praktisch unzugänglich. Gleichzeitig bilden Werte, Normen und Grundannahmen die Basis einer Unternehmenskultur und beeinflussen das Verhalten von Mitarbeitern in einem Unternehmen am stärksten. Um die Unternehmenskultur nachhaltig zu ändern, ist ein Wandel von tiefliegenden Überzeugungen und Sinnvorstellungen erforderlich, der schwer zu bewältigen ist.

7.5.3 Wirkungen der Unternehmenskultur

Es lohnt sich durchaus, an der Unternehmenskultur zu arbeiten, da sie verschiedene positive Auswirkungen auf Unternehmen und seine Beschäftigten hat. Zahlreiche Studien belegen, dass sich die Werte einer Unternehmenskultur auf die Faktoren wie

7.5 Gestaltung der Unternehmenskultur

Arbeitsproduktivität, Commitment, Motivation und Bindung in Unternehmen auswirken. Allgemein kann man folgende positive Wirkungen einer Unternehmenskultur nennen:

- Integration von Mitarbeitern im Unternehmen durch verbindliche Sinnorientierungen und Wertvorstellungen. Das Unternehmen wird dadurch zu einer Einheit – einzelne Mitarbeiter, Teams und Abteilungen begreifen sich als Teile eines Ganzen;
- Motivation und Bindung: Identitätsbildung der Mitarbeiter und des Unternehmens durch erfolgreiche Zusammenarbeit und Erfolgserlebnisse trägt zur Entwicklung eines Zusammengehörigkeitsgefühls bei, was eine stärkere Motivation der Mitarbeiter zur Folge hat;
- Koordinierungs- und Orientierungsfunktion: Die Unternehmenskultur gibt Orientierung für individuelle und kollektive Entscheidungen aufgrund von gemeinsamen Erfahrungen und ergänzt formale Regeln und Abstimmungen durch ungeschriebene, selbstverständliche Abläufe und Beziehungen;
- effizientere Kommunikation: Die Abstimmungsprozesse gestalten sich durch einheitliche Orientierung wesentlich einfacher, Entscheidungen werden beschleunigt, der Informationsfluss verläuft zum großen Teil informell, Konflikte können früher erkannt und gelöst werden;
- Steigerung der Effizienz und Dynamik des Unternehmens durch Lernprozesse und Wissensaustausch, erhöhte Innovationsbereitschaft, bessere Kommunikation, Kooperation und Konfliktlösung;
- Förderung der Change Prozesse: fühlen sich die Beschäftigten durch die kulturellen Werte unterstützt, gelingen die Veränderungen leichter und effizienter;
- ein positives Bild des Unternehmens in der Öffentlichkeit, besseres Ansehen bei Kunden, Lieferanten, Bewerbern.

Diese Wirkungen zeigen, dass die Unternehmenskultur im Rahmen der digitalen Transformation eine bedeutende Rolle spielt, was auch in repräsentativen Studien bestätigt wird (vgl. Franken et al., 2019). Von dem Grad der Zusammengehörigkeit und Motivation der Beschäftigten ist der Erfolg bei der Einführung von neuen Technologien und Arbeitsabläufe abhängig.

Zugleich kann eine Unternehmenskultur negative Wirkungen haben: Gemeinsame Erfolgserlebnisse können die Mitglieder einer Organisation konservativ und blind für neue Entwicklungen machen, die Wahrnehmung von neuen Chancen und Warnsignalen aus der Umwelt erschweren und damit die Innovationstätigkeit des Unternehmens einschränken.

Die Ignoranz der digitalen Technologien und Tools wie KI oder der Verzicht auf erforderliches Hinterfragen von bestehenden Geschäftsmodellen gehen oft auf die starken traditionellen Kulturwerte zurück.

Notwendige Anpassungsmaßnahmen können als Bedrohung der kulturellen Identität abgelehnt werden, die Flexibilität und Offenheit für das Neue nehmen ab. Um dies zu verhindern, muss eine Unternehmenskultur immer die Möglichkeit ihrer Erneuerung zulassen – die Leitbilder und Grundsätze dürfen nicht als starre unveränderliche Regeln gelten, sondern sollten immer wieder kommuniziert und an neue Bedingungen angepasst werden. Die Führenden sollten die Werte und Normen regelmäßig hinterfragen, um rechtzeitig zu intervenieren und bei Bedarf einen Kulturwandel anzustoßen.

7.5.4 Kulturelle Werte für Unternehmen der Zukunft

In der digitalisierten Arbeitswelt, in der die Arbeit und Strukturen zunehmend flexibler werden, spielt die Unternehmenskultur als Basis für die Sinnorientierung und Identifikation mit dem Unternehmen eine entscheidende Rolle, deswegen wird die Bedeutung der kulturellen Elemente zunehmen. Auch die externen Akteure stellen vermehrt Anforderungen an die Unternehmenskultur. Die Bewerber suchen nicht nur nach einem bekannten Arbeitgeber und gutem Gehalt, sondern auch nach kulturellen Aspekten einer Arbeitgebermarke wie Nachhaltigkeit, Gleichberechtigung, Teilhabe, Work-Life-Balance. Für die Kunden sind neben den qualitativen Produkten die Nachhaltigkeit und Ethik des Unternehmens wichtig. Deswegen stehen Unternehmen heute vor der Herausforderung, ihre kulturellen Werte (neu) zu definieren und authentisch zu kommunizieren.

In der Praxis findet in vielen Unternehmen ein Kulturwandel statt, weg von dem traditionellen hierarchischen Denken und Zentralisierung, hin zu mehr Partizipation, Autonomie, Vertrauen und Vielfalt. Besonders innovative Unternehmen versuchen mit verschiedenen Instrumenten der Unternehmenskultur Kreativität und Innovation der Beschäftigten zu fördern und gestalten Freiräume, Vertrauen und neue Fehlerkultur.

Welche Kulturwerte sind für die digitale Transformation, flexible Arbeit, kollaborative Prozesse und die Erschließung des kollektiven Wissens förderlich? Die Unternehmenskultur für die digitalisierte Arbeitswelt braucht Werte wie Fehlertoleranz und Experimentierfreundlichkeit. Für die erfolgreiche Etablierung flexibler Arbeitsstrukturen in flachen Hierarchien und für die Steigerung der Kreativität sind partnerschaftliche Führung und Vertrauen erforderlich.

Diese Anforderungen werden in verschiedenen Studien und Analysen dargestellt (vgl. Franken & Franken, 2020, S. 367 ff., Frankenberger et al., 2021, S. 290 ff.) und beinhalten folgende Werte:

1. **Freiräume für Innovation:** Innovationen sind eine Aufgabe für alle Beschäftigten, nicht nur für die F&E-Abteilung. Freiräume zum Ausprobieren, Förderung der Kreativität und Ideen.
2. **Kundenorientierung:** Innovationen müssen immer von den Bedürfnissen und Wünschen der Kunden ausgehen. Bei allen Entwicklungen und Veränderungen soll der Kunde im Fokus stehen.
3. **Kultur des Scheiterns:** Es muss Mitarbeitern erlaubt sein, Fehler zu machen, aus den Fehlern zu lernen, Fehler/Scheitern einzugestehen, auch als Führungskraft.

7.5 Gestaltung der Unternehmenskultur

4. **Transparenz und Vertrauen:** Transparente Information über Ziele, Strukturen, Prozesse und Strategien ermöglichen es den Mitarbeitern, eigenverantwortlich zu arbeiten, schaffen Synergieeffekte. Kontrolle bremst Kreativität aus, Vertrauen ist für die Motivation und Innovation grundlegend.
5. **Lebenslanges Lernen:** Offenheit und Bereitschaft für Veränderungen, Anpassungsfähigkeit fördern, Kultur des Lernens etablieren.
6. **Partizipation und Partnerschaftlichkeit:** Dezentralisierung von Entscheidungen und Autonomie. Mitwirkung und Selbstorganisation der Beschäftigten.
7. **Wertschätzung der Vielfalt und Individualität:** zunehmend heterogene Belegschaften erfordern einen adäquaten Umgang mit der Vielfalt und Wertschätzung der individuellen Talente und Stärken.
8. **Umgang mit der Digitalisierung und Work-Life-Balance:** Entgrenzung der Arbeit und ständige digitale Erreichbarkeit sind potenzielle Gefahren für die Work-Life-Balance der Beschäftigten und müssen geregelt werden.

Freiräume für Innovation Auf der Basis einer gelebten Kultur des Experimentierens und Ausprobierens sollten die Beschäftigten die Möglichkeiten bekommen, Ideen zu kreieren und umzusetzen. Jeder Mensch ist kreativ und ein potenzieller Ideengeber! Eine innovationsfördernde Kultur setzt auf Kreativitäts- und Lernförderung durch Zeit- und Freiräume. Ein Tag pro Woche für die Arbeit an eigenen Ideen und Innovationen oder Mitgliedschaft in einer interdisziplinären Community zu einem Zukunftsthema – das sind praktische Beispiele für solche Freiräume.

Kundenorientierung Nur wenn ein Unternehmen es schafft, die Kundenwünsche zu erkennen und ein passendes Nutzenversprechen zu kreieren und zu leisten, wird es erfolgreich sein. Deswegen ist eine radikale Kundenorientierung unentbehrlich und sollte zum Bestandteil der Unternehmenskultur in der digitalisierten Welt werden. Mit den Augen des Kunden sehen, den Kundennutzen klar beschreiben und kommunizieren, Feedback der Kunden einholen und analysieren – diese Prinzipien sollen an die Beschäftigten vermittelt werden, z. B. durch die Führungskräfte, die Kundenorientierung als Vorbilder vorleben, oder mit den agilen Entwicklungsmethoden wie Scrum oder Design Thinking (vgl. Abschn. 6.2.2).

Kultur des Scheiterns Innovationsprozesse sind Risikoprozesse, bei denen Fehler und Scheitern sehr wahrscheinlich sind. Man braucht eine konstruktive Kultur im Umgang mit Fehlern, die nicht verdrängt und verschwiegen, sondern als Quellen für Weiterentwicklung und Lernen angesehen werden.

Eine Fehlerkultur beschreibt, wie der Umgang mit Fehlern und deren Folgen innerhalb eines Unternehmens beziehungsweise einer Gruppe von Menschen ist. In einer offenen und sanktionsfreien Fehlerkultur werden Fehler als Lern- und Wachstumschance erkannt und Mitarbeiter motiviert, gemachte Fehler zuzugeben. Außerdem trägt eine echte und offene Feedbackkultur dazu bei, Mitarbeiter ans Unternehmen zu binden und künftigen Fehlern vorzubeugen. Selbstverständlich ist nicht jeder Fehler eine Lernchance. Fehler, die zum Beispiel aus Sorglosigkeit oder Vorsatz begangen werden, müssen auch entsprechende Konsequenzen haben.

Umgang mit Fehlern in verschiedenen Ländern
Der Umgang mit Fehlern hängt auch von der Nationalkultur ab. So gibt es Länder, in denen Scheitern fast schon zum guten Ton gehört, beispielsweise in den USA. Steve Jobs ist ein Paradebeispiel: Bevor der Apple-Gründer seine revolutionären Produkte erfand, die viele Menschen heute im Alltag nutzen, lieferte er auch einige Misserfolge ab. Aber er ließ sich dadurch nicht beeindrucken und nutzte die Erfahrung aus den gemachten Fehlern, um die Qualität seiner Produkte weiter zu verbessern. Deutschland gehört zu den Ländern, wo Fehler und Scheitern verpönt sind, deswegen werden die Risiken eher vermieden (vgl. Avantgarde Experts, 2020).

Lange Zeit wurde in Deutschland über Fehler und Misserfolge lieber geschwiegen. Das hat sich in den vergangenen Jahren geändert. Mittlerweile sind Geschichten über das Scheitern geradezu in, zumindest auf der Showbühne. In Veranstaltungen wie den „Fuckup Nights" erzählen Start-up-Gründer und prominente Unternehmer von ihren größten Niederlagen, was sie aus ihnen gelernt haben und wie sie aus Jobverlust oder Insolvenz gestärkt hervorgegangen sind. Für diese offene, ehrliche und humorvolle Darstellung werden die Sprechenden vom Publikum bejubelt. Am Arbeitsplatz hingegen ist das Thema nach wie vor eher negativ besetzt. Fehler werden meist als Schwäche wahrgenommen. Die Studie „So arbeitet Deutschland" der Personalberatung SThree von 2018 hat ergeben, dass sich eine große Mehrheit der befragten Arbeitnehmerinnen und Arbeitnehmer eine andere Fehlerkultur wünscht (vgl. HR Heute Redaktion, 2022).

Transparenz und Vertrauen Ohne transparente Informationen über die Lage im Unternehmen, anstehende strategische Entscheidungen wie Robotisierung der Produktion oder Verlagerung eines Standortes kann man von den Beschäftigten kein Engagement und Kreativität erwarten. Menschen wollen über die relevanten Entwicklungen rechtzeitig informiert werden. Auf der Basis der Transparenz und Integrität der Führung entsteht Vertrauen. Durch die intensive Digitalisierung entstehen mehr Möglichkeiten, die Beschäftigten zu überwachen und zu kontrollieren (vgl. Abschn. 3.2.4). Dies verursacht ein neues Vertrauensproblem. Eine Kultur des Vertrauens ist für die digitalisierte Arbeitswelt von entscheidender Bedeutung. Die Entscheidungen über digitale Kontrolle oder digitale Erreichbarkeit sollten in Unternehmen breit diskutiert und gemeinsam von Führungskräften und Beschäftigten getroffen werden.

Lebenslanges Lernen Als Wert der Unternehmenskultur fördert das Bekenntnis zum lebenslangen Lernen Reflexionsprozesse bei den Mitarbeitern und Führungskräften, Offenheit für das Neue, Bereitschaft zur Veränderung und Weiterbildung. Die

Mitarbeitenden sollten während ihrer Arbeitszeit die Möglichkeit erhalten, zu lernen. Diese Zeiträume und die Selbstorganisation sind für die praktische Umsetzung des Lernens entscheidend.

Google lernt Machine Learning

Google hat erkannt, dass KI ein wichtiges Thema die Zukunft ist, und hat im Jahr 2018 von eigenem Ingenieurausbildungsteam einen schnellen, praktischen Machine Learning Crash Course entwickelt, zu dem sich im selben Jahr 18 Tausend Google-Mitarbeiter gemeldet haben. Die Lernenden konnten den Lernstoff sofort in ihrem täglichen Job anwenden (Frankenberger et al., 2021, S. 296). ◄

Partizipation und Partnerschaftlichkeit Die Maßnahmen zur Implementierung der Partizipation wie Mitbestimmung bei den wichtigen Entscheidungen, Einfluss der Beschäftigten auf die Unternehmensstrategie, Selbstorganisation und Autonomie der dezentralen Einheiten, Bewertung der Vorgesetzten durch die Untergebenen oder auch die Wahl der Führungskräfte (vgl. Kap. 5) sollten in eine Unternehmenskultur der Partnerschaftlichkeit eingebettet werden. Ein respektvoller Umgang miteinander, die Zusammenarbeit auf Augenhöhe sollten das Miteinander in Unternehmen prägen.

Wertschätzung der Vielfalt und Individualität Aufgrund der demografischen und Migrationsprozesse werden Unternehmensbelegschaften zunehmend vielfältiger. Die Toleranz der Andersartigkeit, die Wahrnehmung der Vielfalt als Vorteil und Bereicherung sind für eine effiziente Zusammenarbeit in heterogenen Teams unentbehrlich. Neben den Rekrutierungsverfahren und Personalmaßnahmen, die die Diversität fördern, braucht ein Unternehmen entsprechende kulturelle Werte, die im Alltag gelebt werden – Wertschätzung der Vielfalt und der Individualität. Dies beinhaltet auch eine Chancengleichheit unabhängig von Alter, Geschlecht, kultureller oder sozialer Herkunft.

Umgang mit der Digitalisierung und Work-Life-Balance Die Digitalisierung führt zu einer zunehmenden Entgrenzung von Arbeits- und Freizeit mit sämtlichen damit zusammenhängenden Vorteilen (insbesondere höhere Freiheitsgrade für die individuelle Lebensgestaltung) und Nachteilen (vor allem Druck zur ständigen Erreichbarkeit). Die Grenze zwischen der Arbeits- und Freizeit verschwindet. Insbesondere Wissensarbeiter und Führungskräfte stehen unter Leistungsdruck und sind immer und überall erreichbar, auch am Wochenende und im Urlaub. Man braucht eine neue Kultur der Digitalisierung, die eine Balance zwischen der Arbeit und Erholung/Familie fördert.

Die beschriebenen Kulturwerte sollten in Unternehmen implementiert und gelebt werden, was mithilfe von verschiedenen Gestaltungsinstrumenten möglich ist.

7.5.5 Gestaltung der Unternehmenskultur und die Rolle der Führungskräfte

Inwiefern und wie kann eine neue Unternehmenskultur gestaltet werden? Und welche Rolle spielen dabei die Führenden?

7.5.5.1 Gestaltbarkeit der Unternehmenskultur

Ein Kulturmanagement von oben, im Sinne einer willkürlichen Gestaltung der Unternehmenskultur auf Wunsch des Top-Managements, ist von der unternehmerischen Praxis widerlegt worden. Neue Leitbilder und Grundsätze oder ein neues Unternehmenslogo (Ebene Symbole und Artefakte im Modell der Unternehmenskultur Abschn. 7.5.2) können schnell nach der Anweisung „von oben" eingeführt werden, ändern aber das Verhalten der Menschen kaum. Man braucht langfristig angelegte organisatorische Maßnahmen und die Teilnahme aller Unternehmensakteure, vor allem der Führungskräfte, um neue Werte und Normen (mittlere Ebene im Modell der Unternehmenskultur) zu etablieren, die dann verinnerlicht und unbewusst gelebt werden (Ebene Grundprämissen im Modell der Unternehmenskultur).

Es gibt keine guten und schlechten Unternehmenskulturen. Die beste Kultur für ein Unternehmen ist diejenige, die zur Erreichung der Unternehmensziele am besten beiträgt. Man braucht zunächst Klarheit über Purpose und Visionen des Unternehmens, um die gewünschten Kulturwerte beschreiben zu können. Die Werte der künftigen Unternehmenskultur müssen nicht von dem Management allein, sondern unter Beteiligung von möglichst vielen Beschäftigten diskutiert und formuliert werden. Notwendig sind Diskussionen über die bestehenden und gewünschten Kulturwerte auf allen Ebenen des Unternehmens.

Das gängige Instrument der Kulturveränderung ist ein Unternehmensleitbild, in dem die zentralen Werte des Unternehmens und der Mitarbeiter definiert werden. Zu den Inhalten eines Leitbildes gehören in der Regel folgende Bereiche:

- Unternehmensziele (wirtschaftlicher Erfolg, Produkte, Innovation, angestrebte Marktstellung),
- Werte in Bezug auf die Mitarbeiter (Verantwortung gegenüber den Mitarbeitern, Stellenwert der Menschen, Partizipation, Mitwirkung etc.),
- Führungsprinzipien und Führungsstile,
- Werte in Bezug auf die Stakeholder (vor allem Kunden und Lieferanten) und Gesellschaft (Nachhaltigkeit, Zuverlässigkeit, Chancengerechtigkeit etc.).

Das Leitbild der Lufthansa Group

Die Lufthansa Group verbindet Menschen, Kulturen und Volkswirtschaften auf nachhaltige Weise. Hierbei verfolgt sie den Anspruch, Maßstäbe in Bezug auf Nachhaltigkeit und Kundenfreundlichkeit zu setzen. Sie nutzt gezielt Innovations- und Digitalisierungspotenziale zur Entwicklung kundenorientierter Angebote und zur Effizienzsteigerung.

Unternehmerische Verantwortung und Identität werden lokal gelebt – flankiert von übergreifenden funktionalen Prozessen, die Synergien und Skaleneffekte ermöglichen. Strikter Kostenfokus, operationelle Stabilität und Zuverlässigkeit in allen Belangen sind fest in der DNA der Lufthansa Group verankert. Oberstes Primat ist und bleibt die Sicherheit im Flugbetrieb (vgl. Lufthansa Group, 2021). ◄

Der erste Satz des Leitbildes ist der Purpose (vgl. Abschn. 7.5.1) und beantwortet die Frage nach dem Warum der Unternehmenstätigkeit. Die weiteren Formulierungen beinhalten die zentralen Werte der Unternehmenskultur: Nachhaltigkeit, Kundenzentrierung, Innovationsorientierung, Digitalisierung, Verantwortung, Wirtschaftlichkeit, Zuverlässigkeit, Sicherheit. Etwas zu kurz kommen in diesem Leitbild die Beschäftigten und die Führungsbeziehungen.

Um wirksam zu sein, sollten die Leitbilder prägnant und anspruchsvoll, aber zugleich realistisch und konkret formuliert werden. Besonders wichtig ist jedoch die Kommunikation von Leitbildern in Unternehmen. In allen Abteilungen sollen Workshops zur Einführung von neuen Unternehmensleitbildern stattfinden. Jede Gruppe hat dabei die Aufgabe, die Unternehmensleitbilder in ihrem Bereich zu konkretisieren. Eine gelebte Unternehmenskultur findet man nicht in Leitbildern und auf der Website des Unternehmens, sondern im Unternehmensalltag. Die Bekanntheit und die Wirksamkeit der Leitbilder in der Belegschaft sollte daher regelmäßig überprüft werden.

Allgemein sind bei einer Kulturgestaltung einige Regeln zu beachten. Jedes Unternehmen soll seinen eigenen Weg der Veränderung finden – es gibt keine Patentrezepte, keine allwissenden Kulturberater. Unternehmenskulturgestaltung ist vor allem eigene Sache des Unternehmens. Der Prozess der Gestaltung muss dauerhaft angelegt werden, da zu schnelle Veränderungen Widerstand provozieren können. Das Top-Management des Unternehmens muss überzeugt sein, dass eine Veränderung notwendig ist, zu dem Veränderungsprozess stehen und ihn aktiv und glaubwürdig unterstützen.

7.5.5.2 Die Rolle der Führungskräfte in der Kulturgestaltung

Bei der Gestaltung der Unternehmenskultur spielen Führungskräfte eine zentrale Rolle, sie sind die Initiatoren, Motivatoren und Vorbilder für neue Kulturwerte.

Um die **Freiräume** und **Fehlerkultur** zu etablieren, sollte die Führung Zeit- und Experimentierräume schaffen (wie die Zeitregel bei 3M: siehe unten), die Ideen der Mitarbeiter ernst nehmen, selbst Mut haben, etwas auszuprobieren. Der Umgang mit den Fehlern sollte explizit und konstruktiv sein – nicht verdrängen, sondern ansprechen und dabei auch die positive Seite – die Chance zu lernen, etwas zu verändern –betonen. Hilfreich ist dabei, wenn eine Führungskraft selbst offen über ihre eigenen Fehler in der Vergangenheit spricht und aufzeigt, wie sie aus diesen Fehlern gelernt hat.

Innovative Unternehmen wie Google oder 3M motivieren ihre Beschäftigten, insbesondere in der Forschung und Entwicklung, zum Ausprobieren und innovativem Denken, indem sie solche Zeit- und Freiräume schaffen und eine Kultur des Vertrauens und der Fehlertoleranz schaffen.

15-%-Zeitregel als Bestandteil der 3M Kultur

Die einzigartige 15 % Regel von 3M ermutigt unsere Mitarbeiter dazu, einen Teil ihrer Arbeitszeit der Weiterentwicklung und -verfolgung innovativer Ideen zu widmen, die sie besonders spannend finden. Die Mitarbeiter haben die Möglichkeit, Neues auszuprobieren, kreativ zu denken und den Status quo infrage zu stellen, natürlich in Abstimmung mit ihrem Vorgesetzten, um sicherzustellen, dass die täglichen Pflichten trotzdem erfüllt werden. Es kann darum gehen, eine neue Technologie zu testen, eine spezielle Interessengruppe für eine neue Idee zu gründen oder eine neue Methode zur Ausführung eines Prozesses zu finden. Dank dieser Regel konnten bereits zahlreiche Innovationen geschaffen werden, darunter z. B. die optische Mehrschichtfolie, Cubitron™ Schleifkörner, Emphaze™ AEX Hybrid-Aufbereiter, die APC™ Adhäsivvorbeschichtung sowie Post-It® Notes! Dieses besondere Privileg verdanken wir William McKnight, der 37 Jahre lang Präsident und dann Aufsichtsratsvorsitzender von 3M war. Seine Visionen zum Umgang mit Mitarbeiter beschrieb er wie folgt: „Wichtig ist, gute Mitarbeiter einzustellen und sie dann eigenständig arbeiten zu lassen. Verantwortung muss delegiert werden. Die Mitarbeiter sollten dazu ermutigt werden, auf eigene Initiative zu handeln. Ein Management, das vernichtende Kritik übt, wenn Fehler gemacht werden, erstickt Initiativen im Keim. Für das Wachstum eines Unternehmens ist es jedoch wichtig, dass viele Mitarbeiter Initiativen auf den Weg bringen." (vgl. 3M, o. J.) ◄

Auch bei den Kulturwerten **Transparenz** und **Vertrauen** liegt es vor allem an der Führungskraft, diese Normen im Alltag vorzuleben, integer und authentisch zu agieren. Einem Mitarbeiter vertrauen, ohne dass er es sich zunächst verdienen muss – nur so kann das Vertrauen entstehen.

Um eine Unternehmenskultur des kontinuierlichen Lernens zu implementieren, sind praktische Möglichkeiten für Qualifizierung und Weiterbildung aller Mitarbeitenden notwendig, aber auch eine wahrnehmbare Offenheit für das Neue und Lernprozesse bei den Führungskräften selbst, die kommuniziert werden sollten. Wenn sich die Vorgesetzten ständig weiterbilden und neue Methoden bzw. Instrumente testen und nutzen, dienen sie als Vorbilder für die Mitarbeiter.

Die Werte wie **Partnerschaftlichkeit** und **Partizipation** können nur durch die praktische Gestaltung dieser Beziehungen gefördert werden. Keine Entscheidungen hinter verschlossenen Türen und im Alleingang, sondern Einbeziehung des Projekt- oder Arbeitsteams, regelmäßige Besprechungen in Bezug auf strategische Fragen. Sichtbar und wirkungsvoll für die Gestaltung der Partizipation sind auch die Führungsstile. Werden kooperativer, delegativer, teilautonomer oder konsensualer Führungsstil (vgl. Abschn. 5.3) praktiziert, so partizipieren die Mitarbeiter realistisch an der Entscheidung und Umsetzung. Um die Autonomie und Selbstorganisation der Beschäftigten zu fördern, sollten Führungskräfte ihre Mitarbeiter an den Aufgaben wachsen lassen, d. h. Schritt für Schritt mehr Verantwortung und Eigeninitiative ermöglichen.

Folgende Maßnahmen der Führungskräfte können zur Förderung von Partizipation beitragen:

- Verantwortung teilen – in der Kategorie „Wir" denken, alternative Vorschläge und Meinungen zulassen und akzeptieren,
- Vertrauen schenken – ein Vertrauensvorschuss seitens der Führenden ist erforderlich, wobei es um Vertrauen in die Kompetenzen, Motivation und Loyalität geht.
- die Mitarbeitenden fördern und coachen, damit sie dem Vertrauen und der Verantwortung durch ihr tägliches Handeln gerecht werden.

Um diese Maßnahmen umzusetzen, sollte eine Führungskraft die Beschäftigten bzw. Teammitglieder in eine Diskussion über den partnerschaftlichen Umgang miteinander involvieren und gemeinsam entscheiden, wieviel Partizipation die Mitarbeitenden haben möchten.

Die Implementierung der **Wertschätzung der Vielfalt** und individueller Stärken und Talente als Werte der Unternehmenskultur erfordert verschiedene Maßnahmen.

> **Vielfalt und Inklusion als Bestandteil der 3M Kultur**
>
> Die 3M Kultur ist ein Spiegelbild unserer vielfältigen Kunden, Lieferanten und Vertriebspartner. Inklusion ist der Schlüssel, der das Potenzial unserer Vielseitigkeit erschließt. Eine integrative Kultur zeichnet sich dadurch aus, dass Unterschiede gefördert und anerkannt werden. Sie bietet faire und gleichwertige Chancen für alle. In einer integrativen Kultur spüren die Menschen, dass sie als einzigartige Individuen respektiert und wertgeschätzt werden. Kurzum: Sie fühlen sich zugehörig. Inklusion stärkt das Engagement, was wiederum die Zusammenarbeit, Kreativität sowie Innovationen fördert – mit dem Ergebnis eines langfristigen Wachstums für 3M und seine Mitarbeiter. Vielfalt ist ein Synonym für Unterschiede und Inklusion meint die Nutzung dieser Unterschiede (vgl. 3M, o. J.). ◄

Organisatorische Maßnahmen wie Frauen- und Migranten-Netzwerke oder eine Stabstelle für Diversity Management tragen dazu bei, dass die Kulturwerte formell verankert werden, reichen allerdings nicht aus. Die Intoleranz und mangelnde Wertschätzung von Minderheiten wie Zugewanderte, Ältere oder Behinderte im Alltag sollte von der Führung thematisiert und unterbunden werden. Ein respektvoller und wertschätzender Umgang der Führungskräfte mit heterogenen Beschäftigtengruppen dient als Beispiel und bewirkt mehr als Lippenbekenntnisse. Praktische Instrumente für die Kultur der Vielfalt sind:

- Förderprogramme für karriereorientierte Frauen,
- Gesundheits- und Sportangebote für ältere Beschäftigte,

- spezielle Essensangebote in der Kantine (ohne Schweinefleisch, koscher, vegetarisch usw.),
- Feiertage aus verschiedenen Kulturen, nicht nur christliche, im Betriebskalender,
- Gebetsräume für Gläubige aus verschiedenen Kulturen,
- Informationen in verschiedenen Sprachen im Intranet und auf Plakaten,
- Teilnahme an dem alljährlichen Diversity-Tag der „Charta der Vielfalt".

Mit diesen Maßnahmen kann die Führung signalisieren, dass sie die Vielfalt der Belegschaft ernst nimmt und wertschätzt. Auch die Führung selbst sollte bunter werden – Frauen, Zuwanderer als Führungskräfte werden als Role Models wahrgenommen.

Vor dem Hintergrund der **Digitalisierung** und **Flexibilisierung** der Arbeit sollten die Führungskräfte die Implementierung neuer Werte im Umgang mit der Anwesenheit und Erreichbarkeit anregen und selbst als Vorbilder in diesem Prozess agieren. Zu den praktischen Maßnahmen gehören:

- keine Meetings und Gespräche nach 17 Uhr durchführen,
- keine beruflichen E-Mails am Wochenende und während der Urlaubszeit versenden,
- Entlohnung und Beförderung nach Leistung, nicht nach Anwesenheit gewähren,
- Anreize und Möglichkeiten für Sport und Meditation geben, um die Gesundheit und das Wohlbefinden der Mitarbeitenden zu fördern.

Bei der Etablierung der Regeln im Umgang mit der Digitalisierung und Flexibilisierung müssen Führungskräfte mit gutem Beispiel vorangehen und gegen die Kultur des physischen und virtuellen Präsentismus ankämpfen, bei dem Leistung Absitzen oder Erreichbarkeit bedeutet. Sie sollten selbst auf eigenes physisches und psychisches Wohlbefinden achten und es bei ihren Mitarbeitern anregen. Eine Balance zwischen der (erfüllenden) Arbeit und Freizeit/Familie verspricht langfristig höhere Leistungen und Engagement als permanenter Zeitdruck und Stress.

Die Führungskräfte sind die Vorbilder im Prozess der Kulturgestaltung. Nicht die Visionen und Leitlinien, sondern das Verhalten der Führenden beeinflusst das Verhalten der Mitarbeitenden am meisten. Die Vorbilder sind dann besonders wirksam, wenn die Beschäftigten ihre Führungskräfte als authentisch und vertrauenswürdig wahrnehmen.

Verständnis- und Reflexionsfragen

1. Welches sind typische Instrumente der strukturellen Führung?
2. Welche Kommunikations- und Kollaborationstools nutzen Sie im Alltag? Welche Tools sind für die Arbeit in virtuellen Kontexten geeignet?
3. Mit welchen digitalen Assistenzsystemen können Mitarbeiter und Führungskräfte in ihrer Arbeit unterstützt werden?

4. Vergleichen Sie die transaktionale und transformationale Führung untereinander. Wie lassen sich Elemente der transaktionalen und transformationalen Führung in der Praxis kombinieren?
5. Warum ist eine Situations- und Personenorientierung der Führung erforderlich?
6. Definieren Sie den Begriff Team (Arbeitsgruppe). Welche Formen der Gruppenarbeit kommen in Unternehmen vor?
7. Welche Aufgaben übernehmen Führungskräfte in der interdisziplinären Projekt- und Teamarbeit?
8. Was verstehen Sie unter der geteilten Führung und wie wird sie umgesetzt?
9. Was versteht man unter Purpose und unter Vision?
10. Definieren Sie den Begriff Unternehmenskultur und erläutern Sie das Unternehmenskultur-Modell nach Schein.
11. Welche Kulturwerte sind für die Arbeitswelt der Zukunft besonders wichtig?
12. Mit welchen Instrumenten können diese Kulturwerte implementiert werden und welche Rolle spielen dabei die Führungskräfte?

Literatur

3M. (o. J.). 3M Kultur. https://www.3mdeutschland.de/3M/de_DE/karriere/kultur/. Zugegriffen: 8. Apr. 2022.

Aulinger, A., & Diensthuber, R. P. (2021). Ambidextrie. *Zeitschrift Führung + Organisation, 90*, 134–140.

Avantgarde Experts. (2020). Shit happens: Von der Fehlerkultur zur Lernkultur – So geht's! https://www.avantgarde-experts.de/de/magazin/fehlerkultur/. Zugegriffen: 15. März 2022.

Bass, B. M., & Avolio, B. J. (1990). *Transformational Leadership Development. Manual for the Multifactor Leadership Questionnaire*. Palo Alto.

Digitalzentrum Berlin. (Hrsg.). (2021). Teamarbeit digital – Die wichtigsten Tools zur Kollaboration im Überblick. https://digitalzentrum.berlin/teamarbeit-online-kostenfreie-kollaborationstools. Zugegriffen: 3. Apr. 2022.

Franken, R., & Franken, S. (2020). *Wissen, Lernen und Innovation im digitalen Unternehmen* (2. Aufl.). Springer Gabler.

Franken, S., Prädikow, L., & Vandieken, M. (2019). Fit für Industrie 4.0? Ergebnisse einer empirischen Untersuchung im Rahmen des Forschungsprojektes Fit für Industrie 4.0. FGW-Studie Digitalisierung von Arbeit 18, Herausgegeben von Hirsch-Kreinsen, H.; Karacic, A. FGW, Düsseldorf, ISSN 2510-4101.

Frankenberger, K., Mayer, H., Reiter, A., & Schmidt, M. (2021). *Das Digital Transformer's Dilemma. Wie Sie Ihr Kerngeschäft digitalisieren und gleichzeitig innovative Geschäftsmodelle aufbauen*. Wiley.

Gall, S., & Wittenberg, J. (2021). *Erfolgreich führen in hybriden Arbeitswelten. Analog und digital – Roadmap für Führungskräfte*. Haufe Group.

HR Heute Redaktion. (2022). Keine Fehler sind auch ein Problem. Wie Unternehmen ihre Fehlerkultur verbessern können. https://www.hr-heute.com/magazin/fehlerkultur-verbessern. Zugegriffen: 15. März 2022.

Kappes, C. (2018). Digitale Kollaboration. https://www.zukunftsinstitut.de/artikel/digitalisierung/digitale-kollaboration/. Zugegriffen: 3. Apr. 2022.

Koschik, A. (2021). Digitale Teamarbeit: Wie Kollaborationstools die agile Arbeit unterstützen. https://www.karriere.de/meine-skills/digitale-teamarbeit-wie-kollaborationstools-die-agile-arbeit-unterstuetzen/. Zugegriffen: 3. Apr. 2022.

Läsker, K. (20. Oktober 2019). Schweden: Tui-Manager über Mikrochip-Implantate. *Der Spiegel*. https://www.spiegel.de/karriere/schweden-tui-mitarbeiter-tragen-mikrochips-unter-der-haut-a-1287060.html. Zugegriffen: 8. Apr. 2021.

Lufthansa Group. (2021). New normal. New strength. Geschäftsbericht 2021. https://investor-relations.lufthansagroup.com/fileadmin/downloads/de/finanzberichte/geschaeftsberichte/LH-GB-2021-d.pdf#page=17. Zugegriffen: 8. Apr. 2022.

Merhar, L., Höllthaler, G., & Berger, C. (2019). Digitale Assistenzsysteme für die Produktion: Von der Zielfindung bis zur Einbindung gemeinsam mit den Mitarbeitern. In C. K. Bosse & K. J. Zink (Hrsg.), *Arbeit 4.0 im Mittelstand* (S. 279–302). Springer.

Personalwirtschaft Redaktion. (2019). „Ready for Take-off": Wie Change mit HR gelingen kann. https://www.personalwirtschaft.de/news/hr-organisation/ready-for-take-off-wie-change-mit-hr-gelingen-kann-103158/. Zugegriffen: 6. Apr. 2022.

Peters, T. (2015). *Leadership. Traditionelle und neue Konzepte*. Springer Fachmedien.

Poll, D. (2020). Diese digitalen Helfer verbessern Produktion und Logistik. https://www.produktion.de/technik/diese-digitalen-helfer-verbessern-produktion-und-logistik-235.html. Zugegriffen: 6. Apr. 2022.

Reinhardt, S., & Winners, M. (2021). *Transformation von Führung. Reflexion und Resonanz als Zukunftskompetenzen*. Schäffer-Poeschel.

Rose, N. (2020). Überhöhte Sinnfrage. *Personalmagazin, 10*, 48–50.

Rothenberger, R. (2020). Digitale Assistenzsysteme in der Produktion. https://www.it-production.com/fertigungsnahe-it/unterstuetzung-fuer-werker/. Zugegriffen: 6. Apr. 2022.

Rybnikova, I., & Lang, R. (2021). *Aktuelle Führungstheorien und -konzepte* (2. Aufl.). Springer Gabler.

Schein, E. (1995). *Unternehmenskultur. Ein Handbuch für Führungskräfte*. Campus.

Schwuchow, K. (2021). Mittelpunkt Mensch? Die Toxi der neuen Arbeitswelt. In O. Geramanis, et al. (Hrsg.), *Kooperationen in der digitalen Arbeitswelt* (S. 19–33). Springer.

Stock-Homburg, R., & Groß, M. (2019). *Personalmanagement. Theorien-Konzepte-Instrumente* (4. Aufl.). Springer Gabler.

Stoi, R. (2022). Kontextorientierte Führung und Organisation. Ein situatives Führungsmodell. *Zeitschrift Führung + Organisation, 91*, 70–78.

von Rosenstiel, L., Braumandl, I., Wastian, M., & West, M. A. (2018). Einführung. In M. Wastian, I. Braumandl, L. von Rosenstiel, & M. A. West (Hrsg.), *Angewandte Psychologie für das Projektmanagement. Ein Praxisbuch für die erfolgreiche Projektleitung* (3. Aufl., S. 1–20). Springer.

Welge, K., & Brugmann, A. (2021). Distanz und Nähe verbindende Führung und Zusammenarbeit – Wie gefühlte Nähe eine positive soziale Identität und Vernetzung bewirken kann. In O. Geramanis, et al. (Hrsg.), *Kooperationen in der digitalen Arbeitswelt* (S. 175–189). Springer.

Welpe, I. M., Brosi, P., & Schwarzmüller, T. (2018). *Digital Work Design. Die Big Five für Arbeit, Führung und Organisation im digitalen Zeitalter*. Campus.

Geeignete Instrumente interaktiver Führung   8

> **Zusammenfassung**
>
> Die interaktive (direkte) Führung findet unmittelbar zwischen dem Mitarbeiter und seinem Vorgesetzten statt und verfolgt das Ziel, das Verhalten eines Mitarbeiters oder einer Gruppe mit den Mitteln der Kommunikation und Motivation auf die bestmögliche Leistung auszurichten. Die interaktive Führung wirkt nicht nur auf der sachlichen, sondern auch auf der Beziehungsebene, basiert auf Emotionen und Vertrauen. Im Kontext der Flexibilisierung und Virtualisierung der Arbeitswelt werden einige Aufgaben der interaktiven Führung erschwert, da Face-to-Face-Kommunikation seltener stattfindet. Jedoch sind Besprechungen und Mitarbeitergespräche, regelmäßige Feedbacks, Maßnahmen zur Motivation und Bindung der Mitarbeiter seitens der Vorgesetzten unentbehrlich. Die Führungskräfte der Zukunft sollten tradierte Instrumente der interaktiven Führung um neue Tools ergänzen sowie soziale und kommunikative Kompetenzen intensiv einsetzen, um ihre Mitarbeiter und Teams in hybriden Arbeitskontexten optimal zu führen und zu motivieren.

8.1 Interaktive Führung im Überblick

Die direkte (interaktive) Führung steht im Mittelpunkt der Führungstätigkeit und hat die Intention, mithilfe einer individuellen Ansprache und Motivation das Verhalten jedes Mitarbeiters auf die Erreichung gemeinsamer Ziele auszurichten. Die interaktive Führung erfolgt in der direkten Interaktion, z. B. durch ein Gespräch über die Ziele und Vorgehensweisen, ein unmittelbares Feedback auf die Leistung oder ein Dialog über die Karrierechancen eines Mitarbeiters in einem Mitarbeitergespräch.

Die interaktive Führung findet im Kontext der Rahmenbedingungen statt, die durch die strukturelle Führung geschaffen wurden (vgl. Kap. 7). Beispielsweise, durch die Anwendung eines Führungskonzeptes werden die Handlungsalternativen der Beschäftigten bestimmt. So kann ein Mitarbeiter nur dann Verantwortung übernehmen oder flexibel auf individuelle Kundenwünsche eingehen, wenn er durch die transaktionale Führung einen gewissen Handlungsspielraum hat. Auch die vorhandene technische Infrastruktur beeinflusst die Methoden und Instrumente der direkten Führung: die Kollaborationstools ermöglichen gemeinsame Arbeit an Dokumenten, sodass die Führungskraft den Beitrag jedes einzelnen Teammitglieds jederzeit digital nachvollziehen kann.

Zu der interaktiven Führung gehören folgende zentrale Aufgaben (vgl. Rybnikova & Lang, 2021; Wunderer, 2011):

- beobachten und reflektieren – kontinuierliche Beobachtung und Reflexion der Umwelt und des Verhaltens von einzelnen Mitarbeitenden und Teams,
- koordinieren, kooperieren, delegieren – Aufgaben- und Verantwortungsbereiche abstimmen, optimal im Team zusammenarbeiten, Aufgaben delegieren,
- informieren und kommunizieren – Informationen zur Verfügung stellen, Mitarbeitergespräche, Besprechungen, Meetings durchführen,
- Feedback geben und fördern – durch regelmäßiges konstruktives Feedback Leistungen fordern sowie teamorientierte und individuelle Entwicklung fördern,
- motivieren und binden – Motivation und emotionale Bindung der Mitarbeiter an Unternehmen und Team fördern.

Diese Aufgaben stehen im Mittelpunkt der direkten Führung von Einzelpersonen oder Arbeitsgruppen und sind für die Arbeitsleistung entscheidend. In der digitalisierten Arbeitswelt verändern sich Aufgaben und Instrumente der interaktiven Führung, insbesondere durch die Nutzung der digitalen Technologie und zunehmende virtuelle Zusammenarbeit.

Beobachten und reflektieren Eine Führungskraft sollte aufmerksam und reflektierend die Situationen und Personen beobachten, Prozesse in Unternehmen und das Verhalten der Mitarbeiter wahrnehmen und analysieren. Durch eine kontinuierliche Beobachtung und Reflexion der sich stets wandelnden Umwelt kann die Führungskraft relevante unternehmerische Ziele in ihrem Gesamtkontext und ihrer Bedeutung an die Mitarbeiter vermitteln, Unternehmensstrategien und -werte interpretieren und vorleben, den Sinn der Arbeit jedes Einzelnen aufzeigen. Aufgrund der Beobachtung und Reflexion des Gruppenverhaltens ist die Führungskraft in der Lage, Gruppenprozesse effizient zu steuern und Konflikte konstruktiv zu bewältigen.

In der digitalisierten Arbeitswelt werden die Möglichkeiten zur Beobachtung des individuellen und Gruppenverhaltens durch die Flexibilisierung und Virtualisierung eingeschränkt. Die Phasen der Interaktion und Face-to-Face-Kommunikation sollten intensiv genutzt werden, um das Verhalten zu analysieren. Außerdem wird vermehrt das Verhalten im Netz beobachtet, d. h. Häufigkeit und Intensität der Kommunikation, Äußerungen in Foren und sozialen Netzwerken. Dafür braucht eine Führungskraft selbst gute Medienkompetenz und Erfahrungen mit Networking. Hierbei sollte jedoch stets der Schutz der Privatsphäre bedacht werden (vgl. Abschn. 3.2.4).

Koordinieren, kooperieren, delegieren Diese Aufgaben beinhalten die klassischen Tätigkeiten einer Führungskraft in Bezug auf die Aufgabenerfüllung. Gemeinsam mit den Mitarbeitenden über die Ziele und Vorgehensweisen bei der Aufgabenerfüllung entscheiden, die Zusammenarbeit im Team koordinieren, Aufgaben- und Verantwortungsbereiche abstimmen, mit den Mitarbeitern, anderen Organisationseinheiten und eventuell externen Akteuren wie Kunden oder Zulieferern kooperieren, Aufgaben und Kompetenzen optimal delegieren.

Auch diese Aufgaben werden sich in digitalisierten Unternehmen zunehmend ins Netz verlagern, da die Abstimmungen in virtuellen Arbeitsteams oder mit externen Akteuren nur selten analog ablaufen werden. Als Ersatz für Präsenztreffen eignen sich beispielsweise Kommunikationstools für Videokonferenzen und gemeinsame Bearbeitung von Dokumenten (vgl. Kommunikations- und Kollaborationstools im Abschn. 7.2.1). Für die selbstorganisierte, eigenverantwortliche Arbeit von Beschäftigten in der dezentralisierten Organisation in der Industrie 4.0 spielt eine effiziente Delegation von Aufgaben und Kompetenzen eine wichtige Rolle. Die Mitarbeitenden sollten fähig und willig sein, Entscheidungen an der Basis zu treffen und die Verantwortung zu übernehmen (vgl. Abschn. 5.2).

Informieren und kommunizieren Informieren und Kommunizieren als Aufgaben im Rahmen der direkten Führung beinhalten Weitergabe und Teilen von relevanten Informationen, Förderung des Wissensaustauschs in der Arbeitsgruppe, Durchführen von Meetings, Mitarbeitergesprächen und Besprechungen.

Das Informieren über die Angelegenheiten des Unternehmens, der Abteilung oder der Arbeitsgruppe wird in der Arbeitswelt der Zukunft oft auf digitalen Wegen, vor allem über soziale Netzwerke und Intranet organisiert. Allerdings wächst in der virtualisierten Arbeitswelt der Bedarf an persönlicher Kommunikation, insbesondere wenn es nicht um die bloße Informationsweitergabe, sondern um Diskutieren und Problemlösen geht. Bei den Veränderungsprozessen wie digitale Transformation darf Kommunikation keine Einbahnstraße von oben nach unten sein, da die Menschen Zweifel und Fragen zu den Veränderungen haben. Hierbei ist Interaktion zwischen den Führungskräften und Mitarbeitenden erforderlich, um Zweifel auszuräumen und sämtliche Fragen zu beantworten.

In Kontext der Flexibilisierung und Virtualisierung werden analoge Teamtreffen, Besprechungen und Mitarbeitergespräche an Bedeutung gewinnen – wegen ihrer

Seltenheit und wegen der besonderen Rolle des Vertrauens in virtuellen Kontexten. Das Vertrauen kann nur in persönlichen Begegnungen aufgebaut und gefördert werden (s. ausführlicher Abschn. 8.2.3).

Feedback geben und fördern Eine Führungskraft sollte die Arbeitsleistungen ihrer Mitarbeiter oder des Teams evaluieren, regelmäßig Feedback geben (anerkennen, loben, kritisieren) sowie individuelle und teamorientierte Entwicklung fördern, Weiterbildungsmöglichkeiten und lebenslanges Lernen unterstützen.

Da in digitalisierten Unternehmen mehr ergebnisorientiert und weniger anwesenheitsorientiert gearbeitet wird, zeichnen sich diese Aufgaben der direkten Führung durch eine steigende Bedeutung aus. Regelmäßiges und fundiertes Feedback auf die Leistung gehört zu den wirksamsten Faktoren der Motivation von selbstständig arbeitenden Spezialisten. In virtuellen Teams ist auch digitales Feedback angebracht, was besondere Anforderungen an die Kompetenzen der Führenden stellt (s. ausführlicher Abschn. 8.4.3). Auch die Aufgabe, Mitarbeiter in ihrer Weiterentwicklung zu fördern und zum Lernen zu motivieren, ist für die dynamische flexible Arbeitsumgebung der Zukunft absolut erforderlich.

Motivieren und binden Die Aufgaben, die Mitarbeiter zu besseren Leistungen zu motivieren und sie an das Unternehmen und Team zu binden, sind zentrale Aufgaben der Führung.

In der digitalisierten Arbeitswelt verlagert sich der Fokus der Motivation, insbesondere bei den wissens- und innovationsorientierten Tätigkeiten, von den materiellen Anreizen zur Förderung der intrinsischen Motivation. Während die Gestaltung der Anreize in den Kompetenzbereich der strukturellen Führung (als Gesamtkonzept eines Unternehmens) fällt, liegt die Steigerung der intrinsischen Motivation in der Hand (und Verantwortung) der Führungskraft. Aus diesem Grund wird die Bedeutung dieser Aufgabe in der Zukunft einen höheren Stellenwert erlangen. Um interne Motive zu aktivieren, ist die Ansprache der Emotionen und nicht nur die rationale Argumentation von Bedeutung, deswegen gewinnen in diesem Kontext die emotionalen Aspekte der interaktiven Führung an Relevanz. Auch die Aufgabe, die Mitarbeiter an das Unternehmen zu binden, zeichnet sich wegen des zunehmenden Fachkräftemangels durch eine wachsende Bedeutung aus (s. ausführlicher Abschn. 8.5.3).

Die genannten Aufgaben der interaktiven Führung werden in der künftigen hybriden Arbeitswelt mithilfe der analogen oder digitalen Kommunikation zwischen der Führungskraft und ihren Mitarbeitern umgesetzt. Der Erfolg der interaktiven Führung hängt von der Empathie und der Menschenkenntnis der Führungskraft und ihren Fähigkeiten, Motive und Emotionen der Mitarbeitenden zu verstehen und zu berücksichtigen und ein nachhaltiges Vertrauen aufzubauen, ab.

8.2 Emotionen und Vertrauen in der Führung

Emotionen und Vertrauen spielen in der direkten Führung der Zukunft eine zentrale Rolle. Der Grund dafür ist vor allem die steigende Bedeutung des Engagements und der Kreativität der Beschäftigten als Wettbewerbsfaktor eines digitalisierten Unternehmens, in dem die meisten Routineaufgaben automatisiert sind. Ideen und Innovationen der Mitarbeitenden entfalten sich nur in einer positiven emotionalen Atmosphäre und können nicht unter Druck und Zwang entstehen. Die besten Leistungen werden von den Mitarbeitern freiwillig gegeben, wenn sie sich mit den Werten und Zielen des Unternehmens identifizieren, mit dem Team, den Kollegen und dem Unternehmen verbunden sind. Wer sich mit der Führung in der Zukunft beschäftigt, muss sich mit Beziehungen, Bindung und Emotionen beschäftigen.

8.2.1 Die Bedeutung von Emotionen in der Führung

Mit einem zunehmenden Anteil der Wissensarbeit an der Wertschöpfung und dem Prozess des Wertewandels weg von Disziplin und Gehorsam hin zu Individualität und Selbstverwirklichung (vgl. Ausführungen zu dem Wertwandel Abschn. 1.3), verändern sich die Einstellungen der Menschen in Bezug auf die Arbeit.

Die Arbeit wird von vielen Menschen nicht nur als Mittel zum Zweck, sondern als die Möglichkeit angesehen, eigene Talente und Fähigkeiten zu realisieren. Die Beschäftigten, insbesondere die jüngeren Generationen Y und Z, wünschen sich mehrheitlich Selbstverwirklichung in der Arbeit, mehr Mitwirkung und Partizipation bei Entscheidungen, interessante, sinnvolle und anspruchsvolle Tätigkeiten sowie Weiterbildungsmöglichkeiten.

Die Arbeit ist für viele Menschen nicht nur eine Last, sie ist im Idealfall sinnstiftend und Quelle der Zufriedenheit. Viele Unternehmen haben diese Erwartungshaltung erkannt, setzen vermehrt auf die intrinsische Motivation und fördern ihre Mitarbeiter mit einer gezielten Ansprache von Emotionen zu höheren Leistungen. Die Arbeit muss Spaß machen und Sinn stiften.

In diesem Kontext gewinnt die Vermittlung von Werten, Visionen und Sinn (Purpose – vgl. Abschn. 7.5.1) durch die Führung und generell die emotionale Führung an Relevanz.

Studien belegen, dass Emotionen für den Erfolg von Arbeitsteams eine wichtige Rolle spielen. Bei der Zusammenarbeit in Teams entsteht durch emotionale Ansteckung Gruppenstimmung, die positiv oder negativ sein kann. Die positive Stimmung im Team geht generell mit einer verbesserten Teamleistung einher. Vor allem in der virtuellen und hybriden Arbeitswelt gewinnen emotionale Kompetenzen der Führungskraft, insbesondere Empathie, an Bedeutung. Mitarbeitende von empathischen Führungskräften arbeiten effizienter und sind in ihrem Job zufriedener (vgl. Hartwich, 2021).

Das bedeutet, dass die Führungskräfte grundsätzlich auf die emotionale Atmosphäre in Teams achten und für eine gute Stimmung sorgen sollten. Denkbar sind dazu häufige persönliche Treffen oder gemeinsame Feier bei einem erfolgreichen Projektabschluss etc.

8.2.2 Führen mit Emotionen

Bei der emotionalen Führung wird die emotionale Intelligenz der Führungskräfte als Instrument der Mitarbeiterbeeinflussung eingesetzt. Eine hohe Ausprägung der emotionalen Intelligenz ermöglicht es den Führenden, sich in die Mitarbeitenden hineinzuversetzen, Situationen komplex wahrzunehmen und angemessen zu reagieren (vgl. Erläuterungen zur emotionalen Führung Abschn. 2.2.3).

Goleman definiert emotionale Intelligenz als „die Fähigkeit, unsere eigenen Gefühle und die Anderer zu erkennen, uns selbst zu motivieren und gut mit Emotionen in uns selbst und in unseren Beziehungen umzugehen" (Goleman, 2011, S. 387).

Eine emotional intelligente Führungskraft kann die kleinsten Nuancen von Emotionen der Mitarbeiter erkennen, sich in neuen Situationen auf die Mitarbeitenden emotional einstellen und sich in ihre Lage hineinversetzen. Darüber hinaus erzeugt die emotional intelligente Führungskraft eine starke emotionale Wirkung auf andere Menschen und kann ihr Verhalten beeinflussen. Emotional intelligente Führende wirken anziehend, weil es den Mitarbeitern Freude bereitet, mit ihnen zusammenzuarbeiten, von ihnen verstanden und angeführt zu werden.

Emotionen in der digitalen Transformation

Die digitale Transformation, mit der sich heute viele Unternehmen beschäftigen, übt eine starke, ambivalente emotionale Wirkung auf die Beschäftigten aus. Wird die Einführung einer neuen Technologie, wie beispielsweise der Künstlichen Intelligenz, angekündigt, so erleben viele Menschen Ängste, dass ihre Arbeitsplätze dadurch gefährdet sind, und Zweifel, ob sie die Umstellung ohne große Probleme bewältigen können. Zugleich empfinden viele Menschen Neugier und Interesse, dem Neuen zu begegnen. Diese widersprüchlichen Emotionen sollten ernstgenommen und offen thematisiert werden. Es ist wichtig, die Veränderungen rechtzeitig anzukündigen und in persönlichen Gesprächen über Chancen und Risiken sowie über praktische Einführungsprozesse und -schritte zu diskutieren. Gelingt es der Führung, Menschen mitzunehmen und für das Neue zu begeistern, so entwickelt sich eine positive Stimmung, die die Veränderungen leichter gestalten lässt. Dominieren wegen dem Mangel an Vertrauen negative Gefühle, so kann es zum Widerstand und sogar zum Scheitern kommen. ◄

Die Führungskräfte sind gefragt, im Rahmen der emotionalen Führung Vertrauen aufzubauen, Mitarbeitende zu motivieren, Leistung zu sichern, Werte, Überzeugungen und

8.2 Emotionen und Vertrauen in der Führung

Prinzipien des Unternehmens zu vermitteln und vorzuleben sowie eine positive Arbeitsatmosphäre zu schaffen.

Im Rahmen der emotionalen Führung können darüber hinaus folgende praktische Instrumente eingesetzt werden:

- Empathie: mit Menschen mitfühlen,
- Achtsamkeit: achtsam-reflektive Haltung,
- Optimismus: positives hervorheben,
- Humor: zum Lachen bringen.

Empathie zeigen
In einem Meeting, Feedback- oder Mitarbeitergespräch braucht eine Führungskraft Mitgefühl und Empathie gegenüber den Mitarbeitenden.

▶ **Empathie** ist die Fähigkeit, sich in die Situation eines anderen Menschen hineinzuversetzen, mitzufühlen.

Empathische Führungskräfte sind in der Lage, eine Situation mit den Augen des Anderen zu sehen, seine Rahmenbedingungen und Motive, seine Einzigartigkeit zu erkennen, und zugleich nachzuempfinden, wie es dem Anderen zumute ist. Die Gefühle eines Mitarbeiters nachempfinden zu können, heißt nicht, diese Gefühle zu teilen. Es geht eher darum, dass die Führungskraft das Denken und Fühlen des Mitarbeiters aus seiner Perspektive betrachtet, dem Mitarbeiter richtig zuhört und ihn zu verstehen bzw. zu fühlen versucht.

Insbesondere in virtuellen Führungskontexten, in denen viele Menschen unter sozialer Isolation und emotionaler Distanz leiden, gewinnt Empathie der Führungskräfte an Bedeutung.

Eine im Jahr 2021 durchgeführte Studie von Microsoft, KRC Research und Boston Consulting Group belegt, dass Empathie für größere **Zufriedenheit** und **Effizienz** in hybriden Arbeitskontexten sorgt. Führungskräfte, die sich in ihre Mitarbeiter hineinversetzen können und ihre Teammitglieder bewusst dabei unterstützen, klare Grenzen zwischen Arbeit und Privatleben zu ziehen, sorgen für mehr Zufriedenheit in ihrem Team: Fast zwei Drittel (65 %) der befragten Angestellten mit einer empathischen Führungskraft geben an, zufrieden mit ihrem Job zu sein, 83 % fühlen sich gesehen und wertgeschätzt. Deutlich geringer fallen die Zahlen bei Befragten aus, deren Vorgesetzte sich nicht um eine gute Work-Life-Balance kümmern: Nur 35 % von ihnen sind zufrieden und nur 36 % fühlen sich anerkannt. Zudem fördert empathisches Führungsverhalten Effizienz: Ein Arbeitsumfeld, in dem sich Beschäftigte durch ihre Teamleiter geschätzt fühlen, motiviert zu proaktiven Lösungsvorschlägen (59 %) und freier Meinungsäußerung, wie Arbeitsprozesse verbessert werden können (52 %). Bei Beschäftigten, die sich von ihren Führungskräften nicht verstanden fühlen, ist dieses Verhalten weniger ausgeprägt (vgl. Hartwich, 2021).

Empathische Führungskräfte sind bereit, sich für ihre Mitarbeitenden Zeit zu nehmen und aktiv zuzuhören. Das bedeutet, sich aktiv am Gespräch zu beteiligen, sich auf den Mitarbeiter einzulassen, ihm volle Aufmerksamkeit zu widmen. Die Führungskraft sollte darauf achten, was der Mitarbeiter sagt und wie er es sagt. Es ist ebenfalls hilfreich, das Gehörte in eigene Worte zu fassen, sowohl die Sache als auch die Emotionen.

Bei digitaler Kommunikation sollten Führungskräfte für unterschiedlichste Anlässe verschiedene Tools – kurzfristige Microsoft Teams Calls für Brainstormings, feste wöchentliche Termine, um sich nach der Arbeitsbelastung und dem Wohlbefinden der Beschäftigten zu erkundigen, oder einen kurzen informellen Chat oder Anruf zwischendurch. So vermitteln sie ihren Teammitgliedern, dass sie nicht allein gelassen werden in der manchmal noch ungewohnten hybriden Arbeitswelt und in dieser insgesamt unsteten Zeit (vgl. Hartwich, 2021).

Achtsam-reflektierte Haltung
Ob eine Führungskraft eine emotionale Wirkung auf die Mitarbeitenden erzielt, hängt unter anderem von ihrer Persönlichkeit und Haltung ab. Eine positiv-empathische Persönlichkeit und eine achtsam-reflektierte Grundhaltung einer Führungskraft werden als Erfolgsfaktoren wirksamer Führung bezeichnet (vgl. von Au, 2021, S. 237).

Unter der Achtsamkeit wird eine stets bewusste, den oftmals bestehenden Autopiloten-Modus durchbrechende Aufmerksamkeit verstanden, die nur auf die Gegenwart fokussiert und dabei nur wahrnehmend und nicht (be-)urteilend ist. Als Zeichen der Achtsamkeit gelten aktives Zuhören und achtsame, wertschätzende und verbindliche Kommunikation (vgl. von Au, 2021, S. 237).

Eine Führungskraft, die **aktiv zuhört,** hat ein aufrichtiges Interesse an dem Mitarbeiter und seinen Problemen, stellt offene Fragen, versucht sachliche Argumente und emotionale Empfindungen des Gesprächspartners nachzuvollziehen, fasst das Gehörte in eigene Worte, um sicher zu sein, alles richtig verstanden zu haben.

Eine achtsame Kommunikation beginnt mit der Haltung der Führungspersönlichkeit zum Selbst, zum Empfänger, zur Sache und auch zum betroffenen Umfeld. Die Selbstreflexion der Führungskraft als Basis spielt dabei eine wichtige Rolle (vgl. Abschn. 6.3.2). Darüber hinaus ist Empathie erforderlich, um sich in die Lage des Gesprächspartners hineinversetzen zu können.

Optimismus ausstrahlen
Optimistische Menschen streben trotz Hindernissen und Rückschlägen ihre Ziele an und finden in jeder Situation etwas Positives. Führungskräfte, die auch unter schwierigen Bedingungen optimistisch bleiben, schaffen mit ihrer positiven Ausstrahlung Hoffnung, Harmonie und Vertrauen.

Der schnellste Weg, positive soziale Interaktionen zu fördern, sind Team-Meetings. Teams, die in einem Meeting zuerst über das sprechen, was in der vergangenen Zeit positiv war, weisen eine höhere Zufriedenheit auf als solche, die langweilige oder gar negative Meetings aussitzen. Führungskräfte sollten daher in den Meetings häufiger über die Erfolgserlebnisse sprechen und optimistisch sein.

Eine intensive Beschäftigung mit positiven Emotionen führt zu einer positiven Gefühlslage und zu einer Bereitschaft der Teammitglieder, in positive Interaktionen einzutreten, wie etwa Unterstützung, Anerkennung, gegenseitige Hilfsbereitschaft.

Humor einsetzen
Der Humor einer Führungskraft beeinflusst die Beziehung zwischen der Führungskraft und ihren Beschäftigten und auch wie sehr sich die Mitarbeiter mit der Führungskraft identifizieren. Allerdings gilt es nur für den positiven Humor, bei dem die Anderen zum Lachen gebracht und nicht verspottet werden. Lediglich Humor im Sinne mit anderen freundschaftlich zu scherzen, um sie zu erheitern, wirkt sich auf die Gesprächsatmosphäre positiv aus. Ein humorvolles Auftreten einer Führungskraft könnte als ein Angebot an die Mitarbeiter angesehen werden, sich mit ihnen zu identifizieren, während Verspotten oder Ironisieren eher zu einer Distanz führt.

Eine Führungskraft, die mit Witz und Humor eine Besprechung eröffnet oder in einer angespannten Situation eine Anekdote aus eigenem Leben erzählt, kann mit mehr Sympathie und mehr Engagement seitens der Mitarbeiter rechnen.

8.2.3 Vertrauen aufbauen

Vertrauen ist ein wichtiger Baustein für eine erfolgreiche Führung, da die Kommunikation mit den Mitarbeitern nur auf der Basis von Vertrauen glaubwürdig und effektiv sein kann.

▶ **Vertrauen** der Mitarbeiter ist die Erwartung, dass die Führungskraft berechenbar zum Vorteil der Mitarbeiter handelt.

Mitarbeiter, die ihrer Führungskraft vertrauen, sind eher bereit, Ideen zu entwickeln und Risiken einzugehen, wie etwa persönliche Informationen preiszugeben, auf einen Fehler oder ein Problem aufmerksam zu machen, einen Vorschlag mit Einsparpotenzial bei den Mitarbeitern zu machen. Deshalb ist Vertrauen ein sehr wesentlicher Aspekt für Teamarbeit.

Die **Vorteile** des Vertrauens für die Führung sind vielfältig (vgl. WPGS, o. J.):

- eine bessere Beziehung zwischen der Führungskraft und Mitarbeitern und damit mehr Einflussmöglichkeiten,
- geringerer Aufwand für Kontrolle und weniger Notwendigkeit von Druck (etwa unmittelbare Belohnungen und Sanktionen als Anreize von außen),
- effektivere Kommunikation mit den Mitarbeitern, da diese stärker auf die Inhalte reagieren (Glaubwürdigkeit),
- bessere Aufnahme von negativer Rückmeldung und Kritik, da die Mitarbeiter an die gute Absicht der Führenden glauben,

- klarer und unverzerrter Informationsfluss von den Mitarbeitern zu Führungskräften (auch bei brisanten Informationen),
- größere Akzeptanz von Veränderungen,
- bessere Kooperation der Mitarbeiter durch mehr Vertrauen im gesamten Team untereinander,
- weniger Feindseligkeit und Konflikte im Team,
- stärkerer Zusammenhalt im Team.

Wie kann eine Führungskraft Vertrauen aufbauen? Die einschlägige Forschung hat mehrere Treiber identifiziert, aus denen Vertrauen entsteht (vgl. WPGS, o. J.):

- **Vertrauensvorleistung:** Eigenes Vertrauen weckt bei Mitarbeitenden ebenfalls Vertrauen. Ein Vertrauensvorschuss kann daher zu einer Wechselwirkung genutzt werden. Das kann geschehen, indem die Führungskraft den Mitarbeitern anspruchsvolle aber realistische Projekte anvertraut, ohne permanent zu kontrollieren.
- **Smartes Vertrauen:** Gefragt ist ein smartes Vertrauen, das den Vertrauensvorschuss mit klaren Zielen und klarer Verantwortlichkeit verbindet – nicht dauernd kontrolliert aber reagiert, wenn Ergebnisse nicht stimmen. Ein smartes Vertrauen besteht aus einem kleinen Vorschuss und klarer Verantwortung. Wenn die Ergebnisse stimmen, kann das Vertrauensverhältnis ausgeweitet werden.
- **Sichtbare Kontrolle reduzieren:** Selbst ein scheinbar bangloses kurzes Anfragen, wie weit jemand ist („Wie weit bist du eigentlich mit dem …?"), signalisiert oft schon Misstrauen zwischen den Zeilen. Eine gute Richtschnur ist, vereinbarte Ergebnisse und Ziele zu kontrollieren aber nicht den Weg dorthin.
- **Kompetenz und Selbstsicherheit:** Nur wenn die Mitarbeiter von der Kompetenz einer Führungskraft bei den Entscheidungen überzeugt sind, werden sie dieser vertrauen. Da Kompetenz oftmals nicht direkt geprüft werden kann, ist insbesondere die Selbstsicherheit einer Person zentral, um Vertrauen zu ermöglichen.
- **Im Interesse der Mitarbeiter handeln:** Der Kern von Vertrauen ist die Erwartung der Mitarbeiter, dass die Führungskraft in ihrem Interesse handeln wird. Es sollte die Wahrnehmung geschützt werden, dass die Führungskraft es „gut mit den Mitarbeitern meint".
- **Integrität:** Integrität bedeutet, dass die Führungskraft ihr gesprochenes Wort hält und erfüllt, was sie versprochen und angekündigt hat. Bereits ein einmaliger Wortbruch genügt, um das mühsam aufgebaute Vertrauen wieder komplett zu zerstören.
- **Konsistenz:** Konsistenz im Verhalten der Führungskraft ist wichtig, erst dann können ihr feste Eigenschaften zugeschrieben werden und Vertrauen entstehen. Vertrauen hat sehr viel mit Berechenbarkeit zu tun. Wechselhaftes Verhalten ist Gift für Vertrauen. Man weiß überhaupt nicht, woran man ist, bei jemandem, der unberechenbar handelt.
- **Ähnlichkeit:** Menschen vertrauen leichter anderen Personen, die ähnlich sind in sozialer Schicht, Kultur, Sprache, Ethnie und Werten.

- **Sympathie aufbauen:** Sympathie ist ein wesentlicher Treiber für Vertrauen, ohne Sympathie als Basis scheint es Menschen schwer zu fallen, Vertrauen zu anderen Personen zu fassen.
- **Vertrauen öffentlich zum Ziel machen:** Das Thema Vertrauen offen kommunizieren, Vertrauen genauso wie „harte" Führungsziele klar als Ziel ausrufen, ansprechen, messen und verbessern. Jeder im Team sollte wissen, dass Misstrauen nicht nur ein subjektives Gefühl ist, sondern messbar harte Kosten verursacht – etwa indem alles langsamer wird.

Führungskräfte sollten diese Vertrauenstreiber berücksichtigen, um eine gute Vertrauensbasis für ihren Erfolg zu festigen. Diese Empfehlungen gelten auch für die **virtuelle Zusammenarbeit.** Viele Studien belegen die Bedeutung des Vertrauens zwischen den Akteuren als Erfolgsfaktor für die Führung im virtuellen Kontext. Auch wenn das Vertrauen in virtuellen Teams wegen der mangelnden Face-to-Face-Kommunikation schwieriger aufzubauen ist, spielt das Vertrauen bei virtueller Führung eine koordinierende Rolle und ist für die Leistung von virtuellen Teams unabdingbar (vgl. Rybnikova & Lang, 2021).

Um Vertrauen aufzubauen, sollten Führungskräfte den Geführten im virtuellen Kontext deutlich Empathie und Verständnis entgegenbringen. Durch die Breite und Tiefe der virtuellen Kommunikation kann die Vertrauenswürdigkeit der Führungskraft positiv und signifikant beeinflusst werden (vgl. Rybnikova & Lang, 2021):

- Teammitglieder sollen das Gefühl haben, mit ihrer Führungskraft über eine große Bandbreite (Kommunikationsbreite) und auch über persönliche Themen (Kommunikationstiefe) sprechen zu können,
- die Häufigkeit und Intensität der Kommunikation seitens der Führungskraft ist insbesondere zu Beginn der virtuellen Zusammenarbeit wichtig,
- später ist ein regelmäßiges Feedback der Führungskraft für das Vertrauen im Team notwendig.

Mit diesen gezielten Maßnahmen können die Führungskräfte auch in virtuellen Kontexten ein gegenseitiges Vertrauen erzeugen und aufrechterhalten.

Für viele Führungskräfte ist es jedoch schwierig, ihren alten Glaubenssatz aufzugeben, dass sie alles am besten wissen und können und deswegen glauben, alles kontrollieren zu müssen, damit es funktioniert. Gerade in hybriden Arbeitswelten ist die Angst vor dem befürchteten Kontrollverlust ein Thema (vgl. Gall & Wittenberg, 2021, S. 135).

Und die Führungskräfte, die mit Misstrauen agieren, bekommen Geführte, die mit Misstrauen antworten, weniger innovativ und motiviert sind. Die Beschäftigten brauchen **emotionale Sicherheit,** d. h. den Glauben, dass Fragen, Fehler, Ideen oder Kritik willkommen sind und nicht zur Abwertung führen. Viele Mitarbeitende haben Angst davor, als unwissend, inkompetent oder aufdringlich zu gelten, wenn sie sich einbringen.

Mit einem Vertrauensvorschub und klaren Erwartungen können Führungskräfte wertvolle Potenziale der Beschäftigten aktivieren (vgl. Bock & Schwienhorst, 2021, S. 322).

Auch die Forschungsarbeiten von Edmondson (2020) liefern eine Grundlage dafür, wie Führungskräfte **psychologische Sicherheit** vermitteln und in Unternehmen verankern können. Für Edmondson ist psychologische Sicherheit ein kultureller Wert, der in Verbindung mit hohen Leistungsstandards Mitarbeiterpotenziale freisetzt und die Lern- und Innovationsfähigkeit einer Organisation bestimmt. Nur wenn Mitarbeiter sich sicher fühlen und keine Sanktionen fürchten müssen, wenn sie wissen, dass auch ihre Meinung zählt, bringen sie sich aktiv ein (vgl. Schwuchow, 2021, S. 27).

Der Weg zu psychologischer Sicherheit beginnt damit, Probleme offen zu kommunizieren und Feedback zu geben (vgl. Abschn. 8.4.3).

Es gilt, das Scheitern vom negativen Stigma des Versagens zu befreien und es als natürliches Nebenprodukt des Experimentierens, von Lernen und Innovation zu sehen, gleichzeitig aber auch klare Regelverstöße oder wiederkehrende Abweichungen von vorgeschriebenen Prozessen zu sanktionieren (vgl. Schwuchow, 2021, S. 28).

8.3 Werte vorleben, Sinn vermitteln

Eine gemeinsame Vision und das Vorleben von kulturellen Werten durch die Führungskraft im Rahmen von Meetings, Besprechungen und Mitarbeitergesprächen bilden ein Fundament für die Motivation und Bindung von flexibel oder sogar virtuell arbeitenden Beschäftigten an ihr Team und Unternehmen. Allerdings wirken nur glaubwürdige und geteilte Visionen und Werte motivierend, und es liegt an einer Führungskraft, die Vision und Werte mit Leben zu füllen und die Beschäftigten zu begeistern.

8.3.1 Unternehmenswerte vorleben

Die Werte der Unternehmenskultur sind nur wirksam, wenn sie in dem Unternehmen gelebt werden, und die Führungskräfte spielen dabei als Vorbilder eine tragende Rolle (vgl. Ausführungen zur Gestaltung der Unternehmenskultur Abschn. 7.5.5).

Nach Edgar Schein (1995) wird die Kultur eines Unternehmens durch Persönlichkeiten geprägt und verändert, insbesondere durch die Unternehmensgründer. Sie geben Visionen, Überzeugungen und Werte vor. Erweisen sich diese als erfolgreich, leben sie oft in geteilten Werten und Grundprämissen weiter. Danach werden die Werte im Unternehmen vor allem durch die Führungspersonen geprägt.

Werte dienen als Begründung für die Unternehmensziele und für die Art und Weise der Zielerreichung. Zu jedem Wert sind zugehörige Verhaltensnormen und Kriterien festzulegen. Viele Unternehmen haben den Begriff „Nachhaltigkeit" in ihrem Leitbild verankert. Allerdings was bedeutet Nachhaltigkeit konkret für eine Abteilung oder ein

8.3 Werte vorleben, Sinn vermitteln

Arbeitsteam? Die Aufgabe, die Werte zu konkretisieren und in einem Team umzusetzen, ist eine Führungsaufgabe.

Die Werte und Normen werden **von Führungskräften** laufend, bewusst und unbewusst vermittelt und **vorgelebt** – in Meetings, Gesprächen, Präsentationen oder auch bei einem Betriebsausflug. Vor allem das tatsächliche Handeln aufgrund der Werte, und nicht die Lippenbekenntnisse, werden von den Mitarbeitern sehr genau wahrgenommen.

Das gezielte (bewusste) Vermitteln von Werten und Normen findet bei Einführungsgesprächen mit den neuen Mitarbeitern, beim Start eines neuen Projektes etc. statt, wo man die Regeln des Miteinanders festlegt. Hier obliegt der Führungskraft die Rolle, die gemeinsamen Werte explizit anzusprechen, um ihr Einhalten zu gewährleisten. Bei der Einführung eines neuen Mitarbeiters werden die Werte der Unternehmenskultur (und Teamkultur) erläutert und mit Beispielen untermauert. Beim Projektstart sollten die Normen der Zusammenarbeit wie gegenseitiges Vertrauen, offener Informationsaustausch, Unterstützung im Team etc. thematisiert und gemeinsam diskutiert werden.

Auch bei Abweichungen von den Normen sollte man diese gezielt nennen und erläutern, warum es wichtig ist, sich an die Regeln zu halten. Das gilt z. B. bei Konflikten oder Mobbing in Arbeitsgruppen. Die Betroffenen werden in einem Konflikt- oder Kritikgespräch direkt auf die geltenden Normen und ihr Einhalten hingewiesen.

Das Vorleben von Werten durch die Führungskräfte erfordert Integrität und Konsistenz im Führungsverhalten: Aufrichtigkeit, Übereinstimmung zwischen Wort und Tat sowie ein berechenbares Verhalten führen dazu, dass das Verhalten der Führungskraft als Vorbild wahrgenommen wird und eine positive Wirkung erzeugt (vgl. Abschn. 8.2.3).

Neben dem direkten Vermitteln und Vorleben von Unternehmensvisionen und Werten können Führungskräfte Storytelling einsetzen: Die Führungskraft veranschaulicht die Werte und Ziele des Unternehmens, indem sie sie in eine emotionale Geschichte, die „Story" des Unternehmens einbettet. So werden die Mitarbeiter „mitgenommen" und erkennen eine attraktive Vision für die Zukunft (vgl. Stock-Homburg & Groß, 2019, S. 604).

▶ **Storytelling** ist eine Methode des Geschichten-Erzählens, um verschiedene Botschaften des Unternehmens, seiner Produkte oder seiner Werte zu emotionalisieren und zu verbreiten.

Beim Storytelling wird explizites und implizites Wissen in Form von Metaphern, Erlebnissen und Erfahrungen weitergegeben. Storytelling kann durch Führungskräfte eingesetzt werden, um strategische Vorgaben zu kommunizieren, für Veränderungsprozesse zu motivieren, Ereignisse rückblickend in einen größeren Kontext einzuordnen oder Geführte durch statistische Analysen in komplexen Situationen zu überzeugen (vgl. Stock-Homburg & Groß, 2019, S. 604).

In der Führungskommunikation birgt Storytelling ein großes Potenzial. Es kann Unternehmensvisionen transportieren, Veränderungsprozesse unterstützen, Menschen inspirieren. Ein guter Erzähler achtet nicht nur auf den Inhalt der Geschichte, sondern inszeniert den Erzählprozess. Storytelling regt Gespräche unter den Mitarbeitenden an, spricht ihre Emotionen an.

Aktuell gewinnt **digitales Storytelling** im Zusammenhang mit den neuen Möglichkeiten der digitalen Technologien an Bedeutung. Firmeninterne Online-Plattformen ermöglichen es Führungskräften, ihre Geschichten multimedial zu verbreiten. Geschichten können über verschiedene Formate wie Bilder, Videos, Posts und Grafiken erzählt, als Kurzvideos für Smartphones aufbereitet und in sozialen Netzwerken oder auf YouTube abgespielt werden.

Bei der Gestaltung multimedialer Erzählformen sind nach Stock-Homburg und Groß (2019, S. 605) folgende Aspekte relevant:

- Formulierung klarer Kommunikationsziele für die zu erzählende Geschichte,
- Identifizierung und Segmentierung aktueller Erwartungen und Bedürfnisse der Mitarbeiter,
- Konstruktion der Inhalte und der Situationsabfolgen in Abhängigkeit der identifizierten Erwartungen und Bedürfnisse mit den Mitarbeitern in der Heldenrolle,
- Auswahl des Medien-Mixes als Kombination aus persönlichen und digitalen Kanälen,
- zielgruppen- und mediengeeignetes Storytelling für die Mitarbeiter,
- Möglichkeit eines Feedbacks seitens der Mitarbeiter.

Die Führungskräfte in virtuellen Arbeitskontexten sollten von den Vorteilen des digitalen Storytellings profitieren und mit seiner Hilfe das Zugehörigkeitsgefühl der Teammitglieder fördern. Nicht nur die Erfolgsgeschichten des Unternehmens, sondern auch die Anekdoten aus der Teamgeschichte tragen zum Zusammenhalt bei und ermöglichen eine Kommunikation des Gruppenerfolgs nach außen, z. B. in Form eines Kurzvideos über eine gut gelaufene Projektpräsentation.

8.3.2 Sinn vermitteln

„Hochqualifizierte und engagierte Mitarbeiter sind nicht mehr bereit, eine sinnlose Arbeit auszuführen", schreibt zurecht von Au (2021, S. 233). Die Vermittlung des Sinns und der Bedeutung in der Arbeit avanciert in moderner Arbeitswelt zu einer bedeutenden Aufgabe der Führung.

Währen eine Vision und Purpose für das ganze Unternehmen als Bestandteil der strukturellen Führung formuliert wird und vor allem die Identifikation mit dem Unternehmen fördert, ist die Sinnhaftigkeit und Bedeutsamkeit einer konkreten Aufgabe für die alltägliche Arbeitsmotivation der Beschäftigten wichtig. Deswegen kann diese Aufgabe der interaktiven Führung durch unmittelbare Vorgesetzten zugeordnet werden.

8.3 Werte vorleben, Sinn vermitteln

Der Sinnorientierung in der Führung wird in der letzten Zeit eine zunehmende Aufmerksamkeit zuteil, allerdings findet man in diesem Führungsansatz viel Ähnlichkeit mit dem bekannten Konzept der symbolischen Führung (vgl. Abschn. 2.2).

Häufig wird heute in Unternehmen von Purpose, dem Sinn der Tätigkeit gesprochen (vgl. Abschn. 7.5.1). Die Frage nach dem Warum sollte in erster Linie beantwortet werden.

Klassische Ansprache bei einem Projekt-Kick-off-Meeting oder in der Antrittsrede einer neuen Führungskraft vor den Mitarbeitenden beginnt oft mit den Fragen „Was" und „Wie", die auf Zahlen, Daten und Fakten basieren und mit rationalen Argumenten überzeugen. Aber Menschen treffen Entscheidungen nicht allein auf der Grundlage dieser rationalen Faktoren, sondern oft auf der Basis von Gefühlen. Nur auf der emotionalen Ebene kann man Begeisterung erzeugen. Eine Führungskraft sollte ihren zukünftigen Teammitgliedern ein gutes Gefühl vermitteln, warum es sich lohnt, mitzuarbeiten und ihr zu folgen (vgl. Gall & Wittenberg, 2021, S. 115).

Das „Warum" ist der Sinn und Zweck einer Sache und sollte bei der Motivation im Mittelpunkt stehen. Es geht um den Glauben an unseren persönlichen Beitrag und den damit verbundenen Dienst an der Sache und an den Mitmenschen. Dies ist es, was viele Menschen inspiriert und motiviert. Tatsächlich bestätigt die Wissenschaft, das Mitarbeitende, die einen tieferen Sinn in ihrer Arbeit empfinden, motivierter, engagierter und dadurch am Ende auch erfolgreicher sind. Hinzu kommt, dass die sinnerfüllte Arbeit auch die persönliche Resilienz stärkt. In diesem Sinn fungiert der Sinn als Motivationsfaktor für mehr Engagement ebenso als Schutzfaktor für psychische Erkrankungen wie zum Beispiel ein Burnout (vgl. Rose, 2020, S. 49).

Die sinnorientierte Führung eröffnet Führungskräften ein großes Potenzial, die Mitarbeitenden für sich und für die Sache zu gewinnen und damit neue Leistungsträger im Team zu aktivieren.

Jung (2020) spricht von **„Führen mit Sinn"** und bezeichnet die Vermittlung des Sinns und der Bedeutung der Arbeit bzw. Aufgabe als eine zentrale Führungsaufgabe. Ein sinnvoller Arbeitsplatz ermöglicht dabei die Realisierung der drei für Beschäftigte wichtigen Werte: die Hervorbringung der schöpferischen Leistung, eine wertschätzende und gerechte Umgangsweise sowie eine würdevolle Haltung bei eigenen psychischen oder körperlichen Beschwerden am Arbeitsplatz (vgl. Jung, 2020).

Jung erläutert zwei konkrete Ansätze, wie Führungskräfte ihren Mitarbeitern ein sinnerfüllendes Arbeiten ermöglichen und sinnorientiert führen können:

1. Unterstützung der Mitarbeitenden bei wertebezogenem Handeln, sodass das Wertebegegnen und Sinnfühlen für sie möglich wird. Dies umfasst die Aspekte wie Verdeutlichung der Bedeutsamkeit der Tätigkeit, gerechte Behandlung, Resonanzerfahrung (vgl. dazu Ausführungen zur emotionalen Führung im Abschn. 2.2.3).

2. Gewährleistung eines guten „Psychophysikums" (Jung, 2020, S. 182) durch die Führungskraft, also eines psychischen und körperlichen Wohlbefindens von Beschäftigten. Das kann durch ergonomische Arbeitsplätze geschehen, aber auch durch leistungsgerechte Entlohnung wie auch durch sinnvolle Maßnahmen zur Personalentwicklung.

Als förderlich für sinnorientierte Führung nennt Jung weitere zusätzliche Aspekte: angstfreies Arbeitsklima, Transparenz durch Kommunikation, Ermöglichung von Freiheit und Verantwortung, Erleben der Zusammengehörigkeit im Team, Gespräche über Wertvorstellungen (vgl. Jung, 2020, S. 183 f.).

Mit welchen Mitteln können Führungskräfte Sinn vermitteln? Rybnikova und Lang (2021) verweisen auf eine Vielfalt der Instrumente der Sinngebung: verbale Äußerungen, rhetorische Mittel, wie Metaphern, Witze, Geschichten oder Bilder. Darüber hinaus ist die Führungskraft selbst als Vorbild für die kulturellen Werte und sinnvolle Arbeit zu betrachten.

Ein bekanntes Zitat, das in vielen Fachbüchern über Motivation und Innovation vorkommt, sind die Worte von Antoine de Saint-Exupéry (1969): „Wenn du ein Schiff bauen willst, dann trommle nicht Männer zusammen, um Holz zu beschaffen, Werkzeuge vorzubereiten, Aufgaben zu vergeben und die Arbeit einzuteilen, sondern lehre die Männer die Sehnsucht nach dem weiten endlosen Meer". Daraus wird deutlich, wie wichtig die Sinnvermittlung für die Motivation und Zusammengehörigkeit von Menschen ist.

8.4 Kommunikation und Feedback

Der Erfolg der Führung hängt wesentlich davon ab, inwieweit es ihr gelingt, ein kooperatives vertrauensvolles Verhältnis mit ihren Mitarbeitern zu etablieren. Die Beziehungsqualität zwischen Vorgesetzten und Mitarbeitern wird vor allem durch die Quantität und Qualität der Kommunikation geprägt.

Insbesondere im Rahmen von Change-Prozessen kommt der Kommunikation der Vision, Ziele und Vorgehensweisen sowie kritischen Auswirkungen der geplanten Veränderungen auf die Führungskräfte und Mitarbeiter durchgehend eine wichtige Aufgabe zu. Wird gut geplante und strukturierte strategische Change-Kommunikation effektiv genutzt und eingesetzt, kann sie die Partizipation der Betroffenen an Veränderungsprojekten steigern und somit zum Erfolg des Veränderungsprozesses aktiv beitragen (vgl. Deekeling & Arndt, 2021, S. 545).

Über Kommunikation vermittelt die Führungskraft Ziele, gibt Feedback, zeigt Anerkennung und schafft Transparenz. Verbale und nonverbale Kommunikation ist das zentrale Instrument der Führung. Wie die Kommunikation die Beziehungsgestaltung beeinflussen kann, zeigt das Modell der zwischenmenschlichen Kommunikation von Schulz von Thun.

Nach Schulz von Thun besitzt jede Nachricht vier Seiten, die in der Kommunikation gleichzeitig gesendet und empfangen werden (vgl. Schulz von Thun, o. J.):

- Zum einen enthält die Nachricht einen **Sachinhalt,** d. h. Daten und Fakten, die eine Überprüfung auf ihren wahren oder falschen Charakter zulassen.
- Zum zweiten enthält sie immer auch einen Aspekt der **Selbstoffenbarung,** d. h. der Sender offenbart, wie er sich in der aktuellen Situation fühlt und was ihn bewegt, die Nachricht zu senden.
- Hinzu kommt die **Beziehungsseite,** die Informationen über das Verhältnis des Senders zum Empfänger zum Ausdruck bringt.
- Schließlich besitzt eine Nachricht auch einen **Appell,** welcher offen oder verdeckt die beabsichtigte Verhaltensbeeinflussung beinhaltet.

Dieses Modell belegt, dass die Anforderungen an das Kommunikationsverhalten einer Führungskraft weit über eine elementare Informationsweitergabe hinausgehen. Die Sachebene sollte klar und verständlich, die Selbstoffenbarung authentisch, die Beziehungsebene respektvoll und der Appel deutlich kommuniziert werden.

8.4.1 Formen der Kommunikation in Unternehmen

In modernen Organisationen, wo den Mitarbeitern und Führungskräften verschiedener Hierarchieebenen relativ viel Eigenverantwortung übertragen wird bzw. wo Mitarbeiter sowie deren Vertreter wie Betriebsräte verstärkt Mitsprache und dazu erforderliche Information einfordern, hat Kommunikation einen wichtigen Stellenwert.

Das Führen einer Organisation besteht zu einem wesentlichen Teil aus strukturierter Kommunikation. Einerseits resultiert aus der Führung und entsprechender Einflussnahme die formelle, offizielle und geregelte Kommunikation. Dabei kann es zur Verteilung von Information in Form der Einwegkommunikation kommen, oder durch Dialog, d. h. im direkten Gespräch der Menschen miteinander. Andererseits wird zweifellos ebenso abseits geregelter Kommunikation unweigerlich miteinanderkommuniziert. Denn das ist ein menschliches Grundbedürfnis. Beide Ausprägungen, sowohl eine offizielle, formelle und geregelte Kommunikation als auch eine inoffizielle, informelle, nicht geregelte Kommunikation, sind wichtige Bestandteile der Kommunikation in Organisationen (vgl. Doppler & Lauterburg, 2019, S. 368 ff.).

Während die formelle, geregelte Kommunikation sich unmittelbar gestalten lässt, kann die informelle Kommunikation nur bedingt beeinflusst werden. Die Aufgabe der direkten Führung besteht in erster Linie darin, die **formelle** Kommunikation mit den Beschäftigten optimal zu gestalten.

Grundsätzlich lassen sich drei Formen der Kommunikation unterscheiden: mündliche (verbale), schriftliche (verbale) und nonverbale Kommunikation. Außerdem kann zwischen der analogen und der digitalen Kommunikation differenziert werden.

Verbale Kommunikation
Verbale Kommunikation erfolgt über Worte und ist das zentrale Kommunikationsmittel im betrieblichen Alltag. Aus neurobiologischer Perspektive gesehen, transportiert menschliche Sprache Handlungsvorstellungen: Die Sprache ist ein „Mittel, um Vorstellungen, die wir selbst haben, in einen anderen Menschen einzuspiegeln. Die Sprache versetzt uns in die Lage, Spiegelbilder unserer Vorstellungen im anderen wachzurufen und dadurch gegenseitiges Verstehen zu erzeugen." (Bauer, 2006, S. 76). Aus diesem Grund kann das Wort bewegen, anregen oder verändern. Genau das macht eine charismatische Führungskraft, wenn sie ihre Mitarbeiter zu einer bestimmten Handlung motiviert.

Zu der mündlichen Kommunikation gehören Ansprachen, Meetings, Mitarbeitergespräche, Gruppendiskussionen, aber auch informeller Austausch in der Betriebskantine etc.

Die technische Entwicklung hat diese Form der Kommunikation erheblich ausgeweitet: Telefonieren und Videokonferenzen ermöglichen mündliche Kommunikation über beliebige Distanzen hinweg. Die große Bedeutung dieser Kommunikationsform ist letztlich auf zwei Merkmale zurückzuführen: ihre Geschwindigkeit und die Möglichkeit zu unmittelbarem Feedback. Ein Nachteil der persönlichen oder telefonischen mündlichen Kommunikation zeigt sich vor allem, wenn auf diesem Wege eine Information an sehr viele verschiedene Personen nacheinander zu übermitteln ist. Mit der Zahl der Personen wird der Grad der Verzerrung der Botschaft steigen. (Analoge) Meetings und Videokonferenzen ermöglichen mündliche Kommunikation mit vielen Personen gleichzeitig.

Schriftliche Kommunikation findet in Unternehmen in verschiedenen Formen statt: Brief, E-Mail, SMS, WhatsApp, aber auch Firmenzeitschriften, Informationen am Schwarzen Brett bis hin zu Post-it-Zetteln. Die digitale schriftliche Kommunikation ist unentbehrlich geworden und nimmt weiterhin zu.

Die schriftliche Kommunikation hat eine Reihe von Vorteilen: Vor allem lassen sich die Mitteilungen beliebig lange aufheben und können als Beleg dienen, dass eine bestimmte Information übermittelt wurde. Das ist besonders wichtig bei allen Arten von Anweisungen, aber auch bei komplexen und langwierig relevanten Kommunikationen, z. B. bei Umstrukturierungsvorhaben. Bei solchen Plänen zeigt sich noch ein weiterer Vorteil schriftlicher Kommunikation: Die verwendeten Formulierungen sind gewöhnlich sorgfältiger gewählt als bei mündlicher Kommunikation. Normalerweise ist man bei schriftlicher Kommunikation gezwungen, intensiver über die Botschaft nachzudenken. Digitale schriftliche Kommunikation kann sich neben dem Text auch anderer Formate wie Bilder, (Kurz)Videos) oder Audionachrichten bedienen. Sachverhalte werden nicht mehr kompliziert beschrieben, sondern im Bild oder Video festgehalten.

Nonverbale Kommunikation
Auch durch Mimik, Gestik, Körperhaltung (nonverbale Kommunikation) und durch die Modulation der Stimme (paraverbale Kommunikation) werden Botschaften übermittelt. Das gesprochene Wort wird zusätzlich – bewusst und unbewusst – von nonverbalen Mitteln begleitet.

Nonverbale Kommunikation findet über paraverbale Mittel, Körpersprache, Raumverhalten und Erscheinungsbild statt. Es ist wichtig, die nonverbale Kommunikation von Anderen verstehen zu können, denn neben dem gesprochenen Wort teilt uns unser Gegenüber sehr viel mit nonverbalen Mitteln mit. Die gesprochene Botschaft kann durch nonverbale Mittel bestätigt und verstärkt oder sogar widerlegt werden (s ausführlicher Franken, 2019, S. 141 f.).

Durch die paraverbalen Mittel kann ein Mensch die Bedeutung des Gesprochenen variieren: Die Reichweite umfasst eine breite Palette von Hervorhebung durch die Art der Betonung oder rhetorische Pausen, über Verstärkung durch eine laute Kommandostimme (Befehl) bis zur Ironie, wobei die Bedeutung der Äußerung sich in ihren Gegensatz verwandelt.

Paraverbale Mittel kann wahre Absichten verraten: Ist eine Führungskraft bei einer Äußerung gegenüber ihrem Mitarbeiter nicht aufrichtig, kann ihre Stimme oder ihr Gesichtsausdruck dies verraten, und der Mitarbeiter bekommt die Unaufrichtigkeit mit. Das gegenseitige Vertrauen wird dadurch gefährdet.

Eine mit lauter, grober Stimme ausgesprochene Kritik, die sachlich berechtigt ist, kann bei einem Untergebenen das Gefühl der Beleidigung hinterlassen, Abwehrmechanismen aktivieren und zur Demotivation führen.

Redet ein Projektleiter auf einem Meeting undeutlich, zu leise oder zu schnell, dann können ihn die Mitarbeiter kaum verstehen, man darf von ihnen keine enthusiastische Arbeit erwarten. Ein charismatischer Redner kann umgekehrt sein Publikum begeistern und für überdurchschnittliche Leistungen motivieren.

Auch die Körpersprache (Körperhaltung, Gestik, Mimik und Blickkontakt) kann von einer Führungskraft bewusst eingesetzt werden, um die Ziele und Botschaften zu verdeutlichen und zu verstärken. Mit einer aufrechten, aktiven Körperhaltung verbindet man Zielstrebigkeit und Stärke. Eine überzeugende Gestik verstärkt die Bedeutung der Worte. Durch den Blickkontakt mit den Mitarbeitern vermittelt eine Führungskraft Interesse und Aufmerksamkeit, adressiert ihre Botschaften, vermittelt eine persönliche Ansprache.

Virtuelle Kommunikation

Da zunehmend virtuell zusammengearbeitet wird, gehört es zu den Aufgaben einer Führungskraft, neben der analogen Kommunikation auch die virtuelle Kommunikation optimal zu gestalten.

Forschungsbefunde zeigen, dass Mitglieder virtueller Teams aufgrund ihrer technologisch vermittelten Interaktion und erhöhten kulturellen und kontextbezogenen Diversität mit größeren Schwierigkeiten bei der Kommunikation und dem Wissensaustausch konfrontiert sind. Die Gestaltung einer effizienten Kommunikation und Zusammenarbeit ist durch die soziale Distanz erschwert (vgl. ausführlicher Abschn. 3.3.1).

Die Teamführung solle verstärkt reichhaltige Kommunikationsmedien in der virtuellen Zusammenarbeit einsetzen, die persönliche Beziehungen und Zugehörigkeitsgefühl im Team fördern können. Videokonferenzen sind dabei wegen ihrer visuellen Informationen vorteilhaft. Unterstützend können textbasierte Kommunikationsmedien und

Dokumentationsfunktionen eingesetzt werden, um die Zusammenarbeit zu unterstützen. Expertenverzeichnisse mit Bildern (Fotos der Teammitglieder) können zusätzlich verwendet werden. Kollaborationstools bieten eine gute Möglichkeit, Informationen mehreren Personen gleichzeitig zugänglich zu machen, wodurch Transparenz über die Arbeitsabläufe und Fortschritte geschaffen werden kann (vgl. Gleichmann & Herter, 2021, S. 366).

Die praktischen Empfehlungen zur Nutzung von Medien bei der virtuellen Zusammenarbeit können wie folgt zusammengefasst werden (vgl. Gleichmann & Herter, 2021, S. 365):

- regelmäßige Nutzung reichhaltiger Medien (z. B. Videokonferenzen),
- Kollaborationsmedien einsetzen, um Transparenz zu schaffen und die wahrgenommene Distanz zu verringern (Vorgehensweise und Arbeitsfortschritt sichtbar machen),
- Dokumentationsmedien für die Führung von Kompetenzprofilen mit eingebetteten visuellen Artefakten (Fotos) nutzen,
- Ausstattung mit passenden Tools und den sicheren Umgang mit diesen sicherstellen (z. B. durch Schulungen, Erfahrungsaustausch).

8.4.2 Besprechungen und Mitarbeitergespräche

Zu den gängigen Kommunikationsinstrumenten der Führung gehören Besprechungen (mit mehreren Personen oder einem Team) und Mitarbeitergespräche (mit einem Mitarbeiter), die sowohl analog als auch digital stattfinden können.

Besprechung
Die (Mitarbeiter)Besprechung stellt ein weiteres Instrument zur Beeinflussung des Verhaltens der Mitarbeiter dar. Ziele der Besprechung sind, dass Informationen im Verantwortungsbereich einer Führungskraft regelmäßig und strukturiert ausgetauscht und dass gemeinsame Ziele allen Beteiligten verdeutlicht werden (vgl. Stock-Homburg & Groß, 2019, S. 600).

▶ **Mitarbeiterbesprechung** ist eine strukturierte und regelmäßige Gesprächsrunde zwischen der Führungsperson und den geführten Mitarbeitern im Verantwortungsbereich einer Führungsperson (Stock-Homburg & Groß, 2019, S. 600).

Die Faktoren für eine erfolgreiche Besprechung werden in Tab. 8.1 abgebildet.
Besprechungen in einem Arbeitsteam werden für die Klärung gemeinsamer Ziele, Erläuterung der aktuellen Lage oder für die Diskussion über Probleme und Lösungen eingesetzt.
In der dynamischen Arbeitswelt von heute gewinnen klar strukturierte tägliche Kurzbesprechungen an Bedeutung, die im Idealfall nur 5–15 min dauern. Eine solche Kurzbesprechung sollte mit einer Visualisierung kombiniert werden (z. B. mit einem Kanban Board – vgl. Abschn. 6.2.2). Um die Zeit einzuhalten, werden Kurzbesprechungen

Tab. 8.1 Erfolgsfaktoren für eine Mitarbeiterbesprechung (vgl. Stock-Homburg & Groß, 2019, S. 601)

Phase der Besprechung	Erfolgsfaktoren
Vorbereitung	Ein günstiger Zeitpunkt für einen störungsfreien Ablauf, Festlegen (und Einhalten) der Dauer, Bestimmen der richtigen Teilnehmer, Rechtzeitiges Informieren und Einladen der Teilnehmenden
Durchführung	Bestimmen des Protokollführenden, Festlegen und Einhalten der Kommunikationsregeln, Gute Moderation, Pausen bei längeren Besprechungen
Nachbereitung	Erstellen und Verteilen des Protokolls

im Stehen abgehalten und befassen sich fokussiert mit zwei Themen – Ergebnisse des Vortages und Organisation des anstehenden Tages. Typischer Ablauf einer **Kurzbesprechung** könnte wie folgt aussehen (vgl. Domke, 2022, S. 136):

1. Rückblick auf gestern – Reflexion der Ergebnisse. Zahlen, Daten, Feedbacks; Erfolge; Fehler/Probleme.
2. Problembehebung organisieren – wer kümmert sich?
3. Kurzberichte von gelösten Problemen.
4. Organisation des heutigen Tages – Arbeitsverteilung, besondere Aufgaben, Infos.

Solche Kurzmeetings werden in Scrum-Teams „Daily Standups" genannt und gehören zu den Scrum-Tools (vgl. Abschn. 6.2.2). Aber auch in konventionellen Arbeitsteams machen tägliche visualisierte Kurzbesprechungen Sinn und helfen, kurzfristig Erfolge und Probleme transparent zu machen und zu kommunizieren.

Teamkommunikation
Die interne Kommunikation in Teams unterscheidet sich von der Unternehmenskommunikation, und dient dazu, alle Mitglieder über den Stand von Projekten bzw. Arbeitsaufgaben auf dem Laufenden zu halten. Effiziente Teamkommunikation ist deshalb eine der wesentlichen Voraussetzungen für das Gelingen von (agilem) Projektmanagement und den Erfolg von Teams.

Wichtig ist, dass die Teammitglieder in der Kommunikation einander respektvoll behandeln, aktiv zuhören und Empathie zeigen. Dadurch werden Anforderungen an die sozialen und kommunikativen Kompetenzen aller Beteiligten, nicht nur des Teamleiters, gestellt. Eine bedeutende Rolle spielen auch transparente Ziele und regelmäßiges Feedback auf der Sach- und Beziehungsebene. Mithilfe eines Kanban Board können Ziele und Abläufe visualisiert werden, sodass jedes Teammitglied stetig ein Bild des Fortschritts vor Augen hat. Regelmäßige Teammeetings tragen dazu bei, dass entstehende Probleme und Konflikte zeitnah diskutiert und behoben werden können.

Die große Menge an Informationen stellt eine erhebliche Herausforderung für die Teamkommunikation. Mit einigen einfachen **Regeln** kann die interne Kommunikation in einem Team effizienter gestaltet werden (vgl. Innolytics, 2022):

- **Nur das Wichtigste kommunizieren.** Ausführliche, detaillierte Informationen können zu viel sein, zu wenig Information ist ebenfalls suboptimal. Die Lösung liegt in der Mitte: Ansprechen, aber nicht thematisieren. Dies bedeutet, dass alle im Team einen kurzen Überblick darüber erhalten sollten, was der andere gerade tut bzw. woran andere Kollegen arbeiten. Moderne Teamwork-Software unterstützt dies durch Funktionen wie Activity Streams, bei dem Nutzer verschiedene Ansichten wählen können: Sie können alles mitverfolgen, Updates zu den Informationen erhalten, die sie betreffen oder nur für sie bestimmte Informationen lesen.
- **In der Sprache der anderen kommunizieren.** Gerade in Teams, in denen Mitarbeiter mit gemischten Kompetenzen (z. B. Technik, Marketing und Produktion) zusammenarbeiten, kommt es häufig zu Verständnisschwierigkeiten. Wenn beispielsweise Verantwortliche aus der Technik davon sprechen, dass sie Probleme sehen, interpretieren Mitarbeiter aus dem Marketing dies möglicherweise als blockierende Haltung. Es ist wichtig, die Sprache zu benutzen, die für alle verständlich ist, und Missverständnisse zu klären.
- **Fokus auf das Ergebnis.** Gerade wenn Teams zusammenarbeiten, um erfolgreich ein Projekt durch Teamwork zu bewältigen, gerät schnell das Ziel aus den Augen. Durch Missverständnisse bzw. schlechte Teamkommunikation gerät der Blick auf das „große Ganze" schnell aus dem Fokus. Wenn sich Diskussionen im Kreis drehen, sollte man sich die Frage stellen: „Was ist unser Ziel?". Die Teammitglieder sollten die Ziele, die es im Laufe einer Woche oder eines Tages zu erreichen gilt, vor Augen haben. Genauso wichtig ist es, zu Beginn eines Meetings sein Ziel zu definieren.

Virtuelle Teams bedienen sich verschiedener Kommunikations- und Kollaborationstools (vgl. Abschn. 7.2.1), für deren Anwendung gemeinsame Regeln formuliert und eingehalten werden sollten.

Microsoft Teams als verbreitetes Tool bietet eine geeignete Arbeitsumgebung für Projektteams oder Arbeitsgruppen. Als zentrale Plattform im Unternehmen ermöglicht Teams die Kommunikation via Chat, Anruf und Video, Filesharing, Aufgaben- und Projektmanagement sowie Live-Meetings und Videokonferenzen. Es macht Sinn, wenn alle Beteiligten vor der Nutzung des Tools die Kommunikationsregeln erläutert bekommen bzw. diese gemeinsam bestimmen.

> **Kommunikationsregeln für die Nutzer von Microsoft Teams**
>
> Allgemeine Regeln: Welche Informationen gehören wohin – fachliche, themenbezogene Informationen werden innerhalb eines Teams bzw. des entsprechenden Kanals abgelegt, die Kommunikation zu Fachthemen findet immer direkt im Kanal statt. Vom

8.4 Kommunikation und Feedback

Sender zum Empfängerprinzip – der Empfänger stellt über Benachrichtigungsregeln ein, welche Informationen er erhalten möchte. Benachrichtigungen pro Kanal regeln, bei welchen Aktivitäten (Beiträge, Antworten, Erwähnungen) eine Information erfolgt. Verfügbarkeitsstaus nutzen und beachten – nicht stören für Powerarbeitsphasen und in Besprechungen einstellen. Wer darf was – neue Teams werden nur von Key-Usern angelegt. Jedes Team hat einen Team-Owner, der verantwortlich für die Struktur innerhalb des Teams und den Lifecycle des Teams ist. E-Mail versus Teams – Teams ist die zentrale Kommunikationsplattform, E-Mails werden nur noch für die Kommunikation mit Externen, wie Kunden, Lieferanten, Partnern genutzt und Links anstatt Dateianhänge versendet.

Spezielle Regeln für Meetings: Besprechungstermine mit dem ganzen Team direkt aus dem entsprechenden Kanal planen, persönlicher kommunizieren per Video, im Businessumfeld Hintergrundbild verwenden, über die Funktion Desktop freigeben den gesamten Bildschirm, eine bestimmte App oder eine Datei freigeben, Mikrofon stumm schalten, wenn man nicht spricht, Chat nutzen, um störungsfrei Informationen zu teilen, Besprechungen für spätere Verwendung aufzeichnen und dabei Datenschutz beachten (vgl. Heddergott, 2021). ◄

Auch für virtuelle Teams sind regelmäßige Besprechungen in Präsenz oder zumindest im Videoformat notwendig, da es die einzige Möglichkeit ist, die Kollegen persönlich zu treffen. Auch wenn mit der Digitalisierung die Informationsübertragung leichter und schneller geworden ist, kann sie eine interaktive Diskussion nicht ganz ersetzen, vor allem wenn es um Problemlösungen und strategische Sitzungen geht. Nach Möglichkeit sollte man solche Meetings analog durchführen.

Mitarbeitergespräch

Ein Mitarbeitergespräch ist ein wichtiges Instrument der Führung zur Beurteilung, Förderung der Leistung und Entwicklung von Potenzialen eines Mitarbeiters. Je nach Zielen und Situation des Gesprächs sowie nach Reifegrad und Kompetenzen der Gesprächspartner variieren die Gestaltung und Struktur eines Mitarbeitergesprächs.

Ein Mitarbeitergespräch wird von einer Führungskraft mit einem Mitarbeiter unter vier Augen durchgeführt und kann verschiedene **Anlässe** haben:

- Zielvereinbarungsgespräch (im Rahmen der Zielvereinbarungen),
- Feedbackgespräch (um Anerkennung oder Kritik zu äußern),
- Potenzial- oder Fördergespräch,
- Einführungsgespräch (für neue Mitarbeiter) etc.

Verschiedene Anlässe können je nach Bedarf miteinander kombiniert werden. Unabhängig von dem Thema sollte ein Mitarbeitergespräch strukturiert ablaufen, d. h. die Führungskraft bereitet im Voraus einen Ablauf mit konkreten Fragen vor.

Ein strukturiertes Mitarbeitergespräch ist ein Dialog zwischen Führungskräften und Beschäftigten zu Leistung, Verhalten, Zielen und Potenzialen und zählt zu den Instrumenten der Personalentwicklung. Ein Mitarbeitergespräch kann darüber hinaus die Beziehungen zwischen dem Führenden und Mitarbeiter festigen, die Transparenz erhöhen und damit die Orientierung in der turbulenten Arbeitswelt sichern (vgl. Becker, 2020).

Zu den Zielen eines strukturierten Mitarbeitergesprächs nach Becker (2020) gehören:

- Leistung und Verhalten des Mitarbeiters erfassen und beurteilen,
- gemeinsame Vereinbarungen zur Verbesserung von Leistung und Verhalten treffen,
- eine offene, vertrauensvolle und transparente Zusammenarbeit und Kommunikation fördern,
- formelle Anerkennung der erbrachten Leistung gewährleisten,
- Klarheit über Ziele und Aufgaben schaffen,
- die Beziehungssituation zwischen Mitarbeitern und Vorgesetzten positiv beeinflussen,
- die eigene Leistung und das eigene Verhalten reflektieren,
- Eigenverantwortung und -initiative stärken,
- Potenziale sichtbar machen,
- Entwicklungsmöglichkeiten und damit verbundenen Weiterbildungsbedarf aufzeigen.

Keins der genannten Mitarbeitergespräche kann ohne weiteres durch eine E-Mail, Telefonat oder Chat ersetzt werden. Das Gespräch muss persönlich und in Präsenz stattfinden. Eine Ausnahme könnte im Fall der internationalen Zusammenarbeit gemacht werden, wenn es unmöglich ist, ein persönliches Treffen zu organisieren. Dann könnte man auf ein Videokonferenz-Tool zugreifen.

Es ist wichtig, dass eine Führungskraft genug Zeit für die Gesprächsführung plant und sich voll und ganz auf das Thema und den Mitarbeiter konzentriert. Erfahrene Führungskräfte machen sich in allen Phasen Notizen – während der Vorbereitung, Durchführung und Nachbereitung. Vor dem Gespräch sollte der Mitarbeiter rechtzeitig eingeladen und über die Inhalte des anstehenden Gesprächs informiert werden, um sich gedanklich auf das Gespräch vorbereiten zu können.

Die von der Führungskraft gemachten Notizen können als Grundlage für das Protokoll oder den Beschluss dienen, aber auch zur Reflexion eingesetzt werden, da man aus jedem Gespräch etwas lernen kann.

8.4.3 Feedback

Feedback beschreibt im Allgemeinen eine regelmäßige und unmittelbare Rückmeldung über Leistung oder Verhalten in Form von Anerkennung oder Kritik. Führungskräfte setzen Feedback mit dem Ziel ein, positive Leistungen und Verhaltensweisen zu verstärken und negative Ereignisse zu reduzieren.

Ein Feedback kann im Rahmen eines geplanten Mitarbeitergesprächs (als Feedback-Gespräch, s. Abschn. 8.4.2) stattfinden oder einen informellen Charakter haben und in kürzeren Abständen als Echtzeit-Feedback nach Bedarf eingesetzt werden.

Ein **Echtzeit-Feedback** kann wöchentlich, projektbezogen (nach einer Präsentation oder nach dem Projektabschluss) oder jeweils zum Quartalende stattfinden. Die Führungskraft sollte sich dafür Zeit nehmen und nicht nebenbei Feedback äußern.

Beispielhafte Inhalte eines Feedback-Gesprächs können sein (Stock-Homburg & Groß, 2019, S. 598):

- Der Prozess und das Ergebnis der Aufgabenerfüllung durch den Mitarbeiter,
- die Verhaltensweisen des Mitarbeiters gegenüber Dritten (Kollegen, Kunden, Führungskräften),
- die aktuellen Aktivitäten des Mitarbeiters,
- der Grad der Zielerreichung durch den Mitarbeiter,
- die individuellen Stärken und Schwächen des Mitarbeiters,
- Potenziale und die Entwicklung des Mitarbeiters.

Anerkennung und Kritik sollten im Rahmen eines regelmäßigen, unmittelbaren Feedbacks der Führungskraft geäußert werden. Richtig formuliert, haben diese Instrumente eine starke motivierende Wirkung. Die Anerkennung zielt darauf ab, besonders gute Leistungen, Verhalten oder Engagement hervorzuheben und zu verstärken. Bei dem kritischen Feedback geht es darum, auf die Fehler oder unangemessene Verhaltensweisen zeitnah und konstruktiv hinzuweisen, damit sich diese Fehler und Probleme nicht wiederholen.

Die Empfehlungen für eine optimale Gestaltung von Anerkennung und Kritik in der Feedback-Praxis sind in Tab. 8.2 zusammengestellt.

Die Tabelle zeigt, dass Anerkennung und Kritik oft verschiedene Vorgehensweisen erfordern. Besonders wichtig ist es, bei einer Kritikäußerung sachlich und mit Rücksicht auf die Empfindlichkeit des Mitarbeiters vorzugehen. Kritik darf nur unter vier Augen geäußert werden, damit der Betroffene sein Gesicht nicht verliert. Ausschließlich das unmittelbare Verhalten oder die ungenügende Leistung dürfen angesprochen werden, nicht der Charakter oder die Persönlichkeit des Mitarbeiters.

Eine bedeutende Rolle im Rahmen eines Feedbackgesprächs hat nach Meinung von Stock-Homburg und Groß (2019, S. 598) das Aufzeigen von Stärken und Schwächen des Mitarbeiters durch die Führungskraft. In diesem Zusammenhang geht es zum einen darum, dem Mitarbeiter eigene Stärken bewusst zu machen und diese dadurch zu bestärken. Zum anderen soll dem Mitarbeiter aufgezeigt werden, wie er seine Schwächen beheben kann. So kann die persönliche Entwicklung des Mitarbeiters angeregt werden.

In virtuellen Arbeitskontexten gewinnt das **virtuelle Feedback** in Videokonferenzen, per Mail oder als App an Bedeutung. Auch werden Rückmeldungen mithilfe von Online-Feedback-Systemen über elektronische Netzwerkstrukturen (z. B. Intranet) und mithilfe

Tab. 8.2 Empfehlungen für die praktische Gestaltung von Anerkennung und Kritik (vgl. Stock-Homburg & Groß, 2019, S. 597)

Faktoren	Anerkennung	Kritik
Feedback-Geber	Unmittelbare Führungskraft, gegebenenfalls Führungskraft höherer Ebene	Ausschließlich die unmittelbare Führungskraft
Inhalt	Leistungen des Mitarbeiters (z. B. fertig gestellter Bericht, Präsentation), (arbeitsrelevantes) Verhalten (z. B. gegenüber Kunden)	Beobachtetes Verhalten und Leistungen, keine persönlichen Angriffe
Rahmen	Unter vier Augen. In Gegenwart Anderer, falls ein Vorbild gesetzt werden sollte	Nur unter vier Augen und persönlich
Form	Überwiegend persönlich, aber auch per Telefon oder E-Mail, Wortwahl entsprechend dem Tatbestand (nicht übertreiben)	Nur persönlich
Zeitpunkt	Unmittelbar nach dem Ereignis	Unmittelbar nach dem Ereignis

von Feedback-Apps gegeben. Ortsunabhängigkeit und die Möglichkeit für ein besonders niedrigschwelliges, spontanes Feedback bilden hierbei einen Vorteil (vgl. Bredemeyer et al., 2021, S. 369).

Bei der Führung in virtuellen Kontexten hat eine Führungskraft nur begrenzt die Möglichkeit, das Verhalten der Mitarbeitenden zu beobachten und zu beeinflussen, das Feedback erfolgt seltener und oft zeitverzögert. Deswegen sollten virtuelle Führungskräfte die Möglichkeiten nutzen, in persönlichen Begegnungen und Gesprächen Feedback zu geben, mit sämtlichen nonverbalen Mitteln wie Stimme, Gestik und Mimik. Virtuelle Feedback-Tools können ein persönliches Gespräch nicht ersetzen, sondern lediglich ergänzen.

8.5 Wirksame Motivation und Bindung

Motivation von Mitarbeitern ist eine der wichtigsten und schwierigsten Aufgaben einer Führungskraft. Wunderer bezeichnet Verhaltenssteuerung über Motivation für Ziele, Aufgaben, Mittel und Verhaltensweisen als zentrale, nichtdelegierbare Führungsaufgabe (vgl. Wunderer, 2011).

Mit der Motivation werden weitreichende Ziele verfolgt: Es geht nicht nur darum, dass die Mitarbeitenden Dienst nach Vorschrift verrichten und Soll-Aufgaben erfüllen, man möchte darüber hinaus Engagement und Kreativität der Beschäftigten für das Unternehmen erschließen. Die Aufgabe der Motivation ist es, Potenziale und Talente der Beschäftigten zu erkennen und durch die Gestaltung von geeigneten Rahmenbedingungen die intrinsische Motivation der Mitarbeitenden zu aktivieren. Die Gestaltung von wirksamen Rahmenbedingungen für die Motivation und die Förderung der Mitarbeiterbindung gehören zu den zentralen Aufgaben der Führung.

8.5.1 Begriff und Formen der Motivation

Nach Nerdinger (2014, S. 420) erklärt Motivation die Richtung, Intensität und Ausdauer menschlichen Verhaltens und beantwortet die Fragen nach den Ursachen für den Einsatz und die Leistung der Mitarbeiter:

- **Richtung** bezeichnet die Entscheidung für ein bestimmtes Verhalten: Warum entscheidet sich z. B. ein Bewerber, der zwei Stellenangebote hat, für das eine Angebot und lehnt das andere ab?
- **Intensität** betrifft die eingesetzte Energie: Warum setzt sich ein Mitarbeiter mit voller Kraft für seine Aufgabe ein, während ein anderer eher lustlos arbeitet?
- **Ausdauer** beschreibt die Hartnäckigkeit, mit der ein Ziel angesichts von Widerständen verfolgt wird: Warum lässt sich der eine Mitarbeiter durch kein Hindernis von seinem Weg abbringen, während ein anderer bei der ersten Schwierigkeit resigniert?

Unter Motivation werden sowohl die Beweggründe für Handeln (Motivation als Zustand) als auch der Prozess des Motivierens (Selbst- oder Fremdmotivation) verstanden.

▶ **Motivation** ist die Summe aktivierender Beweggründe für Handeln, Verhalten und Verhaltenstendenzen.

Da die Beweggründe sehr individuell sind, kann es keine allgemeingültigen, für alle geeigneten Motivationsinstrumente geben. Es ist entscheidend, individuelle Präferenzen der Beschäftigten zu verstehen und anzusprechen. Deswegen bezeichnet Nerdinger (2014, S. 420) die Motivation als das **Produkt** aus individuellen Merkmalen von Menschen, ihren Motiven, und den Merkmalen einer aktuell wirksamen Situation, in der Anreize auf die Motive einwirken und sie aktivieren.

Die Verhaltenspsychologie unterscheidet grundsätzlich zwischen intrinsischer und extrinsischer Motivation:

- **intrinsische** (innere) Motivation: Die Motive zum Handeln liegen innerhalb der Person (Leistungs-, Lernmotive, Interesse, Spaß an der Arbeit etc.),
- **extrinsische** (äußere) Motivation: Die Handlungsmotive entstehen aus äußeren Anreizen (Entgelt-, Sozial-, Status-, Aufstiegsanreize, externer Druck etc.).

Die Handlung, die aus intrinsischer Motivation entsteht, dient der persönlichen Befriedigung. Das Erbringen von Leistung sowie das Lernen gehören zu den menschlichen Bedürfnissen, deswegen zählen sie zu den intrinsischen Motiven. Auch Spaß und Interesse an der Arbeit spielen für die intrinsische Motivation eine wichtige Rolle. Diese Art der Motivation wird auch Motivation durch den Weg genannt: die Arbeit an sich dient als Motivation, unabhängig von dem Ziel bzw. den Folgen des Handelns.

Als Beispiele für die intrinsische Motivation dienen Hobbies, mit denen wir uns beschäftigen, ohne eine Belohnung zu erwarten, wie Sport treiben, Lesen oder Tanzen. Menschen, die ihre Berufung gefunden haben, empfinden die Arbeit ebenfalls als Freude und sind intrinsisch motiviert. Das trifft insbesondere für kreative Berufe zu.

Extrinsisch motivierte Handlungen und Verhaltensweisen werden durch Aufforderungen in Gang gesetzt, deren Befolgung positive Folgen (Belohnung, Lob) erwarten oder negative Folgen (Kritik, Bestrafung) vermeiden lässt. Man handelt, um bestimmte Konsequenz zu erlangen – Motivation durch das Ziel. Zu den äußeren Faktoren der Motivation gehören Geld, Prestige, Auszeichnung als positive Anreize oder Strafe, Angst, Druck als negative Anreize.

Abhängige Beschäftigung, die als Ziel nur das Geldverdienen hat, ist ein typisches Beispiel für die extrinsische Motivation durch Geld. Eine Angestellte macht unbezahlte Überstunden, um durch ihren Fleiß aufzufallen und eine Beförderung zu bekommen. Ein Mitarbeiter, der Angst vor Bestrafung hat, verheimlicht seinen Fehler (und macht damit die Sache noch schlimmer).

Anhand von diesen Beispielen kann man erkennen, dass die extrinsische Motivation nur dann funktioniert, wenn die Anreize stimmen. Die nur am Geldverdienen interessierten Beschäftigten werden ohne Bezahlung nicht arbeiten. Diejenigen, die nur aus Angst vor einer Kontrolle Leistung erbringen, werden sich ohne Kontrolle nicht bemühen. Intrinsische Motivation dagegen wirkt langfristig und nachhaltig: Wenn mir die Arbeit Spaß macht, mache ich sie freiwillig, auch ohne Belohnung (wohlgemerkt, wenn ich genug Geld zum Leben habe).

Die Förderung der intrinsischen Motivation durch Freiräume, Vertrauen und Wertschätzung kann Mitarbeiter langfristig zu Leistung und Engagement anregen und echtes Commitment ermöglichen.

Es ist allerdings nicht immer möglich, intrinsische und extrinsische Motivation scharf voneinander zu trennen. Sind unsere Hobbies nur eine Beschäftigung, die uns Spaß macht, oder wollen wir für unsere Erfolge auch gelobt werden? Hat die fleißige Angestellte nur Beförderung vor Augen oder macht sie ihre Arbeit gern? Im Endeffekt ist Motivation ein Produkt aus individuellen Merkmalen von Menschen, ihren Motiven, und den Merkmalen einer Arbeitssituation, in der äußere Anreize auf die inneren Motive einwirken und sie aktivieren.

Deswegen sind Führungskräfte gut beraten, beide Arten der Motivation zu praktizieren (vgl. Diskussion über die Kombination aus der transaktionalen und transformationalen Führung im Abschn. 7.3.3). Dort, wo es um kreative, erfüllende Aufgaben geht, die einem Mitarbeiter Spaß machen, sollte man Freiräume für die intrinsische Motivation schaffen. Bei weniger interessanten Tätigkeiten können externe Anreize wie Geld (Prämien, Zusatzleistungen) oder Auszeichnung (Lob, Statussymbole, Beförderung) eingesetzt werden.

Eine gute Führungskraft sorgt einerseits für Rahmenbedingungen, in denen Mitarbeiter ihre Stärken einsetzen können, und fördert zudem durch klare Ziele und regelmäßiges Feedback auch diejenigen, die eher auf extrinsische Anreize reagieren.

Zahlreiche Wissenschaftler haben sich mit der Problematik der Motivation und Motivationsfaktoren beschäftigt. Zu den ältesten und wohl bekanntesten Motivationstheorien gehört die Bedürfnistheorie von A. Maslow (entstanden im Jahr 1943), in der er die Befriedigung von verschiedenen Bedürfnissen als Quelle für die Arbeitsmotivation beschreibt.

Bedürfnistheorie nach Maslow
Die Bedürfnisse eines Menschen werden von Maslow in fünf Gruppen eingeteilt:

physiologische Bedürfnisse (Triebe) wie Hunger, Durst, Schlaf;
Sicherheitsbedürfnisse wie Stabilität, Sicherheit, Geborgenheit, Angstfreiheit, Ordnung, Gesetz;
soziale Bedürfnisse – Zugehörigkeit, Zuneigung, Liebe;
Bedürfnis nach Achtung durch sich selbst (Stärke, Leistung, Kompetenz) und durch andere (Respekt, Prestige, Ruhm) und
Bedürfnis nach Selbstverwirklichung (Ausnutzung der eigenen Fähigkeiten, Autonomie und Kreativität).

Bedürfnisse, die noch nicht befriedigt sind, können als Motive für Handeln dienen. Physiologische, Sicherheits- und soziale Bedürfnisse gehören zu den Defizitmotiven und können vollständig befriedigt werden. Bedürfnisse nach Achtung und Selbstverwirklichung werden als Wachstumsmotive bezeichnet, können nie vollständig befriedigt werden und dienen dauerhaft als Motivatoren.

Die Theorie von Maslow wird heute kritisch beurteilt. Die Motive sind von Person zu Person unterschiedlich ausgeprägt und können nicht pauschal bestimmt werden. Außerdem wurde die Annahme aufeinander aufbauender Bedürfnisse in mehreren Studien widerlegt. So kann beispielsweise ein passionierter Software-Entwickler nächtelang vor dem Bildschirm sitzen, ungeachtet des physiologischen Bedürfnisses nach Schlaf, und kann dabei sogar noch Freude an der Arbeit empfinden.

Während die Bedürfnistheorie von Maslow (ebenso wie andere Motivationstheorien) davon ausgehen, dass es Sinn und Zweck von Führung ist, Menschen zu beeinflussen und ihnen einen Anreiz zu bieten, ein bestimmtes Verhalten an den Tag zu legen, kritisiert Sprenger jegliche Anreizsysteme als Motivationskiller und behauptet, dass jeder Mensch grundsätzlich motiviert ist. Die Motivation von außen hemmt den inneren Antrieb der Geführten, denn sie signalisiert Misstrauen und fehlenden Respekt, egal in welcher Form sie daherkommt (vgl. Sprenger, o. J.). Deswegen sollten sich die Führenden darum kümmern, die bereits vorhandenen intrinsischen Motive der Mitarbeitenden zu erhalten, anstatt externe Anreize zu schaffen.

> **Wie kann man Motivation am Arbeitsplatz erhalten?**
>
> Jeder Mensch ist ein einzigartiges Individuum, das jeweils dort seinen stärksten Antrieb hat, wo seine Persönlichkeitsmerkmale besonders individuell ausgeprägt sind. Dieses Selbstkonzept umfasst Prägungen, Werthaltungen, Sensibilitäten, besondere Fähigkeiten, Interessen, Zukunftsideen. Menschen verhalten sich so, dass ihr Selbstkonzept erhalten bleibt oder gestärkt wird. Das ist dann der Fall, wenn z. B. Arbeit als persönlichkeitsförderlich erlebt wird. Und genau dort liegt ihre stärkste Motivation. Die richtige Person am richtigen Platz: Anerkennen wir den Zusammenhang von Fähigkeit und ausgeübter Tätigkeit in ihrer Bedeutung für den Arbeitserfolg, dann ist die Passung von Individuum und Aufgabe entscheidend. So ist auch der stärkste extrinsische Motivationsfaktor erlebbar: das Gefühl gebraucht zu werden. Die Gewissheit: „Es kommt auf mich an!" (Sprenger, o. J.). ◄

Für eine nachhaltige wirksame Motivation sollten die Führungskräfte die Frage nach dem „Warum" des menschlichen Handelns beantworten: Was treibt Mitarbeiter an, sich mit Begeisterung für ihre Firma zu engagieren? Warum kommen Mitarbeiter ins Unternehmen und warum verlassen sie es?

8.5.2 Faktoren der Motivation und Bindung in der Praxis

Mit den Faktoren der Motivation und Bindung befassen sich repräsentative nationale und internationale Studien, die meisten jährlich durchgeführt werden, wie die Manpower Studie zur Arbeitsmotivation, die Jobstudie von Ernst & Young oder die Gallup Studie zum Arbeitnehmerengagement.

In der Studie zur Arbeitsmotivation von Manpower, 2020 wurden 1000 Deutsche ab 18 Jahren gefragt, welche Faktoren sich besonders positiv auf ihre Arbeitsmoral auswirken. Daraus ergab sich folgendes Ranking der **Top-Motivations-Faktoren** (vgl. Manpower, 2020):

1. Gutes Arbeitsverhältnis zu Kollegen und Vorgesetzten: 77 % der Befragten haben mehr Freude im Job, wenn sie mit Kollegen und Chefs gut klarkommen.
2. Flexible Arbeitszeiten: Modelle wie Gleitzeit oder ein Arbeitszeitkonto sorgen bei 67 % für mehr Arbeitsmotivation.
3. Gutes Verhältnis zu Kollegen, auch über die Arbeitszeit hinaus: Für 45 % ist es wichtig, auch nach Feierabend einen guten Draht zu anderen Mitarbeitern zu haben.
4. Betriebliche Gesundheitsförderung: 38 % sind motivierter, wenn das Unternehmen die Gesundheit der Angestellten fördert, etwa durch betriebsärztliche Beratung.
5. Ansprechende Raumgestaltung: Bei 35 % wird die Arbeitsmoral auch dadurch beeinflusst, wie Büros und Besprechungsräume eingerichtet sind.
6. Teamarbeit: 33 % haben mehr Spaß im Job, wenn sie häufig in Gruppen arbeiten.

7. Kostenlose Getränke: Für 32 % spielt es eine Rolle, ob sie vom Unternehmen mit Getränken versorgt werden.
8. Pflanzen im Büro: 28 % freuen sich, wenn Zimmerpflanzen die Optik und das Raumklima verbessern.
9. Kleine Aufmerksamkeiten: Wenn der Arbeitgeber durch kleine Geschenke hin und wieder seine Wertschätzung zeigt, zum Beispiel zu Ostern oder zum Muttertag, sind 24 % noch motivierter.
10. Individuelle Schreibtischgestaltung: Für ebenfalls 24 % wird der Job angenehmer, wenn sie ihrem Arbeitsplatz eine persönliche Note geben dürfen.

Ähnliche Ergebnisse zu den Top-Treiber der Motivation liefert die alle zwei Jahre stattfindende Jobstudie von Ernst & Young, für die im Jahr 2021 mehr als 1550 Arbeitnehmer in Deutschland repräsentativ befragt wurden. Ein Vorteil der Studie ist eine differenzierte Auswertung von Ergebnissen je nach Geschlecht und Alter.

Insgesamt sind die Zufriedenheit und Motivation der Arbeitnehmer trotz Corona-Pandemie hoch: 90 % sind zufrieden mit ihrer Arbeit und gut drei von vier Beschäftigten (**78 %**) geben an, **motiviert** bei der Arbeit zu sein. Damit sind Motivation und Zufriedenheit höher als in der Umfrage vor zwei Jahren, aber deutlich niedriger als in den Umfragen zuvor. Gehalt und Karriere scheinen allerdings immer mehr in den Hintergrund zu rücken: Nur noch 37 % der Männer und 29 % der Frauen lassen sich durch ein hohes Gehalt motivieren. Gute Karrierechancen treiben sogar nur zwölf Prozent der Männer und elf Prozent der Frauen an. Beide Geschlechter fühlen sich dagegen durch ein gutes Verhältnis zu Kollegen am meisten motiviert (Männer: 72 %; Frauen: 78 %). Flexible Arbeitszeitmodelle wirken auf die Hälfte der Frauen motivierend und auf 41 % der Männer (vgl. EY, 2021) – s. Tab. 8.3.

Interessanterweise sind für Frauen die sozialen Faktoren der Motivation wichtiger, als für Männer, die die klassischen, materiellen Faktoren etwas höher bewerten.

Ein abweichendes Bild zeichnet sich in der EY-Studie für die jüngeren Beschäftigten, die im Vergleich wenig motiviert und zufrieden sind. Nur 40 % der 25- bis 34-Jährigen bezeichnen sich als zufrieden – der schlechteste Wert unter allen Altersgruppen. Hochmotiviert sind nur 27 % von ihnen, nur bei den 35- bis 44-Jährigen ist die Motivation noch schlechter (22 %). Die älteren Arbeitnehmer ab 55 Jahre sind dagegen besonders motiviert und zufrieden. Von den Beschäftigten ab 65 Jahre, die also kurz vor der Rente

Tab. 8.3 Top-Treiber der Mitarbeitermotivation laut EY-Jobstudie 2021 (vgl. EY, 2021)

Top-Treiber der Motivation	Männer	Frauen
1. Gutes Verhältnis zu Kollegen	72 %	78 %
2. Flexible Arbeitszeitmodelle	41 %	50 %
3. Hohes Gehalt	37 %	29 %
4. Gute Karrierechancen	12 %	11 %

stehen, sind sogar 83 % zufrieden und 41 % hochmotiviert – Spitzenwerte unter allen Altersstufen (vgl. EY, 2021).

Bei allen Beschäftigten, insbesondere bei den Jüngeren, ist der Wunsch nach mehr Freizeit laut Studie deutlich ausgeprägt. 23 % würden im Tausch für mehr Freizeit auf Teile ihres Gehaltes verzichten. Weitere 24 % würden dies zumindest in Erwägung ziehen. Die größte Bereitschaft zum Gehaltsverzicht zeigen die 35- bis 44-Jährigen mit 27 %. Offensichtlich hat sich die Einstellung zur Arbeit im Generationenvergleich deutlich verändert. Die jüngeren Generationen definieren sich nicht mehr so sehr über den Job, stattdessen werden Werte wie Familie, Freunde und Freizeit wichtiger (vgl. EY, 2021).

Die Ergebnisse der EY-Jobstudie liefern wichtige Erkenntnisse zu den Motivationsfaktoren in der Praxis. Die Top-Treiber der Motivation werden von sozialen, intrinsischen Faktoren (gute Kollegen, flexible Arbeitszeitmodelle) angeführt. Die klassischen Anreize wie Gehalt und Karrierechancen, die noch vor einigen Jahren zu den wichtigsten zählten, verlieren zunehmend an Bedeutung. Darüber hinaus sollten die Führungskräfte die veränderten Präferenzen der jüngeren Beschäftigten berücksichtigen, um sie wirksam zu motivieren und zu binden. Neben angemessenem Gehalt und Karriereoptionen wollen sich junge Generationen zu einem Team zugehörig fühlen und das Gefühl haben, an einer sinnvollen Aufgabe zu arbeiten (Purpose – vgl. Abschn. 8.3.2).

Eine andere Facette der Motivation beschreibt die **emotionale Bindung** der Beschäftigten an das Unternehmen. Die Mitarbeiter mit einer hohen emotionalen Bindung zeichnen sich durch eine höhere Leistungsmotivation, geringere Fehlzeiten und Fluktuationsraten aus, empfehlen das Unternehmen und seine Produkte weiter, reichen mehr Ideen und Vorschläge ein.

Mit dem Grad der emotionalen Bindung von Beschäftigten an Unternehmen befasst sich die alljährliche **Gallup-Studie** zu Engagement-Index. Die Zahlen des neusten Engagement-Index 2021, in dem mehr als 2000 Arbeitnehmer in Deutschland befragt wurden, belegen, dass nur 17 % der Arbeitnehmer an ihren Arbeitgeber emotional gebunden sind. 15 % der Beschäftigten haben keine Bindung an das Unternehmen und sind bereits in der sogenannten inneren Kündigung. Die überwiegende Mehrheit der Mitarbeitenden (68 %) verrichtet lediglich Dienst nach Vorschrift (vgl. Tödtmann, 2022) (s. Abb. 8.1).

Die Beschäftigten, die an Unternehmen emotional gebunden sind, haben Freude an der Arbeit, sind engagiert bei der Sache, reichen häufiger Verbesserungsvorschläge ein und tragen damit stärker zum Erfolg des Unternehmens bei. Es lohnt sich, in die Motivation und Bindung der Beschäftigten zu investieren.

Eine weitere Erkenntnis der Gallup Studie 2021 ist, dass die Bereitschaft zum Jobwechsel unter den deutschen Beschäftigten noch nie so hoch war wie derzeit. Jeder vierte Beschäftigte ist auf dem Absprung, will in einem Jahr nicht mehr bei seinem derzeitigen Arbeitgeber sein oder ist bereits auf der Suche nach einer neuen Stelle. Insgesamt hegen 42 % der Befragten Wechselabsichten. Auslöser für die neue

Aufbruchstimmung ist die Tatsache, dass sich etliche Mitarbeiter in der Coronapandemie von ihrem Arbeitgeber im Stich gelassen fühlten. Anderen fiel wiederum durch den Abstand zum Büro und den Alltag mit den Kollegen auf, dass ihre Lebensziele doch andere seien als ihre derzeitige Situation (vgl. Tödtmann, 2022).

Diese Tatsache zeigt, wie wichtig es ist, die Beschäftigten an das Unternehmen zu binden, insbesondere im Kontext des Fachkräftemangels. Welche Faktoren sind für die Bindung entscheidend?

Laut Gallup ist **gute Mitarbeiterführung** durch die direkten Vorgesetzten – neben dem Geld – ein wichtiger Hebel, um die Bindung der Beschäftigten zu stärken. Die Führungskräfte wirken als emotionales Auffangbecken in der Krise und schützen vor Fluktuation, hohen Fehlzeiten und Arbeitsunfällen. Mit der emotionalen Bindung und erhaltenen Erfahrung in der Belegschaft können die Kundenzufriedenheit, Vertriebsergebnisse und generell die Wettbewerbsfähigkeit des Unternehmens gesteigert werden (vgl. Tödtmann, 2022).

8.5.3 Motivation und Bindung als Aufgaben der direkten Führung

Wie können Motivation und Bindung der Beschäftigten in der alltäglichen Praxis der Führungskräfte umgesetzt werden? Hier werden ausgewählte Instrumente beschrieben, die von Führenden – je nach Situation und Personen der Mitarbeitenden – nach eigenem Ermessen eingesetzt werden können.

Mitarbeiter mit einer **hohen** emotionalen Bindung	Mitarbeiter mit einer **geringen** emotionalen Bindung	Mitarbeiter **ohne emotionale Bindung**
17 %	68 %	15 %
Engagement: hohe Leistungen, geringe Fehlzeiten, geringe Fluktuation, reichen Ideen ein, werben für Unternehmen und seine Produkte	**Dienst nach Vorschrift:** durchschnittliche Leistungen, höhere Fehlzeiten- und Fluktuationsraten, wenig Ideen und Engagement	**Innere Kündigung:** minimale Leistungen, hohe Fehlzeiten, hohe Fluktuation, keine Ideen, negative Äußerungen zu Unternehmen und seinen Produkten

Abb. 8.1 Emotionale Bindung der Arbeitnehmer in Deutschland. (Eigene Darstellung nach Tödtmann, 2022)

8.5.3.1 Praktische Instrumente der Motivation

Zu den motivierenden Instrumenten, die einer Führungskraft zur Verfügung stehen, zählen generell: klare Ziele, Sinnvermittlung, Autonomie bei der Erreichung der Ziele, Feedback auf die Leistung, Freiräume für Initiative, Anreize verschiedener Art, Weiterbildungsmöglichkeiten etc.

Da die **intrinsische Motivation** wirksamer und nachhaltiger ist, besteht die Aufgabe einer Führungskraft vor allem darin, Rahmenbedingungen für die Entfaltung der intrinsischen Motivation zu schaffen. Berücksichtigt man jedoch, dass nicht alle Beschäftigten intrinsisch motiviert sind, sollte man nach Bedarf individuell angepasste Anreize anbieten, um die innere Motivation zu aktivieren.

Zu den wichtigsten Instrumenten für die Förderung intrinsischer Motivation zählen interessante und abwechslungsreiche Arbeit, selbständige Tätigkeit, Verantwortung, Identifikation mit der Aufgabe, Feedback seitens der Führungskraft als Bestätigung der Arbeitsergebnisse. Die psychologischen Wirkungen dieser Faktoren auf die intrinsische Motivation sind in der Abb. 8.2 dargestellt.

Die Aufgabe an sich, die als interessant, ganzheitlich und bedeutsam empfunden wird, und die Verantwortung für die Ergebnisse in Kombination mit einem regelmäßigen Feedback des Vorgesetzten, wecken bei einem autonom arbeitenden Mitarbeiter Verantwortungsgefühl und tragen zu hoher Leistung, Zufriedenheit, engagiertem Vorgehen und Ideenreichtum bei.

Um die intrinsische Motivation zu fördern, gibt Nerdinger (2014, S. 425) einige Empfehlungen für die Gestaltung der Arbeitsaufgabe aus psychologischer Sicht:

1. **Anforderungsvielfalt:** Die Aufgabe sollte nicht nur eine einzelne oder wenige Fähigkeiten der Mitarbeiter beanspruchen, sondern möglichst viele motorische,

Abb. 8.2 Instrumente zur Förderung intrinsischer Motivation. (Eigene Darstellung nach Nerdinger, 2014, S. 424)

intellektuelle und soziale Fähigkeiten. In diesem Fall können sie unterschiedliche Fähigkeiten und Kenntnisse in der Arbeit einsetzen und werden zudem nicht einseitig beansprucht.
2. **Ganzheitlichkeit** ist der Grad, in dem ein Mitarbeiter ein zusammenhängendes Produkt oder eine vollständige Dienstleistung fertigstellt. Ganzheitliche Aufgaben vermitteln den Mitarbeitern den Sinn und den Stellenwert ihrer Tätigkeit.
3. **Bedeutsamkeit** impliziert die Auswirkungen der Aufgabe für das Leben und die Arbeit anderer. Wer erkennt, wie seine Tätigkeit den Kunden nützt, wie sie mit den Aufgaben seiner Kollegen, aber auch mit der Arbeit anderer Abteilungen des Unternehmens zusammenhängt, der wird seinen Beitrag zu den Zielen des Unternehmens verstehen und damit die Bedeutung seiner Arbeit erkennen.
4. **Autonomie** liegt vor, wenn die Mitarbeiter eigenverantwortlich die Mittel ihrer Arbeit wählen und Teilziele selbstständig festlegen können. Dadurch erleben sie, dass sie nicht einfluss- und bedeutungslos sind, was wiederum ihr Selbstwertgefühl stärkt und die Bereitschaft zur Übernahme von Verantwortung erhöht.
5. **Rückmeldung** aus der Tätigkeit ermöglicht es den Mitarbeitern, selbstständig Fehlentwicklungen zu korrigieren, und sie wissen immer, wie sie auf dem Weg zum Ziel liegen.

Um intrinsische Motivation von Mitarbeitern zu steigern, sollten Führungskräfte im Arbeitsalltag folgende Maßnahmen realisieren:

- für eine angenehme Arbeitsatmosphäre und gutes Betriebsklima sorgen,
- Verantwortung und Kontrolle für Aufgaben und Bereiche übertragen,
- den Sinn der Arbeit und täglicher Aufgaben verdeutlichen,
- Mitarbeiter fordern und fördern, ohne zu überfordern,
- Feedback über die Leistungen geben,
- ein abwechslungsreiches Arbeitsumfeld schaffen,
- Mitarbeiter frei und eigenverantwortlich handeln und entscheiden lassen.

Insbesondere durch die Digitalisierung und Industrie 4.0 wird der Bedarf an **Autonomie** steigen. Qualifizierte Mitarbeiter werden als Experten in automatisierten Umgebungen selbstorganisiert und selbstverantwortlich arbeiten. Im Kontext der digitalen Transformation, die mit radikalen Innovationen und großen Veränderungen einhergeht, sollten die Führungskräfte bei ihren Mitarbeitenden vor allem **unternehmerischen Geist** wecken, Neues auszuprobieren und eigene Ideen umzusetzen. Dafür sollte die Führung Inspiration liefern und mit entsprechenden Anreizen aufrechterhalten. Diese Inspiration kann von der Freiheit des Kreierens und Experimentierens ausgehen, wofür ein inspirierendes Arbeitsumfeld und eine begeisterte Führungskraft als Vorbild notwendig sind. Als Anreize für unternehmerisches Denken kommen Unternehmensanteile oder Bonuszahlungen infrage. Aber auch Auszeichnungen wie z. B. „Digital Transformer des Monats" oder Intranet-Artikel über erfolgreiche Teams eignen sich als Anreize (vgl. Frankenberger et al., 2021, S. 212).

Eigenverantwortliches Agieren, Initiative und Mut, neue Wege zu gehen, sind die Eigenschaften der Beschäftigten, die sich viele Unternehmen wünschen.

Novartis sucht mutige Mitarbeiter

Novartis schätzt die eigenverantwortliche, unabhängige Arbeitseinstellung, die es von den Mitarbeitenden für die digitale Transformation benötigt. Man sucht Leute, die von Natur aus neugierig darauf sind, Neues zu lernen, und den Mut haben, wie Unternehmer zu handeln. Dafür bekommen die Mitarbeitenden die Freiheit, eigenverantwortlich zu handeln, diejenigen Arbeitsweisen zu nutzen, die sie selbst an geeignetsten finden, ihrem Instinkt zu folgen und die Veränderung selbst anzuführen (vgl. Frankenberger et al., 2021, S. 247). ◄

Für die flexible und virtuelle Arbeit, bei der der persönliche Kontakt zu der Führungskraft und dem Team minimal sein wird, sind klare Ziele als Treiber der intrinsischen Motivation geeignet, wobei die Mitarbeiter selbst über die Wege zum Ziel und die Organisation der Arbeit entscheiden. Diese Instrumente der transaktionalen Führung sollten durch transformationale Elemente ergänzt werden, d. h. die Führungskräfte vermitteln Visionen und stiften Sinn, regen das Hinterfragen von Abläufen und die Verbesserung von Prozessen an, ermöglichen die persönliche Weiterentwicklung jedes einzelnen Beschäftigten (vgl. Abschn. 7.3.3).

Die intrinsischen Instrumente wirken vor allem für hoch qualifizierte, kreativ tätige Mitarbeiter. Bei den mit einfachen, motorischen Tätigkeiten Beschäftigten sind intrinsische Motive in der Regel weniger ausgeprägt. In diesem Fall sind klassische extrinsische Anreize geeignet, z. B. Akkordlohn oder Prämien. Als Anreize bzw. Incentives kommen grundsätzlich leistungsorientierte Entlohnung, Prämien (für besondere Leistungen wie Qualität oder Einhaltung von Terminen), Zusatzleistungen, Beförderung, Möglichkeiten zur Weiterbildung, Auszeichnungen aller Art in Frage (vgl. Tab. 8.4).

Im wissenschaftlichen Diskurs wird oft auf eine geringe motivierende Rolle des Geldes hingewiesen. Setzt man jedoch finanzielle Anreize wie Boni oder Prämien ein, so sollte den Mitarbeitenden klar gemacht werden, wofür sie mehr Geld erhalten, sonst verpufft die Wirkung sehr schnell. Auch in Bezug auf die indirekten finanziellen Anreize findet in vielen Unternehmen wegen des Generationenwechsels eine Wende statt – anstelle von Dienstwagen und größeren Büros kommen neue Anreize wie Dienstfahrrad oder kostenlose Getränke und Obst am Arbeitsplatz besser an. Besondere Bedeutung kommt den institutionellen Anreizen zu, da für die jüngeren Mitarbeitenden flexible Arbeitsgestaltung und Vereinbarkeit von Beruf und Privatleben an Relevanz gewinnen.

8.5 Wirksame Motivation und Bindung

Tab. 8.4 Beispiele für Anreize (Incentives) im Überblick

Materielle Anreize		Immaterielle Anreize	
Direkte finanzielle Anreize	Indirekte finanzielle Anreize	Soziale Anreize	Institutionelle Anreize
Fixes und variables Entgelt (Lohn/Gehalt), individuelle und Gruppen-Prämien	Dienstwagen, -fahrrad, -smartphone, Darlehen, Zusatzrente, Zuschuss für Kinderbetreuung, Urlaubsbeihilfe, Gutscheine (für Essen, Benzin), Obst und Getränke umsonst	Gruppenmitgliedschaft, Auszeichnungen, Status, gemeinsames Essen mit Geschäftsführung, individualisierte Firmen-Geschenke, delegativer Führungsstil	Arbeitszeitregelung (Remote Arbeit, Homeoffice, Sabbatical etc.), Aufstiegsmöglichkeiten, Weiterbildung

Einige Unternehmen bieten auch recht unkonventionelle Incentives an, um sich von den Wettbewerbern abzuheben und die Bedürfnisse ihrer Mitarbeitenden besser zu treffen.

> **Eine US-Firma schenkt ihren Mitarbeitern 2000 Dollar für Urlaubsreisen**
>
> Das Marketing-Unternehmen Steelhouse zahlt jedem Mitarbeiter 2000 Dollar pro Jahr – nur für Urlaubsreisen. Außerdem spendiert es der gesamten Belegschaft ein verlängertes Wochenende im Monat – außer in den Monaten, in denen eh schon Weihnachten, Ostern oder andere Feiertage im Kalender stehen. Ursprünglich wollte CEO Mark Douglas unbegrenzte Urlaubstage für alle einführen. Aber die Maßnahme zeigte nicht die erwünschte Wirkung. Im Gegenteil, die meisten hatten Angst, ihre Freiheiten ausgiebig zu nutzen, wegen sozialer Kontrolle. Glaubt man Douglas, dann ist der 2000-Dollar-Bonus nun ein voller Erfolg, sogar für die Unternehmensbilanz: Die Mitarbeiter sind fitter, gesünder, zufriedener und damit produktiver. Der Teamzusammenhalt ist größer, weil viele Mitarbeiter am Wochenende etwas gemeinsam unternehmen können. Die Loyalität zum Unternehmen ist gestiegen, weil die Mitarbeiter erkannt hätten, wie außergewöhnlich ihre Incentives sind. Die Attraktivität als Arbeitgeber für externe Talente hat sich verbessert (vgl. Wolking, 2022). ◄

Bei der Gestaltung von Anreizen sollte man allerdings – den Ausführungen von Sprenger folgend – vermeiden, intrinsisch motivierte Mitarbeiter durch die externen Anreize zu demotivieren. Deswegen sollte man beim Einsatz von Anreizen besonders differenziert vorgehen. Am besten ist es, die Beschäftigten selbst zu fragen, was sie sich wünschen. Zu diesem Zweck können Unternehmen Befragungen zu der Wirksamkeit von Incentives durchführen, interaktiv in Workshops oder digital im Intranet oder sozialen Netzwerken.

Die bereits erläuterten Instrumente der Motivation, richtig angewendet, tragen auch zu einer stärkeren Bindung der Beschäftigten an das Unternehmen bei. Allerdings gibt es auch spezifische Instrumente, mit denen eine Führungskraft die Bindung der Mitarbeitenden fördern kann.

8.5.3.2 Instrumente für Förderung der Bindung und Identifikation

Die Bedeutung der Bindung der Beschäftigten an Unternehmen, Arbeitsteam und die Arbeitsaufgabe ist enorm. Dabei kommt zurzeit die Loyalität der Beschäftigten in deutschen Unternehmen ins Schwanken.

Eine Studie von Ernst und Young (2022) hat festgestellt, dass insbesondere jüngere Arbeitnehmer in Deutschland sich mehrheitlich vorstellen können, ihren aktuellen Job zu verlassen: 61 % der Befragten erklärten, offen für einen neuen Arbeitgeber zu sein, 21 % suchen sogar aktiv nach einer neuen Stelle. Dabei geht es Millennials bei der Jobwahl oft nicht ums Geld, das Klima zwischen Kollegen ist den 18- bis 40-Jährigen bei einem neuen Job wichtiger als das Gehalt oder die Vereinbarkeit von Privatleben und Beruf (vgl. EY, 2022).

Die Mitarbeiterbindung hat die erste Priorität unter den Personalthemen in deutschen Unternehmen, so der HR-Report 2021 von Hays (2021). Die von Unternehmen eingesetzten Instrumente sind vielfältig und reichen von Maßnahmen für ein gutes Betriebsklima über flexible Arbeitsgestaltung bis zu Gesundheitsförderung. Allerdings spiegeln diese Maßnahmen nicht immer die Prioritäten der Beschäftigten wider (vgl. Tab. 8.5).

Tab. 8.5 Top 10-Instrumente der Mitarbeiterbindung laut HR-Report 2021. (Eigene Darstellung nach Hays, 2021)

Priorität nach Wichtigkeit	Instrumente und Maßnahmen	Wichtigkeit (Anteil der Befragten, %)	Umgesetzt (Anteil der Befragten, %)
1	Gutes Betriebsklima	56	46
2	Flexible Arbeitszeiten	50	44
3	Marktgerechte Entlohnung	44	36
4	Beschäftigungssicherheit	39	39
5	Maßnahmen zur Vereinbarkeit von Beruf und Privatleben	37	28
6	Interessante Aufgaben	35	32
7	Gute Karriereperspektiven	33	23
8	Mobile Arbeit oder Homeoffice	31	33
9	Betriebliche Zusatzleistungen	28	34
10	Personalentwicklung	21	22

Bemerkenswert ist, dass gutes Betriebsklima und nicht die Sicherheit, Arbeitsflexibilität oder Zusatzleistungen, die erste Priorität bildet. Bei einigen Positionen sind wesentliche Differenzen zwischen der Wichtigkeit und Umsetzung ersichtlich. Manchmal bieten Unternehmen Maßnahmen an, die weniger erwünscht sind: Interessanterweise sehen die Befragten betriebliche Zusatzleistungen nur zu 28 % als geeignet an, um Mitarbeitende zu binden. Eingesetzt wird dieses Instrument mit 34 % jedoch deutlich häufiger. Gleiches gilt für Maßnahmen zur Gesundheitsförderung (steht auf Position 11), die nur 17 % als geeignet betrachten, während 24 % der befragten Unternehmen sie einsetzen (vgl. Hays, 2021).

Dieser Vergleich belegt die Bedeutung einer differenzierten Vorgehensweise bei der Auswahl der Instrumente für die Bindung, die an den Bedürfnissen und Wünschen der Beschäftigten ausgerichtet werden sollten.

Die erläuterten Faktoren der Bindung unterstreichen die Rolle der Führenden in dem Prozess der Förderung von Bindung. Insbesondere bei der Gestaltung des Betriebsklimas, praktischer Implementierung von Flexibilisierungsmaßnahmen, Gestaltung von (interessanten) Aufgaben und Umsetzung der Personalentwicklung sind die Führungskräfte die Entscheider und Gestalter.

In hybriden Arbeitswelten erweist sich das Schaffen eines guten Betriebsklimas wegen mangelnder persönlicher Kontakte als schwierig. In virtuellen Kontexten während der Corona-Pandemie waren ein Aufweichen von sozialen Beziehungen, der Verlust des Gruppengefühls und sogar ein Gefühl der sozialen Isolation zu beobachten.

Vor diesem Hintergrund ist es eine relevante Aufgabe der Führungskräfte, den möglichen negativen Folgen der hybriden Arbeitswelt entgegenzuwirken und die Identifikation der Beschäftigten auf verschiedenen Ebenen zu sichern (vgl. Gall & Wittenberg, 2021, S. 138):

- **Identifikation mit dem Unternehmen:** Hier kommt die Passung von Purpose, der Unternehmenskultur und der Vision und Mission des Unternehmens mit den Vorstellungen der Beschäftigten zum Tragen. Führungskräfte sind hier in der Rolle der Botschafter gefordert, vor allem bei Veränderungsprozessen und in Krisensituationen.
- **Identifikation mit dem Team:** Für die Produktivität des Einzelnen ist das Wir-Gefühl durch die Identifikation mit den Kollegen als Gruppe entscheidend. Hier entsteht einerseits eine Vielzahl von Spannungen in der Zusammenarbeit und andererseits sind hier auch viele Synergieeffekte durch eine kollegiale Hilfsbereitschaft zu heben. Eine Führungskraft fungiert dabei in der Rolle als Vermittler oder Motivator und sollte die gemeinsame Einstellung »Wir schaffen das!« stärken.
- **Identifikation mit der Mitarbeiterrolle:** Die Identifikation mit dem Team allein reicht oftmals nicht aus, die einzelnen Mitarbeiter zu mehr Engagement zu motivieren. Sie müssen sich auch selbst mit ihrer Rolle und Aufgabe im Team identifizieren. Nur wenn sie ihren Mehrwert für die Gruppe erkennen, werden sie zu produktiven Teammitgliedern. Dies ist ein persönlicher Entwicklungsprozess, den die Führungskräfte in ihrer Rolle als Entwickler fördern können.

- **Identifikation mit der Führungskraft:** Führungskräfte sind selbst Vorbilder, beeinflussen durch ihr Verhalten die Mitarbeitenden und geben Orientierung, was Werte und Normen betrifft. Wenn ein Team die Führungskraft respektiert und ihre bedeutende Rolle anerkennt, entwickelt sich eine emotionale Bindung, die auf Vertrauen basiert und ein hohes Commitment der Mitarbeiter nach sich zieht.

Das bedeutet, dass die Führungskräfte in großem Maße sowohl für die Motivation/Bindung als auch für die Demotivation und mangelnde Bindung ihrer Mitarbeiter verantwortlich sind. Mit einer ausgewogenen, individualisierten Vorgehensweise bei der Gestaltung der Motivation und Identifikation, die auf Beobachtung, Empathie und Erfahrung basiert, können die Führungskräfte für mehr Leistung, Engagement und Loyalität der Beschäftigten sorgen und langfristig zu einer höheren Innovations- und Wettbewerbsfähigkeit des Unternehmens beitragen.

Der Trend zu hybriden Arbeitsformen wird in Zukunft anhalten und mehr Partizipation, Autonomie und Selbstverantwortung bei den Mitarbeitenden fordern. Die Führungskräfte werden ihre Führungsinstrumente anpassen, vor allem hinsichtlich einer individuellen und intensiven Kommunikation und Vertrauensgestaltung. Insgesamt wird die in diesem Kapitel diskutierte interaktive Führung in der künftigen hybriden Arbeitswelt mit einem selbstverständlichen Mix von ortspräsenter und virtueller Arbeit eine sehr bedeutende Aufgabenstellung und zugleich eine große Herausforderung für die Führungskräfte darstellen, die es im Kontext des Führungswandels zu bewältigen gilt.

Verständnis- und Reflexionsfragen

1. Welche Aufgaben haben Führungskräfte im Rahmen der interaktiven Führung?
2. Warum ist die Ansprache von Emotionen in der Führung wichtig?
3. Mit welchen Instrumenten kann eine Führungskraft emotionale Führung praktizieren?
4. Wie kann eine Führungskraft Vertrauen aufbauen? Welche Faktoren spielen dabei eine Rolle?
5. Welche Bedeutung hat Purpose für Unternehmen und Beschäftigte?
6. Wie können Führungskräfte Visionen und Werte vermitteln und vorleben?
7. In welchen Formen findet Kommunikation in Unternehmen statt?
8. Erläutern Sie Besprechung und Mitarbeitergespräch als Führungsinstrumente.
9. Welche Regeln sollte eine Führungskraft bei der Äußerung von Anerkennung und Kritik berücksichtigen?
10. Was verstehen Sie unter Motivation? Vergleichen Sie intrinsische und extrinsische Motivation.
11. Welche Bedürfnisse und Erwartungen verbinden Sie persönlich mit einem Arbeitsplatz? Was würde Sie zu mehr Leistung motivieren?
12. Welche Rolle spielen Führungskräfte bei der Motivation und Bindung der Mitarbeiter?

Literatur

Bauer, J. (2006). *Warum ich fühle, was du fühlst. Intuitive Kommunikation und das Geheimnis der Spiegelneurone.* Heyne.

Becker, M. (2020). Personalentwicklung. https://www.socialnet.de/lexikon/Personalentwicklung. Zugegriffen: 11. Apr. 2022.

Bock, J., & Schwienhorst, R. L. (2021). Die Rendite des Vertrauens. *Zeitschrift Führung + Organisation, 90,* 320–322.

Bredemeyer, M., Böhmer, N., & Schinnenburg, H. (2021). Virtuelles Feedback. Wie die Führungskraft-Mitarbeiter-Beziehung das informelle Feedback auf Distanz beeinflusst. *Zeitschrift Führung + Organisation, 90,* 368–374.

Deekeling, E., & Arndt, S. (2021). Change-Kommunikation im Unternehmen. In S. Einwiller, S. Sackmann, & A. Zerfaß (Hrsg.), *Handbuch Mitarbeiterkommunikation, Interne Kommunikation in Unternehmen.* Springer.

Domke, U. (2022). Feedback-Systeme für selbstorganisiertes Arbeiten. *Zeitschrift Führung + Organisation, 91,* 135–137.

Doppler, K., & Lauterburg, C. (2019). *Change Management. Den Unternehmenswandel gestalten* (14. Aufl.). Campus.

Edmondson, A. (2020). *Die angstfreie Organisation. Wie Sie psychologische Sicherheit am Arbeitsplatz für mehr Entwicklung, Lernen und Innovation schaffen.* Vahlen.

EY (Ernst & Young). (2021). Arbeitsbelastung für Beschäftigte in Deutschland hat zugenommen – Vor allem für Frauen. https://www.ey.com/de_de/news/2021/09/ey-jobstudie-2021-motivation-und-zufriedenheit. Zugegriffen: 19. Apr. 2022.

EY (Ernst & Young). (2022). Millennials auf dem Sprung: 61 Prozent können sich Jobwechsel vorstellen, jeder Fünfte sucht aktiv. https://www.ey.com/de_de/news/2022-pressemitteilungen/05/ey-karrierewege-millennials-2022. Zugegriffen: 16. Mai 2022.

Franken, S. (2019). *Verhaltensorientierte Führung. Handeln, Lernen und Diversity in Unternehmen* (4. Aufl.). Springer.

Frankenberger, K., Mayer, H., Reiter, A., & Schmidt, M. (2021). *Das Digital Transformer's Dilemma. Wie Sie Ihr Kerngeschäft digitalisieren und gleichzeitig innovative Geschäftsmodelle aufbauen.* Wiley.

Gall, S., & Wittenberg, J. (2021). *Erfolgreich führen in hybriden Arbeitswelten. Analog und digital – Roadmap für Führungskräfte.* Haufe Group.

Gleichmann, K., & Herter, C. (2021). Informationsverarbeitung in virtuellen Teams. *Zeitschrift Führung + Organisation, 90,* 362–367.

Goleman, D. (2011). *EQ – Emotionale Intelligenz.* Taschenbuch.

Hartwich, C. (2021). Studie Work Reworked: Warum Empathie die wichtigste Führungskompetenz in der hybriden Arbeitswelt ist. https://news.microsoft.com/de-de/studie-work-reworked-warum-empathie-die-wichtigste-fuehrungskompetenz-in-der-hybriden-arbeitswelt-ist/. Zugegriffen: 1. Apr. 2022.

Hays. (2021). HR-Report 2021. Schwerpunt New Work. Eine empirische Studie des Instituts für Beschäftigung und Employability IBE und Hays. https://www.hays.de/documents/10192/118775/hays-hr-report-2021-new-work-de.pdf/5ed9a4bf-2cd6-beea-ed16-6662389005c6?t=1610717468553. Zugegriffen: 20. Apr. 2022.

Heddergott, M. (2021). Kommunikationsregeln in Microsoft Teams. https://www.intraconnect.de/blog/v/kommunikationsregeln-in-teams. Zugegriffen: 13. Apr. 2022.

Innolytics. (Hrsg.). (2022). Was ist Teamkommunikation? https://www.innolytics.de/teamkommunikation/. Zugegriffen: 13. Apr. 2022.

Jung, R. H. (2020). Führung und Sinn. Plädoyer für einen existenzanalytischen Umgang mit dem Sinnphänomen. Gruppe. Interaktion. Organisation. *Zeitschrift für angewandte Organisationspsychologie, 51,* 177–185.

Manpower. (2020). Die Top 10 der Arbeitsmotivation. https://www.manpower.de/de/joblog/blogs/2021/09/12/06/56/die-top-10-der-arbeitsmotivation. Zugegriffen: 19. Apr. 2022.

Nerdinger, F. W. (2014). Arbeitsmotivation und Arbeitszufriedenheit. In F. W. Nerdinger, G. Blickle, & N. Schaper (Hrsg.), *Arbeits- und Organisationspsychologie* (3. Aufl., S. 419–440). Springer.

Rose, N. (2020). Überhöhte Sinnfrage. *Personalmagazin,* S. 48–50.

Rybnikova, I., & Lang, R. (2021). *Aktuelle Führungstheorien und -konzepte* (2. Aufl.). Springer.

Schein, E. (1995). *Unternehmenskultur: Ein Handbuch für Führungskräfte.* Campus.

Schulz von Thun, F. (o. J.). Das Kommunikationsquadrat. https://www.schulz-von-thun.de/die-modelle/das-kommunikationsquadrat. Zugegriffen: 9. Apr. 2022.

Schwuchow, K. (2021). Mittelpunkt Mensch? Die Toxik der neuen Arbeitswelt. In O. Geramanis, et al. (Hrsg.), *Kooperationen in der digitalen Arbeitswelt* (S. 19–33). Springer.

Sprenger, R. K. (o. J.). Mitarbeitermotivation. https://www.sprenger.com/themen/mitarbeitermotivation.html. Zugegriffen: 11. Apr. 2022.

Stock-Homburg, R., & Groß, M. (2019). *Personalmanagement. Theorien-Konzepte-Instrumente* (4. Aufl.). Springer Gabler.

Tödtmann, C. (2022). Gallup-Studie Jobwechsel? Ja gern! Die Great Resignation erreicht Deutschland. https://www.wiwo.de/erfolg/management/gallup-studie-jobwechsel-ja-gern-die-great-resignation-erreicht-deutschland/28227928.html. Zugegriffen: 19. Apr. 2022.

Von Au, C. (2021). Führungspersönlichkeiten im digitalen Zeitalter – Eine achtsam-reflektierte Haltung ist entscheidend. In O. Geramanis, et al. (Hrsg.), *Kooperationen in der digitalen Arbeitswelt* (S. 231–246). Springer.

Wolking, S. (2022). Incentives: Welche wirken und welche nicht. https://karrierebibel.de/incentives/. Zugegriffen: 20. Apr. 2022.

WPGS – Wirtschaftspsychologische Gesellschaft. (Hrsg.). (o. J.). Führung: Vertrauen aufbauen, Misstrauen überwinden. https://wpgs.de/fachtexte/vertrauen-aufbauen-misstrauen-ueberwinden-tipps-und-psychologie. Zugegriffen: 1. Apr. 2022.

Wunderer, R. (2011). *Führung und Zusammenarbeit.* Luchterhand.

Teil IV
Wer führt in (die) Zukunft?

Führungskompetenzen für die Zukunft 9

> **Zusammenfassung**
>
> Die Megatrends wie Digitalisierung, Globalisierung, demografischer Wandel und veränderte Präferenzen von Beschäftigten stellen neue Anforderungen an Führung und Führungskräfte. Neben den traditionellen Fach- und Sozialkompetenzen brauchen Führungskräfte strategische und operative digitale Kompetenz, Verständnis für interdisziplinäre Zusammenhänge, die Fähigkeit, geteilte und partnerschaftliche Führung zu praktizieren, auch in virtuellen Kontexten, Kompetenzen im Umgang mit der Diversität, agiles Mindset und die Selbstreflexionsfähigkeit. Ein Vergleich des erforderlichen Kompetenzprofils mit den vorhandenen Kompetenzen der Führungskräfte in der Unternehmenspraxis zeigt einen Handlungsbedarf, insbesondere bei den strategischen digitalen Kompetenzen und Chancen neuer Geschäftsmodelle sowie bei der Kommunikationskompetenz und dem Vertrauen in virtuellen Teams. Führungskräfte brauchen gezielte Weiterbildung und Förderung, um den Herausforderungen der digitalisierten Arbeitswelt gerecht zu werden. Die Vermittlung und Förderung von Kompetenzen sollten mithilfe moderner Methoden und Instrumente erfolgen. Diese Fragestellungen werden in diesem Kapitel anhand von theoretischen Ansätzen und Beispielen aus der Praxis diskutiert.

9.1 Anforderungen an Führungskräfte

Die bereits ausführlich diskutierten Trends Digitalisierung, demografischer Wandel, Globalisierung und veränderte Präferenzen von Beschäftigten hinsichtlich der Partizipation, Teilhabe und Nachhaltigkeit, begleitet von hoher Dynamik und Agilität der Arbeitswelt (vgl. dazu Kap. 1) stellen Führungskräfte vor neuartige Aufgaben.

Das Kompetenzprofil für die Führenden wird aufgrund dieser Herausforderungen um neue Kompetenzen ergänzt. Vor allem die Affinität für digitale Technologien und die Führungsfähigkeit in virtuellen Kontexten gewinnen als Führungskompetenzen an Bedeutung. Die Corona-Krise hat die Notwendigkeit einer Erweiterung der Führungskonzepte und -kompetenzen aufgezeigt, wobei insbesondere die Kommunikationskompetenz und die Fähigkeit, Vertrauen aufzubauen, an Bedeutung gewonnen haben. Die Anforderungen an die Führenden hängen zwar von der tatsächlichen Funktion und dem Aufgabenbereich ab, jedoch können aufgrund von Studien und Fallbeispielen tendenziell die zentralen Anforderungen an die geeigneten Führungskräfte für die Arbeitswelt der Zukunft formuliert werden.

9.1.1 Neue Anforderungen aufgrund der Trends

Jeder einzelne Trend hat bestimmte Auswirkungen auf Unternehmen und stellt spezifische Anforderungen an die Führungskräfte, die aufgrund ihrer Position die Verantwortung für die strategische Ausrichtung des Unternehmens und ihres Teams tragen (s. Überblick in Tab. 9.1).

Digitalisierung und digitale Transformation
Die Digitalisierung der Arbeitsprozesse und Nutzung der digitalen Kommunikationstools sind zu festen Größen des Unternehmensalltags geworden und eröffnen zahlreiche Chancen für neue Geschäftsmodelle, effiziente Produktionsprozesse, erweiterte Kooperation mit Kunden, Lieferanten und anderen Partnern, Selbstorganisation und Partizipation in Unternehmen (vgl. dazu Abschn. 1.3). Die Nutzung von digitalen Tools und sozialen Netzwerken stellt Kompetenzanforderungen an die Führungskräfte hinsichtlich der digitalen und Medienkompetenz. Darüber hinaus erfordert virtuelle Zusammenarbeit und Führen aus Distanz neue Führungsinstrumente (vgl. Abschn. 3.3).

Die Führungskräfte müssen zwar nicht zu Technologie-Experten avancieren, sollten sich aber doch einen „Technologie-Werkzeugkasten" aneignen und verstehen, welchen Einfluss Technologien auf ihr Unternehmen haben (vgl. Frankenberger et al., 2021, S. 151). Von den Führungskräften wird erwartet, für die neuen Technologien und Tools offen zu sein und die Möglichkeiten der Digitalisierung als strategische Chance und als Führungsinstrument zu nutzen.

Dazu gehört die Fähigkeit, Chancen für neue digitale Produkte und Geschäftsmodelle zu erkennen und von der Plattformökonomie zu profitieren. Außerdem sollen die Führenden dafür sorgen, dass digitale Technologien nicht nur im Interesse des Unternehmens, sondern auch im Interesse der Beschäftigten, ethisch und menschengerecht, unter Einhaltung des Schutzes der Daten und der Privatsphäre eingeführt werden.

Die Führungskräfte sollen virtuellen Zusammenhalt und Führung auf Distanz optimal gestalten und in diesem Zusammenhang geeignete Tools einsetzen, leistungsorientiert

Tab. 9.1 Anforderungen an Führungskräfte aufgrund der Trends im Überblick

Trend	Auswirkungen auf Unternehmen	Anforderungen an Führungskräfte
Digitalisierung und digitale Transformation	Digitale Produkte und Geschäftsmodelle, Plattformökonomie, Automatisierung von Prozessen, agile und virtuelle Zusammenarbeit, Flexibilisierung der Arbeit, Probleme der Datensicherheit und Datenschutz	Verständnis für strategische Chancen der Digitalisierung, ins. digitale Geschäftsmodelle, Kenntnis relevanter Technologien, digitale Kompetenz, Kommunikationskompetenz, virtuelle und agile Führungsfähigkeit, Fähigkeit zur Sinnvermittlung, Kulturgestaltung und Vertrauensaufbau, Datenschutz-Sensibilität, Change Kompetenz
Demografischer Wandel und Vielfalt	Alterung der Belegschaften, Fachkräftemangel, Vielfalt der Kunden und Mitarbeitenden	Generationenmanagement, Toleranz und Wertschätzung der Vielfalt, Individualisierung und Potenzialorientierung in der Führung
Wertewandel, Demokratisierung, Nachhaltigkeit	Anforderungen an Partizipation, Teilhabe und Nachhaltigkeit, Erwartung einer partnerschaftlichen, geteilten und kollektiven Führung, Wunsch nach Work-Life-Balance	Fähigkeit zur Partizipation und Delegation, kooperativer/delegativer Führungsstil, Fähigkeit, Freiräume für Initiative und Mitgestaltung zu gewähren, Vertrauen, Nachhaltigkeit, Bereitschaft, Macht zu teilen
Globalisierung/Deglobalisierung	Globale Wertschöpfungsketten, evtl. Trend zur Deglobalisierung, internationale Aktivitäten, verstärkter Wettbewerbs- und Innovationsdruck	Entscheidungsfähigkeit hinsichtlich Globalisierung, interkulturelle Kompetenz, Zukunftsorientierung, strategische Innovationsfähigkeit
Dynamik und Agilität	Permanente Veränderung, flexible Strukturen und Prozesse, schnelle Entscheidungen, agile Arbeitsmethoden	Change Kompetenz, Verständnis für Zusammenhänge, Veränderungs- und Lernbereitschaft, Offenheit für das Neue, Netzwerkkompetenz, Reflexionsfähigkeit, agiles Mindset, Kenntnis der agilen Arbeitsmethoden

führen, Sinn vermitteln, Vertrauen aufbauen und eine Balance aus analoger und digitaler Kommunikation schaffen.

Eine Studie des Fraunhofer IAO und der DGFP (Deutsche Gesellschaft für Personalführung) weist auf die Veränderung der Kompetenzanforderungen an die Führungskräfte in der hybriden Arbeitswelt der Zukunft hin. 65 % der Studienteilnehmer gaben an, dass die Kommunikation mit den Mitarbeitenden an Bedeutung gewinnen und mehr Zeit in Anspruch nehmen wird, vor allem werden deutlich mehr bilaterale Gespräche mit einzelnen Beschäftigten geführt. Da sich laut Angaben von rund 46 % der Befragten auch der Koordinations-, Planungs- und Überprüfungsaufwand vergrößert hat, ergibt sich ein insgesamt gesteigertes Arbeitsvolumen. Als entscheidende Kompetenzen für die hybride Arbeitswelt wurden in der Studie Kommunikationskompetenz und Vertrauen genannt (vgl. Haufe, 2021).

Auch die Digitalisierung der Produkte – Dienstleistungen statt physischer Produkte – stellt vollkommen neue Anforderungen an alle Mitarbeiter und Führungskräfte des Unternehmens. Beide müssen das neue Produkt „Dienstleistung" und die damit verbundene neue Einstellung der Kunden auch verstehen und sie handhaben können. Neue Beziehungen zwischen den Kunden und dem Unternehmen im Rahmen der Open Innovation müssen gestaltet und kompetent implementiert werden (vgl. Abschn. 3.1.4).

Im Rahmen der digitalen Wende sollten die Führenden außerdem Change Manager der digitalen Transformation sein, ihre Mitarbeitenden sensibilisieren, motivieren und befähigen, an der Digitalisierung mitzuwirken.

Demografischer Wandel und Vielfalt
Die zentralen Herausforderungen für Unternehmen – Alterung der Belegschaften, Fachkräftemangel, Vielfalt der Kunden und Mitarbeitenden – führen zu der Notwendigkeit, spezielle Maßnahmen zur Förderung der Beschäftigungsfähigkeit älterer Beschäftigter zu ergreifen, dem Fachkräftemangel vorzubeugen, Methoden für den optimalen Umgang mit der Vielfalt zu entwickeln.

Führungskräfte stehen vor der Herausforderung, Rahmenbedingungen für eine ergebnisorientierte Zusammenarbeit in alternden vielfältigen Belegschaften zu schaffen und die Vorteile der Vielfalt im Interesse des Teams bzw. des Unternehmens zu nutzen. Vor diesem Hintergrund sollten Führungskräfte Sinn stiften, Wertschätzung der Vielfalt und der Individualität jedes Mitarbeitenden vorleben, für den Wissenstransfer zwischen Alt und Jung und erfolgreiche Zusammenarbeit in gemischten Teams sorgen sowie eine individualisierte und stärkenorientierte Führung praktizieren, um die Talente und Potenziale aller Beschäftigten zu erschließen.

Wertewandel, Demokratisierung, Nachhaltigkeit
Durch den Wertewandel verlieren die klassischen Tugenden wie Gehorsam und Disziplin an Bedeutung, insbesondere jüngere Generationen von Beschäftigten erwarten mehr Freiräume, Partizipation bei Entscheidungen, Führung auf Augenhöhe, Chancengerechtigkeit und Nachhaltigkeit. Diese Forderungen werden durch die Digitalisierung

und Social Media ermöglicht, bis zu einer direkten Demokratie durch die Wahl und/oder Bewertung von Führungskräften durch die Mitarbeitenden (vgl. Abschn. 5.3).

In der digitalisierten Arbeitswelt ist mehr Dezentralisierung und autonomes Arbeiten ausführender Einheiten erforderlich, und an die Stelle von Machthierarchien treten netzwerkartige Führungsstrukturen. Die Mitarbeitenden in digitalisierten Unternehmen sollen und wollen an den strategischen Entscheidungen beteiligt sein und als Unternehmer im Unternehmen handeln.

Die Umsetzung der neuen Konzepte der geteilten und kollektiven Führung, der Partizipation bis zu Holakratie und Soziokratie braucht mutige und empathische Führungskräfte, die bereit sind, ihre Macht mit den Mitarbeitenden zu teilen und Meinungen Anderer zu akzeptieren.

Die Fähigkeiten der Führenden, zu delegieren, Freiräume zu gestalten und die Selbstorganisation ihrer Mitarbeiter durch einen kooperativen Führungsstil und eine entsprechende Unternehmenskultur zu fördern, sind hierfür gefragt.

Globalisierung/Deglobalisierung
Globale Märkte und weltweite Wertschöpfungsketten bedeuten für Unternehmen eine Zunahme an internationalen Aktivitäten sowie einen gesteigerten Kosten-, Effizienz- und Innovationsdruck. Die globale Ausrichtung der Beschaffung, Produktion und des Absatzes stellen Anforderungen an die Unternehmen und derer Führung. Gefragt sind strategisches und globales Denken, Anpassung der Produkte an die Zielmärkte, Ausbalancierung von globalen Strategien und lokalen Besonderheiten hinsichtlich der Produktionsbedingungen, Personalangelegenheiten, kulturellen Differenzen. Auch die Tendenz zur Deglobalisierung (vgl. Abschn. 1.2) sollte als Anlass für eine fundierte Analyse von Vor- und Nachteilen verschiedener Standortentscheidungen für das Unternehmen genutzt werden.

Eine zusätzliche Schwierigkeit stellt die Globalisierung des Arbeitsmarktes dar, die eine steigende Vielfalt an Hintergründen von Beschäftigten nach sich zieht (vgl. Abschn. 4.6).

Die in diesem Zusammenhang erforderlichen Führungsfähigkeiten sind vernetztes, kritisches und ganzheitliches Denken, Fähigkeit, zu priorisieren, Innovationsorientierung, ein hohes Maß an Entscheidungsfreude und die Fähigkeit, in kritischen Situationen souverän zu handeln. Darüber hinaus sind Offenheit für die Vielfalt, interkulturelle Kompetenz, Anpassungsfähigkeit und soziale Kompetenz notwendig.

Dynamik und Agilität der Unternehmenswelt
Das Tempo der Veränderungen im Unternehmensumfeld nimmt zu und erfordert ein schnelles Reagieren, das Erkennen und Ergreifen von Chancen, das Vorbeugen von Risiken. Notwendig sind flexible Strukturen und Prozesse, schnelle Entscheidungen, dynamische Netzwerke, um die Agilität des Unternehmens zu erhöhen. Um in einer komplexen, dynamischen Unternehmenswelt strategische Funktion zu übernehmen und bei Problemen souverän handeln zu können, brauchen Führungskräfte und Beschäftigte ein Verständnis für die Zusammenhänge – ein Überblickswissen.

Der Ukrainekrieg hat den Unternehmen das Ausmaß der Abhängigkeiten von solchen unvorhergesehenen Entwicklungen klar gemacht. Auch wenn man direkt nicht betroffen ist, ergeben sich vielfältige Probleme, für die jedes Unternehmen einen Plan B benötigt. Die beiden Krisen – Corona-Pandemie und der Krieg in der Ukraine – erfordern von den Führenden ein **neuartiges Krisenmanagement,** das nicht nur schnelle, souveräne Entscheidungen beinhaltet, sondern auch die Bereitschaft voraussetzt, kreative Spielräume für die Beschäftigten zu öffnen und interdisziplinäre Expertise zu erschließen, um optimale Lösungen zu finden. Dafür sollten Führungskräfte bereit sein, ihre Macht mit den Mitarbeitenden zu teilen (vgl. Diskussion zu der geteilten Führung in interdisziplinären Projektteams Abschn. 7.4.2).

Operativ benötigen Führungskräfte genaue Echtzeit-Informationen über die aktuelle Situation des Unternehmens und seine derzeitigen Pläne, die sie verarbeiten müssen, um die Folgen von eigenen Entscheidungen im System auf der Basis der bestehenden Pläne aller anderen Unternehmenseinheiten abzuschätzen. Dies stellt hohe Anforderungen an die Informationsverarbeitungsfähigkeit und die Reaktionsflexibilität der Führungskräfte. Denkbar ist dabei Unterstützung durch intelligente Algorithmen und KI, die von den Führenden optimal genutzt werden können.

Die Führungskräfte brauchen außerdem eine hohe Veränderungs- und Lernbereitschaft, die auf der Reflexion von eigenen Stärken und Schwächen und Führungsmethoden basiert. Für die praktische Implementierung der Agilität in Unternehmen sollten Führungskräfte das agile Mindset verinnerlichen und sich mit den agilen Arbeitsmethoden wie Scrum, Design Thinking und Kanban auskennen (vgl. Abschn. 6.2.2).

Darüber hinaus sollten die Führenden gute Netzwerker sein, um interne und externe Unternehmensnetzwerke zu steuern und zu pflegen. In Zeiten der hohen Dynamik und ständiger Veränderung erwartet man von Führungskräften auch eine stabilisierende Wirkung in Form von Sinnstiftung und Wertevermittlung nach innen (eigene Mitarbeitenden und Teams) und nach außen, an die relevanten Stakeholder.

9.1.2 Kompetenzprofil für die Führungskräfte der Zukunft

Die Anforderungen an Führungskräfte in der digitalisierten Arbeitswelt werden – wie bereits erläutert – immer anspruchsvoller. Neben den Fach- und Methodenkompetenzen sollen sie über eine Vielzahl von neuartigen digitalen, strategischen, sozialen und persönlichen Kompetenzen verfügen. Gute Führungskräfte sind Visionäre, Analytiker und Vordenker bei der Entwicklung der Strategie im Kontext der Digitalisierung. Sie sind Vorbilder, Konfliktmanager und Gestalter in der Teamarbeit und besitzen die Fähigkeit, ihre Mitarbeiter individuell und partnerschaftlich zu führen und zu fördern.

Die Erfahrungen mit der durch die Corona verursachten Digitalisierung und Virtualisierung der Führung haben zu einer neuen Priorisierung von Führungskompetenzen geführt. Auf der einen Seite sind die strategischen digitalen Kompetenzen hinsichtlich digitaler Geschäftsmodelle wichtiger denn je. Auf der anderen Seite

9.1 Anforderungen an Führungskräfte

gewinnen die Kommunikationskompetenz und die Fähigkeit, in virtuellen Kontexten Vertrauen aufzubauen, an Relevanz.

Welge und Bruggmann (2021, S. 187) definieren anhand internationaler Studien folgende **Schlüsselaufgaben** der Führungskräfte bei der Führung auf Distanz: klare abstützende Strukturen schaffen, gut funktionierende Kommunikationstools nutzen, konstruktives Feedback- und Konfliktmanagement etablieren, mit dem Ziel, die Selbstwirksamkeit der Mitarbeitenden zu stärken. Um eine geteilte soziale Identität entwickeln zu können, sollten Führende außerdem strukturelle Gewissheit herstellen, um Unsicherheiten zu reduzieren, den Mitarbeitenden einen Vertrauensvorschuss gewähren, anregend kommunizieren und individuelle Gegebenheiten und Fähigkeiten der Teammitglieder berücksichtigen.

Frankenberger et al. (2021, S. 219) weisen zusätzlich auf die Notwendigkeit hin, Ambidextrie in der Führung anzuwenden (vgl. Abschn. 3.1), was eine enorme Herausforderung für die Führungskräfte bedeutet, die laufendes Geschäft aufrechterhalten und ständig optimieren und zugleich radikale digitale Innovationen vorantreiben sollen. Die Autoren definieren drei Wirkungsbereiche der Führungskräfte in der digitalen Transformation, die die Vielfalt der Anforderungen erklären. Die Führungskräfte müssen in der Lage sein, Geschäfte zu führen, Menschen zu führen und sich selbst zu führen:

1. Um die Geschäfte gut zu führen, heißt es insbesondere: Entscheidungen treffen, Netzwerke managen, intelligentes Scheitern begrüßen und verarbeiten.
2. Um die Mitarbeiter zu führen, ist es wichtig, ein Coach und Moderator für das Team zu sein, inkrementelle und radikale Innovationen voranzutreiben, Feedback geben, Mitarbeiter inspirieren, befähigen und mit Anreizen zu Bestleistungen motivieren.
3. Und um sich selbst zu führen, sollen als Eigenschaften gegeben sein: über sich selbst reflektieren, emotional intelligent sein, Anpassungsfähigkeit besitzen, als Vorbild agieren, Integrität zeigen.

Fasst man verschiedene Studienergebnisse und Analysen zusammen, so ergibt sich folgendes **Aufgabenprofil** für Führungskräfte der Zukunft:

- Die Führungskraft sollte strategische Chancen und Risiken digitaler Technologien erkennen, strategisch und innovativ denken. Die Digitalisierungsstrategie und digitale Geschäftsmodelle stehen hier im Mittelpunkt.
- Anstelle des Fachmanns für alle Fragen ist die Führungskraft ein Koordinator und Moderator für die Zusammenarbeit verschiedener interdisziplinärer Fachakteure.
- Der Führende stiftet Sinn, schafft überzeugende Visionen, vermittelt Werte und ist Träger der Unternehmenskultur.
- Die Führungskraft gestaltet Freiräume für Kreativität und Ideen, treibt Innovationen voran.
- Die Führungskraft nutzt souverän digitale Tools für Unterstützung der Entscheidungen, Kommunikation und Kollaboration.

- Die Führungskraft beteiligt die Mitarbeitenden an Entscheidungen und Verantwortung, führt kooperativ, partnerschaftlich und coachend, ist offen für die Demokratisierung der Führung.
- Der Führende besitzt exzellente Team- und Kommunikationskompetenz, um Projekt- und Teamarbeit zu koordinieren, Feedback zu geben, Vertrauen aufzubauen, auch in interkulturellen und virtuellen Kontexten.
- Die Führungskraft unterstützt Lern- und Veränderungsprozesse und sollte selbst als Vorbild für kontinuierliches Lernen und Veränderung dienen. Sie reflektiert eigenes Arbeits- und Führungsverhalten, ist am Feedback der Mitarbeitenden interessiert.
- Der Führende ist bestrebt, vielfältige Mitarbeiterpotenziale und Talente der Beschäftigten zu erschließ, schätzt Vielfalt und Individualität, führt potenzialorientiert.
- Die Führungskraft verinnerlicht agiles Mindset, fördert agile Strukturen, verteilte und kollektive Führung, treibt die Nutzung von agilen Arbeitsmethoden voran.

Auf der Basis dieser neuartigen Aufgaben kann ein **qualitatives Kompetenzprofil** einer Führungskraft der Zukunft formuliert werden, das nach den gängigen Kompetenzgruppen (fachliche, methodische, soziale und persönliche Kompetenzen), ergänzt durch die unentbehrlich gewordene digitale Kompetenz, strukturiert ist – s. Tab. 9.2.

Inwiefern besitzen die heutigen Führungskräfte in Unternehmen diese Kompetenzen? Wo sind die wesentlichen Handlungsbedarfe? Und inwieweit und mit welchen Methoden lassen sich die erforderlichen Kompetenzen vermitteln?

9.1.3 Handlungsbedarf hinsichtlich der Führungskompetenzen in der Praxis

Um den Handlungsbedarf bei der Förderung von Führungskompetenzen für die Arbeitswelt der Zukunft zu identifizieren, werden zwei repräsentative Studien herangezogen.

Die Studie „Kollaboration 2021" von der Staufen AG spiegelt die Sicht der Geführten in den deutschen Unternehmen auf ihre Führungskräfte im Kontext der Digitalisierung wider und lässt sie einige für die Zusammenarbeit erforderlichen Kompetenzen der Führenden (Offenheit für digitale Tools, Teamfähigkeit, unternehmerisches Denken, analytische Fähigkeiten, Motivationsfähigkeit und Kommunikationskompetenz) bewerten. Dabei stellt die Studie wesentliche Defizite bei den Kompetenzen der Führungskräfte für die künftige Arbeitswelt fest (vgl. Staufen, 2021, S. 23):

- 74 % der Befragten geben an, dass ihre Führungskräfte größtenteils offen für digitale Tools sind,
- 69 % sind der Meinung, dass ihre Führungskräfte teamfähig sind,
- 61 % schreiben ihren Führungskräften unternehmerisches Denken zu,
- 55 % bestätigen analytische Fähigkeiten bei ihren Führenden,

Tab. 9.2 Qualitatives Kompetenzprofil einer Führungskraft der Zukunft

Kompetenzgruppen	Kompetenzanforderungen
Fachkompetenzen	Spezielles Fachwissen, Verständnis von Zusammenhängen, Kompetenz für Strategieentwicklung und Geschäftsmodelle, Innovationskompetenz, Führungskompetenz (auch in virtuellen Kontexten), Change Kompetenz
Digitale Kompetenz	Kenntnis relevanter Technologien, Verständnis von strategischen Chancen und Risiken der digitalen Technologien, agiles Mindset, Nutzungskompetenz bei digitalen Endgeräten, Kommunikations- und Kollaborationstools und Social Media
Methodenkompetenzen	Strategisches, logisches und kritisches Denken, Fähigkeit zur interdisziplinären und interkulturellen Arbeit, Netzwerkkompetenz, Fähigkeit zur Analyse von komplexen Informationen, Kenntnis agiler Arbeitsmethoden
Soziale Kompetenzen	Kommunikationskompetenz (auch digital), Feedbackfähigkeit, Koordinations- und Moderationskompetenz, Fähigkeit zur Vermittlung von Werten und Visionen, Motivationskompetenz, Fähigkeit zur Partizipation und Delegation, Vertrauen, Wertschätzung der Vielfalt und Individualität, Empathie
Persönliche Kompetenzen	Hohe Belastbarkeit, Frustrationstoleranz, reife Persönlichkeit und feste Prinzipien, hohe Integrität und Vertrauensbereitschaft, Selbstkenntnis und Reflexionsfähigkeit, Lern- und Veränderungsbereitschaft

- 51 % meinen, ihre Führungskräfte besitzen Motivationsfähigkeit,
- 51 % geben an, dass ihre Führungskräfte Kommunikationskompetenz haben.

In den Ausführungen zu den Kompetenzen für die digitalisierte Arbeitswelt (vgl. Abschn. 9.1.1) wurde Kommunikationskompetenz als eine der entscheidenden Kompetenzen genannt. Viele Führungskräfte schneiden bei dieser Kompetenz schlecht ab. Unternehmerisches Denken ist für die strategische Ausrichtung eines Unternehmens im Kontext der Digitalisierung besonders relevant – auch hier stellt die Studie Defizite fest. Teamfähigkeit – insbesondere bei dem Trend zu einer geteilten und kollektiven Führung und Demokratisierung von Unternehmen – ist ebenfalls stark ausbaufähig. Die mangelnde Offenheit für digitale Technologien, die vielen Führungskräften unterstellt wird, ist vor dem Hintergrund der digitalen Transformation sehr kritisch.

Diese Ergebnisse werden von einer Studie von Kienbaum und StepStone 2021 „Future Skills – Future Learning" bestätigt. In dieser Studie wurden Führungskräfte aus deutschen Unternehmen hinsichtlich ihrer Selbsteinschätzung in Bezug auf die Entwicklungsbedarfe bei verschiedenen Kompetenzen befragt. Selbstkritisch stellen auch die Führenden wesentliche Defizite fest (vgl. Kienbaum & StepStone, 2021):

- Fast jede dritte Führungskraft sieht Entwicklungspotenzial in digitaler Anwendungskompetenz (28 %) und Digitalstrategie (29 %).
- Jede vierte Führungskraft (24 %) erkennt Entwicklungsbedarf hinsichtlich digitaler Geschäftsmodelle.
- Ein Fünftel (20 %) der Führenden ist der Meinung, ihre Kompetenzen im virtuellen Arbeiten weiterentwickeln zu müssen.
- Jede vierte Führungskraft sieht Potenzial, sich bei der Frustrationstoleranz weiterzuentwickeln.
- 16 % der Führenden sehen Entwicklungsbedarf bei lebenslangem Lernen und Lernagilität.
- Jede vierte Führungskraft (27 %) macht Entwicklungspotenzial in ihrer Führungsfähigkeit aus.
- Weitere Entwicklungspotenziale zeichnen sich für Sozialkompetenz, Begeisterungsfähigkeit, Motivation und Konfliktfähigkeit ab.

Diese Studienergebnisse decken – sowohl aus der Perspektive der Mitarbeitenden als auch aus der Sicht der Führenden – ein erhebliches Entwicklungspotenzial bei den Führungskräften in Bezug auf digitale Kompetenzen (insbesondere Nutzung von digitalen Tools, digitale Strategie und digitale Geschäftsmodelle) und soziale Kompetenzen (in erster Linie Kommunikationskompetenz und Teamfähigkeit) auf.

In den vergangenen Jahren wurden Unternehmen, ihre Führungskräfte und Beschäftigten durch die Corona-Pandemie mit krisenartigen, schnellen Veränderungen konfrontiert und mussten sich rasch an die neuen Rahmenbedingungen anpassen. Diese rasante Umstellung könnte eventuell zum Teil die mangelhafte Bewertung von Kompetenzen der Führungskräfte erklären, da sie unvorbereitet, praktisch „über Nacht" neue Aufgaben der virtuellen Führung übernommen haben. Die selbstkritische Einschätzung der Führungskräfte in Bezug auf eigene Kompetenzdefizite beweist, dass die Führenden offen und bereit sind, an ihren Kompetenzen zu arbeiten.

Um den Herausforderungen der zukünftigen Arbeitswelt gerecht zu werden, sollten die Führungskräfte sensibilisiert und geschult werden. Die beschriebenen qualitativen Profilanforderungen (vgl. Tab. 9.2) können als Basis für die Auswahl- und Bewertung der Führungskräfte der Zukunft sowie für die Weiterbildung und Förderung der bereits vorhandenen Führungskräfte in Unternehmen genutzt werden.

9.2 Maßnahmen zur Förderung von Führungskompetenzen

Es gibt verschiedene Möglichkeiten, erforderliche Führungskompetenzen zu vermitteln oder zu fördern, die in der Wissenschaft kontrovers diskutiert und in der Unternehmenspraxis unterschiedlich eingesetzt werden. Die traditionelle Personalentwicklung beinhaltet eine ganze Palette an Instrumenten der Personalbildung und -förderung, die allerdings in Bezug auf ihre Tauglichkeit für die Arbeitswelt der Zukunft hinterfragt werden sollten. Die aktuellen Trends in der Theorie und Praxis der Personalentwicklung deuten ein Umdenken weg von formalen, standardisierten, überwiegend frontalen gängigen Weiterbildungsmaßnahmen hin zu Personalisierung und Problemorientierung an, mit einem Schwerpunkt auf informelles, digital unterstütztes, soziales Lernen direkt im Arbeitsprozess. In diesem Kapitel werden traditionelle und innovative Lern- und Förderinstrumente für die Führungskräfteentwicklung analysiert und mit erfolgreichen Praxisbeispielen untermauert. Als Ergebnis werden die Empfehlungen abgeleitet, wie geeignete Führungskräfte für die zukünftige Arbeitswelt in ihrer persönlichen und fachlichen Entwicklung unterstützt werden können.

9.2.1 Traditionelle Konzepte und Instrumente der Führungskräfteentwicklung

Personalentwicklung und Weiterbildung für Führungskräfte sind relevante Bereiche des Personalmanagements und erfreuen sich seit Jahrzehnten großer Beliebtheit in der Theorie und Praxis. Die Konzepte und Instrumente der Führungskräfteentwicklung sind in (Groß)Unternehmen fest etabliert. Allerdings stoßen diese Ansätze angesichts der digitalen Transformation in Unternehmen und des Führungswandels an ihre Grenzen. In diesem Abschnitt werden die allgemeinen Chancen und Grenzen sowie Bereiche und Formen der traditionellen Personalentwicklung und die neuen Trends in der Personalentwicklung und Weiterbildung diskutiert.

9.2.1.1 Chancen und Grenzen der Personalentwicklung
Im Rahmen der Personalentwicklung werden die Kompetenzen vermittelt und gefördert, die für die Arbeitsaufgaben erforderlich sind und eine ständige fachliche und persönliche Entwicklung der Beschäftigten vorantreiben.

Die Weiterbildung für die Führungskräfte als Teil von Personalentwicklungsmaßnahmen ist sehr wichtig, doch sollte man ihre Wirkung nicht überschätzen. Dafür sind zwei Tatsachen verantwortlich: Die Persönlichkeit einer Führungskraft spielt im Führungsprozess eine bedeutende Rolle und ist für den Führungserfolg relevant, aber auch die Vermittelbarkeit von vielen Kompetenzen, insbesondere von sozialen und persönlichen, ist relativ gering bis fraglich. Darüber hinaus sind die Effekte der Weiterbildungsmaßnahmen in hohem Ausmaß von den Methoden und Instrumenten abhängig.

Die gängigen, traditionellen Weiterbildungsmaßnahmen erfolgen meist explizit und gezielt in formalisierter Form. Von noch größerer Bedeutung sind jedoch implizite, informell erfolgende Lernprozesse, zu denen es einerseits im Prozess der Arbeit und andererseits im sozialen Umfeld kommt. Günstig ist es, wenn die Weiterbildungsmaßnahmen von Unternehmen gezielt mit informellen Lernprozessen wie Jobrotation, Auslandsentsendung, Hospitieren in anderen Branchen oder Sabbaticals kombiniert werden (vgl. von Rosenstiel & Regnet, 2020, S. 78).

In diesem Zusammenhang sollte noch ein wichtiger Aspekt angesprochen werden: Die traditionelle Personalentwicklung, die in vielen Unternehmen immer noch gängig ist, basiert auf dem defizitären Ansatz und verfolgt das Ziel, Wissens- und Kompetenzlücken der Mitarbeitenden zu schließen. Das entspricht dem verbreiteten Begriff der Personalentwicklung: Personalentwicklung umfasst alle Maßnahmen der Bildung, der Förderung und der Organisationsentwicklung, die von einer Person oder Organisation zur Erreichung spezieller Zwecke zielgerichtet, systematisch und methodisch geplant, realisiert und evaluiert werden (vgl. Becker, 2020). Dieser auf das Schließen von Lücken und Verbesserung von Kompetenzen ausgerichtete Ansatz kann nur teilweise die Anforderungen der zukünftigen Arbeitswelt erfüllen: Kreative Wissensarbeit verlangt die Wertschätzung von Stärken und Talenten aller Beteiligten und erfordert Förderung der Individualität anstelle von standardisierten Kompetenzen. Querdenker, Menschen mit ungewöhnlichen Ideen, mutige Innovatoren sind in den Zeiten der Krisen und Veränderungen mehr denn je gefragt.

Die Personalentwicklung der Zukunft sollte stärkenorientiert und individualisiert stattfinden. Neben den traditionellen Aufgaben, die Qualifikationen des Personals auf dem neuesten Stand zu halten, das theoretische Wissen der Beschäftigten in anwendungsbezogenes Können umzuwandeln und die methodischen und sozialen Kompetenzen der Beschäftigten weiterzuentwickeln, sollte Personalentwicklung maßgeschneidert an den Bedürfnissen der Menschen ausgerichtet sein, ihre Potenziale und Talente entdecken und fördern.

9.2.1.2 Bereiche und Formen der Personalentwicklung für Führungskräfte

Klassische Personalentwicklung wird in drei zentrale inhaltliche Bereiche unterteilt, die spezifische Instrumente und Maßnahmen beinhalten: Personalbildung, Personalförderung und Organisationsentwicklung.

Personalbildung dient der Vermittlung von berufsbezogenen Kompetenzen an die Beschäftigten. Ihre Kernbereiche sind die Berufsausbildung, die fachliche und die allgemeine Weiterbildung, das systematische Anlernen und die Umschulung. Typische Maßnahmen sind Anlernen, Einarbeitung, (duale) Berufsausbildung, Weiterbildung, Umschulung und berufliche Neuorientierung. Die Formen der Personalbildung variieren je nach Inhalt und Situation und können während (on-the-Job), außerhalb (off-the-Job) oder parallel zur Arbeit (near-the-Job) stattfinden, als interaktive Maßnahmen wie Seminar, Vortrag, Übung oder digital als E-Learning oder Blended Learning (eine Kombination aus E-Learning und Präsenzveranstaltungen) angeboten werden.

Von besonderer Bedeutung ist in der dynamischen digitalisierten Arbeitswelt von heute eine permanente Weiterbildung. Weiterbildung soll die Menschen befähigen, Veränderungen und Neuerungen kompetent zu bewältigen, sie zielt auf die Erhaltung der Beschäftigungsfähigkeit und eröffnet persönliche Entwicklungsmöglichkeiten (vgl. Becker, 2020).

9.2 Maßnahmen zur Förderung von Führungskompetenzen

Die Inhalte und Instrumente der Personalbildung verändern sich mit der Digitalisierung der Unternehmen. Die Bildung und Weiterbildung von Führungskräften sollte auf effizientes Führungshandeln in interdisziplinären, heterogenen Arbeitsteams in virtuellen Kontexten vorbereiten, interkulturelle Kompetenz, Fähigkeiten im Umgang mit heterogenen Belegschaften, Gestaltung von Partizipation und kooperativen, geteilten und demokratischen Führungskonzepten vermitteln. Die Instrumente ändern sich hin zu digitalen und hybriden Formaten.

Im Kontext der Digitalisierung sollen neue Formate der Weiterbildung entwickelt werden. Weiterbildung „near the job" und „within the job" werden ebenso zunehmen wie Blended Learning, Distance Learning und Digital Learning. Der Druck auf das lebenslange Lernen wächst, weil die Veränderungen der Anforderungen nur mit einer systematischen und rechtzeitigen Weiterbildung zu meistern sind (vgl. Becker, 2020).

Das Ziel der **Personalförderung** ist es, die persönliche Entwicklung der Mitarbeiter und Führungskräfte im Unternehmen zu unterstützen. Personalförderung ist ganzheitlich orientiert, richtet sich an die ganze Persönlichkeit des Beschäftigten und bietet Hilfe zur Selbsthilfe an. Zu ihren Maßnahmen zählen Fördergespräch, Praktikum, Traineeprogramm, 360-Grad-Feedback, Mentoring, Coaching, Laufbahnplanung. Auch die Maßnahmen der Arbeitsstrukturierung wie Job enlargement (Aufgabenerweiterung), Job enrichment (Aufgabenbereicherung), Stellvertretung, Team- und Projektarbeit sowie Auslandseinsatz werden oft der Personalförderung zugerechnet.

Besonders für die Zielgruppe der Führungskräfte spielt die Personalförderung eine wichtige Rolle, um ihre Stärken, Talente und intrinsische Motivation zu fördern. Coaching, Mentoring, Stellvertretung und Auslandseinsatz zählen zu den typischen Instrumenten der Führungskräfteförderung.

Coaching und seine Vorteile für Führungskräfte
Coaching ist ein beliebtes Instrument der Personalentwicklung und wird als eine Kombination aus individueller Unterstützung zur Bewältigung verschiedener Anliegen und persönlicher Beratung verstanden. Beim Coaching wird der Klient angeregt, eigene Lösungen zu entwickeln und umzusetzen. Das ist praktisch Hilfe zur Selbsthilfe. Coaching wird laut einer aktuellen Studie der Haufe Akademie in den meisten Unternehmen für die Führungskräfteentwicklung eingesetzt. Die Top 5 Vorteile des Coachings sind (vgl. Haufe Akademie, 2022):

- Verbesserung von Führungskompetenz, -qualitäten und -verhalten,
- Vorbereitung auf die Übernahme einer neuen Funktion oder (Führungs-)Aufgabe,
- Verbesserung der Zusammenarbeit im Bereich bzw. im Team,
- Ausgleich von Verhaltensdefiziten z. B. in der Kommunikation,
- Persönlichkeits- und Potenzialentwicklung.

Organisationsentwicklung umfasst als ganzheitlicher, managementgeleiteter Prozess der Gestaltung und Veränderung von Organisationseinheiten und Organisationen alle Maßnahmen der direkten und indirekten Beeinflussung von Strukturen, Prozessen, Personen und Beziehungen. Das Ineinandergreifen der vier Gestaltungsebenen gewinnt in der digitalisierten Arbeitswelt an Bedeutung, weil sich die Strukturen, Prozesse, Beziehungen und die Personen ständig verändern müssen. Es werden nach Bedarf

Teams gebildet und aufgelöst, Prozesse werden an die wechselnden Anforderungen angepasst, die Belegschaft muss sich auf die wechselnden Anforderungen einstellen, Beziehungen sind bereichs- und unternehmensübergreifend geworden. Es ist Aufgabe der Organisationsentwicklung, die Strukturen zu gestalten, die Prozesse zu bestimmen, Motivation und Qualifikation zu sichern und die erforderlichen internen und externen Beziehungen aufzubauen und zu pflegen. Flexibilität als permanente Anforderung muss durch die Fähigkeit zur situativen Neukonfiguration der Arbeit gewährleistet sein. Die Arbeitswelt 4.0 erfindet sich tagtäglich neu, kontinuierliche Verbesserung und Innovation werden zum Normalzustand (vgl. Becker, 2020).

Organisationsentwicklung befasst sich mit Lern- und Veränderungsprozessen der ganzen Organisation, und die Führungskräfte als ein wesentlicher Teil des Systems in Entscheidungs- und Vorbildfunktion sind bedeutende Akteure im Kontext der Organisationsentwicklung.

Die Maßnahmen der Personalentwicklung richten sich an alle Beschäftigten des Unternehmens. Spezifische Maßnahmen für die Führenden werden unter dem Begriff **Führungskräfteentwicklung** zusammengefasst. Die Führungskräfteentwicklung richtet sich auf die Personen in Unternehmen, die aktuell oder zukünftig leitende Tätigkeiten wahrnehmen, Verantwortung für Mitarbeiter innehaben und im starken Maße Einfluss auf die Unternehmensentwicklung nehmen können. Insofern ist die Bedeutung der Führungskräfteentwicklung für den Unternehmenserfolg besonders hoch.

Im Allgemeinen können praktisch alle Instrumente der Personalentwicklung für die Führungskräfteentwicklung eingesetzt werden, insbesondere Instrumente der Weiterbildung und Personalförderung.

Einen Einblick in den **Status quo** der Weiterbildung in deutschen Unternehmen in Bezug auf die gängigen Inhalte und Formate gibt die Studie von Kienbaum und StepStone (2021):

- Die aktuellen Lerninhalte sind auf die aktuellen digitalen und Führungsthemen wie digitale Führung, Digitalthemen und klassisches Management ausgerichtet, die den Prioritätenlisten von Top-Management, mittlerem Management sowie Fachkräften und Spezialisten entsprechen.
- Digitale und individualisierte Lernmethoden werden allerdings in kaum mehr als **jedem vierten** Unternehmen eingesetzt, obwohl sie von Fach- und Führungskräften gewünscht sind.
- Mehr als die Hälfte der befragten Arbeitnehmer ist eher **unzufrieden** mit der Qualität (58 %) und Vielfalt (65 %) der Lern- und Entwicklungsangebote sowie dem Angebot an digitalen (62 %) und nicht-digitalen (58 %) Lernformaten.

Am häufigsten werden immer noch die klassischen Weiterbildungsinstrumente wie Seminare und Workshops eingesetzt, die in der Corona-Zeit allerdings als Webinare angeboten werden, die selten die Möglichkeit der Interaktion und Arbeit in Kleingruppen beinhalten.

9.2 Maßnahmen zur Förderung von Führungskompetenzen

Die IW-Weiterbildungserhebung 2020 präsentiert die Prioritätenliste der **digitalen Lernformate,** die in mehr als der Hälfte von Unternehmen genutzt werden (vgl. Seyda, 2021, S. 82):

- elektronische Bereitstellung von Literatur, Bedienungsanleitungen und vergleichbaren Dokumenten,
- multimediale Formate für interaktives webbasiertes Lernen wie Webinare, Online-Kurse, virtuelle Klassenräume und sogenannte Massive Open Online Courses (MOOCs),
- Lernvideos, Podcasts und Audiomodule als niedrigschwellige flexible Formate,
- computer- und webbasierte Selbstlernprogramme,
- Lernen an mobilen Endgeräten, z. B. über Weiterbildungs-Apps.

Diese Studienergebnisse zeigen im Vergleich mit den künftigen Anforderungen an Führungskräfte (vgl. Abschn. 9.1.2) wesentliche Defizite sowohl bei den Inhalten als auch bei den Formaten der Führungskräfteentwicklung. Besonders die Bereiche der strategischen digitalen Kompetenz und Kompetenzen für virtuelle Führung, Kommunikations- und Vertrauenskompetenz werden kaum gefördert. Hinsichtlich der Formate dominieren immer noch traditionelle Seminare und Workshops, die wenig Raum für Interaktion, Individualisierung und Erfahrungsaustausch mit Kollegen zulassen. Digitale und agile Formate, die für die Förderung von digitalen Kompetenzen und des agilen Mindsets erforderlich sind, werden kaum angeboten.

Nach Regnet (2020, S. 74) muss die Weiterbildung von Führungskräften insgesamt stark verhaltensorientiert sein und aktivierende, interaktive Verfahren, problemorientierte Trainingsmethoden, Plan- und Rollenspiele umfassen. Es geht dabei nicht nur um Wissensvermittlung, sondern stärker um die Entwicklung der Lernfähigkeit, der Lernmotivation, der Problemlösungsfähigkeit, von ganzheitlichem Denken und von personaler und Handlungskompetenz. Neue Perspektiven können die Formen individualisierter Personalentwicklung wie Coaching, Action Learning, Teamtrainings, Training on the Job eröffnen, um die Fähigkeiten der Führenden gezielt zu erweitern und eigenes Verhalten zu reflektieren.

Becker (2020) formuliert folgende **Anforderungen** an die Weiterbildung in der digitalisierten Arbeitswelt:

- Diskursbasierte Entscheidungsfindung, teamorientiertes Arbeiten und dezentrale Verantwortlichkeit sind verstärkt zu vermitteln.
- Vertrauensvolle Zusammenarbeit, Offenheit für die Ideen der Teammitglieder, tutorielles Lernen als besondere Form des kooperativen Austausches von Wissen, Können und Erfahrungen sind zu fördern.
- Kollegiale Beratung und systematische Entwicklungsberatung durch professionelle Coaches sollten die Selbstständigkeit fördern.

- Verstärkte Konzentration der Führung auf Unterstützung und Vertretung der Interessen der Teams müssen die Führungskräfte lernen und praktizieren.
- Innovationen sind in rascher Folge zu entwickeln, kreatives Know-how gewinnt an Bedeutung.

Diese Anforderungen an die Personalentwicklung und Weiterbildung zeigen, dass sich die Inhalte und Formate grundsätzlich ändern sollen, um zukunftsträchtig zu sein.

9.2.2 Aktuelle Trends für Lernen und Weiterbildung

Um die erforderlichen Kompetenzen für die Zukunft zu vermitteln, sind neue Wege in der Weiterbildung und Förderung der Führungskräfte erforderlich. Viele Unternehmen haben erkannt, dass klassische Formate wie Seminare oder externe Trainings nicht mehr zeitgemäß sind. Es geht nicht mehr darum, Wissen auf Vorrat zu vermitteln, sondern um ein kontinuierliches, problemorientiertes, soziales Lernen und Erfahrungsaustausch.

Um den Herausforderungen der digitalisierten Welt zu genügen, muss Weiterbildung der Zukunft selbstgesteuert, integriert, problemorientiert, sozial und digitalisiert sein.

Vor allem die Führungskräfte sollten die Möglichkeit erhalten, eigene Weiterbildung selbst zu organisieren, hinsichtlich der Zeit, Art, Inhalte und Formate. Studien belegen, dass **selbstgesteuertes** Lernen zu mehr Zufriedenheit und Lernerfolg führt (vgl. StepStone, 2021).

Die Weiterbildung sollte im Idealfall in die Arbeit direkt **integriert** und **problemorientiert** sein, sodass der Fokus auf relevante und aktuelle Themen ausgerichtet wird und das Gelernte sofort angewendet und getestet werden kann. In der Arbeitswelt der Zukunft werden Arbeiten und Lernen zusammenwachsen, welches durch die Digitalisierung gefördert und vorangetrieben wird. So kann das Ideal der Lernenden Organisation nach Peter Senge verwirklicht werden, jedem Menschen an seinem Arbeitsplatz die Möglichkeit zu geben, täglich dazuzulernen (vgl. Senge, 2011).

Eine wichtige Rolle spielt der Trend zum **sozialen** bzw. gemeinsamen Lernen, bei dem Erfahrungen ausgetauscht, Probleme diskutiert und die Vorteile der Netzwerke genutzt werden können. Soziales Lernen kann in diversen Formen stattfinden, analog (Workshop, Erfahrungsgruppe etc.) und digital (virtuelle Lerncommunity, Lernplattformen etc.).

In **Erfahrungsgruppen** kann ein Erfahrungsaustausch mit anderen Führungskräften, z. B. zum Thema Vertrauen in virtuellen Teams, stattfinden. Dieses Lernformat ist sozial und problemorientiert, findet zusammen mit anderen statt und widmet sich einem aktuellen Thema, was ebenfalls den Lernerfolg steigert. So können gemeinsam praxisnahe und sinnvolle Lösungen gefunden werden.

Eine innovative Form des kooperativen problemorientierten Lernens ist ein **Führungslabor** (Leadership-Lab), in dem die Führungskräfte mit den Mitarbeitenden zusammen neue Methoden und Konzepte der Führung ausprobieren können. Ein solches Führungs-Lab bildet einen geschützten Raum für Experimentieren, in dem, beispielsweise bei der Einführung neuer Kollaborations-Tools für virtuelle Zusammenarbeit, gemeinsam nach optimalen Anwendungen und Formaten gesucht wird.

Für viele Teilkompetenzen des Kompetenzprofils sind **digitale Tools** und Methoden besonders gut geeignet, insbesondere für die Vermittlung von digitalen Kompetenzen, aber auch für mobiles Lernen, das unterwegs oder in der freien Zeit in kleinen Einheiten angeboten werden kann. Es gibt mittlerweile verschiedene Formen und Methoden, die diesen Trends in der Weiterbildung entsprechen und für die Führungskräfteentwicklung eingesetzt werden können:

- Das **Mobile Learning** über Geräte wie Smartphone und Tablet kann in kleinen „Häppchen" (Lernnuggets) theoretische Ansätze erläutern, Zusammenhänge aufzeigen, Anwendungen anhand von Kurzvideos erklären.
- Das **Video Learning** ist in den letzten Jahren, nicht zuletzt durch YouTube, zu einem festen Bestandteil der Weiterbildung geworden und stellt eine moderne Art, Lerninhalte verständlich aufzubereiten, dar.
- Mithilfe von **Datenbrillen** (z. B. HoloLens) kann die virtuelle und die reale Welt verbunden und eine Anleitung für die Bedienung einer Maschine ins Display der Brille als Zusatzinformation oder als Video eingeblendet werden.

Zu den Vorteilen des digitalen Lernens in Unternehmen gehören räumliche und zeitliche Flexibilität, individuelle Steuerung, Kosten- und Zeitersparnis, Darstellung komplexer Zusammenhänge durch den Medieneinsatz, Möglichkeit einer ständigen Aktualisierung der Inhalte, unmittelbare Förderung der digitalen Kompetenzen.

Eine bedeutende Rolle spielen in der Führungskräfteentwicklung Workshops unter Anwendung von **agilen Methoden** wie Scrum und Design Thinking (vgl. Abschn. 6.2.2) und **Kreativitätstechniken.** Unter diesen Bedingungen können die Ideen- und Kreativitätspotenziale erschlossen werden, die bei den traditionellen Formaten praktisch unzugänglich sind.

Ein neuer Trend in der Aus- und Weiterbildung in Unternehmen ist **Gamification** – eine Übertragung von spielerischen Elementen und spielerischen Konzepten auf ein normalerweise nichtspielerisches Umfeld. Dabei werden Belohnungssysteme wie Punkte oder Ranglisten, die bei Spielen verschiedener Art zum Einsatz kommen, in den Weiterbildungsprozess integriert. Gamification der Weiterbildung bietet die Möglichkeit zur Stärkung des Selbstwertgefühls, da sich die Teilnehmer mit anderen messen können.

9.3 Empfehlungen und Best Practices für die zukunftsorientierte Führungskräfteentwicklung

Viele Unternehmen haben die Notwendigkeit erkannt, neue Wege in der Personalentwicklung zu gehen, um ihre Führungskräfte auf die Gestaltung der hybriden Arbeitswelt der Zukunft vorzubereiten. Die Inhalte der Weiterbildung werden an die Anforderungen der digitalisierten Arbeitswelt und virtuellen Führung angepasst, es entstehen neuartige Formate und innovative technologische Anwendungen, bis zum Einsatz der KI zur Unterstützung des Lernens. Viele Lernplattformen im Internet, etablierte Unternehmen und einzelne Hochschulen bieten Lernvideos, Webinare und kostenlose MOOCs an, die meistens frei zugänglich sind. In diesem Kapitel wird ein Versuch der Systematisierung (ausgehend von Bedarfen der Führungskräfte) unternommen, besonders geeignete und innovative Maßnahmen und Instrumente für eine zukunftsorientierte Führungskräfteentwicklung darzustellen.

9.3.1 Geeignete Maßnahmen und Instrumente im Überblick

Zusammenfassend kann man die Empfehlungen für die Führungskräfteentwicklung ableiten, die auf dem Kompetenzprofil für die Führungskräfte der Zukunft (vgl. Abschn. 9.1.2) basieren und neben den traditionellen Instrumenten auch innovative Formate der Weiterbildung berücksichtigen.

Die Schwerpunkte der Weiterbildung und Förderung von Führungskompetenzen für die Arbeitswelt der Zukunft mit geeigneten Maßnahmen und Instrumenten werden in Tab. 9.3 dargestellt.

Durch die Flexibilisierung und Virtualisierung der Arbeitswelt sind Präsenzveranstaltungen in Unternehmen immer schwieriger zu organisieren, deswegen geht der Trend in Richtung digitalisierte Lernmethoden. Allerdings sind digitale Instrumente nicht für alle Schwerpunkte der Weiterbildung und Förderung geeignet. Einige Lernziele können nur interaktiv, in Gruppen oder Erfahrungsgruppen sowie mit einem Coach oder Mentor erreicht werden. Deswegen kommen in Unternehmen verschiedenen Weiterbildungsmethoden zum Einsatz. Besonders wirksame und innovative Maßnahmen und Instrumente der Führungskräfteentwicklung werden im Weiteren erläutert und anhand von Unternehmensbeispielen konkretisiert.

9.3.2 Förderung von Kompetenzen für digitale Transformation und neue Geschäftsmodelle

Die Kompetenz der Führungskräfte, strategische Chancen der digitalen Technologien zu erkennen und zu erschließen, insbesondere bei der Entwicklung von digitalen

Tab. 9.3 Schwerpunkte und geeignete Instrumente der Führungskräfteentwicklung für die Zukunft

Schwerpunkte	Geeignete Maßnahmen und Instrumente
Zukunftsausrichtung, strategische Innovationskompetenz, neue Geschäftsmodelle	Workshop, Projektarbeit, Simulationen, mobiles Lernen, MOOCs, agile Entwicklungsmethoden (Scrum, Design Thinking), Serious Games, Kreativitätstechniken
Digitale und Medienkompetenz	Workshop, web- und videobasiertes Lernen, Revers Mentoring, mobiles Lernen, Einsatz von Datenbrillen, virtuelle Lerncommunity
Kommunikations- und Feedback-Kompetenz, auch in virtuellen Kontexten	Workshop, Training, web- und videobasiertes Lernen, Erfahrungsgruppe, Führungslabor
Vermittlung von Visionen und Sinnorientierung, Kulturgestaltung	Training, Rollenspiele, Workshops, Erfahrungsgruppe
Geteilte und kollektive Führung, Gestaltung der Partizipation und Demokratisierung	Erfahrungsgruppe, Workshop, Führungslabor
Kommunikations- und Feedback-Kompetenz	Workshop, Training, web- und videobasiertes Lernen, Erfahrungsgruppe
Interkulturelle Kompetenz, globales Denken, Management der Vielfalt	Training, Workshop, videobasiertes Lernen, Erfahrungsgruppe, virtuelle Lerncommunity, Mentoring, Coaching, Auslandseinsatz
Agilität, Change-Kompetenz und Lernbereitschaft	Workshop (insb. mit agilen Arbeitsmethoden), Erfahrungsgruppe, Führungslabor
Selbstreflexion als Grundlage für die Führungskompetenz	Coaching, Feedback durch die Mitarbeitenden oder 360-Grad-Feedback (als Impuls für die Reflexion des eigenen Verhaltens und der Führung), Erfahrungsgruppe

Geschäftsmodellinnovationen für die Zukunft, wurde bereits an mehreren Stellen als entscheidende Führungskompetenz bezeichnet.

Wie können die Führenden für die Chancen und Grenzen digitaler Technologien sensibilisiert werden? Wie lernen sie, bestehende Geschäftsmodelle zu verstehen und zu digitalisieren?

Hier können verschiedene Maßnahmen helfen. Viele Unternehmen beginnen mit einer Sensibilisierung ihrer Führungskräfte für die Digitalisierung und digitale Transformation in einem extra dafür konzipierten Projekt, wobei manchmal unkonventionelle Methoden zum Einsatz kommen.

> **Kreativer Mix von Lernformaten für die Führungskräfte bei VW**
>
> Um ihre Führungskräfte auf die Gestaltung der digitalen Transformation vorzubereiten, greift Volkswagen Konzern zu vielfältigen und unkonventionellen

Methoden. Es wurde eine Simulation vorbereitet, in der die Teilnehmenden eine digitale Transformation erleben konnten. Dieses Geschäftssimulationsspiel wurde von einer Reihe unorthodoxer Veranstaltungen begleitet: ein Hirnforscher hat einen Vortrag zu der Funktionsweise des menschlichen Gehirns gehalten, ein Zauberer und ein Hypnotiseur haben die mentalen Grenzen der Wahrnehmung demonstriert, ein Geiger hat über seine Ansätze für die Strategieentwicklung berichtet. Diese Veranstaltungen mussten die Teilnehmenden behutsam anregen, ihre Komfortzone zu verlassen (vgl. Frankenberger et al., 2021, S. 220). ◄

Die Sensibilisierung für die digitale Transformation verfolgt das Ziel, die Möglichkeiten und Grenzen von Technologien aufzuzeigen und die Risiken aufzuzeigen (vgl. Abschn. 3.1). Auf dieser Basis sollen konkrete Maßnahmen für das Unternehmen abgeleitet werden – neue digitale Wege zum Kunden, digitale Produkte und neue Geschäftsmodelle etc. So kann gemeinsam eine Roadmap für die digitale Transformation erstellt werden und die Ideen für die Neuausrichtung des Geschäftsmodells entwickelt werden.

Als gängige Methode können Zukunftsworkshops unter Einsatz von Design Thinking und Kreativitätstechniken organisiert werden.

> **Zukunftsgarage der Denkfabrik Digitalisierte Arbeitswelt als Entwicklungstool für neue Geschäftsmodelle**
>
> Seit 2016 praktiziert die Denkfabrik Digitalisierte Arbeitswelt der FH Bielefeld zusammen mit regionalen Unternehmen ein neues Innovationstool „Zukunftsgarage 4.0". In einer Reihe interaktiver Workshops entwickeln bereichs- und hierarchieübergreifende Gruppen aus einem Unternehmen, die von den Forschern der Denkfabrik eingeleitet und moderiert werden, Ideen für digitale Produkt- und Geschäftsmodellinnovationen. Dabei kommen Methoden wie Geschäftsmodellanalyse mit Business Model Canvas, Persona-Methode für die Fokussierung der Kunden und Design Thinking für die Entwicklung von Prototypen zum Einsatz. Parallel zu der Ideenentwicklung werden die Teilnehmenden für agile Methoden, geteilte Führung in Teams, interdisziplinäre Zusammenarbeit, neue Kulturwerte wie Ausprobieren und Fehlertoleranz sensibilisiert (vgl. Denkfabrik Digitalisierte Arbeitswelt, o. J.). ◄

Interdisziplinäre und bereichsübergreifende Zusammenarbeit in interaktiven Innovationsworkshops hilft, Silodenken in Unternehmen abzuschaffen, gemeinsam erfolgreich zu sein, agil und kreativ zu arbeiten. Als Ergebnis entstehen nicht nur handfeste Ideen für neue Produkt- und Geschäftsmodellinnovationen, sondern es entwickelt sich ein agiles Mindset, das die Beteiligten auf Dauer prägt.

9.3.3 Erfahrungsgruppen für Führungskräfte

Eine wirksame Methode, Führungsverhalten zu optimieren, stellen Erfahrungsgruppen dar. Wie die Überblickstabelle Tab. 9.3 zeigt, sind Erfahrungsgruppen für die Förderung von verschiedenen Führungskompetenzen geeignet. Die Voraussetzung dafür ist, dass die Führungskräfte offen und bereit sind, über ihre Erfahrungen zu sprechen, Kompetenzlücken und Fehler zu akzeptieren und zu gestehen.

Ein Erfahrungsaustausch mit anderen Führungskräften über die virtuelle Führung kann verschiedene Facetten wie Auswahl und optimale Nutzung von Kommunikations- und Kollaborationstools oder auch die Maßnahmen für den Aufbau des Vertrauens in virtuellen Kontexten beinhalten. Jede Führungskraft hat eigene Erfahrungen gesammelt, die man als Erfolge berichten kann, oder auch Zweifel und Schwierigkeiten, bei denen die Kollegen einen Rat geben können.

Ein weiteres Thema, das im Format einer Erfahrungsgruppe diskutiert werden kann, ist der Umgang mit Fehlern und Scheitern. Das Thema Fehlerkultur ist für viele Unternehmen aktuell: es wird über Fehler und Misserfolge kaum gesprochen.

Es haben sich jedoch Veranstaltungen wie „Fuckup Nights" etabliert, in denen Start-up-Gründer und prominente Unternehmer von ihren größten Niederlagen erzählen, was sie aus ihnen gelernt haben und wie sie aus Jobverlust oder Insolvenz gestärkt hervorgegangen sind. Für diese offene, ehrliche und humorvolle Darstellung werden die Sprechenden vom Publikum bejubelt. Am Arbeitsplatz hingegen ist das Thema nach wie vor eher negativ besetzt, Fehler werden meist als Schwäche wahrgenommen (vgl. HR Heute Redaktion, 2022).

Schaffen es Führungskräfte eines Unternehmens, sich über ihre Fehler offen zu äußern und mit Anderen auszutauschen, so tragen sie als Vorbilder zu einer konstruktiven Fehlerkultur bei.

Failure Nights bei Klöckner

Das deutsche Stahlunternehmen Klöckner & Co. veranstaltet seit einigen Jahren so genannte „Failure Nights", um den Umgang der Führungskräfte mit dem Scheitern zu ändern und eine neue Kultur des Scheiterns zu etablieren. Selbst Vorstandsmitglieder nehmen daran teil und berichten öffentlich von ihren Fehlern und dem Umgang mit dem Scheitern (vgl. Frankenberger et al., 2021, S. 214). ◄

Von einem direkten, offenen Austausch über die Erfahrungen mit Scheitern profitieren alle Beteiligten einer solchen Erfahrungsgruppe. Aktuelle Probleme werden gemeinsam diskutiert Fehler lassen sich in Zukunft vermeiden. Eine vertrauensvolle, wertschätzende Haltung der Teilnehmer bildet eine Voraussetzung für solche Veranstaltungen.

Wenn der Chef mit gutem Beispiel vorangeht und eigene Misserfolge öffentlich macht, wagen es auch die Mitarbeitenden, ihre Fehler zuzugeben. Hilfreich sind standort- und abteilungsübergreifende Formate wie Failure Nights und Lessons Learned, die den positiven Umgang mit Fehlern im ganzen Unternehmen stärken können.

Lernen aus Erfahrung kann auch in einer anderen Form stattfinden – durch Teilnahme der Führungskräfte an agilen Workshops und Projektgruppenmeetings.

> **Lernen durch Erfahrung bei Mercedes-Benz**
>
> Um die Führungskräfte bestmöglich auf ihre Aufgaben in der digitalen Transformation vorzubereiten, setzt Mercedes-Benz auf Lernen durch Erfahrung. Dafür sitzen die Führungskräfte in einem Scrum-Meeting, beobachten ein Team bei der Arbeit an einem Kanban-Board oder lernen UX/UI-Designer kennen (vgl. Frankenberger et al., 2021, S. 224). ◄

Besondere interessant für die Führenden ist es, die Anwendung von agilen Methoden und Kreativitätstechniken in der Arbeit live zu erleben und sich an dem Entwicklungsprozess von neuen Ideen aktiv zu beteiligen.

Auch das **Reverse Mentoring** als innovatives Lernformat basiert auf einem offenen Erfahrungsaustausch in einem Tandem aus einer älteren und einer jüngeren Person, wobei der Jüngere meistens als Experte für digitale Themen gilt und seine Kenntnisse und Erfahrungen mit dem Älteren teilt (vgl. Abschn. 4.3.3). Häufig stellen Unternehmen ihren älteren Führungskräften digital affine junge Mitarbeitende zur Seite, die sie in Sachen digitale Tools und soziale Medien unterstützen.

> **Reverse Mentoring bei Merck**
>
> Wer könnte in Sachen Digitalisierung ein besserer Lehrer sein, als die Digital Natives, die wie selbstverständlich mit Internet, sozialen Medien und Touchscreens aufgewachsen sind? Bei digitalen Themen wie Social Media, künstliche Intelligenz, Big Data oder Augmented Reality sind die jungen Kollegen den älteren voraus und können in Tandems dieses Wissen mit den Älteren teilen. Beim Reverse Mentoring geht es aber nicht nur darum, ältere Mitarbeiter mit neuen Technologien vertraut zu machen. Junge Mitarbeiter können auch in vielen anderen Fragen wertvolles Wissen in ein Unternehmen einbringen. Was will der Kunde von Morgen? Wie stellen sich junge Menschen den idealen Arbeitsplatz vor? Mit dem Wissen der Jungen können Unternehmen ihre Produkte und Arbeitsweisen an die Erfordernisse der digitalen Ära anpassen und ältere Kollegen mit der Lebenswelt der Millennials vertraut machen. Gleichzeitig bleiben die Vorteile des klassischen Mentorings weiterhin bestehen. So kann der Austausch mit älteren Kollegen den jungen Mentoren dabei helfen, ihre neue Tätigkeit und das Unternehmen kennenzulernen und sich innerhalb des Unternehmens mit anderen Mitarbeitern zu vernetzen (vgl. Merck Group, 2018). ◄

Ein weiteres innovatives Lernformat für Erfahrungsaustausch ist **BarCamp,** das sich durch seine extreme inhaltliche Offenheit auszeichnet. Es ist gut geeignet, um die aktuellen Themen der Führung in den Fokus zu nehmen.

BarCamps sind Konferenzen, in denen die Teilnehmenden mit ihren individuellen Fragestellungen und Beiträgen im Mittelpunkt stehen. Sie dienen dem fachlichen Austausch und der Diskussion, zum Teil werden auch konkrete Resultate oder Lösungen erarbeitet. Die Inhalte und der Ablauf der Veranstaltung werden von den Teilnehmenden zu Beginn selbst entwickelt und im weiteren Verlauf gemeinsam umgesetzt (vgl. Brand & Wittig, 2021).

9.3.4 Virtuelle Lerncommunity und Plattformen für die Führungskräfteentwicklung

Die Bedeutung des digitalen Lernens nimmt zu. Es beginnt mit zahlreichen Situationen im Berufsalltag, wo Informationen schnell gefunden werden sollen. Sei es eine Microsoft Teams-Funktion, die man noch nicht kennt, oder eine Frage, die sich in einem Projektmeeting spontan ergibt und schnell gegoogelt wird. Mobile Learning mit Smartphone ist zu einem Bestandteil unseres Alltags geworden.

Einige Formen des digitalen Lernens in Unternehmen sind lernende Netzwerke, Peer-Coaching oder virtuelle Beratung durch Kollegen. Auch die Nutzung von Social Media und mobilen Endgeräten ist für viele Mitarbeitende schon längst zur Routine geworden und hat einen Weg in die betriebliche Weiterbildung gefunden. Viele Mitarbeiter nutzen soziale Netzwerke, um sich über Entwicklungen und Trends in ihrer Branche auf dem Laufenden zu halten (z. B. über Twitter und RSS Feeds), um Artikel, Erfahrungen und Wissenswertes weiterzugeben und sich zu vernetzen (LinkedIn, Xing, Facebook) oder um schnell Antworten auf Fragen und Probleme im Berufsalltag zu finden (z. B. YouTube, Wikipedia) (vgl. time4you, 2020).

Viele Unternehmen nutzen digitale und webbasierte Anwendungen für die Weiterbildung ihrer Führungskräfte. Dabei werden relevante Inhalte für die Förderung von Führungskompetenzen vermittelt und zugleich digitale und Medienkompetenzen trainiert.

Neben den individuellen Lernformaten wie mobile Learning werden häufig digital-soziale Lernformate wie virtuelle Lerncommunities und Lernplattformen eingesetzt.

Ein verbreitetes Format ist eine **virtuelle Lerncommunity** im Intranet, das von einem Unternehmen intern genutzt wird. Hierzu zählen Expertdatenbanken, Wikis und Foren, in denen Fragen beantwortet und Kommentare geschrieben werden können. Die Unternehmen führen virtuelle, soziale Netzwerke ein, um den organisationsweiten Wissenstransfer und Erfahrungsaustausch zu unterstützen. Dem Aufbau einer organisationsinternen Lerncommunity kommt eine bedeutende Rolle zu, die es aber auch zu managen und zu begleiten gilt.

Eine Lerncommunity verbindet die Funktionen einer Lernplattform zur Wissensvermittlung und -speicherung mit einer Reihe von Kommunikationstools: Das Wissen kann von einer Gruppe gemeinsam erarbeitet und anschließend als Wiki, Blog oder Präsentation gespeichert und präsentiert werden. Ebenso wichtig ist jedoch auch die niedrigschwellige Kommunikation der Teilnehmer untereinander. Hier bieten sich Chatfunktionen an. Daneben bieten Foren die Möglichkeit, Fragen an die Gruppe zu stellen, Peer-to-Peer-Feedback zu erhalten, oder Wissen zu teilen und zu diskutieren (vgl. time4you, 2020).

Viele Großunternehmen, die bereits in den 1990er Jahren analoge Lerncommunities hatten, verlegen im Rahmen der digitalen Transformation ihre Lernaktivitäten in den virtuellen Raum und fördern – neben anderen digitalen Lernformen – auch virtuelle Lerncommunities.

Lerncommunity LEX bei Telekom

In den vergangenen Jahren, auch unter dem Einfluss der Corona-Pandemie, setzt die Deutsche Telekom AG verstärkt auf digitale Lernformate. Dabei wird ein völlig neuer Ansatz verfolgt, der „you-learn" genannt wird. Dahinter verbirgt sich ein ganzheitliches Konzept, bei dem der Mitarbeiter selbst größere Verantwortung für den eigenen Lernpfad übernimmt. Im Mittelpunkt der Entwicklungen stehen Lernplattformen mit besonders hohem Aufforderungscharakter, das Angebot orientiert sich dabei an den Vorlieben und Bedürfnissen des Anwenders und macht entsprechende Vorschläge. Dazu arbeitet das Unternehmen mit führenden Anbietern der MOOCs zusammen, die Inhalte kommen von den weltweit besten Universitäten und Online-Anbietern.

Ein bedeutender Teil des neuen Bildungssystems mit dem Ansatz des sozialen Lernens ist die Lerncommunity „Lernen von Experten (LEX)", die seit zwei Jahren rasant wächst. Im internen sozialen Netzwerk des Unternehmens hat diese Gruppe sogar die meisten Follower. Mehr als hundert Online-Sessions, meist zwischen 30 und 60 min lang, kann man hier Monat für Monat verfolgen. Angeboten werden sie von Kollegen für Kollegen – und das mit steigender Beliebtheit (vgl. Bohle & Kasulke, 2021). ◄

Durch eine Lerncommunity können bestehende Gruppen virtuell vernetzt werden, um ihren aktiven Erfahrungsaustausch zu unterstützen. Jedoch lebt eine Community immer von den Aktivitäten der Teilnehmenden, von regelmäßigem Content wie z. B. Blog-Posts, Kommentaren und Likes. Doch diese Aktivitäten „passieren" nicht einfach, sobald eine Lerncommunity eröffnet wird. Die Inhalte sollten immer einen Mehrwert bieten und den Mitgliedern der Lerncommunity exklusiv vorbehalten sein. Die Community erfordert genauso wie ein Corporate Blog Rollen und Verantwortlichkeiten sowie einen festen Redaktionsplan und eine eindeutige Strategie (vgl. time4you, 2020).

Eine Lerncommunity kann von verschiedenen Wissensinhalten und Erfahrungen einzelner Mitglieder profitieren, die voneinander lernen. Jungen Führungskräften mangelt es oft an Erfahrung, den älteren Managern – an Medienkompetenz, und in einer Community können sie ihre Erfahrungen austauschen. Außerdem können durch die Vernetzung in einer Lerncommunity die Führungskräfte aus verschiedenen Niederlassungen und Standorten ihre internationalen Erfahrungen teilen und ihre interkulturelle Kompetenz erweitern.

Weitere gängige Lernformate sind auf verschiedenen externen Lernplattformen zu finden. Es gibt eine Menge externer Anbieter, die Weiterbildungsangebote für Führungskräfte haben. Dazu gehören Business Schools mit offenen oder maßgeschneiderten Programmen, Strategie- und Personalberater, Corporate Universities und Fernunterrichtsplattformen. Dank digitaler Lösungen sind zahlreiche MOOCs von verschiedenen Institutionen leicht zugänglich. Das Wort „MOOC" steht für „Massive Open Online Course" (deutsch: massiver offener Online-Kurs) und bezeichnet kostenlose Online-Kurse, die meistens von namenhaften Universitäten angeboten werden und mehrere Tausend Teilnehmer erreichen (vgl. Becker, 2020).

openHPI – die MOOC-Plattform des Hasso Platner Instituts

openHPI bietet für alle, die sich im Bereich der Informationstechnologien aus- und weiterbilden wollen, zahlreiche MOOCs. openHPI Kurse vermitteln Wissen mittels Lernvideos, interaktiven Selbsttest, Tutorials, praktischen Übungen und Hausaufgaben, das den Studierenden des HPIs geboten wird, Deutschlands höchstgerankten Informatik-Institut. Die Lernvideos dienen dem Verständnis und zur Gestaltung der neuen digitalen Welt. openHPI Kurse werden komplett online angeboten. Alle Materialien können von jedem Gerät mit Internet-Zugang abgerufen werden, ob Desktop, Laptop, Smartphone oder Tablet. openHPI Kurse sind offen: Die Teilnahme ist kostenlos und an keinerlei Zugangsvoraussetzungen gebunden. Die vielfältige Interaktion mit der Lerngemeinschaft lässt openHPI-Kurse zu einem offenen Lernevent werden. openHPI Kurse ermöglichen es den Teilnehmenden, in einer großen virtuellen Lerngemeinschaft mit anderen Kursteilnehmern zu lernen. Lebendige Diskussionsforen und virtuelle Lerngruppen fördern den Austausch und das kollaborative Lernen (vgl. HPI, o. J.). ◄

MOOCs kombinieren verschiedene Formen der Wissensvermittlung und bestehen in der Regel aus folgenden Komponenten: Videos als entscheidendes Medium der Informationsvermittlung, Teamaufgaben, Online-Foren oder Chats sowie Zertifizierung. MOOCs können wie eine Lehrveranstaltung aufgebaut sein und dauern mehrere Wochen. Die Videos können die auf Video aufgezeichneten Vorlesungen sein oder eher die Form eines Seminars oder Workshops haben.

Die für Führungskräfte geeigneten MOOCs-Themen sind beispielsweise Digitalisierung, Industrie 4.0, Geschäftsmodellinnovationen, Führung auf Distanz, Diversity Management, Projektmanagement etc. Allerdings können die Führungskräfte im Kontext der MOOCs nicht nur Lerner sein, sondern auch als Experten an der

Entwicklung von firmeneigenen MOOCs agieren. So kann das Erfahrungswissen weitergegeben, kollektives Lernen angeregt und Motivation gesteigert werden.

Auf den meisten Lernplattformen werden **Lernvideos** angeboten, die sich durch User Experience und Spaß am Lernen auszeichnen und deswegen beliebt sind. Die Inhalte von Lernvideos können aufgezeichnete Webinare, Schulungsvideos oder Tutorials zu bestimmten Themen sein. Cloud-basierte Lösungen bieten hierfür einen komfortablen ortsunabhängigen Zugriff auf die gestreamten Schulungsinhalte, archivierte Videos können jederzeit für die individuelle Nachbereitung abgerufen werden. Im Videoformat kann Lehrmaterial ansprechend und kurzweilig aufbereitet werden, um hochwertige Lerninhalte für Mitarbeiter und Führungskräfte zu vermitteln. Mithilfe von Lernvideos können den Führungskräften beispielsweise Gesprächstechniken oder Feedback-Regeln praxisnah vermittelt werden.

Bei der Entscheidung, wie die Führungskräfte für die digitale Transformation weitergebildet werden sollten, sollte man die Plattformen einbeziehen, die online interaktive Inhalte zur Verfügung stellen, in Verbindung mit anderen, auch analogen Formaten wie Learning on the Job in Form von Reverse Mentoring oder ähnlichen Ansätzen (vgl. Frankenberger et al., 2021, S. 224).

Ein spannendes Lernformat für Führungskräfte ist ein **TED-Talk.** Die TED-Talks (TED steht für Technologie, Entertainment, Design) haben vor der Pandemie als analoge, meistens sehr teure Veranstaltungen mit renommierten Vordenkern und Experten stattgefunden. Während der Corona-Krise wurden sie teilweise online durchgeführt und stehen nun bei Youtube als Kurzvideos kostenlos zur Verfügung. Ein TED-Talk dauert in der Regel 18 min, ist einem innovativen oder provokanten Thema gewidmet und sehr unterhaltsam gestaltet.

Als Beispiele aktueller Themen der TED-Talks für die Führungskräfte können der Umgang mit Homeoffice, optimale Kommunikation in virtuellen Kontexten, Nutzung des kollektiven Wissens, Bedeutung der Boni für Topmanager, Mut zum Fehler, Diversity für mehr Innovation etc. (vgl. Frohn, 2020).

9.3.5 Förderung der Selbstreflexion als Basis für die Führungskompetenz

Nach Meinung von vielen Autoren sind für die Förderung der Führungskompetenz die Selbstkenntnis und Selbstreflexion einer Führungskraft entscheidend. Die dazu beitragenden Trainingsmaßnahmen haben das Ziel, die Teilnehmer – ausgelöst durch Selbsterfahrung – zu einem grundsätzlichen Nachdenken über die eigene Persönlichkeit zu veranlassen. Dadurch soll es zu einer Klärung der Sicht auf die eigene Vergangenheit und gegenwärtige Situation kommen. Im Endeffekt hilft dieses Training den Teilnehmern, zu einem höheren Maß an Selbstverwirklichung zu gelangen.

▶ **Reflexionsfähigkeit** bezeichnet die Fähigkeit und Bereitschaft einer Führungskraft, das eigene Arbeits- und Führungsverhalten zu hinterfragen und bei Bedarf zu ändern.

Die Reflexionsfähigkeit ist für die Förderung der Agilität und Veränderungsbereitschaft der Führungskräfte notwendig: Ein transparentes, effizientes und authentisches Führungshandeln beruht auf der Kenntnis eigener Stärken und Schwächen sowie auf der Analyse von konkreten Situationen und Anforderungen. Basierend auf der Selbstkenntnis und Reflexion über die relevanten Ziele, ist eine aufmerksame Beobachtung und Analyse von komplexen Führungssituationen in Form einer stetigen Auseinandersetzung mit Kontext, Anforderungen und Zielen des eigenen Führungshandelns notwendig.

Um die Selbstreflexionsprozesse anzuregen, können den Führungskräften Trainings zu Selbstkenntnis und Selbstmanagement angeboten werden. Auch die Begleitung durch einen erfahrenen Coach kann den Prozess der Reflexion initiieren. Wirksam ist auch ein Feedback von unten, durch die Mitarbeitenden, oder ein 360-Grad-Feedback, bei dem die Führungskraft in ihrem Verhalten von dem Vorgesetzten, den Kollegen, Kunden und Mitarbeitern bewertet wird. Allerdings ist die Selbstreflexion eine sehr persönliche und freiwillige Angelegenheit, die nur von der Führungskraft selbst in Gang gesetzt werden kann.

Viele Unternehmen praktizieren für die Förderung der Selbstreflexion einen Methoden-Mix aus verschiedenen Instrumenten: einem regelmäßigen Feedback, Trainings und Coaching.

> **Unterstützung der Selbstreflexion der Führungskräfte bei Bosch**
>
> Bei Bosch wurden alle Führungskräfte, einschließlich der Vorstandsmitglieder sowie des höheren und mittleren Managements, drei Jahre lang darin ausgebildet, wie man in einer VUCA-Welt zur Transformations-Führungskraft wird. Die Führungskräfte nahmen an interaktiven Workshops teil und wurden nach den Workshops zur Selbstreflexion aufgefordert. Gleichzeitig wurden die formalen Feedback-Prozess angepasst, um den Fokus auf wichtige Führungseigenschaften der Transformation zu reflektieren, wobei alle Führungskräfte ein 360-Grad-Feedback erhielten (vgl. Frankenberger et al., 2021, S. 223–224). ◀

Eine ständige Reflexion über das eigene Führungsverhalten motiviert die Führenden, nach neuen Wegen zu suchen, offen für Ausprobieren zu sein. Dabei können Gespräche mit einem Coach oder das Feedback der Mitarbeitenden der Führungskraft einen Spiegel vorhalten, um eigene Stärken und Schwächen im Führungsprozess zu erkennen und eigene Wirkung auf die Anderen wahrzunehmen. So wird ein kontinuierlicher Lernprozess in Gang gesetzt, in dem die Führungskompetenzen Schritt für Schritt weiterentwickelt werden.

9.3.6 Handlungsempfehlungen für die zukunftsorientierte Führungskräfteentwicklung

Die Förderung und Entwicklung der Führungskompetenzen für die Zukunft ist für Unternehmen von zentraler Bedeutung, denn die Führungskräfte sind bedeutende Treiber des Unternehmenserfolgs und der Arbeitszufriedenheit und Bindung der Beschäftigten. Jedoch ist nicht jede Maßnahme der Personalentwicklung zielführend. Die Führungskräfteentwicklung der Zukunft muss maßgeschneidert, selbstgesteuert und hybrid sein.

Maßgeschneiderte Weiterbildung kreieren
Betrachtet man verschiedene Instrumente der Führungskräfteentwicklung und ihre Anwendungen in der Unternehmenspraxis, dann wird es offensichtlich, dass für verschiedene Unternehmen, Branchen und Arbeitsbereiche unterschiedliche Methoden und Instrumente geeignet sind. Es geht weniger darum, die neusten Instrumente und technische Finessen anzuwenden, um modern zu wirken, sondern um **maßgeschneiderte**, zielführende Lösungen. Viele Unternehmen verwenden erfolgreich – je nach Bedarf – ein Mix aus diversen Instrumenten der Führungskräfteentwicklung.

Das Ziel der Führungskräfteentwicklung ist es, die Führungskräfte zukunftsfähig zu machen, für die Aufgaben der digitalisierten Arbeitswelt der Zukunft vorzubereiten, mit modernen Führungskonzepten und technologischen Tools auszurüsten, ein Innovations- und agiles Mindset zu fördern. Die vier D der Führung – Digitalisierung, Demografie/Diversity, Demokratisierung und Dynamik – können als zentrale Säulen bei der Ausrichtung der Führungskräfteentwicklung dienen.

Welche Schwerpunkte ein Unternehmen konkret setzt und welche Entwicklungsbedarfe die Führungskräfte selbst als erforderlich wahrnehmen, ist für die Gestaltung der individuellen Führungskräfteentwicklung entscheidend.

Selbstgesteuert lernen
Eine moderne Weiterbildung für Führungskräfte soll in Bezug auf ihre Inhalte, Umfang und Organisation **selbstgesteuert** sein.

Durch selbstgesteuertes Lernen können Führungskräfte genau das lernen, was sie möchten und was sie in ihrem Beruf zum jeweiligen Zeitpunkt benötigen. So werden die Kompetenzen rechtzeitig und nachhaltig erworben und in die Führungspraxis transferiert.

Insbesondere die Führungskräfte als Strategen und Koordinatoren können als aktive Subjekte im selbstgesteuerten Lernen agieren. Zu Beginn gilt es adäquate Lernziele zu definieren, danach werden Lerninhalte für einen längeren Zeitraum formuliert und anschließend konkrete Bausteine (Maßnahmen, Inhalte) geplant und umgesetzt. Nach jeder Lernmaßnahme sollte eine Evaluation stattfinden: Was habe ich mitgenommen? War der Inhalt relevant und anspruchsvoll? Kann ich das Gelernte in den Alltag implementieren? Eine Führungskraft kann wie keine andere außenstehende Person diese Schritte des Lernens sinnvoll umsetzen.

Digitale und analoge Formate kombinieren

Bei der ganzen Palette an verschiedenen Instrumenten der Weiterbildung ist der Trend zur Digitalisierung der Führungskräfteentwicklung erkennbar. Die Vorteile der Digitalisierung wie Transparenz, Vernetzung, Kollaboration, Flexibilität und Interaktion machen das Lernen orts- und zeitunabhängig und zielen auf die Förderung der erforderlichen digitalen Kompetenzen ab.

Smartphones setzen sich als Medium für den Zugang zu kompakten virtuellen Inhalten durch, und Technologien wie Cloud ermöglichen einen immer einfacheren Zugriff auf Informationen. Mobile Learning gewinnt an Bedeutung, auch für Führungskräfte. Die Lerninhalte für mobile Learning sollten jedoch in geeigneten Formaten zubereitet sein, als kurze Einheiten (Lernnuggets). Die klassischen langen Texte (ein Lehrbuch) sind für diese Zwecke weniger geeignet. Stattdessen braucht man kurze, prägnante, ansprechende Inhalte in spannenden Formaten wie Kurzvideos, Podcasts, Comics, Wikis, TED-Talks etc. Lernen muss Spaß machen und so einfach wie googlen sein.

Zudem werden sich kollaborative Formen des interaktiven und digitalen Lernens durchsetzen, wie Lernplattformen und virtuelle Communities oder Simulationen, die in Gruppen und mit Elementen der Gamification durchgeführt werden. Lerncommunities und soziale Netzwerke sollten von Führungskräften als Plattform für Informationssuche und Wissensaustausch stärker genutzt werden.

Jedoch können nicht alle Kompetenzen digital vermittelt werden. Genauso wie die Corona-Pandemie die Grenzen der virtuellen Zusammenarbeit gezeigt hat, sind auch die Grenzen der digitalen Weiterbildung offensichtlich. Menschen als soziale Wesen brauchen persönliche Treffen, um kreativ zu sein und in agilen Workshops Ideen zu entwickeln. Soziales Lernen gewinnt an Bedeutung und kann nur begrenzt in virtuellen Netzwerken stattfinden. MOOCs von renommierten Universitäten können fachlich brillant sein, ersetzen jedoch keine persönlichen Kontakte zwischen dem Vortragenden und den Zuhörern. Optimale Führungskräfteentwicklung sollte **hybrid** sein und digitale Formate mit analogen Elementen kombinieren.

Besonders wirksam sind dabei Erfahrungsgruppen, wo die Führenden sich mit ihren Kollegen über aktuelle Themen und Probleme austauschen können. Weitere Beispiele für analoge Lernformate sind Coaching und Reverse Mentoring, die lediglich auf Vertrauensbasis und unter vier Augen funktionieren. Auch Führungslabore für die Zukunftsthemen sind geeignete geschützte Orte, wo neue Entwicklungen und innovative Lösungen zunächst erprobt werden, bevor sie skaliert werden können.

Handlungsempfehlungen zur Organisation der Führungskräfteentwicklung

Wie sollte ein Unternehmen vorgehen, um eine zukunftsorientierte Führungskräfteentwicklung zu gestalten? Hier sind einige praktische Handlungsempfehlungen, die auf Gesprächen mit Unternehmen und aus verschiedenen Forschungsprojekten basieren:

- Die **Anforderungen** an die Führungskräfte sollten von dem Unternehmen (konkret von Personalverantwortlichen, Top Managern) möglichst genau formuliert werden,

differenziert nach Führungsebenen und Bereichen sowie nach den aktuellen Zielsetzungen im Rahmen der digitalen Transformation (vgl. Kompetenzprofil Abschn. 9.1.2 und die Ausführungen zu der Ambidextrie Abschn. 3.1).
- Eine qualitative und quantitative Analyse des **Entwicklungsbedarfs** der Führungskräfte im Unternehmen mit dem Zeithorizont fünf-zehn Jahre sollte durchgeführt werden.
- **Talentpotenziale** und Führungsnachwuchs in eigenem Unternehmen sollten unter die Lupe genommen und die bestehenden Stärken sollten erschlossen werden, statt Lücken zu schließen. Das macht ein Unternehmen erfolgreich und die Führungskräfte zufriedener (vgl. Abschn. 9.2.1.1).
- Ein Konzept für eine langfristige und nachhaltige Führungskräfteentwicklung sollte mit Blick auf **Gender-, Alters-** und **Kulturdiversität** entwickelt werden, um verschiedene Zielgruppen der Kundschaft und Belegschaft in der Führungsstruktur abzubilden. Auch Quereinsteiger mit einer ungewöhnlichen Laufbahn (und einem frischen Blick) sollten willkommen sein (vgl. Ausführungen zu den Vorteilen der Diversität Abschn. 4.7).
- Bei der Planung einzelner Maßnahmen der Weiterbildung sollten die betroffenen Führungskräfte aktiv **miteinbezogen** werden. Das selbstgesteuerte Lernen ist effektiver und effizienter und macht zufriedener.
- Von zentraler Bedeutung für die Inhalte der Weiterbildung ist die Praxis- und **Problemorientierung.** Nur unter dieser Voraussetzung werden die erlernten Inhalte in die Führungspraxis implementiert. Es ist sinnvoll, die Führenden über die Inhalte und Formate selbst entscheiden zu lassen.
- Ein Mix aus verschiedenen Formaten – **digitalen** und **analogen** – führt zu ausgeglichenen Interessen und Inhalten und fördert verschiedene Kompetenzen. MOOCs und Lernvideos auf einer Lernplattform sollten beispielsweise mit einem Erfahrungsaustausch, Coaching oder Revers Mentoring kombiniert werden.
- Neben den fachlichen und führungsthemenbezogenen Weiterbildungen sollte Führungskräfteentwicklung gezielt die **Selbstreflexion** der Führenden fördern (vgl. Abschn. 9.3.5).
- Die Effekte der Personalentwicklungsmaßnahmen sollten kontinuierlich **evaluiert** und die Führungskräfteentwicklungskonzepte sollten ständig an die Gegebenheiten und aktuelle Themen und Unternehmensstrategie angepasst werden.
- Die organisatorische Gestaltung des Lernens im Unternehmen in Form von Entwicklungsplänen und Konzepten sollte durch eine **digitale Infrastruktur** inklusive Lerncommunities oder Lernplattformen im Intranet mit Expertendatenbanken, Wikis, moderierten Foren etc. unterstützt werden (vgl. Abschn. 9.3.4).
- Eine lern- und innovationsfördernde **Unternehmenskultur,** konstruktiver Umgang mit Scheitern, gegenseitiges Vertrauen im Unternehmen und speziell in Führungsetagen – diese kulturellen Werte begünstigen die ständige Entwicklung der Führungskräfte.

Verständnis- und Reflexionsfragen

1. Welche Trends bilden die Basis für die neuen Anforderungen an die Führungskräfte?
2. Wie stellen Sie sich die Aufgaben einer Führungskraft im Jahr 2030 vor?
3. Warum zählen Reflexionsfähigkeit und Lernbereitschaft zu den wichtigsten Kompetenzen der Führungskräfte?
4. Welche Grenzen sehen Sie in den traditionellen Konzepten der Personalentwicklung?
5. Mit welchen Maßnahmen und Instrumenten können strategische Kompetenzen der Führungskräfte im Kontext der digitalen Transformation gefördert werden?
6. Für welche Probleme und Themenbereiche können Erfahrungsgruppen in der Weiterbildung der Führungskräfte eingesetzt werden?
7. Wie können sich Führungskräfte in virtuellen Lerncommunities und auf Lernplattformen weiterbilden?
8. Warum braucht man für die Weiterbildung einen Mix aus digitalen und analogen Lernformaten?

Literatur

Becker, M. (2020). Personalentwicklung. Sozialnet Lexikon. https://www.socialnet.de/lexikon/Personalentwicklung. Zugegriffen: 14. März 2022.

Bohle, B., & Kasulke, S. (2021). Netflix statt Schulfernsehen. Digitale Plattformen unterstützen den Skill Shift bei der Deutschen Telekom. https://www.im-io.de/lerngroesse-eins/innovatives-bildungs-oekosystem-und-digitale-lernformate/. Zugegriffen: 15. März 2022.

Brand, M., & Wittig, S. (2021). Fünf Format-Ideen für Ihr New Learning-Konzept. https://www.hrjournal.de/fuenf-format-ideen-fuer-ihr-new-learning-konzept/. Zugegriffen: 15. März 2022.

Denkfabrik Digitalisierte Arbeitswelt. (o. J.). Zukunftsgarage. https://www.fh-bielefeld.de/wirtschaft/zukunftsgarage. Zugegriffen: 14. März 2022.

Frankenberger, K., Mayer, H., Reiter, A., & Schmidt, M. (2021). *Das Digital Transformer's Dilemma. Wie Sie Ihr Kerngeschäft digitalisieren und gleichzeitig innovative Geschäftsmodelle aufbauen.* Wiley.

Frohn, P. (2020). Diese acht TED Talks bringen mehr als jeder Managementratgeber. https://www.handelsblatt.com/karriere/managementtipps-diese-acht-ted-talks-bringen-mehr-als-jeder-managementratgeber/26666064.html. Zugegriffen: 16. März 2022.

Haufe. (2021). Welche Kompetenzen Führungskräfte im New Normal brauchen. https://www.haufe.de/personal/hr-management/studie-zu-den-kompetenzen-von-fuehrungskraeften-im-new-normal_80_547126.html. Zugegriffen: 13. März 2022.

Haufe Akademie. (2022). Erfolgreiches Business Coaching: Trends und Tipps. https://www.haufe-akademie.de/blog/themen/coaches-und-berater/erfolgreiches-business-coaching-trends-und-tipps/. Zugegriffen: 16. März 2022.

HPI (Hasso Plattner Institut). (o. J.). Über openHPI – Die MOOC-Plattform des HPI. https://open.hpi.de/pages/about. Zugegriffen: 15. März 2022.

HR Heute Redaktion. (2022). Keine Fehler sind auch ein Problem. Wie Unternehmen ihre Fehlerkultur verbessern können. https://www.hr-heute.com/magazin/fehlerkultur-verbessern. Zugegriffen: 15. März 2022.

Kienbaum & StepStone. (Hrsg.). (2021). Future Skills – Future Learning. https://institut.kienbaum.com/wp-content/uploads/sites/24/2021/06/Kienbaum-StepStone-Studie_2021_WEB.pdf. Zugegriffen: 21. Febr. 2022.

Merck. (2018). Reverse Mentoring: Von jungen Mitarbeitern lernen. https://www.merckgroup.com/de/the-future-transformation/reverse_mentoring.html. Zugegriffen: 16. März 2022.

Regnet, E. (2020). Der Weg in die Zukunft – Anforderungen an die Führungskraft. In L. Von Rosenstiel, E. Regnet, & M. E. Domsch (Hrsg.), *Führung von Mitarbeitern. Handbuch für erfolgreiches Personalmanagement* (8. Aufl., S. 55–75). Schäffer Poeschel.

Senge, P. M. (2011). *Die fünfte Disziplin. Kunst und Praxis der lernenden Organisation.* Schäffer-Poeschel.

Staufen AG. (2021). Studie Kollaboration 2021. https://www.staufen.ag/wp-content/uploads/STAUFEN-Studie-Kollaboration-2021-1.pdf. Zugegriffen: 13. Febr. 2022.

time4you. (2020). Wie Social Learning die Weiterbildung revolutioniert – Lernen 2.0. https://www.time4you.de/social-learning/. Zugegriffen: 14. März 2022.

Von Rosenstiel, L., & Regnet, E. (2020). Entwicklung und Training von Führungskräften. In L. Von Rosenstiel, E. Regnet, & M. E. Domsch (Hrsg.), *Führung von Mitarbeitern. Handbuch für erfolgreiches Personalmanagement* (8. Aufl., S. 77–98). Schäffer Poeschel.

Welge, K., & Brugmann, A. (2021). Distanz und Nähe verbindende Führung und Zusammenarbeit – Wie gefühlte Nähe eine positive soziale Identität und Vernetzung bewirken kann. In O. Geramanis, et al. (Hrsg.), *Kooperationen in der digitalen Arbeitswelt* (S. 175–189). Springer.

Made in the USA
Monee, IL
03 May 2026

49467890R00203